# 월간 모두패스

| POINT 01 | | POINT 02 | | POINT 03 |
|---|---|---|---|---|
| 25년 신규강의 모두 | + | 24년 모든강의로 선행학습 | + | 전강좌 특강도 모두 |

| 01 월 3만원 |  | 02 원클릭 해지 | Click |
|---|---|---|---|
| 03 선행학습 |  | 04 1타 교수진 |  |

| 05 학습관리 | 매일 문제 제공  | 매일 Q&A 영상 라이브 답변  | 교수님이 직접 학습코칭  |
|---|---|---|---|

## 월간 모두패스는

월단위 수강등록 후 랜드하나 모든 강의를
수강기간동안 무제한 들을 수 있는 인터넷 수강권입니다!

공인중개사
답은 하나
랜드하나

**2025**

# 랜드하나 공인중개사 기본서

**1차** 부동산학개론

랜드하나 수험연구소

**H 랜드하나**

# 머리말 PREFACE

공인중개사 시험은 1985년도에 첫 시행된 후 제35회 시험을 치렀습니다. 공인중개사 수험 현장에서 강의를 해 오면서 어떻게 하면 더 많은 수험생들이 합격을 할 수 있을까에 대한 고민을 정말 많이 했습니다.

본 교재는 완벽한 이론이나 심오한 학설을 서술한 것이 아니고, 공인중개사 시험의 합격수준에 맞도록 중요 핵심사항을 정리하고 이를 문제화하여 실전시험에 잘 적용하기 위해 편재하였습니다. 최근 출제 경향을 반영하기 위해 기출문제의 중요 논점을 정리했으며, 사례연습과 계산문제도 많이 넣어 수험생들이 더욱 경제학적이고 부동산학의 마인드가 형성되도록 서술했습니다.

최근 부동산학개론 시험의 경향은 경제론, 투자론, 정책론, 평가론에서 많은 문제가 출제되고 있으며 난이도 또한 높아지고 있으므로 수험 초반부에는 위의 네 개 편에 대한 철저한 학습이 필요하다. 또한, 계산문제가 8~10문항 정도가 출제되고 있고, 시간 내에 풀기가 곤란한 난이도 상급으로도 출제가 되고 있다. 따라서, 경제론·투자론·금융론·평가론에 대해 출제 경향에 맞추어 확실히 숙지하시고 난이도 상급을 제외한 시간내에 풀 수 있는 계산문제를 어느정도 해결하신다면 합격점수를 획득하시는데는 크게 무리가 없을 것으로 판단이 됩니다.

아울러 이 책으로 공부하시는 분들에게 도움이 되는 학습방법을 권해 드리고자 합니다.

첫째, 기본이론을 원리위주로 철저하게 이해하자.

　　기본이론을 이해하기 위해서는 용어와 개념정리가 필요하다. 용어에 중요내용이 포함되어 있으므로 이를 통해 기본이론의 체계를 잡아가야 한다.

둘째, 절대 한번에 이해되지 않는다. 여러번 반복학습 하자.

　　수험 초반부에는 이해되지 않는 내용에 대해서 절반 정도만 이해하고 넘어가고, 무리한 암기를 통한 당장의 이해 보다는 철저한 반복학습 즉, 다독을 통해 자연스러운 이해를 하려고 한다.

셋째, 논점을 파악하고 자기 스타일에 맞게 기억하자.

　　기본서는 말 그대로 가장 기본이 되므로 기본서는 1권으로 충분하다. 기본서 핵심사항의 논점을 먼저 파악하고 자신의 스타일에 맞게 각색하는 것도 필요하다.

넷째, 난이도 中과 下를 집중 공략하자.

　　해가 갈수록 난이도에 따른 문제 구별이 뚜렷하게 나타나고 있습니다. 따라서, 난이도 中이나 下의 문제에서 최대한의 점수를 확보하시고 너무 어렵거나 시간이 많이 소요되는 문제, 계산문제에 너무 집착하지 않으셔야 합니다. 특히, 계산문제 수험 전략을 철저하게 시험장에서 풀 수 있는 문제와 풀 수 없는 문제로 구분하여 대비하여야 하겠습니다. 난이도가 낮은 부분은 실수 없이 반드시 점수로 연결하시고, 난이도가 너무 높거나 시간이 너무 많이 소요되는 계산문제, 수업시간에 배우지 않는 내용은 과감하게 스킵하시는 학습전략으로 부동산학개론을 공략하셔야 합니다.

다섯째, 목차의 체계를 통해 스크린 한다.

대목차, 중목차, 소목차는 그 장에서 가장 중요한 내용의 핵심단어 개념이므로 이를 통해 전체내용이 연결된다면 부동산학개론의 체계가 잘 잡힐 것이다.

여섯째, 기출문제를 철저히 분석하고 이해하자.

기출문제를 철저히 분석하면 출제경향의 큰 틀이 보이며 출제가능문제의 예측이 가능해진다.

일곱째, 실전문제와 모의고사를 꼭 풀어보자.

아무리 이해를 했어도 객관식문제의 특성상 한정된 시간 내에 풀지 못하면 의미가 없으므로 실전문제 및 모의고사를 통해 숙지한 내용을 재생할 수 있고 시간절약을 할 수 있다.

여덟째, 반복적으로 틀리는 문제에 집중하여야 한다.

한 번 틀린 문제는 반복적으로 틀리는 경우가 많습니다. 따라서 문제 풀이과정에서는 틀린 문제는 따로 표시를 하여 반복적으로 학습을 해야 합니다. 모든 문제해설에 동일한 시간을 할애하지 마시고, 반복적으로 틀리는 문제에 집중하여야 점수향상이 됩니다. 실수도 시험장에서는 실력이 된다는 마음으로 동일한 실수는 반복하지 않도록 하여야 합니다.

아무쪼록 위의 학습방법을 잘 숙지하여 공부를 효율적으로 하시길 바라며 좋은 결과를 얻으시길 바라며, 부족하지만 이 책으로 공부하시는 모든 수험생들에게 합격의 영광이 함께 하기를 진심으로 소망합니다.

**편저자 배상**

# 시험안내 GUIDE

## 1. 공인중개사 기본정보

### 1 공인중개사 개요

부동산 중개업을 건전하게 지도, 육성하고 공정하고 투명한 부동산 거래질서를 확립함으로써 국민경제에 이바지함을 목적으로 함(관계법령 : 공인중개사법)

### 2 수행직무

중개업의 공신력을 높이기 위해 도입된 자격증으로 부동산 중개업무, 관리대행, 컨설팅, 중개업 경영정보 제공, 상가분양 대행, 경매 매수신청 대리 업무 등을 수행

### 3 실시기관 홈페이지 : 한국산업인력공단 국가자격시험 홈페이지(www.Q-net.or.kr)

### 4 소관부처명 : 국토교통부(부동산산업과)

## 2. 시험정보

### 1 응시자격

• **제한없음(학력, 나이, 내외국인 불문)**

※ 단, 「① 공인중개사법 제4조 3에 따라 시험부정행위로 처분 받은 자의 그 제한기간이 시험 시행일 전일까지 경과되지 않은 자 ② 제6조에 따라 자격이 취소된 자 ③ 시행규칙 제2조에 따른 기자격취득자」는 응시할 수 없음

• **결격사유**

1. 부정한 방법으로 공인중개사의 자격을 취득한 경우
2. 제7조 제1항의 규정을 위반하여 다른 사람에게 자기의 성명을 사용하여 중개업무를 하게 하거나 공인중개사 자격증을 양도 또는 대여한 경우
3. 제36조의 규정에 의한 자격정지처분을 받고 그 자격정지기간 중에 중개업무를 행한 경우(다른 개업공인중개사의 소속공인중개사, 중개보조원 또는 법인인 개업공인중개사의 사원, 임원이 되는 경우를 포함)
4. 이 법을 위반하여 징역형의 선고를 받은 경우
5. 시험에서 부정한 행위를 한 응시자로 그 시험시행일로부터 5년간 시험응시자격을 정지 받은자

## ② 시험과목 및 배점

| 구분 | 시험 과목 | 문항수 | 시험시간 | 시험방법 |
|------|----------|--------|----------|----------|
| 제1차시험<br>1교시(2과목) | ① 부동산학개론(부동산감정평가론 포함)<br>② 민법 및 민사특별법 중 부동산 중개에 관련되는 규정 | 과목당 40문항<br>(1번~80번) | 100분<br>(09:30~11:10) | 객관식<br>5지<br>선택형 |
| 제2차시험<br>1교시(2과목) | ① 공인중개사의 업무 및 부동산 거래신고 등에 관한 법령 및 중개실무<br>② 부동산공법 중 부동산중개에 관련되는 규정 | 과목당 40문항<br>(1번~80번) | 100분<br>(13:00~14:40) | |
| 제2차시험<br>2교시(1과목) | ① 부동산공시에 관한 법령(부동산등기법, 공간정보의 구축 및 관리 등에 관한 법률) 및 부동산 관련 세법 | 40문항<br>(1번~40번) | 50분<br>(15:10~16:00) | |

※ 답안작성 시 법령이 필요한 경우는 시험시행일 현재 시행되고 있는 법령을 기준으로 작성

## 3. 시험과목별 시험범위 및 출제비율

| 구분 | 시험과목 | 시험 범위 | 출제비율 |
|------|----------|-----------|----------|
| 1차 시험<br>(2과목) | ■ 부동산학개론<br>(부동산감정평가론 포함) | ① 부동산학개론 | 85% 내외 |
| | | ② 부동산 감정평가론 | 15% 내외 |
| | ■ 민법 및 민사특별법 중 부동산 중개에 관련되는 규정 | ① 민법의 범위<br>  1) 총칙 중 법률행위<br>  2) 질권을 제외한 물권법<br>  3) 계약법 중 총칙·매매·교환·임대차 | 85% 내외 |
| | | ② 민사특별법의 범위<br>  1) 주택임대차보호법<br>  2) 상가건물임대차보호법<br>  3) 가등기담보 등에 관한 법률<br>  4) 집합건물의 소유 및 관리에 관한 법률<br>  5) 부동산 실권리자 명의등기에 관한 법률 | 15% 내외 |
| 2차 시험<br>(3과목) | ■ 공인중개사의 업무 및 부동산 거래신고에 관한 법령 및 중개실무 | ① 공인중개사의 업무 및 부동산 거래신고에 관한 법령 | 70% 내외 |
| | | ② 중개실무 | 30% 내외 |
| | ■ 부동산공법 중 부동산중개에 관련 되는 규정 | ① 국토의 계획 및 이용에 관한 법률 | 30% 내외 |
| | | ② 도시개발법  ③ 도시 및 주거환경정비법 | 30% 내외 |
| | | ④ 주택법  ⑤ 건축법  ⑥ 농지법 | 40% 내외 |
| | ■ 부동산공시에 관한 법령 및 부동산 관련 세법 | ① 부동산등기법 | 30% 내외 |
| | | ② 공간정보의 구축 및 관리 등에 관한 법률 | 30% 내외 |
| | | ③ 부동산 관련 세법(상속세, 증여세, 법인세, 부가가치세 제외) | 40% 내외 |

## 4. 합격기준

### 1 합격기준

| 구분 | 합격결정기준 |
|---|---|
| 1,2차시험 공통 | 매 과목 100점을 만점으로 하여 매 과목 40점 이상, 전 과목 평균 60점 이상 득점한 자 |

※ 제1차 시험에 불합격한 자의 제2차 시험에 대해여는 「공인중개사법」 시행령 제5조 제3항에 따라 이를 무효로 함

### 2 응시수수료(공인중개사법 제8조)

- 1차 : 13,700원
- 2차 : 14,300원
- 1, 2차 동시 응시자 : 28,000원

### 3 취득방법

#### • 원서접수방법

Q-net을 통해 하거나 공단 지역본부 및 지사에서 인터넷접수 도우미서비스를 제공받을 수 있음

※ 내방시 준비물 : 사진(3.5*4.5) 1매, 전자결재 수단(신용카드, 계좌이체, 가상계좌)

※ 수험자는 응시원서에 반드시 본인 사진을 첨부하여야 하며, 타인의 사진 첨부 등으로 인하여 신분확인이 불가능할 경우 시험에 응시할 수 없음

#### • 자격증발급

응시원서접수일 현재 주민등록상 주소지의 시, 도지사명의로 시, 도지사가 교부
(사진(여권용 사진) 3.5*4.5cm 2매, 신분증, 도장 지참, 시·도별로 준비물이 다를 수 있음)

# 출제경향 빈도표 및 수험대책

## 1. 출제경향 빈도표

| 내용별 \ 회별 | 11회~19회 | 20회 | 21회 | 22회 | 23회 | 24회 | 25회 | 26회 | 27회 | 28회 | 29회 | 30회 | 31회 | 32회 | 33회 | 34회 | 35회 |
|---|---|---|---|---|---|---|---|---|---|---|---|---|---|---|---|---|---|
| 총 론 | 28 | | 3 | 4 | 3 | 3 | 3 | 3 | 3 | 4 | 3 | 3 | 3 | 3 | 4 | 3 | 5 |
| 경 제 론 | 64 | 6 | 5 | 4 | 5 | 6 | 5 | 5 | 5 | 5 | 6 | 4 | 6 | 6 | 5 | 5 | 5 |
| 시 장 론 | 59 | 4 | 5 | 5 | 5 | 6 | 3 | 3 | 5 | 4 | 5 | 5 | 5 | 7 | 6 | 6 | 4 |
| 정 책 론 | 35 | 5 | 3 | 5 | 5 | 4 | 3 | 5 | 4 | 5 | 6 | 7 | 7 | 4 | 4 | 5 | 5 |
| 투 자 론 | 73 | 7 | 7 | 5 | 5 | 7 | 6 | 6 | 8 | 9 | 7 | 7 | 3 | 6 | 5 | 8 | 3 |
| 금 융 론 | 37 | 9 | 5 | 6 | 5 | 4 | 7 | 5 | 5 | 3 | 5 | 4 | 4 | 6 | 6 | 3 | 5 |
| 개발 및 관리론 | 40 | 3 | 5 | 5 | 5 | 4 | 5 | 7 | 4 | 3 | 2 | 4 | 5 | 4 | 2 | 4 | 6 |
| 감 정 평 가 론 | 57 | 6 | 7 | 6 | 7 | 6 | 8 | 6 | 6 | 7 | 6 | 6 | 6 | 7 | 6 | 7 | 7 |
| 합 계 | 393 | 40 | 40 | 40 | 40 | 40 | 40 | 40 | 40 | 40 | 40 | 40 | 40 | 40 | 40 | 40 | 40 |

## 2. 수험대책

### 제1편 부동산학 총론

이 분야는 매년 2~3문제 정도 출제되고 있다. 부동산학의 토대가 되고 기초가 되므로 감정평가 등 다른 분야와 연결해서 공부해 두어야 한다. 특히 복합개념의 부동산, 토지의 용어, 부동산의 특성, 부동산의 본질에 중점을 두고 공부하여야 한다. 난이도가 크게 높지 않은 부분이므로 점수획득이 용이한 부분이다.

### 제2편 부동산경제론

이 분야는 매년 5문제 정도 출제되는 부분으로 수요공급이론에서는 수요곡선과 공급곡선의 원리와 이동에 의한 균형가격과 균형량문제, 탄력성문제, 경기변동론까지 철저히 정리하여야 한다. 특히 계산문제도 기본적인 공식 정도를 묻는 내용은 쉽게 풀 수 있으므로 포기하지 말아야 한다.

### 제3편 부동산시장론

이 분야는 매년 4~5문제 정도 출제되고 있으며 부동산시장의 특성과 기능, 효율적시장론, 주택시장에서의 여과작용과 주거분리 그리고 농업입지론과 상업입지론 및 공업입지론, 입지계수와 경제기반분석을 잘 정리해 두어야 한다. 최근에는 지대이론과 도시공간구조론에서도 출제되었으므로 전 분야를 골고루 공부해야 한다.

# 시험안내 GUIDE

### 제4편 부동산정책

이 분야에서는 매년 4~5문제 정도 출제되고 있으며 특히 외부효과와 시장실패원인, 정부의 시장개입이유와 개입방법, 분양가규제와 자율화, 임대주택정책의 내용, 조세의 귀착문제는 매우 중요하다.

### 제5편 부동산투자론

이 분야에서는 매년 5~8문제 정도 출제되고 있으며 특히 레버리지 효과, 화폐의 시간가치, 위험과 수익관계, 포트폴리오이론, 영업수지와 지분복귀액, 투자분석기법은 철저하고 깊게 공부해야 한다. 대출과 관련해서 LTV, DTI 내용도 숙지를 요한다. 특히, 계산문제에 대한 대비를 철저한 대비가 필요하다.

### 제6편 부동산금융론

이 분야에서는 매년 5~6문제 정도 출제되고 있으며 특히 지분금융과 부채금융, 저당의 유동화, 이자율원리, 저당상환방법, 한국주택금융공사의 주택연금, 부동산투자회사법 내용, PF와 신디케이트가 주요 핵심내용이다. 개정법령이나 시사성 있는 내용도 함께 숙지해 두자.

### 제7편 부동산개발, 관리론, 마케팅

이 분야에서는 매년 4~5문제 정도 출제되고 있다.
개발의 위험과 타당성분석, 공영개발과 민간개발, 관리방식과 관리의 내용, 마케팅이 중요 분야이다.

### 제8편 부동산감정평가론

이 분야에서는 매년 6~7문제 정도가 출제되고 있다. 감정평가의 기초이론과 가격원칙, 지역분석과 개별분석, 부동산가격 공시제도 및 물건별 감정평가 제도는 쉬운 분야이고 3~4문제가 출제되므로 여기에서 확실히 맞추자. 3방식에서 2~3문제 정도 출제되는데 기본개념과 원리정도 알아두자. 특히 원가방식과 비교방식의 기본원리에 중점을 두고 수익방식은 환원이율이 중요하다. 또한 3방식에서는 계산문제에 대한 대비를 철저한 대비가 필요하다.

# CONTENTS 차례

# 차례 CONTENTS

# 차례 CONTENTS

2025 랜드하나 공인중개사 기본서

# PART 1
# 부동산학 총론

# 01 부동산학의 체계

CHAPTER

□ 부동산학개론의 전체적인 체계를 학습하는 단원으로, 부동산학의 정의, 학문적 성격, 접근방법, 복합개념의 3대 측면과 2대 측면 등을 학습한다. 또한, 부동산학의 연구대상과 분야는 무엇인지, 그리고 지도이념에 관하여 설명한다.

□ 본 단원을 학습한 후에는 부동산학에 관한 설명과 학문적 성격 및 속성 등을 묻는 문제를 풀 수 있다.

## 제1절 부동산학의 체계 제26회

### 1 부동산학의 의의

**(1) 부동산학의 정의(학자들의 견해)**

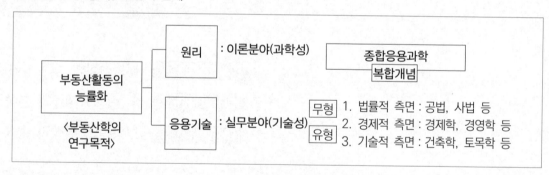

① 부동산학은 '부동산활동의 능률화의 원리 및 그 응용기술을 개척하는 종합응용과학이다' 〈김영진 교수〉.

② 부동산학은 '부동산의 가치증진과 관련된 의사결정을 연구하기 위하여 부동산에 대해 법적·경제적·기술적 측면에서 접근을 시도하는 종합응용사회과학이다(조주현 교수).

③ 부동산학은 '토지와 토지상에 부착되어 있거나 연결되어 있는 여러 가지 항구적인 토지개량물에 대해 그것과 관련된 직업적·물적·법적·금융적 제 측면을 기술하고 분석하는 학문이다'(안정근 교수).

> **기출** 부동산학은 토지 및 그 정착물에 관하여, 그것과 관련된 직업적, 물적, 법적, 금융적 제 측면을 연구하는 학문이다.

## (2) 부동산의 복합개념

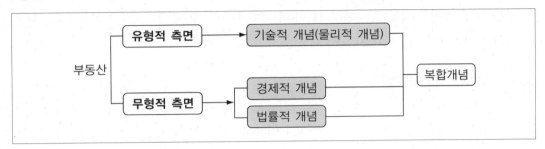

① 부동산학에서는 유형적 측면인 기술적(물리적) 측면과 무형적 측면인 법률적·경제적 측면으로 분류하여 3대 측면을 동시에 고려하는 복합개념의 부동산으로 파악하여야 한다.

② 법률적 측면에서는 그 부동산의 소유권의 진정성, 공·사법상의 규제 등을 판단하고, 기술적 측면에서는 건물의 구조 및 설계, 지질·지반의 견고성 판단한다. 경제적 측면에서는 그 부동산의 수익성, 임대료수입, 가격상승 가능성을 판단한다.

③ 내용이나 기능적 측면에서 본다면 경제적 측면의 부동산이 법률적 측면의 부동산보다 광의의 개념으로 부동산을 해석하고 있다. 또한, 부동산의 법률적 판단과 기술적 판단을 한 후에 경제적 판단을 하는 경우가 일반적이다.

## 2 부동산학의 학문적 성격

| 학문적 성격 | 종합과학, 응용과학, 사회과학, 구체적 경험과학, 규범과학 등 |
| --- | --- |

### (1) 부동산학은 종합과학이다.

부동산학은 법학·경제학·경영학·건축공학 등 여러 학문의 지원을 받아 성립된 종합학문의 성격을 띠므로 시스템적 사고방식이 요구된다. 즉, 부동산 법 분야에서는 법학·행정학 이론이 지원하며, 부동산 경제 이론은 경제학·경영학이 지원하며, 부동산 기술론은 건축학·공학이 지원하므로 부동산학은 이를 시스템화한 종합과학이다.

### (2) 부동산학은 응용과학이다.

부동산학은 순수과학이 아니라 복잡한 부동산문제를 해결하기 위한 기술적 실천방법을 제시하고 유용성을 검증하므로 응용과학이며 실천과학이다.

### (3) 부동산학은 사회과학이다.

부동산학은 자연현상을 연구하는 자연과학이 아니라 인간과 부동산의 상호작용을 연구하는 사회과학이다.

### (4) 부동산학은 구체적 경험과학이다.

부동산학은 추상적 학문 또는 가상과학이 아니며, 현실의 다양한 부동산현상이나 부동산활동을 대상으로 하는 구체적 경험과학이다.

### (5) 부동산학은 규범과학이다.

부동산학은 가치판단의 기준을 제시함으로써 부동산활동의 주체를 바람직한 방향으로 유도하기 위한 규범적 성격을 띤다. 즉, 규범과학이란 어떤 현상을 보고 어떤 부동산행위가 사회에서 바람직한 것인가를 판단하게 하는 성격을 말한다.

> **기출** | 부동산학은 순수과학과는 달리 복잡한 현실적 사회문제를 해결하고자 하는 응용과학이다.

## 3  부동산학의 지도이념(일반적 이념방향)

### (1) 효율성의 원리 : 이용 측면, 민간부문, 최유효이용

① 효율성의 원리는 경제적 원리로서 최소의 비용(시간)을 투입하여 최대의 효과(산출)를 얻고자 하는 원리이다. 그러므로 부동산에서도 한정된 부동산자원을 어떻게 효율적으로 이용해야 하는가 하는 최유효이용(최고최선)의 원칙이 중시된다.
② 개인·기업·조합 등 민간부문에서는 형평성보다는 효율성의 이념이 더 중시된다. 예컨대, 토지이용규제수단으로 활용되는 지역지구제, 용적률제도 등은 효율성 추구이념으로 볼 수 있다.

### (2) 형평성의 원리 : 분배 측면, 공공 부문, 공평한 분배

① 형평성의 이념은 경제적 약자에게도 부동산 소유 및 편익이 골고루 분배되어야 하는 원리로, 이는 평등성·공정성·사회적 형평성·배분적 정의로 규정될 수 있다.
② 정부·공공단체 등 공공부문에서는 효율성보다는 형평성의 이념이 더 중시된다. 예컨대, 임대주택정책, 누진세제도, 개발권양도제도(TDR) 등은 형평성 추구이념이라 볼 수 있다.

### (3) 합법성의 원리 : 부동산활동의 범위

① 합법성의 원리는 부동산현상과 부동산활동이 공익 또는 사익을 추구할 때 법의 테두리 내에서 이루어져야 한다는 이념을 말한다.
② 효율성과 형평성을 조화시키기 위해 부동산활동은 법률적 적합성을 지녀야 하므로 법·제도의 변화에 따라 부동산활동의 범위가 달라지게 된다.

> 1. **효율성** : 이용 측면, 민간부문에서 강조
> 2. **형평성** : 분배 측면, 공공부문에서 강조
> 3. **합법성** : 부동산활동의 범위

**기출** 부동산학이 추구하는 가치를 민간부문에 한정하여 볼 때는 형평성보다 효율성을 중시하게 된다.

## 4 부동산학의 접근방법(부동산학의 연구방법)

> 1. **분산식 접근방법** : 개별 학문별로 개별적, 부분적 접근
> 2. **중점식 접근방법** : 특정측면에만 중점을 두어 접근
> 3. **종합식 접근방법** : 복합개념으로 접근, 시스템적 사고방식, 우리나라 부동산학 단기 정착에 기여
> 4. **법·제도적 접근방법** : 정부 등의 공적 주체의 개입을 전제로 접근
> 5. **의사결정 접근방법** : 인간은 합리적인 존재이며, 자기이윤의 극대화를 목표로 행동한다는 기본가정
> 6. **행태과학적 접근방법** : 인간의 부동산 행태를 중심으로 접근(경영, 마케팅, 중개 등)

**기출** 1. 종합식 접근방법은 부동산을 기술적·경제적·법률적 측면 등의 복합개념으로 이해하며, 이를 종합해서 이론을 구축하는 접근방법이다.
2. 의사결정 접근방법은 인간은 합리적인 존재이며, 자기이윤의 극대화를 목표로 행동한다는 기본가정에서 출발한다.

## 5 부동산학의 연구대상과 부동산학의 연구분야

### (1) 부동산학의 연구대상

① 부동산현상

  ㉠ 인간의 삶의 터전으로서 부동산으로부터 야기되는 여러 법칙성을 의미한다.

  ㉡ 부동산현상을 복합개념으로 분석할 수 있다. 즉, 법률적 현상에는 토지공개념·부동산공법현상이 있고, 경제적 현상에는 투기화현상·지가고현상이 있고, 기술적 현상에는 건물의 생애주기와 인근지역의 생애주기 현상이 있다.

  ㉢ 부동산현상은 인식의 대상이 되고, 인간이 부동산활동을 하는데 방향을 제시해 준다.

② 부동산활동

  ㉠ 부동산활동이란 인간이 부동산을 대상으로 전개하는 관리적 측면에서의 여러 가지 행위로서 부동산 의사결정과 부동산 실행으로 구성되어 있으며 중개활동, 개발활동, 평가활동 등을 말한다.

  ㉡ 인간의 부동산활동에는 인간의 의지·목표·주체가 있으며, 부동산현상과 부동산활동은 상호 독립적 관계가 아니고, 상호 밀접한 관련성을 갖는다.

**부동산학의 연구대상 핵심정리**

| 부동산현상 | 부동산활동 |
|---|---|
| ① 의의 : 부동산에서 야기되는 여러 가지 법칙성, 법률적·경제적·기술적 제 현상 | ① 의의 : 인간이 부동산을 대상으로 전개하는 관리적 측면에서의 여러 가지 행위 |
| ② 3대 측면<br>  ㉠ 법률적 현상 : 토지공개념, 재산권 보장<br>  ㉡ 경제적 현상 : 경기변동, 투자와 투기<br>  ㉢ 기술적 현상 : 도시스프롤, 지가구배 | ② 주체<br>  ㉠ 공적 주체(제1섹터) : 정부, 지자체, 공사<br>  ㉡ 사적 주체(제2섹터) : 개인, 기업, 조합<br>  ㉢ 제3섹터 : 공적·사적 주체의 공동 사업 |
| ③ 유형<br>  ㉠ 운동으로서의 부동산현상<br>  ㉡ 지역적 현상(전이현상)<br>  ㉢ 개별적 현상 | ③ 분류<br>  ㉠ 부동산 소유활동 : 사용가치, 최유효이용<br>  ㉡ 부동산 거래활동 : 교환가치, 거래질서 확립<br>  ㉢ 부동산 행정활동 |

※ 부동산활동을 주체에 따라 분류하면 공적 주체의 부동산활동(관리·규제·보조·과세정책)과 사적 주체의 부동산활동(개발·중개·관리·평가), 전문협회의 활동이 있으며, 이 중 사적 주체의 부동산활동이 더 활발한 편이다.

> **기출** 부동산학의 연구대상은 부동산활동 및 부동산현상을 포함한다.

## (2) 부동산학의 연구분야

| 1. 실무분야(기술성) | | 2. 이론분야(과학성) |
|---|---|---|
| ① 부동산 결정분야<br>  (의사결정) | ② 부동산 결정의 지원분야<br>  (전문적 서비스 제공) | ③ 부동산학의 기초분야 |
| ㉠ 부동산투자<br>㉡ 부동산금융<br>㉢ 부동산개발<br>㉣ 부동산정책 | ㉠ 부동산투자상담(컨설팅)<br>㉡ 부동산평가<br>㉢ 부동산관리<br>㉣ 부동산마케팅<br>㉤ 부동산중개, 권리분석, 입지선정 | ㉠ 부동산의 특성<br>㉡ 부동산법<br>㉢ 도시지역<br>㉣ 부동산시장<br>㉤ 부동산세금, 기초금융수학 |

## 6 부동산학(활동)의 일반원칙 제26회

### (1) 능률성(합리화, 기계화)

부동산학은 부동산소유활동의 능률화를 위해서는 최유효이용의 원칙을, 부동산거래활동의 능률화를 위해서는 거래질서확립의 원칙을 지도원리로 삼고 있다.

① 이전의 원리 : 인간이 할 수 있는 것을 기계에 이전(지금까지 담당한 업무의 기계화)
② 보족의 원리 : 인간이 할 수 없는 것을 기계로 보충(인간능력의 한계를 기계로 극복)
③ 분담의 원리 : 업무과정의 분업화
④ 연결의 원리 : 분업화된 각 업무의 유기적 연결(자료와 정보의 종합)
⑤ 표준의 원리 : 서식 및 업무처리과정의 표준화, 규격화
⑥ 분발의 원리 : 목표달성을 위한 적극성, 사기의 앙양, 동기부여

## (2) 안전성(거래안전, 능률성과 상충)

부동산활동에 있어서는 거래사고와 관련하여 안전성을 강력하게 인식하여야 한다. 능률성과 안전성은 상호 견제(상충)의 관계에 있다. 안전성을 높이다 보면 능률성이, 능률성을 높이다 보면 안전성이 떨어지기 쉽게 된다.

## (3) 경제성(합리적 선택, 수익성)

최소의 희생으로 최대의 효과를 올리려는 원칙으로 투입(비용·희생)은 최소화 하고, 산출(수익·효용)은 최대화 하고자 한다. 경제성의 원칙은 합리적 선택의 원칙이다.

## (4) 공정성(사회성·공공성)

사익 부문에서는 의뢰인과 비의뢰인의 이익을 모두 보호하여야 하며, 공익 부문에서는 부동산은 사회성과 공공성이 강한 재화이므로 적정한 공간의 분배가 이루어져야 한다.

> **기출** 부동산학의 일반원칙으로서 능률성의 원칙은 소유활동에 있어서 최유효이용을 지도원리로 삼고 있다.

> **보충학습** 부동산학(활동)의 특별원칙

| 감정평가의 특별원칙 | 권리분석의 특별원칙 |
|---|---|
| ① 능률성의 원칙 | ① 능률성의 원칙 |
| ② 안전성의 원칙 | ② 안전성의 원칙 |
| ③ 전달성의 원칙 | ③ 증거주의 원칙 |
| ④ 합리성의 원칙 | ④ 탐문주의 원칙 |

제2절 **부동산(활동)의 속성**

## 1 과학성(이론 측면) 및 기술성(실무 측면)

부동산활동을 위한 체계화된 지식, 원리, 이론 측면에서는 과학성(science)이 필요하고, 이 지식을 응용하는 숙련, 기교(skill), 실무 측면에서는 기술성(art)이 필요하다. 즉, 부동산활동은 이론 측면의 과학성과 실무 측면의 기술성의 양면성을 가지므로 산학(産學)간의 협력이 필요하다.

> 기출 | 부동산활동은 체계화된 이론 측면에서는 과학성, 실무 측면에서는 기술성이 강조되어야 한다.

## 2 사익성 및 사회성·공공성

① **사익성 필요근거** : 자본주의 사회에서는 개인적 이익을 중시함(공익을 해하지 않는 범위내)
② **부동산의 사회성·공공성(토지공개념)이 제기되는 근거**

> ㉠ 토지의 부증성(비생산성), 고가성, 용도의 다양성의 특성 때문이다.
> ㉡ 토지는 국토공간이며, 국가존립을 위해 필요불가결하기 때문이다.
> ㉢ 부동산 특히 주택에는 환경이 중요하기 때문이다.

## 3 전문성

① **전문성의 수준의 분류**

> ㉠ **1차 수준의 전문성** : 비전문가가 자신을 위해 스스로 행하는 부동산활동으로써 가장 전문성 낮음
> (예 일반인이 주택구입을 위해 권리분석을 하는 경우나 가치평가 하는 경우)
> ㉡ **2차 수준의 전문성** : 부동산을 일상의 업무관련하여 다루는 사람에 의한 활동이지만, 그 사람이
> 그 활동의 전문가는 아닌 경우(예 공인중개사의 평가활동, 감정평가사의 권리분석활동, 세무공무
> 원의 평가활동)
> ㉢ **3차 수준의 전문성** : 특정의 부동산활동의 전문가에 의한 활동으로서 가장 전문성 높음(예 공인중개
> 사에 의한 중개활동, 감정평가사에 의한 감정평가활동, 권리분석사에 의한 권리분석활동, 컨설턴
> 트의 컨설팅)

② **전문성 분류의 실익**

> ㉠ 이론수준 차이 ㉡ 주의의무 차이 ㉢ 신뢰도 차이 ㉣ 윤리수준 차이

## 4 윤리성

① 부동산업은 전문성이 높고, 사회성·공공성이 요구되므로 높은 직업윤리가 필요하다. 부동산활동은 고가인 재산을 다루므로 거래당사자나 부동산서비스업에 종사하는 자는 윤리적으로 행동해야 한다.

② **부동산윤리의 유형**

> ㉠ **고용윤리** : 종업원과의 관계에서 발생하는 윤리로서 종업원을 지도·감독해야 하는 윤리를 말한다 (기업·회사 내부조직의 구성원 사이에서 지켜야 할 윤리).
> ㉡ **조직윤리** : 부동산업자간에 서로 지켜야하는 윤리(동업자와의 관계 : 경쟁윤리) 및 부동산사업자가 가입되어 있는 경우에는 단체의 조직원으로써 지켜야 할 윤리를 말한다(동업자단체와의 관계 : 협력관계).
> ㉢ **서비스윤리** : 부동산업자에게 부동산서비스를 의뢰한 의뢰인 및 비의뢰인과의 관계에서 발생하는 윤리를 말한다(의뢰인의 이익옹호와 비의뢰인의 이익옹호 및 사적 이해관계 배제).
> ㉣ **공중윤리** : 일반공중들과의 관계에서 공중의 복리증진을 도모해야 하는 윤리를 말한다.

③ **부동산 윤리규제방법**

자율적 규제와 법률적 규제가 있으나, 자율적 규제가 바람직하다(우리나라는 양자를 절충하는 절충적 규제에 해당 됨).

## 5 대인(對人)활동 및 대물(對物)활동

① 부동산활동에는 직접·간접으로 많은 사람들이 관여한다. 즉 부동산활동의 주체는 인간이므로 대인활동이다.

② 부동산활동의 객체는 부동산이므로 부동산활동은 대물활동이다.

> 기출 │ 부동산활동은 대인활동인 동시에 대물활동이라 할 수 있다.

## 6 정보활동

부동산에는 부동성의 특성이 있고, 부동산주변에는 통제불가능 요인이 많기 때문에 사전에 정보수집·분석·판단이 중요하다.

## 7 임장활동(臨場活動)

① 부동산에는 부동성과 대물(對物)활동성이 있기 때문에 부동산결정을 위해서는 서면자료만으로는 불충분하므로 이에 필요한 사항을 현장에서 직접 확인 분석할 필요가 있다. 즉, 임장활동이란 부동산은 움직이지 않고, 사람이 직접 현장에 가서 부동산을 조사·확인하는 것을 말한다.
② 임장활동을 소홀히 하면 부동산결정의 합리성이 결여될 수 있으며 중개업자의 책임문제가 생길수도 있다.

> **기출** | 부동산활동을 임장활동으로 규정하는 근거는 부동산의 부동성이라는 특성과 대물활동이라는 속성 때문이다.

## 8 배려의 장기성

부동산은 일반상품과 달리 영속성(내구성)이 있으므로 장기적인 미래에 대한 배려를 통해 결정·실행된다. 즉 단기적·즉흥적 결정이 아니라 미래를 예측하여 결정해야 한다.

## 9 공간활동(3차원 공간활동)

부동산활동은 수평공간 뿐 아니라 공중공간, 지하공간인 입체공간에 대한 활동이 현대에 중시되고 있다.

---

**핵심정리**

**부동산활동의 속성**

1. 과학성 및 기술성 : 이론 측면의 과학성과 실무 측면의 기술성이 모두 강조
2. 사익성 및 사회성·공공성 : 공익과 사익의 조화
3. 전문성 : 1차 수준(비전문가), 2차 수준(업무관련), 3차 수준(전문가)
4. 윤리성 : 고용윤리(종업원), 조직윤리(업자간), 서비스윤리(의뢰인 등), 공중윤리(일반대중)
5. 대인활동 및 대물활동 : 대인활동인 동시에 대물활동
6. 정보활동 : 부동성, 통제불가능한 요인 많음
7. 임장활동 : 부동성
8. 배려의 장기성 : 영속성
9. 공간활동 : 3차원 공간(수평공간, 공중공간, 지하공간)

# 02 부동산의 개념과 분류

CHAPTER

▫ 제2장에서는 복합개념의 부동산과 복합부동산, 복합건물 등을 구분할 수 있으며, 법률적 개념과 정착물 개념을 숙지하여야 한다. 더불어 지목에 따른 토지의 분류와 토용어 정리, 건축법상 및 주택법상 주택에 대한 내용도 숙지해야 한다.

▫ 매년 1~2문제가 출제되는 부분이니 집중하여 학습해야 한다.

---

## 제1절 부동산의 개념 제25회, 제27회, 제29회, 제30회, 제33회, 제34회, 제35회

### 1 부동산의 개념

'부동산'(부동산업, 부동산학)은 영어로 'real estate'라는 표현으로 가장 일반적으로 쓰이고 있다. '부동산학'은 첫 글자를 대문자로 써서 'Real Estate'로 표현한다. 부동산의 개념은 부동산활동의 범위를 확정시켜 준다. 부동산학상의 부동산은 복합개념의 부동산이다. 복합개념의 부동산이란 3대 측면의 법률적·경제적·기술적(물리적) 측면의 부동산을 의미한다.

### (1) 복합개념의 부동산(부동산학의 관점) 제27회, 제30회, 제33회, 제34회

복합개념의 부동산이란 3대 측면의 법률적·경제적·기술적(물리적) 측면의 부동산을 의미한다. 법률적 개념과 경제적 개념을 무형(無形)적 측면, 기술적(물리적)개념을 유형(有形)적 측면으로 구분하기도 한다.

| 무형(無形)적 측면 | | 유형(有形)적 측면 |
|---|---|---|
| 법률적 개념 | 경제적 개념 | 기술적(물리적) 개념 |
| ① 협의의 부동산(민법) : 토지 및 그 정착물<br>② 광의의 부동산<br>　㉠ 협의의 부동산 : 토지 및 그 정착물<br>　㉡ 준부동산(의제부동산) : 자동차, 선박, 항공기, 건설기계,<br>　　공장재단, 광업재단, 입목, 어업권 등 | ① 자산<br>② 자본<br>③ 생산요소(생산재)<br>④ 소비재<br>⑤ 상품 | ① 자연<br>② 공간<br>③ 위치<br>④ 환경 |

**기출** 자본·소비재·생산요소·자산은 경제적 개념, 공간·자연·위치는 물리적(기술적) 개념에 해당된다.

### (2) 복합부동산(부동산활동의 관점)

① 토지와 그 토지 위의 건물 등의 정착물이 법률적으로는 각각 독립된 거래의 객체이면서도 마치 하나의 결합된 상태로 다루어져 부동산활동의 대상으로 삼는 경우를 말한다. 즉, 우리나라에서는 토지와 건물 등이 법률적으로는 등기·등록함에 있어 각각 독립된 객체로 취급되지만, 부동산 거래·평가·중개 등 부동산활동상에 있어서는 하나의 일체로 취급되는 경우의 부동산이므로, 복합부동산은 법률적 개념이 아니라 부동산활동상의 개념이다.

② 복합부동산의 경우 감정평가시 일괄평가하는 것이 일반적이다. 「감정평가에 관한 규칙」에서는 '집합건물의 소유 및 관리에 관한 법률에 따른 구분소유권의 대상이 되는 건물부분과 그 대지사용권을 일괄하여 감정평가하는 경우 등 토지와 건물을 일괄하여 감정평가할 때에는 거래사례비교법을 적용해야 한다'라고 규정한다.

> **기출** 1. 복합개념의 부동산이란 부동산을 법률적, 경제적, 기술적 측면 등의 복합개념으로 이해하는 것을 말한다.
> 2. 토지와 건물이 각각 독립된 거래의 객체이면서도 마치 하나의 결합된 상태로 다루어져 부동산활동의 대상으로 인식될 때 이를 복합부동산이라 한다.

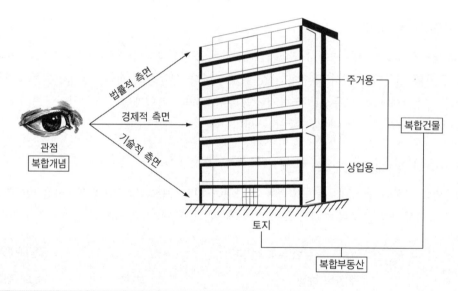

---

**핵심정리**

복합개념의 부동산, 복합부동산, 복합건물

1. **복합개념의 부동산(부동산학의 관점)**
   부동산을 법률적·경제적·기술적 개념으로 체계화한 것으로 기술적 개념인 유형적 측면과 법률적·경제적 개념인 무형적 측면을 모두 고려한 개념을 복합개념의 부동산이라 한다.

2. **복합부동산(부동산활동의 관점)** ⇨ 감정평가시 일괄평가
   토지와 건물 등 각각 독립된 객체이면서도 부동산활동상에 있어서는 일체로 취급하는 경우의 부동산을 말한다.

3. 복합건물 ⇨ 감정평가시 구분평가

복합건물이란 1개의 건물이 주거와 근린생활시설 등이 결합되어 있어 복합적 기능을 수행하는 건물을 말한다 (예 주상복합건물).

**2  물리적 개념(기술적 개념)** : 자연, 위치, 공간, 환경

부동산의 물리적(기술적) 개념은 부동산의 자연적 특성과 유형적 측면을 이해하는데 도움이 되며, 자연(nature), 공간(space), 위치(location), 환경(environment) 등을 의미한다.

① 자연으로서의 토지는 인위적으로 생산할 수 없는 토지의 속성을 의미한다.

② 위치로서의 토지는 주어진 위치를 인위적으로 이동시킬 수 없는 위치의 고정성을 의미한다.

③ 공간으로서의 부동산은 수평공간, 공중공간, 지중공간 등의 입체(3차원)공간을 의미한다.

④ 환경으로서의 부동산은 환경의 구성분자로서 서로 영향을 주고받는 관계를 의미한다.

**3  경제적 개념** : 자산, 자본, 생산요소(생산재), 소비재, 상품 <sup>제33회</sup>

부동산의 경제적 개념은 부동산을 생산·분배·소비·투자관점에서 보는 입장이므로 부동산가격, 수익 등에 중점을 두므로 현대사회의 부동산활동에서 중시된다. 경제적 개념의 부동산에는 자산·자본·생산요소(생산재)·소비재·상품 등이 있으며 이는 부동산의 무형적 측면을 이해하는데 도움이 되며, 경제적 개념이 법률적 개념보다 더 넓은 의미를 띤다.

① 자산(asset)으로서의 부동산은 경제적 활동수단, 이윤추구의 수단으로서의 부동산을 의미한다. 즉 사용가치로서의 자산성과 교환가치로서의 자산성을 의미한다.

② 자본(capital)으로서의 부동산개념도 있다. 즉 생산자 입장에서 토지는 다른 자본재와 마찬가지로 임차하거나 매수해야 하는 재화이므로 기업 입장에서 토지는 자본재로서 성격을 지닌다. 그리고 주택은 소비자 자본이 되기도 한다.

③ 생산요소(생산재)로서의 부동산(토지)은 노동, 자본과 더불어 생산요소 중의 하나이다. 토지는 물적 생산요소이며 위치의 고정성으로 인해 수동적이고 소극적 생산요소이다. 생산요소로서 토지는 제품생산에 필요한 부지를 제공하고 광물, 에너지자원을 제공해 주는 공급처 역할을 수행한다. 생산요소에 대한 수요는 파생적(간접) 수요가 된다.

④ 소비재로서의 부동산은 인간생활의 편의를 제공해주는 최종소비재로서의 성격을 말한다. 소비재에 대한 수요는 본원적(직접) 수요가 된다.

※ 토지는 일반적으로 생산요소(생산재)이지만, 위락용이나 공원용 토지처럼 소비재로서 사용될 수 있다.

⑤ 상품으로서의 부동산은 시장에서 빈번하게 거래가 되는 상품이라는 의미이므로 부동산과 화폐의 교환의 형태로 나타난다.

> **기출**
> 1. 토지는 일반적으로 생산재이지만, 소비재로서 사용될 수 있다.
> 2. 토지는 생산요소와 자본의 성격을 가지고 있고, 소비재의 성격도 가지고 있다.
> 3. 생산요소·자산은 경제적 측면의 부동산에 포함되고, 공간·자연은 물리적 측면의 부동산에 포함된다.

## 4 법률적 개념 : 협의의 부동산, 광의의 부동산

### (1) 협의의 부동산(민법)

협의의 부동산이란 좁은 의미의 부동산으로 민법 제99조 제1항에서 규정한 '토지 및 그 정착물'을 가리킨다.

### (2) 광의의 부동산

민법상의 부동산인 협의의 부동산(토지 및 그 정착물)에 준(의제)부동산을 포함시킨 개념을 광의의 부동산이라 한다.

> **기출**
> 1. 「민법」상 부동산은 토지 및 그 정착물을 말한다.
> 2. 준부동산은 등기·등록의 공시방법을 갖춤으로써 부동산에 준하여 취급되는 특정의 동산을 말한다.

---

**핵심정리**

**준부동산(의제부동산)** 제35회

1. 준부동산은 등기·등록 등 공시방법을 갖춤으로써 부동산에 준하여 취급되는 동산 등을 말한다.
2. 준부동산은 소유권·저당권·감정평가의 대상이 되고, 부동산중개의 대상이 되는 경우도 있다.
3. 부동산으로 간주하는 준부동산에는 자동차, 건설기계(중기), 항공기, 선박(20t 이상), 공장재단(공장저당법), 광업재단(광업재단저당법), 어업권(수산업법), 광업권, 입목(입목에 관한 법률) 등이 있다.
   ① 동산
      ㉠ 선박 : 20톤 이상의 선박(총톤수 20톤 이상의 기선과 범선 및 총톤수 100톤 이상의 부선에 대하여 적용)으로 「선박법」 및 「선박등기법」에 따라 등기된 선박을 말하며, 20톤 미만의 소형선박도 「자동차 등 특정동산 저당법」에 의해 선박등록원부에 등록시 저당권의 객체가 된다.
      ㉡ 자동차, 항공기, 건설기계 : 자동차등록원부, 항공기등록원부, 건설기계등록원부에 등록된 것을 말하며, 각각 「자동차 등 특정동산 저당법」에 의해 저당권 설정이 가능하다.
   ② 동산과 일체로 된 부동산의 집단
      ㉠ 공장재단 : 「공장저당법」에 의해 공장재단으로 구성된 토지와 공작물, 기계, 기구, 공업소유권 등은 하나의 부동산처럼 취급되며 소유권의 보존등기와 저당권의 설정등기 등이 가능하다.
      ㉡ 광업재단 : 「광업재단저당법」에 의해 광업재단을 구성하는 광업권, 토지, 공작물, 기계 등은 하나의 부동산처럼 취급되며 저당권설정이 가능하다.

③ **어업권 등의 준물권** : 어업권은 「수산업법」의 규정에 의해 면허 또는 허가를 받아 어업을 경영할 수 있는 권리로 공유수면에서 수산동식물을 독점적·배타적으로 채취·포획 및 양식할 수 있다. 어업권원부에 등록 시 등기에 갈음하는 효과가 생긴다. 어업권은 준물권으로 민법의 토지에 관한 규정이 준용된다.

④ **입목** : 「입목에 관한 법률」에 의하여 소유권보존등기를 받은 것으로 저당권설정이 가능하다.

4. **중개대상물의 범위**(「공인중개사법 시행령」 제2조)
   ① 「입목에 관한 법률」에 따른 입목
   ② 「공장 및 광업재단 저당법」에 따른 공장재단 및 광업재단

5. **소유권을 공시하는 방법**
   ① 등기로 공시하는 물건: 총톤수 20톤 이상의 기선과 범선 및 총톤수 100톤 이상의 부선, 광업재단, 공장재단, 토지에 부착된 수목의 집단
   ② 등록으로 공시하는 물건: 자동차, 항공기, 건설기계, 어업권

## (3) 토지정착물 <sub></sub>제25회, 제29회

정착물이란 원래는 동산이었지만 토지 등에 설치, 부착됨에 따라 항구적으로 결합 사용되는 것이 일반화되어 부동산화된 토지개량물을 말한다. 정착물 중에는 토지의 일부로 취급되는 종속정착물과 토지와 분리하여 독립된 부동산으로 취급하는 독립정착물이 있다. 이 경우 독립은 물리적 측면이 아니라 법률적 측면에서의 독립을 의미한다.

① **종속정착물**(토지의 일부인 정착물)

토지의 일부로 취급되는 것으로는 담장, 축대, 구거, 경작목적이 아닌 수목, 자연식생, 다년생식물 등을 들 수 있다.

② **독립정착물**(토지로부터 독립된 부동산으로 취급)

　　㉠ **건물** : 우리나라에서는 우리나라에서 완성된 건물은 토지와는 독립된 부동산으로 취급된다. 신축 중인 건물이어도 기둥, 지붕 및 주벽이 완성되는 순간 사용승인이나 등기 없이도 토지와 분리된 독립된 부동산으로 취급된다는 것이 판례의 입장이다.

　　㉡ **미분리과실** : 미분리 과실은 수목의 일부에 불과하나 명인방법을 갖춘 때에는 토지와는 독립적인 부동산으로서 소유권의 객체가 될 수 있다.

　　㉢ **수목(집단)** : 명인방법을 갖춘 수목의 집단이나 '입목에 관한 법률'에 의하여 소유권보존등기를 받은 입목은 토지의 일부로 보지 않고 토지와는 독립된 거래의 객체로 인정된다. 하지만 명인방법은 완전한 공시방법이라 할 수 없으므로 명인방법을 갖춘 수목의 집단은 소유권표시는 가능하나 저당권표시는 인정되지 않는다.

　　㉣ **농작물** : 농작물은 토지의 정착물로서 토지의 일부에 불과하여 독립된 부동산으로 취급되지 않는다. 다만, 정당한 권원에 의해 타인토지에서 경작·재배한 농작물은 토지와 독립된 부동산으로 다루어져 경작자의 소유에 속한다. 하지만, 정당한 권원 없이 타인의 토지에서 경작·재배된 성숙된 농작물도 토지와 독립된 부동산으로 다루어져 경작자의 소유에 속한다고 보는 것이 판례의 태도이다.

### (4) 동산

경작수확물, 임차인이 설치한 임차인정착물, 가식중의 수목, 판자집, 헐어버린 건축물, 공중전화박
스, 신문가판대, 비닐하우스 등은 부동산정착물로 취급되지 않는 것이 원칙이므로 동산으로 취급하
는 것이 일반적이다.

> **기출** 1. 건물, 명인방법을 갖춘 미분리과실, 명인방법을 갖춘 수목의 집단이나 등기된 입목, 타인의 토지에서
> 경작·재배된 농작물은 토지의 정착물 중 토지와 독립된 것으로 간주된다.
> 2. 구거·다년생 식물·교량·담장은 토지의 정착물에 해당되지만, 가식중인 수목·임차인 정착물·경작수확물
> 등은 토지의 정착물로 간주되지 않고 동산으로 취급된다.
> 3. 임차인 정착물은 동산으로 간주되는 것이 원칙이다.

### (5) **부동산정착물**(설비 : fixture) 제33회

① 정착물의 구분
  ㉠ **부동산정착물** : 부동산의 일부로 취급, 매매시 매수인에게 소유권 이전 됨
  ㉡ **동산** : 부동산으로부터 독립적으로 취급, 매매시 매수인에게 소유권 이전되지 않음
② 정착물의 구분기준

| 구분기준 | 정착물 O | 정착물 X |
|---|---|---|
| ㉠ **부착방법** (손상·효용) | 제거시 건물에 손상을 주거나, 손상을 주지 않더라도 효용이 감소하는 것 | 건물에 손상을 주지 않고 제거할 수 있는 것 |
| ㉡ **물건의 성격** | 처음부터 건물의 위치나 용도에 맞추어 제작된 것 | 처음부터 위치나 용도에 맞추어 제작된 것이 아닌 것 |
| ㉢ **물건 설치의도** | 가치증진 목적 영구적으로 설치한 것 | 일시적으로 설치한 것 |
| ㉣ **당사자 관계** | 임대인 정착물 | 임차인 정착물(거래, 농업, 가사정착물) |

※ 당사자 간의 계약이나 합의·동의의 존재도 정착물의 구분하는 기준이 될 수 있다.

---

**핵심정리**

부동산정착물

1. 어떤 물건이 정착물인지 아닌지가 불분명 할 때는 그것은 정착물로 간주되어 매수인의 것이 된다.
2. 부동산정착물에 포함: 매년 경작의 노력을 요하지 않는 나무, 자연식생 또는 다년생식물 등
3. 동산에 포함: 임차인정착물, 경작수확물, 가식이나 이식 중의 수목 등

부동산과 동산의 차이점

| 3대 측면 | 구분 | 부동산 | 동산 |
|---|---|---|---|
| 기술적 측면 | 위치 | 부동성(고정성) | 이동성(유동성) |
| | 용도 | 용도의 다양성(이질성) | 용도의 한계성(동질성) |
| 경제적 측면 | 가격 | 비교적 크다(구매기간 : 장기). | 비교적 적다(구매기간 : 단기). |
| | 시장구조 | 추상적 + 구체적시장(불완전시장) | 구체적 시장 |
| | 일물일가의 법칙성 | 비적용(개별성) | 적용가능(동질성) |
| 법률적 측면 | 공시방법 | 등기·등록 | 점유·인도 |
| | 공신력(선의취득) | 불인정 | 인정(선의취득) |
| | 취득시효 | 20년(등기 : 10년) | 10년(선의취득 : 5년간 점유) |
| | 무주물 귀속 | 국유 | 선점자 |
| | 제한물권 설정 | 가능(질권×) | 용익물권·저당권(×), 유치권·질권(○) |

PART1 부동산학 총론

제 2 절 **부동산의 분류** 제25회, 제26회, 제27회, 제28회, 제29회, 제30회, 제31회, 제32회, 제33회, 제34회, 제35회

## 1 토지의 분류(토지의 용어)

**보충학습** | 공간정보의 구축 및 관리 등에 관한 법률(제67조)에 따른 지목(28개) 제27회, 제35회

지목 : 토지의 주된 용도에 따라 토지의 종류를 구분하여 지적공부에 등록한 것

전, 답, 과수원, 목장용지, 임야, 광천지, 염전, 대, 공장용지, 학교용지, 주차장, 주유소용지, 창고용지, 도로, 철도용지, 하천, 제방, 구거, 유지, 양어장, 수도용지, 공원, 체육용지, 유원지, 종교용지, 사적지, 묘지, 잡종지

1. 전 : 물을 상시적으로 이용하지 않고 곡물·원예작물(과수류는 제외한다)·약초·뽕나무·닥나무·묘목·관상수 등의 식물을 주로 재배하는 토지와 식용(食用)으로 죽순을 재배하는 토지
2. 답 : 물을 상시적으로 직접 이용하여 벼·연(蓮)·미나리·왕골 등의 식물을 주로 재배하는 토지
3. 과수원 : 사과·배·밤·호두·귤나무 등 과수류를 집단적으로 재배하는 토지와 이에 접속된 저장고 등 부속시설물의 부지. 다만, 주거용 건축물의 부지는 "대"로 한다.
4. 목장용지 : 다음 각 목의 토지. 다만, 주거용 건축물의 부지는 "대"로 한다.
   가. 축산업 및 낙농업을 하기 위하여 초지를 조성한 토지
   나. 「축산법」 제2조 제1호에 따른 가축을 사육하는 축사 등의 부지
   다. 가목 및 나목의 토지와 접속된 부속시설물의 부지
5. 임야 : 산림 및 원야(原野)를 이루고 있는 수림지(樹林地)·죽림지·암석지·자갈땅·모래땅·습지·황무지 등의 토지
6. 광천지 : 지하에서 온수·약수·석유류 등이 용출되는 용출구(湧出口)와 그 유지(維持)에 사용되는 부지. 다만, 온수·약수·석유류 등을 일정한 장소로 운송하는 송수관·송유관 및 저장시설의 부지는 제외한다.
7. 염전 : 바닷물을 끌어들여 소금을 채취하기 위하여 조성된 토지와 이에 접속된 제염장(製鹽場) 등 부속시설물의 부지. 다만, 천일제염 방식으로 하지 아니하고 동력으로 바닷물을 끌어들여 소금을 제조하는 공장시설물의 부지는 제외한다.
8. 대(垈)
   가. 영구적 건축물 중 주거·사무실·점포와 박물관·극장·미술관 등 문화시설과 이에 접속된 정원 및 부속시설물의 부지
   나. 「국토의 계획 및 이용에 관한 법률」 등 관계 법령에 따른 택지조성공사가 준공된 토지
9. 공장용지
   가. 제조업을 하고 있는 공장시설물의 부지
   나. 「산업집적활성화 및 공장설립에 관한 법률」 등 관계 법령에 따른 공장부지 조성공사가 준공된 토지
   다. 가목 및 나목의 토지와 같은 구역에 있는 의료시설 등 부속시설물의 부지
10. 학교용지 : 학교의 교사(校舍)와 이에 접속된 체육장 등 부속시설물의 부지

11. 주차장 : 자동차 등의 주차에 필요한 독립적인 시설을 갖춘 부지와 주차전용 건축물 및 이에 접속된 부속시설물의 부지. 다만, 다음 각 목의 어느 하나에 해당하는 시설의 부지는 제외한다.
    가. 「주차장법」 제2조 제1호 가목 및 다목에 따른 노상주차장 및 부설주차장(「주차장법」 제19조 제4항에 따라 시설물의 부지 인근에 설치된 부설주차장은 제외한다)
    나. 자동차 등의 판매 목적으로 설치된 물류장 및 야외전시장

12. 주유소용지 : 다음 각 목의 토지. 다만, 자동차·선박·기차 등의 제작 또는 정비공장 안에 설치된 급유·송유시설 등의 부지는 제외한다.
    가. 석유·석유제품, 액화석유가스, 전기 또는 수소 등의 판매를 위하여 일정한 설비를 갖춘 시설물의 부지
    나. 저유소(貯油所) 및 원유저장소의 부지와 이에 접속된 부속시설물의 부지

13. 창고용지 : 물건 등을 보관하거나 저장하기 위하여 독립적으로 설치된 보관시설물의 부지와 이에 접속된 부속시설물의 부지

14. 도로 : 다음 각 목의 토지. 다만, 아파트·공장 등 단일 용도의 일정한 단지 안에 설치된 통로 등은 제외한다.
    가. 일반 공중(公衆)의 교통 운수를 위하여 보행이나 차량운행에 필요한 일정한 설비 또는 형태를 갖추어 이용되는 토지
    나. 「도로법」 등 관계 법령에 따라 도로로 개설된 토지
    다. 고속도로의 휴게소 부지
    라. 2필지 이상에 진입하는 통로로 이용되는 토지

15. 철도용지 : 교통 운수를 위하여 일정한 궤도 등의 설비와 형태를 갖추어 이용되는 토지와 이에 접속된 역사(驛舍)·차고·발전시설 및 공작창(工作廠) 등 부속시설물의 부지

16. 제방 : 조수·자연유수(自然流水)·모래·바람 등을 막기 위하여 설치된 방조제·방수제·방사제·방파제 등의 부지

17. 하천 : 자연의 유수(流水)가 있거나 있을 것으로 예상되는 토지

18. 구거 : 용수(用水) 또는 배수(排水)를 위하여 일정한 형태를 갖춘 인공적인 수로·둑 및 그 부속시설물의 부지와 자연의 유수(流水)가 있거나 있을 것으로 예상되는 소규모 수로부지

19. 유지(溜池) : 물이 고이거나 상시적으로 물을 저장하고 있는 댐·저수지·소류지(소유지)·호수·연못 등의 토지와 연·왕골 등이 자생하는 배수가 잘 되지 아니하는 토지

20. 양어장 : 육상에 인공으로 조성된 수산생물의 번식 또는 양식을 위한 시설을 갖춘 부지와 이에 접속된 부속시설물의 부지

21. 수도용지 : 물을 정수하여 공급하기 위한 취수·저수·도수(導水)·정수·송수 및 배수 시설의 부지 및 이에 접속된 부속시설물의 부지

22. 공원 : 일반 공중의 보건·휴양 및 정서생활에 이용하기 위한 시설을 갖춘 토지로서 「국토의 계획 및 이용에 관한 법률」에 따라 공원 또는 녹지로 결정·고시된 토지

23. 체육용지 : 국민의 건강증진 등을 위한 체육활동에 적합한 시설과 형태를 갖춘 종합운동장·실내체육관·야구장·골프장·스키장·승마장·경륜장 등 체육시설의 토지와 이에 접속된 부속시설물의 부지. 다만, 체육시설로서의 영속성과 독립성이 미흡한 정구장·골프연습장·실내수영장 및 체육도장, 유수(流水)를 이용한 요트장 및 카누장 등의 토지는 제외한다.

24. 유원지 : 일반 공중의 위락·휴양 등에 적합한 시설물을 종합적으로 갖춘 수영장·유선장(遊船場)·낚시터·어린이놀이터·동물원·식물원·민속촌·경마장 등의 토지와 이에 접속된 부속시설물의 부지. 다만, 이들 시설과의 거리 등으로 보아 독립적인 것으로 인정되는 숙식시설 및 유기장(遊技場)의 부지와 하천·구거 또는 유지[공유(公有)인 것으로 한정한다]로 분류되는 것은 제외한다.

25. 종교용지 : 일반 공중의 종교의식을 위하여 예배·법요·설교·제사 등을 하기 위한 교회·사찰·향교 등 건축물의 부지와 이에 접속된 부속시설물의 부지

26. 사적지 : 문화재로 지정된 역사적인 유적·고적·기념물 등을 보존하기 위하여 구획된 토지. 다만, 학교용지·공원·종교용지 등 다른 지목으로 된 토지에 있는 유적·고적·기념물 등을 보호하기 위하여 구획된 토지는 제외한다.

27. 묘지 : 사람의 시체나 유골이 매장된 토지, 「도시공원 및 녹지 등에 관한 법률」에 따른 묘지공원으로 결정·고시된 토지 및 「장사 등에 관한 법률」 제2조 제9호에 따른 봉안시설과 이에 접속된 부속시설물의 부지. 다만, 묘지의 관리를 위한 건축물의 부지는 "대"로 한다.

28. 잡종지 : 다음 각 목의 토지. 다만, 원상회복을 조건으로 돌을 캐내는 곳 또는 흙을 파내는 곳으로 허가된 토지는 제외한다.
    가. 갈대밭, 실외에 물건을 쌓아두는 곳, 돌을 캐내는 곳, 흙을 파내는 곳, 야외시장, 비행장, 공동우물
    나. 영구적 건축물 중 변전소, 송신소, 수신소, 송유시설, 도축장, 자동차운전학원, 쓰레기 및 오물처리장 등의 부지
    다. 다른 지목에 속하지 않는 토지

> **기출**
> 1. 지목이란 토지의 주된 용도에 따라 토지의 종류를 구분하여 지적공부에 등록한 것을 말한다.
> 2. 공간정보의 구축 및 관리 등에 관한 법령상 용수를 위하여 일정한 형태를 갖춘 인공적인 수로, 둑 및 그 부속시설물의 부지의 지목을 구거라고 한다.

## (1) 택지(宅地) 제29회

택지는 감정평가상의 용어로서 건축이 가능한 토지를 가리키며, 주거용·상업용·공업용지를 포함한다. 택지란 주거·상업·공업용지 등의 용도로 이용되고 있거나 해당 용도로 이용할 목적으로 조성된 토지를 말한다(표준지공시지가 조사·평가 기준 제2조). 대지(垈地)는 「건축법」상의 용어로 건축할 수 있는 토지를 의미하므로 택지와 유사하다.

## (2) 부지(敷地) 제28회

부지는 건축이 가능한 건축용지(택지)외에도 건축이 불가능한 토지인 하천, 철도, 도로의 바닥토지로 포괄적 용어이다. 부지는 대지, 택지보다 넓은 의미이다.

※ 택지는 부지에 포함되는 개념으로 택지는 반드시 부지가 되지만, 부지가 반드시 택지가 되는 것은 아니다.

### (3) 대(垈)

「공간정보의 구축 및 관리 등에 관한 법률」에서 지목이 '대(垈)'인 토지를 말한다. 다만, 공장용지는 '공장용지'라는 별도의 지목이 있으므로 지목이 '대(垈)'가 아니다. 지목이 '대(垈)'가 아닌 학교용지, 종교용지, 공장용지에도 「건축법」상 건축이 가능하므로 '대지(垈地)'가 될 수 있다.

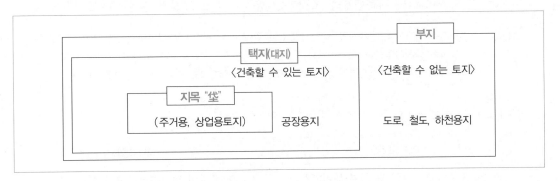

기출 1. 택지는 주거·상업·공업용지 등의 용도로 이용되고 있거나 해당 용도로 이용할 목적으로 조성된 토지를 말한다.
2. 부지는 일정한 용도로 제공되고 있는 바닥토지를 말하며, 하천, 도로 등의 바닥토지에 사용되는 포괄적 용어이다.

**감정평가상의 토지용도별 분류**

| 대분류 | 소분류 | | |
|---|---|---|---|
| 1. 택지지역 | ① 주택지역 | ② 상업지역 | ③ 공업지역 |
| 2. 농지지역 | ① 전지지역 | ② 답지지역 | ③ 과수원지역 |
| 3. 임지지역 | ① 용재림지역(목재용) | ② 신탄림지역(연료용) | |

### (4) 후보지(候補地)와 이행지(履行地) : 용도전환 과정의 토지 제28회, 제29회, 제31회, 제32회, 제34회

후보지나 이행지는 용도가 전환 중이거나 이행 중인 토지에 사용되는 용어이므로 이미 용도가 전환되었거나 이행이 이루어진 토지는 후보지, 이행지라 하지 않는다. 예컨대, 농지가 택지로 전환된 토지는 택지이고, 주거지가 상업지로 전환된 토지는 상업지이다. 감정평가시 일반적으로 전환지는 전환 후(後)의 용도가격으로 평가한다. 그러나 성숙도가 낮거나 이행이나 전환이 완만한 경우에는 전환 전(前)의 용도를 기준으로 평가한다.

① **후보지(가망지, 예정지)** : 용도지역 중 대분류간인 택지지역, 농지지역, 임지지역 상호간에 전환되고 있는 토지를 말한다. 후보지란 인근지역의 주위환경 등의 사정으로 보아 현재의 용도에서 장래 택지 등 다른 용도로의 전환이 객관적으로 예상되는 토지를 말한다(표준지공시지가 조사·평가 기준

제2조). 예컨대, 농지지역이 택지지역으로 전환되고 있으면 택지후보지이다. 후보지는 반드시 지목의 변경을 초래한다.

② **이행지** : 용도지역의 분류 중 세분된 지역 즉, 택지지역, 농지지역, 임지지역 내에서 용도가 전환되고 있는 토지를 이행지라 한다. 예컨대, 주택지역이 상업지역으로 전환되고 있으면 상업이행지라 한다. 이행지는 지목변경을 초래하는 경우도 있고 그렇지 않은 경우도 있다.

> **기출**
> 1. 후보지는 임지지역, 농지지역, 택지지역 상호 간에 다른 지역으로 전환되고 있는 지역의 토지를 말한다.
> 2. 이행지는 택지지역·농지지역·임지지역 내에서 세부지역 간 용도가 전환되고 있는 토지를 말한다.
> 3. 택지지역 내에서 공업지역이 상업지역으로 용도가 전환되고 있는 토지는 이행지이다.

### (5) 필지(筆地)와 획지(劃地) 제29회, 제30회, 제31회, 제32회

| 필지(筆地) | 획지(劃地) |
|---|---|
| ① 하나의 지번이 붙는 토지의 등록·등기단위 | ① 가격수준이 비슷한 일단의 토지 |
| ② 권리를 구분하기 위한 법적 개념(등기법) | ② 경제적 개념(감정평가) |
| ③ 매매·교환시에서 중시 | ③ 이용, 개발, 평가 등 부동산활동에서 중시 |

① **필지(법적 개념)**

  ㉠ 하나의 지번이 붙는 토지의 법적 등록·등기단위를 말한다. 필지는 법률적 개념이다.

  ㉡ 지번·지역·지목·소유자·등기 여부·지적도의 축척이 같고, 지반이 연속되어야 한다. 필지는 토지소유자의 권리를 구분하기 위한 단위이며, 매매, 교환의 경우에 중시된다.

② **획지(경제적 개념)**

  ㉠ 인위적·자연적·행정적 조건에 따라 다른 토지와 구별되는 가격수준이 비슷한 일단의 토지를 말한다. 토지이용 상황이 동일, 유사하여 가격수준이 동일, 유사한 일단의 토지로 경제적 개념이다.

  ㉡ 획지는 부동산이용, 개발, 평가, 입지선정 등 부동산학에서 중시된다.

③ **필지와 획지의 관계** : 획지는 여러개의 필지, 하나의 필지 중 일부, 하나의 필지 모두에 대해서 모두 성립할 수 있다.

  ㉠ 1필지 = 1획지(필지 = 획지, 필지와 획지가 같은 경우) ⇨ 개별평가

  ㉡ 1필지 = 多획지(필지 > 획지, 필지가 획지보다 큰 경우) ⇨ 구분평가

  ㉢ 多필지 = 1획지(필지 < 획지, 획지가 필지보다 큰 경우) ⇨ 일괄평가

  ※ 필지와 획지는 둘 다 면적단위가 아니다. ⇨ 법정 면적단위는 ㎡를 사용한다.

> **기출**
> 1. 필지는 하나의 지번이 부여된 토지의 등록단위를 말한다.
> 2. 획지는 인위적·자연적·행정적 조건에 따라 다른 토지와 구별되는 것으로 가격수준이 비슷한 일단의 토지를 말한다.

**보충학습** 면적단위와 면적환산방법

1. 면적단위 : ㎡가 원칙이다. ⇨ 1㎡ = 0.3025평, 1평 = 3.3058㎡
2. ㎡를 평으로 환산하는 방법 : 해당면적 × 0.3025 **예** 85㎡ = 85 × 0.3025 = 약 25.71평
3. 평을 ㎡로 환산하는 방법 : 해당면적 × 3.3058 **예** 25.71평 = 25.71 × 3.3058 = 84.99㎡(약 85㎡)

## (6) 대지(袋地)와 맹지(盲地) 제28회, 제32회

① 대지(袋地) : 택지가 다른 택지에 의해 둘러싸여 공도(公道)에 연접(連接)되어 있지 않지만 좁은 통로에 의해서 도로에 접하는 자루형 모양의 토지를 말한다. 건축법상 건축이 가능하다.

② 맹지(盲地) : 타인의 토지에 둘러싸여 도로에 어떤 접속면도 가지지 못하는 토지를 말하며 원칙적으로 건축법상 건축이 불가능하다.

**기출** 맹지는 타인의 토지에 둘러싸여 도로와 접하고 있지 않은 토지를 말한다.

## (7) 나지(裸地) – 건물 X, 공법상 제약 O, 사법상 제약 X 제25회, 제31회, 제32회, 제35회

① 나지란 토지에 건물 기타의 정착물이 없고, 지상권 등 토지의 사용·수익을 제한하는 사법상의 권리가 설정되어 있지 아니한 토지를 말한다(표준지공시지가 조사·평가 기준 제2조). 나지 중 지목이 '대(垈)'인 경우 나대지가 되지만, 나지가 반드시 지목이 '대(垈)'인 것은 아니다.

② 나지는 건부지에 비해 용도가 다양하고 시장성이 높아 토지가격에 대한 감정평가의 기준이 된다.

③ 일본에서는 나지를 갱지(更地)와 저지(底地)로 구분한다. 갱지는 공법적 제약은 있으나 사법적 제약이 없는 완전한 권리를 가지는 토지이고, 저지는 공·사법상의 제약을 모두 받는 불완전한 권리를 가지는 토지이다.

| 구분 | 건축물 | 사법상 제한 | 공법상 규제 |
|---|---|---|---|
| 나지(裸地), 갱지(更地) | × | × | ○ |
| 저지(底地) | × | ○ | ○ |

## (8) 건부지(建附地) – 택지 위에 건물이 들어서 있는 부지

택지 위에 건축물이 들어서 있는 부지로서 건물에 의해 사용수익의 제한을 받는 토지를 말한다.

**보충학습** 건부감가와 건부증가 제25회

1. **건부감가(원칙) : 나지의 평가액 > 건부지의 평가액**
   ① 부지상에 건물 등이 존재함으로써 부지의 최유효이용을 저해하는 경우에는 부지에 대한 제약분을 부지가격에서 감가하는 것을 말한다. 건부지 면적이 클수록 건물이 견고할수록 건부감가가 크다.
   ② 건물이 토지의 용도를 제한하므로 다른 용도로 전환할 때 건물의 철거비용이 들기 때문에 일반적으로 건부감가를 한다. 따라서 원칙적으로 건부지가격은 나지가격을 상한액으로 한다.
2. **건부증가(예외) : 나지의 평가액 < 건부지의 평가액 ⇨ 정부개입, 규제강화**
   ① 건물이 존재함으로 인하여 건부지가 나지보다 가격이 높은 경우를 말한다.
   ② 건폐율·용적률의 강화결정, 개발제한구역, 토지수용시 보상가 산정시 건부 증가가 발생할 수 있다.

**기출**
1. 나지는 토지 위에 정착물이 없고, 공법상의 제한은 있지만 사법상의 제한이 없는 토지를 말한다.
2. 건부지가격은 건부감가에 의해 나지가격보다 낮게 평가된다.

## (9) 공지(空地)와 공한지(空閑地) 제30회, 제32회

① **공지** : 건축법에 의한 건폐율, 용적률 등의 공적 제한으로 인해 한 필지 내에서 건축하지 않고 비워둔 토지를 말한다.
② **공한지** : 도시토지에서 지가상승만을 기대하고 개발계획도 없이 투기목적으로 장기간 방치하고 있는 토지를 말한다.

**기출** 공지는 건부지 중 건물을 제외하고 남은 부분의 토지로, 건축법령에 의한 건폐율 등의 제한으로 인해 필지 내에 비어 있는 토지를 말한다.

## (10) 휴한지(休閑地)와 유휴지(遊休地)

① **휴한지** : 농지의 비옥도 등 지력의 회복이나 농지를 개량하기 위해 일정기간 정상적으로 쉬게 하는 토지를 말한다.
② **유휴지** : 바람직스럽지 않게 놀리고 있는 토지를 유휴지라 한다.

**기출** 휴한지는 지력회복을 위해 정상적으로 쉬게 하는 토지를 말한다.

## (11) 법지(法地)와 빈지(濱地) 제30회, 제33회, 제34회

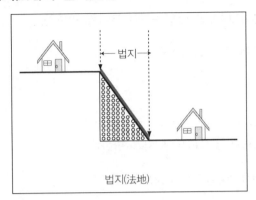

법지(法地)

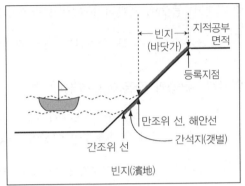

빈지(濱地)

① 법지란 법적 개념으로서 법적 소유권은 인정되나 경제적인 활용실익이 없는 토지를 말한다. 즉, 측량면적에는 포함되나 실제로는 사용을 못하는 토지를 말한다. 토지의 붕괴를 막기 위한 경사면의 토지는 법지이며 윗집 또는 상부의 토지 면적에 포함된다.

② 빈지(바닷가)란 경제적 개념으로서 법적 소유권은 인정되지 않으나 경제적 활용실익이 있는 토지로 법지와 반대개념이다. 바다와 육지사이의 해변의 토지로 「공유수면 관리 및 매립에 관한 법률」상 해안선으로부터 지적공부에 등록된 지역까지의 토지를 말한다.

※ 간석지(갯벌): 만조위선으로부터 간조위선까지의 사이

| 구분 | 법지 | 빈지 |
|---|---|---|
| 법적 소유권 | ○ | × |
| 이용 가치 | × | ○ |

기출
1. 법지는 소유권은 인정되지만 이용실익이 없거나 적은 토지를 말한다.
2. 토지와 도로 등 경계 사이의 경사진 부분의 토지를 법지(法地)라 한다.
3. 빈지는 소유권이 인정되지 않는 바다와 육지 사이의 해변토지를 말한다.

## (12) 선하지(線下地)와 포락지(浦落地) 제26회, 제28회, 제30회, 제31회, 제33회

① 선하지 : 고압전선 아래의 토지를 말하며 선하지 감가가 일반적이다.

② 포락지 : 「공유수면 관리 및 매립에 관한 법률」상 지적공부에 등록된 토지가 물에 침식되어 수면 밑으로 잠긴 토지를 말한다. 즉, 논이나 밭이 강물이나 냇물에 침식되고 지반이 절토되어 무너져 내림으로써 하천으로 변한 토지이다.

기출
1. 고압송전선로 아래의 토지를 선하지라 하며 이용 및 거래의 제한을 받는 경우가 많다.
2. 포락지는 지적공부에 등록된 토지가 물에 침식되어 수면 밑으로 잠긴 토지를 말한다.

**(13) 소지(素地) 또는 원지(原地)** 제30회, 제31회

택지(대지) 등으로 개발되기 이전의 자연상태 그대로의 미성숙지인 토지를 말한다.

> **기출** 소지는 대지 등으로 개발되기 이전의 자연상태 그대로의 토지를 말한다.

**(14) 일단지(一團地)와 공유지(共有地)** 제29회

① 일단지 : 용도상 불가분의 관계에 있는 2필지 이상의 일단의 토지를 말한다.
② 공유지 : 1필지의 토지를 2인 이상이 공동으로 소유하는 토지를 말한다.

> **기출** 일단지는 용도상 불가분의 관계에 있는 2필지 이상의 일단의 토지를 말한다.

**(15) 표준지(標準地)와 표본지(標本地)**

① 표준지 : 지가의 공시를 위해 가치형성요인이 같거나 유사하다고 인정되는 일단의 토지 중에서 선정한 토지이다.
② 표본지 : 지가변동률 조사·산정대상 지역에서 행정구역별·용도지역별·이용상황별로 지가변동을 측정하기 위해 선정한 대표적인 필지이다.

> **기출** 표준지는 지가의 공시를 위해 가치형성요인이 같거나 유사하다고 인정되는 일단의 토지 중에서 선정한 토지를 말한다.

**(16) 환지(換地)와 체비지(替費地)** 제33회

① 환지 : 도시개발사업에 소요된 비용과 공공용지를 제외한 후 도시개발사업 전 토지의 위치·지목·면적 등을 고려하여 토지소유자에게 재분배하는 토지이다.
② 체비지 : 도시개발사업에 필요한 경비에 충당하기 위해 환지로 정하지 아니한 토지이다.

> **기출** 1. 도시개발사업에 소요된 비용과 공공용지를 제외한 후 도시개발사업 전 토지의 위치·지목·면적 등을 고려하여 토지소유자에게 재분배하는 토지를 환지라 한다.
> 2. 도시개발사업에 필요한 경비에 충당하기 위해 환지로 정하지 아니한 토지를 체비지라 한다.

**(17) 한계지(限界地)**

① 택지의 한계지 : 택지이용의 최원방권상의 토지로서, 행정구역상 타지역과 인접한 지역 내의 토지이다. 단, 농지의 한계지는 농지의 이용에 있어서 한계생산성이 '0'이 되는 최열등지를 말한다. 리카도의 차액지대설에서는 한계지에서는 지대가 발생하지 않지만, 마르크스의 절대지대설에서는 한계지에서도 지대가 발생한다.
② 한계지의 지가수준 : 농경지의 지가수준과는 무관하게 형성되는 것이 일반적이다. 이 경우에 한계지와 주변 농지와의 지가의 차이가 심할 때, 이를 단절지가라 한다.

## 2 우리나라 표준산업분류에 따른 부동산업의 분류 제28회, 제31회

| 대(중)분류 | 소분류 | 세분류 | 세세분류 |
|---|---|---|---|
| 부동산업 (68) | 부동산임대 및 공급업 (681) | 부동산임대업 (6811) | • 주거용 부동산임대업<br>• 비주거용 부동산임대업<br>• 기타 부동산임대업 |
| | | 부동산개발 및 공급업 (6812) | • 주거용 건물개발 및 공급업<br>• 비주거용 건물개발 및 공급업<br>• 기타 부동산개발 및 공급업 |
| | 부동산 관련 서비스업 (682) | 부동산관리업 (6821) | • 주거용 부동산관리업<br>• 비주거용 부동산관리업 |
| | | 부동산중개, 자문 및 감정평가업 (6822) | • 부동산 중개 및 대리업<br>• 부동산 투자자문업<br>• 부동산 감정평가업<br>• 부동산 분양 대행업 |

기출 │ 부동산 관련 서비스업에는 부동산관리업과 부동산중개, 자문 및 감정평가업이 있다.

## 3 주택의 용어(「건축법 시행령」) 제25회, 제28회, 제32회, 제33회, 제35회

| 단독주택 | 단독주택, 다중주택, 다가구주택, 공관 |
|---|---|
| 공동주택 | 아파트, 연립주택, 다세대주택, 기숙사 |

### (1) 단독주택

단독주택은 공동주택을 제외한 주택으로서 다중주택, 다가구주택, 공관을 포함한다. 단독주택의 형태를 갖춘 가정어린이집·공동생활가정·지역아동센터 및 노인복지시설(노인복지주택은 제외한다)을 포함한다.

| ① 단독주택 | |
|---|---|
| ② 다중주택 | • 학생 또는 직장인 등 여러 사람이 장기간 거주할 수 있는 구조로 되어 있는 것<br>• 독립된 주거의 형태를 갖추지 아니한 것(각 실별로 욕실은 설치할 수 있으나, 취사시설은 설치하지 아니한 것을 말한다.)<br>• 1개 동의 주택으로 쓰이는 바닥면적의 합계가 660㎡ 이하이고 주택으로 쓰는 층수(지하층은 제외)가 3개 층 이하일 것<br>• 적정한 주거환경을 조성하기 위하여 건축조례로 정하는 실별 최소 면적, 창문의 설치 및 크기 등의 기준에 적합할 것 |

| ③ 다가구주택 | • 주택으로 쓰는 층수(지하층은 제외)가 3개 층 이하일 것<br>• 1개 동의 주택으로 쓰이는 바닥면적(부설 주차장 면적은 제외)의 합계가 660㎡ 이하일 것<br>• 19세대 이하가 거주할 수 있을 것 |
|---|---|
| ④ 공 관 | |

## (2) 공동주택 제35회

| ① 아파트 | 주택으로 쓰이는 층수가 5개 층 이상인 주택 |
|---|---|
| ② 연립주택 | 주택으로 쓰는 1개 동의 바닥면적 합계가 660㎡를 초과하고, 층수가 4개 층 이하인 주택 |
| ③ 다세대주택 | 주택으로 쓰는 1개 동의 바닥면적 합계가 660㎡ 이하이고, 층수가 4개 층 이하인 주택 |
| ④ 기숙사 | 일반기숙사: 학교 또는 공장 등의 학생 또는 종업원 등을 위하여 쓰는 것으로서 1개 동의 공동취사시설 이용 세대 수가 전체의 50% 이상인 것 |
| | 임대형기숙사: 공공주택사업자 또는 임대사업자가 임대사업에 사용하는 것으로서 임대목적으로 제공하는 실이 20실 이상이고 해당 기숙사의 공동취사시설 이용 세대 수가 전체 세대 수의 50% 이상인 것 |

**기출**

1. 연립주택은 주택으로 쓰는 1개 동의 바닥면적 합계가 660m² 초과이고, 층수가 4개 층 이하인 주택이다.
2. 다중주택은 학생 또는 직장인 등 다수인이 장기간 거주할 수 있는 구조로서, 독립된 주거형태가 아니며 1개 동의 바닥면적 합계가 660m² 이하, 층수가 3개 층 이하인 주택이다.
3. '층수가 4층인 1개 동의 건축물로서 지하층과 필로티 구조는 없음, 전체 층을 주택으로 쓰며, 주택으로 쓰는 바닥면적의 합계가 600m²임, 세대수 합계는 8세대로서 모든 세대에 취사시설이 설치됨'의 조건을 만족하는 주택은 다세대주택이다.
4. 다세대주택은 주택으로 쓰는 1개 동의 바닥면적 합계가 660제곱미터 이하이고, 층수가 4개 층 이하인 주택(2개 이상의 동을 지하주차장으로 연결하는 경우에는 각각의 동으로 본다)을 말한다.

**참고학습** │ 주택의 용어「주택법」

| 단독주택 | 단독주택, 다중주택, 다가구주택 |
|---|---|
| 공동주택 | 아파트, 연립주택, 다세대주택 |

| 1. 도시형 생활주택 | ① 국민주택 규모의 300세대 미만으로 구성<br>② 단지형 연립주택, 단지형 다세대주택, 소형주택<br>③ 분양가상한제(규제)의 적용 배제 |
|---|---|
| 2. 준주택 | ① 주택 외의 건축물과 그 부속토지로서 주거시설로 이용가능한 시설<br>② 기숙사, 오피스텔, 다중생활시설, 노인복지주택 |
| 3. 세대구분형 공동주택 | 공동주택의 주택 내부 공간의 일부를 세대별로 구분하여 생활이 가능한 구조로 하되, 그 구분된 공간의 일부를 구분소유할 수 없는 주택 |

기출

1. 도시형 생활주택은 300세대 미만의 국민주택규모로 대통령령으로 정하는 주택으로서 단지형 연립주택, 단지형 다세대주택, 소형주택 등이 있다.

2. 주택법령상 준주택은 주택 외의 건축물과 그 부속토지로서 주거시설로 이용가능한 시설 등을 말한다.

3. 세대구분형 공동주택은 공동주택의 주택 내부 공간의 일부를 세대별로 구분하여 생활이 가능한 구조로 하되, 그 구분된 공간의 일부를 구분소유 할 수 없는 주택을 말한다.

# 03 부동산의 특성과 속성

CHAPTER

**단원별 학습포인트**

□ 토지의 특성을 감정평가 등 부동산학개론의 전 분야와 연관지어서 학습한다. 특히 토지의 자연적 특성인 부동성, 부증성, 영속성, 개별성, 인접성 개념을 잘 구별해야 하고, 인문적 특성 중 용도의 다양성과 최유효이용원칙을 연계하여 학습해야 한다.

□ 부동산의 속성에서는 부동산의 위치와 공간개념을 이해한 후, 부동산소유권의 범위와 개발권양도제도(TDR)에 대한 내용도 정리해 두어야 한다.

## 제1절 부동산의 특성

(1) 부동산의 특성이란 부동산이 일반경제재와 구분되는 특수한 성격을 말한다. 부동산을 토지와 개량물(정착물)로 분류할 때 토지의 특성과 건물의 특성으로 양분된다.

(2) 토지의 자연적 특성은 토지 그 자체와 관련되는 물리적, 선천적, 고정적 특성을 의미하고, 토지의 인문적 특성은 토지와 인간의 상호관계에서 나타나는 인위적, 후천적, 가변적 특성을 의미한다.

```
                    토지의 자연적 특성       ① 부동성(비이동성, 위치의 고정성)
                   (물리적, 선천적, 고정적,    ② 부증성(비생산성, 면적의 유한성)
                    본원적 특성)            ③ 영속성(비소멸성, 불괴성, 내구성)
토지의 특성                                 ④ 개별성(비대체성, 이질성)
(2분법)                                   ⑤ 인접성(연결성)

                    토지의 인문적 특성       ① 용도의 다양성(변용성)
                   (인위적, 후천적, 가변적,    ② 병합, 분할의 가능성(분합성)
                    신축적 특성)            ③ 사회적, 경제적, 행정적 위치의 가변성(위치성)
                                          ④ 기타 특성 : 국토성, 지역성, 투자의 고정성(투자의 내구성), 고가성 등
```

## 1 토지의 특성

| 구분 | 자연적 특성 | 인문적 특성 |
|---|---|---|
| 의의 | 토지 자체<br>물리적 ~ 불가능 | 토지+인간<br>경제적(용도적) ~ 가능 |
| 성격 | 선천적, 불변적, 경직적, 물리적 | 후천적, 가변적, 신축적, 인위적 |
| 특성 | 부동성, 영속성, 부증성, 개별성, 인접성 | 용도다양성, 병합분할 가능성, 위치의 가변성 |

**(1) 토지의 자연적 특성** 제26회, 제27회, 제28회, 제29회, 제30회, 제31회, 제32회, 제33회, 제34회, 제35회

토지자체가 본원적으로 가지고 있는 고유의 물리적 특성을 말한다. 자연적 특성은 선천적·본질적·태생적·불변적·고정적 특성이므로 인간의 힘으로 변경이 불가능한 특성이다.

① **부동성**(不動性 : 지리적 위치의 고정성, 비이동성) 제26회, 제28회, 제31회, 제32회, 제33회, 제34회, 제35회

부동성은 토지의 지리적 위치는 인간의 힘으로 물리적으로 이동시킬 수 없는 특성이다.

| 절대적 위치 | 이동 불가능, 부동성 |
|---|---|
| 상대적 위치 | 이동 가능, 인접성, 위치의 가변성(사회적, 경제적, 행정적 위치의 가변성) |

㉠ 부동산시장 및 부동산활동과 부동산현상을 국지화시킨다. 지역마다 거래관행, 임대료, 기대이율 등이 다른 것은 이러한 특성 때문이다. 또한, 부동산시장은 지역적으로 세분화되어 부분시장(하위시장, sub-market)으로 존재한다. 즉, 부동산은 지역간 이동이나 수급조절을 곤란하게 하여 지역간의 불균형을 야기한다.

㉡ 인접성과 함께 외부효과발생의 근거가 되며, 부동산가격은 지역요인의 영향을 받으므로 지역분석의 필요한 근거가 된다. 부동산을 인근지역의 환경에 적합하게 이용해야 하며 그렇지 못할 경우에는 경제적 감가의 근거가 된다. 그러므로 감정평가시 주위환경과 관련된 적합의 원칙의 근거가 된다.

㉢ 견본제시나 진열을 할 수 없으므로 임장(臨場)활동, 정보활동을 필요로 한다. 그리고 지역간의 중개업의 분업이 필요하며, 중개활동을 필요로 한다.

㉣ 토지는 이동하지 않으므로 제도적으로 규제하기가 용이하고, 부동산시장이 지역적 시장이 되므로 중앙정부나 지방자치단체의 상이한 규제와 통제를 받는다. 또한, 지방자치단체 운영을 위한 부동산조세수입의 근거가 될 수 있다.

㉤ 부동산과 동산의 구별기준이 되고, 권리의 공시방법이 동산과 다르게 되는 이론적 근거가 된다. 즉, 동산은 점유로서 권리를 공시하나 부동산은 등기로서 공시한다.

㉥ 부동성은 인근지역과 유사지역의 분류를 가능하게 한다.

ⓐ 위치에 따라 용도지역지정 등이 달라지며 토지의 유용성을 지배하므로 위치지대를 발생시킨 다. 즉, 용도에 맞는 부지를 선정하는 입지론(용도 ⇨ 부지)의 근거가 된다.

**보충학습**

1. 임장활동: 탁상(이론)을 떠나 현장에서 직접조사, 확인하는 활동을 의미한다.
2. 외부효과: 시장기구를 통하지 않고 다른 주체(제3자)에게 의도하지 않게 미치는 손실이나 이익을 말한다. 외부효과에는 정(+)의 외부효과(외부경제)와 부(−)의 외부효과(외부불경제)가 있다.
3. 입지론(立地論) : 특정용도에는 어떤 부지가 적합한가? (용도 ⇨ 부지), 부동성
4. 적지론(適地論) : 특정부지에는 어떤 용도가 적합한가? (부지 ⇨ 용도), 용도의 다양성

기출 1. 부동성은 부동산활동에서 임장활동 필요성의 근거가 된다.
2. 토지의 부동성은 지방자치단체 운영을 위한 부동산조세수입의 근거가 될 수 있다.
3. 부동성으로 인해 외부효과가 발생한다.

② **영속성**(비소멸성, 불괴성, 불변성, 내구성) 제26회, 제27회, 제30회, 제31회, 제33회, 제34회, 제35회

토지는 사용이나 시간의 경과에 따라 물리적으로 소멸되지 않는 특성을 말한다. 영속성은 토지의 물리적 감가가 없다는 의미이지 경제적 감가가 없다는 의미는 아니다.

| 물리적 감가 | 불가능, 영속성 | 경제적 감가 | 가능, 인접성 |
| --- | --- | --- | --- |

㉠ 토지에 물리적 감가상각의 적용을 배제시킨다. 따라서, 토지는 감가수정액의 산정과 원가법의 적용이 곤란하고 공시지가기준법을 적용하는 근거가 된다.

㉡ 소모를 전제로 하는 재생산이론(再生產理論)이나 사고방식이 적용되지 않게 한다. 토지가격이 하락해도 공급의 감소는 비탄력적이고 소모되지 않기 때문에 차후에 가격 상승을 기대하여 매각을 미룰 수 있다.

㉢ 소유이익과 이용이익의 분리가 가능하며 타인에게 이를 이용하게 할 수 있다. 따라서 임대차시장이 발달하게 한다. 또한, 저량(貯量)분석과 관련한 재고시장 형성에 영향을 준다.

㉣ 토지의 가치보존력이 우수하므로 투자재로서 선호되며 환물, 투기심리의 요인이 된다.

㉤ 부동산가치(value)개념의 근거가 된다. 가치는 장래 기대되는 편익을 현재가치로 환원한 값이다. 토지는 내용연수가 무한함으로 미래의 수익을 가정하고 가치를 평가하는 직접(수익)환원법의 근거가 된다.

㉥ 부동산관리의 중요성을 크게 하고, 부동산활동은 장기적 배려가 요구된다.

㉦ 감정평가시 예측의 원칙의 근거가 된다. 또한 부동산투자는 장기투자를 통해 운영과정에서 소득(운용)이득(income gain)과 처분과정에서 자본이득(capital gain)을 모두 향유할 수 있다.

기출 1. 영속성은 부동산활동에서 감가상각을 배제하는 근거가 된다.
2. 영속성은 미래의 수익을 가정하고 가치를 평가하는 직접환원법의 적용을 가능하게 한다.
3. 토지는 영속성으로 인해 물리적인 측면에서 감가상각의 적용을 배제시키는 근거가 된다.

③ **부증성(不增性, 비생산성, 면적의 유한성)** 제26회, 제28회, 제29회, 제31회, 제32회, 제33회, 제34회, 제35회

토지는 부증성 때문에 생산비를 투입하여도 물리적으로 토지의 절대량(절대면적)은 증가되지 않는다. 공유수면 매립이나 산지개간을 통해 택지를 조성하는 것은 토지의 물리적 공급을 의미하는 것은 아니고 토지이용의 용도전환을 통한 경제적 공급(용도적 공급)으로 파악해야 한다. 즉, 이런 측면에서 본다면 매립지, 조성지의 경우에도 물리적인 부증성은 그대로 적용되고 부증성의 예외라 할 수는 없다.

| 물리적 공급 | 불가능(예외 없음), 부증성, 수직(완전비탄력) |
|---|---|
| 경제적 공급<br>(용도적 공급) | 가능, 용도의 다양성, 우상향(보다 탄력적), 용도전환<br>(후보지, 이행지, 수면매립, 택지조성, 산지개간) |

㉠ 토지에는 물리적 공급을 증가시키는 생산비의 법칙이 적용되지 않게 한다. 따라서, 토지는 다른 생산물과는 달리 노동이나 생산비를 투입하여 생산할 수 없다.

㉡ 토지는 물리적 공급을 증가시킬 수 없으므로 토지의 물리적 공급곡선은 수직(완전비탄력)이 되며 수급조절에 의한 균형가격형성이 곤란하다. 특히, 공급조절을 곤란하게 한다.

㉢ 토지 희소성의 근거가 되며 토지의 부족문제를 야기하며, 토지이용을 집약화시키고 용도의 다양성과 함께 최유효이용원칙의 필요근거가 된다. 또한, 토지의 소유 욕구(독점소유욕)를 증대시킨다.

㉣ 수요자경쟁 또는 공간수요의 입지경쟁이 발생의 원인이 된다. 따라서, 지가상승을 유발시키고 지대 또는 지가를 발생시킨다.

㉤ 토지부족은 토지의 사회성·공공성이 강조되고 정부의 부동산정책이 필요하며, 토지공개념 도입의 근거가 된다.

기출
1. 부증성은 토지이용을 집약화시키는 요인이다.
2. 토지의 부증성은 지대 또는 지가를 발생시키며, 최유효이용의 근거가 된다.
3. 토지의 부증성으로 인해 토지공급은 물리적 측면에서 장·단기적으로 완전비탄력적이다.

④ **개별성(비대체성, 비동질성, 이질성)** 제26회, 제28회, 제31회, 제32회, 제33회, 제34회, 제35회

토지는 물리적으로 동일한 토지는 있을 수 없다는 특성으로 물리적 측면에서 대체할 수 없다는 의미이다. 개별성은 토지뿐만 아니라 건물이나 기타 개량물에도 적용될 수 있다.

| 물리적 대체 | 불가능, 개별성 | 용도적 대체 | 가능, 인접성(인근지역) |
|---|---|---|---|

㉠ 부동산가격이 차별화되어 일물일가(一物一價)의 법칙이 적용되지 않으므로, 토지시장에서 상품 간 완전한 대체관계가 제약되어 부동산시장은 불완전경쟁시장이 된다. 따라서, 일반인에 의한 가치추계가 곤란하므로 전문가에 의한 가치추계(감정평가)와 권리분석이 필요하다. 또한, 개별적 시장에서 형성된 가격은 개별적 사정에 의해 좌우되기 쉽고 시장가치 성립이 곤란해지므로 감정평가시 사정보정이 필요한 근거가 된다.

ⓒ 부동산활동이 개별화·구체화·독점화되므로 감정평가시 개별분석의 필요성이 제기된다.

ⓒ 부동산마다 차이가 있으므로 표준지선정이 곤란하고, 부동산간의 비교가 곤란하며, 공통의 원리나 이론도출이 곤란하다.

ⓔ 부동산시장에서 거래의 비공개성, 부동산상품의 비표준화성, 시장의 비조직화를 야기한다. 따라서, 정보수집이 어렵고, 정보수집비용이나 거래비용이 많이 소요된다.

> **기출**
> 1. 개별성은 토지시장을 불완전경쟁시장으로 만드는 요인이다.
> 2. 개별성으로 인해 부동산활동과 현상을 개별화시키고, 거래사례를 통한 지가 산정이 어렵다.

> **보충학습** | 일물일가(一物一價)의 법칙
>
> 동일시점, 동일시장, 동일물건에 동일가격을 갖는다는 원칙을 일물일가의 법칙이라 하며, 완전경쟁시장에서는 일물일가의 법칙이 성립되지만, 부동산시장은 불완전경쟁시장이므로 일물일가의 법칙이 적용되지 않는다.

⑤ **인접성(연결성, 연속성)** 제32회

물리적으로 보는 토지는 반드시 다른 토지와 연결되어 있다는 특성을 인접성이라 한다. 인접성의 특성은 지리적 위치의 고정성과 공간의 영속성에 의해 나타난다 할 수 있다.

| 물리적 대체 | 불가능, 개별성 | 용도적 대체 | 가능, 인접성(인근지역) |
|---|---|---|---|

ⓐ 각각의 부동산은 인접지와의 협동적 이용과 소유와 관련한 경계문제를 야기한다.

ⓑ 부동성과 함께 작용하여 외부효과 및 지역분석의 근거가 된다.

ⓒ 정(+)의 외부효과인 개발이익에 대한 사회적 환수제의 근거가 되며, 부(-)의 외부효과를 제거하여 지역기능을 개선시키기 위한 지역지구제의 근거가 된다.

ⓓ 인근지역의 부동산은 용도상의 대체가능성을 존재케 하여, 감정평가시 비교방식의 적용이 가능해진다.

## (2) 토지의 인문적 특성 제30회, 제33회, 제34회, 제35회

토지의 인문적 특성이란 인간이 토지를 이용하는 측면에서 토지와 인간과의 상호관계에서 나타나는 특성이다. 즉, 인간이 인위적으로 부여한 특성을 말한다. 인문적 특성은 후천적·인위적·가변적·신축적 특성이므로 인간의 힘으로 변경시킬 수 있는 특성이다.

① **용도의 다양성(다용도성, 변용성)** 제30회, 제33회, 제34회, 제35회

토지는 택지, 농지, 임지 등 다양한 용도로 이용될 수 있는 특성을 말한다.

ⓐ 토지의 부증성과 함께 최유효이용의 판단에 대한 근거가 되며, 토지이용의 우선순위를 정하여 적합한 용도로 토지를 활용한다. 따라서, 토지이용시 둘 이상의 용도가 경합하는 경우에 용도의 전환을 고려하여 최유효이용원칙에 맞게 용도를 결정한다.

ⓛ 토지는 부증성으로 물리적 공급은 불가능하지만, 용도의 다양성으로 인해 이용(용도)전환을 통한 토지의 경제적(용도적) 공급은 가능하다. 용도전환을 통해 토지의 창조적 이용이 가능하며 후보지(전환)와 이행지(이행) 개념이 도출된다. 따라서, 부증성으로 인해 물리적 공급곡선은 수직이지만, 토지의 경제적 공급곡선은 우상향한다.

ⓒ 적지론(광의의입지론, 부지 ⇨ 용도)의 근거가 된다.

ⓔ 동일한 토지일지라도 용도가 달라지면 가격이 달라지는 가격다원설의 근거가 된다.

기출
1. 토지는 용노의 나양성이 있으므로 최유효이용 방법을 선택하게 된다.
2. 토지는 부증성으로 인해 물리적 공급을 더 이상 늘릴 수 없지만, 용도의 다양성으로 인해 이용전환을 통한 용도적 공급은 가능하다.
3. 용도의 다양성으로 인해 두 개 이상의 용도가 동시에 경합할 수 있고 용도의 전환 및 합병·분할을 가능하게 한다.

② **병합·분할의 가능성(분합성)**

토지이용목적에 따라 토지면적을 인위적으로 적합한 규모로 합할 수도 있고 나눌 수도 있는 성질을 병합·분할의 가능성이라 한다.

㉠ 용도의 다양성을 지원해주는 기능과 최유효이용을 지원해주는 기능을 갖는다.

㉡ 합병에 의한 증가·감가나, 분할에 의한 증가·감가를 야기한다.

㉢ 규모의 경제가 발생하면 합병이 유리하고(합병증가), 규모의 불경제가 발생하면 분할이 유리하다(분할증가). 이는 기여의 원칙, 균형의 원칙 등을 지원하는 기능을 한다.

㉣ 규모의 경제효과를 위해 인접한 토지를 병합하여 택지 등을 조성하는 현상을 플롯테이지(plottage) 현상이라 하며 또는 어셈블리지(assemblage)라고도 한다.

㉤ 부동성과 함께 한정가격을 존재케 한다.

③ **사회적·경제적·행정적 위치의 가변성(위치성)**

토지의 자연적 위치, 물리적(절대적) 위치는 불변이지만, 인문적 환경인 사회적·경제적·행정적 요인이 변함에 따라 위치의 가치가 변화한다. 이와 같이 주위의 인문적 환경 변화에 따라 토지의 사회적·경제적·행정적 위치의 가치가 변화하는 것을 위치성이라 하며 상대적 위치의 가변성이라 할 수도 있다.

| | |
|---|---|
| ㉠ 사회적 위치의 가변성 | 공장, 공원, 학교에 의한 주거환경의 변화, 인구변화, 가구분리, 공공시설, 도시형성, 건축양식, 교육·복지상태, 부동산거래 및 사용수익의 관행 등 |
| ㉡ 경제적 위치의 가변성 | 교통체계(도로, 철도), 경제성장, 소득변화, 국제수지, 물가, 임금, 기술혁신 및 산업구조의 변화, 세부담의 상태변화 |
| ㉢ 행정적 위치의 가변성 | 정부의 정책·제도·계획의 변화(토지거래허가제, 그린벨트제도, 세제의 변화, 가격 및 임대료에 대한 규제나 통제) |

④ 기타 특성

㉠ **국토성** : 토지는 개인소유이기 이전에 국토라는 점을 강조하는 특성이다. 이로 인해 토지의 사회성, 공공성 및 토지 공개념, 부동산에 대한 법률적 규제의 근거가 된다.

㉡ **지역성** : 부동산은 고립적인 것이 아니라 부동산이 속한 지역의 구성분자로서 그 지역 및 다른 부동산과 상호의존적·보완적·협동적, 대체·경쟁의 관계에 있으며 이런 상호관계를 통해 사회적·경제적·행정적 위치가 결정된다. 이를 지역성이라 하며 이는 부동성에서 기인하고 이로 인해 다른 지역과 구별되는 지역적 특성을 갖는다.

㉢ **투자의 고정성**(투자의 내구성, 자본회수기간의 장기성) : 부동산에 투자된 자본을 회수하는데 소요되는 기간이 장기간이라는 성질을 말한다. 이로 인해 신중하고 장기적 투자전략이 필요하며 투자사업기간내에 계속 수익이 발생하는 특징이 있지만 토지이용규제에 대해 즉각 대처하기가 곤란하며 낮은 유동성, 낮은 환금성 때문에 위험부담이 크다.

㉣ **고가성** : 부동산의 고가성 때문에 자금능력이 없는 사람은 수요공급자가 될 수 없으므로 부동산시장 참여자가 소수로 한정된다. 즉, 부동산시장에 진출입을 어렵게 하여 불완전경쟁을 야기한다. 그리고 구매자금 축적기간이 길어지는 현상이 나타나며, 부동산구입시 금융부채를 필요로 하게 한다.

## 2  건물의 특성

### (1) 비영속성(반영속성, 내구성)

건물은 토지와 달리 시간의 경과에 따라 소모, 마멸되는 비영속성의 성격이 있으나 일반소비재에 비해 내용연수가 긴 반영속성(내구성)의 특성을 띤다.

### (2) 생산가능성(건축생산성)

건물은 토지와 달리 언제라도 생산 및 재생산이 가능하므로 공급을 증가시킬 수 있다.

### (3) 동질가능성

동일한 자재와 동일한 공법을 이용하면 같은 건물을 여러 개 축조할 수도 있다. 그러나 건물의 위치나 설비 등을 고려하여 부동산상품으로 본다면 비동질성(개별성)을 띤다고 볼 수 있다.

### (4) 이동가능성(부동성의 완화)

건물 역시 부동성을 가지지만 건축기술의 발달로 모빌하우스처럼 이동이 가능한 경우도 있다.

### (5) 종속성(토지의 개별적 요인의 지배성과 종속성)

건물은 토지를 지배하기도 하고 토지에 의해 지배받기도 하는 특성을 의미한다.

**제2절** **부동산의 속성(본질, 존재가치)**

부동산 중 특히 토지의 본질 또는 속성이란 부동산을 자연적, 인공적 총화라는 개념 및 복합적 개념으로 파악할 때 부동산이 가지고 있는 본질·속성을 의미한다.
일반적으로는 부동산의 본질을 자연·공간·위치·환경·자산 등으로 분류하고 있다.

부동산의 본질, 속성, 존재가치

| 본질적 가치 | 속성 | 관련되는 토지특성 | 논점 |
|---|---|---|---|
| 1. 공간으로서의 부동산 | 공간 | 영속성 | 3차원 공간, 소유권의 범위 |
| 2. 자연으로서의 부동산 | 자연 | 부증성 | 보전, 토지공개념 |
| 3. 위치로서의 부동산 | 위치 | 부동성 | 위치와 접근성 |
| 4. 환경으로서의 부동산 | 환경 | 인접성 | 부동산과 환경의 상호관계 |
| 5. 자산으로서의 부동산 | 자산 | 영속성, 부증성 | 사용가치, 교환가치 |

## 1 자연으로서의 부동산

부동산 중 토지는 인간이 생산하지 않고 저절로 생산된 자연이다. 인간생존에 필수적인 자연으로서의 토지에서 파생되는 논점은 다음과 같다.
① 토지는 부증성으로 인해 토지부족문제를 발생시키고, 토지의 효율적 이용을 통한 최유효이용개념이 중시된다. 그러므로 토지이용의 공공복리에 적합하게 사회성·공공성 및 토지공개념이 필요하게 된다. 즉, 토지시장에 정부개입의 명분을 강화시킨다.
② 자연으로서의 토지를 고려한다면 개발보다는 보전에 더 많은 노력이 필요하다. 이때 보전될 토지를 현장자원의 토지라 하고, 개발될 토지를 상품자원이라 한다. 한번 상품자원으로 개발된 토지는 현장자원으로 환원하기가 어려우므로(비가역성), 현장자원으로서의 토지는 보전의 필요성이 더욱 중시된다.

## 2 위치로서의 부동산

### (1) 위치의 개념

| 구분 | 근거 | 변화 가능성 |
|---|---|---|
| ① 절대적(물리적) 위치 | 부동성 | 불변성 |
| ② 상대적(경제적) 위치 | 인접성(위치성) | 가변성 |

위치란 어떤 사물이 자리 잡고 있는 곳을 의미한다. 절대적 위치는 고정되어 있지만(부동성), 상대적 위치는 주변 토지이용상황에 따라 유용성이 변화하므로, 부동산간에는 상대적 위치에 따라 효용성의 차이가 생긴다. 따라서 효용성(유용성)이 유사한 부동산간에는 상호대체관계가 성립한다.

## (2) 부동산의 위치와 용도 및 접근성

① 접근성의 개념

　⊙ 마샬(Marshall)은 "위치의 가치"라는 표현을 사용하여 택지의 가치는 "농업지대 + 위치의 가치"라 했고, 허드(Hurd)는 "지가는 경제지대에 바탕을 두고 지대는 위치에, 위치는 편리함에 편리함은 가까움에 의존한다"라고 하여 지가는 "접근성"에 의존함을 강조하였다.

　⊙ 접근성이란 대상부동산이 위치한 장소에서 어떤 목적물에 도달하는데 시간적·경제적·거리적 부담이 작은것을 말하며 이는 상대적 거리를 의미한다. 이런 접근성 개념을 실제 물리적·절대적 거리개념인 근접성과 구별해야 한다.

　⊙ 일반적으로 접근성이 좋으면 부동산가치는 증가하나, 반드시 그러한 것은 아니다.

| ⓐ 근접성(proximity) | 물리적·절대적 실제의 거리 |
|---|---|
| ⓑ 접근성(accessibility) | 근접성에 시간, 비용, 노력 등이 포함된 상대적 거리 |

② 위치와 접근성의 관계

　⊙ **접근의 대상물** : 아무리 접근성이 좋아도 그 대상물이 위험시설이거나 혐오시설이라면 오히려 감가요인이 된다(예 LPG저장소, 화장터, 쓰레기소각장 등).

　⊙ **접근의 정도** : 대상물이 위험혐오시설이 아니고, 편익시설이나 꼭 필요한 시설일지라도 접근성이 너무 지나치면 불리하다(예 시장안의 주택, 고속도로 앞의 주택, 유원지나 학교앞의 주택 등).

　⊙ **거리와 접근성** : 거리가 가까워도 접근성이 나쁜 경우도 있다(예 거리가 가까워도 주차장이 먼 경우, 가로 횡단문제로 실거리보다 우회해야 하는 경우, 근거리지만 일방통행관계로 우회해야 하는 경우, 동일건물이라도 출입구의 위치에 따라 접근성이 다른 경우).

　⊙ 사람이 찾는 빈도가 높은 부동산, 용도상 대체, 경쟁관계가 커서 독점력이나 흡인력이 약한 부동산(예 편의품점 등 소매점포)의 경우에는 접근성이 매우 중시된다.

　⊙ **접근성이 중시되지 않는 부동산** : 흡인력이 강하거나 독점력이 있는 부동산(예 관광명소, 전문품점, 역 등)이나, 사람이 찾는 빈도가 낮은 부동산(예 요양원 등)

③ **부동산의 용도와 접근성**(위치의 평가)

　부동산은 용도에 따라 위치의 유용성이 달라지기 때문에 위치를 평가할 때는 먼저 용도를 파악해야 한다. 일반적으로 주거용의 경우 쾌적성, 상업용은 수익성, 공업용은 생산성을 위치 평가시 중요한 고려 요소로 본다.

## 3 공간으로서의 부동산 제29회

### (1) 부동산의 공간개념(3차원 공간)

① 부동산은 수평공간 뿐 아니라 공중공간, 지중공간 등 입체공간을 포함한 3차원 공간으로 구성된다. 공간으로서의 부동산은 토지의 '영속성'과 밀접한 관련이 있다.

② 부동산가격은 수평공간, 공중공간, 지중공간이 갖는 3차원 공간 가격의 총합이다.

### (2) 부동산소유권의 공간적 범위

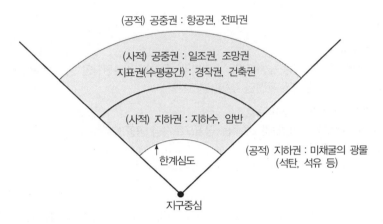

보충학습 | 부동산 소유권의 범위

1. 공간적 범위 : 지표권, 공중권, 지하권
2. 내용적 범위 : 점유권, 사용권, 처분권

① 의의

㉠ 민법 제212조에 의하면 '토지의 소유권은 정당한 이익이 있는 범위내에서 토지의 상하에 미친다'라고 규정되어 있어, 토지소유권의 범위를 입체적으로 규정하고 있으나 몇 m까지 미친다는 구체적 범위에 대한 규정은 없다.

㉡ 토지소유권이 인정되는 정당한 이익의 범위는 사회적 통념으로 결정하며, 구체적 범위의 해석에 관하여는 법원의 판단에 의존하는 경향이 있다.

| 소유권이 미치는 범위 | 소유권이 미치지 않는 범위 |
|---|---|
| ① 토지에 독립성이 없는 부착물(종속정착물) | ① 토지에 독립성이 있는 부착물(독립정착물) |
| ② 사적 공중권 – 일조·조망권, 용적률, TDR | ② 공적 공중권 – 항공권, 전파권 |
| ③ 사적 지하권 – 지하수 | ③ 공적 지하권 – 미채굴광물 |
| ④ 한계심도 이내 – 보상 ○ | ④ 한계심도 아래 – 보상 × |

② 지표권(地表權)
  ㉠ 지표권이란 지표상의 수평공간을 배타적으로 이용할 수 있는 권리를 말하며, 물을 이용할 수 있는 권리가 이에 포함된다. 즉, 지표상에 건축을 하거나 작물을 경작하거나 지표수 등을 이용하는 권리를 말한다. 농업권, 하천권 등으로 구성되어 있다.
  ㉡ 토지(육지)와 해면과의 분계는 최고만조시의 분계점을 기준으로 하며, 물에 관한 권리는 '물을 이용할 권리'인 용수권과 물밑 토지에 대한 소유권으로 구분해서 볼 수 있다.

---

**핵심정리**

물에 관한 권리

1. 물을 이용할 권리(용수권)
   ① 유역주의 : 물을 골고루 사용, 습윤지역, 우리나라, 유역지 소유권자만 동등한 용수권 허용
   ② 선용주의 : 먼저 온 사람에게 독점권 부여, 건조지역
2. 물밑 토지에 대한 소유권자의 권리
   ① 항해가 가능 : 수로의 가장자리 (수로는 공공도로처럼 공공소유)
   ② 항해가 불가능 : 수로의 중앙선

---

③ 지하권(地下權)
  ㉠ 지하권(지중권)은 토지소유자가 토지구역의 지하공간을 정당한 범위내에서 이용할 권리를 말한다.
  ㉡ 지하수, 암반 등은 토지의 구성부분으로서 사적 소유권범위에 속한다.
  ㉢ 우리나라에서 광업권의 객체가 되는 미채굴 광물(석탄, 석유 등)은 토지소유권의 범위에 포함되지 않는다.
  ㉣ 정부의 공익사업인 경우에도 한계심도이내의 토지를 침해하면 입체이용저해율에 따라 보상해야 한다.

---

**보충학습** 한계심도(대심도)

1. 토지소유자의 통상적인 이용이 예상되지 않는 깊이로 사적 지하권의 최대범위를 말한다.
2. 서울시의 경우 지하철공사와 관련해서 최대범위를 40m로 규정하고 있는데 한계심도의 깊이는 개별토지에 따라 달라진다.
3. 한계심도이내의 토지를 침해하면 입체이용저해율에 따라 보상해야 하며, 한계심도 아래의 개발일 경우에는 토지소유자에게 별도의 보상 없이 개발사업이 가능하다.

④ 공중권(空中權)

㉠ 공중권이란 토지구역상의 상층공간을 타인에게 방해받지 않고 일정한 고도까지 포괄적으로 이용·관리할 수 있는 권리를 말한다. 공중권의 범위가 구체적으로 정해진 것은 없고 토지를 이용할 수 있는 합리적 높이라고 할 수 있으므로 법원의 판결 등에 의해 판단해야 할 것이다.

㉡ 공중권의 구분

| 사적 공중권 | 토지소유자가 일정범위까지 개인적으로 이용관리할 수 있는 권리로, 인접토지 토지소유자의 권리를 방해해서는 안된다.<br>예 일조권, 조망권, 용적률, TDR |
|---|---|
| 공적 공중권 | 공공기관이 사적 공중권 이상의 공중공간에 대해 공익을 목적으로 이용할 수 있는 권리를 말한다.<br>예 항공권, 전파권 |

## (3) 개발권 양도제도(TDR : transferable development rights) 제28회, 제29회

① 원래 역사적 기념물 보존 등을 위해 실시했으나 현재는 토지이용규제에 대한 손실완화제도로 미국에서 널리 활용되고 있는 제도이다. 우리나라에서는 구체적으로 시행되고 있지 않다.

② 이용규제가 심한 지역에서 보전지역과 개발지역을 분리하여 상부의 미이용 공간에 직접시설물을 건축하는 것이 부적당한 보전지역과 TDR을 매입한 만큼 법적 한도이상 공중공간을 이용할 수 있는 개발지역으로 분리한다. 보전지역의 소유권으로부터 개발권을 분리하여 개발지역으로 개발권만 양도하는 것이지 개발지역에 소유권을 부여하는 제도가 아니다. 또한, 사적 공중권의 활용방안이며 공중권 임대차는 아니다.

③ 시장기구를 통해 TDR 매매가 이루어지므로 정부의 직접보상이 아니므로 정부의 재정적 부담이 거의 수반되지 않는다.

④ 개발지역이 고지가, 공적 규제가 강화되어야만 TDR 수요가 증가한다.

⑤ 보전지역의 우발적 손실과 개발지역의 우발적 이익을 상쇄시켜 형평성을 추구하기 위한 제도이다.

⑥ 개발지역의 과잉개발로 교통체증, 공해 등이 발생하는 것이 단점이다. 용도지역지구제의 취지에 벗어날 우려가 있으며 효율성이 저해되는 것이 단점이다.

기출 TDR은 규제지역 토지소유자의 손실을 개발지역 토지에 대한 개발권 부여를 통해 보전하는 제도이다.

---

### 핵심정리

현재 우리나라에서 실시되고 있지 않은 정책 제29회, 제30회, 제32회, 제33회

1. 공한지세 : 폐지
2. 개발권양도제(TDR) : 미실시
3. 택지소유상한제 : 폐지
4. 토지초과이득세 : 폐지
5. 종합토지세 : 폐지

## 4 환경으로서의 부동산

(1) 부동산환경이란 부동산에 직접·간접적으로 영향을 주는 자연적·인문적 환경을 말한다.

(2) 부동산은 환경의 구성분자이다. 환경과 부동산 관계는 전체와 부분의 관계이므로 서로 독립적 관계가 아니며 서로 영향을 주고 영향을 받는 유기적 관계이다.

(3) 부동산환경은 부동산활동을 지배하며 부동산현상에 영향을 미친다.

(4) 인간의 부동산활동은 부동산환경의 경계에 의해 무한히 확대 되는 것이 아니고 경계작용에 의해 차단되기도 한다.

(5) 최근에는 주거지에서 생태학적 환경요소가 중시되고 있다.

## 5 자산으로서의 부동산

(1) 부동산은 인간의 경제활동과 직결되고 이윤추구의 수단이 되므로 현대의 시장경제에서 중요시된다.

(2) 그러므로 부동산은 생산요소(생산재), 소비재, 투자재의 역할을 한다.

(3) 부동산은 화폐자산이 아닌 실물자산이므로 인플레발생시 구매력 방어수단(인플레헤지)이 된다.

(4) 부동산은 이용시에 사용가치를 통한 소득이득이 발생하며 처분시에 교환가치를 통한 자본이득을 얻을 수 있다.

## 01 PART 기출 및 예상문제

**01** 부동산의 개념에 관한 것으로 옳은 것으로만 짝지어진 것은? <sub></sub> 〔제30회〕

| ㄱ. 자본 | ㄴ. 소비재 |
|---|---|
| ㄷ. 공간 | ㄹ. 생산요소 |
| ㅁ. 자연 | ㅂ. 자산 |
| ㅅ. 위치 | |

    경제적 개념     물리적(기술적) 개념

① ㄱ, ㄴ, ㄷ, ㅂ     ㄹ. ㅁ. ㅅ
② ㄱ, ㄴ, ㄹ. ㅂ     ㄷ, ㅁ. ㅅ
③ ㄱ, ㄹ. ㅁ. ㅅ     ㄴ, ㄷ, ㅂ
④ ㄴ, ㄹ. ㅁ. ㅂ     ㄱ, ㄷ, ㅅ
⑤ ㄷ, ㄹ. ㅂ. ㅅ     ㄱ, ㄴ, ㅁ

> **해설**   ② ㄱ, ㄴ, ㄹ. ㅂ은 경제적 개념에 ㄷ, ㅁ. ㅅ은 물리적(기술적)개념에 속한다.
>
> **정답** ②

**02** 토지의 정착물에 해당하지 <u>않는</u> 것은?   〔제33회〕

① 구거     ② 다년생 식물     ③ 가식중인 수목
④ 교량     ⑤ 담장

> **해설**   ③ 구거·다년생 식물·교량·담장은 토지의 정착물에 해당되지만, 가식중인 수목·임차인 정착물·경작수확물 등은 토지의 정착물로 간주되지 않고 동산으로 취급된다.
>
> **정답** ③

**03 토지의 이용목적과 활동에 따른 토지 관련 용어에 관한 설명으로 옳은 것은?** (제30회)

① 부지(敷地)는 건부지 중 건물을 제외하고 남은 부분의 토지로, 건축법령에 의한 건폐율 등의 제한으로 인해 필지 내에 비어 있는 토지를 말한다.

② 대지(垈地)는 공간정보의 구축 및 관리 등에 관한 법령과 부동산등기법령에서 정한 하나의 등록단위로 표시하는 토지를 말한다.

③ 빈지(濱地)는 과거에는 소유권이 인정되는 전·답 등이었으나, 지반이 절토되어 무너져 내린 토지로 바다나 하천으로 변한 토지를 말한다.

④ 포락지(浦落地)는 소유권이 인정되지 않는 바다와 육지 사이의 해변토지를 말한다.

⑤ 소지(素地)는 대지 등으로 개발되기 이전의 자연 상태로서의 토지를 말한다.

> **해설** ① 부지 ⇨ 공지, 공지는 건부지 중 건물을 제외하고 남은 부분의 토지로, 건축법령에 의한 건폐율 등의 제한으로 인해 필지 내에 비어 있는 토지를 말한다.
> ② 대지 ⇨ 필지, 필지는 공간정보의 구축 및 관리 등에 관한 법령과 부동산등기법령에서 정한 하나의 등록단위로 표시하는 토지를 말한다.
> ③ 빈지 ⇨ 포락지, 포락지는 과거에는 소유권이 인정되는 전·답 등이었으나, 지반이 절토되어 무너져 내린 토지로 바다나 하천으로 변한 토지를 말한다.
> ④ 포락지 ⇨ 빈지, 빈지는 소유권이 인정되지 않는 바다와 육지 사이의 해변토지를 말한다.
>
> **정답** ⑤

**04 토지는 사용하는 상황이나 관계에 따라 다양하게 불리는바, 토지 관련 용어의 설명으로 틀린 것은?** (제33회)

① 도시개발사업에 소요된 비용과 공공용지를 제외한 후 도시개발사업 전 토지의 위치·지목·면적 등을 고려하여 토지소유자에게 재분배하는 토지를 환지(換地)라 한다.

② 토지와 도로 등 경계 사이의 경사진 부분의 토지를 법지(法地)라 한다.

③ 고압송전선로 아래의 토지를 선하지(線下地)라 한다.

④ 소유권이 인정되지 않는 바다와 육지 사이의 해변 토지를 포락지(浦落地)라 한다.

⑤ 도시개발사업에 필요한 경비에 충당하기 위해 환지로 정하지 아니한 토지를 체비지(替費地)라 한다.

> **해설** ④ 포락지 ⇨ 빈지, 소유권이 인정되지 않는 바다와 육지 사이의 해변 토지를 빈지라 한다. 포락지(浦落地)는 지적공부에 등록된 토지가 물에 침식되어 수면 밑으로 잠긴 토지를 말한다.
>
> **정답** ④

**05** 토지관련 용어의 설명으로 **틀린** 것은?

① 택지지역 내에서 주거지역이 상업지역으로 용도변경이 진행되고 있는 토지를 이행지라 한다.
② 필지는 하나의 지번에 부여된 토지의 등록단위이다.
③ 획지는 인위적·자연적·행정적 조건에 따라 다른 토지와 구별되는 가격수준이 비슷한 일단의 토지를 말한다.
④ 나지는 건부지 중 건폐율·용적률의 제한으로 건물을 짓지 않고 남겨둔 토지를 말한다.
⑤ 맹지는 도로에 직접 연결되지 않은 토지이다.

> **해설** ④ 나지 ⇨ 공지, 공지는 건부지 중 건폐율·용적률의 제한으로 건물을 짓지 않고 남겨둔 토지를 말하고 나지는 토지 위에 정착물이 없고 사법상의 제한이 없는 토지를 말한다.
>
> **정답** ④

**06** 토지 관련 용어의 설명으로 **옳은** 것은?

① 획지(劃地)는 하나의 지번이 부여된 토지의 등록단위를 말한다.
② 후보지(候補地)는 택지지역·농지지역·임지지역 내에서 세부지역 간 용도가 전환되고 있는 토지를 말한다.
③ 나지(裸地)는 토지 위에 정착물이 없고 공법상 및 사법상의 제한이 없는 토지를 말한다.
④ 부지(敷地)는 자연 상태 그대로의 토지를 말한다.
⑤ 포락지(浦落地)는 지적공부에 등록된 토지가 물에 침식되어 수면 밑으로 잠긴 토지를 말한다.

> **해설** ① 획지 ⇨ 필지, 필지는 하나의 지번이 부여된 토지의 등록단위를 말한다.
> ② 후보지 ⇨ 이행지, 이행지는 택지지역·농지지역·임지지역 내에서 세부지역 간 용도가 전환되고 있는 토지를 말한다.
> ③ 나지는 토지 위에 정착물이 없고, 공법상 제한은 있지만 사법상의 제한이 없는 토지를 말한다.
> ④ 소지는 자연 상태 그대로의 토지를 말한다.
>
> **정답** ⑤

**07** 한국표준산업분류상 부동산 관련 서비스업에 해당하지 <u>않는</u> 것은? 〔제31회〕

① 부동산 투자 자문업
② 주거용 부동산 관리업
③ 부동산 중개 및 대리업
④ 부동산 개발 및 공급업
⑤ 비주거용 부동산 관리업

> 해설
>
> ④ 부동산 관련 서비스업에는 부동산관리업과 부동산 중개, 자문 및 감정평가업이 있다. 부동산 개발 및 공급업은 부동산 관련 서비스업이 아니라 부동산 임대 및 공급업에 해당한다.
>
> 정답 ④

**08** 다중주택의 요건이 <u>아닌</u> 것은? (단, 건축법령상 단서 조항은 고려하지 않음) 〔제32회〕

① 1개 동의 주택으로 쓰이는 바닥면적(부설 주차장 면적은 제외한다)의 합계가 660제곱미터 이하이고 주택으로 쓰는 층수(지하층은 제외한다)가 3개 층 이하일 것
② 독립된 주거의 형태를 갖추지 않은 것(각 실별로 욕실은 설치할 수 있으나, 취사시설은 설치하지 않은 것을 말한다)
③ 학교 또는 공장 등의 학생 또는 종업원 등을 위하여 쓰는 것으로서 1개 동의 공동취사시설 이용 세대 수가 전체의 50퍼센트 이상인 것
④ 적정한 주거환경을 조성하기 위하여 건축조례로 정하는 실별 최소 면적, 창문의 설치 및 크기 등의 기준에 적합할 것
⑤ 학생 또는 직장인 등 여러 사람이 장기간 거주할 수 있는 구조로 되어 있는 것

> 해설
>
> ③ 일반기숙사에 대한 설명이다.
> • 다중주택: 다음의 요건을 모두 갖춘 주택을 말한다.
>
> 1. 학생 또는 직장인 등 여러 사람이 장기간 거주할 수 있는 구조로 되어 있는 것
> 2. 독립된 주거의 형태를 갖추지 않은 것(각 실별로 욕실은 설치할 수 있으나, 취사시설은 설치하지 않은 것을 말한다)
> 3. 1개 동의 주택으로 쓰이는 바닥면적(부설 주차장 면적은 제외한다. 이하 같다)의 합계가 660제곱미터 이하이고 주택으로 쓰는 층수(지하층은 제외한다)가 3개 층 이하일 것. 다만, 1층의 전부 또는 일부를 필로티 구조로 하여 주차장으로 사용하고 나머지 부분을 주택 외의 용도로 쓰는 경우에는 해당 층을 주택의 층수에서 제외한다.
> 4. 적정한 주거환경을 조성하기 위하여 건축조례로 정하는 실별 최소 면적, 창문의 설치 및 크기 등의 기준에 적합할 것
>
> 정답 ③

**09** 건축물 A의 현황이 다음과 같을 경우, 건축법령상 용도별 건축물의 종류는? 〔제33회〕

---
• 층수가 4층인 1개 동의 건축물로서 지하층과 필로티 구조는 없음
• 전체 층을 주택으로 쓰며, 주택으로 쓰는 바닥면적의 합계가 600㎡임
• 세대수 합계는 8세대로서 모든 세대에 취사시설이 설치됨
---

① 기숙사      ② 다중주택      ③ 연립주택      ④ 다가구주택      ⑤ 다세대주택

해설      ⑤ 다세대주택은 주택으로 쓰는 1개 동의 바닥면적 합계가 660제곱미터 이하이고, 층수가 4개 층 이하
인 주택을 말한다. 층수가 4층이므로 연립주택 또는 다세대주택이며, 주택으로 쓰는 바닥면적의 합계
가 600㎡이므로 660㎡이하의 다세대주택에 해당한다.

정답 ⑤

**10** 토지의 자연적 특성 중 다음 설명과 모두 관련 있는 것은? 〔제30회〕

---
• 부동산관리의 의의를 높게 한다.
• 장기투자를 통해 자본이득과 소득이득을 얻을 수 있다.
• 부동산활동에 있어서 장기배려를 하게 한다.
---

① 적재성      ② 부동성      ③ 영속성      ④ 개별성      ⑤ 인접성

해설      ③ 영속성에 관한 설명이다.

정답 ③

**11** 토지의 특성에 관련된 설명으로 옳은 것을 모두 고른 것은? 〔제31회〕

> ㄱ. 개별성은 토지시장을 불완전경쟁시장으로 만드는 요인이다.
> ㄴ. 부증성은 토지이용을 집약화시키는 요인이다.
> ㄷ. 부동성은 부동산활동에서 임장활동 필요성의 근거가 된다.
> ㄹ. 영속성은 부동산활동에서 감가상각 필요성의 근거가 된다.

① ㄱ   ② ㄴ, ㄹ   ③ ㄱ, ㄴ, ㄷ   ④ ㄴ, ㄷ, ㄹ   ⑤ ㄱ, ㄴ, ㄷ, ㄹ

해설   ③ ㄱ, ㄴ, ㄷ이 옳은 설명이다.
ㄹ. 영속성으로 인해 원칙적으로 감가상각이 적용되지 않는다. 따라서, 영속성은 부동산활동에서 감가상각을 배제하는 근거가 된다.

**정답** ③

**12** 부동산의 특성에 관한 설명으로 옳은 것은? 〔제33회〕

① 토지는 물리적 위치가 고정되어 있어 부동산시장이 국지화된다.
② 토지는 생산요소와 자본의 성격을 가지고 있지만, 소비재의 성격은 가지고 있지 않다.
③ 토지는 개별성으로 인해 용도적 관점에서도 공급을 늘릴 수 없다.
④ 토지의 부증성으로 인해 토지공급은 특정 용도의 토지에 대해서도 장·단기적으로 완전비탄력적이다.
⑤ 토지는 영속성으로 인해 물리적·경제적인 측면에서 감가상각을 하게 한다.

해설   ② 토지는 생산요소, 자본, 소비재의 성격을 모두 가지고 있다.
③ 토지는 용도의 다양성으로 인해 용도적 관점에서는 공급을 늘릴 수 있다.
④ 토지의 부증성으로 인해 토지공급은 물리적 측면에서 단기적으로 완전비탄력적이다.
⑤ 토지는 영속성으로 인해 물리적인 측면에서 감가상각의 적용을 배제시키는 근거가 된다.

**정답** ①

**13** 토지의 자연적 특성에 관한 설명으로 옳은 것을 모두 고른 것은? (제32회)

> ㄱ. 부증성으로 인해 동산과 부동산이 구분되고, 일반재화와 부동산재화의 특성이 다르게 나타난다.
> ㄴ. 부동성으로 인해 임장활동과 지역분석을 필요로 한다.
> ㄷ. 인접성으로 인해 부동산의 수급이 불균형하여 균형가격의 형성이 어렵다.
> ㄹ. 개별성으로 인해 일물일가 법칙의 적용이 배제되어 토지시장에서 물건 간 완전한 대체관계가 제약된다.

① ㄱ, ㄴ      ② ㄱ, ㄷ      ③ ㄴ, ㄷ      ④ ㄴ, ㄹ      ⑤ ㄷ, ㄹ

해설    ④ ㄴ. 부동성, ㄹ. 개별성에 대한 설명이 옳다.
         ㄱ. 부증성 ⇨ 부동성, ㄷ. 인접성 ⇨ 부증성

정답 ④

**14** 법령에 의해 등기의 방법으로 소유권을 공시할 수 있는 물건을 모두 고른 것은? (제35회)

> ㄱ. 총톤수 25톤인 기선(機船)      ㄴ. 적재용량 25톤인 덤프트럭
> ㄷ. 최대 이륙중량 400톤인 항공기      ㄹ. 토지에 부착된 한 그루의 수목

① ㄱ      ② ㄱ, ㄹ      ③ ㄷ, ㄹ
④ ㄱ, ㄴ, ㄷ      ⑤ ㄱ, ㄴ, ㄷ, ㄹ

해설    ㄱ만 등기의 방법으로 소유권을 공시할 수 있는 물건이다.
         ㄱ: 총톤수 20톤 이상의 기선(機船)과 범선(帆船) 및 총톤수 100톤 이상의 부선(艀船)은 등기의 대상이다.
         ㄴ, ㄷ: 건설기계, 소형선박, 자동차, 항공기 및 경량항공기는 등록의 대상이다.
         ㄹ. 입목이란 토지에 부착된 수목의 집단으로서 그 소유자가 이 법에 따라 소유권보존의 등기를 받은 것을 말한다.
     • 등기: 총톤수 20톤 이상의 기선과 범선 및 총톤수 100톤 이상의 부선, 광업재단, 공장재단, 토지에 부착된 수목의 집단
     • 등록: 자동차, 항공기, 건설기계, 어업권

정답 ①

**15** 토지에 관련된 용어이다. ( )에 들어갈 내용으로 옳은 것은? 〔제35회〕

> (ㄱ): 지적제도의 용어로서, 토지의 주된 용도에 따라 도시의 종류를 구분하여 지적공부에 등록한 것
> (ㄴ): 지가공시제도의 용어로서, 토지에 건물이나 그 밖의 정착물이 없고 지상권 등 토지의 사용·수익을 제한하는 사법상의 권리가 설정되어 있지 아니한 토지

① ㄱ: 필지, ㄴ: 소지　　　　　② ㄱ: 지목, ㄴ: 나지
③ ㄱ: 필지, ㄴ: 나지　　　　　④ ㄱ: 지목, ㄴ: 나대지
⑤ ㄱ: 필지, ㄴ: 나대지

> **해설**　② ㄱ: 지목, ㄴ: 나지에 대한 설명이다.
> • 지목이란 토지의 주된 용도에 따라 토지의 종류를 구분하여 지적공부에 등록한 것을 말한다.(「공간정보의 구축 및 관리 등에 관한 법률」)
> • 나지란 토지에 건물이나 그 밖의 정착물이 없고 지상권 등 토지의 사용·수익을 제한하는 사법상의 권리가 설정되어 있지 아니한 토지를 말한다.(「표준지공시지가 조사·평가 기준」 제2조)
>
> **정답** ②

**16** 다음은 용도별 건축물의 종류에 관한 '건축법 시행령' 규정의 일부이다. ( )에 들어갈 내용으로 옳은 것은? 〔제35회〕

> 다세대주택: 주택으로 쓰는 1개 동의 (ㄱ)합계가 660제곱미터 이하이고, 층수가 (ㄴ) 이하인 주택 (2개 이상의 동을 지하주차장으로 연결하는 경우에는 각각의 동으로 본다)

① ㄱ: 건축면적, ㄴ: 4층　　　　　② ㄱ: 건축면적, ㄴ: 4개 층
③ ㄱ: 바닥면적, ㄴ: 4층　　　　　④ ㄱ: 바닥면적, ㄴ: 4개 층
⑤ ㄱ: 대지면적, ㄴ: 4층

> **해설**　④ 다세대주택: 주택으로 쓰는 1개 동의 바닥면적 합계가 660제곱미터 이하이고, 층수가 4개 층 이하인 주택(2개 이상의 동을 지하주차장으로 연결하는 경우에는 각각의 동으로 본다)
>
> **정답** ④

2025 랜드하나 공인중개사 기본서

# PART 2
# 부동산경제론

# 01 부동산 수요·공급이론

CHAPTER

## 단원별 학습포인트

□ 유량과 저량, 수요법칙과 공급법칙, 수요량의 변화와 수요의 변화, 수요와 공급의 증가·감소요인, 정상재·열등재, 대체재·보완재, 균형가격과 균형량의 계산과 이동, 수요의 가격탄력성, 수요의 소득탄력성, 수요의 교차탄력성, 공급의 가격탄력성의 기본원리를 먼저 이해하고 이를 응용해서 문제를 풀 수 있도록 대비하여야 한다.

□ 매년 3~5문제 정도 출제되며 계산문제에 대한 대비도 하여야 한다.

---

## 제1절  부동산 수요이론

### 1  수요의 개념(수요량의 개념) 제30회, 제31회, 제35회

> 유량의 개념, 사전적 개념, 유효수요

수요란 구매력을 갖춘 소비자가 일정기간 동안에 재화나 용역(서비스)을 구매(임차)하고자 하는 욕구를 말한다. 즉, 부동산 수요는 구매력을 갖춘 경제주체가 일정기간동안에 부동산을 구매 또는 임차하고자 하는 욕구를 말한다. 수요량은 일정한 가격에서 구입·임차하고자 하는 최대수량을 의미하며, 수요가격은 그 수량을 구입하기 위해 지불하고자 하는 최고가격을 의미한다.

### (1) 유량의 개념

수요량은 일반적으로 일정기간을 명시해야 의미의 전달이 명확히 되는 유량(flow)이지만, 부동산시장에서는 일정시점개념인 저량(stock)도 중요시된다.

---

**핵심정리**

**유량과 저량** 제31회, 제35회

1. **유량**(flow, 流量, 일정기간) : 임대료, 지대, 소득(급여, 임금), 소비(지출), 주택거래량, 국민총생산, 신규주택공급량, 저량 변동(분)
2. **저량**(stock, 貯量, 일정시점) : 주택재고량, 자산(자본, 부채), 가치(가격, 지가), 주택보급률, 통화량, 단기공급, 인구

---

| 유량(Flow : 일정 기간개념) | 저량(Stock : 일정 시점개념) |
|---|---|
| 임대료, 지대, 소득(수익), 신규주택공급량(생산량), 주택거래량, 국민총생산량(GNP), 국내총생산량(GDP), 장기공급곡선, 철거된 주택량, 이윤, 수출과 수입, 주택서비스량, 현금수지(현금흐름), 흡수율, 건축허가량, 영업경비, 이자비용 | 가격, 가치, 지가, 인구, 자산(재산, 국부), 주택재고량, 외채, 외환보유액, 주택보급률, 자본, 부채, 통화량(화폐량), 단기공급곡선, 주택수, 미상환저당잔금(부채잔금), 기초, 기말, 유량의 합 |

※ 1. 저량의 변동(분)은 곧 유량이 된다. 주택재고 ⇨ 저량, 주택재고의 변동 ⇨ 유량
   2. 주택시장을 분석할 때 유량개념 뿐 아니라 저량개념도 분석하는 이유는 주택공급이 단기적으로 제한(고정)되어 있기 때문이다.

**기출** 노동자 소득·가계 소비·신규주택 공급량은 유량에 해당하고, 가계자산·통화량·자본총량은 저량에 해당한다.

## (2) 사전적 개념 제30회

① 수요량은 구매하고자 하는 개념이므로 사전적(事前的) 개념이다.

② 따라서, 수요량은 실제로 구입한 구매량(사후적 개념)이 아니라 구입하고자 의도하는 양을 의미하므로 사전적 개념이다.

**기출** 수요량은 일정기간에 실제로 구매한 수량이 아니라 구매하고자 의도하는 수량이다.

## (3) 유효수요

① 수요량은 반드시 구매력을 수반한 유효수요를 의미한다(구매의사O + 구매력O). 즉, 부동산가격은 비싸므로 재화를 구입(구매, 임차)할 능력이 있는 사람만이 수요자가 된다.

② 구매력에는 구매자의 가처분소득 뿐 아니라 금융대출금(차입금)이나 정부의 보조금도 포함된다.

③ 따라서, 구입의사는 있으나 구입능력이 없는 잠재수요(예비수요)는 현실시장에서 수요(demand)라 할 수 없고, 소요(needs)로 이해하여야 한다.

**기출** 1. 주택의 수요(demand)와 소요(need)의 개념은 서로 다르다.
       2. 유효수요란 구매의사뿐만 아니라 반드시 지불능력(구매력)을 필요로 한다.

**보충학습** 주택유량과 주택저량

1. 주택유량
   ① 주택유량의 공급량 : 일정기간동안 시장에 공급되는 주택의 양(신규공급)
   ② 주택유량의 수요량 : 일정기간동안 사람들이 보유하고자 하는 주택의 양

2. 주택저량
   ① 주택저량의 공급량 : 일정시점에 시장에 존재하는 주택의 양(재고공급)
   ② 주택저량의 수요량 : 일정시점에 사람들이 보유하고자 하는 주택의 양

> **예** 지난 1년동안 50만호의 주택이 신규로 건설되었다. 이 중 10만호가 미분양되었다.
>   • 주택유량의 공급량 : 50만호
>   • 주택유량의 수요량 : 40만호
> **예** 현재 우리나라에 1,500만호의 주택이 존재한다. 이 중 100만호는 공가로 남아있다.
>   • 주택저량의 공급량 : 1,500만호
>   • 주택저량의 수요량 : 1,400만호

**기출** 만약 현재 우리나라에 총 1,500만 채의 주택이 존재하고 그중 100만 채가 공가로 남아 있다면, 현재 주택저량의 수요량은 1,400만 채이다.

## 2  수요함수와 수요법칙

### (1) 수요함수와 수요결정요인

수요함수란 어떤 재화의 수요와 그 재화의 수요에 영향을 미치는 모든 요인들의 관계를 말한다. 수요량에 영향을 미치는 요인들은 독립변수(원인)가 되고 수요량은 종속변수(결과)가 된다.

> 수요량($Qd$) = $f${① 해당재화의 가격(임대료) ② 소득 ③ 선호 ④ 인구 ⑤ 소비자의 가격예상(기대) ⑥ 관련재화 (대체재, 보완재)의 가격 ⑦ 금리 ⑧ 정책(거래세) 등의 변화……}

### (2) 수요법칙과 수요곡선

① 수요법칙($P - Q_D$)

해당 재화의 가격(임대료)이 상승하면 해당재화의 수요량은 감소하고, 해당 재화의 가격이 하락하면 해당 재화의 수요량은 증가한다는 해당 재화의 가격(임대료)과 수요량은 반비례(역, -)관계가 성립한다는 법칙을 말한다. 이를 곡선으로 나타낸 것이 수요곡선이다(수요량의 변화).

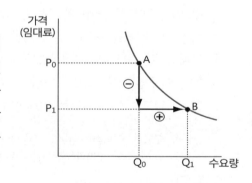

② 수요곡선

수요법칙은 수요곡선이 우하향 곡선형태임을 설명해 준다. 그리고 수요곡선은 소비자의 한계효용곡선에서 도출된다.

③ 수요법칙 성립이유 : 가격효과(소득효과와 대체효과의 합성효과)

㉠ **소득효과** : 한재화의 가격 하락은 그 재화를 소비하는 소비자의 실질소득을 증가시켜 그 재화의 소비를 증가시키는 효과가 나타난다. 반대로 한 재화의 가격 상승은 그 재화를 소비하는 소비자의 실질소득을 감소시켜 그 재화의 소비를 감소시키는 효과가 나타난다.

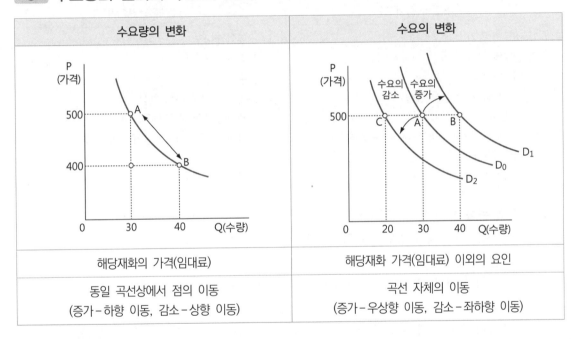

ⓒ **대체효과** : 한재화의 가격이 하락하면 그와 대체관계에 있는 다른재화의 가격이 상대적으로 비싸지므로 다른재화의 소비가 감소하고, 해당재화의 수요가 증가하는 효과이다. 반대로 한 재화의 가격이 상승하면 그와 대체관계에 있는 다른재화의 가격이 상대적으로 싸지므로 다른재화의 소비가 증가하고, 해당재화의 수요가 감소하는 효과이다.

---

**용어 ┃ 기회비용(opportunity cost)**

어떤 것의 기회비용이란 그것을 선택함으로써 포기한 다른 대안 들 중 최선의 대안으로부터의 혜택을 말한다. 따라서, 기회비용은 차선책의 의미를 지니기도 한다. 기회비용은 요구수익률을 측정하는 중요한 기준이 되며, 실제로 지불한 비용이 아니라 계산된(인식된) 비용이 된다.

---

**3 수요량의 변화와 수요의 변화** 제25회, 제29회, 제30회

| 수요량의 변화 | 수요의 변화 |
|---|---|
| 해당재화의 가격(임대료) | 해당재화 가격(임대료) 이외의 요인 |
| 동일 곡선상에서 점의 이동 (증가 – 하향 이동, 감소 – 상향 이동) | 곡선 자체의 이동 (증가 – 우상향 이동, 감소 – 좌하향 이동) |

## (1) 수요량의 변화

① 해당 재화의 가격(임대료)이 변화할 때 수요량이 변화하는 것을 말한다.
② 동일한 수요곡선상에서의 점의 이동을 의미한다.
③ 수요량의 증가는 수요곡선상에서 점이 하향으로 이동되고, 수요량의 감소는 수요곡선상에서 점이 상향으로 이동된다.

### (2) 수요의 변화

① 해당 재화가격(임대료) 이외의 요인이 변화할 때 수요량이 변화하는 것을 말한다.

② 수요곡선자체가 이동하는 것을 의미한다.

③ 수요의 증가는 수요곡선자체가 우상향(우측)으로 이동되고, 수요의 감소는 수요곡선자체가 좌하향(좌측)으로 이동된다.

> 기출
> 1. 해당 주택가격 변화에 의한 수요량의 변화는 동일한 수요곡선상의 이동으로 나타난다.
> 2. 해당 재화의 가격 이외의 다른 요인이 수요량을 변화시키면 수요곡선이 좌측 또는 우측으로 이동한다.
> 3. 부동산 수요자의 소득이 변하여 동일 가격수준에서 부동산의 수요곡선이 이동하였다면 이를 부동산 수요의 변화라 한다.

### (3) 「수요의 변화」 요인(수요곡선 자체의 이동요인) 제25회, 제26회, 제27회, 제29회, 제30회, 제31회, 제32회, 제34회, 제35회

| 수요의 증가요인 | 수요의 감소요인 |
|---|---|
| 1. 소득의 증가 | 1. 소득의 감소 |
| 2. 선호의 증가 | 2. 선호의 감소 |
| 3. 인구의 증가 | 3. 인구의 감소 |
| 4. 소비자의 가격 상승 예상 | 4. 소비자의 가격 하락 예상 |
| 5. 대체재의 가격 상승(대체재의 수요 감소) | 5. 대체재의 가격 하락(대체재의 수요 증가) |
| 6. 보완재의 가격 하락(보완재의 수요 증가) | 6. 보완재의 가격 상승(보완재의 수요 감소) |
| 7. 거래세의 인하 | 7. 거래세의 인상 |
| 8. 금리의 인하 | 8. 금리의 인상 |

① **소득의 변화** 제25회, 제26회, 제29회, 제31회

일반적으로 정상재인 경우 소득의 증가는 수요를 증가, 소득의 감소는 수요를 감소시킨다.

㉠ **정상재**(우등재) : 수요의 소득탄력성 +, **예** 고급·대형 아파트, 대형차

소득이 증가할 때 수요가 증가하고 소득이 감소하면 수요가 감소하는 재화를 말한다.

㉡ **열등재**(하급재) : 수요의 소득탄력성 -, **예** 저급·소형 아파트, 경차

소득이 증가할 때 수요가 감소하고 소득이 감소할 때 수요가 증가하는 재화를 말한다.

㉢ **중간재**(중립재) : 수요의 소득탄력성 0, **예** 소금, 간장

소득이 증가 또는 감소해도 수요가 변하지 않는 재화를 말한다.

> 기출 소득이 10% 증가하자 어떤 부동산의 수요량이 8% 증가하였다면 정상재이다.

② **관련 재화의 가격변화**(대체재나 보완재의 가격변화) 제25회, 제26회, 제27회, 제28회, 제29회, 제30회, 제32회, 제34회

| | |
|---|---|
| 1) 대체재 수요증가 - 해당재화 수요감소 | 5) 대체재 가격상승 - 해당재화 수요증가 |
| 2) 대체재 수요감소 - 해당재화 수요증가 | 6) 대체재 가격하락 - 해당재화 수요감소 |

3) 보완재 수요증가 - 해당재화 수요증가    7) 보완재 가격상승 - 해당재화 수요감소
4) 보완재 수요감소 - 해당재화 수요감소    8) 보완재 가격하락 - 해당재화 수요증가

PART 2 부동산경제론

㉠ 대체재 관계 : 수요의 교차탄력성 (+), 예 아파트와 단독주택, 맥주와 소주, 커피와 녹차
  ⓐ 대체재란 재화의 용도나 효용이 비슷하여 용도상 경쟁관계에 있는 재화를 말한다. 즉, 수요측면에서 대체재는 한 재화대신 다른 재화를 소비하더라도 효용에는 별 차이가 없다.
  ⓑ 빌라와 아파트가 대체재관계에 있을 때 빌라(대체재)가격이 상승하면 빌라의 수요량이 감소하고 대신 아파트(해당재화)의 수요가 증가한다.
  ⓒ 빌라(대체재)가격이 하락하면 빌라의 수요량이 증가하고 아파트의 수요는 감소한다.
  ⓓ 대체재 가격상승 ⇨ 대체재 수요감소 ⇨ 해당재화 수요증가
  ⓔ 대체재 가격하락 ⇨ 대체재 수요증가 ⇨ 해당재화 수요감소
  ⓕ 대체재는 수요의 교차탄력성이 (+)이다. 즉, 대체재의 가격변화와 해당재화의 수요변화는 같은 방향으로 움직인다(비례관계). 그러나 대체재의 수요량변화와 해당재화의 수요변화는 반대방향으로 움직인다(반비례관계).
    ※ 아파트의 가격이 상승하는 경우 대체재인 오피스텔의 가격은 상승한다.(아파트 가격 상승 ⇨ 대체재인 오피스텔의 수요 증가 ⇨ 오피스텔 가격 상승)

㉡ 보완재 관계 : 수요의 교차탄력성 (-), 예 주택과 토지, 커피와 설탕, 샤프와 샤프심, 바늘과 실
  ⓐ 보완재란 용도상 일체로 결합되어 이용되고 있는 재화를 의미한다. 즉, 수요측면에서 보완재란 한 재화씩 따로 소비하는 것보다 두 재화를 함께 소비할 때 효용이 더 커지는 재화를 말한다.
  ⓑ 토지와 건물이 보완재관계에 있다면 토지가격(보완재가격)이 하락하면 토지의 수요량이 증가하며 더불어 건물(해당재화)의 수요도 증가한다.
  ⓒ 토지가격(보완재가격)이 상승하면 토지의 수요량이 감소하며 더불어 건물(해당재화)의 수요도 감소한다.
  ⓓ 보완재 가격하락 ⇨ 보완재 수요증가 ⇨ 해당재화 수요증가
  ⓔ 보완재 가격상승 ⇨ 보완재 수요감소 ⇨ 해당재화 수요감소
  ⓕ 보완재는 수요의 교차탄력성이 (-)이다. 즉, 보완재의 가격변화와 해당재화의 수요변화는 반대방향으로 움직인다(반비례관계). 그러나 보완재의 수요량변화와 해당재화의 수요변화는 동일방향으로 움직인다(비례관계).

㉢ 독립재 관계 : 수요의 교차탄력성 (0)
X재 가격이 변해도 Y재 수요의 변화가 없다면 이를 독립재라 한다. 즉, 수요의 교차탄력성이 0이다.

> **기출** 1. 대체재인 단독주택의 가격이 상승하면 아파트의 수요곡선은 우상향으로 이동한다.
> 2. A부동산의 가격이 5% 상승할 때, B부동산의 수요는 10% 증가하고 C부동산의 수요는 5% 감소한다면, A와 B는 대체재이고, A와 C는 보완재이다.

---

### 핵심정리

**대체재**
1. A수요 증가 - B수요 감소
2. A수요 감소 - B수요 증가
3. A가격 상승 - B수요 증가
4. A가격 하락 - B수요 감소

**보완재**
1. A수요 증가 - B수요 증가
2. A수요 감소 - B수요 감소
3. A가격 상승 - B수요 감소
4. A가격 하락 - B수요 증가

| 대체재 | 보완재 |
|---|---|
| ① X재 수요증가 - Y재 수요감소 | ① X재 수요증가 - Y재 수요증가 |
| ② X재 수요감소 - Y재 수요증가 | ② X재 수요감소 - Y재 수요감소 |
| ③ X재 가격상승 - Y재 수요증가 | ③ X재 가격상승 - Y재 수요감소 |
| ④ X재 가격하락 - Y재 수요감소 | ④ X재 가격하락 - Y재 수요증가 |
| ⑤ X재 가격상승 - Y재 가격상승 | ⑤ X재 가격상승 - Y재 가격하락 |
| ⑥ X재 가격하락 - Y재 가격하락 | ⑥ X재 가격하락 - Y재 가격상승 |

---

③ **인구의 변화** : 인구나 매수자수가 증가하면 수요는 증가하고, 인구나 매수자수가 감소하면 수요는 감소한다.

④ **소비자의 기호도(선호도)의 변화** : 아파트 등의 기호도(선호도) 증가는 아파트의 수요를 증가시키나 기호도(선호도) 감소는 아파트의 수요를 감소시킨다.

⑤ **미래에 대한 가격변화 예상(기대)** : 만일 장차 가격상승이 예상된다면 현재시점에서 재화의 수요는 증가한다. 장차 가격하락이 예상된다면 현시점에서 재화의 수요는 감소한다.

> **기출** 아파트가격 하락이 예상되면 수요의 변화로 수요곡선 자체가 좌하향으로 이동한다.

⑥ **금리(이자율)의 변화** : 주택구입자금의 대출금리(이자율)이 하락하면 주택구입자의 이자부담이 작아져서 주택수요가 증가한다. 대출금리(이자율)이 상승하면 주택수요가 감소한다.

> **기출** 아파트 담보대출 금리가 하락하면 수요의 변화로 수요곡선이 우상향으로 이동하게 된다.

⑦ **공적 규제의 변화** : 부동산관련 공적 규제가 완화되면 부동산수요가 증가하고 공적 규제가 강화되면 부동산수요가 감소한다. 예컨대, 거래세가 인하되면 주택수요가 증가하고, 거래세가 인상되면 주택수요가 감소한다.

> **기출** 아파트 거래세가 인상되면 수요곡선은 좌하향으로 이동하게 된다.

⑧ **대체투자시장(주식, 채권) 수익률변화** : 부동산의 대체투자시장이 불황인 경우에는 대체투자시장의 수익률이 작아지므로 대체투자시장에 투자하는 것을 줄이고 부동산에 대한 투자수요를 증가시킨다. 부동산의 대체투자시장이 호황인 경우에는 부동산에 대한 투자수요를 감소시킨다.

⑨ **기회비용(요구수익률)의 변화** : 부동산투자에 대한 기회비용이란 부동산투자가 아닌 다른 곳(예금, 주식, 채권)의 수익률을 의미한다. 그러므로 부동산투자에 대한 기회비용(요구수익률)이 감소했다면 은행이자나 주식, 채권수익률이 감소했다는 의미이므로 부동산투자수요가 증가한다. 기회비용(요구수익률)이 증가했다면 부동산투자수요는 감소한다.

⑩ **대부비율(LTV), 총부채상환비율(DTI)의 변화** : 대부비율이나 총부채상환비율이 확대되면, 은행대출이 많아지므로 주택수요가 증가한다. 반대로 대부비율이나 총부채상환비율이 축소되면 주택수요는 감소한다.

⑪ **주택대출자금의 상환기간의 변화** : 상환기간이 연장되면 대출조건이 개선되었으므로 주택수요가 증가하며, 상환기간이 단축되면 주택수요가 감소한다.

> **기출**
> 1. 인구 감소·부동산 거래세율 인상이 수요 감소요인이고, 시장금리 하락·수요자의 실질소득 증가·부동산 가격 상승 기대는 수요 증가요인이다.
> 2. 보완재 가격의 하락은 해당 부동산시장의 수요곡선을 우측(우상향)으로 이동하게 한다.

## 4 부동산수요의 분류 제32회, 제34회

### (1) 개별수요와 시장수요

① **개별수요** : 소비자 한사람 한사람의 수요를 말한다. 일반적으로 어떤 재화의 개별수요곡선은 시장수요곡선보다 더 가파르므로 개별수요곡선은 시장수요곡선보다 더 비탄력적이다.

② **시장수요** : 시장전체의 수요를 말하는 것으로, 개별수요의 수평적 합계이다. 일반적으로 어떤 재화의 시장수요곡선은 개별수요곡선보다 더 완만하므로 시장수요곡선은 개별수요곡선보다 더 탄력적이다.

| 개별수요곡선과 시장수요곡선 |

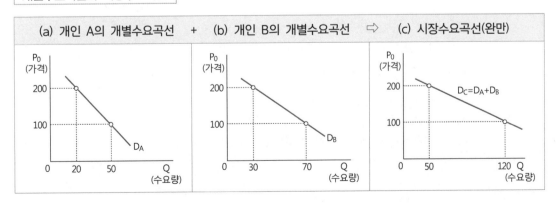

PART 2 부동산경제론

**예제문제**

**01.** 어떤 부동산에 대한 시장수요함수는 $P = 100 - 4Q_D$ [여기서 $P$는 가격(단위 : 만원), $Q_D$는 수요량(단위 : ㎡)]이며, 이 시장의 수요자는 모두 동일한 개별수요함수를 갖는다. 이 시장의 수요자 수가 2배로 된다면 새로운 시장수요함수는? [단, 새로운 시장수요량은 $Q_M$으로 표기하며 다른 조건은 일정하다고 가정함. 또한 이 부동산은 민간재(private goods)이며 새로운 수요자들도 원래의 수요자들과 동일한 개별수요함수를 갖는다고 가정함]  ▶제19회

① $P = 100 - 4Q_M$  ② $P = 100 - 2Q_M$

③ $P = 100 - 8Q_M$  ④ $P = 200 - 4Q_M$

⑤ $P = 200 - 8Q_M$

**정답** ②

**해설** ② $P = 100 - 4Q_D \Rightarrow 4Q_D = 100 - P \Rightarrow Q_D = 25 - \dfrac{1}{4}P$

새로운 시장수요함수는 수요자수가 2배로 늘어났으므로 $2 \times (25 - \dfrac{1}{4}P)$

$Q_M = 50 - \dfrac{1}{2}P \Rightarrow \dfrac{1}{2}P = 50 - Q_M \Rightarrow P = 100 - 2Q_M$

**02.** A부동산에 대한 기존 시장의 균형상태에서 수요함수는 $P = 200 - 2Q_d$, 공급함수는 $2P = 40 + Q_s$ 이다. 시장의 수요자 수가 2배로 증가되는 경우, 새로운 시장의 균형가격과 기존 시장의 균형가격 간의 차액은? [단, P는 가격(단위: 만원), $Q_d$는 수요량(단위: m²), $Q_s$는 공급량(단위: m²)이며, A부동산은 민간재(private goods)로 시장의 수요자는 모두 동일한 개별수요함수를 가지며, 다른 조건은 동일함]  ▶제32회

① 24만원  ② 48만원  ③ 56만원  ④ 72만원  ⑤ 80만원

**정답** ①

**해설** ① 균형가격 80만원과 56만원의 차액은 24만원이 된다.

| 기존 균형 ($Q_d = Q_s$) | 새로운 균형 ($Q_d = Q_s$) |
|---|---|
| 100 − 0.5P = 2P − 40 | 200 − P = 2P − 40 |
| 140 = 2.5P | 240 = 3P |
| 56 = P | 80 = P |

• 기존시장의 균형: $Q_d = 100 - 0.5P$, $Q_s = 2P - 40$

$P = 200 - 2Q_d \Rightarrow 2Q_d = 200 - P \Rightarrow Q_d = 100 - \dfrac{1}{2}P \Rightarrow Q_d = 100 - 0.5P$

$2P = 40 + Q_s \Rightarrow Q_s = 2P - 40$

• 새로운 시장의 균형: $Q_d = 200 - P$, $Q_s = 2P - 40$

$Q_d = (100 - 0.5P) \times 2 \Rightarrow Q_d = 200 - P$

## (2) 실질적 수요와 잠재적 수요

① **실질적 수요**(유효수요) : 실질적 구매력을 수반한 현재 부동산시장에 참여하고 있는 수요이다. 앞으로 가격이 상승할 것으로 예상하여 투기목적으로 미리 사두려는 가수요도 구매력을 수반하므로 유효수요에 포함된다. ➡ 주택수요(housing demand)

② **잠재적 수요**(예비수요) : 현재시점에서 실질적 구매력을 수반하지 않으나 조만간 유효수요가 될 수 있는 잠재수요로, 만일 부동산정책을 수립할 때는 실질적 수요 뿐 아니라 잠재적 수요도 고려해서 정책을 수립해야 한다. ➡ 주택소요(housing needs)

## (3) 본원적 수요(직접 수요)와 파생적 수요(간접 수요)

| 본원적 수요(직접 수요) | 파생적 수요(간접 수요) |
|---|---|
| ① 최종 소비재에 대한 수요<br>② 농산물, 주택에 대한 수요<br>③ 주택서비스(효용)에 대한 수요<br>④ 관광지에 대한 수요(토지) | ① 생산요소에 대한 수요<br>② 농지, 택지에 대한 수요(토지)<br>③ 물리적 주택에 대한 수요 |

① 본원적 수요란 소비재에 대한 수요, 최종상품, 서비스에 대한 수요 또는 목적으로서의 수요를 말하며 직접 수요라고도 한다.

② 파생적 수요란 생산요소에 대한 수요, 다른 상품이나 서비스의 수요에서 파생되는 수요 또는 수단으로서의 수요를 말하며 간접 수요라고도 한다.

③ 일반적으로 토지에 대한 수요는 파생적 수요, 주택에 대한 수요는 본원적 수요가 된다. 만일 주택을 주택서비스(효용)와 물리적 주택으로 구분해서 분석한다면 주택서비스에 대한 수요가 본원적 수요이고, 물리적 주택에 대한 수요가 파생적 수요라 할 수 있다. 즉, 주택수요는 주택서비스 수요로부터 파생된다.

④ 토지에 대한 수요는 일반적으로 파생적 수요이나 본원적 수요가 되는 경우도 있다. 즉, 농지, 택지처럼 토지에 대한 수요는 일반적으로 파생적 수요의 성격에 해당된다. 하지만 설악산, 지리산 등 관광지, 공원 등의 토지는 그 자체가 본원적 수요의 성격을 띠는 경우도 있다.

제 2 절 부동산 공급이론 제26회, 제27회, 제30회

### 1 공급의 개념(공급량의 개념) 제30회

유량의 개념, 사전적 개념, 유효공급

공급이란 공급능력을 갖춘 공급자가 일정기간 동안에 재화나 용역(서비스)을 판매(임대)하고자 하는 욕구를 말한다. 부동산공급량은 공급자가 일정한 가격에서 매도(임대)하고자 하는 최대 수량이며, 공급가격은 그 양을 공급하기 위해 공급자가 받고자 하는 최소가격(생산비) 개념이다.

**(1) 유량의 개념** : 부동산공급량은 일정기간동안 파악되는 유량(flow)개념이다. 부동산시장에서는 일정시점개념인 저량(stock)개념도 중시된다.

**(2) 사전적 개념** : 공급량은 실제로 매도된 양이 아니고 매도하고자 하는 양이므로 사전적 개념이다.

**(3) 유효공급** : 일정기간 동안에 공급능력을 갖추고 판매·임대하고자 하는 유효공급을 말한다.

**(4) 부동산공급자** : 부동산공급자에는 신규생산자 뿐 아니라 기존 건물의 소유자도 포함된다.

기출 | 공급량은 주어진 가격수준에서 매도하고자 하는 수량이다.

### 2 공급법칙과 공급곡선 제27회, 제30회, 제34회

**(1) 공급법칙($P-Q_S$)**

해당재화의 가격(임대료)이 상승하면 공급량은 증가하고, 해당재화의 가격(임대료)이 하락하면 해당재화의 공급량은 감소한다는 해당재화 가격(임대료)과 공급량의 비례(정, +)관계를 공급법칙이라한다.

**(2) 공급곡선**

공급곡선은 우상향곡선형태이다. 완전경쟁시장에서 공급곡선은 한계비용곡선을 나타낸다.

기출 | 가격이 상승하면 공급량이 증가한다.

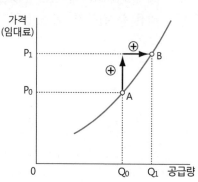

**3** 공급량의 변화와 공급의 변화 제27회, 제28회, 제30회, 제32회

## (1) 공급량의 변화

① 해당재화의 가격(임대료)이 변화할 때 해당재화의 공급량이 변화하는 것을 말한다.

② 동일 공급곡선상에서의 점의 이동으로 나타난다.

③ 공급량의 증가는 공급곡선상에서 점이 상향으로 이동되고, 공급량의 감소는 공급곡선상에서 점이 하향으로 이동된다.

## (2) 공급의 변화

① 해당재화의 가격(임대료) 이외의 요인이 변화할 때 해당재화의 공급량이 변화하는 것을 말한다.

② 공급곡선자체가 이동하는 것을 말한다.

③ 공급의 증가는 공급곡선자체가 우하향(우측)으로 이동되고, 공급의 감소는 공급곡선 자체가 좌상향(좌측)으로 이동된다.

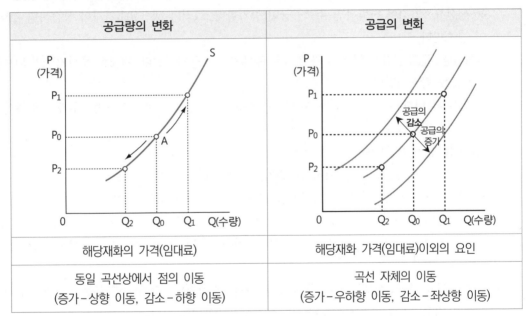

| 공급량의 변화 | 공급의 변화 |
|---|---|
| 해당재화의 가격(임대료) | 해당재화 가격(임대료)이외의 요인 |
| 동일 곡선상에서 점의 이동 (증가 – 상향 이동, 감소 – 하향 이동) | 곡선 자체의 이동 (증가 – 우하향 이동, 감소 – 좌상향 이동) |

기출 | 1. 해당 부동산 가격 변화에 의한 공급량의 변화는 다른 조건일 때 동일한 공급곡선에서 점의 이동으로 나타난다.

2. 주택가격상승은 주택 공급량 변화요인이고, 주택건설업체수의 증가는 주택 공급 변화요인이다.

### (3) 「공급의 변화」요인(공급곡선 자체의 이동) 제30회, 제32회, 제33회, 제34회, 제35회

| 수요의 증가요인 | 공급의 증가요인 |
|---|---|
| 1. 소득의 증가 | 1. 생산비(생산요소가격)의 하락 |
| 2. 선호의 증가 | 2. 건축비(건축자재가격)의 하락 |
| 3. 인구의 증가 | 3. 건설노동자의 임금 하락 |
| 4. 소비자의 가격 상승 예상 | 4. 토지가격의 하락 |
| 5. 대체재의 가격 상승(대체재의 수요 감소) | 5. 생산기술의 발달 |
| 6. 보완재의 가격 하락(보완재의 수요 증가) | 6. 주택건설업체 수의 증가 |
| 7. 금리의 인하 | 7. 금리의 인하 |
| 8. 거래세의 인하 | 8. 공적 규제 완화(건폐율·용적률 증가) |

※ 부동산시장에서 수요는 단기에 즉각 변동이 되나, 공급은 단기에는 변동이 없고, 장기에 변동이 된다.

① **생산요소의 가격(생산비)의 변화** : 주택생산에 필요한 택지가격, 건축비, 노동자임금, 원자재 가격 등 생산요소가격이 하락하면 주택공급이 증가한다. 그러나 생산요소가격이 상승하면 주택공급이 감소한다.

② **생산기술수준의 변화** : 생산기술의 향상은 주택공급을 증가시킨다. 반대로 생산기술의 퇴보는 주택공급을 감소시킨다.

③ **건설업체수 변화** : 건설업체수가 증가하면 부동산공급이 증가하며 건설업체수가 감소하면 부동산공급이 감소한다.

④ **공급자들의 가격변화 예상** 제33회
    ㉠ 가격 상승 예상 : 신규주택 공급 증가, 기존(중고)주택 공급 감소
    ㉡ 가격 하락 예상 : 신규주택 공급 감소, 기존(중고)주택 공급 증가

⑤ **금리(이자율)의 변화** : 이자율이 하락하면 부동산 건설업자의 생산비용이 낮아져서 부동산공급이 증가한다. 반대로 이자율이 상승하면 부동산 건설업자의 생산비용이 높아져서 부동산공급이 감소한다.

⑥ **공적 규제의 변화** : 정부의 공적 규제가 완화(건폐율·용적률이 확대)되면 부동산공급이 증가하며, 규제가 강화(건폐율·용적률이 축소)되면 부동산공급이 감소한다.

⑦ **관련 재화의 가격변화**(대체재나 보완재의 가격변화)

단독주택과 아파트는 공급면에서 대체재 관계에 있다면 단독주택가격이 상승한다면 건설업자는 단독주택 공급량을 증가시킬 것이고 반대로 아파트 공급을 감소시킬 것이다.
    ㉠ 대체재 가격상승 ⇨ 대체재 공급량 증가 ⇨ 해당재화의 공급 감소
    ㉡ 대체재 가격하락 ⇨ 대체재 공급량 감소 ⇨ 해당재화의 공급 증가
    ㉢ 보완재 가격상승 ⇨ 보완재 공급량증가 ⇨ 해당재화 공급을 증가
    ㉣ 보완재 가격하락 ⇨ 보완재 공급량감소 ⇨ 해당재화 공급을 감소

※ 아파트 신축시장에서 공급은 단기고정(완전비탄력적)인 성격을 가지고 있으므로 단기공급곡선은 수직이다. 그러므로 '원자재가격이 하락'하여도 단기적으로 공급이 불변이므로 임대료가 불변한다. 하지만, 장기적으로는 생산요소가격 하락으로 공급이 증가하므로 임대료는 하락하게 된다.

**기출**
1. 건설종사자들의 임금상승은 부동산가격을 상승시킨다.
2. 신규주택시장에서 공급을 감소시키는 요인은 주택가격의 하락 기대, 주택건설업체 수의 감소, 주택건설에 대한 정부 보조금 축소 등이다.
3. 신규주택시장에서 공급을 증가시키는 요인은 주택건설용 토지의 가격 하락, 주택건설기술 개발에 따른 원가절감 등이다.
4. 건축원자재의 가격 상승은 부동산의 공급을 축소시켜 공급곡선을 좌측(좌상향)으로 이동하게 한다.

## 4 부동산공급의 분류

### (1) 개별공급과 시장공급

① 개별공급 : 생산자 한사람 한사람의 공급을 말한다.
② 시장공급 : 시장전체의 공급을 말하는 것으로 개별공급의 수평적 합계이다. 일반적으로 시장공급 곡선은 개별공급곡선보다 완만한 형태이므로 더 탄력적이다.

### (2) 토지의 공급 제26회, 제27회, 제30회

① 물리적 공급
  ㉠ 부증성, 불가능, 완전비탄력적, 수직
  ㉡ 토지의 물리적 공급곡선은 장·단기에 모두 불가능하며, 완전비탄력적이므로 수직이다.

② 경제적 공급
  ㉠ 용도의 다양성, 가능, 보다 탄력적, 우상향
  ㉡ 물리적으로 한정된 토지의 범위내에서 용도의 전환을 통한 유용성의 증가를 말한다. 예컨대, 공유수면을 매립하여 택지를 조성하여 공급하는 경우 등이다.

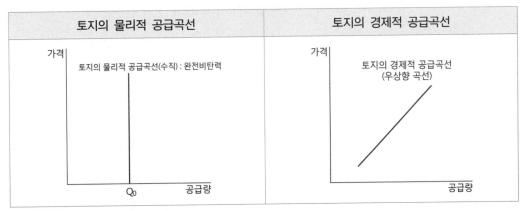

| 토지의 물리적 공급곡선 | 토지의 경제적 공급곡선 |
|---|---|
| 가격<br>토지의 물리적 공급곡선(수직) : 완전비탄력<br><br>$Q_0$　공급량 | 가격<br>토지의 경제적 공급곡선<br>(우상향 곡선)<br><br>공급량 |

※ 건물의 물리적·경제적 공급

## (3) 단기공급과 장기공급 제26회, 제27회

① 단기공급곡선(기존의 생산시설을 확장시킬 수 없을 정도의 짧은 기간)

㉠ 비탄력적, 급경사

㉡ 단기에는 신규(신축)공급이 불가능하나 중고공급은 가능하다. 따라서, 신축주택의 단기공급 곡선은 수직이므로 완전비탄력적이나 중고주택의 단기공급곡선은 수직에 가까운 비탄력적 곡선이다. 부동산의 내구성 때문에 기존의 중고주택은 단기에도 출품하여 공급할 수 있으나 비탄력적이다.

② 장기공급곡선(생산시설을 확장 또는 신규 기업이 진입할 수 있는 충분한 기간)

㉠ 탄력적, 완경사

㉡ 장기에는 공적 규제가 완화되거나 생산요소의 제약이 완화되는 것이 일반적이므로 가격상승 시에 공급을 더 많이 증가시킬 수 있다.

| 토지의 공급곡선 | 탄력성 | 장기와 단기의 공급곡선 |
|---|---|---|
| ① 물리적공급 | 완전비탄력적(수직) | |
| ② 단기공급 | 비탄력적(가파름) | |
| ③ 장기공급 | 탄력적(완만함) | |

기출 1. 물리적 토지공급량이 불변이라면 토지의 물리적 공급은 토지가격 변화에 대해 완전비탄력적이다.
2. 부동산의 물리적인 공급은 단기적으로 비탄력적이라 할 수 있다.
3. 주택의 단기 공급곡선은 가용생산요소의 제약으로 장기 공급곡선에 비해 더 비탄력적이다.

## 제3절 균형가격과 균형량의 변화 제25회~제35회

### 1 수요·공급의 균형(시장의 균형)

#### (1) 균형가격과 균형량의 개념

① 시장균형이란 일정한 가격에서 사고자 하는 양과 팔고자하는 양이 일치하는 점으로서 일단 정지된 상태에 도달한 후 외부의 충격이 가해지지 않는 한 더 이상 다른 상태로 변화하지 않으려는 상태를 말한다.

② 수요곡선과 공급곡선이 만나는 균형($Q_D$=$Q_S$)상태에서 형성되는 가격을 균형가격 또는 시장가격이라 하고, 이때의 수요공급량을 균형량, 균형수급량 또는 균형교환량, 균형거래량이라 한다.

③ 아파트 수요함수는 $Q_D = 1400 - 2P$, 공급함수는 $Q_S = 200 + 4P$라고 할 때, 균형가격과 균형량을 산정하면, $1400 - 2P = 200 + 4P$, $6P = 1200$, P=200, Q=1,000이 된다. 따라서, 균형가격은 200, 균형량은 1,000이 된다.

> **참고학습** | 수요공급 함수
>
> 1. 수요곡선 또는 공급곡선의 기울기 = $\left|\dfrac{\square Q}{\square P}\right|$
>
> 2. P = 200: ① 탄력성: ∞, 완전탄력적 ② 기울기: 수평
>
> 3. Q = 200: ① 탄력성: 0, 완전비탄력적 ② 기울기: 수직

#### (2) 균형가격의 형성과정

① 균형가격 $P_0$보다 낮은 수준인 $P_2$가격에서는 공급량보다 수요량이 많아 초과수요($Q_2 - Q_1$)가 존재하므로 가격을 상승시키는 압력이 존재하여 균형가격을 형성한다.

② 균형가격 $P_0$보다 높은 수준인 $P_1$가격에서는 수요량보다 공급량이 많아 초과공급($Q_4 - Q_3$)이 존재하므로 가격을 하락시키는 압력이 존재하여 균형가격을 형성한다.

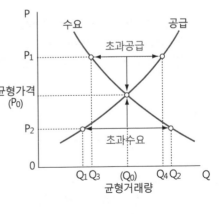

③ 균형가격에서는 초과수요와 초과공급이 소멸되므로 수요자의 사고자 하는 양과 공급자의 팔고자 하는 양이 일치한다.

④ 균형점에서 수요자가 제시한 최고가격과 공급자가 제시한 최소가격이 일치한다.

※ **초과수요와 초과공급**

1. **초과수요** : 수요증가 또는 공급감소는 초과수요를 만드는 요인이 되며, 초과수요는 가격을 상승시킨다.

2. **초과공급** : 수요감소 또는 공급증가는 초과공급을 만드는 요인이 되며, 초과공급은 가격을 하락시킨다.

예제문제

**01.** A지역 아파트시장에서 수요함수는 일정한데, 공급함수는 다음 조건과 같이 변화하였다. 이 경우 균형가격(ㄱ)과 공급곡선의 기울기(ㄴ)는 어떻게 변화하였는가? (단, 가격과 수량의 단위는 무시하며, 주어진 조건에 한함)

▶ 제31회

- 공급함수: Qs1 = 30 + P (이전) ⇨ Qs2 = 30 + 2P (이후)
- 수요함수: Qd = 150 - 2P
- P는 가격, Qs는 공급량, Qd는 수요량, X축은 수량, Y축은 가격을 나타냄

① ㄱ: 10 감소, ㄴ: $\frac{1}{2}$ 감소    ② ㄱ: 10 감소, ㄴ: 1 감소    ③ ㄱ: 10 증가, ㄴ: 1 증가

④ ㄱ: 20 감소, ㄴ: $\frac{1}{2}$ 감소    ⑤ ㄱ: 20 증가, ㄴ: $\frac{1}{2}$ 증가

**정답** ①

**해설** ① 균형가격은 10감소(40⇨30), 기울기는 $\frac{1}{2}$ 감소(1⇨$\frac{1}{2}$)된다.

| 최초의 균형 ($Q_d = Q_{S1}$) | 변화된 균형 ($Q_d = Q_{S2}$) |
|---|---|
| 150 - 2P = 30 + P | 150 - 2P = 30 + 2P |
| 120 = 3P | 120 = 4P |
| 40 = P(균형가격) | 30 = P(균형가격) |
| 기울기($\frac{\Box Q}{\Box P}$) = $\frac{1Q}{1P}$ = 1 | 기울기($\frac{\Box Q}{\Box P}$) = $\frac{1Q}{2P}$ = $\frac{1}{2}$ |

**02.** A지역 아파트시장에서 공급은 변화하지 않고 수요는 다음 조건과 같이 변화하였다. 이 경우 균형가격( ㄱ )과 균형거래량( ㄴ )의 변화는? (단, P는 가격, QD1, QD2는 수요량, QS는 공급량, X축은 수량, Y축은 가격을 나타내고, 가격과 수량의 단위는 무시하며, 주어진 조건에 한함)

▶ 제33회

- 수요함수: QD1 = 120 - 2P (변화 전) ⇨ QD2 = 120 - $\frac{3}{2}$P (변화 후)
- 공급함수: Qs = 2P - 20

① ㄱ: 5 상승, ㄴ: 5 증가                ② ㄱ: 5 상승, ㄴ: 10 증가
③ ㄱ: 10 상승, ㄴ: 10 증가              ④ ㄱ: 10 상승, ㄴ: 15 증가
⑤ ㄱ: 15 상승, ㄴ: 15 증가

**정답** ②

**해설** ② 균형가격은 5 상승(35 ⇨ 40), 균형거래량은 10증가(50 ⇨ 60)하게 된다.

| 최초의 균형 (QD1=Qs) | 변화된 균형 (QD2=Qs) |
|---|---|
| 120 - 2P = 2P - 20 | 120 - 1.5P = 2P - 20 |
| 140 = 4P | 140 = 3.5P |
| 35 = P(균형가격) | 40 = P(균형가격) |
| 50 = Q(균형거래량) | 60 = Q(균형거래량) |

**03. 다음의 ( )에 들어갈 내용으로 옳은 것은? (단 P는 가격, Qd는 수요량이며, 다른 조건은 동일함)**

▶ 제30회

어떤 도시의 이동식 임대주택 시장의 수요함수는 $Qd = 800-2P$, 공급함수는 $P1 = 200$이다. 공급함수가 $P2 = 300$으로 변할 경우 균형거래량의 변화량은 ( ㄱ )이고, 공급곡선은 가격에 대하여 ( ㄴ )이다.

① ㄱ: 100 증가, ㄴ: 완전탄력적
② ㄱ: 100 증가, ㄴ: 완전비탄력적
③ ㄱ: 100 증가, ㄴ: 단위탄력적
④ ㄱ: 200 감소, ㄴ: 완전비탄력적
⑤ ㄱ: 200 감소, ㄴ: 완전탄력적

**정답** ⑤

**해설** ⑤ 최초의 균형: $Qd = 800-2P$에 $P1 = 200$을 대입하면 $Q = 400$이 된다.
변동된 균형: $Qd = 800-2P$에 $P2 = 300$을 대입하면 $Q = 200$이 된다.
따라서, 균형량은 200 감소, 공급곡선은 수평이므로 공급은 완전탄력적이다.

### 2 균형점의 이동(균형가격과 균형량의 이동) 제25회, 제29회, 제30회, 제32회, 제33회, 제35회

균형상태에서 인구변화, 소득변화, 기술변화, 생산비변화 등 어떤 외부적 충격이 가해지면 수요곡선이나 공급곡선이 좌, 우로 이동한다. 이를 균형점의 이동이라 한다. 균형점의 이동에서는 균형가격과 균형량이 어떻게 변화되는가를 분석해야 한다(단, 수요곡선은 우하향곡선이고, 공급곡선은 우상향곡선이라고 전제한다).

### (1) 수요와 공급 중 어느 한쪽만 이동한 경우

① **수요증가**(공급불변) : 균형가격 상승, 균형량 증가
② **수요감소**(공급불변) : 균형가격 하락, 균형량 감소
③ **공급증가**(수요불변) : 균형가격 하락, 균형량 증가
④ **공급감소**(수요불변) : 균형가격 상승, 균형량 감소

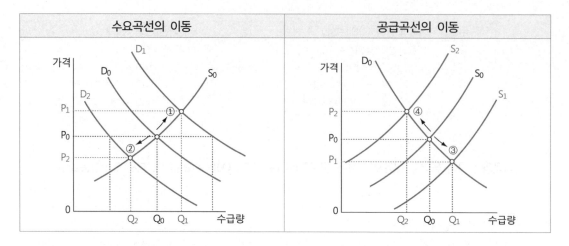

1. 공급이 불변이고 수요가 증가하는 경우, 균형가격은 상승하고 균형거래량은 증가한다.
2. 공급이 불변이고 수요가 감소하는 경우, 새로운 균형가격은 하락하고 균형거래량도 감소한다.
3. 수요가 불변이고 공급이 증가하는 경우, 새로운 균형가격은 하락하고 균형거래량은 증가한다.
4. 수요가 불변이고 공급이 감소하는 경우, 균형가격은 상승하고 균형거래량은 감소한다.

## (2) 수요와 공급이 동시에 이동하는 경우

① 수요증가, 공급증가 : 균형가격 알수없음, 균형량 증가
② 수요감소, 공급감소 : 균형가격 알수없음, 균형량 감소
③ 수요증가, 공급감소 : 균형가격  상승,  균형량 알수없음
④ 수요감소, 공급증가 : 균형가격  하락,  균형량 알수없음

| 1. 수요증가 | 공급불변 | P 상승, Q 증가 | 5. 수요증가 | 공급증가 | P 알수없음, Q 증가 |
|---|---|---|---|---|---|
| 2. 수요감소 | 공급불변 | P 하락, Q 감소 | 6. 수요감소 | 공급감소 | P 알수없음, Q 감소 |
| 3. 공급증가 | 수요불변 | P 하락, Q 증가 | 7. 수요증가 | 공급감소 | P 상승, Q 알수없음 |
| 4. 공급감소 | 수요불변 | P 상승, Q 감소 | 8. 수요감소 | 공급증가 | P 하락, Q 알수없음 |

1. 수요와 공급이 모두 증가하는 경우, 균형가격의 상승 여부는 수요와 공급의 증가폭에 의해 결정되고
균형량은 증가한다.
2. 주택의 수요와 공급이 모두 증가하게 되면 균형거래량은 증가한다.
3. 수요가 증가하고 공급이 감소하면, 균형가격은 상승하고 균형거래량은 그 변화를 알 수 없다.

| ① 수요증가, 공급증가 | 균형가격 알 수 없고, 균형량 증가 |
|---|---|
| ㉠ 수요증가 > 공급증가 | 균형가격 상승, 균형량 증가 |
| ㉡ 수요증가 < 공급증가 | 균형가격 하락, 균형량 증가 |
| ㉢ 수요증가 = 공급증가 | 균형가격 불변, 균형량 증가 |

| ② 수요감소, 공급감소 | 균형가격 알 수 없고, 균형량 감소 |
|---|---|
| ㉠ 수요감소 > 공급감소 | 균형가격 하락, 균형량 감소 |
| ㉡ 수요감소 < 공급감소 | 균형가격 상승, 균형량 감소 |
| ㉢ 수요감소 = 공급감소 | 균형가격 불변, 균형량 감소 |

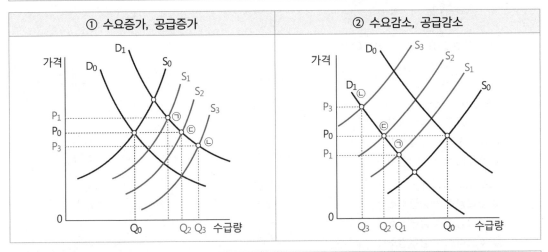

| ③ 수요증가, 공급감소 | 균형가격 상승, 균형량 알 수 없다. |
|---|---|
| ㉠ 수요증가 > 공급감소 | 균형가격 상승, 균형량 증가 |
| ㉡ 수요증가 < 공급감소 | 균형가격 상승, 균형량 감소 |
| ㉢ 수요증가 = 공급감소 | 균형가격 상승, 균형량 불변 |

| ④ 수요감소, 공급증가 | 균형가격 하락, 균형량 알 수 없다. |
|---|---|
| ㉠ 수요감소 > 공급증가 | 균형가격 하락, 균형량 감소 |
| ㉡ 수요감소 < 공급증가 | 균형가격 하락, 균형량 증가 |
| ㉢ 수요감소 = 공급증가 | 균형가격 하락, 균형량 불변 |

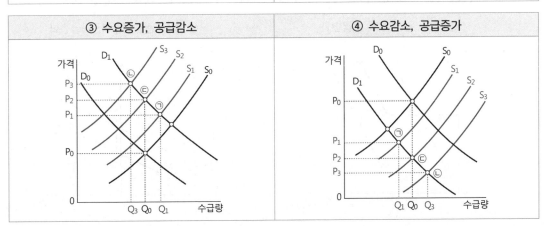

1. 수요와 공급이 증가하는 경우, 수요의 증가폭이 공급의 증가폭보다 크다면 균형가격은 상승하고 균형량은 증가한다.
2. 수요는 증가하고 공급이 감소하는 경우, 수요의 증가폭이 공급의 감소폭보다 작다면 균형가격은 상승하고 균형량은 감소한다.
3. 수요와 공급이 감소하는 경우, 수요의 감소폭과 공급의 감소폭이 같다면 균형가격은 불변이고 균형량은 감소한다.

## 수요와 공급의 변화에 따른 균형의 이동

| 구분 | 균형가격 | 균형수급량 |
|---|---|---|
| ① 수요증가, 공급증가 | 알수없음 | 증가 |
| ㉠ 수요증가 > 공급증가 | 상승 | 증가 |
| ㉡ 수요증가 < 공급증가 | 하락 | 증가 |
| ㉢ 수요증가 = 공급증가 | 불변 | 증가 |
| ② 수요감소, 공급감소 | 알수없음 | 감소 |
| ㉠ 수요감소 > 공급감소 | 하락 | 감소 |
| ㉡ 수요감소 < 공급감소 | 상승 | 감소 |
| ㉢ 수요감소 = 공급감소 | 불변 | 감소 |
| ③ 수요증가, 공급감소 | 상승 | 알수없음 |
| ㉠ 수요증가 > 공급감소 | 상승 | 증가 |
| ㉡ 수요증가 < 공급감소 | 상승 | 감소 |
| ㉢ 수요증가 = 공급감소 | 상승 | 불변 |
| ④ 수요감소, 공급증가 | 하락 | 알수없음 |
| ㉠ 수요감소 > 공급증가 | 하락 | 감소 |
| ㉡ 수요감소 < 공급증가 | 하락 | 증가 |
| ㉢ 수요감소 = 공급증가 | 하락 | 불변 |

(3) **수요와 공급 중 어느 한쪽이 완전탄력적(수평)이거나 완전비탄력적(수직)인 경우**

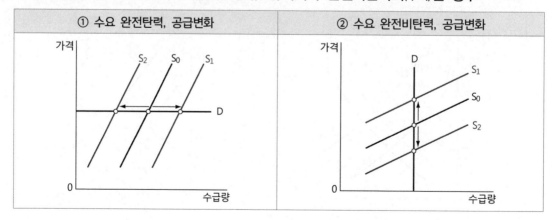

① 수요의 가격탄력성이 완전탄력적일 때(수요곡선이 수평)

　　㉠ 수요 완전탄력, 공급이 증가한 경우 : 균형가격 불변, 균형거래량 증가

　　㉡ 수요 완전탄력, 공급이 감소한 경우 : 균형가격 불변, 균형거래량 감소

② 수요의 가격탄력성이 완전비탄력적일 때(수요곡선이 수직)

　　㉠ 수요 완전비탄력, 공급이 증가한 경우 : 균형가격 하락, 균형거래량 불변

　　㉡ 수요 완전비탄력, 공급이 감소한 경우 : 균형가격 상승, 균형거래량 불변

**결론**

1. 수요가 완전탄력적인 경우에는 언제나 균형가격이 불변이고, 균형량만 변화한다.

2. 수요가 완전비탄력적인 경우에는 언제나 균형량이 불변이고, 균형가격만 변화한다.

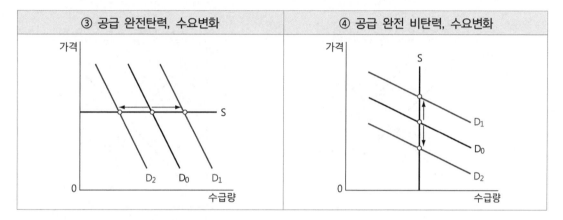

| ③ 공급 완전탄력, 수요변화 | ④ 공급 완전 비탄력, 수요변화 |
|---|---|

③ 공급의 가격탄력성이 완전탄력적일 때(공급곡선이 수평)

　　㉠ 공급 완전탄력, 수요가 증가한 경우 : 균형가격 불변, 균형거래량 증가

　　㉡ 공급 완전탄력, 수요가 감소한 경우 : 균형가격 불변, 균형거래량 감소

④ 공급의 가격탄력성이 완전비탄력적일 때(공급곡선이 수직)

　　㉠ 공급 완전비탄력, 수요가 증가한 경우 : 균형가격 상승, 균형거래량 불변

　　㉡ 공급 완전비탄력, 수요가 감소한 경우 : 균형가격 하락, 균형거래량 불변

**결론**

1. 공급이 완전탄력적인 경우에는 언제나 균형가격이 불변이고, 균형량만 변화한다.

2. 공급이 완전비탄력적인 경우에는 언제나 균형량이 불변이고, 균형가격만 변화한다.

**기출**

1. 공급이 가격에 대해 완전탄력적인 경우, 수요가 증가하면 균형가격은 변하지 않고 균형거래량만 증가한다.

2. 공급이 가격에 대해 완전비탄력적인 경우, 수요가 증가하면 균형가격은 상승하고 균형거래량은 변하지 않는다.

수요·공급 어느 한쪽이 완전탄력적이거나 완전비탄력적인 경우

| 구분 | 균형가격 | 균형수급량 |
|---|---|---|
| ① 수요 완전탄력, 공급증가 | 불변 | 증가 |
| ② 수요 완전비탄력, 공급 증가 | 하락 | 불변 |
| ③ 공급 완전탄력, 수요증가 | 불변 | 증가 |
| ④ 공급 완전비탄력, 수요증가 | 상승 | 불변 |

## (4) 탄력성의 크기에 따른 균형의 변화 제25회, 제27회, 제28회

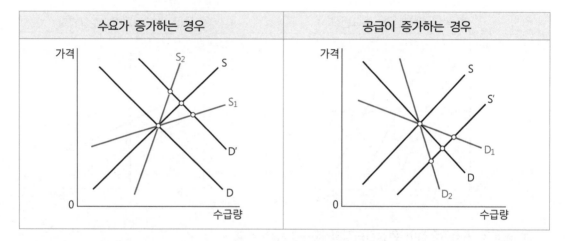

① 수요가 증가하는 경우
   ㉠ 공급이 탄력적인 경우 : 균형가격은 '덜' 상승, 균형거래량은 '더' 증가
   ㉡ 공급이 비탄력적인 경우 : 균형가격은 '더' 상승, 균형거래량은 '덜' 증가
② 공급이 증가하는 경우
   ㉠ 수요가 탄력적인 경우 : 균형가격은 '덜' 하락, 균형거래량은 '더' 증가
   ㉡ 수요가 비탄력적인 경우 : 균형가격은 '더' 하락, 균형거래량은 '덜' 증가

> 결론
>
> 1. 수요가 변화할 때, 공급이   탄력적일수록 가격변화는 작고, 거래량 변화는 크다.
> 2. 수요가 변화할 때, 공급이 비탄력적일수록 가격변화는 크고, 거래량 변화는 작다.
> 3. 공급이 변화할 때, 수요가   탄력적일수록 가격변화는 작고, 거래량 변화는 크다.
> 4. 공급이 변화할 때, 수요가 비탄력적일수록 가격변화는 크고, 거래량 변화는 작다.

1. 부동산 수요가 증가할 때 부동산 공급곡선이 탄력적일수록 부동산가격은 더 작게 상승한다.
2. 부동산 수요가 증가하면, 부동산 공급곡선이 비탄력적일수록 시장균형가격이 더 크게 상승한다.
3. 공급이 증가할 때 수요의 가격탄력성이 비탄력적일수록 가격이 더 내린다.
4. 정부가 임대주택공급을 증가시켰을 때 임차수요의 임대료 탄력성이 클수록 임대료의 하락 효과가 작아질 수 있다.

## 제4절 | 수요와 공급의 탄력성 제25회~제35회

### 1 탄력성의 개념

(1) 탄력성이란 어떤 대상에 자극을 주었을 때 반응이 얼마나 나타나는가를 표시한 크기를 말한다.

(2) **공식**

$$\text{가격 탄력성} = \frac{\text{량 (Q, 반응)의 변화율}}{\text{가격(P, 자극)의 변화율}}$$

① 자극 1%당 반응의 변화율을 탄력성이라 하며 자극에는 가격, 소득 등이 있으며 반응에는 수요량, 공급량이 있다. 즉, 수요의 가격탄력성, 수요의 소득탄력성, 수요의 교차탄력성 및 공급의 가격탄력성 등으로 분류된다.
② 탄력성이 1보다 크면 탄력적이고, 1보다 작으면 비탄력적이며, 1이면 단위탄력적, 0이면 완전비탄력적, 무한대(∞)이면 완전탄력적이다.

### 2 수요의 가격탄력성 제26회, 제27회, 제28회, 제29회, 제30회

(1) **개념**

$$\text{수요의 가격 탄력성} = \frac{\text{수요량의 변화율}}{\text{가격(임대료)의 변화율}}$$

① 수요의 가격(임대료)탄력성이란 가격(임대료)변화율에 대한 수요량의 변화율 또는 수요량변화율을 가격(임대료)변화율로 나눈 값이다. 즉, 가격이나 임대료가 1% 변화(자극)할 때 수요량변화율(반응)이 몇%인가를 나타낸다.

② 수요의 가격탄력성은 가격변화에 따른 수요량의 변화를 나타내기 때문에 질적 지표인 정성적 (qualitative) 지표가 아니라 양적 지표인 정량적(quantitative) 지표이다.

③ 수요의 가격탄력성은 변수간의 반응도를 나타내기 때문에 부(-)의 부호를 없애고 절대값으로 표시한다.

---

**보충학습**

**정량적 지표와 정성적 지표**

1. 정량적(quantitative) 지표 : 양적 지표, 자료를 양이나 숫자로 수치화 하는것
2. 정성적(qualitative) 지표 : 질적 지표, 자료의 성질, 특징을 자세히 풀어 쓰는 것

---

**기출** | 수요의 가격탄력성은 가격이 변할 때 수요량이 얼마나 변하는지를 나타내는 정량적 지표이다.

## (2) 수요의 가격탄력성 공식

① 최초점 기준시(원래의 가격과 원래의 수요량 기준, 최초값 기준)

$$\text{수요의 가격탄력성} = \left| \frac{\text{수요량의 변화율}}{\text{가격(임대료)의 변화율}} \right| = \left| \frac{\dfrac{\text{수요량변동분}}{\text{원래의 수요량}}}{\dfrac{\text{가격변동분}}{\text{원래의 가격}}} \right|$$

② 중간점 기준시(평균가격과 평균수요량 기준, 중간값 기준)

$$\text{수요의 가격탄력성} = \left| \frac{\text{수요량의 변화율}}{\text{가격(임대료)의 변화율}} \right| = \left| \frac{\dfrac{\text{수요량변동분}}{\dfrac{\text{원래수요량} + \text{변동된수요량}}{2}}}{\dfrac{\text{가격변동분}}{\dfrac{\text{원래가격} + \text{변동된가격}}{2}}} \right|$$

※ 우하향하는 선분으로 주어진 수요곡선의 경우, 동일 수요곡선상이라도 수요곡선상의 측정지점에 따라 수요의 가격탄력성은 다르다.

## 예제문제

**01.** 어느 부동산의 가격이 5%하락하였는데 수요량이 7%증가했다면, 이 부동산 수요의 가격탄력성은? (다만, 다른 조건은 동일함) ▶제21회

① 0.35　　　　② 0.714　　　　③ 1.04　　　　④ 1.4　　　　⑤ 1.714

**정답** ④

**해설** ④ 수요의 가격탄력성 = $\left| \dfrac{\text{수요량의 변화율}}{\text{가격의 변화율}} \right|$ = $\left| \dfrac{+7\%}{-5\%} \right|$ = 1.4

**02.** 어느 지역의 오피스텔 가격이 4% 인상되었다. 오피스텔 수요의 가격탄력성이 2.0이라면, 오피스텔 수요량의 변화는? (단, 오피스텔은 정상재이고, 가격탄력성은 절대 값으로 나타내며, 다른 조건은 동일함) ▶제25회

① 4% 증가　　　② 4% 감소　　　③ 8% 증가　　　④ 8% 감소　　　⑤ 변화 없음

**정답** ④

**해설** ④ 수요의 가격탄력성 = $\left| \dfrac{\text{수요량의 변화율}}{\text{가격의 변화율}} \right|$ = $\left| \dfrac{8\%감소}{4\%인상} \right|$ = 2.0, 따라서, 수요량은 8%가 감소되어야 한다.

　　수요법칙(가격과 수요량 반비례): 가격상승 – 수요량감소, 가격하락 – 수요량증가

**03.** 다음 중 (　　) 안이 올바르게 묶인 것은? (단, 소수점 둘째 자리에서 반올림한다) ▶제20회 변형

> 사무실의 월임대료가 9만원에서 11만원으로 상승할 때 사무실의 수요량이 108㎡에서 92㎡로 감소했다. 이때 최초점을 이용한 수요의 가격탄력성은 ( A )이며, 중간점을 이용한 수요의 가격탄력성은 ( B )이다.

① (A) 0.5　(B) 1.0　　　　　　　② (A) 0.6　(B) 0.9
③ (A) 0.7　(B) 0.8　　　　　　　④ (A) 0.8　(B) 0.7
⑤ (A) 0.9　(B) 0.6

**정답** ③

**해설**

③ (A) 최초점 기준 = $\dfrac{\frac{\text{수요량의 변동분}}{\text{원래의 수요량}}}{\frac{\text{가격의 변동분}}{\text{원래의 가격}}}$ = $\dfrac{\frac{-16}{108}}{\frac{2만원}{9만원}}$ = 0.7(0.66)

(B) 중간점 기준 = $\dfrac{\frac{\text{수요량의 변동분}}{\text{원래의 수요량 + 변동된 수요량}}}{\frac{\text{가격의 변동분}}{\text{원래의 가격 + 변동된 가격}}}$ = $\dfrac{\frac{-16}{108 + 92}}{\frac{2만원}{9만원 + 11만원}}$ = $\dfrac{\frac{-16}{200}}{\frac{2만원}{20만원}}$ = 0.8

### (3) 수요의 가격탄력성 크기와 특성

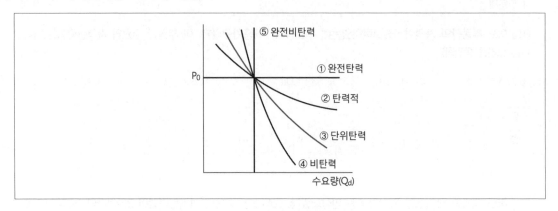

| 구분 | 탄력성 크기 | 변화율 크기 비교 | 수요곡선의 특징 |
|---|---|---|---|
| ① 완전탄력적 | 탄력성 = ∞(무한대) | 수요량변화율 = ∞ | 수요곡선은 수평<br>(가격일정, 수요량무한대) |
| ② 탄력적 | 탄력성 > 1 | 수요량변화율 > 가격변화율 | 완경사(기울기 작다) |
| ③ 단위탄력적 | 탄력성 = 1 | 수요량변화율 = 가격변화율 | 수요곡선은 직각쌍곡선 |
| ④ 비탄력적 | 탄력성 < 1 | 수요량변화율 < 가격변화율 | 급경사(기울기 크다) |
| ⑤ 완전비탄력적 | 탄력성 = 0 | 수요량변화율 = 0 | 수요곡선은 수직<br>(가격이 변해도 수요량불변) |

기출
1. 가격이 변화하여도 수요량이 전혀 변화하지 않는다면, 수요의 가격탄력성은 완전비탄력적이다.
2. 수요의 가격탄력성이 1보다 작은 값을 가진다면, 수요의 가격탄력성은 비탄력적이다.
3. 수요곡선이 수직선이면 수요의 가격탄력성은 완전비탄력적이다.

### (4) 수요의 가격탄력성 결정요인 제27회, 제28회, 제30회

① 대체재가 많을수록 수요의 가격탄력성은 탄력적이고, 대체재가 적을수록 비탄력적이 된다. 기간이 장기일수록 대체재가 많이 유입되므로 탄력적이다. 그리고 대체재의 유용성 유무가 수요의 가격탄력성에 가장 중요하게 영향을 미친다.

② 재화의 용도가 다양할수록 용도전환이 용이할수록 탄력적이다. 따라서, 대체로 용도전환이 상대적으로 용이한 주거용 부동산은 상업용·공업용 부동산보다 더 탄력적이다.

③ 일반적으로 필수재(투자재, 중고주택)는 비탄력적이고, 사치재(투기재, 신규주택)는 탄력적이다.

④ 공법, 세법 등 공적 규제가 완화될수록 탄력적이다.

⑤ 시장수요곡선은 개별수요곡선보다 탄력적이다. 시장수요곡선은 개별수요곡선의 수평적 합계이므로 더 완만해지기 때문이다.

⑥ 전체시장에 대해서 수요가 비탄력적인 경우라도 부동산을 용도별 또는 종류별로 나눈 부분시장은 수요가 보다 탄력적이 된다(세분화될수록 동질적이므로 대체성이 커져서 탄력성이 커진다).

⑦ 소비자의 총 지출 중에서 차지하는 비중이 큰 재화일수록 탄력적이고 소득수준이 높을수록 탄력적이다. 고가품일수록 수요가 탄력적이다. 즉, 고소득층의 수요가 탄력적이고, 저소득층의 수요가 더 비탄력적이다.

수요의 가격탄력성 결정요인

| 탄력적(수요의 가격탄력성 > 1) | 비탄력적(수요의 가격탄력성 < 1) |
|---|---|
| ① 대체재 多, (관찰기간, 측정기간)장기 | ① 대체재 少, (관찰기간, 측정기간)단기 |
| ② 사치재(투기재, 대형주택, 고가주택) | ② 필수재(투자재, 소형주택, 저가주택) |
| ③ 용도 다양(용도전환 용이), 주거용 | ③ 용도 특수(용도전환 곤란), 상·공업용 부동산 |
| ④ 부분시장으로 세분(동질성) | ④ 전체시장(이질성) |
| ⑤ 시장수요곡선 | ⑤ 개별수요곡선 |

기출
1. 대체재가 있는 경우 수요의 가격탄력성은 대체재가 없는 경우보다 탄력적이 된다.
2. 부동산 수요의 가격탄력성은 단기에서 장기로 갈수록 더 탄력적이 된다.
3. 부동산의 용도전환이 용이할수록 수요의 가격탄력성은 커진다.

### (5) 수요의 가격탄력성과 기업의 총수입(임대료수입, 전체수입) 제28회, 제29회, 제30회, 제31회

총수입 = 가격(P)×수요량(Q)

| 탄력성 크기 | 가격과 수요량변화율 | 가격(임대료)하락시 | 가격(임대료)상승시 |
|---|---|---|---|
| ① 탄력적(ed > 1) | 수요량변화율 > 가격변화율 | 총수입 증가 | 총수입 감소 |
| ② 비탄력적(ed < 1) | 수요량변화율 < 가격변화율 | 총수입 감소 | 총수입 증가 |
| ③ 단위탄력적(ed = 1) | 수요량변화율 = 가격변화율 | 총수입 불변 | 총수입 불변 |

PART 2 부동산경제론

보충학습 | 기업(공급자)의 총수입 증가 전략

1. 수요 탄력적
   ① 임대료 인하: 수입 증가
   ② 임대료 인상: 수입 감소
2. 수요 비탄력적
   ① 임대료 인상: 수입 증가
   ② 임대료 인하: 수입 감소
3. 수요 단위탄력적
   ① 임대료 인상: 수입 불변
   ② 임대료 인하: 수입 불변(수요량 변화)
➕ 수요 완전비탄력적
   ① 임대료 인상: 수입 증가
   ② 임대료 인하: 수입 감소(수요량 불변)

① 수요의 가격탄력성이 탄력적인 경우(탄력성 > 1)
  ㉠ 수요가 탄력적일 때는 가격변화율보다 수요량의 변화율이 더 크므로 가격을 약간만 인하시
     켜도 수요량이 그 이상으로 증가하므로 공급자의 총판매수입은 종전보다 증가한다.
  ㉡ 반면에 가격을 약간만 인상시켜도 그 이상으로 수요량이 감소하므로 공급자의 총수입은 종
     전보다 감소한다.
  ㉢ 따라서, 수요가 탄력적일 때는 공급자(임대인)는
     가격(임대료)을 인하시키는 것이 총수입 증대에 유
     리하다(저가전략유리).
  ㉣ 그림에서 원래의 A에서 B로 가는 것이 총수입이
     증가한다. 현재 ㎡당 임대료가 1만원일 때 수요량
     이 100㎡이므로 총임대수입은 100만원(1만×
     100)이다. 이후에 임대료를 ㎡당 8000원으로
     20% 인하시켰다면 수요량은 140㎡로 40%나 증
     가하여 총임대수입은 112만원(8000원×140)이 된
     다. 즉, 위의 경우에 수요의 가격탄력성이 2(40%/
     20%)가 되어 탄력적이므로 공급자(임대인)는 가격
     (임대료)을 인하시키는 전략이 유리하다.

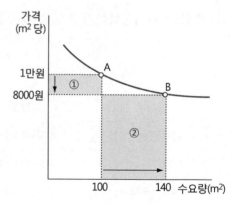

[수요가 탄력적인 경우]

  ⇨ ①의 면적보다 ②의 면적이 더 크므로 가격을 인하시키는 전략이 유리하다.

② 수요의 가격탄력성이 비탄력적인 경우(탄력성 < 1)

  ㉠ 수요가 비탄력적일 때는 가격변화율보다 수요량의 변화율이 더 작으므로 가격을 많이 인상시켜도 수요량은 약간만 감소하므로 공급자의 총판매수입은 증가한다.

  ㉡ 반면에 가격을 많이 인하해도 수요량은 약간만 증가하므로 공급자의 총판매수입은 감소한다.

  ㉢ 따라서, 수요가 비탄력적일 때는 공급자(임대인)는 가격(임대료)을 인상시키는 것이 총수입증대에 유리하다(고가전략유리).

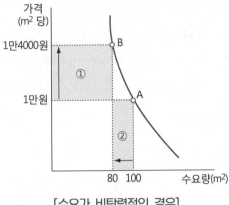

[수요가 비탄력적인 경우]

  ㉣ 그림에서 원래의 A에서 B로 가는 것이 유리하다. 현재 ㎡당 임대료가 1만원일 때 수요량이 100㎡이므로 총임대료수입은 100만원(1만원×100)이다. 이후에 임대료를 ㎡당 1만 4000원으로 40% 인상시켰다면 수요량은 80㎡로 20%만 감소하여 총임대료수입은 112만원(1만 4000원×80)이 된다.

  즉, 위의 경우에 수요의 가격탄력성이 0.5(20%/40%)가 되어 비탄력적이므로 공급자(임대인)는 가격(임대료)을 인상시키는 전략이 유리하다.

  ⇨ ①의 면적이 ②의 면적보다 크므로 가격을 인상 시키는 전략이 유리하다.

③ 수요의 가격탄력성이 단위탄력적인 경우(탄력성 = 1)

  수요가 단위탄력적일 때는 가격변화율과 수요량변화율이 동일하므로 가격을 하락시키면 그만큼 수요량이 증가하고, 가격을 상승시키면 그 만큼 수요량이 감소하므로 결국, 가격변화에 수요량은 변화하고 총수입은 불변한다.

  ⇨ ①의 면적과 ②의 면적이 동일하므로 가격을 인하시키나, 가격을 인상시키나 총수입은 불변이다(수요량은 변화).

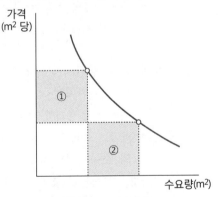

[수요가 단위탄력적인 경우]

**기출** 1. 수요의 가격탄력성이 1보다 큰 경우 임대료가 상승하면, 임대업자의 임대료 수입은 감소한다.

  2. 수요의 가격탄력성이 1보다 작을 경우 전체 수입은 임대료가 상승함에 따라 증가한다.

  3. 임대주택 수요의 가격탄력성이 1인 경우 임대주택의 임대료가 하락하더라도 전체 임대료 수입은 변하지 않는다.

## 3 수요의 소득탄력성 제28회, 제29회, 제30회, 제33회

### (1) 개념

수요의 소득탄력성이란 소비자의 소득이 변화할 때 수요량이 얼마나 변화하는가를 나타내는 비율이다. 소득변화율에 대한 수요량의 변화율의 크기로 표시한다.

### (2) 공식

$$
수요의\ 소득탄력성 = \frac{수요량의\ 변화율}{소득의\ 변화율} = \frac{\dfrac{수요량\ 변동분}{원래의\ 수요량}}{\dfrac{소득\ 변동분}{원래의\ 소득}}
$$

### (3) 정상재와 열등재 비교

① **정상재(우등재)** : 소득 증가시에 수요가 증가하는 재화를 정상재(우등재)라 한다.
  ⇨ 수요의 소득탄력성 > 0 (+, 비례관계)

> ㉠ 수요의 소득탄력성 > 1인 경우(탄력적) : 사치재
>   **예** 소득이 10% 증가할 때 수요량이 20% 증가하는 경우(+2)
> ㉡ 0 < 수요의 소득탄력성 < 1(비탄력적) : 필수재
>   **예** 소득이 10% 증가할 때 수요량이 5% 증가하는 경우(+0.5)

② **열등재** : 소득 증가시에 수요가 감소하는 재화를 열등재(하급재)라 한다.
  ⇨ 수요의 소득탄력성 < 0 (-, 반비례관계).
    **예** 소득이 10% 증가할 때 수요량이 5% 감소하는 경우(-0.5)
③ **중간재(중립재)** : 소득증가, 감소시에 수요가 변화하지 않는 경우를 중립재라 한다.
  ⇨ 수요의 소득탄력성 = 0

※ 정상재인 경우에는 소득증가시 이 재화의 수요를 증가시켜 균형가격은 상승, 균형량은 증가되지만, 열등재인 경우에는 소득증가시 이 재화의 수요를 감소시켜 균형가격을 하락, 균형량은 감소된다.

---

**예제문제**

01. 소득이 10% 증가하자 어떤 부동산의 수요량이 8% 증가하였다. 이 사실을 통해 볼 때, 이 부동산은 다음 중 어디에 속하는가? (단, 다른 요인은 불변임)　　　　　　　▶ 제19회

① 정상재　　　　② 보완재　　　　③ 대체재　　　　④ 열등재　　　　⑤ 독립재

---

PART 2 부동산경제론

| 정답 | ① |
|---|---|
| 해설 | ① 수요의 소득탄력성 = $\dfrac{수요량의\ 변화율}{소득의\ 변화율}$, $\dfrac{8\%\ 증가}{10\%\ 증가}$ = 0.8, 정상재 |

## 4  수요의 교차탄력성 제25회, 제26회, 제27회, 제28회, 제29회, 제30회, 제32회, 제35회

### (1) 개념

수요의 교차탄력성이란 X재의 가격변화율에 Y재의 수요량이 얼마나 변화하는가의 비율을 의미한다. 즉, 다른 재화의 가격변화율에 대한 해당재화의 수요량의 변화율을 의미한다.

### (2) 공식

$$수요의\ 교차탄력성 = \frac{Y재의\ 수요량변화율}{X재의\ 가격변화율} = \frac{\dfrac{Y재의\ 수요량\ 변동분}{Y재의\ 원래수요량}}{\dfrac{X재의\ 가격\ 변동분}{X재의\ 원래가격}}$$

① 두 재화인 X재와 Y재가 대체재인 경우 : 수요의 교차탄력성 > 0(+, 양, 비례관계)
   ⇨ 대체재인 X재 가격 상승시에 Y재의 수요는 증가한다(Y재의 균형가격을 상승시킨다).
   ⇨ 대체재인 X재 가격 하락시에 Y재의 수요는 감소한다(Y재의 균형가격을 하락시킨다).
② 두 재화인 X재와 Y재가 보완재인 경우 : 수요의 교차탄력성 < 0(-, 음, 반비례관계)
   ⇨ 보완재인 X재 가격하락시에 Y재의 수요는 증가한다(Y재의 균형가격을 상승시킨다).
   ⇨ 보완재인 X재 가격상승시에 Y재의 수요는 감소한다(Y재의 균형가격을 하락시킨다).
③ 두 재화인 X재와 Y재가 독립재인 경우 : 수요의 교차탄력성 = 0
   ⇨ 독립재인 X재의 가격이 하락하거나 상승해도 Y재 수요는 불변이다.

기출  1. 오피스텔 임대료가 10% 상승하고 오피스텔 임차수요가 15% 감소하자, 이 지역의 소형아파트 임차수요가 5% 증가하였다면 소형아파트 임차수요의 교차탄력성은 0.5이고 소형아파트와 오피스텔의 관계는 대체재이다.
      2. A부동산상품의 가격이 5% 상승하였을 때 B부동산상품의 수요가 4% 하락하였다면 A부동산상품과 B부동산상품의 관계는 보완재이다.

## 예제문제

**01.** A지역 소형아파트 수요의 가격탄력성은 0.9이고, 오피스텔 가격에 대한 소형아파트 수요의 교차탄력성은 0.5이다. A지역 소형아파트 가격이 2% 상승하고 동시에 A지역 오피스텔 가격이 5% 상승할 때, A지역 소형 아파트 수요량의 전체 변화율은?                                            ▶ 제35회

① 0.7%          ② 1.8%          ③ 2.5%          ④ 3.5%          ⑤ 4.3%

**정답** ①

**해설** • 전체수요량 변화율은 −1.8% + 2.5% = +0.7%, 따라서, 소형아파트 수요량의 전체 변화율은 +0.7%가 된다.

• 수요의 가격탄력성 = $\left| \dfrac{\text{소형아파트 수요량의 변화율(1.8\%감소)}}{\text{소형아파트 가격의 변화율(2\%상승)}} \right|$ = 0.9

• 수요의 교차탄력성 = $\dfrac{\text{소형아파트의 수요량변화율(2.5\%증가)}}{\text{오피스텔의 가격변화율(5\%상승)}}$ = 0.5

**02.** 아파트 매매가격이 10% 상승할 때, 아파트 매매수요량이 5% 감소하고 오피스텔 매매수요량이 8% 증가하였다. 이때 아파트 매매수요의 가격탄력성의 정도(A), 오피스텔 매매수요의 교차탄력성(B), 아파트에 대한 오피스텔의 관계(C)는? (단, 수요의 가격탄력성은 절댓값이며, 다른 조건은 동일함)        ▶ 제32회

① A: 비탄력적,      B: 0.5,      C: 대체재
② A: 탄력적,        B: 0.5,      C: 보완재
③ A: 비탄력적,      B: 0.8,      C: 대체재
④ A: 탄력적,        B: 0.8,      C: 보완재
⑤ A: 비탄력적,      B: 1.0,      C: 대체재

**정답** ③

**해설**
1. 수요의 가격탄력성 = $\left| \dfrac{\text{아파트 수요량의 변화율}}{\text{아파트 가격의 변화율}} \right|$ = $\left| \dfrac{5\%감소}{10\%상승} \right|$ = 0.5, 비탄력적

2. 수요의 교차탄력성 = $\dfrac{\text{오피스텔 수요량의 변화율}}{\text{아파트 가격 변화율}}$ = $\dfrac{8\%증가}{10\%상승}$ = 0.8, 대체재, 아파트의 임대료가 10%가 상승하면서, 오피스텔의 수요가 8%증가한다면, 수요의 교차탄력성이 0.80이며, 수요의 교차탄력성이 0보다 크다면 두 재화는 대체재 관계가 된다.

## 수요의 소득탄력성과 수요의 교차탄력성

| 수요의 소득탄력성 | 수요의 교차탄력성 |
|---|---|
| $\dfrac{\text{수요량의 변화율}}{\text{소득의 변화율}}$ | $\dfrac{Y\text{재의 수요량변화율}}{X\text{재의 가격변화율}}$ |
| ① 수요의 소득탄력성 > 0 (+) ⇨ 정상재<br>② 수요의 소득탄력성 < 0 (−) ⇨ 열등재<br>③ 수요의 소득탄력성 = 0 (0) ⇨ 중간재 | ① 수요의 교차탄력성 > 0 (+) ⇨ 대체재<br>② 수요의 교차탄력성 < 0 (−) ⇨ 보완재<br>③ 수요의 교차탄력싱 = 0 (0) ⇨ 독립재 |

### 예제문제

**01.** A부동산에 대한 수요의 가격탄력성과 소득탄력성이 각각 0.9와 0.5이다. A부동산 가격이 2% 상승하고 소득이 4% 증가할 경우, A부동산 수요량의 전체 변화율(%)은? (단, A부동산은 정상재이고, 가격탄력성은 절댓값으로 나타내며, 다른조건은 동일함)  ▶제24회

① 0.2 　　② 1.4 　　③ 1.8 　　④ 2.5 　　⑤ 3.8

**정답** ①

**해설** ① 수요의 가격탄력성 = $\left| \dfrac{\text{수요량의 변화율}(1.8\%\text{감소})}{\text{가격의 변화율}(2\%\text{상승})} \right|$ = 0.9

수요의 소득탄력성 = $\dfrac{\text{수요량의 변화율}(2\%\text{증가})}{\text{소득의 변화율}(4\%\text{증가})}$ = 0.5

따라서, 수요량은 −1.8% + 2% = +0.2%

**02.** 아파트에 대한 수요의 가격탄력성은 0.6, 소득탄력성은 0.4이고, 오피스텔가격에 대한 아파트 수요량의 교차탄력성은 0.2이다. 아파트 가격, 아파트 수요자의 소득, 오피스텔가격이 각각 3%씩 상승할 때, 아파트 전체 수요량의 변화율은? (단 두 부동산은 모두 정상재이고 서로 대체재이며, 아파트에 대한 수요의 가격탄력성은 절댓값으로 나타내며, 다른 조건은 동일함)  ▶제30회

① 1.2% 감소 　② 1.8% 증가 　③ 2.4% 감소 　④ 3.6% 증가 　⑤ 변화 없음

**정답** ⑤

**해설** ⑤ 전체수요량 변화율은 −1.8% + 1.2% + 0.6% = 0 이 되므로 '변화 없음'이 정답이 된다.

수요의 가격탄력성 = $\left| \dfrac{\text{수요량의 변화율}(1.8\%\text{감소})}{\text{가격의 변화율}(3\%\text{상승})} \right|$ = 0.6

수요의 소득탄력성 = $\dfrac{\text{수요량의 변화율}(1.2\%\text{증가})}{\text{소득의 변화율}(3\%\text{상승})}$ = 0.4

수요의 교차탄력성 = $\dfrac{Y\text{재의 수요량변화율}(0.6\%\text{증가})}{X\text{재의 가격변화율}(3\%\text{상승})}$ = 0.2

**03.** 어느 지역의 오피스텔에 대한 수요의 가격탄력성은 0.6이고 소득탄력성은 0.5이다. 오피스텔 가격이 5% 상승함과 동시에 소득이 변하여 전체 수요량이 1% 감소하였다면, 이때 소득의 변화율은? (단, 오피스텔은 정상 재이고 수요의 가격탄력성은 절댓값으로 나타내며, 다른 조건은 동일함)  ▶ 제29회

① 1% 증가    ② 2% 증가    ③ 3% 증가    ④ 4% 증가    ⑤ 5% 증가

**정답**  ④

**해설**

④ 수요의 가격탄력성 = $\left| \dfrac{\text{수요량의 변화율(3\%감소)}}{\text{가격의 변화율(5\%상승)}} \right|$ = 0.6, 가격이 5% 상승하면 수요량은 3% 감소한다.

그런데 수요량이 1% 감소했다는 것은 소득증가에 따른 수요량증가가 2%라는 의미이다. 따라서 수요의 소득

탄력성 $\dfrac{\text{수요량변화율(2\%증가)}}{\text{소득변화율(□)}}$ = 0.5이므로 소득의 증가율(X) = 4%이다. 즉, 수요량이 1%감소하기 위해

서는 소득이 4% 증가해야 한다.

**04.** 오피스텔 시장에서 수요의 가격탄력성은 0.5이고, 오피스텔의 대체재인 아파트 가격에 대한 오피스텔 수 요의 교차탄력성은 0.3이다. 오피스텔 가격, 오피스텔 수요자의 소득, 아파트 가격이 각각 5%씩 상승함에 따 른 오피스텔 전체 수요량의 변화율이 1%라고 하면, 오피스텔 수요의 소득탄력성은? (단, 오피스텔과 아파트 모 두 정상재이고, 수요의 가격탄력성은 절댓값으로 나타내며, 다른 조건은 동일함)  ▶ 제33회

① 0.2    ② 0.4    ③ 0.6    ④ 0.8    ⑤ 1.0

**정답**  ②

**해설**

② 수요의 소득탄력성 = $\dfrac{\text{수요량의 변화율(2\%증가)}}{\text{소득의 변화율(5\%증가)}} = 0.4$

|  | 오피스텔가격 5%상승 | 소득 5%증가 | 아파트가격 5%상승 | 전체 |
|---|---|---|---|---|
| 수요량 | -2.5% | x | +1.5% | +1% |

x = +2%, 소득의 증가로 수요량은 2% 증가되어야 한다.

---

**5**  **공급의 가격탄력성** 제29회, 제30회, 제32회, 제34회

**(1) 개념**

① 공급의 가격탄력성은 가격이 변화할 때 공급량이 얼마나 변화하는가를 나타내는 비율이다. 가격 변화율에 대한 공급량의 변화율을 의미한다.

② 즉, 가격상승시에 공급량을 그 이상으로 많이 증가시킬 수 있으면 탄력적이고 공급량을 증가시 키기가 곤란하면 비탄력적이다.

## (2) 공식

$$공급의\ 가격탄력성 = \frac{공급량의\ 변화율}{가격(임대료)변화율} = \frac{\dfrac{공급량변동분}{원래의\ 공급량}}{\dfrac{가격변동분}{원래의\ 가격}}$$

## (3) 공급의 가격탄력성 크기와 특성

| 구분 | 탄력성크기 | 가격변화율과 공급량변화율 크기 비교 | 공급곡선의 특징 |
|------|-----------|----------------------------------|----------------|
| ① 완전탄력적 | 탄력성 ∞ | 공급량변화율 = ∞ | 수평<br>(가격일정, 공급량무한대) |
| ② 탄력적 | 탄력성 > 1 | 공급량변화율 > 가격변화율 | 완경사(기울기가 작다) |
| ③ 단위탄력적 | 탄력성 = 1 | 공급량변화율 = 가격변화율 | 중간형태 |
| ④ 비탄력적 | 탄력성 < 1 | 공급량변화율 < 가격변화율 | 급경사(기울기가 크다) |
| ⑤ 완전비탄력적 | 탄력성 0 | 공급량변화율 = 0 | 수직<br>(가격변해도 공급량일정) |

기출
1. 공급의 가격탄력성이 탄력적이면 가격의 변화율보다 공급량의 변화율이 더 크다.
2. 가격변화율보다 공급량의 변화율이 커서 1보다 큰 값을 가진다면, 공급의 가격탄력성은 탄력적이다.
3. 공급의 가격탄력성이 0이라면, 공급곡선이 수직선이고 공급의 가격탄력성은 완전비탄력적이다.

## (4) 공급의 가격탄력성 결정요인

① 단기공급곡선은 비탄력적이고 급경사이며, 장기공급곡선은 탄력적이고 완경사이다.

② 생산하는데 시간이 많이 소요되는 제품일수록 공급이 비탄력적이고, 생산하는데 시간이 적게 소요되는 제품일수록 공급은 탄력적이다. 신규주택의 공급곡선은 비탄력적이고, 기존주택의 공급곡선은 탄력적 경향이 있다.

③ 기술수준의 향상이 빠를수록 공급이 용이해서 공급이 탄력적이다.

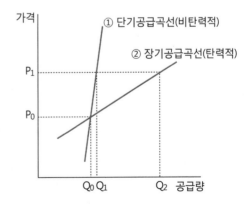

④ 부패하기 쉽거나, 신선도가 중시되는 생산물은 생산을 많이 하기 곤란하므로 비탄력적이다. 즉, 상품의 저장비용이 많이 들수록 공급이 비탄력적이다.

⑤ 대체가능성이나 용도변경에 대한 공적 규제가 강화될수록 공급이 곤란하므로 비탄력적이 된다. 반대로 공적 규제가 완화 될수록 공급이 용이하게 되어 탄력적이 된다.

⑥ 생산물 가격상승이 원인이 되어 생산량이 증가할 때 생산비가 급격히 상승하는 생산물은 공급이 제한 받아서 비탄력적이다. 왜냐하면 생산물 가격상승으로 발생한 이윤이 생산비 상승으로 인해 이윤이 감소하기 때문이다.

공급의 가격 탄력성 결정요인

| 탄력적〈완경사〉 | 비탄력적〈급경사〉 |
|---|---|
| ① (관찰기간, 측정기간) 장기 | ① (관찰기간, 측정기간) 단기 |
| ② 생산에 소요되는 기간이 짧은 경우<br>건축하여 공급하는 기간이 짧은 경우<br>중고주택공급 | ② 생산에 소요되는 기간이 긴 경우<br>건축하여 공급하는 기간이 긴 경우<br>신규주택공급 |
| ③ 용도전환 용이, 규제완화 | ③ 용도전환 곤란, 규제강화 |
| ④ 생산비가 상승하지 않는 경우 | ④ 생산비가 급격히 상승하는 경우 |
| ⑤ 부패하지 않는 재화 | ⑤ 부패하기 쉽거나 신선도 중시되는 재화 |
| ⑥ 기술향상 | ⑥ 기술퇴보 |

기출
1. 주택공급의 가격탄력성은 단기에 비해 장기에 더 크게 나타난다.
2. 생산(공급)에 소요되는 기간이 길수록 공급의 임대료탄력성은 더 비탄력적이다.
3. 일반적으로 임대주택을 건축하여 공급하는 기간이 짧을수록 공급의 가격탄력성은 커진다.
4. 용도변경을 제한하는 법규가 강화될수록, 공급은 이전에 비해 비탄력적이 된다.

# 기출 및 예상문제

**01** 다음 중 유량(flow)의 경제변수는 모두 몇 개인가? 〔제31회〕

| | |
|---|---|
| • 가계 자산 | • 노동자 소득 |
| • 가계 소비 | • 통화량 |
| • 자본 총량 | • 신규주택 공급량 |

① 1개     ② 2개     ③ 3개     ④ 4개     ⑤ 5개

> **해설** ③ 1. 유량: 노동자 소득, 가계 소비, 신규주택 공급량(총3개)
> 　　　2. 저량: 가계 자산, 통화량, 자본 총량(총3개)
>
> **정답** ③

**02** 부동산의 수요와 공급에 관한 설명으로 옳은 것은? (단 수요곡선은 우하향하고, 공급곡선은 우상향하며, 다른 조건은 동일함) 〔제30회〕

① 가격이 상승하면 공급량이 감소한다.
② 수요량은 일정기간에 실제로 구매한 수량이다.
③ 공급량은 주어진 가격수준에서 실제로 매도한 수량이다.
④ 건설종사자들의 임금상승은 부동산가격을 하락시킨다.
⑤ 가격 이외의 다른 요인이 수요량을 변화시키면 수요곡선이 좌측 또는 우측으로 이동한다.

> **해설** ① 가격이 상승하면 공급량이 증가한다.(공급법칙)
> ② 실제로 구매한 ⇨ 구매하고자 하는(사전적개념), 수요량은 일정기간에 구매하고자하는 수량이다.
> ③ 실제로 매도한 ⇨ 매도하고자 하는(사전적개념), 공급량은 주어진 가격수준에서 매도하고자하는 수량이다.
> ④ 임금이 상승하면 공급이 감소하므로 부동산가격을 상승시킨다.(임금상승 ⇨ 공급감소 ⇨ 균형가격상승, 균형거래량감소)
>
> **정답** ⑤

**03** 부동산시장에서 수요를 감소시키는 요인을 모두 고른 것은? (단, 다른 조건은 동일함) [제31회]

---

ㄱ. 시장금리 하락　　　　　　　　　ㄴ. 인구 감소
ㄷ. 수요자의 실질소득 증가　　　　　ㄹ. 부동산가격 상승 기대
ㅁ. 부동산 거래세율 인상

---

① ㄱ, ㄴ　　　　　　　② ㄱ, ㄷ　　　　　　　③ ㄴ, ㅁ
④ ㄴ, ㄷ, ㄹ　　　　　　⑤ ㄱ, ㄷ, ㄹ, ㅁ

해설 | ③ ㄴ. 인구 감소, ㅁ. 부동산 거래세율 인상이 수요 감소요인이다.
　　　　ㄱ. 시장금리 하락, ㄷ. 수요자의 실질소득 증가, ㄹ. 부동산 가격상승 기대는 수요 증가요인이다.

**정답** ③

**04** 아파트시장에서 균형가격을 하락시키는 요인은 모두 몇 개인가? (단, 아파트는 정상재이며, 다른 조건은 동일함) [제32회]

---

• 건설노동자 임금 상승　　　　　　• 대체주택에 대한 수요 감소
• 가구의 실질소득 증가　　　　　　• 아파트건설업체 수 증가
• 아파트건설용 토지가격의 상승　　• 아파트 선호도 감소

---

① 1개　　　② 2개　　　③ 3개　　　④ 4개　　　⑤ 5개

해설 | ② 균형가격을 하락시키는 요인: 초과공급(수요감소 또는 공급증가)
　　　　• 균형가격 하락요인: 아파트건설업체 수 증가(공급증가), 아파트 선호도 감소(수요감소) 총 2개이다.
　　　　• 균형가격 상승요인: 건설노동자 임금 상승(공급감소), 대체주택에 대한 수요 감소(수요증가), 가구의
　　　　　실질소득 증가(수요증가), 아파트건설용 토지가격의 상승(공급감소)

**정답** ②

**05** 신규주택시장에서 공급을 감소시키는 요인을 모두 고른 것은? (단, 신규주택은 정상재이며, 다른 조건은 동일함) 〔제33회〕

---

ㄱ. 주택가격의 하락 기대　　　　　ㄴ. 주택건설업체 수의 감소
ㄷ. 주택건설용 토지의 가격 하락　　ㄹ. 주택건설에 대한 정부 보조금 축소
ㅁ. 주택건설기술 개발에 따른 원가절감

---

① ㄱ, ㄴ　　　　　　　② ㄴ, ㄹ　　　　　　　③ ㄷ, ㅁ
④ ㄱ, ㄴ, ㄹ　　　　　⑤ ㄴ, ㄹ, ㅁ

> **해설**
> • 신규주택시장에서 공급을 감소시키는 요인: ㄱ, ㄴ, ㄹ
> • 신규주택시장에서 공급을 증가시키는 요인: ㄷ, ㅁ

**[가격 예상에 따른 수요와 공급의 변화]**

| 가격 상승 예상(기대) | | | 가격 하락 예상(기대) | | |
|---|---|---|---|---|---|
| 수요 | 증가 | | 수요 | 감소 | |
| 공급 | 신규 | 증가 | 공급 | 신규 | 감소 |
| | 재고 | 감소 | | 재고 | 증가 |

**정답 ④**

---

**06** 수요와 공급이 동시에 변화할 경우, 균형가격과 균형량에 관한 설명으로 옳은 것은? (단, 수요곡선은 우하향, 공급곡선은 우상향, 다른 조건은 동일함) 〔제32회〕

① 수요와 공급이 증가하는 경우, 수요의 증가폭이 공급의 증가폭보다 크다면 균형가격은 상승하고 균형량은 감소한다.
② 수요와 공급이 감소하는 경우, 수요의 감소폭이 공급의 감소폭보다 작다면 균형가격은 상승하고 균형량은 증가한다.
③ 수요와 공급이 감소하는 경우, 수요의 감소폭과 공급의 감소폭이 같다면 균형가격은 불변이고 균형량은 증가한다.
④ 수요는 증가하고 공급이 감소하는 경우, 수요의 증가폭이 공급의 감소폭보다 작다면 균형가격은 상승하고 균형량은 증가한다.
⑤ 수요는 감소하고 공급이 증가하는 경우, 수요의 감소폭이 공급의 증가폭보다 작다면 균형가격은 하락하고 균형량은 증가한다.

해설
　⑤ 수요감소 < 공급증가: 균형가격 하락, 균형량 증가
　① 수요증가 > 공급증가: 균형가격 상승, 균형량 증가
　② 수요감소 < 공급감소: 균형가격 상승, 균형량 감소
　③ 수요감소 = 공급감소: 균형가격 불변, 균형량 감소
　④ 수요증가 < 공급감소: 균형가격 상승, 균형량 감소

**정답** ⑤

**07** **A지역 단독주택 시장의 균형가격과 균형거래량의 변화에 관한 설명으로 옳은 것은?** (단, 수요곡
선은 우하향하고 공급곡선은 우상향하며, 다른 조건은 동일함)　　　제33회

① 수요가 불변이고 공급이 감소하는 경우, 균형가격은 하락하고 균형거래량은 감소한다.
② 공급이 불변이고 수요가 증가하는 경우, 균형가격은 상승하고 균형거래량은 감소한다.
③ 수요와 공급이 동시에 증가하고 공급의 증가폭이 수요의 증가폭 보다 더 큰 경우, 균형가격은
　상승하고 균형거래량은 증가한다.
④ 수요와 공급이 동시에 감소하고 수요의 감소폭이 공급의 감소폭 보다 더 큰 경우, 균형가격은
　하락하고 균형거래량은 감소한다.
⑤ 수요는 증가하고 공급이 감소하는데 수요의 증가폭이 공급의 감소폭 보다 더 큰 경우, 균형가
　격은 상승하고 균형거래량은 감소한다.

해설
　① 균형가격은 상승하고 균형거래량은 감소한다.
　② 균형가격은 상승하고 균형거래량은 증가한다.
　③ 균형가격은 하락하고 균형거래량은 증가한다.
　⑤ 균형가격은 상승하고 균형거래량은 증가한다.

**정답** ④

**08** 수요와 공급의 가격탄력성에 관한 설명으로 옳은 것은? (단, x축은 수량, y축은 가격, 수요의 가격 탄력성은 절댓값이며, 다른 조건은 동일함) 제32회

① 수요의 가격탄력성은 수요량의 변화율에 대한 가격의 변화비율을 측정한 것이다.
② 수요의 가격탄력성이 완전비탄력적이면 가격이 변화할 때 수요량이 무한대로 변화한다.
③ 수요의 가격탄력성이 비탄력적이면 수요량의 변화율이 가격의 변화율보다 더 크다.
④ 공급의 가격탄력성이 탄력적이면 가격의 변화율보다 공급량의 변화율이 더 크다.
⑤ 공급곡선이 수직선이면 공급의 가격탄력성은 완전탄력적이다.

> **해설**
> ① 수요의 가격탄력성은 가격의 변화율에 대한 수요량의 변화비율을 측정한 것이다.
> ② 완전비탄력적 ⇨ 완전탄력적
> ③ 수요량의 변화율이 가격의 변화율보다 더 작다.
> ⑤ 완전탄력적 ⇨ 완전비탄력적

**정답 ④**

**09** 부동산에 관한 수요와 공급의 가격탄력성에 관한 설명으로 틀린 것은? (단 다른 조건은 동일함) 제30회 변형

① 수요의 가격탄력성이 완전탄력적일 때 공급이 증가할 경우 균형량은 변하지 않는다.
② 오피스텔에 대한 대체재가 감소함에 따라 오피스텔 수요의 가격탄력성이 작아진다.
③ 공급의 가격탄력성이 수요의 가격탄력성보다 작은 경우 공급자가 수요자보다 세금부담이 더 크다.
④ 임대주택 수요의 가격탄력성이 1인 경우 임대주택의 임대료가 하락하더라도 전체 임대료 수입은 변하지 않는다.
⑤ 일반적으로 임대주택을 건축하여 공급하는 기간이 짧을수록 공급의 가격탄력성은 커진다.

> **해설**
> ① 균형량 ⇨ 균형가격, 수요의 가격탄력성이 완전탄력적일 때 공급이 증가할 경우 균형가격은 변하지 않는다.

**정답 ①**

**10** **아파트시장에서 균형가격을 상승시키는 요인은 모두 몇 개인가?** (단, 아파트는 정상재로서 수요곡
선은 우하향하고, 공급곡선은 우상향하며, 다른 조건은 동일함) 〔제35회〕

> • 가구의 실질소득 증가　　　　　　　• 아파트에 대한 선호도 감소
> • 아파트 건축자재 가격의 상승　　　　• 아파트 담보대출 이자율의 상승

① 0개　　　② 1개　　　③ 2개　　　④ 3개　　　⑤ 4개

해설
• 균형가격 상승요인: 가구의 실질소득 증가(수요증가), 아파트 건축자재 가격의 상승(공급감소) 총 2개
  이다.
• 균형가격 하락요인: 아파트에 대한 선호도 감소, 아파트 담보대출 이자율의 상승(수요감소)

**[수요 증가요인과 공급의 증가요인]**

| 수요의 증가요인 | 공급의 증가요인 |
|---|---|
| 1. 소득의 증가 | 1. 생산비(생산요소가격)의 하락 |
| 2. 선호의 증가 | 2. 건축비(시멘트·건설자재가격)의 하락 |
| 3. 인구의 증가 | 3. 건설노동자의 임금·토지가격의 하락 |
| 4. 소비자의 가격 상승 예상 | 4. 생산기술의 발달 |
| 5. 대체재 가격 상승(대체재 수요 감소) | 5. 주택건설업체수의 증가 |
| 6. 보완재 가격 하락(보완재 수요 증가) | 6. 금리의 인하 |
| 7. 거래세의 인하 | 7. 공적규제의 완화 |
| 8. 금리의 인하 | |

**[균형가격 상승요인과 균형가격 하락요인]**
1. 균형가격 상승: 수요증가, 공급감소 ⇨ 초과수요: 수요 > 공급
2. 균형가격 하락: 수요감소, 공급증가 ⇨ 초과공급: 수요 < 공급

정답 ③

**11** **A지역 단독주택시장의 균형변화에 관한 설명으로 옳은 것은?** (단, 수요곡선은 우하향하고, 공급곡 선은 우상향하며, 다른 조건은 동일함) 〔제35회〕

① 수요와 공급이 모두 증가하고 수요의 증가폭과 공급의 증가폭이 동일한 경우, 균형거래량은 감소한다.

② 수요가 증가하고 공급이 감소하는데 수요의 증가폭보다 공급의 감소폭이 더 큰 경우, 균형가 격은 하락한다

③ 수요가 감소하고 공급이 증가하는데 수요의 감소폭이 공급의 증가폭보다 더 큰 경우, 균형가 격은 상승한다.

④ 수요와 공급이 모두 감소하고 수요의 감소폭보다 공급의 감소폭이 더 큰 경우, 균형거래량은 감소한다.

⑤ 수요가 증가하고 공급이 감소하는데 수요의 증가폭과 공급의 감소폭이 동일한 경우, 균형가격 은 하락한다.

해설 ④ 수요의 감소폭 < 공급의 감소폭: 균형가격 상승, 균형거래량 감소
① 감소 ⇨ 증가, 수요의 증가폭 = 공급의 증가폭: 균형가격 불변, 균형거래량 증가
② 하락 ⇨ 상승, 수요의 증가폭 < 공급의 감소폭: 균형가격 상승, 균형거래량 감소
③ 상승 ⇨ 하락, 수요의 감소폭 > 공급의 증가폭: 균형가격 하락, 균형거래량 감소
⑤ 하락 ⇨ 상승, 수요의 증가폭 = 공급의 감소폭: 균형가격 상승, 균형거래량 불변

정답 ④

**12** A지역 오피스텔시장에서 수요함수는 $Q_{D1} = 900 - P$, **공급함수는** $Q_S = 100 + \dfrac{1}{4}P$**이며, 균형**

**상태에 있었다. 이 시장에서 수요함수가** $Q_{D2} = 1,500 - \dfrac{3}{2}P$**로 변화하였다면, 균형가격의 변화**

**(ㄱ)와 균형거래량의 변화(ㄴ)는?** (단, $P$는 가격, $Q_{D1}$과 $Q_{D2}$는 수요량, $Q_S$는 공급량, X축은 수량,
Y축은 가격을 나타내고, 가격과 수량의 단위는 무시하며, 주어진 조건에 한함)  제35회

① ㄱ: 160 상승. ㄴ: 변화 없음      ② ㄱ: 160 상승, ㄴ: 40 증가

③ ㄱ: 200 상승. ㄴ: 40 감소      ④ ㄱ: 200 상승, ㄴ: 변화 없음

⑤ ㄱ: 200 상승, ㄴ: 40 증가

해설  균형가격은 160 상승(640 ⇨ 800), 균형거래량은 40 증가(260 ⇨ 300)한다.

| 최초의 균형 ($Q_{d1} = Q_S$) | 변화된 균형 ($Q_{d2} = Q_S$) |
| --- | --- |
| 900 - P = 100 + 0.25P | 1,500 - 1.5P = 100 + 0.25P |
| 800 = 1.25P | 1,400 = 1.75P |
| 640 = P | 800 = P |
| 260 = Q | 300 = Q |

 정답 ②

# 02 CHAPTER 부동산 경기변동

- 이 장에서는 매년 1~2문제 정도 출제된다.
- 부동산경기의 순환국면별 특징과, 거미집이론의 출제비중이 높다.
- 부동산 경기측성지표, 부동산경기의 분류, 부동산경기의 특징을 숙지하여야 한다.
- 거미집이론의 수렴형 모형과 발산형 모형을 구별하여 숙지하여야 한다.

## 제1절 인플레이션과 일반경기변동

### 1 인플레이션

#### (1) 인플레이션의 의의

여러 가지 상품의 평균가격을 물가라 한다. 이 때, 물가와 화폐가치는 반비례한다.

① 인플레이션(inflation) : 물가가 상승하고, 화폐가치가 하락하는 현상을 말한다.

② 디플레이션(deflation) : 물가가 하락하고, 화폐가치가 상승하는 현상을 말한다.

**보충학습**

1. 스테그플레이션(stagflation) 제27회

   스테크플레이션이란 스테그네이션(stagnation)과 인플레이션(inflation)의 합성어로서 경기는 불황(침체)인데도 불구하고 물가상승이 지속되는 현상을 의미한다.

2. 애그플레이션(agflation)

   농업(agriculture)과 인플레이션(inflation)의 합성어로서 곡물가격이 상승하는 영향으로 일반 물가가 상승하는 현상을 의미한다.

3. 복합불황 – 자산 디플레이션(deflation)

   복합불황이란 1990년 일본경제가 부동산 거품이 빠지면서 찾아온 불황으로 오랜기간 어려움을 겪어오고 있다. 일본에서는 복합불황의 조짐으로 주가폭락, 수출감소, 실업률증가, 부도기업 증가, 금융기관의 부실채권 급증 등이 나타났었다.

   즉, 복합불황이란 일반경기의 침체에 따라 부동산을 담보로 금융기관으로부터 돈을 대거 끌어다 쓴 대기업이 잇따라 쓰러지고 부동산가격이 폭락하면서 눈덩이처럼 늘어나는 담보채권의 부실화를 견디지 못한 금융기관마저 연쇄적으로 파산하는 등 경제체제가 장기적 불황 국면에 들어가는 것을 뜻한다.

기출 │ 스태그플레이션(stagflation)이란 부동산시장에 영향을 미치는 요인 중 하나로, 불황과 물가상승이 동시에 나타나는 현상을 말한다.

## 2 경기변동의 의의

경기변동이란 전반적인 경제활동의 상태를 의미한다. 경기순환에서는 경제활동의 장기적 추세로부터의 이탈에서 나타나는 특징을 말한다. 경제현상은 시간적으로 연속되는 것이며 이것은 규칙적으로 변동하기도 하고, 천재지변·전쟁 등 불규칙적으로 일어나기도 한다.

## 3 경기변동의 국면

경기변동국면을 호황(prosperity)·후퇴(recession)·불황(depression)·회복(recovery)의 4국면으로 구분하는 것이 일반적이다.

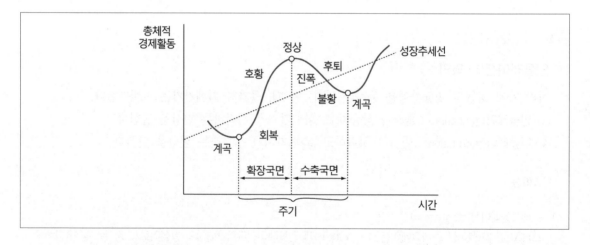

### (1) 경기변동의 주기와 진폭

① 경기변동의 주기 : 주기는 저점에서부터 시작하여 다음 저점까지 걸리는 기간을 말한다.
② 경기변동의 진폭 : 진폭은 저점에서 정점까지의 폭을 말한다.

### (2) 경기파동의 유형 제27회

① 단기파동
 ㉠ 키친(Kitchin)파동을 가리키며 소순환(minor cycle)이라 한다.
 ㉡ 주기 : 3~4년(약 36~40개월)
 ㉢ 원인 : 이자율의 변동이나 기업의 재고변동이 원인이 된다.

② 중기파동

 ㉠ 쥬글라(Juglar)파동을 가리키며 주순환(major cycle)이라 한다.

 ㉡ 주기 : 8~10년

 ㉢ 원인 : 이는 투자재의 수명과 관련이 되므로 기업의 설비투자가 원인이 된다.

③ 건축순환(building cycle)

 ㉠ 학자 : 한센(A. H. Hansen)

 ㉡ 주기 : 17~18년

 ㉢ 원인 : 건축순환의 원인은 주택수급의 시차, 건축경기에 기인한다.

④ 쿠즈네츠(Kuznets)파동

 ㉠ 주기 : 약 20년

 ㉡ 원인 : 쿠즈네츠는 대체로 주택투자 경기가 20년이며, 자녀의 결혼에 의한 경우, 경제성장률의 변동, 인구의 일시적인 폭발적 증가·감소, 인구에 비하여 주택·건축물의 과부족에 기인한 건축투자의 순환현상을 원인으로 볼 수 있다.

⑤ 장기파동 : 콘드라티에프(Kondratiev)파동

 ㉠ 주기 : 50~60년

 ㉡ 원인 : 콘드라티에프는 기술의 혁신이나 신자원의 개발을 원인으로 한 50년~60년 주기의 장기순환을 주장했다.

제2절 **부동산경기변동** 제26회, 제29회, 제31회

## 1 개념

(1) 일반적으로 부동산경기는 건축경기를 의미하며, 그 중에서도 주거용 부동산의 건축경기를 지칭하는데 이를 협의의 부동산경기라 한다. 광의의 부동산경기는 공업용, 상업용 부동산경기를 포함하며 최광의의 부동산경기는 토지경기를 포함한다.

(2) 부동산경기는 여러 가지 부문별 또는 지역별 경기를 가중평균한 것이다.

(3) 부동산경기에도 단기순환과 장기순환이 있을 수 있다. 이때 단기순환은 약 3년, 장기순환은 약 15~22년 주기로 한다.

## 2 경기변동의 유형

| 순환적 변동 | ① 경기순환(cyclical) : 경제활동의 상승과 하강의 주기적 반복현상이 규칙적 변동 |
|---|---|
| 비순환적 변동 | ② 계절적 변동(seasonal) : 1년에 한 번씩 계절적 특성에 따라 반복되는 경기변동 현상<br>③ 추세적(장기적) 변동(trend) : 신개발·재개발 등의 원인, 50년 이상의 장기적 변동<br>④ 무작위(불규칙)적 변동(random) : 예기치 못한 사태, 일시적, 자연재해·정부정책 |

부동산경기도 일반경기처럼 순환적(cyclical) 변동, 추세적(trend) 변동, 계절적(seasonal) 변동, 불규칙적(random) 변동으로 구성되어 있다. 이 중 순환적(cyclical)변동은 경기의 순환, 나머지 추세적 변동, 계절적 변동, 불규칙적 변동을 비순환적 변동으로 구분하기도 한다.

### (1) 순환적 변동(cyclical)

경기의 회복, 호황, 정점, 후퇴, 불황, 저점 등이 상당한 규칙성을 보이면서 변화되는 경우의 경기변동을 말한다.

### (2) 계절적 변동(seasonal variation)

계절적 변동이란 1년을 단위로 적어도 1년에 한번씩 정기적으로 나타나는 변화를 말한다.
예컨대 봄·가을의 이사철에 집값이 변화하는 현상, 방학동안 대학교 근처의 원룸 공가율이 높아지는 현상, 겨울동안 부동산 경기둔화 등을 말한다.

### (3) 추세적 변동(trend, 장기적 변동)

장기적 변동(추세적 변동)은 50년 또는 그 이상의 기간으로 측정되는 것으로 부동산부문에서는 어떤

지역이 새로 개발된다거나 기존의 지역이 재개발되었을 때 나타난다. 부동산경기의 장기변동은 일반경제의 장기적 변동(콘트라티에프)보다 기간이 짧고 지역적으로 불규칙하게 나타나는 경향이 있다. 즉, 신도시개발이나 도심의 재개발은 정부나 지방자치단체의 정책에 영향을 받는다.

### (4) 무작위적 변동(random, 불규칙적 변동, 비주기적 변동)

무작위적 변동이란 홍수, 지진, 혁명, 정부정책 등 예기치 못한 사태로 인해 초래되는 비주기적 또는 일시적 경기변동현상을 무작위적 변동이라 한다. 총부채상환비율(DTI)규제 완화 후에 주택거래가 증가하는 것은 무작위적 변동요인에 해당한다.

> **기출**
> 1. 건축허가량이 전년 동기대비 증가율이 지난 5월을 정점으로 하여 후퇴기로 접어들게 되는 것은 경기순환에 속한다.
> 2. 매년 12월에 건축허가량이 다른 달에 비해 줄어드는 현상이 반복적으로 나타나고 있는 것은 계절적 변동에 속한다.
> 3. 방학 동안 대학가 원룸의 공실이 늘어나는 것은 계절적 변동에 속한다.
> 4. 총부채상환비율(DTI) 규제 완화 후 주택거래 증가는 경기변동요인 중 무작위적(불규칙적) 변동에 해당한다.

## 3 부동산경기의 측정지표

### (1) 부동산경기의 측정

① 부동산경기는 지역시장 성격을 띠므로 부분시장, 국지적 시장에서 시작하여 광역적으로 확산되는 경향이 있으므로 부동산경기를 분석할 때 인근지역 뿐 아니라 유사지역을 포함한 동일수급권까지 분석의 대상으로 하여야 바람직하다.
② 부동산경기 측정에 하나의 단순지표만으로는 잘못된 예측을 할 수 있으므로 공급지표인 건축의 양과 수요지표인 부동산거래량은 주된 지표가 되며, 가격변동은 보조지표가 되므로 이런 여러 가지 측정지표들을 동시에 고려하는 종합측정이 바람직하다.
③ 부동산 측정지표를 선행지표, 동행지표, 후행지표로 분석하면 다음과 같다.

| 구분 | 내용 | 예 |
|---|---|---|
| ⊙ 선행(先行)지표 | 이는 미래의 경제활동을 예측할 수 있는 지표, 예고지표이다. 이는 경기선도 현상이므로 정부의 부동산경기 조절정책시에 반영된다. | 건축허가량(건축허가 신청수, 허가면적), 택지분양실적, 건설수주동향, 공실률 및 공가율 동향, 건축자재수요동향 |
| ⓛ 동행(同行)지표 | 이는 측정시점 현재의 경제활동을 나타내는 지표이다. | 건축착공량, 거래량 등 |
| ⓒ 후행(後行)지표 | 이는 측정시점 이전인 과거의 경제활동을 재확인하는 지표이다. | 건축완공량 |

④ 부동산경기 측정지표를 미시지표와 거시지표로 분석하면 다음과 같다.

| ⊙ 미시지표 | 용도별, 지역별, 유형별의 건축의 양, 거래의 양, 가격변동 |
|---|---|
| ⓒ 거시지표 | 해당지역의 인구, 소득, 고용, 금융 등 거시적 환경, 정책방향 |

## (2) 부동산 경기의 측정지표

① 건축의 양(공급지표)

건축량은 부동산경기 측정의 적절한 공급 지표가 될 수 있으며, 건축의 양 중 건축허가량은 선행지표이고, 건축착공량은 동행지표이고, 건축완공량은 후행지표라 한다. 특히 건축착공량이나 건축허가량은 부동산경기의 측정지표로서 매우 빈번하게 사용하고 있다. 왜냐하면 건축허가량이나 착공량에 관한 자료는 다른 자료들보다 상대적으로 용이하게 구할 수 있기 때문이다. 건축허가량을 알면 경기순환국면을 예측할 수 있고 건축허가량은 자재별, 용도별, 연면적별로 나눌 수 있다.

② 거래량(수요지표) : 부동산의 거래량은 부동산경기를 측정하는 적절한 수요지표가 될 수 있으며, 특히 건물의 공실·공가 등의 동향은 부동산경기의 선행지표가 될 수 있다. 부동산의 거래량을 통한 부동산경기의 측정은 정부가 수납한 취득세액, 부동산 등기실적 및 국세의 수입실적 등으로 파악할 수 있다.

③ 가격변동(보조지표) : 부동산가격의 상승을 통해서 부동산경기를 측정하려는 일반적인 경향이 있다. 그러나 부동산가격이 상승한다고 해서 반드시 부동산경기가 좋은 것은 아니다. 왜냐하면 부동산가격은 명목변수일 뿐이고 실물변수는 아니므로 부동산가격이 상승해도 실물경기가 나쁠 수도 있고 부동산가격이 안정되어도 실물경기가 좋을 수도 있다. 그러므로 부동산 가격변동은 부동산 경기측정의 보조지표가 된다.

④ 택지의 분양실적(선행지표)

택지는 건축활동의 기초가 되기 때문에 택지분양이 활발하다 하여 반드시 부동산경기가 호황이라 할 수는 없으므로 택지분양실적은 보편적 지표로서는 주의해야 한다. 즉, 택지분양실적은 부동산경기의 선행현상의 하나로 볼 필요가 있다.

⑤ 기타의 지표

미분양 재고량, 공가율, 임대료수준, 주택금융상태 등도 지표가 될 수 있다. 미분양 재고량이 적을수록 공가율이 낮을수록 임대료수준이 높을수록 주택금융지원이 클수록 부동산경기는 호황이 될 가능성이 크다.

기출 | 부동산경기변동 국면은 공실률, 건축허가건수, 거래량 등으로 확인할 수 있다.

## 4  부동산경기변동의 특징 제26회, 제29회, 제31회

(1) 부동산경기는 일반경기보다 변동주기가 더 길다. 부동산경기의 순환주기는 보통 17년~18년(건축 순환)이 되므로 일반경기의 주순환인 주글라 파동보다 주기가 2배 정도 길다.

(2) 부동산경기는 일반경기에 비해 저점이 깊고, 정점이 높아 진폭이 크다. 이는 후퇴시와 회복시에도 나타나므로 투기의 조장이나 침체의 늪에 빠지기도 한다.

(3) 부동산경기는 주기의 순환국면이 명백하거나 일정치 않다. 즉, 부동산경기는 그 순환국면이 불분 명, 불명확, 불규칙적이므로 일반경기에 선행, 동행, 후행, 역행, 독립적일 수 있다. 따라서, 부동산 경기는 일반경기에 선행할 수도 또는 후행할 수도 있다.

(4) 부동산경기는 경기회복은 느리고 경기후퇴는 빠르다. 즉, 정점에 도달하는 기간은 길고, 저점에 도달하는데 걸리는 기간은 짧은 우경사 비대칭형의 모습을 나타내는 경향이 있다.

(5) 부동산경기는 지역적·개별적·국지적으로 시작하여 광역적으로 확산되는 경향이 있다. 즉, 부동산 경기는 각 부동산의 유형에 따라 국지적·개별적으로 이루어지는 경향이 있고, 지역적으로 다르게 움직이는 경향이 있다. 그리고 나중에 전국적으로 확산된다.

(6) 부동산경기는 타성기간이 길다. 타성기간이란 부동산경기가 일반경기보다 시간적으로 뒤지는 경 향으로 인해 부동산경기가 일반경기의 변동에 대응하여 민감하게 작용하지 못하는 현상이다.

(7) 부동산경기의 부문별 특성을 비교해보면 상업용, 공업용 부동산경기는 일반경기와 일치하지만, 주 거용 부동산경기는 일반경기와 서로 역순환을 보인다. 즉, 일반경기가 호황이면 상업용, 공업용으 로 자본이 할당 유입되어 상업용, 공업용은 호황이 되나 상대적으로 주거용에 자본할당유입이 낮 아서 주거용부동산은 불황이 된다.

> 기출  1. 부동산경기는 일반경기변동에 비해 정점과 저점 간의 진폭이 크다.
>       2. 부동산경기는 부동산의 특성에 의해 일반경기보다 주기가 더 길 수 있다.
>       3. 부동산경기는 일반경기에 비해 진폭이 크고, 그 순환국면 역시 불규칙·불분명·불명확하다.

> 보충학습 │ 일반경기와 부문별 경기순환의 시간적 관계
>
> ① 전순환적 : 일반경기보다 앞서 진행되는 시장(주식시장)
> ② 동시순환적 : 일반경기와 동시에 진행되는 시장(상업용, 공업용 부동산)
> ③ 후순환적 : 일반경기보다 뒤에서 진행되는 시장(부동산시장)
> ④ 역순환적 : 일반경기와 반대로 진행되는 시장(주거용 부동산)

제3절 **부동산경기의 순환국면별 특징** 제25회, 제26회, 제29회, 제31회, 제33회

부동산경기도 일반경기와 마찬가지로 회복국면, 상향국면, 후퇴국면, 하향국면 등의 순환적 경기변동을 나타낸다. 즉, 부동산경기는 순환국면에 따라 4개의 국면은 순차적으로 나타난다. 안정시장은 순환에 따른 국면이 아닌 별도의 특유시장이다.

> 기출 ┃ 1. 부동산경기는 일반경기와 마찬가지로 회복국면, 상향국면, 후퇴국면, 하향국면 등의 순환적 경기변동을
> 나타낸다.
> 2. 부동산시장은 일반경기변동과 같은 회복·상향·후퇴·하향의 4가지 국면 외에 안정시장이라는 국면이 있다.

## 1 회복시장

(1) 개별적·지역적으로 회복이 시작되며 부동산가격 하락이 중단되고 부동산가격 상승시작, 거래가 활발하기 시작, 금리가 낮고 자금의 여유로 투기의 징후가 나타난다.

(2) 자금의 여유가 생기고, 금리가 하락하기 시작, 건축허가 신청건수가 증가되는 시장이다.

(3) 계속해서 감소하던 고객의 출입이 서서히 증가하며 일반의 경기변동과 병행하면 전체적으로 공실률·공가율은 감소되기 시작한다.

(4) 과거의 사례가격은 새로운 거래의 기준가격이 되거나 하한선이 된다.

(5) 매도자수는 감소하기 시작, 매수자수는 증가하기 시작하여 매도자가 중시되기 시작한다. 중개시 매수자중시시장에서 매도자중시시장으로 전환되는 시장이다.

> 기출 ┃ 1. 회복국면은 매도자가 중시되고, 과거의 거래사례가격은 새로운 거래의 기준가격이 되거나 하한이 되는 경향이
> 있다.
> 2. 회복시장 국면에서는 매수자가 주도하는 시장에서 매도자가 주도하는 시장으로 바뀌는 경향이 있다.

## 2 상향시장

(1) 부동산의 거래는 활발하며 지가상승이 계속되나, 후퇴시장 전(前) 국면의 시장으로 경기의 후퇴가능성이 내포되어 있다.

(2) 매도자측은 가격상승률이 점차 높아지므로 거래성립을 미루려는 반면, 매수자측은 거래성립을 앞당기려 하므로 중개시 매도자가 중시되는 시장이다. 즉, 매도자시장의 성격을 띤다.

(3) 과거의 사례가격은 새로운 거래의 하한선이 된다.

(4) 타성현상이 나타나면 급격한 건축허가 신청이 나타나기도 한다.

(5) 투자, 투기가 과열되는 현상이 나타난다.

> 기출
> 1. 상향국면은 매도자가 중시되고, 과거의 거래사례가격은 새로운 거래가격의 하한이 되는 경향이 있다.
> 2. 상향시장 국면에서는 경기상승이 지속적으로 진행되어 경기의 정점에 도달하며, 건축허가신청이 지속적으로 증가한다.

## 3 후퇴시장

(1) 정점을 지났으므로 거래가 한산하고 가격상승 중단, 반전하여 부동산가격 하락이 시작되는 시장이다.

(2) 여유 자금이 없어 금리가 상승하기 시작한다.

(3) 과거의 사례가격은 새로운 거래의 기준가격이 되거나 상한선이 된다.

(4) 매도자수가 늘어나고 매수자수가 감소하여 매수자가 중시되기 시작한다. 따라서, 중개시 매도자 중시시장에서 매수자 중시시장으로 전환되는 시장이다.

(5) 후퇴시장이 일반경기와 병행하여 장기화되면 점차 공실율이 증가하며, 경우에 따라서는 하강이 급격히 진행되어 단시일에 하강되어 이루어지는 곳에서는 부동산 거래활동이 중단되기도 한다.

> 기출
> 후퇴국면은 매수자가 중시되고, 과거의 거래사례가격은 새로운 거래의 기준가격이 되거나 상한이 되는 경향이 있다.

## 4 하향시장

(1) 부동산가격하락, 공가율·공실율 증가, 금리상승, 거래가 한산한 시장이다.

(2) 매도자는 거래성립시기를 앞당기려하나 매수자는 그 시기를 미루려고 하므로, 매도자수는 증가하나 매수자수는 감소한다. 따라서, 중개시 매수자가 중시되는 시장이다.

(3) 과거의 사례가격은 새로운 거래의 상한선이 된다.

(4) 건축허가 신청건수는 상당히 저하된다.

(5) 하향시장에서는 대규모 호화주택이나 교외의 신개발택지 등 불황에 약한 유형의 부동산은 가격이 급락하여 타격이 크다.

> 기출
> 1. 하향시장 국면에서는 부동산가격이 지속적으로 하락하고 거래량은 감소한다.
> 2. 하향국면은 매수자가 중시되고, 과거의 거래사례가격은 새로운 거래가격의 상한이 되는 경향이 있다.

**핵심정리**

안정시장

일반시장과는 달리 부동산시장에서만 나타나는 부동산 고유의 시장으로서 불황에 강한 유형의 시장이라 한다(호황에는 약한 유형의 시장).
1. 불황에 강한 유형의 부동산으로 위치가 좋은 소규모 주택, 도심, 부심, 역세권 근처의 부동산이 대표적인데, 불황시에도 부동산가격이 안정적이거나 가벼운 상승을 나타낸다.
2. 과거의 사례가격은 신뢰할만한 기준가격이 된다.
3. 안정시장의 부동산은 경기순환에 의해 분류한 것은 아니다. 그러나 일반경기와 전혀 무관한 것은 아니다.

기출 | 안정시장 국면에서는 과거의 거래가격을 새로운 거래가격의 신뢰할 수 있는 기준으로 활용한다.

| 국면 | | 특징 |
|---|---|---|
| 확장 국면 | 1. 회복시장 | ① 매수인 중시화 태도에서 매도인 중시화 태도로 변화<br>② 금리·공가율은 낮아짐, 과거의 사례가격은 새로운 거래의 기준이 되거나 하한선 |
| | 2. 상향시장 | ① 매도인 중시화 현상<br>② 금리·공가율 낮음, 과거의 사례가격은 새로운 거래의 하한선 |
| 수축 국면 | 3. 후퇴시장 | ① 매도인 중시화 태도에서 매수인 중시화 태도로 변화<br>② 금리는 높아짐, 과거의 사례가격은 새로운 거래의 기준이 되거나 상한선 |
| | 4. 하향시장 | ① 매수인 중시화 현상<br>② 금리·공가율 높음, 과거의 사례가격은 새로운 거래의 상한선 |
| 5. 안정 시장 | | ① 부동산시장에만 존재하는 고유의 시장(불황에 강한 시장)<br>② 위치가 좋고·규모가 작은 주택·도심지 점포<br>③ 가격은 가벼운 상승이나 안정, 과거의 사례가격은 신뢰할 수 있는 기준<br>④ 경기순환에 의해 분류되는 것은 아니지만, 경기와 전혀 무관하다고 할 수 없다. |

## 제4절 거미집이론(Cob-web Theory) 제25회, 제27회, 제29회, 제31회, 제32회, 제34회

### 1 거미집이론의 의의

일반경기 이론에서는 일반적으로 시장균형의 안정조건을 논할 때에는 가격의 변동에 대하여 수요와 공급이 즉각적으로 적응한다는 가정 하에서 이론을 전개하여 왔다. 그러나 이러한 가정은 일반적으로 잘 적용되지 않는다. 특히 생산기간이 오래 걸리는 농산물이나 건설업에서는 더욱 적용이 곤란하다. 수요량은 대체적으로 가격의 변화에 즉각 호응할 수 있다고 생각할 수 있지만, 공급량의 경우에는 이러한 즉각적인 반응을 생각하기가 어려우며, 가격의 변화에 대하여 공급량이 적응하자면 다소간의 시차를 요하는 것이라고 보아야 한다. 예컨대, 토지를 수용하여 아파트의 건설이라든지 농산물의 가격의 변동이 1년 후 내지 수년 후의 공급량에 영향을 미치게 되는 것이다. 이러한 점을 고려하여 시장균형의 안정조건을 설명한 것이 애치켈의 '거미집이론'이다. 이는 균형가격의 이동의 모양이 거미집처럼 생겼다해서 붙여진 명칭이다.

### 2 거미집이론 기본가정

(1) 금기의 수요량은 금기가격의 함수이다. 즉, 수요량은 가격변화에 즉각 반응한다.

(2) 금기의 공급량은 전기가격의 함수이다. 즉, 공급량은 가격변화에 일정한 시차를 두고 반응되어 공급된다.

(3) 생산기간의 장기성에 해당하는 재화라고 전제한다.

(4) 공급자는 미래가격과 양에 대한 정보부족으로 합리성이 결여되어 있음을 전제한다. 즉, 공급자는 현재의 시장가격이나 임대료만을 고려하므로 미래의 가격이나 양을 합리적으로 예측하지 못함을 전제한다.

⇨ 만일 공급자가 미래를 합리적으로 예측하거나 저장이나 수출입이 가능하다고 하면 가격파동이 심하지 않아 거미집이론이 잘 적용되지 않을 것이다.

(5) 폐쇄경제를 가정하므로 수출과 수입이 없다고 가정한다.

(6) 해당 생산량은 저장하지 않고 당해에 모두 판매한다고 가정한다.

※ 만일 농산물이 완전개방시장이라면 거미집이론이 적용되지 않을 가능성이 더 커진다.

기출 1. 가격이 변동하면 수요는 즉각적으로 반응하지만, 공급은 시차가 존재한다는 가정을 전제하고 있다.
2. 공급자는 현재의 가격을 고려해 미래의 공급을 결정한다는 가정을 전제하고 있다.

## 3 거미집이론 요약

### (1) 요약

① 수요·공급의 시차를 고려하여 가격이 어떻게 균형에 접근해 가는가 하는 과정을 규명하는 동태적 분석법이다. 기본적으로 수요변화에 따른 공급이 비탄력적이기 때문에 거미집이론이 발생한다.

② 농산물가격의 순환적 변동을 이론화 한 것이며 건축업 등 부동산에도 적용된다.

③ 생산기간의 장기성을 요하는 농산물이나 건설업에 적용할 수 있다.

### (2) 부동산경기에 있어서의 거미집이론

① 부동산시장은 주기적으로 수요초과와 공급초과를 반복하는 경향이 있다.
   ⇨ 부동산가격이 변동하면 수요는 즉각 영향을 받지만, 공급은 시차가 존재하기 때문이다.

② 단기적으로 가격이 급등하면 건물착공량이 증가하는데 공급물량이 막상 시장에 출하하게 되면 오히려 공급초과가 되어 부동산가격이 하락하는 침체국면에 빠진다.

③ 이런 주기적 현상은 주거용보다는 상업용이나 공업용 부동산에 더 잘 적용된다.
   ⇨ 이런 현상은 생필품적 성격을 띠는 주거용 부동산 보다는 대규모의 임대공간을 동시에 창출하는 상업용이나 공업용 부동산에 더욱 빈번히 나타난다.

## 4 거미집모형의 종류

### (1) 수렴형(안정형) : 시간의 경과에 의해 가격이 점차로 균형에 접근하는 경우

| ① | 수요의 가격탄력성 | > | 공급의 가격탄력성 |
|---|---|---|---|
| ② | |수요곡선의 기울기| | < | |공급곡선의 기울기| |

### (2) 발산형(불안정형) : 시간의 경과에 따라 가격이 점차로 균형에서 이탈하는 경우

| ① | 수요의 가격탄력성 | < | 공급의 가격탄력성 |
|---|---|---|---|
| ② | |수요곡선의 기울기| | > | |공급곡선의 기울기| |

### (3) 순환형(중립형) : 시간의 경과에 따라 가격이 수렴도 확산도 하지 않고 순환만 계속하는 경우

| ① | 수요의 가격탄력성 | = | 공급의 가격탄력성 |
|---|---|---|---|
| ② | |수요곡선의 기울기| | = | |공급곡선의 기울기| |

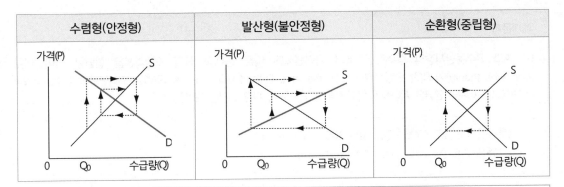

| 수렴형(안정형) | 발산형(불안정형) | 순환형(중립형) |
|---|---|---|
| 수요 가격탄력성 > 공급 가격탄력성 | 수요 가격탄력성 < 공급 가격탄력성 | 수요 가격탄력성 = 공급 가격탄력성 |
| \|수요곡선 기울기\|<\|공급곡선 기울기\| | \|수요곡선 기울기\|>\|공급곡선 기울기\| | \|수요곡선 기울기\|=\|공급곡선 기울기\| |

기출

1. 수요의 가격탄력성의 절댓값이 공급의 가격탄력성의 절댓값보다 크면 수렴형이다.
2. 수요곡선의 기울기의 절댓값이 공급곡선의 기울기의 절댓값보다 크면 발산형이다.
3. 수요의 가격탄력성 1.1, 공급의 가격탄력성 0.9이면 수렴형, 수요의 가격탄력성 0.9, 공급의 가격탄력성 1.3이면 발산형이 된다.
4. 수요곡선 기울기 –0.3, 공급곡선 기울기 0.7이면 수렴형, 수요곡선 기울기 -0.5, 공급곡선 기울기 0.5이면 순환형이 된다.
5. 2P = 500 - Qd, 3P = 300 + 4Qs이면 수렴형, P = 400 - 2Qd, 2P = 100 + 4Qs이면 순환형이 된다.
6. Qd = 100 - P, 2Qs = -10 + P이면 수렴형, Qd = 500 - 2P, 3Qs = -20 + 6P이면 순환형이 된다.

**예제문제**

**01.** A와 B부동산시장의 함수조건하에서 가격변화에 따른 동태적 장기 조정과정을 설명한 거미집이론(Cob-web theory)에 의한 모형형태는? (단, P는 가격, Qd는 수요량, Qs는 공급량이고, 가격변화에 수요는 즉각적인 반응을 보이지만 공급은 시간적인 차이를 두고 반응하며, 다른 조건은 동일함) ▶제25회

- A부동산시장: $2P = 500 - Qd$, $3P = 300 + 4Qs$
- B부동산시장: $P = 400 - 2Qd$, $2P = 100 + 4Qs$

① A: 수렴형, B: 발산형      ② A: 발산형, B: 순환형

③ A: 순환형, B: 발산형      ④ A: 수렴형, B: 순환형

⑤ A: 발산형, B: 수렴형

**정답** ④

**해설** ④ A: 수렴형, B: 순환형이 된다.

- A부동산시장: 수렴형

  수요곡선의 기울기($\frac{1}{2}$) < 공급곡선의 기울기($\frac{4}{3}$) ⇨ 수요 탄력적, 수렴형

- B부동산시장: 순환형

  수요곡선의 기울기($\frac{2}{1}$) = 공급곡선의 기울기($\frac{4}{2}$) ⇨ 순환형

**02.** 어느 지역의 수요와 공급함수가 각각 A부동산상품시장에서는 $Qd = 100 - P$, $2Qs = -10 + P$, B부동산상품시장에서는 $Qd = 500 - 2P$, $3Qs = -20 + 6P$이며, A부동산상품의 가격이 5% 상승하였을 때 B부동산상품의 수요가 4% 하락하였다. 거미집이론에 의한 A와 B 각각의 모형 형태와 A부동산상품과 B부동산상품의 관계는? ▶제29회

| | A | B | A와 B의 관계 |
|---|---|---|---|
| ① | 수렴형 | 순환형 | 보완재 |
| ② | 수렴형 | 발산형 | 보완재 |
| ③ | 발산형 | 순환형 | 대체재 |
| ④ | 발산형 | 수렴형 | 대체재 |
| ⑤ | 순환형 | 발산형 | 대체재 |

**정답** ①

**해설** ① • A부동산상품: 수요곡선의 기울기($\frac{1}{1}$) < 공급곡선의 기울기($\frac{2}{1}$) ⇨ 수요 탄력적, 수렴형

- B부동산상품: 수요곡선의 기울기($\frac{1}{2}$) = 공급곡선의 기울기($\frac{3}{6}$) ⇨ 순환형

A의 가격이 상승하고 B의 수요는 반대로 감소하였으므로 두 재화의 관계는 보완재 관계이다.

**01** 부동산경기순환과 경기변동에 관한 설명으로 **틀린** 것은? 〔제31회〕

① 부동산경기변동이란 부동산시장이 일반경기변동처럼 상승과 하강 국면이 반복되는 현상을 말한다.
② 부동산경기는 일반경기와 같이 일정한 주기와 동일한 진폭으로 규칙적이고 안정적으로 반복되며 순환된다.
③ 부동산경기변동은 일반경기변동에 비해 저점이 깊고 정점이 높은 경향이 있다.
④ 부동산경기는 부동산의 특성에 의해 일반경기보다 주기가 더 길 수 있다.
⑤ 회복시장에서 직전국면 저점의 거래사례가격은 현재 시점에서 새로운 거래가격의 하한이 되는 경향이 있다.

**해설** ② 부동산경기는 일반경기에 비해 진폭이 크고, 그 순환국면 역시 불규칙·불분명·불명확하다.

**정답** ②

**02** 부동산경기변동에 관한 설명으로 **옳은** 것은? 〔제33회〕

① 상향시장 국면에서는 부동산가격이 지속적으로 하락하고 거래량은 감소한다.
② 후퇴시장 국면에서는 경기상승이 지속적으로 진행되어 경기의 정점에 도달한다.
③ 하향시장 국면에서는 건축허가신청이 지속적으로 증가한다.
④ 회복시장 국면에서는 매수자가 주도하는 시장에서 매도자가 주도하는 시장으로 바뀌는 경향이 있다.
⑤ 안정시장 국면에서는 과거의 거래가격을 새로운 거래가격의 기준으로 활용하기 어렵다.

**해설** ① 하향시장 국면에서는 부동산가격이 지속적으로 하락하고 거래량은 감소한다.
② 상향시장 국면에서는 경기상승이 지속적으로 진행되어 경기의 정점에 도달한다.
③ 상향시장 국면에서는 건축허가신청이 지속적으로 증가한다.
⑤ 안정시장 국면에서는 과거의 거래가격을 새로운 거래가격의 신뢰할 수 있는 기준으로 활용한다.

**정답** ④

**03** 다음은 거미집 이론에 관한 내용이다. (    )에 들어갈 모형형태는? (단, X축은 수량, Y축은 가격을 나타내며, 다른 조건은 동일함)

> • 수요의 가격탄력성의 절댓값이 공급의 가격탄력성의 절댓값보다 크면 ( ㄱ )이다.
> • 수요곡선의 기울기의 절댓값이 공급곡선의 기울기의 절댓값보다 크면 ( ㄴ )이다.

① ㄱ: 수렴형, ㄴ: 수렴형
② ㄱ: 수렴형, ㄴ: 발산형
③ ㄱ: 발산형, ㄴ: 수렴형
④ ㄱ: 발산형, ㄴ: 발산형
⑤ ㄱ: 발산형, ㄴ: 순환형

해설 ② ㄱ. 수렴형: |수요탄력성| > |공급탄력성|
ㄴ. 발산형: |수요곡선기울기| > |공급곡선기울기

**정답** ②

PART 2 부동산경제론

**04** **A주택시장과 B주택시장의 함수조건이 다음과 같다. 거미집이론에 의한 두 시장의 모형형태는?**
(단, x축은 수량, y축은 가격, 각각의 시장에 대한 P는 가격, $Q_d$는 수요량, $Q_s$는 공급량, 다른 조건은
동일함) 〔제32회〕

> • A주택시장: $Q_d$=200-P, $Q_s$=100+4P
>
> • B주택시장: $Q_d$=500-2P, $Q_s$=200+$\frac{1}{2}P$

① A: 수렴형, B: 수렴형
② A: 수렴형, B: 발산형
③ A: 수렴형, B: 순환형
④ A: 발산형, B: 수렴형
⑤ A: 발산형, B: 발산형

해설 ④ A: 발산형, B: 수렴형이 된다.

• A주택시장: 발산형

수요곡선의 기울기($\frac{1}{1}$=1) > 공급곡선의 기울기($\frac{1}{4}$=0.25) ⇨ 공급 탄력, 발산형

• B주택시장: 수렴형

수요곡선의 기울기($\frac{1}{2}$=0.5) < 공급곡선의 기울기($\frac{1}{0.5}$=2) ⇨ 수요 탄력, 수렴형

정답 ④

2025 랜드하나 공인중개사 기본서

# PART 3
# 부동산시장론

# 01 CHAPTER 부동산시장론

## 단원별 학습포인트

□ 완전경쟁시장과 불완전경쟁시장, 부동산시장의 유형, 부동산시장의 특성과 기능, 효율적 시장과 할당효율적 시장에 대하여 학습하는 단원이다.
□ 정보의 현재가치에 대한 이해와 계산이 가능해야 하며, 주택시장의 여과과정과 주거분리, 불량주택문제에 대하여 숙지해야 한다.

---

## 제1절  부동산시장의 개념 및 유형

### 1  부동산시장의 개념

#### (1) 시장의 개념

① 시장이란 수요와 공급이 계속적으로 나타나서 가격과 량이 정해지고 매매가 규칙적으로 일어나는 곳이다.
② 즉, 시장이란 수요와 공급이 만나서 유사한 부동산에 대해 유사한 가격이 형성되는 지리적 구역이다.

> **용어  추상적 시장과 구체적 시장**
>
> 1. 추상적 시장 : 화폐시장, 금융시장 등의 자본시장처럼 장소적 제한을 받지 않는 시장을 말한다.
> 2. 구체적 시장 : 남대문시장처럼 장소적 제한을 받는 시장을 말한다.
>    ⇨ 부동산시장은 추상적 시장과 구체적 시장 양자의 성격을 동시에 지니는 시장으로 볼 수 있다.

#### (2) 부동산시장

① 부동산시장은 자본시장의 일종으로 정의한다면 권리가 이전되는 추상적 시장이며, 일정한 지리적 공간을 수반하는 공간시장으로 정의한다면 구체적 시장이라 볼 수도 있다.
② 부동산시장은 불완전경쟁시장이며, 그중에서 독점적 경쟁시장으로 보는 것이 일반적이다.
③ 부동산시장은 효율적 시장의 유형 중 준강성 효율적 시장으로 존재한다고 볼 수 있다.

※ 부동산시장 : 추상적 시장, 구체적 시장, 불완전경쟁시장, 준강성 효율적 시장의 성질이 존재

## 2  완전경쟁시장과 불완전경쟁시장

완전경쟁시장은 현실 속에 존재하기 곤란하지만, 시장경제의 바람직한 모델이므로 이를 먼저 분석한 후에 불완전경쟁시장인 부동산시장과 비교하기 위해서 필요하다.

### (1) 완전경쟁시장

① **수요자와 공급자가 다수**
완전경쟁시장에서는 한 산업내에 기업의 수가 많아서 개별기업의 생산량 증가나 감소는 시장가격에 어떤 영향을 미치지 못한다.

② **상품의 동질성**
완전경쟁시장에서 상품의 질은 동일하므로 수요자는 어떤 공급자로부터 상품을 구입해도 동질적 상품이 된다.

③ **시장진입과 탈퇴의 자유**
완전경쟁시장에서는 누구든지 수요·공급의 시장에 진입과 탈퇴가 자유로워야 하며, 생산요소의 이동도 자유로워야 한다.

④ **완전한 정보**(모든 정보)
완전경쟁시장에서는 모든 시장참여자들은 의사결정에 필요한 정보를 정확하고 완전히 알 수 있어야 한다. 즉, 정보비용과 초과이윤이 존재할 수 없는 시장이다.

> ※ 완전경쟁시장의 특징
> 1. 일물일가의 법칙이 적용되며, 개별기업은 시장가격을 그대로 수용하는 가격순응자(price taker)이므로 개별기업의 수요곡선은 수평(탄력성 = 무한대, 완전탄력적)이다.
> 2. 정보가 완전하므로 정보비용과 초과이윤이 존재하지 않으며, 기회비용만큼의 이윤인 정상이윤만 존재한다. 따라서, 완전경쟁시장은 반드시 할당효율적 시장이 된다.

### (2) 불완전경쟁시장

① **독점시장** : 한재화나 서비스공급이 하나의 기업에 의해 이루어지는 시장 예 전력, 담배 등
② **과점시장** : 동질적 또는 이질적 상품을 생산하는 공급자가 둘 이상의 소수의 기업인 경우의 시장 예 자동차, 휴대폰시장
③ **독점적 경쟁시장** : 동종의 이질적 상품을 생산하는 공급자가 다수인인 시장으로서 완전경쟁과 독점시장의 성격을 모두 가지고 있다. 예 약국, 음식점, 미용실, 부동산시장

기출 개별성은 토지시장을 불완전경쟁시장으로 만드는 요인이다.

완전경쟁시장과 불완전경쟁시장

| 완전경쟁시장 | 불완전경쟁시장 |
|---|---|
| ① 다수의 수요자와 공급자 | ① 소수의 수요자와 공급자 |
| ② 동질적 상품을 거래 | ② 이질적 상품을 거래(개별성) |
| ③ 시장진입·탈퇴의 자유 | ③ 시장진입·탈퇴의 곤란 |
| ④ 완전한 정보 ⇨ 정보비용 = zero | ④ 불완전한 정보 ⇨ 정보비용 발생 |

※ 부동산시장은 완전경쟁시장의 성립요건을 만족하지 못하므로 불완전경쟁시장으로 분류되나, 완전경쟁시장으로 분석하는 것이 합리적이다.

## 3 부동산시장의 유형 제33회

**(1) 용도에 따른 구분** : 주거용, 상업용, 공업용, 농업용, 특수용 부동산시장

① 주거용 부동산시장 : 도시주택, 교외주택, 농촌주택이 있다.
② 상업용 부동산시장 : 업무용 빌딩, 상가부동산, 영화관, 백화점, 숙박업소가 있다.
③ 공업용 부동산시장 : 공장, 광산, 창고가 있다.
④ 농업용 부동산시장 : 임야, 초지, 목장, 과수원, 농작물재배농지가 있다.
⑤ 특수목적용 부동산시장 : 묘지, 골프장, 공원 기타 공공용 부동산이 있다.

**(2) 시장범위에 따른 분류** : 개별시장, 부분시장, 전체시장 제31회

① 개별시장 : 이는 지역 내 개개의 부동산은 각각 다른 위치, 면적, 형태를 가지므로 개별 부동산마다 형성되는 시장을 말한다.
② 부분시장(하위시장 sub-market) : 이는 개별시장과 전체시장의 중간 규모의 시장으로서 지역별 부분시장, 용도별 부분시장 등이 형성되어 시장세분화가 이루어지는 시장을 말한다.
③ 전체시장 : 이는 개별시장의 총합으로서 일반재화에 비교해 볼 때 공통점이 있으며 전체로서의 부동산시장의 특성도 있다.

※ 부분시장을 세분화할수록 부동산 상품의 동질성과 대체성은 커지므로 수요의 탄력성은 보다 탄력적이 된다. 따라서, 전체시장은 수요가 비탄력적이지만 부분시장은 수요가 보다 탄력적이 된다.

**핵심정리**

시장의 세분화와 시장의 차별화
1. 시장 세분화 : 수요자의 특성에 따라 시장을 구분하는 것
2. 시장 차별화 : 공급제품의 특성에 따라 시장을 구분하는 것

> **기출** 시장세분화 전략(market segmentation)은 수요자 집단을 인구경제학적 특성에 따라서 보다 동질적인 소집단으로 구분하는 것이다.

## 제2절 부동산시장의 특성 및 기능 제26회, 제31회, 제33회

### 1 부동산시장의 특성 : 불완전경쟁시장, 준강성효율적 시장, 추상적 시장, 구체적 시장

부동산의 부동성, 부증성, 개별성, 내구성, 고가성, 법률적 복잡성 등 부동산의 자연적·인문적 특성에 의해 부동산시장은 다음과 같은 특성을 갖는다.

#### (1) 시장의 국지성(지역성) ⇨ 부동성

부동산의 부동성에 기인해 부동산시장은 공간적으로 일정지역에 한정되는 경향이 있으며 지역별로 세분화된다. 부동산은 이동할 수 없으므로 수요초과지역과 공급초과지역으로 분리되어 부분시장이 형성되며 부분시장별로 불균형이 초래된다. 부동성 때문에 임장활동, 정보활동이 필요하며, 지역간의 수급조절도 곤란해진다.

#### (2) 거래의 비공개성(거래의 은밀성) ⇨ 개별성

부동산의 개별성과 사회적 관행에 의해 부동산의 거래사실이나 내용을 외부에 공개하기를 꺼리는 관행이 있다. 즉, 부동산 거래시에 고도의 사적이고, 은밀하며, 비공개적으로 거래되는 경향이 있다. 거래와 관련된 매매가격 등을 개별 당사자만 정확히 알 수 있어, 외부에서 정보탐색하기가 곤란하고 정보탐색비용이 많이 소요된다.

#### (3) 상품의 비표준화성(비규격화, 개별화) ⇨ 개별성

부동산의 개별성으로 인해 부동산은 표준화가 곤란하고 규격화가 곤란하다. 건물자체만을 표준화시킨다 해도 토지와 결합한 부동산상품은 비표준화의 성격을 띤다. 그러므로 부동산시장은 일물일가의 법칙이 성립되지 않는다. 즉, 이러한 상품의 비표준화는 수요와 공급의 분석을 어렵게 하고 건물의 대량생산을 어렵게 한다.

#### (4) 시장의 비조직성(집중통제의 곤란) ⇨ 개별성

부동산시장은 지역성, 개별성, 비공개성으로 인해 유통구조가 조직적이지 못하다. 최근 정보화, 탈지역화를 위한 시도가 이루어지고 있어 조직화가 불완전한 토지시장에 대한 부분적인 조직화를 통해 어느 정도 완화시킬 수는 있다.

(5) **수급조절의 곤란성** ⇨ 부증성, 영속성, 부동성, 개별성

토지의 부증성의 특성이 있고 건물의 경우에는 생산하는데 시간이 많이 소요되기 때문에 공급이 비탄력이므로 수급조절이 곤란하다. 그러므로 단기에 가격이 왜곡될 가능성이 크다.

또한 부동산의 영속성(내구성) 때문에 지금 당장 수요가 감소하여도 기존 공급량이 쉽게 줄어들지 않아서 공가로 남는다. 그리고 부동성 때문에 지역간의 수급조절이 곤란해진다. 시장의 수요분석을 오판하여 과잉공급하게 되면 대상부동산을 다른 곳으로 이동할 수 없다. 또 공급을 초과하는 수요가 있으면 가격은 상승하나 반대로 수요가 공급을 따라가지 못하면 가격이 하락하는 등의 위험부담이 있기 때문에 시장에서의 공급은 자연히 제약을 받게 마련이다.

| 부증성 | 공급 증가의 비탄력성을 야기하여 수급조절을 곤란하게 한다. |
|---|---|
| 영속성(내구성) | 공급 감소의 비탄력성을 야기하여 수급조절을 곤란하게 한다. |
| 부동성 | 지역간 이동이 불가능하고 지역간 초과수요, 초과공급을 지속하게 한다. |
| 개별성 | 일물일가의 법칙이 배제되고, 물건간의 대체가 어렵게 된다. |

(6) **매매의 장기성**(단기적 거래의 곤란성)

부동산은 환금성이 낮아서 처분하는데 시간이 오래 걸리고, 단기적 거래가 곤란하며 부동산 공급에 있어 계획수립, 부지확보, 건물완공에까지 시간이 많이 소요된다. 그러므로 단기적으로 가격이 왜곡될 가능성이 크다.

(7) **법적 제한의 과다**(부증성, 부동성)

부동산시장에는 정부의 법적 규제제한이 많아서 불완전경쟁이 되고 특히 단기적으로 부동산가격이 왜곡되고 시장기능을 약화시킨다.

(8) **자금의 유용성과 밀접**

부동산은 고가품이므로 구매력이 수반되지 않는 사람은 수요자가 될 수 없고 공급능력이 없으면 공급자가 될 수 없어 불완전경쟁시장이 된다. 그러므로 금융조건이 완화(금리 인하, 융자비율 확대, 대출기간 연장)되면 자금의 유용성이 증대되어 수요와 공급을 증가시킨다.

| 고가성 | • 수요자와 공급자 수가 상대적으로 한정된다.<br>• 수요자와 공급자의 시장진입이 자유롭지 못하다.<br>• 금융부채를 필요로 하게하며, 구매자금을 축적하는데 오랜기간이 소요된다. |
|---|---|

기출 ┃ 1. 부동산시장의 특징 중 하나는 특정 지역에 소수의 판매자와 소수의 구매자가 존재한다는 것이다.
2. 부동산시장은 거래의 비공개성으로 불합리한 가격이 형성되며, 이는 개별성과 관련이 깊다.

3. 부동산시장은 수요와 공급의 조절이 쉽지 않아 단기적으로 가격의 왜곡이 발생할 가능성이 높다.

4. 부동산시장에서는 정보의 비대칭성으로 인해 부동산 가격의 왜곡현상이 나타나기도 한다.

5. 부동산시장은 장기보다 단기에서 공급의 가격탄력성이 작으므로 단기 수급조절이 곤란하다.

6. 부동산은 개별성으로 인해 대체가 불가능한 재화이기에 부동산시장에서 공매(short selling)가 발생하기 곤란하다.

## 2 부동산시장의 기능(시장의 역할) 제33회

### (1) 자원배분기능

부동산시장은 경쟁과정에서 수요자와 공급자간의 공간분배의 역할을 한다. 즉, 기존의 부동산공간을 수요자에게 배분하는 기능과 개량물에 대한 자원배분기능을 띤다. 시장이 자원배분을 효율적으로 못하는 경우를 시장실패(market failure)라 한다.

### (2) 교환기능

부동산시장은 자금능력을 가진 부동산이용자의 기호에 따라 부동산 또는 공간을 재분배하게 되는데, 여기에는 부동산과 현금, 부동산과 부동산, 소유와 임대 등의 교환이 이루어지게 된다.

### (3) 가격창조기능(가격형성기능)

부동산상품의 가격은 매도인과 매수인의 가격조정과정을 거쳐서 매도인이 더 이상 양보할 수 없는 하한가격과 매수인이 더 이상 양보할 수 없는 상한가격이 교차하는 점에서 거래가격이 창조되는 것이다. 즉, 상호주관적 제시가격인 매도인의 제안가격은 시간이 지날수록 하락하며 매수인의 제안가격은 시간이 지날수록 상승하여 교차하는 점에서 객관적 가격이 형성된다.

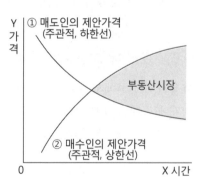

① 매도인의 제안가격 (주관적, 하한선)
② 매수인의 제안가격 (주관적, 상한선)
Y 가격 · 부동산시장 · X 시간

### (4) 정보제공기능

부동산시장은 부동산활동주체의 의사결정에 필요한 정보를 제공 해준다. 즉, 투자가, 건축업자, 평가 주체, 임대업자, 과세평가원, 중개업자 등은 모두 그들의 업무상 또는 가격결정이나 판단을 위해 부동산거래에 관한 정보를 이용하고 또 수집한다.

### (5) 양과 질의 조절기능

부동산용도가 다양함으로 토지이용의 전환을 통해 양과 질이 조정된다. 즉, 부동산시장에 관한 정보는 부동산소유자, 관리자, 개발업자, 건설업자들에게 부동산상품의 유용성이 최대가 되도록 만들어서 부동산상품의 양과 질을 조절하게 한다.

## (6) 계속적인 부지경쟁기능

부지경쟁을 통해 최유효이용원리에 맞는 방향으로 이용결정이 되는 경향이 있다.

---

**제3절** **효율적 시장이론** 제27회, 제28회, 제29회, 제31회, 제32회

---

### 1 효율적 시장이론(efficient market hypothesis)

(1) 효율적 시장이론은 원래 주식시장에서 주식시장에 대한 정보가 주식가격에 미치는 영향을 분석하는 과정에서 출발하였고 이를 부동산시장에 응용하고 있다.

(2) 부동산시장에서 효율적 시장의 의미란 새로운 정보가 지체없이(즉시) 부동산가치에 반영되는 시장을 말한다.

(3) 장래수익이 변동될 것이 현재 예상된다고 하면, 장래의 변동시점에서 가치가 변하는 것이 아니라 현재의 시점에서 즉시 변동한다. 즉, 어느 지역에 장차 개발이 된다는 정보가 있을 경우 미래에 개발되었을 때 부동산가치가 변하는 것이 아니고 현재 즉시 부동산가치가 변한다는 사실은 부동산시장이 효율적 시장임을 설명해준다.

### 2 효율적 시장(efficient market hypothesis)의 유형

효율적 시장론에서는 특정 부동산에 대한 투자자의 이용 가능한 정보의 유형을 과거에 공개된 정보, 현재에 공개된 정보, 아직 공개되지 않는 비공개정보로 분류한 후에 부동산가치가 어떤 유형의 정보를 신속하게 반영하는가에 따라 약성, 준강성, 강성 효율적 시장 등으로 구분한다.

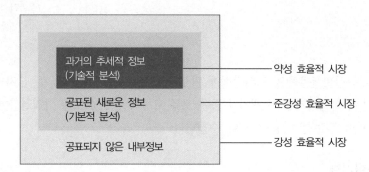

**보충학습** | 기술적 분석과 기본적 분석

1. 기술적 분석(technical analysis) : 지나간 역사적 사실인 과거의 정보를 분석하여 시장가치 변동을 예측하는 방법을 기술적 분석이라 한다.
2. 기본적 분석(fundamental analysis) : 과거의 지나간 정보와 현재 공표된 정보를 분석하여 시장가치 변동을 예측하는 방법을 기본적 분석이라 한다.

효율적 시장의 유형

| 유형 | 반영되는 정보 | 정보분석방법 | 정상이윤 | 초과이윤 획득여부 | | |
|---|---|---|---|---|---|---|
| | | | | 과거정보분석 (기술적분석) | 현재정보분석 (기본적분석) | 미래정보분석 |
| 약성 | 과거의 정보 | 기술적 분석 | ○ | × | ○ | ○ |
| 준강성 | 과거+현재(공표) | 기본적 분석 | ○ | × | × | ○ |
| 강성 | 과거+현재+미래(모든정보) | 분석이 불필요 | ○ | × | × | × |

※ 부동산시장은 준강성효율적 시장에 부합되며, 완전경쟁시장은 강성효율적 시장에 부합되는 시장이다.

## (1) 약성효율적 시장(weak efficient market)

① 약성효율적 시장은 과거의 역사적 정보는 이미 현재의 시장가치에 반영되어 있는 시장을 의미하며, 이와 같이 과거의 자료를 토대로 시장가치의 변동을 분석하는 것을 기술적 분석이라고 한다.
② 약성효율적 시장에서는 시장참여자들이 모두 기술적 분석을 하고 있다고 가정하므로, 기술적 분석에 의하여 밝혀진 과거의 역사적 정보를 바탕으로 한 지표로써는 결코 초과이윤(정상이상의 이윤)은 얻을 수 없으며 정상이윤은 가능하다.
③ 따라서, 약성효율적 시장에서는 현재의 정보 또는 미래정보를 얻을 수 있다면 초과이윤(정상이상의 이윤)의 획득이 가능하다.

기출 | 약성 효율적 시장에서는 현재가치에 대한 과거의 역사적 자료를 분석하여 정상이윤을 초과하는 이윤을 획득할 수 없다.

## (2) 준강성효율적 시장(semi-strong efficient market)

① 준강성효율적 시장은 새로운 공표되는 정보가 즉시 신속하게 시장가치에 반영되는 시장이다. 일반에게 공표되는 정보에는 과거의 정보뿐만 아니라, 일반 투자자들에게 이미 알려진 모든 정보를 의미하며, 이와 같이 사업계획, 재무제표 등과 같은 공표된 사실을 토대로 시장가치의 변동을 분석하는 것을 기본적 분석이라고 한다.

② 준강성효율적 시장의 시장참여자들은 모두 과거정보와 현재의 기본적 분석을 하고 있다고 전제되므로, 약성효율적 시장성격도 내포하고 있으며, 기본적 분석을 하여 투자를 한다고 하더라도 초과이윤(정상이상의 이윤)을 획득할 수 없으나 정상이윤은 가능하다.

③ 따라서 준강성효율적 시장에서는 미래정보(공표되지 않은 비공식정보)를 얻을 수 있다면 초과이윤(정상이상의 이윤)의 획득이 가능하다.

④ 현실의 주식시장이나 부동산시장은 준강성효율적 시장에 가깝다고 볼 수 있다.

기출┃ 부동산시장이 준강성 효율적 시장일 때 새로운 정보는 공개되는 즉시 시장에 반영된다.

## (3) 강성효율적 시장(strong Efficient Marke)

① 강성효율적 시장은 공표된 정보이든 공표되지 않은 정보이든 모든 정보가 이미 시장가치에 반영되어 있는 시장이다.

② 강성효율적 시장의 시장참여자들은 모든 정보가 이미 시장가치에 다 반영되어 있기 때문에 어떠한 정보를 분석한다고 하더라도 초과이윤(정상이상의이윤)을 획득할 수 없고, 정상이윤의 획득만 가능하다.

③ 강성효율적 시장은 진정한 의미의 효율적 시장이며, 완전경쟁시장의 가정에 가장 부합되는 시장이다. 따라서 강성효율적 시장도 완전경쟁시장과 마찬가지로 정보비용과 초과이윤이 존재하지 않으며, 정상이윤만 존재한다.

④ 강성효율적 시장은 약성효율적 시장과 준강성효율적 시장을 포함한다. 따라서 강성효율적 시장이 성립된다는 것은 당연히 약성효율적 시장과 준강성효율적 시장이 성립한다는 의미이다.

기출┃ 1. 강성 효율적 시장은 공표된 정보는 물론이고 아직 공표되지 않은 정보까지도 시장가치에 반영되어 있는 시장이므로 이를 통해 초과이윤을 얻을 수 없다.
2. 강성 효율적 시장은 완전경쟁시장의 가정에 가장 근접하게 부합되는 시장이다.
3. 부동산시장이 강성 효율적 시장일 때 초과이윤을 얻는 것은 불가능하다.

## 3 할당효율적 시장(allocation efficient market) 제26회, 제29회, 제31회, 제33회

## (1) 할당효율적 시장의 의의

① 할당효율적 시장에서는 정보가치와 정보비용이 일치하는 시장(정보가치 = 정보비용)으로, 초과이윤이 존재할 수 없는 시장을 말한다. 단, 정보비용은 존재하지 않을 수도 있고(완전경쟁시장), 존재할 수도(불완전경쟁시장) 있다. 따라서, 할당 효율적 시장에서는 과대평가나 과소평가된 부동산이 존재할 수 없다.

② 자원의 할당(배분)이 효율적으로 이루어지는 시장으로, 정보가 모든 시장참여자에게 똑같이 배분된 시장을 의미한다.

③ 어느 누구도 기회비용보다 싼 값으로 정보를 획득할 수 없는 시장으로, 특정 정보를 얻기 위해 모든 시장참여자에게 정보비용이 동일한 시장을 말한다.

④ 부동산투자와 다른 투자대안에 따른 위험을 감안하였을 때 부동산투자의 수익률과 다른 수익률이 서로 같도록 할당되었다는 의미이다. 즉, 가격에 의해 매도자와 매수자간에 자원을 효율적으로 할당한다.

## (2) 불완전경쟁시장과 할당효율적 시장

① 완전경쟁시장은 항상 할당효율적 시장이지만, 할당효율적 시장이 완전경쟁시장을 의미하는 것은 아니다.

② 불완전경쟁시장도 정보가치와 정보비용이 일치하여 초과이윤이 존재하지 않는다면, 할당효율적 시장이 될 수 있다.

③ 따라서, 독점시장이나 부동산시장도 독점을 획득하기 위한 기회비용이 모든 투자자들에게 동일하여 초과이윤이 존재하지 않는다면 할당효율적 시장이 될 수 있다.

④ 부동산 거래에 정보비용이 수반되는 것은 시장이 불완전하기 때문이다.

⑤ 소수의 사람들이 부동산을 매수하여 초과이윤을 획득할 수 있는 것은 할당효율적이지 못하기 때문이다. 즉, 정보시장이 공개적이지 못하기 때문이다.

⑥ 부동산투기가 성립하는 것은 시장이 불완전해서라기보다는 할당효율적이지 못하기 때문이다. 또한 소수의 투자자가 다른 사람보다 값싸게 정보를 획득할 수 있는 이유도 할당효율적이지 못하기 때문이다.

⑦ 할당효율적 시장에서는 과대평가나 과소평가된 부동산이 존재할 수 없다. 하지만, 부동산시장은 정보의 비대칭성으로 초과이윤이나 투기현상이 나타날 수 있는데, 부동산시장도 할당효율적 시장이라면 초과이윤이나 투기를 막을 수 있다.

---

**핵심정리**

1. 완전경쟁시장 ⇨ 정보비용 없음, 초과이윤 없음, 정상이윤 존재
2. 불완전경쟁시장 ⇨ 정보비용 존재
   ① 할당효율적 시장이면 ⇨ 투기 없음, 초과이윤 없음(정보비용 = 정보가치)
   ② 할당효율적 시장이 아니면 ⇨ 투기 존재, 초과이윤 있음(정보비용 < 정보가치), 시장을 패배시킴

---

기출 | 부동산시장은 불완전경쟁시장이더라도 할당효율적 시장이 될 수 있다.

### (3) 정보의 현재가치(정보가치) 제25회, 제29회, 제33회, 제35회

> 투자자 甲은 1년 후에 신도시가 들어설 가능성이 있는 주변지역에 토지를 소유하고 있다. 투자결정 현재의 시점에 신도시가 들어설 가능성은 50%에 해당된다고 가정한다. 만약 신도시가 들어선다면 1년 후의 토지가격은 8,800만원이 되고, 신도시가 들어서지 않는다면 토지가격은 6,600만원이다(단, 투자자의 요구수익률은 10%이다).

① 불확실성하의 현재가치 : 토지의 현재가치

$$\text{불확실성하의 현재가치} = \frac{(8,800만원 \times 50\%) + (6,600만원 \times 50\%)}{(1+0.1)^1} = 7,000만원$$

② 확실성하의 현재가치 : 신도시가 확실히 들어설 경우의 현재가치

$$\text{확실성하의 현재가치} = \frac{(8,800만원 \times 100\%) + (6,600만원 \times 0\%)}{(1+0.1)^1} = 8,000만원$$

③ 정보의 현재가치(정보가치) : 신도시가 확실히 들어선다는 정보의 가치

> 정보가치(1,000만원) = 확실성하의 현재가치(8,000만원) - 불확실성하의 현재가치(7,000만원)

별해 
$$\text{정보의 현재가치} = \frac{(실현가치 - 미실현가치) \times 미실현확률}{(1+r)^n}$$
$$= \frac{(8,800만원 - 6,600만원) \times 50\%}{(1+0.1)^1} = 1,000만원$$

㉠ 신도시가 확실히 들어서는 것에 대한 정보의 가치는 1,000만원이 된다.
㉡ 만일 투자자 甲이 300만원에 신도시가 확실히 들어선다는 정보를 획득하게 된다면 정보비용은 300만원이 되고, 1,000만원의 가치가 있는 정보를 300만원의 정보비용을 지불하고 정보를 획득하였으므로 700만원의 초과이윤을 얻게 될 것이다. 이 때 투자자 甲이 '시장을 패배시킨다'(beat the market)라고 할 수 있다. 또한, 이 시장은 할당효율적 시장이 되지 못한다.
㉢ 이 시장이 할당효율적 시장인 경우에는 정보가치는 1,000만원이 되고, 모든 투자자들은 정보비용을 1,000만원을 지불하여야 한다. 따라서, 초과이윤은 0(zero)이 된다.

**예제문제**

**01.** 대형마트가 개발된다는 다음과 같은 정보가 있을 때 합리적인 투자자가 최대한 지불할 수 있는 이 정보의 현재가치는? (단, 주어진 조건에 한함)  ▶ 제33회

- 대형마트 개발예정지 인근에 일단의 A토지가 있다.
- 2년 후 대형마트가 개발될 가능성은 45%로 알려져 있다.
- 2년 후 대형마트가 개발되면 A토지의 가격은 12억 1,000만원, 개발되지 않으면 4억 8,400만원으로 예상된다.
- 투자자의 요구수익률(할인율)은 연 10%이다.

① 3억 1,000만원                    ② 3억 2,000만원
③ 3억 3,000만원                    ④ 3억 4,000만원
⑤ 3억 5,000만원

정답   ③

해설

1. 확실성하의 토지가치 $= \dfrac{(12억1,000만원 \times 100\%) + (4억8,400만원 \times 0\%)}{(1+0.1)^2} = 10억원$

2. 불확실성하의 토지가치(거래가격)

$= \dfrac{(12억1,000만원 \times 45\%) + (4억8,400만원 \times 55\%)}{(1+0.1)^2}\ \dfrac{(8억8천 \times 0.4) + (6억6천만원 \times 0.6)}{(1+0.1)^1} = 6억7천만원$

3. 정보의 현재가치 = 확실성하의 현재가치(10억원) − 불확실성하의 현재가치(6억7천만원) = 3억 3,000만원

별해  정보의 현재가치 $= \dfrac{(실현가치 - 미실현가치) \times 미실현확률}{(1+r)^n}$

$= \dfrac{(12억1,000만원 - 4억8,400만원) \times 55\%}{(1+0.1)^2} = 3억 3,000만원$

계산  1,210,000,000 − 484,000,000 × 55% ÷ 1.1 ÷ 1.1 = 330,000,000

**02.** 복합쇼핑몰 개발사업이 진행된다는 정보가 있다. 다음과 같이 주어진 조건하에서 합리적인 투자자가 최대한 지불할 수 있는 이 정보의 현재가치는? (단, 주어진 조건에 한함)  ▶ 제29회

- 복합쇼핑몰 개발예정지 인근에 일단의 A토지가 있다.
- 2년 후 도심에 복합쇼핑몰이 개발될 가능성은 50%로 알려져 있다.
- 2년 후 도심에 복합쇼핑몰이 개발되면 A토지의 가격은 6억 500만원, 개발되지 않으면 3억 250만원으로 예상된다.
- 투자자의 요구수익률(할인율)은 연 10%이다.

① 1억 500만원                    ② 1억 1,000만원
③ 1억 1,500만원                    ④ 1억 2,000만원
⑤ 1억 2,500만원

| 정답 | ⑤ |
|---|---|
| 해설 | ⑤ 정보가치는 1억 2,500만원이 된다. |

1. 확실성하의 토지가치 $= \dfrac{(6억500만원 \times 100\%) + (3억250만원 \times 0\%)}{(1+0.1)^2} = 5억원$

2. 불확실성하의 토지가치(거래가격) $= \dfrac{(6억500만원 \times 50\%) + (3억250만원 \times 50\%)}{(1+0.1)^2} = 3억7,500만원$

3. 정보가치(1억 2,500만원) = 확실성하의 현재가치(5억원) − 불확실성하의 현재가치(3억7,500만원)

**별해** 정보의 현재가치 $= \dfrac{(실현가치 - 미실현가치) \times 미실현확률}{(1+r)^n}$

$= \dfrac{(6억500만원 - 3억250만원) \times 50\%}{(1+0.1)^2} = 1억 2,500만원$

**계산** $605,000,000 - 302,500,000 \times 50\% \div 1.1 \div 1.1 = 125,000,000$

---

**제4절** **주택시장** 제26회, 제27회, 제30회, 제31회

## 1 주택시장 분석

### (1) 주택서비스(housing service)

① 주택서비스(housing service)란 주택이 주택소유자나 이용자에게 제공하는 효용(만족도)을 의미하는 추상적 개념이다.

② 주택시장을 물리적 주택으로 본다면, 이질적이고 비교가 곤란해진다.

③ 주택시장을 주택서비스측면에서 본다면, 동질성을 가지므로 비교가 용이해진다.

④ 따라서, 불완전경쟁시장인 주택시장도 분석할 때는 완전경쟁시장을 가정해서 분석하게 되므로, 주택시장분석에서 분석의 대상이 되는 주택은 물리적 주택이 아니라 주택서비스이다.

⑤ 즉, 완전경쟁시장의 중요한 가정 중의 하나는 분석대상이 되는 상품이 동질적이어야 하는데, 물리적인 주택은 이질적인 재화이므로 비교가 곤란하다. 즉, 주택시장은 불완전경쟁시장이다. 따라서, 물리적인 주택은 완전경쟁시장을 전제로 하는 이론이나 모형으로 분석한다는 것은 상당한 무리가 있다. 이 문제를 해결하기 위해서 고안된 것은 바로 주택서비스라는 개념이다.

⑥ 주택을 구입하고자 하는 것은 물리적 주택자체라기 보다 양질의 주택서비스를 얻는 것이 목적이다. 즉, 주택수요는 주택서비스 수요로부터 파생된 수요이고, 주택서비스에 대한 수요가 본원적 수요가 된다.

⑦ 저소득층의 주택서비스량은 고소득층의 주택서비스량보다 적으므로 저소득층의 주택서비스 수요곡선은 고소득층의 주택서비스 수요곡선보다 좌측에 그려진다.

---

**핵심정리**

1. 물리적 주택 : 이질적, 비교곤란
2. 주택서비스 : 동질적, 비교용이, 주택시장분석, 완전경쟁시장 가정 분석
3. 주택(소비재, 본원적 수요)과 토지(생산요소, 파생적 수요)
4. 주택(생산요소, 파생적 수요)과 주택서비스(소비재, 본원적 수요)

---

## (2) 주택수요(housing demands)와 주택소요(housing needs)

| 구분 | 주택수요(Demands) | 주택소요(Needs) |
|---|---|---|
| 의의 | 시장경제상의 개념, 시장경제원리에 방임된 구매력을 갖춘 유효수요를 말함. | 사회적 주택정책상의 개념, 정부가 시장경제원리의 개입에서 유도된 것을 말함. |
| 적용원리 | 정부방임(경제적 기능) | 정부개입 : 최저 주거수준 설정(정치적 기능) |
| 적용대상 | 중산층 이상(유효수요층) : 효율성 중시 | 무주택 서민(잠재수요층) : 형평성 중시 |

## 2 주택시장의 여과과정(필터링 현상) 제27회, 제30회, 제31회

① 여과현상(filtering, 순환작용)이란 주택이 소득계층을 따라 상하로 이동되는 현상을 말한다.
② 주택여과과정은 주택의 질적 변화와 가구의 이동과의 관계를 설명해 준다.
③ 저소득가구의 침입과 천이 현상으로 인하여 주거입지의 변화가 야기될 수 있다.
④ 공가(空家)의 발생은 주택여과과정의 중요한 구성요소 중 하나이다.
⑤ 주택의 여과과정이 원활하게 작동하는 주택시장에서 주택여과효과가 긍정적으로 작동하면 주거의 질을 개선하는 효과가 있다.

## (1) 주택의 여과현상

① 하향 여과(filtering-down)
  ㉠ 고소득계층이 사용하던 주택이 저소득계층의 사용으로 전환되는 현상을 말한다.
  ㉡ 하향 여과는 저소득층의 인구증가, 임대료보조금 지급 등의 이유로 인해 저가주택의 수요가 증가되었을 때 발생한다.
② 상향 여과(filtering-up)
  ㉠ 저소득계층이 사용하던 주택이 수선되거나 재개발되어 고소득계층의 사용으로 전환 되는 현상을 말한다.
  ㉡ 상향 여과는 소득증가 등의 이유로 인해 고가주택의 수요가 증가되었을 때 발생한다.

> 기출 1. 상위계층에서 사용되는 기존주택이 하위계층에서 사용되는 것을 하향 여과라 한다.
> 2. 저급주택이 수선되거나 재개발되어 상위계층에서 사용되는 것을 상향 여과라 한다.

## (2) 주택의 하향 여과과정

① 정부가 저가주택의 신축을 금지한 상황에서 저가주택의 수요가 증가한다.

② 단기에 저가주택 임대료 상승, 기존공급자는 초과이윤을 얻게 되며, 기존의 고가주택이 저가주택 시장으로 하향 여과 되어 저소득층에게 제공되어 주택시장 전체에서 저가주택 공급이 증가한다. 즉, 주택의 하향 여과과정이 원활하게 작동하면 저급주택의 공급량이 증가한다.

| 구분 | 저가주택 가격 | 저가주택 공급 |
|------|--------------|--------------|
| 비용불변산업 | 종전수준 | 증가 |
| 비용증가산업 | 종전보다 높은수준 | 증가 |

기출 | 1. 주택의 하향 여과는 저가주택의 수요가 증가되었을 때 나타난다.
2. 주택의 하향 여과과정이 원활하게 작동하면 저급주택의 공급량이 증가한다.

## (3) 주거분리와 여과작용 제27회, 제30회, 제31회

① 주거분리란 고소득층의 주거지역과 저소득층의 주거지역이 서로 분리되고 있는 현상으로서 지리적으로 인접한 인근지역 뿐만 아니라 도시 전체에서도 발생한다. 고소득층 주거지와 저소득층 주거지가 인접한 지역에서는 침입과 천이 현상이 발생할 수 있다.

② 이러한 주거분리현상은 주택소비자가 부(-)의 외부효과의 피해는 피하고, 정(+)의 외부효과의 편익은 추구하려는 과정에서 발생한다.

③ 고급 주택지역에서의 주거분리현상과 하향 여과

> ㉠ 가치상승분 > 개조수선(개량)비용 : 투자 O, 고소득층 이용, 주거분리(더욱 고급화)
> ㉡ 가치상승분 < 개조수선(개량)비용 : 투자 X, 저소득층 이용, 하향 여과

④ 저급 주택지역에서의 주거분리현상과 상향 여과

> ㉠ 가치상승분 > 개조수선(개량)비용 : 투자 O, 고소득층 이용, 상향 여과
> ㉡ 가치상승분 < 개조수선(개량)비용 : 투자 X, 저소득층 이용, 주거분리(불량주택화)

기출 | 1. 저소득층 주거지역에서 주택의 보수를 통한 가치 상승분이 보수비용보다 크다면 상향 여과가 발생할 수 있다.
2. 주택의 개량비용이 개량 후 주택가치의 상승분보다 크다면 하향 여과과정이 발생하기 쉽다.

⑤ **경계지역에서의 여과 현상**

고소득층 주거지역과 인접한 저소득층 주택은 할증되어 거래되며, 저소득층 주거지역과 인접한 고소득층 주택은 할인되어 거래될 것이다.

| 고소득층 주거지역 | 경계지역 | 저소득층 주거지역 |
|---|---|---|

[주거분리와 근린지역]

㉠ 고소득층 주거지역중 오른쪽(경계지역의 왼쪽)은 저소득층 주거지역에 가까우므로 선호도가 낮고 부(-)의 외부효과 발생하므로 할인거래가 된다. 만일 저소득층지역에 인접한 고소득층 주거지역에서 주택의 개량비용이 수선, 개량 후 주택의 가치상승분보다 클 때는 고소득층 지역의 주택 소유자는 주택을 수선·개량하지 않을 것이다(하향 여과 발생). 이처럼 어떤 토지의 이용이 이질적 요소의 침입으로 인해 하향 여과 과정이 계속되면 고소득층 주거지역은 점차 저소득층 주거지역으로 변화되어 천이, 계승(succession) 현상이 나타난다.
㉡ 저소득층 주거지역 중 왼쪽(경계지역의 오른쪽)은 고소득층 주거지역에 가까우므로 선호도가 높고 정(+)의 외부효과 발생하므로 할증거래가 된다. 만일 저소득층 주거지역의 개량비용이 주택가치 상승분보다 작으면 저소득층 지역이 개발되어 고소득층 지역으로 변할 수 있다(상향 여과).

**(4) 불량주택**

① 사적 시장에 불량주택이 존재하는 것은 낡고 노후화된 주택 그 자체의 문제라기보다는 실제로는 저소득의 문제(소득의 문제)이다. 즉, 불량주택은 주택의 문제가 아니라 소득이 낮아서 그것을 원하는 사람이 있기 때문이다.
② 불량주택은 시장실패가 아니며, 오히려 시장이 하향 여과과정을 통한 효율적 자원배분의 과정에서 발생하는 현상이다.
③ 따라서, 철거와 같은 정부의 시장개입은 문제를 근본적으로 해결하는 방법이 되기 어렵고 저소득층의 실질소득향상이 효과적인 대책이다.

기출
1. 고소득층 주거지와 저소득층 주거지가 인접한 경우 경계지역 부근의 저소득층 주택은 할증되어 거래되고 고소득층 주택은 할인되어 거래된다.
2. 고소득층 주거지와 저소득층 주거지가 인접한 지역에서는 침입과 천이현상이 발생할 수 있다.
3. 여과과정에서 주거분리를 주도하는 것은 고소득가구로 정(+)의 외부효과를 추구하고 부(-)의 외부효과를 회피하려는 동기에서 비롯된다.

**01** 부동산시장에 관한 설명으로 <u>틀린</u> 것은? (단, 다른 조건은 동일함) (제33회)

① 부동산시장에서는 정보의 비대칭성으로 인해 부동산가격의 왜곡현상이 나타나기도 한다.
② 부동산시장은 장기보다 단기에서 공급의 가격탄력성이 크므로 단기 수급조절이 용이하다.
③ 부동산시장은 규모, 유형, 품질 등에 따라 세분화되고, 지역별로 구분되는 특성이 있다.
④ 부동산시장에서는 일반적으로 매수인의 제안가격과 매도인의 요구가격 사이에서 가격이 형성된다.
⑤ 부동산시장은 불완전하더라도 할당효율적일 수 있다.

> **해설** ② 부동산시장은 장기보다 단기에서 공급의 가격탄력성이 작으므로 단기 수급조절이 곤란하다.

**정답** ②

**02** 주택시장에서 시장세분화(market segmentation)에 관한 설명으로 옳은 것은? (제31회)

① 주택 공급자의 신용도에 따라 소비자들의 공급자 선호를 구분하는 것이다.
② 일정한 기준에 의해 주택 수요자를 보다 동질적인 소집단으로 구분하는 것이다.
③ 주택의 수요가 공급보다 많은 매도자 우위의 시장을 의미한다.
④ 공급하고자 하는 주택이 가장 잘 팔릴 수 있는 시장을 의미한다.
⑤ 시장세분화가 이루어지면 시장정보가 증가하여 거래비용이 항상 증가한다.

> **해설** ② 시장세분화 전략(market segmentation)은 수요자 집단을 인구경제학적 특성에 따라서 보다 동질적인 소집단으로 세분하고, 그 세분된 시장을 대상으로 상품의 판매 지향점을 분명히 하는 전략이다.

**정답** ②

**03** 부동산시장에 관한 설명으로 **틀린** 것은? (단, 다른 조건은 동일함) 〔제31회〕

① 부동산은 대체가 불가능한 재화이기에 부동산시장에서 공매(short selling)가 빈번하게 발생한다.

② 부동산시장이 강성 효율적 시장일 때 초과이윤을 얻는 것은 불가능하다.

③ 부동산시장은 부동산의 유형, 규모, 품질 등에 따라 구별되는 하위시장이 존재한다.

④ 부동산시장이 준강성 효율적 시장일 때 새로운 정보는 공개되는 즉시 시장에 반영된다.

⑤ 부동산시장은 불완전경쟁시장이더라도 할당 효율적 시장이 될 수 있다.

> **해설** ① 부동산은 개별성으로 인해 대체가 불가능한 재화이기에 부동산시장에서 공매(short selling)가 발생하기 곤란하다.
>
> **정답** ①

**04** 다음은 3가지 효율적 시장(A~C)의 유형과 관련된 내용이다. 시장별 해당되는 내용을 〈보기〉에서 모두 찾아 옳게 짝지어진 것은? 〔제32회〕

> A. 약성 효율적 시장
> B. 준강성 효율적 시장
> C. 강성 효율적 시장

> [보기]
> ㄱ. 과거의 정보를 분석해도 초과이윤을 얻을 수 없다.
> ㄴ. 현재시점에 바로 공표된 정보를 분석해도 초과이윤을 얻을 수 없다.
> ㄷ. 아직 공표되지 않은 정보를 분석해도 초과이윤을 얻을 수 없다.

① A - (ㄱ),         B - (ㄴ),         C - (ㄷ)
② A - (ㄱ),         B - (ㄱ, ㄴ),      C - (ㄱ, ㄴ, ㄷ)
③ A - (ㄷ),         B - (ㄴ, ㄷ),      C - (ㄱ, ㄴ, ㄷ)
④ A - (ㄱ, ㄴ, ㄷ),   B - (ㄱ, ㄴ),      C - (ㄱ)
⑤ A - (ㄱ, ㄴ, ㄷ),   B - (ㄴ, ㄷ),      C - (ㄷ)

PART 3 부동산시장론

해설
② A. 약성효율적시장은 과거의 정보를 분석해도 초과이윤을 얻을 수 없다.
　　B. 준강성효율적시장은 과거의 정보 및 현재시점에 바로 공표된 정보를 분석해도 초과이윤을 얻을 수 없다.
　　C. 강성효율적시장은 과거의 정보 및 현재시점에 바로 공표된 정보 및 아직 공표되지 않은 정보를 분석해도 초과이윤을 얻을 수 없다.

**정답 ②**

**05** 주택의 여과과정(filtering process)과 주거분리에 관한 설명으로 **틀린** 것은?　　[제31회]

① 주택의 하향 여과과정이 원활하게 작동하면 저급주택의 공급량이 감소한다.
② 저급주택이 재개발되어 고소득가구의 주택으로 사용이 전환되는 것을 주택의 상향 여과과정이라 한다.
③ 저소득가구의 침입과 천이 현상으로 인하여 주거입지의 변화가 야기될 수 있다.
④ 주택의 개량비용이 개량 후 주택가치의 상승분보다 크다면 하향 여과과정이 발생하기 쉽다.
⑤ 여과과정에서 주거분리를 주도하는 것은 고소득가구로 정(+)의 외부효과를 추구하고 부(-)의 외부효과를 회피하려는 동기에서 비롯된다.

해설
① 공급량이 감소 ⇨ 공급량이 증가, 주택의 하향 여과과정이 원활하게 작동하면 저급주택의 공급량이 증가한다.

**정답 ①**

**06** 주택여과과정과 주거분리에 관한 설명으로 옳은 것은?　　[제30회]

① 주택여과과정은 주택의 질적 변화와 가구의 이동과의 관계를 설명해 준다.
② 상위계층에서 사용되는 기존주택이 하위계층에서 사용되는 것을 상향여과라 한다.
③ 공가(空家)의 발생은 주거지 이동과는 관계가 없다.
④ 주거분리는 소득과 무관하게 주거지역이 지리적으로 나뉘는 현상이다.
⑤ 저급주택이 수선되거나 재개발되어 상위계층에서 사용되는 것을 하향여과라 한다.

해설
② 상향여과 ⇨ 하향여과
③ 관계가 없다 ⇨ 깊은 관련이 있다.
④ 소득과 무관하게 ⇨ 고소득주거지와 저소득주거지가 나뉘는 현상
⑤ 하향여과 ⇨ 상향여과

**정답 ①**

**07** 지하철 역사가 개발된다는 다음과 같은 정보가 있을 때, 합리적인 투자자가 최대한 지불할 수 있는 이 정보의 현재가치는? (단, 주어진 조건에 한함) 〔제35회〕

- 지하철 역사 개발예정지 인근에 A토지가 있다.
- 1년 후 지하철 역사가 개발될 가능성은 60%로 알려져 있다.
- 1년 후 지하철 역사가 개발되면 A토지의 가격은 14억 3천만원, 개발되지 않으면 8억 8천만원으로 예상된다.
- 투자자의 요구수익률(할인율)은 연 10%다.

① 1억 6천만원     ② 1억 8천만원     ③ 2억원
④ 2억 2천만원     ⑤ 2억 4천만워

해설

③ 정보의 현재가치 $= \dfrac{(실현가치 - 미실현가치) \times 미실현확률}{(1+r)^n}$

$= \dfrac{(1,430,000,000원 - 880,000,000원) \times 40\%}{(1+0.1)^1} = 2억원$

정답 ③

# 02
CHAPTER

# 입지 및 공간구조론

**단원별 학습포인트**

□ 경제지대와 준지대, 차액지대설, 절대지대설, 위치지대설, 입찰지대설의 차이를 정리해 두어야 한다.
□ 도시공간구조이론 중 동심원이론, 선형이론, 다핵심이론과 입지계수(LQ)의 계산도 대비해 두어야 한다.
□ 상업지이론(레일리, 허프)과 공업지이론은 입지론의 중추적 내용이므로 철저히 숙지하자.

## 제1절  지대이론 제26회~제33회

## 1  지대와 지가

### (1) 지대와 지가

① 지대(地代 : land rent) : 일정기간 동안 토지를 사용한 대가로 지불되는 임대료를 말하며, 기간개념
   인 유량(flow) 개념이다.

② 지가(地價 : land value) : 일정시점에서의 토지의 교환 대가로 지불되는 매매가격을 의미하고, 시점
   개념인 저량(stock)개념이다.

$$\text{지가(토지가치)} = \frac{\text{지대}}{\text{이자율}}$$

③ 지가는 장래 발생하는 지대를 이자율로 할인한 값이 된다.

④ 따라서 지가와 지대는 비례하고, 지가와 이자율은 반비례한다.

### (2) 전용수입과 경제지대(준지대) 제26회, 제29회, 제34회

① 전용수입(transfer earnings, 이전수입, 기회비용, 정상이윤)
   토지 등과 같은 어떤 생산요소가 다른 용도로 전용되지 않고 현재의 용도로 그대로 사용되도록
   하기 위하여 지급되어야 하는 최소한 지급액을 말한다.

② 경제지대(파레토, V. Pareto, 공급자잉여, 초과이윤) : 토지에서 생기는 영구적으로 발생하는 초과이윤
   ㉠ 토지 등과 같은 어떤 생산요소가 실제로 얻고 있는 총수입과 전용수입의 차액을 말한다.
   ㉡ 경제지대는 공급의 탄력성이 비탄력적이기 때문에 발생한다. 따라서, 공급곡선이 비탄력적
      일수록(수직에 가까울수록) 전용수입이 감소하고, 경제지대가 커진다.

ⓒ 공급곡선의 형태에 따라 전용수입과 경제지대의 양이 결정되며, 수요곡선의 형태와는 관계가 없다.

---

경제지대 = 총수입 - 전용수입(기회비용)
  ㉠ 공급이 완전비탄력적(수직) : 전용수입 = zero, 총수입 = 경제지대
  ㉡ 공급이 완전탄력적(수평) : 경제지대 = zero, 총수입 = 전용수입

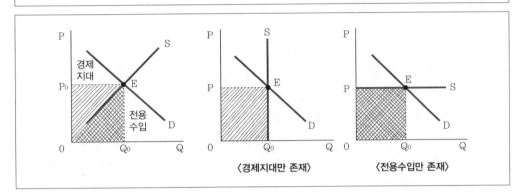

③ 준지대(마샬, A. Marshall) : 인간이 만든 기계와 기타 자본설비에서 일시적으로 발생하는 초과이윤
  ㉠ 인간이 만든 기계와 기타 자본설비에서 생기는 소득으로 장기적으로는 가변적이지만 단기적으로 공급이 고정되어 있는 생산요소에 귀속되는 보수를 말한다.
  ㉡ 준지대는 단기에 자본설비에서 발생하는 초과이윤으로 장기에는 소멸한다.

기출
1. 전용수입은 어떤 생산요소가 다른 용도로 전용되지 않고 현재의 용도에 그대로 사용되도록 지급하는 최소한의 지급액이다.
2. 준지대는 토지사용에 있어서 지대의 성질에 준하는 잉여로 단기적 성격을 가지고 있다.
3. 마샬은 일시적으로 토지의 성격을 가지는 기계, 기구 등의 생산요소에 대한 대가를 준지대로 정의하였다.

## 2 지대결정이론 제26회~제35회

지대의 성격에 대해 학자들간에 지대를 잉여(불로소득)로 보는 고전학파와 지대를 비용(생산비)으로 보는 신고전학파로 대립되고 있다.

**지대논쟁(지대가 생산비인가 아닌가의 논쟁)**

| 고전학파(리카도, 튀넨)의 견해 | 신고전학파(마르크스, 밀)의 견해 |
|---|---|
| 1. 지대는 잉여(불로소득) | 1. 지대는 생산비용(비용) |
| 2. 토지, 노동, 자본 구분 ○ | 2. 토지, 노동, 자본 구분 × |
| 3. 자연적 특성 강조, 토지는 특별한 재화 | 3. 인문적 특성 강조, 토지는 생산요소 중 하나 |
| 4. 생산물의 가격 → 지대 결정 | 4. 지대 → 생산물의 가격 결정 |
| 5. 사회전체 입장, 소득분배, 형평성 강조 | 5. 개별주체 입장, 효율적 이용, 효율성 강조 |

> 용어 한계지(최열등지, 조방적 한계의 토지)
>
> 1. 생산물가격과 생산비가 일치하는 토지로, 경작되는 토지 중 생산성이 가장 낮은 토지를 말한다.
> 2. 차액지대설에서는 한계지에서 지대가 발생하지 않지만, 절대지대설에서는 한계지에서도 지대가 발생한다.

### (1) 차액지대설 : 리카도(D. Ricardo)

① 리카도는 비옥한 토지공급은 제한되어 있고 비옥도와 위치에 따른 생산성의 차이가 있으며 수확 체감의 법칙을 전제하여 차액지대설을 정립했다.

② 차액지대란 해당 토지의 생산성과 한계지의 생산성의 차이에 의해 결정된다. 따라서, 한계지(최 열등지)의 생산성보다 수확이 많을 때 그 수확의 초과분이 지주에게 지대로 지급되므로, 한계지 (최열등지)에서는 지대가 발생하지 않는다고 주장한다.

③ 지대는 매상고에서 생산비를 차감하고 남은 불로소득(잉여)의 일종이며, 곡물가격(비옥도)이 지대 를 결정한다고 보았다. 따라서, 지대는 토지생산물 가격의 구성요인(비용)이 되지 않으며 또한 될 수도 없다.

④ 차액지대설은 위치문제를 경시했고 비옥도 차이에만 중점을 두었고 한계지에서도 지대가 발생 하는 현실을 설명하지 못하는 한계가 있다.

> 기출 1. 리카도의 차액지대설에서는 지대발생 원인을 농토의 비옥도에 따른 농작물 수확량의 차이로 파악한다.
> 2. 리카도의 차액지대설에 따르면, 조방적 한계의 토지에는 지대가 발생하지 않으므로 무지대(無地代) 토지 가 되며, 지대는 잉여이기에 토지생산물의 가격이 높아지면 지대가 높아지고 토지생산물의 가격이 낮아지 면 지대도 낮아진다.

### (2) 절대지대설 : 마르크스(K. Marx)

① 마르크스는 절대지대설에서 지대는 토지의 소유 자체, 토지소유자가 토지를 소유하고 있다는 독점적 지위 즉, 소유권을 가진 토지소유자들의 요구 때문에 받는 수입이므로 최열등지에서도 지대가 발생한다는 이론이다.

② 수요가 공급을 초과하는 희소성과 자본주의하에서의 토지의 사유화로 지대가 발생한다.

③ 토지의 비옥도나 생산력에 관계없이 지대가 발생한다. 따라서, 한계지에서도 토지소유자의 요구 로 지대가 발생한다.

④ 지대가 곡물가격을 결정한다. 즉, 지대는 생산비(비용)의 일종이다. 따라서, 지대는 토지생산물 가격의 구성요인(비용)이다.

| 차액지대설(리카도) | 절대지대설(마르크스) |
|---|---|
| 토지의 비옥도(질적 차이, 생산성)<br>수확체감의 법칙<br>한계지에서 지대 발생 ×<br>'곡물가격(비옥도) ⇨ 지대' 결정<br>지대는 불로소득(잉여) | 토지소유 독점적 지위, 소유자체(요구)<br>토지사유화와 희소성의 법칙<br>한계지에서도 지대 발생 ○<br>'지대 ⇨ 곡물가격' 결정<br>지대는 생산비(비용) |

기출
1. 절대지대설에 따르면 토지의 소유 자체가 지대의 발생요인이다.
2. 마르크스의 절대지대설에 따르면 토지 소유자는 토지 소유라는 독점적 지위를 이용하여 최열등지에도 지대를 요구한다.
3. 절대지대설에 따르면 지대는 경제적 잉여가 아니고 생산비이다.

## (3) 위치지대설(입지교차지대설, 고립국이론) : 튀넨(J.H. von Thünen) 제33회, 제34회, 제35회

지대 = 매상고(생산물가격) − 생산비 − 수송비

① 튀넨은 리카도의 차액지대론에 위치개념을 추가시켜 입지지대이론으로 발전시켰다. 즉, 지대는 토지의 비옥도만이 아닌 위치에 따라 달라지는 위치지대의 개념을 통해 현대적인 입지이론의 기초를 제공하였다.
② 시장(도시 중심지)과의 접근성을 고려하여 거리에 따른 수송비의 개념을 도입하여 지대를 설명하였다. 지대는 중심지에 가까울수록 수송비가 감소하므로 지대는 높아지며, 외곽으로 갈수록 수송비가 증가하므로 지대는 낮아진다. 즉, 수송비 절약분이 지대이며 지대와 수송비는 반비례한다.
③ 한계지대곡선은 우하향하는 형태로 조방한계점에 이르면 지대는 0이 된다. 즉, 한계지에서는 지대가 발생하지 않는다.

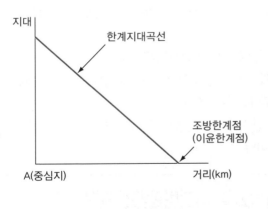

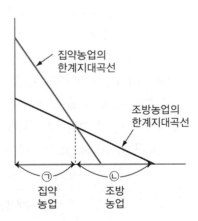

④ 집약농업일수록 중심지에 가깝게 입지하므로 한계지대곡선의 기울기는 급경사이고, 조방농업일수록 중심지에서 멀리 입지하므로 한계지대곡선의 기울기가 완경사이다.

⑤ 튀넨은 '고립국'이라는 논문에서 멜로농장을 직접 경영하면서 6개의 동심원을 순서로 농업이 행해진다고 설명했다. 튀넨은 입지론의 선구자로, 튀넨의 고립국 이론은 도시공간구조이론 중 버제스의 동심원이론 및 알론소의 입찰지대원리에 영향을 미쳤다.

> **기출**
> 1. 튀넨은 지대의 결정이 토지의 비옥도만이 아닌 위치에 따라 달라지는 위치지대의 개념을 통해, 현대적인 입지이론의 기초를 마련했다.
> 2. 튀넨은 완전히 단절된 고립국을 가정하여 이곳의 작물재배활동은 생산비와 수송비를 반영하여 공간적으로 분화된다고 보았다.
> 3. 위치지대설에 따르면 다른 조건이 동일한 경우, 지대는 중심지에서 거리가 멀어질수록 하락한다.
> 4. 위치지대설에 따르면 중심지에 가까울수록 집약 농업이 입지하고, 교외로 갈수록 조방 농업이 입지한다.

### (4) 입찰지대설 : 알론소(W. Alonso) 제31회, 제32회

① 입찰지대(경쟁지대)란 단위면적의 토지에 대해 토지이용자가 지불하고자 하는 최대금액을 말하며 해당 토지이용을 통해 초과이윤이 0이 되는 수준의 지대를 의미한다. 이 경우 입찰지대곡선은 원점을 향해 볼록한 우하향의 곡선의 모양을 나타낸다.

② 어떤 토지든지 입지경쟁의 결과 최대의 지불능력(의사)을 가지고 있는 입지주체가 이용한다. 즉, 지대는 기업주의 정상이윤과 투입 생산비를 지불하고 남은 잉여에 해당하며, 토지 이용자에게는 최대 지불용의액이라 할 수 있다.

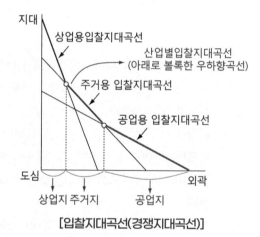

[입찰지대곡선(경쟁지대곡선)]

③ 도심으로부터 거리에 따라 가장 높은 지대를 지불할 수 있는 각 산업의 지대곡선들을 연결한 곡선을 입찰지대곡선이라 한다.

④ 특정 토지는 입지경쟁이 발생하는 경우에 최대의 순현재가치를 올릴 수 있는 이용에 할당된다. 이때 최대의 순현재가치를 올릴 수 있는 원인은 무엇이든 상관이 없다. 이는 한정된 토지자원이 최유효이용으로 효율적 배분이 이루어진다는 것이다.

⑤ 입찰지대곡선의 기울기는 생산물의 단위당 한계운송비(한계교통비, 한계수송비)를 토지이용자의 토지이용량(토지사용량)으로 나눈 값이다.

$$\text{입찰지대곡선의 기울기} = \frac{\text{한계운송비(한계교통비)}}{\text{토지이용량(토지사용량)}}$$

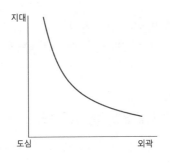

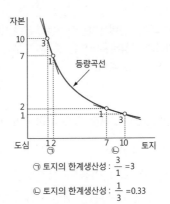

㉠ 토지의 한계생산성 : $\frac{3}{1}$ =3

㉡ 토지의 한계생산성 : $\frac{1}{3}$ =0.33

[지대곡선]　　　　[생산요소(토지와 자본)의 대체성 관계]

⑥ 따라서 지대지불능력이 커서 입찰지대곡선의 기울기가 가파른 업종일수록 중심지에 가까이 입지하는 경향이 있다. 또한 토지단위면적당 생산성이 높거나 생산물의 한계운송비가 큰 업종(상업용)은 도심에 입지한다. 다른 조건이 일정하다면 도심에서 외곽으로 갈수록 상업지역, 주거지역, 공업지역 등으로 토지 이용이 변해가는 계층구조를 나타낸다.

⑦ 튀넨의 고립국이론을 도시공간에 적용하여 확장, 발전시킨 것이다.

⑧ 도심지역의 이용 가능한 토지는 외곽지역에 비해 한정되어 있어 토지이용자들 사이에 경쟁이 치열해 질 수 있다.

⑨ 교통비 부담이 너무 커서 도시민이 거주하려고 하지 않는 한계지점이 도시의 주거한계점이다.

> **기출**
> 1. 알론소는 단일도심도시의 토지이용형태를 설명함에 있어 입찰지대의 개념을 적용하였다.
> 2. 입찰지대란 단위면적의 토지에 대해 토지이용자가 지불하고자 하는 최대금액으로, 초과이윤이 0이 되는 수준의 지대를 말한다.
> 3. 입찰지대곡선은 우하향하면서 원점을 향해 볼록한 형태를 지니게 된다.
> 4. 알론소의 입찰지대곡선은 여러 개의 지대곡선 중 가장 높은 부분을 연결한 포락선이다.
> 5. 입찰지대곡선의 기울기는 생산물의 단위당 한계운송비를 토지이용자의 토지이용량으로 나눈 값이다.

## (5) 독점지대설(밀)

토지수요에 비해 공급이 제한되어 있기 때문에 발생하는 지대를 독점지대라 한다. 즉 토지의 양적·질적 부족에 의해 지대가 발생한다는 이론을 말한다.

> **보충학습**　마찰비용이론(공간마찰비용이론) – 헤이그(R. M. Haig) 제26회, 제32회, 제34회
>
> 1. 지가는 공간마찰비용에 따라 달라진다. 공간의 마찰비용은 지대와 교통비의 합이며, 교통비의 절약액이 지대라고 하였다.(마찰비용 = 지대 + 교통비)
> 2. 어떤 위치의 토지를 이용하고자 하는 자는 공간마찰을 극복하기 위한 비용으로 교통비와 지대를 지불하게 된다. 이때 중심지에서 멀어질수록 마찰비용의 요소 중 지대의 비중은 작아지고 교통비의 비중은 커진다. 그리고 교통이 발달할수록 공간마찰이 적어진다.

기출 | 1. 헤이그의 마찰비용이론에서는 교통비와 지대를 마찰비용으로 본다.
　　 2. 헤이그의 마찰비용이론은 중심지로부터 멀어질수록 수송비는 증가하고 지대는 감소한다고 보고 교통비의
　　　 중요성을 강조했다.

### 3  생산요소의 대체성(토지에 대한 자본의 결합비율, 집약도)

① 생산요소의 대체성이란 토지에 대한 자본의 투입비율을 의미한다. 즉, 토지와 자본의 결합비율
　 을 의미하고 토지 이용의 집약도를 결정한다.
② 생산요소의 결합비율은 생산요소의 상대적 가격이나 기업이나 산업의 종류에 따라 달라진다.
③ 도심지역은 지가가 비싸므로 상대적으로 싼 자본을 많이 투입하므로 토지에 대한 자본의 대체성
　 이 크다. 즉, 도심지역은 토지 이용이 집약적 이용이 된다(금융업).
④ 외곽지역은 지가가 싸기 때문에 토지를 많이 투입하고 자본투입을 줄이므로 토지에 대한 자본의
　 대체성이 작다. 즉, 외곽지역은 토지 이용이 조방적 이용이 된다(목장업).

| ㉠ 도심 : 지가↑ ⇨ | 자본↑ | = 토지에 대한 자본의 대체성↑ = 집약도↑ ⇨ 건물의 고층화 |
| | 토지↓ | |
| ㉡ 외곽 : 지가↓ ⇨ | 자본↓ | = 토지에 대한 자본의 대체성↓ = 집약도↓ ⇨ 건물의 저층화 |
| | 토지↑ | |

기출 | 도심지역에 건물들이 고층화되는 것은 토지에 대한 자본의 대체성이 높다는 것이다.

제2절  **도시공간구조론과 도시경제기반이론**

**1  도시내부공간구조이론** 제25회, 제26회, 제28회, 제29회, 제30회, 제31회, 제32회, 제33회, 제34회, 제35회

**(1) 버제스**(E. W. Burgess)**의 동심원이론(1925년)** : 단핵 도시이론

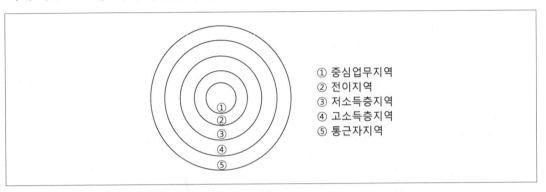

① 중심업무지역
② 전이지역
③ 저소득층지역
④ 고소득층지역
⑤ 통근자지역

① **의의**

도시는 그 중심지에서 동심원상으로 확대되어 5개 지구로 분화되면서 성장한다는 이론이다. 도시 내의 각종 활동기능이 지대지불능력에 따라 다섯 가지의 토지이용 패턴으로 이루어진다.

① 중심업무지대 (C.B.D, 도심) ⇒ ② 전이지대 (천이, 점이지대) ⇒ ③ 저급주택지대 (근로자주거지대) ⇒ ④ 고급주택지대 (중산층지대) ⇒ ⑤ 통근자지대

② **내용**

㉠ 도시의 내부구조를 설명하는 이론으로서 미국의 시카고를 모델로 한 가장 오래된 실증적 모형이다. 도시는 단핵구조이다.

㉡ 이는 튀넨의 농업입지이론인 고립국론을 도시내부에 응용한 모형이다.

㉢ 도시의 공간구조를 도시 생태학적 관점에서 도시의 공간구조 형성을 침입, 경쟁, 천이 등의 과정으로 설명하였다.

㉣ 도시는 중심지에서 멀어질수록 접근성·지대·인구밀도 등이 낮아지고, 범죄·인구이동·빈곤 등의 도시문제가 감소한다. 중심지와 가까워질수록(저소득층 입지) 범죄, 빈곤 및 질병이 많아지는 경향을 보인다.

㉤ 도시 내의 각종 활동의 기능이 5가지 토지이용의 패턴에 따라 이루어진다고 보고 있다.

㉥ 도심에 가까울수록 저소득층 주거지가 입지하고, 외곽으로 갈수록 고소득층 주거지가 입지하는 경향이 있다. 따라서, 동심원이론에 따르면 저소득층일수록 고용기회가 많은 도심과 접근성이 양호한 지역에 주거를 선정하는 경향이 있다.

③ 비 판

㉠ 토지 이용패턴을 지나치게 단순화한 이론이며, 시카고만을 대상으로 한 연구이므로 도시공간구조에 대한 일반성이 결여되었다.

㉡ 도로 및 교통수단의 발달이 동심원형을 변형시킬 수 있다는 점을 고려하지 않았다.

㉢ 수송비가 중심지에서 각 방향으로 같을 수가 없으므로 현실의 토지 이용은 동심원구조가 될 수 없다.

㉣ 도시는 교통망에 따라 원이 아니라 별모양으로 성장한다.

㉤ 중심업무지구는 불규칙적인 크기를 가지며, 원형이라기보다는 정방 또는 장방형이다.

> **기출** 1. 버제스의 동심원이론은 토지이용이 도시를 중심으로 지대지불능력에 따라 달라진다는 튀넨의 이론을 도시 내부에 적용하였다.
> 2. 버제스는 도시의 공간구조 형성이 침입, 경쟁, 천이 등의 과정으로 나타난다고 보았다.
> 3. 동심원설에 의하면 중심지와 가까워질수록 범죄, 빈곤 및 질병이 많아지는 경향을 보인다.
> 4. 동심원이론에 따르면 저소득층일수록 고용기회가 많은 도심과 접근성이 양호한 지역에 주거를 선정하는 경향이 있다.
> 5. 동심원이론에 의하면 고급주택지구는 점이지대보다 도심으로부터 원거리에 위치한다.
> 6. 버제스의 동심원이론에 따르면 중심업무지구와 저소득층 주거지대 사이에 점이지대가 위치한다.
> 7. 버제스의 동심원이론에 교통축을 적용하여 개선한 이론이 호이트의 선형이론이다.
> 8. 버제스의 동심원이론에서 통근자지대는 가장 외곽에 위치한다.

## (2) 호이트(Homer Hoyt)의 선형(부채꼴, 축)이론(1939년) : 단핵 도시이론

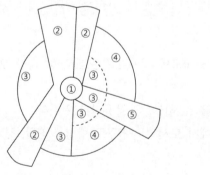

① 중심업무지구(CBD)
② 도매 및 경공업지구
③ 저급주거지구
④ 중급주거지구
⑤ 고급주거지구

① 의의

토지이용은 도심에서 시작되어 점차 교통망(교통축, 교통노선)을 따라 확장되어 부채꼴 모양으로 성장하고, 교통축과의 접근성이 지가에 영향을 주며 형성된다는 이론이다.

② 내용

㉠ 선형이론은 도심에서 교통망을 따라 부채꼴 모양으로 확장된다는 이론이다. 그러나 도시가 확장하는 모양이 버제스의 동심원 모양처럼 확장되는 것이 아니라 산·하천 등 장애물이 적은 방향으로 도시가 부정형모양을 띠면서 확장된다는 이론이다.

⇨ 선형이론은 원을 변형한 모양(별모양)으로 도시가 확장한다는 이론이며 헤이그의 최소마 찰비용이론과 일맥상통한다.

ⓒ 고소득층(주택구입능력이 높은)의 주거지는 주요 간선도로 인근(주요 교통노선을 축으로 하여 접근 성이 양호한 지역)에 입지하고, 중급주택은 고급주택의인근에 입지하며, 하급주택은 반대편에 입지하는 경향이 있다.

ⓒ 도시중심지에서 고소득층이 교외로 이동하면, 중·하위소득층이 그곳을 점유하여 새로운 주 거군을 형성한다.

ⓔ 주택가격의 지불능력이 도시주거공간의 유형을 결정하는 중요한 요인이다.

ⓜ 도시공간구조의 성장과 지역분화에 있어 중심업무지구로부터 도매·경공업지구, 저급주택지 구, 중급주택지구, 고급주택지구들이 주요 교통노선에 따라 쐐기형(wedge) 지대모형으로 확 대·배치된다.

③ 비 판

㉠ 단순히 과거의 경향을 말하는 것일 뿐, 도시성장의 추세분석을 유도하기에는 미흡하다.

ⓒ 동일수준의 주택이 집적하는 데 대한 설명은 있으나, 그 원인에 대한 설명이 없다.

ⓒ 주택입지의 이동을 설명 또는 예측하기 위해 고급주택의 역할을 강조한 것에 불과하다.

> 기출 1. 호이트는 도시의 성장과분화가 주요 교통망에 따라 확대되면서 나타난다고 보았다.
> 2. 호이트에 의하면 도시는 전체적으로 원을 반영한 부채꼴 모양의 형상으로 그 핵심의 도심도 하나이나 교통의 선이 도심에서 방사되는 것을 전제로 하였다.
> 3. 호이트는 고소득층의 주거지가 형성되는 요인으로 주요 간선도로의 근접성을 제시하였다.

## (3) 해리스(C. D. Harris)와 울만(E. L. Ullman)의 다핵심이론(1945년) : 다핵 도시이론

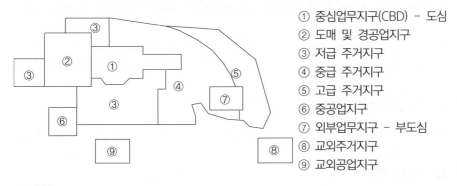

① 중심업무지구(CBD) - 도심
② 도매 및 경공업지구
③ 저급 주거지구
④ 중급 주거지구
⑤ 고급 주거지구
⑥ 중공업지구
⑦ 외부업무지구 - 부도심
⑧ 교외주거지구
⑨ 교외공업지구

① 의의

도시 성장에 있어서 도시의 핵심은 하나가 아니다. 즉, 도시가 성장하면 핵심의 수가 증가하고 도시는 복수의 핵심주변에서 발달한다는 것으로, 맥켄지(R. D Mckenzie)가 처음 주장하고, Harris와 Ullman에 의해 발전된 이론이다.

② 내용

㉠ 도시 토지이용의 패턴이 하나의 핵으로 된 것이 아니라, 몇 개의 이산되는 핵으로 구성되어 있다는 이론이다. 현대 도시나 대도시는 기능이 분화되어 도심뿐 아니라 부도심 및 위성도시의 기능이 높아진다.

㉡ 도시성장은 분산된 핵을 따라 행하여 졌으며, 핵의 형성은 입지조건에 따라 다르다.

㉢ 하나의 핵을 이루는 곳에 교통망이 모이고 주거지역과 산업지역 등 토지이용군이 형성된다. 런던의 도시구조가 대표적이고 동종활동의 집적 이익의 추구를 위해 집적 지향성을 강조하였다.

> **보충학습** | 다핵심이 생기는 원인
>
> 1. 동종의 활동은 집적 이익추구를 위해 모여서(집적, 양립, 집중) 입지한다.
>    ⇨ 동종활동 간의 집적이익 **예** 소매업지구, 금융지구, 도매업지구
> 2. 이종의 활동은 서로간의 이해가 상반되어 분산(분리, 비양립) 입지한다.
>    ⇨ 이종활동 간의 비양립성 **예** 고급주택지구와 공업지구
> 3. 어떤 활동은 특정한 위치나 특수한 시설을 요구한다.
>    ⇨ 특정시설의 필요성 **예** 공업지구는 지역 간 교통과 수자원 확보가 용이한 곳
> 4. 지대지불능력이 낮은 업종은 외곽으로 간다.
>    ⇨ 지대지불능력 차이 **예** 교외공업지구, 창고업

> **기출** | 1. 다핵심이론에서 도시공간구조는 하나의 중심이 아니라 몇 개의 분리된 중심이 점진적으로 성장되면서 전체적인 도시가 형성된다.
> 2. 다핵심이론에서는 다핵의 발생요인으로 유사활동 간 집적지향성, 이질활동 간 입지적 비양립성 등을 들고 있다.
> 3. 해리스(C. Harris)와 울만(E. Ullman)의 다핵심이론은 단일의 중심업무지구를 핵으로 하여 발달하는 것이 아니라, 몇 개의 분리된 핵이 점진적으로 통합됨에 따라 전체적인 도시구조가 형성된다는 것이다.

## (4) 시몬스(J. W. Simmons)의 다차원이론

시몬스는 동심원이론, 선형이론, 다핵심이론을 종합해서 파악하여 미국 현실에 맞게 접목했다.

## (5) 베리(Berry)의 유상도시이론

① 의의

교통기관의 현저한 발달로 종래 도시 내부에 집약되어 있던 업무시설과 주택이 간선도로를 따라 리본모양으로 확산·입지하는 경향이 있다는 이론이다.

② 내용

㉠ 도시 성장은 마치 리본 모양과 같다는 의미에서 유상도시이론이라 한다.

㉡ 현대는 자동차 시대라 할 수 있으므로 간선도로를 따라 토지이용의 효용이 날로 증대되고 있다.

## 2 도시경제기반이론 제27회, 제30회, 제32회, 제34회

### (1) 도시경제기반이론의 의의

① 경제기반이론에서는 한 지역의 산업활동을 기반산업과 비기반산업으로 나눈다.

② 기반산업이란 도시의 주된 산업으로서 도시 외부로 재화나 용역을 수출(제공)하여 외부로부터 화폐의 유입을 가져오는 산업을 말한다.

③ 비기반 산업이란 도시 내부에서 소비되는 재화와 용역을 생산판매하는 산업으로서 도시 내부의 화폐유통을 가져온다. 비기반 산업을 지역서비스산업이라고도 한다.

④ 경제기반이론에 의하면 지역사회나 도시의 성장은 기반산업의 활동에 달려 있다. 즉, 기반산업의 성장이 비기반산업의 성장을 유도하며 도시 전체의 성장을 주도한다는 이론이다.

### (2) 입지계수(Location Quotient ; LQ : 입지상) 제27회, 제30회, 제32회, 제34회

입지계수(LQ, 입지상)란 특정 지역의 특정 산업이 전국의 평균에 비해 얼마나 강하게 입지분포하고 있는가를 나타내는 지수이다. 즉, 어떤 지역의 산업이 전국의 동일산업에 대한 상대적 중요도를 나타내는 지수 또는 그 산업의 상대적 특화정도, 전문화 지수를 나타내는 지수이다.

① 입지계수(LQ)

$$\text{입지계수(LQ)} = \frac{A\text{지역의 특정 산업 구성비}}{\text{전국의 특정 산업 구성비}} = \frac{\dfrac{A\text{ 지역의 특정 산업에 대한 고용자수}}{A\text{ 지역의 전 산업에 대한 고용자수}}}{\dfrac{\text{전국의 특정 산업에 대한 고용자수}}{\text{전국의 전 산업에 대한 고용자수}}}$$

※ 고용자수 대신 인구나 소득, 생산액 등을 사용할 수도 있다.

㉠ LQ > 1 ⇨ 그 지역의 (수출)기반산업

㉡ LQ < 1 ⇨ 그 지역의 비(수출)기반산업 또는 지역서비스산업

㉢ LQ = 1 ⇨ 자급자족산업(전국평균과 동일하게 분포)

**예제문제**

**01.** 각 지역과 산업별 고용자수가 다음과 같을 때 A지역 X산업과 B지역 Y산업의 입지계수(LQ)를 올바르게 계산한 것은? (단 주어진 조건에 한하며, 결과값은 소수점 셋째자리에서 반올림함)  ▶ 제30회

| 구분 | | A지역 | B지역 | 전지역 고용자수 |
|---|---|---|---|---|
| X산업 | 고용자수 | 100 | 140 | 240 |
| | 입지계수 | ( ㄱ ) | 1.17 | |
| Y산업 | 고용자수 | 100 | 60 | 160 |
| | 입지계수 | 1.25 | ( ㄴ ) | |
| 고용자수 합계 | | 200 | 200 | 400 |

① ㄱ: 0.75, ㄴ: 0.83
② ㄱ: 0.75, ㄴ: 1.33
③ ㄱ: 0.83, ㄴ: 0.75
④ ㄱ: 0.83, ㄴ: 1.20
⑤ ㄱ: 0.83, ㄴ: 1.33

**정답** ③

**해설**

③ A지역 X산업 입지계수 = $\dfrac{\frac{100}{200}}{\frac{240}{400}} = \dfrac{\frac{1}{2}}{\frac{6}{10}} = \dfrac{10}{12} = 0.83$

**계산** 100 × 400 ÷ 200 ÷ 240 = 0.83

B지역 Y산업 입지계수 = $\dfrac{\frac{60}{200}}{\frac{160}{400}} = \dfrac{\frac{3}{10}}{\frac{4}{10}} = \dfrac{30}{40} = 0.75$

**계산** 60 × 400 ÷ 200 ÷ 160 = 0.75

**02. 각 지역과 산업별 고용자 수가 다음과 같을 때, A지역과 B지역에서 입지계수(LQ)에 따른 기반산업의 개수는? (단, 주어진 조건에 한하며, 결괏값은 소수점 셋째 자리에서 반올림함)** ▶ 제32회

| 구분 | | A지역 | B지역 | 전지역 고용자 수 |
|---|---|---|---|---|
| X산업 | 고용자 수 | 30 | 50 | 80 |
| | 입지계수 | 0.79 | ? | |
| Y산업 | 고용사 수 | 30 | 30 | 60 |
| | 입지계수 | ? | ? | |
| Z산업 | 고용자 수 | 30 | 20 | 50 |
| | 입지계수 | ? | 0.76 | |
| 고용자 수 합계 | | 90 | 100 | 190 |

① A지역: 0개, B지역: 1개        ② A지역: 1개, B지역: 0개

③ A지역: 1개, B지역: 1개        ④ A지역: 1개, B지역: 2개

⑤ A지역: 2개, B지역: 1개

**정답** ⑤

**해설** ⑤ A지역은 Y산업, Z산업이 기반산업(2개)이고, B지역은 X산업만 기반산업(1개)이 된다.

A지역 Y산업 입지계수 = $\dfrac{\frac{30}{90}}{\frac{60}{190}}$ = 30 × 190 ÷ 90 ÷ 60 = 1.0555(1.06), 기반산업

A지역 Z산업 입지계수 = $\dfrac{\frac{30}{90}}{\frac{50}{190}}$ = 30 × 190 ÷ 90 ÷ 50 = 1.2666(1.27), 기반산업

B지역 X산업 입지계수 = $\dfrac{\frac{50}{100}}{\frac{80}{190}}$ = 50 × 190 ÷ 100 ÷ 80 = 1.1875(1.19), 기반산업

B지역 Y산업 입지계수 = $\dfrac{\frac{30}{100}}{\frac{60}{190}}$ = 30 × 190 ÷ 100 ÷ 60 = 0.95, 비기반산업

## (3) 경제기반승수

① 경제기반승수는 수출기반산업의 고용(생산)증가 등이 지역 전체의 고용(생산)인구증가에 미치는 영향을 나타내는 승수이다.

② 경제기반승수는 고용인구변화가 부동산수요에 미치는 영향을 예측하는 데 사용된다.

> ⊙ 경제기반승수 $= \dfrac{1}{1 - \text{비기반산업비율}} = \dfrac{1}{\text{기반산업비율}} = \dfrac{\text{총 인구수}}{\text{기반산업 인구수}}$
>
> ⊙ 지역 전체의 인구증가 $=$ 경제기반승수 $\times$ 기반산업의 인구증가

※ 지역의 총고용인구 = 기반산업인구 + 비기반산업인구

※ 1 = 기반산업비율 + 비기반산업비율

## 제3절   부동산입지선정 제25회~제34회

## 1   부동산입지선정의 의의

① 입지 : 경제활동주체(입지주체)가 점하고 있는 장소이고, 정적이고 공간적인 개념이다.

② 입지선정 : 입지주체가 요구하는 자연적·사회적 여러 조건(입지조건)을 갖춘 토지를 찾는 것을 말하며 동적이고 공간적·시간적 개념이다.

**보충학습** | 광의의 입지론: 입지론과 적지론

| 입지론 | 주어진 용도 ⇨ 부지 선정 : 부동성 |
|---|---|
| 적지론 | 주어진 부지 ⇨ 용도 선정 : 용도의 다양성 |

**보충학습** | 입지론의 체계

1. 농업입지론 : 튀넨의 입지교차지대설(위치지대설, 고립국론)
2. 공업입지론 : ① 베버의 최소비용이론 ② 뢰쉬의 최대수요이론
3. 서비스업(상업) 입지론
   ① 크리스탈러의 중심지이론 : 소비자의 분포, 거시적분석법
   ② 레일리의 소매인력법칙, 컨버스의 분기점 모형
   ③ 허프의 확률모형(중심지이론, 소매지역이론) : 소비자의 개성, 미시적 분석법
   ④ 넬슨의 소매입지론 : 점포입지의 8가지 원칙(양립성)
※ 동양은 주거입지, 서양은 산업입지를 중심으로 입지론이 발달하여 왔다.

## 2  서비스업(상업) 입지론 제25회~제34회

### (1) 상권 (배후지)

#### ① 상권의 개념

㉠ 상권이란 상업활동을 하는 곳, 즉 상업활동을 성립시키는 지역적인 조건을 가진 공간적 넓이라고 할 수 있다. 즉, 고객이 존재하는 곳을 말한다.

㉡ 배후지는 인구밀도 뿐만 아니라 고객밀도가 높고 소득수준이 높을수록 유리하다.

㉢ 취급상품의 판매액에 따라 제1차 상권, 제2차 상권, 제3차 상권으로 분류할 수 있다.

> 기출 | 일반적으로 상품이나 서비스의 구입 빈도가 낮을수록 상권의 규모는 크다.

#### ② 상권의 측정방법

㉠ **현지조사법**(the survey technique) : 그 지역에 사는 세대와 지역에 소재하는 상품을 대표하는 샘플을 추출하여 면접을 실시해서 상권을 측정하는 방법이다. 현지조사법에는 면접법(가구방문, 전화), 설문지법(우편조사), 고객카드 분석법이 있다.

㉡ **통계적 분석법**(the statistic technique) : 기존 통계를 분석해서 시장의 지역성을 포착하고 그 지역성을 기초로 상권의 특성을 추계하는 방법이다.

㉢ **수학적 분석법**(the mathematical technique) : 경험적인 연구에 입각한 결론을 수식화해 일반화하는 것으로부터 발전한 방법으로 레일리의 법칙, 허프모델 등이 있다.

#### ③ 상권획정의 기법

상권획정기법이란 주어진 입지에 적합한 업종과 상권의 범위 및 점포의 매출액을 추정하는 기법을 말하며 시장침투법, 공간독점법, 분산시장접근법이 있다.

| ㉠ 시장침투법 | 대부분의 상권분석에서 사용되며 상권의 중첩부분, 경쟁부분을 인정하는 업종에 적합한 모형(백화점, 슈퍼마켓) |
|---|---|
| ㉡ 공간독점법 | 거리 제한을 두는 업종이나 면허가 필요한 업종 등 지역 독점력이 강한 업종에 적용(주류판매점, 우체국) |
| ㉢ 분산시장접근법 | 매우 전문화된 상품을 취급하는 업종, 특정 소득계층을 대상으로 하는 업종에 적합한 기법(고급가구점) |

> 기출 | 상권획정을 위한 접근법 중 고급 가구점과 같은 전문품점의 경우 분산시장접근법이 유용하다.

### (2) 상권에 관한 이론

#### ① 크리스탈러(W. Christaller)의 중심지이론(중심지의 형성 : 거시적 분석) 제29회, 제30회, 제33회, 제34회, 제35회

크리스탈러는 인간정주체계의 분포원리와 상업입지의 계층체계를 설명하는 이론으로 재화와 서비스에 따라 중심지가 계층화되며 서로 다른 크기의 도달범위와 최소요구범위를 가진다고 보았다. 또한, 공간적 중심지 규모의 크기에 따라 상권의 규모가 달라진다는 것을 실증하였다.

㉠ **중심지**: 재화와 서비스 기능이 집중되어 배후지에 이를 제공하는 중심지역을 말한다.

㉡ **배후지(상권)**: 중심지에 의해 재화와 서비스를 제공받는 주변지역을 말한다.

㉢ **중심지 재화 및 서비스**: 중심지에서 배후지로 제공되는 재화 및 서비스를 말한다.

㉣ **(재화의) 도달범위**: 중심지가 재화나 서비스를 제공하는 최대한의 범위로서 수요가 '0'이 되는 곳까지의 거리를 말한다.

㉤ **최소요구치**: 중심지 기능이 유지되기 위한 최소한의 수요요구 규모를 말한다.

㉥ **최소요구범위**: 판매자가 정상이윤을 얻는 만큼의 충분한 소비자를 포함하는 경계까지의 거리를 말한다.

㉦ **중심지가 성립할 수 있는 경우** : 중심지가 성립·유지되기 위해서는 재화의 도달범위가 최소요구치보다 커야 한다. (재화의 도달범위 > 최소요구치)

> ⓐ 중심지가 성립되는 경우 : 재화의 도달범위 > 최소요구치
> ⓑ 중심지가 불성립되는 경우 : 재화의 도달범위 < 최소요구치

◎ **시장 지역의 형태(중심지 배후지의 형태)** : 하나의 중심지일 경우 원형의 형태를 갖고, 다수의 중심지가 있을 때에는 정육각형(벌집구조)이 합리적이다.

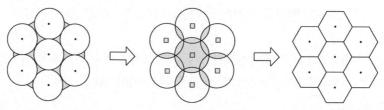

(가) 배후지 외접형    (나) 배후지 중첩형    (다) 배후지 완결형(정6각형)

외접형은 서비스를 제공받지 못하는 공간이 남게 된다(서비스 미도달지 발생). 중첩형은 서비스가 중복되어 불안정한 경쟁을 하게 된다(과잉경쟁). 결과적으로 배후지는 모든 중심지로부터 서비스를 제공받을 수 있고 중복 지역이 없는 정육각형이 이상적이다.

**[육각형의 배후지 형성 과정]**

㉧ **크리스탈러의 중심지이론 요약**

> ⓐ 고차중심지일수록 거리(체적)가 더 멀고, 규모가 더 커지고 다양한 중심지 기능을 갖는다. 소비자의 이용빈도는 고차중심지가 낮다.
> ⓑ 저차중심지에서 고차중심지로 갈수록 중심지의 수는 피라미드형을 이룬다. 즉 저차중심지에서 고차중심지로 갈수록 중심지의 수는 줄어든다(저차중심지수 > 고차중심지수).
> ⓒ 중차중심지가 포용하는 저차중심지의 수는 고차중심지로 갈수록 그 분포도가 줄어든다.

ⓓ 인구밀도증가와 소득증가 등 경제활성화는 중심지간의 간격을 좁게 하며, 자동차 교통의 발달은 저차중심지를 쇠퇴시키고 고차중심지를 발달시킨다.

ⓔ 시장원리, 교통원리, 행정원리 등에 따라 중심지의 수와 모형은 많은 영향을 받는다.

ⓒ **크리스탈러 이론의 한계점**

크리스탈러의 중심지이론은 점포들간의 공간분포에 관한 이론이지만 유사상품을 취급하는 점포들이 도심에 함께 입지하는 현상(집적이익)을 설명하지 못하고, 고객의 다목적 구매행동, 고객의 지역 간 문화적 차이를 반영하지 않았다는 비판이 있다.

> **기출** 1. 크리스탈러는 재화와 서비스에 따라 중심지가 계층화되며 서로 다른 크기의 도달범위와 최소요구범위를 가진다고 보았다.
> 2. 크리스탈러의 중심지이론은 공간적 중심지 규모의 크기에 따라 상권의 규모가 달라진다는 것을 실증하였다.
> 3. 크리스탈러의 중심지이론은 인간정주체계의 분포원리와 상업입지의 계층체계를 설명하고 있다.
> 4. 크리스탈러의 중심지이론은 재화의 도달거리와 최소요구치와의 관계를 설명하는 것으로 최소요구치가 재화의 도달범위 내에 있을 때 판매자의 존속을 위한 최소한의 상권범위가 된다.
> 5. 크리스탈러의 중심지이론은 고객의 다목적 구매행동, 고객의 지역 간 문화적 차이를 반영하지 않았다는 비판이 있다.
> 6. 배후지는 중심지에 의해 재화와 서비스를 제공받는 주변지역을 말한다.

② **레일리(W. Reilly)의 소매인력(중력) 법칙** 제25회, 제26회, 제27회, 제29회, 제33회

레일리의 소매인력 법칙은 뉴턴의 만유인력의 법칙을 이용하여 상권의 범위를 측정하는 모형으로서 2개 도시 사이에 위치한 지역의 소비자들에게 미치는 2개 도시의 상거래의 영향력의 크기(흡인력)는 두 도시의 중심의 크기(인구)에 비례하고 두 도시 사이의 소비지역으로부터 거리의 제곱에 반비례하여 형성된다는 것이다.

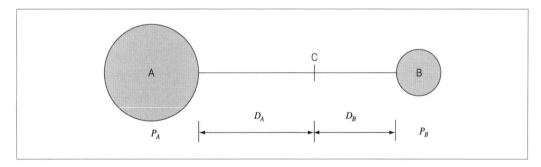

B 도시에 대한 A 도시의 구매지향비율($\frac{B_A}{B_B}$)은 다음과 같다.

$$\frac{B_A}{B_B} = \frac{P_A}{P_B} \times (\frac{D_B}{D_A})^2 = \frac{A도시의 인구}{B도시의 인구} \times (\frac{B도시까지의 거리}{A도시까지의 거리})^2$$

$$A도시\ 유인력 = \cfrac{\dfrac{A도시면적}{A도시까지의\ 거리^2}}{\dfrac{A도시면적}{A도시까지의\ 거리^2}+\dfrac{B도시면적}{B도시까지의\ 거리^2}}$$

㉠ 위의 그림에서 도시 A와 도시 B 사이에 작은 마을 C가 있다고 가정할 경우, C 마을에 살고 있는 소비자들의 A·B 도시에서의 구매지향비율은 A·B 도시의 인구에 비례하고, A·B까지의 거리의 제곱에 반비례한다.

㉡ A 도시와 B 도시의 크기가 같다면 두 도시간의 상권의 경계(분기점)는 중간지점이 될 것이고, A 도시가 B 도시보다 크다면 상권의 경계는 작은 도시(B 도시)쪽에 가깝게 형성된다.

기출 1. 레일리는 두 중심지가 소비자에게 미치는 영향력의 크기는 두 중심지의 크기에 비례하고 거리의 제곱에 반비례한다고 보았다.
2. 소매중력법칙에 따르면 소비자에 대한 유인력은 도시(상점)의 규모가 클수록, 거리가 가까울수록 커진다.

③ **컨버스(P.D.Converse)의 분기점(경계지점)모형** 제29회, 제32회, 제35회

컨버스는 경쟁 관계에 있는 두 소매시장 간 상권의 경계지점(분기점)을 확인할 수 있도록 레일리의 소매인력법칙(소매중력모형)을 수정하였다.

$$A\ 도시에서\ 분기점까지의\ 거리 = \cfrac{A,\ B간의\ 전체거리}{1+\sqrt{\dfrac{B의\ 인구(면적)}{A의\ 인구(면적)}}}\quad 즉,\ D_A = \cfrac{D_{AB}}{1+\sqrt{\dfrac{P_B}{P_A}}}$$

※ 바움(Baums)의 법칙 : 레일리나 컨버스 공식에서 인구를 소매점의 매장면적으로 수정했고, 거리를 자동차 주행시간으로 수정하여 계산했다.

기출 컨버스는 경쟁관계에 있는 두 소매시장 간 상권의 경계지점을 확인할 수 있도록 소매중력모형을 수정하였다.

④ **허프(D. Huff)의 확률모형(소매 지역 이론, 중심지이론 : 미시적 분석)** 제25회~제31회, 제33회, 제34회, 제35회

㉠ 허프는 크리스탈러의 중심지이론이 수요자 분포 및 거시적 분석법에 치우쳤다고 비판하고 수요자의 개성, 성향 및 미시적 분석에 관심을 두고 중심지 이론을 전개하였으며 소비자들의 특정 상점의 구매를 설명할 때 실측거리, 시간거리, 매장규모와 같은 공간요인뿐만 아니라 효용이라는 비공간요인도 고려하였다. 일반적으로 소비자는 가장 가까운 곳에서 상품을 선택하려는 경향이 있으나, 적당한 거리에 고차원중심지가 있으면 인근의 저차원중심지를 지나칠 가능성이 크다. 고밀도시가지(대도시)에 거주하는 소비자는 특정 지역에서만 상품을 구입하지 않으므로 상가는 소비자의 기호나 소득관계, 교통편의 등을 참작하여 선택된 상품(전문품) 등을 판매하여야 한다. 그리고 저밀도 시가지에서는 편의품을 취급해야 한다.

ⓒ **허프의 확률모형** : 소비자 거주지에서 소비자가 A, B 두 점포 중 A 점포로 구매하러 갈 확률(시장점유율)은 다음과 같다(단, 공간 마찰계수를 2로 가정한다.).

$$\text{A 매장으로 구매하러 갈 확률 (시장점유율)} = \frac{\dfrac{\text{A 매장면적}}{\text{A 매장까지의 거리}^2}}{\dfrac{\text{A 매장면적}}{\text{A 매장까지의 거리}^2} + \dfrac{\text{B 매장면적}}{\text{B 매장까지의 거리}^2}}$$

단, 공간(거리)마찰계수는 2로 가정한다.

소비자가 특정 점포를 이용할 확률은 경쟁점포의 수, 점포와의 거리, 점포의 면적에 의해 결정된다. 이때, 소비자가 A 점포로 쇼핑갈 확률은 A 점포의 매장 면적에 비례하고, 거리에 반비례한다(단, 거리는 공간마찰계수에 따른다). 그리고 경쟁점포의 수에 반비례한다.

ⓒ 공간(거리)마찰계수는 시장의 교통조건과 매장 물건의 특성에 따라 달라진다. 공간마찰계수는 교통조건이 좋을수록 작아지는 경향이 있고, 전문품점이 편의품점보다 거리마찰계수 값은 작아진다. 즉, 교통이 발달할수록 거리저항(마찰)이 적으며, 전문품점은 편의품점보다 거리의 영향을 적게 받기 때문에 공간마찰계수가 더 작다. 그러므로 편의품점은 거리의 영향을 더 많이 받기 때문에 공간마찰계수가 더 크다.

> ⓐ 공간(거리)마찰계수 ⬇ : 교통조건 양호, 전문품점
> ⓑ 공간(거리)마찰계수 ⬆ : 교통조건 불량, 일상용품점

ⓓ 레일리나 컨버스는 '도시단위'를 기준으로 소매인력론을 전개했는데, 허프는 도시내에서 '매장단위'를 기준으로 시장점유율을 계산한 소매상권론이다. 또한, 크리스탈러의 이론은 중심지 형성과정에 중점을 둔 이론이며, 레일리와 허프의 중력모형이론은 중심지간의 상호작용에 중점을 둔 이론이다. 또한, 레일리의 소매인력 법칙이 선택가능한 점포수가 한정되어 있는 농촌의 경우에는 타당할지 모르나 선택가능한 점포수가 많은 도시지역에서는 타당하지 않다고 비판하고, 도시지역에서는 선택 가능한 점포 중 어느 점포에서 구매하느냐 하는 것을 확률적으로 파악할 수밖에 없다고 했다. 즉, 허프의 확률모형은 어떤 지역에서 다수의 경쟁업체(점포수가 많은 도시지역)가 입지할 경우 각 점포의 이론적인 소비자의 유인 흡인력 및 매상고를 추산하는데 유용하다. 고차원 계층일수록 수송가능성은 더 확대된다.

| 레일리의 소매인력법칙(결정론적 접근) | 허프의 확률모형(확률적 접근) |
|---|---|
| 거시적 분석, 물리적 거리<br>두 도시 비교, 거리² 반비례 | 미시적 분석, 시간적 거리<br>두 매장 이상 비교, 거리$^{공간마찰계수}$ 반비례 |

ⓜ 한 지역에서 각 상점의 시장점유율을 쉽고 간편하게 계산할 수 있으나, 고정된 상권을 놓고 경쟁함으로써 제로섬(Zero-Sum)게임이 된다는 점이다. 즉, 이 모형에서는 점포가 많아질수록 기존 점포의 고객은 감소한다고 본다. 그러나, 실제로는 일정지역에 점포가 밀집할수록 상권 자체가 커지는 경우(집재성점포)가 있는데 이를 잘 설명하지 못하는 한계가 있다.

**기출**
1. 허프의 상권분석모형에 따르면, 소비자가 특정 점포를 이용할 확률은 경쟁점포의 수, 점포와의 거리, 점포의 면적에 의해 결정 된다.
2. 허프는 소비자들의 특정 상점의 구매를 설명할 때 실측거리, 시간거리, 매장규모와 같은 공간요인뿐만 아니라 효용이라는 비공간요인도 고려하였다.
3. 공간(거리)마찰계수는 시장의 교통조건과 매장 물건의 특성에 따라 달라지는 값이며, 교통조건이 나빠지면 더 커진다.
4. 전문품점의 경우는 일상용품점보다 공간(거리)마찰계수가 작다.
5. 허프모형은 어떤 매장이 고객에게 주는 효용이 클수록 그 매장이 고객들에게 선택될 확률이 더 높아진다는 공리에 바탕을 두고 있다.
6. 허프모형에 따르면 해당 매장을 방문하는 고객의 행동력은 방문하고자 하는 매장의 크기에 비례하고, 매장까지의 거리와 반비례관계에 있다.
7. 허프모형에 따르면 일반적으로 소비자는 가장 가까운 곳에서 상품을 선택하려는 경향이 있다.
8. 허프모형은 일정된 상권을 놓고 경쟁함으로써 제로섬(zero-sum)게임이 된다는 한계가 있다.

⑤ 넬슨(R. Nelson)의 소매입지이론(점포입지의 8원칙) 제30회, 제31회, 제33회, 제34회

넬슨은 특정 점포가 최대 이익을 얻을 수 있는 매출액을 확보하기 위해서는 어떤 장소에 입지하여야 하는가에 대한 원칙을 제시하였다.

> ㉠ **양립성** : 구매객의 유동을 방해하지 않고 고객이 충분히 이동할 수 있도록 배려하여야 한다. 양립성이란 서로 다른 인접점포가 고객을 주고받는 현상을 의미한다(보완적 상품취급). 넬슨은 특히 이 원칙을 강조하고 있다.
>
> ㉡ **고객의 중간유인** : 상업지역에 가는 도중의 고객을 중간에 유인하기 위하여 그들의 주거지와 전에 다니던 장소의 중간에 점포를 개점하는 것이 유리하다.
>
> ㉢ **경합성의 최소화** : 상업용지는 경합이 가장 적은 장소를 택하여야 한다.
>
> ㉣ **상거래 지역에 대한 적합지점** : 자발적 판매, 공유적 판매, 충동적 판매를 고려하여 현실적으로 그 점포가 충분한 고객을 확보할 수 있는가를 판단하여야 한다.
>
> ㉤ **집중흡인력** : 떨어져서 독립적으로 존재하는 것보다 동종의 점포가 서로 집중된 것이 업종에 따라 유익한 경우가 많다. 동류의 점포나 보조적인 점포 간에 적용된다.
>
> ㉥ **현재의 지역후보의 적합지점** : 입지하려고 하는 지역의 상권을 결정하고 인구·소득·소비지출내역 등을 조사하여 그 지역에서 개점하는 것이 어느 정도로 소매입지로서 적당한가를 판단하여야 한다.
>
> ㉦ **잠재적 발전성** : 입지는 가급적 인구나 수입이 증대하고 있는 상업지역 내이어야 한다.
>
> ㉧ **용지경제학** : 투자하는 자본에 대해 생산성과 장래의 성장을 가장 확실하게 보장해 주는 용지를 택한다.

기출 1. 넬슨(R. Nelson)은 특정 점포가 최대 이익을 얻을 수 있는 매출액을 확보하기 위해서 어떤 장소에 입지하여야 하는지를 제시하였다.

2. 넬슨(R. Nelson)의 소매입지이론은 특정 점포가 최대 이익을 얻을 수 있는 매출액을 확보하기 위해서는 어떤 장소에 입지하여야 하는가에 대한 원칙을 제시한 것이다.

---

**예제문제**

**01. 도시 A와 도시 B간에 도시 C가 있다. 레일리의 소매인력법칙(Reilly's Law of Retail Gravitation)을 이용하여 도시 C로부터 도시 A와 도시 B로의 인구유인비율을 구하시오.**  ▶제17회

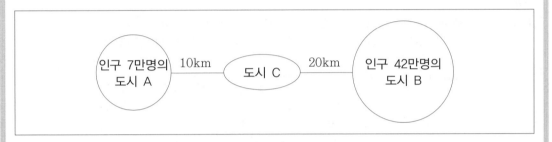

① 도시 A 33.3%, 도시 B 66.7%      ② 도시 A 40.0%, 도시 B 60.0%

③ 도시 A 50.0%, 도시 B 50.0%      ④ 도시 A 60.0%, 도시 B 40.0%

⑤ 도시 A 66.7%, 도시 B 33.3%

**정답**   ②

**해설**   ② A도시 - 40%, B도시 - 60%

$$A\ 도시\ 점유율 = \frac{\dfrac{A도시인구}{A도시까지의\ 거리^2}}{\dfrac{A도시인구}{A도시까지의\ 거리^2} + \dfrac{B도시인구}{B도시까지의\ 거리^2}} = \frac{\dfrac{7만명}{10^2}}{\dfrac{7만명}{10^2} + \dfrac{42만명}{20^2}} = 40\%$$

$$B\ 도시\ 점유율 = \frac{\dfrac{B도시인구}{B도시까지의\ 거리^2}}{\dfrac{A도시인구}{A도시까지의\ 거리^2} + \dfrac{B도시인구}{B도시까지의\ 거리^2}} = \frac{\dfrac{42만명}{20^2}}{\dfrac{7만명}{10^2} + \dfrac{42만명}{20^2}} = 60\%$$

**02. 허프(D. Huff)모형을 활용하여, X지역의 주민이 할인점 A를 방문할 확률과 할인점 A의 월 추정매출액을 순서대로 나열한 것은? (단, 주어진 조건에 한함)**  ▶제28회

⊙ X지역의 현재 주민: 4,000명

ⓛ 1인당 월 할인점 소비액: 35만원

ⓒ 공간마찰계수: 2

ⓔ X지역의 주민은 모두 구매자이고, A, B, C 할인점에서만 구매한다고 가정

| 구분 | 할인점 A | 할인점 B | 할인점 C |
|---|---|---|---|
| 면적 | 500㎡ | 300㎡ | 450㎡ |
| X지역 거주지로부터의 거리 | 5km | 10km | 15km |

① 80%, 10억 9,200만원  　　　　② 80%, 11억 2,000만원

③ 82%, 11억 4,800만원  　　　　④ 82%, 11억 7,600만원

⑤ 82%, 12억 400만원

**정답** ②

**해설** ② 전체매출액(14억원) = 1인당 할인점 소비액(35만원) × 주민(4,000명)

A할인점 매출액(11억 2,000만원) = 전체매출액(14억원) × A할인점 방문확률(80%)

$$A할인점\ 시장점유율 = \frac{\dfrac{A매장면적}{A까지의\ 거리^2}}{\dfrac{A매장면적}{A까지의\ 거리^2}+\dfrac{B매장면적}{B까지의\ 거리^2}+\dfrac{C매장면적}{C까지의\ 거리^2}} = \frac{\dfrac{500}{5^2}}{\dfrac{500}{5^2}+\dfrac{300}{10^2}+\dfrac{450}{15^2}}$$

$$= \frac{\dfrac{500}{25}}{\dfrac{500}{25}+\dfrac{300}{100}+\dfrac{450}{225}} = \frac{20}{20+3+2} = \frac{20}{25} = 0.8(80\%)$$

**03.** 컨버스(P. Converse)의 분기점 모형에 기초할 때, A시와 B시의 상권 경계지점은 A시로부터 얼마만큼 벌어진 지점인가? (단, 주어진 조건에 한함)  ▶ 제35회

• A시와 B시는 동일 직선상에 위치
• A시와 B시 사이의 직선거리: 45km
• A시 인구: 84만명
• B시 인구: 21만명

① 15km　　　② 20km　　　③ 25km　　　④ 30km　　　⑤ 35km

**정답** ④

**해설** ④ B로부터의 분기점이 15km이므로 A시로부터의 분기점은 30km가 된다.

• 컨버스(P.D. Converse)의 분기점모형에서 쇼핑센터 B로부터의 분기점은

$$= \frac{쇼핑센터A와\ B간의\ 거리}{1+\sqrt{\dfrac{A의\ 인구}{B의\ 인구}}} = \frac{45km}{1+\sqrt{\dfrac{84만명}{21만명}}} = \frac{45km}{1+\sqrt{4}} = 15km$$

• 계산의 편의를 위해 B시로부터의 분기점을 먼저 구한후, 전체거리에서 B시로부터의 분기점을 차감하면 A시로부터의 분기점을 구할 수 있다.

## (3) 점포의 종류와 입지

① 공간균배의 원리(R. M. Fetter)

　㉠ 의의 : 공간균배의 원리란 경쟁관계에 있는 점포 사이에 공간을 서로 균등하게 배분한다는 이론을 말한다. 이는 하나의 상권에 동질적인 소비자가 균등하게 분포하고 있다고 가정하고, 먼저 한 점포가 입지하고 나중에 새로운 점포가 입지 할 때 어느 위치에 입지하는 것이 유리한가를 분석하는 원리이다.

---

**핵심정리**

공간균배원리

1. 시장이 넓고 수요의 탄력성이 큰 경우 : 분산 입지
2. 시장이 좁고 수요의 탄력성이 작은 경우 : 집심적 입지

---

② 소재 위치에 따른 점포의 분류(점포의 유형별 분류) ⇦ 공간균배원리에 기초

　㉠ **집심성점포** : 배후지의 중심부(CBD)에 입지하는 것이 유리한 점포의 유형이다.

　　**예** 고급음식점, 도매점, 백화점, 보석점, 미술품점, 피복점, 의류점, 장식품점, 화장품점, 시계점, 약국, 대형서점, 극장 등

　㉡ **집재성점포** : 동일한 업종의 점포가 한 곳에 모여 입지하는 것이 유리한 점포의 유형이다.

　　**예** 금융기관, 보험회사, 사무실, 서점, 관공서, 기계점, 공구점, 가구점 등

　㉢ **산재성점포** : 상권의 크기는 한정되어 있기 때문에 서로 분산 입지하여야 하며, 동업종의 점포가 산재해야 유리한 점포의 유형이다.

　　**예** 잡화점, 어물점, 과자점, 조미료점, 양화점, 주방용품점, 이발소, 공중목욕탕, 세탁소 등

　㉣ **국부적 집중성점포(이심적 집재성점포)** : 동업종의 점포끼리 국부적 중심지에 모여 입지하여야 유리한 점포의 유형이다.

　　**예** 농기구점, 어구점, 석재점, 철공소, 비료상점, 종묘점 등

③ 구매관습에 의한 점포의 분류(상품의 유형별 분류)

　㉠ **편의품점** : 주변의 가게에서 생활필수품을 판매하는 상점으로, 상권은 도보로 10~20분 거리 정도이며, 상점의 접근성은 거리보다 중요하다. 주로 저차원중심지에 입지한다. 거래빈도가 높고, 이윤율이 낮다.

　㉡ **선매품점** : 고객이 상품의 가격, 모양, 품질 등을 여러 상점을 통해서 비교하여 상품을 구매하는 상점이다. 상품의 성격상 고객의 취미 등이 잘 반영되어야 하므로 상품의 표준화가 어렵다. 집심성·집재성 점포가 많다. 주로 중차원중심지나 고차원중심지에 입지한다.

　　**예** 가구·부인용 의상·보석류 등

© **전문품점** : 고객이 상품의 특수한 매력을 찾아 구매를 위한 노력을 아끼지 않는다. 가격수준이 높고, 유명 상품을 갖춘 상점을 말한다. 주로 고차원중심지에 입지한다. 거래빈도가 낮고, 이윤율이 높다. 이 경우 상품의 도달범위 크기순서는 '전문품점 > 선매품점 > 편의품점'의 순이다.

예 고급양복·고급향수·고급카메라·고급자동차 등

기출 1. 잡화점, 세탁소는 산재성 점포이고 백화점, 귀금속점은 집심성 점포이다.
2. 선매품점은 여러 상점들을 상호 비교한 후에 구매하는 상품을 취급하는 점포이다.
3. 전문품점은 구매의 노력과 비용에 크게 구애받지 않는다.

## (4) 상업용 부동산의 부지선정 분석

① **매장용(상업용) 부동산의 부지선정 5단계**

> ⊙ 기존부지 분석 ⇨ ⓒ 도시분석 ⇨ ⓒ 근린분석 ⇨ ⓔ 대상근린지역선정 ⇨ ⓜ 대상부지 선정

② **가능매상고의 추계방법**

⊙ **비율법** : 비율법은 가장 주관성이 많이 개입되는 방법으로 거래지역내 주민들의 가계소득 중에서 해당점포에 지출하는 비율을 구하고 이 비율을 지역내 인구(소득)에 곱하여 가능매상고를 구하는 방법이다.

> ⓐ 가능거래지역획정 ⇨ ⓑ 거래지역의 지출가능액 추계 ⇨ ⓒ 주민소득 추계 ⇨ ⓓ 대상점포의 취급품목들에 대한 지출가능액이 가구당 가처분소득에서 차지하는 비율 산출 ⇨ ⓔ 다른 점포가 있는 경우 면적에 따른 상권 분할

ⓒ **유추법** : 같은 회사 내의 다른지역의 유사점포를 대상으로 거래지역과 고객에 대한 분석을 하고, 이를 토대로 대상점포의 가능매상고를 추계하는 방법이다.

ⓒ **중력모형** : 중력모형이란 두 물체 간의 인력은 거리의 제곱에 반비례하고, 질량의 크기에 비례한다는 만유인력의 법칙을 원용하여 대상점포의 가능매상고를 추계하는 방법이다. 중력모형은 같은 지역사회에 다수의 경쟁업체가 입지하고 있을 때 각 점포에 대한 이론적인 매상고를 결정해 준다. 또한 지역사회의 전체 매상고가 이론적인 매상고와 차이가 날 수 있는데 이것은 지역사회 경계 밖으로 매상고가 유출된다는 것을 의미한다. 개별점포의 실제매상고와 이론적 매상고의 차이는 수정이미지계수로써 조정한다.

ⓔ **회귀모형** : 회귀모형은 매상고에 영향을 주는 여러 가지 변수들(독립변수)을 설정하고, 이 변수들로 대상점포의 매상고(종속변수)를 추계하는 방법이다. 즉

기출 회귀모형은 특정 부지의 소매점포의 성과에 영향을 미치는 인자들을 결정하기 위해 사용될 수 있는 접근법 중 하나이다.

③ 체크리스트의 활용 : 규모가 작은 회사들은 보통 체크리스트를 이용하여 대안부지를 평가한다. 그러나 일반적으로 체크리스트법은 매상고를 추계하는 수단으로 사용되기보다는 이에 대한 보조자료로 많이 사용된다. 또 체크리스트는 평점제도로도 사용되는 바, 체크리스트를 이용하여 기존 점포들에 대한 평점을 한 후 이를 서로 비교해야 한다.

④ 현금수지분석 : 부지선정팀은 대안부지별로 현금수지분석을 하고, 회사의 부를 극대화시키는 대안을 선택한다.

⑤ 대안부지의 평가 : 부지평가를 위한 체크리스트가 작성되면 가능부지별로 평가에 필요한 자료를 수집한다. 가능부지에 대한 탐색과정은 비공개로 하는 것이 바람직하다. 부지선정팀은 수집된 자료를 토대로 비교평가하여 최종적으로 3~4개의 부지를 추천한다.

## 3 공업지 입지론 제29회, 제30회, 제32회, 제33회, 제34회, 제35회

### (1) 공업지의 입지이론

① 베버(A. Weber)의 **최소비용이론** 제29회, 제32회, 제33회, 제34회, 제35회

    ㉠ 수송비·노동비·집적이익을 고려하여 비용이 최소화되는 지점이 공장의 최적입지가 된다고 보았다. 산업입지에서 중요한 것은 수송비, 노동비, 집적이익 등인데 그 중에서 수송비가 가장 중요한 요소이다. 따라서 공업입지는 운송거리, 단위수송비, 단위중량에 대한 수송비가 최소, 노동비가 최소, 집적이익의 최대가 되는 지점에 입지해야 한다는 이론이다.

    ㉡ 다른 생산조건이 동일하다면 생산과 판매에 있어 최소수송비가 드는 지점에 공업입지가 결정된다는 이론이다. 여기서, 수송비는 원료와 제품의 무게, 원료와 제품이 수송되는 거리에 의해 결정된다.

    ㉢ 등비용곡선(isodapane)은 최소수송비 지점으로부터 기업이 입지를 바꿀 경우, 이에 따른 추가적인 수송비의 부담액이 동일한 지점을 연결한 곡선이다.

② 뢰쉬(A.Losch)의 **최대수요이론**(공간원추모형) 제30회, 제33회, 제34회

    ㉠ 베버의 입지론이 공급측면의 생산비에만 치우쳐 있는 점을 비판하고 시장확대가능성이 가장 풍부한 곳에 공장이 입지해야 수요측면의 이윤극대화가 가능하다고 주장했다(판매수입의 극대화).

    ㉡ 수송비는 소비자가 부담하므로 소비자의 지불가격은 시장가격＋수송비이므로 중심지에서는 수요량은 극대가 되나 중심지로부터 멀수록 수요량이 적어 기업의 총수입이 감소한다. 따라서 거리와 수요량의 반비례관계인 함수관계로 공간원추곡선을 나타낸다(공간원추모형).

③ **통합이론**

    ㉠ 미국의 그린허트(K. Greenhut)와 아이사드(W. Isard), 스미스(D. Smith) 등은 공급측면의 최소비용이론과 수요측면의 최대수요이론을 통합하는 이론을 발표했다.

ⓛ 통합이론은 총수입과 총비용의 차이가 가장 큰 지점이 이윤극대화지점이 되어 최적 공업입지라는 주장이다.

ⓒ 특히 아이사드의 요소대체론은 다양한 생산요소들의 비용을 대체시킴으로서 최적입지가 결정된다고 했다.

**기출** 1. 베버는 운송비·노동비·집적이익을 고려하여 비용이 최소화되는 지점이 공장의 최적입지가 된다고 보았다.
2. 베버의 공업입지론에 따르면 수송비와 인건비는 최소가 되는 지점, 집적이익은 최대가 되는 지점에 공장이 입지한다.
3. 뢰쉬는 수요측면의 입장에서 기업은 시장확대가능성이 가장 높은 지점에 위치해야 한다고 보았다.
4. 뢰쉬(A. Lösch)의 최대수요이론은 장소에 따라 수요가 차별적이라는 전제하에 수요측면에서 경제활동의 공간조직과 상권조직을 파악한 것이다.

## (2) 공업지의 입지선정 제34회, 제35회

### ① 원료지향형 산업와 시장지향형 산업

| 원료지향형 산업 | 시장(소비지)지향형 산업 |
|---|---|
| 원료중량 > 제품중량<br>중량감소산업인 경우(시멘트, 제련공업 등) | 원료중량 < 제품중량<br>중량증가산업인 경우(청량음료, 맥주) |
| 원료가 부패하기 쉬운 산업(통조림 공장) | 제품이 부패하기 쉬운 산업(두부공장, 유리공장) |
| 편재원료(국지원료)를 많이 사용하는 공장 | 보편원료를 많이 사용하는 공장 |
| 원료지수>1, 입지중량>2 | 원료지수<1, 입지중량<2 |

※ 국지원료(편재원료)란 특정의 지역에서만 취득할 수 있는 원료를 말하며 공업입지는 통상 원료지향형이다. 반면, 보편원료란 어느 지역에서나 동일조건으로 쉽게 취득할 수 있는 원료를 말하며 공업입지는 통상 시장지향형이다. 100% 보편원료를 사용하는 경우에는 시장에 입지하면 총운송비는 0이 된다.

**보충학습** │ 원료지수와 입지중량

1. 원료지수 $= \dfrac{\text{국지원료의 중량}}{\text{제품의 중량}}$

  ① 원료지수 > 1 : 원료지향형 입지
  ② 원료지수 < 1 : 시장지향형 입지
  ③ 원료지수 = 1 : 자유입지

2. 입지중량 $= \dfrac{\text{국지원료의 중량} + \text{제품의 중량}}{\text{제품의 중량}} = \text{원료지수} + 1$

  ① 입지중량 > 2 : 원료지향형 입지
  ② 입지중량 < 2 : 시장지향형 입지
  ③ 입지중량 = 2 : 자유입지

② **집적(集積)지향형 산업** : 선박, 철강산업, 석유화학산업 등 수송비의 비중이 적고 기술연관성이 큰 계열화된 산업은 함께 입지하여야 비용절감이 되는 산업이다(기술·정보·시설·원료 등의 공동이용).

③ **노동지향형 산업** : 노동의 양과 질이 지역간에 편재되어 있고 생산비 가운데 임금의 비중이 큰 산업을 말하며 이런 산업은 노동력이 풍부하고 임금이 저렴한 지역에 입지한다. 의류, 신발 등 섬유산업과 전자인쇄산업이 노동집약적 산업이다.

④ **중간지점 지향적 산업** : 수송비가 급격히 증가하거나 감소하는 경우에는 이적지점(적환지점)에서 수송수단을 바꾸어 운송비를 절감할 수 있는 산업이다. 예컨대, 제주도에서 선박으로 밀감을 목포까지 운반 후 목포에 쥬스 공장을 세워 여기에서 쥬스를 만든 후 서울로 운송하는 것

**기출**
1. 편재원료를 많이 사용하는 공장과 중량감소산업은 원료지향형 입지를 선호한다.
2. 중간재나 완제품을 생산하는 공장은 시장지향형입지를, 노동집약적이고 미숙련공을 많이 사용하는 공장은 노동지향형 입지를 선호한다.
3. 원료지수가 1보다 큰 공장은 원료지향적 입지를 선호한다.
4. 제품 중량이 국지원료 중량보다 큰 제품을 생산하는 공장은 시장지향적 입지를 선호한다.

**01** 다음 중 리카도(D. Ricaedo)의 차액지대론에 관한 설명으로 옳은 것을 모두 고른 것은?

제31회

> ㄱ. 지대 발생의 원인으로 비옥한 토지의 부족과 수확체감의 법칙을 제시하였다.
> ㄴ. 조방적 한계의 토지에는 지대가 발생하지 않으므로 무지대(無地代) 토지가 된다.
> ㄷ. 토지소유자는 토지소유라는 독점적 지위를 이용하여 최열등지에도 지대를 요구한다.
> ㄹ. 지대는 잉여이기에 토지생산물의 가격이 높아지면 지대가 높아지고 토지생산물의 가격이 낮아지면 지대도 낮아진다.

① ㄱ, ㄷ        ② ㄴ, ㄹ        ③ ㄱ, ㄴ, ㄷ
④ ㄱ, ㄴ, ㄹ       ⑤ ㄴ, ㄷ, ㄹ

**해설** ④ ㄷ은 마르크스의 절대지대설에 대한 설명이다.

**정답** ④

**02** 다음 설명에 모두 해당하는 것은?

제33회

> • 서로 다른 지대곡선을 가진 농산물들이 입지경쟁을 벌이면서 각 지점에 따라 가장 높은 지대를 지불하는 농업적 토지이용에 토지가 할당된다.
> • 농산물 생산활동의 입지경쟁 과정에서 토지이용이 할당되어 지대가 결정되는데, 이를 입찰지대라 한다.
> • 중심지에 가까울수록 집약 농업이 입지하고, 교외로 갈수록 조방 농업이 입지한다.

① 튀넨(J.H.von Thünen)의 위치지대설     ② 마샬(A. Marshall)의 준지대설
③ 리카도(D. Ricardo)의 차액지대설       ④ 마르크스(K. Marx)의 절대지대설
⑤ 파레토(V. Pareto)의 경제지대론

**해설** ① 튀넨(J.H.von Thünen)의 위치지대설에 대한 설명이다.

**정답** ①

**03 도시공간구조이론 및 지대이론에 관한 설명으로 틀린 것은?** 〔제32회〕

① 버제스(E. Burgess)의 동심원이론에 따르면 중심업무지구와 저소득층 주거지대 사이에 점이지대가 위치한다.
② 호이트(H. Hoyt)의 선형이론에 따르면 도시공간구조의 성장과 분화는 주요 교통축을 따라 부채꼴 모양으로 확대되면서 나타난다.
③ 해리스(C. Harris)와 울만(E. Ullman)의 다핵심이론에 교통축을 적용하여 개선한 이론이 호이트의 선형이론이다.
④ 헤이그(R. Haig)의 마찰비용이론에 따르면 마찰비용은 교통비와 지대로 구성된다.
⑤ 알론소(W. Alonso)의 입찰지대곡선은 도심에서 외곽으로 나감에 따라 가장 높은 지대를 지불할 수 있는 각 산업의 지대곡선들을 연결한 것이다.

**해설** ③ 해리스(C. Harris)와 울만(E. Ullman)의 다핵심이론 ⇨ 버제스(E. Burgess)의 동심원이론, 버제스(E. Burgess)의 동심원이론에 교통축을 적용하여 개선한 이론이 호이트의 선형이론이다.

**정답** ③

**04 다음 이론에 관한 설명 중 옳은 것을 모두 고른 것은?** 〔제30회〕

ㄱ. 호이트(H. Hoyt)에 의하면 도시는 전체적으로 원을 반영한 부채꼴 모양의 형상으로 그 핵심의 도심도 하나이나 교통의 선이 도심에서 방사되는 것을 전제로 하였다.
ㄴ. 뢰시(A. Lösch)는 수요 측면의 입장에서 기업은 시장확대 가능성이 가장 높은 지점에 위치해야 한다고 보았다.
ㄷ. 튀넨(J.H.von Thünen)은 완전히 단절된 고립국을 가정하여 이곳의 작물재배활동은 생산비와 수송비를 반영하여 공간적으로 분화된다고 보았다.

① ㄱ    ② ㄷ    ③ ㄱ, ㄷ    ④ ㄴ, ㄷ    ⑤ ㄱ, ㄴ, ㄷ

**해설** ⑤ ㄱ. 호이트의 선형이론 ㄴ. 뢰시의 최대수요이론 ㄷ. 튀넨의 위치지대설(고립국이론, 입지교차지대설)에 대한 설명으로 모두 옳다.

**정답** ⑤

**05** 다음에서 설명하는 내용을 〈보기〉에서 올바르게 고른 것은? 〔제30회〕

> ㄱ. 토지이용이 도시를 중심으로 지대지불능력에 따라 달라진다는 튀넨(J.H.von Thünen)의 이론을 도시 내부에 적용하였다.
> ㄴ. 공간적 중심지 규모의 크기에 따라 상권의 규모가 달라진다는 것을 실증하였다.
> ㄷ. 특정 점포가 최대 이익을 얻을 수 있는 매출액을 확보하기 위해서는 어떤 장소에 입지하여야 하는지를 제시하였다.

> [보기]
> 가: 버제스(E. Burgess)의 동심원이론
> 나: 레일리(W. Reilly)의 소매인력법칙
> 다: 크리스탈러(W. Christaller)의 중심지이론
> 라: 넬슨(R. Nelson)의 소매입지이론

① ㄱ: 가, ㄴ: 나, ㄷ: 다　　　　② ㄱ: 가, ㄴ: 나, ㄷ: 라
③ ㄱ: 가, ㄴ: 다, ㄷ: 라　　　　④ ㄱ: 나, ㄴ: 다, ㄷ: 가
⑤ ㄱ: 나, ㄴ: 다, ㄷ: 라

> **해설** ③ ㄱ: 가(버제스의 동심원이론), ㄴ: 다(크리스탈러의 중심지이론), ㄷ: 라(넬슨의 소매입지이론)에 대한 설명이다.

**정답** ③

**06** 다음 입지와 도시공간구조에 관한 설명으로 옳은 것을 모두 고른 것은? 〔제31회〕

> ㄱ. 컨버스(P. Converse)는 소비자들의 특정 상점의 구매를 설명할 때 실측거리, 시간거리, 매장규모와 같은 공간요인뿐만 아니라 효용이라는 비공간요인도 고려하였다.
> ㄴ. 호이트(H. Hoyt)는 저소득층의 주거지가 형성되는 요인으로 도심과 부도심 사이의 도로, 고지대의 구릉지, 주요 간선도로의 근접성을 제시하였다.
> ㄷ. 넬슨(R. Nelson)은 특정 점포가 최대 이익을 얻을 수 있는 매출액을 확보하기 위해서 어떤 장소에 입지하여야 하는지를 제시하였다.
> ㄹ. 알론소(W. Alonso)는 단일도심도시의 토지이용형태를 설명함에 있어 입찰지대의 개념을 적용하였다.

① ㄱ　　　　② ㄱ, ㄴ　　　　③ ㄴ, ㄷ　　　　④ ㄷ, ㄹ　　　　⑤ ㄴ, ㄷ, ㄹ

해설 ④ ㄷ, ㄹ이 옳은 설명이다.
ㄱ. 컨버스(P. Converse) ⇨ 허프(D. Huff), 허프(D. Huff)는 소비자들의 특정 상점의 구매를 설명할 때 실측거리, 시간거리, 매장규모와 같은 공간요인뿐만 아니라 효용이라는 비공간요인도 고려하였다.
ㄴ. 호이트(H. Hoyt)는 고소득층의 주거지가 형성되는 요인으로 주요 간선도로의 근접성을 제시하였다.

정답 ④

## 07 다음 입지 및 도시공간구조 이론에 관한 설명으로 옳은 것을 모두 고른 것은? 제33회

> ㄱ. 베버(A. Weber)의 최소비용이론은 산업입지의 영향요소를 운송비, 노동비, 집적이익으로 구분하고, 이 요소들을 고려하여 비용이 최소화되는 지점이 공장의 최적입지가 된다는 것이다.
> ㄴ. 뢰시(A. Lösch)의 최대수요이론은 장소에 따라 수요가 차별적이라는 전제하에 수요측면에서 경제활동의 공간조직과 상권조직을 파악한 것이다.
> ㄷ. 넬슨(R. Nelson)의 소매입지이론은 특정 점포가 최대 이익을 얻을 수 있는 매출액을 확보하기 위해서는 어떤 장소에 입지하여야 하는가에 대한 원칙을 제시한 것이다.
> ㄹ. 해리스(C. Harris)와 울만(E. Ullman)의 다핵심이론은 단일의 중심업무지구를 핵으로 하여 발달하는 것이 아니라, 몇 개의 분리된 핵이 점진적으로 통합됨에 따라 전체적인 도시구조가 형성된다는 것이다.

① ㄱ, ㄴ
② ㄷ, ㄹ
③ ㄱ, ㄴ, ㄹ
④ ㄴ, ㄷ, ㄹ
⑤ ㄱ, ㄴ, ㄷ, ㄹ

해설 ⑤ ㄱ, ㄴ, ㄷ, ㄹ 모두 옳은 설명이다.

정답 ⑤

**08** X와 Y지역의 산업별 고용자수가 다음과 같을 때, X지역의 입지계수(LQ)에 따른 기반산업의 개수는? (단, 주어진 조건에 한함) 〔제34회〕

| 구분 | X지역 | Y지역 | 전지역 |
|---|---|---|---|
| A산업 | 30 | 50 | 80 |
| B산업 | 50 | 40 | 90 |
| C산업 | 60 | 50 | 110 |
| D산업 | 100 | 20 | 120 |
| E산업 | 80 | 60 | 140 |
| 전산업 고용자수 | 320 | 220 | 540 |

① 0개　　　② 1개　　　③ 2개　　　④ 3개　　　⑤ 4개

**해설** ② 입지계수(LQ)가 1보다 큰 경우에 기반산업이므로 X지역에서는 D산업(LQ = 1.40)만 기반산업이 된다.

- X지역 A산업 LQ = $\dfrac{\dfrac{30}{320}}{\dfrac{80}{540}}$ ≒ 0.63

- X지역 B산업 LQ = $\dfrac{\dfrac{50}{320}}{\dfrac{90}{540}}$ ≒ 0.93

- X지역 C산업 LQ = $\dfrac{\dfrac{60}{320}}{\dfrac{110}{540}}$ ≒ 0.92

- X지역 D산업 LQ = $\dfrac{\dfrac{100}{320}}{\dfrac{120}{540}}$ ≒ 1.40

- X지역 E산업 LQ = $\dfrac{\dfrac{80}{320}}{\dfrac{140}{540}}$ ≒ 0.96

**정답** ②

**09** 허프 (D. Huff)모형을 활용하여 점포 A의 월 매출액을 추정하였는데, 착오에 의해 공간(거리)마찰계수가 잘못 적용된 것을 확인하였다. 올바르게 추정한 점포 A의 월 매출액은 잘못 추정한 점포 A의 월 매출액보다 얼마나 증가하는가? (단 주어진 조건에 한함) [제34회]

- X지역의 현재 주민: 10,000명
- 1인당 월 점포 소비액: 30만원
- 올바른 공간(거리)마찰계수: 2
- 잘못 적용된 공간(거리)마찰계수: 1
- X지역의 주민은 모두 구매자이고, 점포 (A, B, C)에서만 구매한다고 가정함
- 각 점포의 매출액은 X지역 주민에 의해서만 창출됨

| 구 분 | 점포 A | 점포 B | 점포 C |
|---|---|---|---|
| 면 적 | 750㎡ | 2,500㎡ | 500㎡ |
| X지역 거주지로부터의 거리 | 5km | 10km | 5km |

① 1억원    ② 2억원    ③ 3억원    ④ 4억원    ⑤ 5억원

**해설**  ③ 올바르게 추정한 점포 A의 월 매출액(12억)은 잘못 추정한 점포 A의 월 매출액(9억)보다 3억원이 증가하게 된다.

- 점포 A 시장점유율 = $\dfrac{\dfrac{A매장면적}{A까지의 거리^2}}{\dfrac{A매장면적}{A까지의 거리^2}+\dfrac{B매장면적}{B까지의 거리^2}+\dfrac{C매장면적}{C까지의 거리^2}}$

- 잘못 추정한 점포 A의 시장점유율 = $\dfrac{\dfrac{750}{5^1}}{\dfrac{750}{5^1}+\dfrac{2,500}{10^1}+\dfrac{500}{5^1}}$ = 30%(0.3)

- 잘못 추정한 점포 A의 월 매출액 = 10,000명 × 30만원 × 30% = 9억원

- 올바르게 추정한 점포 A의 시장점유율 = $\dfrac{\dfrac{750}{5^2}}{\dfrac{750}{5^2}+\dfrac{2,500}{10^2}+\dfrac{500}{5^2}}$ = 40%(0.4)

- 올바르게 추정한 점포 A의 월 매출액 = 10,000명 × 30만원 × 40% = 12억원

**정답** ③

**10** 다음 설명에 모두 해당하는 입지이론은? 〈제33회〉

> • 인간정주체계의 분포원리와 상업입지의 계층체계를 설명하고 있다.
> • 재화의 도달거리와 최소요구치와의 관계를 설명하는 것으로 최소요구치가 재화의 도달범위 내에 있을 때 판매자의 존속을 위한 최소한의 상권범위가 된다.
> • 고객의 다목적 구매행동, 고객의 지역 간 문화적 차이를 반영하지 않았다는 비판이 있다.

① 애플바움(W. Applebaum)의 소비자분포기법
② 레일리(W. Reilly)의 소매중력모형
③ 버제스(E. Burgess)의 동심원이론
④ 컨버스(P. Converse)의 분기점 모형
⑤ 크리스탈러(W. Christaller)의 중심지이론

해설 ⑤ 크리스탈러(W. Christaller)의 중심지이론에 대한 설명이다.

정답 ⑤

**11** 허프(D. Huff)모형에 관한 설명으로 틀린 것은? (단 다른 조건은 동일함) 〈제30회〉

① 중력모형을 활용하여 상권의 규모 또는 매장의 매출액을 추정할 수 있다.
② 모형의 공간(거리)마찰계수는 시장의 교통조건과 쇼핑물건의 특성에 따라 달라지는 값이다.
③ 모형을 적용하기 전에 공간(거리)마찰계수가 먼저 정해져야 한다.
④ 교통조건이 나쁠 경우 공간(거리)마찰계수가 커지게 된다.
⑤ 전문품점의 경우는 일상용품점보다 공간(거리)마찰계수가 크다.

해설 ⑤ 크다 ⇨ 작다, 교통조건이 나쁠수록, 거리에 대한 영향을 많이 받을수록, 전문품점보다 일상용품점(편의품점)일수록 크게 나타난다.

정답 ⑤

**12** 허프(D. Huff)모형에 관한 설명으로 옳은 것을 모두 고른 것은? (단, 다른 조건은 동일함)

제33회 변형

> ㄱ. 어떤 매장이 고객에게 주는 효용이 클수록 그 매장이 고객들에게 선택될 확률이 더 높아 진다는 공리에 바탕을 두고 있다.
> ㄴ. 해당 매장을 방문하는 고객의 행동력은 방문하고자 하는 매장의 크기에 비례하고, 매장 까지의 거리와 반비례관계에 있다.
> ㄷ. 공간(거리)마찰계수는 시장의 교통조건과 매장 물건의 특성에 따라 달라지는 값이며, 교 통조건이 나빠지면 더 커진다.
> ㄹ. 일반적으로 소비자는 가장 가까운 곳에서 상품을 선택하려는 경향이 있다.
> ㅁ. 고정된 상권을 놓고 경쟁함으로써 제로섬(zero-sum)게임이 된다는 한계가 있다.

① ㄱ, ㄴ      ② ㄴ, ㄷ, ㄹ      ③ ㄷ, ㄹ, ㅁ
④ ㄱ, ㄴ, ㄷ, ㅁ      ⑤ ㄱ, ㄴ, ㄷ, ㄹ, ㅁ

해설    ⑤ ㄱ, ㄴ, ㄷ, ㄹ, ㅁ 모두 옳은 지문이다.

정답 ⑤

**13** 다음을 모두 설명하는 입지이론은?

제32회

> • 운송비의 관점에서 특정 공장이 원료지향적인지 또는 시장지향적인지를 판단하기 위해 '원 료지수(MI: material index)' 개념을 사용한다.
> • 최소운송비 지점, 최소노동비 지점, 집적이익이 발생하는 구역을 종합적으로 고려해서 최소 비용지점을 결정한다.
> • 최소운송비 지점으로부터 기업이 입지를 바꿀 경우, 이에 따른 추가적인 운송비의 부담액 이 동일한 지점을 연결한 것이 등비용선이다.

① 베버(A. Weber)의 최소비용이론      ② 호텔링(H. Hotelling)의 입지적 상호의존설
③ 뢰쉬(A. Lösch)의 최대수요이론      ④ 애플바움(W. Applebaum)의 소비자분포기법
⑤ 크리스탈러(W. Christaller)의 중심지이론

해설    ① 베버(A. Weber)의 최소비용이론에 대한 설명이다.

정답 ①

**14** 다음 설명에 모두 해당하는 것은?

> • 토지의 비옥도가 동일하더라도 중심도시와의 접근성 차이에 의해 지대가 차별적으로 나타난다.
> • 한계지대곡선은 작물의 종류나 농업의 유형에 따라 그 기울기가 달라질 수 있으며, 이 곡선의 기울기에 따라 집약적 농업과 조방적 농업으로 구분된다.
> • 가장 높은 지대를 지불하는 농업적 토지이용에 토지가 할당된다.

① 마샬(A. Marshal))의 준지대설
② 헤이그(R. Haig)의 마찰비용이론
③ 튀넨(J. H. von Thünen)의 위치지대설
④ 마르크스(K. Marx)의 절대지대설
⑤ 파레토(V. Pareto)의 경제지대론

**해설** ③ 튀넨(J.H.von Thünen)의 위치지대설에 대한 설명이다.

**정답** ③

**15** 입지 및 도시공간구조 이론에 관한 설명으로 틀린 것은?  제35회

① 호이트(H. Hoyt)의 선형이론은 단핵의 중심지를 가진 동심원 도시구조를 기본으로 하고 있다는 점에서 동심원이론을 발전시킨 것이라 할 수 있다.

② 크리스탈러(W. Christaller)는 중심성의 크기를 기초로 중심지가 고차중심지와 저차중심지로 구분되는 동심원이론을 설명했다.

③ 해리스(C. Harris)와 울만(E Ullman)은 도시 내부의 토지이용이 단일한 중심의 주위에 형성되는 것이 아니라 몇 개의 핵심지역 주위에 형성된다는 점을 강조하면서, 도시공간구조가 다핵심구조를 가질 수 있다고 보았다.

④ 베버(A. Weber)는 운송비의 관점에서 특정 공장이 원료지향적인지 또는 시장지향적인지를 판단하기 위해 원료지수(material index) 개념을 사용했다.

⑤ 허프(D). Huff) 모형의 공간(거리)마찰계수는 도로환경, 지형, 주행수단 등 다양한 요인에 영향을 받을 수 있는 값이며, 이 모형을 적용하려면 공간(거리)마찬계수가 정해져야 한다.

> **해설** ② 동심원이론 ⇨ 중심지이론, 크리스탈러(W. Christaller)는 중심성의 크기를 기초로 중심지가 고차중심지와 저차중심지로 구분되는 중심지이론을 설명했다.

**정답** ②

2025 랜드하나 공인중개사 기본서

# PART 4
# 부동산정책

# 부동산문제

□ 시험에 많이 출제되는 장은 아니나 부동산문제의 특성과 소득분배측정수단, 주거비부담측정지표, 토지문제 중 지가고의 폐단, 주택문제와 공가현상에 대한 기본적인 사항만 숙지해 두자.

## 1 부동산문제

### (1) 부동산문제의 의의

부동산문제란 부동산과 인간과의 관계 악화의 제 문제를 말한다. 부동산문제는 또다시 ① 토지문제 ② 주택문제 ③ 국토이용의 비효율화 ④ 거래질서의 문란문제 등이 있다.

### (2) 부동산문제의 특성

① 악화성향 : 부동산문제가 한번 발생하면 문제를 방치함으로써 시간의 흐름에 따라 더욱 악화되는 성향을 말한다.

② 비가역성(非可逆性) : 부동산문제는 일단 악화가 되면 이를 악화 이전의 원래상태로 회복하기가 사회적·경제적으로 어렵다는 것이다.

③ 지속성 : 부동산문제는 시간이 흐름과 함께 동일한 차원의 문제점은 계속되는 현상을 말한다.

④ 해결수단의 다양성 : 하나의 부동산문제를 해결하기 위해 사용될 수 있는 수단, 즉 세제, 금융, 재정, 토지수용 등 다양므로 부동산정책은 종합정책으로서의 성격을 지닌다.

## 2 토지문제

### (1) 토지부족문제(물리적 토지문제)

물리적 토지문제는 근본적으로 부증성이라는 토지의 자연적 특성 때문에 토지가 부족한 상태를 말한다.

### (2) 지가고문제(경제적 토지문제)

지가고란 인구증가와 도시화, 핵가족화, 투기적 수요 등으로 합리적인 지가수준보다 훨씬 높게 형성되어 있는 지가의 상태를 말하며 이는 경제적 토지문제이다.

### (3) 소득분배 측정수단

① **10분위 분배율** : 10분위 분배율은 상위 20% 계층의 소득의 합계에 대한 하위 40% 계층의 소득
합계의 비율을 의미한다.

$$10분위\ 분배율 = \frac{하위\ 40\%\ 계층의\ 소득합계}{상위\ 20\%\ 계층의\ 소득합계}$$

㉠ 10분위 분배율이 0이면 완전불균등, 2이면 완전균등이다.

㉡ 10분위 분배율이 클수록 분배가 개선됨

② **로렌츠곡선**(Lorenz Curve)

로렌츠곡선은 계층별 소득분포 자료에서 인구의 누
적점유율과 소득점유율 사이의 관계를 나타내는 곡
선이다.

㉠ OB는 소득분배가 완전균등함을 의미한다.

㉡ OAB는 소득분배가 완전불균등함을 의미한다.

㉢ 로렌츠곡선이 대각선에 가까울수록 소득분배가
균등하다(로렌츠면적이 작을수록 소득분배가 균등).

③ **지니계수**(Gini Coefficient) : 지니계수는 로렌츠곡선
의 소득분배 상태를 수치로 나타낸 지수이다.

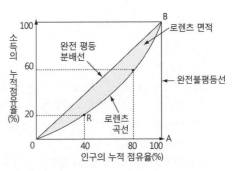

로렌츠 곡선상에서 점 R은 인구의 40%가
소득의 20%를 차지하고 있음을 뜻한다.

[로렌츠 곡선]

$$지니계수 = \frac{로렌츠면적}{\triangle OAB면적}$$

㉠ 지니계수가 0이면 완전균등, 지니계수가 1이면 완전불균등을 의미한다.

㉡ 지니계수가 작을수록(0에 가까울수록) 소득분배가 균등(개선)해진다.

※ 누진세제도, 임대주택제도는 저소득층을 지원하는 제도이므로 이의 실시는 소득분배의 불평등을 완화시키므로 로렌츠면
적은 작아지고, 지니계수도 작아지며, 10분위 분배율은 커진다. 또한 인플레심화는 소득분배 불균형을 야기한다.

## 3 주택문제

### (1) 양적 주택문제 : 주택의 부족문제

① **의의** : 양적인 주택문제는 주택의 절대량 부족현상을 말하며 주택부족량은 필요주택수에 비해
실제 주택수가 적은 것을 의미한다. 즉, 가구 총수에 필요공가율(3~5%)에 의한 필요 공가수를
합친 필요 주택수에 미달하는 주택수를 말한다. 양적 주택문제가 질적 주택문제에 우선 해결되
어야 할 사항이다.

$$필요주택수 = 가구총수 + 필요공가수$$

② 적정공가율(합리적 공가율, 필요공가율) : 주택의 유통을 원활히 하기 위해서 실거주 이외에 필요로 하는 주택의 수가 가구총수에서 차지하는 비율이다(약 3%~5%).

③ 양적 주택수요의 증가원인

    ㉠ 인구의 증가                 ㉡ 핵가족화에 따른 가구 수 증가

    ㉢ 결혼·이혼의 증가            ㉣ 기존 주택의 노후화

    ㉤ 공공사업 등에 의한 주택의 철거 및 전용    ㉥ 필요 공가율의 증가

---

**보충학습**

1. 공가율과 주택보급율

    ① 공가율 $= \dfrac{\text{빈집의수}}{\text{총주택수}} \times 100$     ② 주택보급율 $= \dfrac{\text{(전국)주택수}}{\text{(전국)가구수}} \times 100$

2. 공가현상

    ① 마찰적 공가현상 : 다른 주택으로 이사하는 과정에서 일시적으로 생기는 공가현상을 말한다.

    ② 의도적 공가현상 : 자택을 보유한 상태에서 별장과 같이 여가주택 또는 투기목적으로 여러 개의 주택을 보유하는 현상을 말한다(예 별장, 개인용 콘도, 주말농장 등).

    ③ 통계적 공가현상 : 3분의 2 이상 건설된 주택은 통계상 주택으로 취급하므로 실제로는 공가일 수밖에 없는 경우를 말한다.

    ④ 주택의 방기(放棄)현상 : 사회적·경제적으로 쓸모가 적거나 세금관계 등으로 수익성이 맞지 않아 기존주택을 방기하는 현상이다(예 시골의 빈집).

---

(2) **질적 주택문제(경제적 주택문제)** : 주택의 질적 수준 문제

① 의의 : 질적인 주택문제는 저소득 수준으로 인하여 주거비의 부담능력이 떨어지고 주택의 질적 수준이 낮아서 생기는 즉, 주거수준이 낮아져서 생기는 문제를 말한다.

② 질적 주택수요의 증가원인

    ㉠ 소득 및 생활수준의 향상        ㉡ 주택금융의 확대

    ㉢ 주택구조변화에 따른 방수 변화     ㉣ 생활태도의 변화

    ㉤ 부대시설의 확충 등에 따른 주택수요의 증가    ㉥ 신건축자재의 개발

    ㉦ 환경문제에 관한 새로운 인식

(3) **주거비부담 측정지표** ^제31회

① 슈바베 지수(Schwabe Index) : 가구의 생계비 중에서 주거비가 차지하는 비율

$$\text{슈바베 지수} = \frac{\text{주거비}}{\text{생계비}}$$

ㄱ 가계소득이 증대할수록 주거비지출액은 증가하나 생계비(가계총지출액) 중에서 주거비 지출 비율인 슈바베 지수는 감소한다는 것이 슈바베 법칙이다.

ㄴ 고소득층은 슈바베 지수가 낮고, 생계비 중 주거비의 부담이 작으며 주택부담능력은 높아진다.

ㄷ 저소득층은 슈바베 지수가 높고, 생계비 중 주거비의 부담이 크며 주택부담능력은 낮아진다.

ㄹ 주거비의 상승률이 소비자물가지수의 상승률을 초과하더라도, 소득증가율이 주거비 상승률을 상회한다면 심각한 문제가 되지 않는다. 그러나 주거비의 상승률이 소득증가율을 초과하게 되면, 가구의 주택부담능력은 낮아진다.

ㅁ 주택 가격이 높은 대도시나 소득이 적은 저소득층일수록 슈바베 지수나 P/Y비율이 높아져 생계비중 주거비 부담 비율이 증가하며 주택구입능력은 떨어진다.

② PIR(소득 대비 주택가격비율; price-Income-Ratio) : P/Y비율 제31회, 제33회

ㄱ PIR 비율은 주택 가격이 가구의 연소득의 몇 배가 되는가를 나타내는 비율을 의미한다. 예컨대, PIR값이 10이면 연수입으로 주택을 구매하는데 10년이 소요된다는 의미이다.

$$PIR = \frac{주택가격(P)}{가구 연소득(I)}$$

ㄴ PIR 값이 클수록 주택 가격에 대한 부담이 커지므로 주택구입능력 또는 주택부담능력은 작아지며, 주택구매가 곤란해진다.

ㄷ PIR 값이 작을수록 주택가격에 대한 부담이 작으므로 주택구입능력 또는 주택부담능력은 높아지며, 주택구매가 용이해진다.

ㄹ 일반적으로 도시의 PIR 값이 농촌의 PIR 값 보다 더 크다.

③ RIR 비율(소득 대비 주택임대료비율; Rent-Income-Ratio)

ㄱ RIR 비율은 소득에 대한 임대료의 비율을 의미한다.

$$RIR = \frac{월임대료}{월소득}$$

ㄴ RIR 비율이 클수록 임대료(월세)부담이 커진다.

기출
1. 소득대비 주택가격비율(PIR)과 소득대비 임대료비율(RIR)은 주택시장에서 가구의 지불능력을 측정하는 지표이다.
2. 주택시장의 지표로서 PIR(Price to Income Ratio)은 가구의 주택지불능력을 나타내며, 그 값이 작을수록 주택구매가 더 쉽다는 의미다.

□ 시장실패의 원인, 공공재, 부동산정책수단(직접개입, 간접개입), 외부효과, 지역지구제 등을 숙지하자.
□ 임대료규제정책, 임대료보조정책, 공공임대주택공급정책, 분양가 규제, 선분양과 후분양제도에 대해 숙지하자.
□ 조세의 전가와 귀착, 경제적순손실, 양도세중과와 보유세중과, 헨지조지의 토지 단일세론도 함께 숙지하자.

---

**제1절** **정부의 시장개입**

### 1 부동산정책의 개념과 과정

#### (1) 부동산정책의 의의

① 부동산정책이란 부동산문제를 해결 또는 개선함으로써 인간과 부동산과의 관계를 개선하려는 공적 노력으로서, 종합정책적 성격을 띤다.
② 부동산정책은 부동산시장에 대한 정부의 개입을 의미하며 주안점은 공익의 추구에 있다.

#### (2) 부동산정책의 과정(6단계)

① 문제인지(정의) ⇨ ② 정보수집및분석 ⇨ ③ 대안작성 및 평가
⇨ ④ 대안선택 ⇨ ⑤ 정책집행 ⇨ ⑥ 정책평가

정책과정은 크게 보아 정책결정, 정책집행, 정책평가로 나눌 수 있고, 정책결정은 문제의 인지, 정보의 수집 및 분석, 대안의 작성 및 평가, 대안의 선택이라는 4단계로 세분할 수 있을 것이다. 여기에서는 정책과정을 문제의 인지, 정보의 수집 및 분석, 대안의 작성 및 평가, 대안의 선택, 정책의 평가 등 6단계로 나누어 설명하기로 한다.

① **문제의 인지 단계(문제의 정의 단계)** : 이는 부동산과 관련된 문제를 인지하여 문제의 성격과 내용을 파악한 후에 정책 의제로 채택하는 단계이다.
② **정보의 수집 및 분석 단계(정보활동단계)** : 이는 부동산문제에 대한 정보를 종합적이고 과학적으로 수집, 분석, 처리하는 단계이다.

③ **대안의 작성 및 평가 단계** : 이는 정보활동 후에 문제해결을 위한 대안을 작성한 후에 각 대안의 장·단점 및 실현가능성, 효율성을 고려하여 대안을 평가하는 단계이다.

④ **대안의 선택 단계** : 이는 여러 대안 중에서 가장 합리적이고 이상적이라고 판단되는 최적안을 선택하는 단계이다.

⑤ **정책 집행 단계** : 이는 관계집행기관과의 유기적 협조를 통해 선택된 대안을 집행하는 단계이다.

⑥ **정책의 평가 단계** : 정책과정에 있어서 최종단계는 정책평가 단계이다. 부동산정책 평가기준에는 목표달성도, 능률성(효율성), 시민의 만족도, 정치적 지지도 등이 있다.

## 2 정부의 시장개입 이유 제25회

정부가 부동산시장에 개입하는 이유를 2가지로 나누어 볼 수 있다. 하나는 경제적 기능으로서 시장실패를 수정하기 위해서이고, 다른 하나는 정치적 기능으로서 사회적 목표를 추구하기 위해서이다.

**(1) 정치적 기능** : 사회적 목표 달성 목적

① 정치적 기능이란 형평성 등 국가가 추구하고자 하는 사회적 목표를 달성하기 위해 정부가 개입하는 경우를 말한다.

② 정치적 기능에는 저소득층을 위한 임대주택정책, 불량주택개선 등 주거복지증진, 누진세제도, 소득재분배 정책 등이 있다.

**(2) 경제적 기능** : 시장실패 수정 목적

① 경제적 기능이란 수요공급조절의 실패 등 가격기구에 의한 시장기능이 제대로 작동하지 못하여 자원배분이 왜곡되는 시장실패를 수정하기 위해 정부가 개입하는 것을 말한다.

② 시장실패의 원인에는 불완전경쟁시장(독과점, 규모의 경제), 외부효과, 공공재존재, 정보의 비대칭성 및 불확실성 등이 있다.

③ 따라서, 경제적 기능에는 외부효과를 제거하기위한 지역지구제의 실시 등을 들 수 있다.

정부의 시장개입의 이유

| 정치적 기능 | 경제적 기능 |
|---|---|
| ① 사회적 목표 달성 | ① 시장실패 수정 |
| ② 저소득층 위한 정책 | ② 외부효과 제거 |
| ③ 임대주택정책 | ③ 지역지구제 |

### 3   시장실패(market failure) 제27회, 제28회, 제29회, 제30회

시장실패란 시장이 자원배분을 효율적으로 하지 못하는 상황을 말한다. 즉, 시장이 가격기구에 의한 자동조절기능이 원활하지 못하여 수급조절의 실패 등 자원배분이 적정하지 못하여 불균형 상태에 있는 것을 말한다. 이런 시장실패의 원인은 다음과 같다.

| 시장실패의<br>원인 | ① 불완전경쟁 : 독과점기업(공급독점), 규모의 경제(비용체감산업)<br>② 외부효과 : 정의 외부효과와 부의 외부효과 모두 시장실패의 원인이 된다.<br>③ 공공재(비경합성, 비배제성, 수익자부담의 원칙 적용 안됨, 과소생산), 무임승차<br>④ 정보의 비대칭성, 정보의 불확실성 : 역선택, 도덕적 해이 |
|---|---|

※ 불완전경쟁시장: 판매자와 구매자 소수, 상품 이질, 진퇴 곤란, 불완전한 정보

> **보충학습**  정부실패(government failure)
>
> 정부실패란 시장실패를 수정하기 위한 정부의 개입(정책)이 오히려 시장실패를 수정하지 못하고 자원배분이 더 비효율적으로 되는 경우를 말한다. 정부실패 원인은 다음과 같다.
> 1. 정부의 불완전한 지식과 정보     2. 규제방법의 불완전성과 규제의 경직성
> 3. 근시안적 규제               4. 관료주의 병폐(관료조직의 비효율성)
> 5. 이권개입과 정치적 결정        6. 지역지구제나 임대료 규제 정책의 부작용

### (1) 불완전경쟁

① **독과점 시장** : 독과점 공급자는 자신의 이익을 위해 생산을 줄여 가격을 높게 책정한다면 과소생산에 따른 유휴설비가 존재하며 자원의 비효율적 배분으로 시장실패를 야기한다.

② **규모의 경제(비용체감산업)** : 어느 특정 기업에서는 규모의 경제로 생산비가 절감된다면 그 기업만 가격을 인하하여 다른 기업은 가격경쟁력이 상실되어 시장에서 사라진다. 즉, 규모의 경제를 누리는 기업이 독점기업이 되어 시장실패를 야기한다(자연독점). 대책으로는 공정거래법 제정, 독과점규제법 제정을 통해 자유시장경제를 유도한다.

### (2) 외부효과(외부불경제와 외부경제 모두 시장의 실패를 야기)

① 거래당사자가 아닌 제3자에게 의도하지 않은 손해를 주면서 시장기구를 통하지 않고 이에 대한 대가를 지불하지 않는 외부불경제(공해방출기업)와 제3자에게 의도하지 않은 이익을 주면서 대가를 받지 못하는 외부경제(과수원경영)로 인해 자원배분이 적정치 않아 시장실패를 야기한다.

② 외부경제 현상에 대해서는 보조금지급으로 지원하고, 외부불경제 현상에 대해서는 환경보전법 제정, 환경오염유발부담금 부과, 공해방지시설 의무화, 세금 부과로 규제한다.

### (3) 공공재(公共財) 제30회

① 공공재란 대가의 지불 없이 재화를 사용하고자 하는 성격으로서 소비의 비경합성(공동사용), 비배제성(무임승차)의 재화를 가리킨다.

② 국방, 치안, 소방, 도로, 공원, 가로등 처럼 사적인 이윤원리에 잘 맞지 않는 재화를 말하며, 소비에 있어서 규모의 경제효과가 나타난다.

③ 공공재는 반드시 필요하나 공공재를 시장원리에 맡기면 사회적 적정량보다 과소생산되어 자원배분이 적정치 않게 되고, 수익자부담의 원칙이 적용되지 않아 시장실패를 야기한다.

④ 정부는 공공재의 직접 공급(사회간접자본확충)을 통해 생산량을 증가시켜야 한다.

---

**핵심정리**

공공재

1. **비경합성(공동소비)** : 한 개인이 어떤 재화를 소비해도 다른 사람의 소비를 줄일 수 없는 성질을 말한다.
2. **비배제성(무임승차)** : 어떤 사람이 대가를 지불하지 않고 사용해도 그 사용을 배제시킬 수 없는 성질을 말한다.
3. **무임승차자** : 공공재의 생산비를 지불하지 않고 무료로 이를 이용하는 자를 말한다.
4. **과소생산**, 수익자부담의 원칙적용 배제, 정부가 도시계획을 통해 공급

---

기출 1. 공공재는 소비의 비경합성, 비배제성에 의해 비용을 부담하지 않은 사람도 소비할 수 있다.
　　 2. 공공재의 공급을 사적 시장에 맡기면 사회에서 필요한 양보다 과소생산된다.

### (4) 거래당사자의 정보의 비대칭성과 정보의 불확실성

① 불완전경쟁시장에서 정보의 불확실성에 의한 불완전정보 또는 생산자에 비해 수요자의 정보부족(정보의 비대칭성)은 합리적 선택을 저해한다.

② 정보의 비대칭성이란 시장에서 정보가 불공평하게 배분되는 것을 말한다. 즉, 시장에서 어느 한쪽이 다른 한쪽보다 더 많은 정보를 가지고 있는 반면 다른 한쪽은 정보가 적은 경우를 말한다. 이로 인해 정보가 부족한 쪽은 합리적 선택을 못하므로 역선택을 하게 되고 정보가 많은 쪽은 도덕적 해이에 빠질 수 있다. 공급자의 도덕적 해이나 소비자의 역선택을 야기하며 자원배분을 왜곡시켜 시장실패를 야기한다.

③ 대책으로는 국가의 정보보급, 소비자보호원 등에 의한 정보제공을 통해 합리적 선택을 유도한다.

기출 부동산시장에서 시장실패의 원인에는 공공재, 정보의 비대칭성, 외부효과, 불완전경쟁시장 등이 있다.

## 4 정부의 시장개입 방법 제26회~제35회

### (1) 토지정책수단

정부가 부동산시장에 개입하는 방법·수단은 토지이용의 규제, 직접개입, 간접개입으로 구분할 수 있다.

① **토지이용규제**(법률적 강제수단) : 사적 주체의 토지이용행위를 바람직한 방향으로 유도하기 위해 법적·행정적 조치에 의해 구속하고 제한하는 것. 물론 토지소유자의 소유권변동이 초래되지 않는다.

> 예 지역지구제, 개발권양도제(TDR), 건축 규제 등의 각종 규제, 도시계획, 정부의 각종 인가·허가제

② **직접적 개입**(시장에 대한 불신) : 정부가 직접 개입하여 수요·공급량을 통제하거나, 가격통제를 하거나, 토지의 수요자와 공급자의 역할을 담당하는 경우로 적극적 개입방법

> 예 토지은행제도(토지비축제도), 공영개발, 토지수용, 선매, 초과 매수, 도시개발사업, 도시재개발사업, 공공소유제도, 공공투자사업, 공공임대주택 공급정책, 임대료규제, 분양가규제(상한제)

③ **간접적 개입**(시장기능보조) : 시장기구의 틀을 유지하면서 그 기능을 통해서 소기의 성과를 거두려는 방법으로 소극적 개입방법

> 예 토지관련세금부과(개발부담금부과, 보조금 지급)와 세금 감면, 각종 금융지원과 규제, 토지행정상의 지원(지적, 등기제도와 토지정보제공, 지리정보시스템인 GIS구축)

**토지정책의 수단**

| 토지이용의 규제 | 직접적 개입방법 | 간접적 개입방법 |
|---|---|---|
| ① 지역지구제<br>② 개발권양도제(TDR)<br>③ 토지거래허가제<br>④ 건축 규제, 도시계획<br>⑤ 정부의 각종 인가·허가제 | ① 토지은행제도(토지비축제도)<br>② 공영개발<br>③ 토지수용, 선매, 초과 매수<br>④ 도시개발사업, 도시재개발사업<br>⑤ 공공임대주택 공급정책<br>⑥ 임대료규제, 분양가규제 | ① 토지관련 세금부과 등 조세정책<br>② 보조금 지급, 부담금부과<br>③ 금융정책(LTV, DTI, DSR)<br>④ 행정지원(정보제공, 지리정보시스템 구축, 부동산가격공시제도) |

---

**핵심정리**

**현재 우리나라에서 실시되고 있지 않은 정책** 제29회, 제30회, 제32회, 제33회, 제34회

1. 공한지세 : 폐지
2. 개발권양도제(TDR) : 미실시
3. 택지소유상한제 : 폐지
4. 토지초과이득세 : 폐지
5. 종합토지세 : 폐지

---

기출 1. 부동산에 대한 부담금제도나 보조금제도는 정부의 부동산시장에 대한 간접개입방식이다.
2. 토지은행, 공영개발사업, 공공투자사업은 직접개입에 속한다.
3. 총부채상환비율(DTI), 종합부동산세, 개발부담금, 금융지원정책은 간접개입에 속한다.
4. 담보인정비율(LTV) 강화는 부동산정책 중 금융규제에 해당한다.
5. 토지비축제도(토지은행)는 정부가 직접적으로, 부동산가격공시제도는 정부가 간접적으로 부동산시장에 개입하는 수단이다.
6. 택지소유상한제, 토지초과이득세제, 개발권양도제도(TDR), 공한지세, 종합토지세는 현재우리나라에서 시행되고 있는 제도가 아니다.
7. 담보인정비율(LTV)과 총부채상환비율(DTI), 총부채원리금상환비율(DSR)은 담보대출을 규제하는 것으로 부동산정책 중 금융규제에 해당한다.

## (2) 토지은행제도(토지비축제도) - 공공개발용, 수급조절용 제28회, 제29회, 제30회, 제31회, 제33회, 제35회

### ① 의의

㉠ 이는 미래의 공공용지 확보를 목적으로 미개발 토지를 정부(LH)가 미리 저렴한 가격으로 매입하여 공공자유보유 또는 공공임대보유 형태로 비축하였다가 수요자에게 팔거나 임대하는 제도이다. 우리나라는 한국토지주택공사(LH)를 통해 현재 실시하고 있다.

㉡ 일반 토지은행제도는 취득되는 토지의 용도를 사전에 지정하지 않고 포괄적 목적하에 토지를 비축하는 제도이다.

㉢ 특별(사업) 토지은행제도는 공업용지, 공공시설용지조성, 도시재개발 등 구체적 목적하에 토지를 비축하는 제도이다.

### ② 장점

㉠ 소유자의 토지 양도 의사가 전제되므로 토지수용제도보다 사유재산권을 침해하는 정도가 적다.

㉡ 개인의 무질서한 난 개발을 막을 수 있고 계획적 개발이 가능하다.

㉢ 개발 이익을 사회적으로 환수할 수 있다.

㉣ 비축지역의 공공용지를 저렴하게 확보하여 값싸게 공급할 수 있다.

### ③ 단점

㉠ 토지매입비용 등 정부의 재정적 부담이 수반된다.

㉡ 토지매입시와 매출시 사이의 과도기 동안 정부가 관리해야 하는데 관리상의 문제가 발생한다.

㉢ 적절한 투기방지책 없이 토지를 매입하면 매입 주변지역의 지가상승을 유발하여 정부가 투기를 조장할 수 있다.

기출 1. 정부는 한국토지주택공사(LH)를 통하여 토지비축업무를 수행할 수 있다.
2. 토지은행제도는 토지양도의사표시가 전제된다는 점에서 토지수용제도보다 토지소유자의 사적권리를 침해하는 정도가 작다.
3. 토지비축제도는 한국토지주택공사에서 관리하며, 관리의 문제가 발생할 수 있다.

**보충학습** | 토지보유권의 형태

1. **공공자유보유** : 정부나 공적 주체가 완전한 소유권을 갖고 토지를 보유하는 것
2. **공공임대보유** : 정부나 공적 주체가 소유한 토지를 약정된 기간, 조건하에 임대 받아 보유하는 것
3. **사적 자유보유** : 개인이 사적으로 소유권을 갖고 보유하는 것
4. **사적 임대보유** : 개인 또는 기업이 타인으로부터 약정한 기간 조건하에 임대 받아 토지를 보유하는 것
5. **비공식사실상보유** : 토지 원소유자의 공식적 허락없이 토지를 점유하는 것(빈민들의 국공유지 무단점유)
6. **공동체소유** : 부족이나 마을공동체가 토지를 공동으로 소유하는 것(가장 오래된 형태).

## 1. 공영개발사업(토지수용방식) : 권리소멸방식 <sup>제31회</sup>

① 의의
　　㉠ 개발지역을 전량 매수하여 개발 후 이를 분양하는 방식이다.
　　㉡ 토지 수용방식이므로 토지소유자의 토지소유권양도의사를 전제하지 않으며 토지소유권이
　　　 완전히 소멸하는 방식이다.

② 장점
　　㉠ 환지사업방식보다 개발지역 내의 개발이익환수가 용이하다.
　　㉡ 계획적 토지이용 및 토지이용의 효율성이 높다.
　　㉢ 환지사업보다 공공용지 확보가 용이하고 사업을 신속하게 진행할 수 있다.

③ 단점
　　㉠ 원 토지소유자의 소유권 소멸로 민원이 많이 발생하고 합리적 보상금 산정이 어렵다.
　　㉡ 사업시행자의 사업비 부담이 크다(자금부담가중).
　　㉢ 개발지역 주변의 지가상승 우려가 있다.

## 2. 환지방식 : 신개발방식 <sup>제26회, 제30회, 제31회, 제33회, 제35회</sup>

① 도시개발사업에서 이 방식을 많이 활용되는 방식으로 택지가 개발되기 전 토지의 위치·지목·면
　 적·등급·이용도 및 기타 사항을 고려하여, 택지가 개발된 후 개발된 토지를 토지소유자에게
　 재분배하는 방식이다.
② 사업 후 개발 토지 중 사업에 소요된 비용과 공공용지를 제외한 토지를 당초의 토지소유자에게
　 재분배하는 것이다. 즉, 토지소유자가 조합을 설립하여 농지를 택지로 개발한 후 보류지(체비지·
　 공공시설 용지)를 제외한 개발토지 전체를 토지소유자에게 배분하는 방식
③ 미개발토지를 토지이용규제에 따라 구획정리하고 기반시설을 갖춘 도시형 토지로 전환시키는
　 방식을 말한다.

### 3. 토지선매제도(부동산 거래신고 등에 관한 법률 제15조) <sup>제28회</sup>

선매란 함은 시장·군수 또는 구청장은 공익사업용 토지나 토지거래계약허가를 받아 취득한 토지를 그 이용목적대로 이용하고 있지 아니한 토지에 대하여 국가, 지방자치단체, 한국토지주택공사 등의 공공기관 또는 공공단체가 그 매수를 원하는 경우에는 이들 중에서 선매자를 지정하여 그 토지를 협의 매수하게 할 수 있다.

### 4. 토지거래허가구역(부동산 거래신고 등에 관한 법률 제10조) <sup>제28회</sup>

국토교통부장관 또는 시·도지사는 국토의 이용 및 관리에 관한 계획의 원활한 수립과 집행, 합리적인 토지 이용 등을 위하여 토지의 투기적인 거래가 성행하거나 지가가 급격히 상승하는 지역과 그러한 우려가 있는 지역으로서 5년 이내의 기간을 정하여 토지거래계약에 관한 허가구역으로 지정할 수 있다.

### 5. 개발제한구역(개발제한구역의 지정 및 관리에 관한 특별조치법 제3조) <sup>제30회</sup>

국토교통부장관은 도시의 무질서한 확산을 방지하고 도시 주변의 자연환경을 보전하여 도시민의 건전한 생활환경을 확보하기 위하여 도시의 개발을 제한할 필요가 있거나 국방부장관의 요청으로 보안상 도시의 개발을 제한할 필요가 있다고 인정되면 개발제한구역의 지정 및 해제를 도시·군관리계획으로 결정할 수 있다.

### 6. 토지적성평가제도 <sup>제28회</sup>

① 토지적성평가제도는 토지에 대한 개발과 보전의 경합이 발생했을 때 이를 합리적으로 조정하는 수단으로 도시계획의 기초조사단계에서 수행하는 평가제도로 토지의 토양, 입지, 활용가능성 등 토지의 적성에 대한 내용이 포함된다.

② 보전할 토지와 개발가능한 토지를 체계적으로 판단할 수 있도록 계획을 입안하는 단계에서 실시하는 기초조사이다.

### 7. 개발이익환수제도(개발이익 환수에 관한 법률 제2조) <sup>제30회, 제33회</sup>

① 개발이익이란 개발사업의 시행, 토지이용계획의 변경 그 밖에 사회적·경제적 요인에 따라 정상지가상승분을 초과하여 개발사업을 시행하는자나 토지소유자에게 귀속되는 토지가 액의 증가분이다.

② 개발부담금이란 개발이익 중 이 법에 따라 특별자치시장·특별자치도지사·시장·군수 또는 구청장(구청장은 자치구의 구청장을 말하며, 이하 "시장·군수·구청장"이라 한다)이 부과·징수하는 금액을 말한다.

## 8. 부동산 거래의 신고제(부동산 거래신고 등에 관한 법률 제3조) 제31회

① 거래당사자는 부동산의 매매계약을 체결한 경우 그 실제 거래가격 등 대통령령으로 정하는 사항을 거래계약의 체결일부터 30일 이내에 그 권리의 대상인 부동산등의 소재지를 관할하는 시장·군수 또는 구청장에게 공동으로 신고하여야 한다. 다만, 거래당사자 중 일방이 국가등인 경우에는 국가등이 신고를 하여야 한다.

② 거래당사자는 신고한 후 해당 거래계약이 해제, 무효 또는 취소된 경우 해제등이 확정된 날부터 30일 이내에 해당 신고관청에 공동으로 신고하여야 한다. 다만, 거래당사자 중 일방이 신고를 거부하는 경우에는 국토교통부령으로 정하는 바에 따라 단독으로 신고할 수 있다.

## 9. 투기과열지구(주택법 제63조) 제30회

국토교통부장관 또는 시·도지사는 주택가격의 안정을 위하여 필요한 경우에는 주거정책 심의위원회의 심의를 거쳐 일정한 지역을 투기과열지구로 지정하거나 이를 해제할 수 있다.

## 10. 조정대상지역(주택법 제63조의2)

국토교통부장관은 다음 각 호의 어느 하나에 해당하는 지역으로서 대통령령으로 정하는 기준을 충족하는 지역을 주거정책심의위원회의 심의를 거쳐 조정대상지역으로 지정할 수 있다.

① 주택가격, 청약경쟁률, 분양권 전매량 및 주택보급률 등을 고려하였을 때 주택 분양 등이 과열되어 있거나 과열될 우려가 있는 지역

② 주택가격, 주택거래량, 미분양주택의 수 및 주택보급률 등을 고려하여 주택의 분양·매매 등 거래가 위축되어 있거나 위축될 우려가 있는 지역

## 11. 지정지역(소득세법 제104조의2)

기획재정부장관은 해당 지역의 부동산 가격 상승률이 전국 소비자물가 상승률보다 높은 지역으로서 전국 부동산 가격 상승률 등을 고려할 때 그 지역의 부동산 가격이 급등하였거나 급등할 우려가 있는 경우에는 대통령령으로 정하는 기준 및 방법에 따라 그 지역을 지정지역으로 지정할 수 있다.

## 12. 주택조합(주택법 제2조) 제30회

주택마련 또는 리모델링하기 위해 결성하는 주택조합에는 주택법령상 지역주택조합, 직장주택조합, 리모델링주택조합이 있다.

## 13. 재건축부담금(재건축초과이익환수에관한법률 제2조) 제30회

국토교통부장관은 정비사업 중 재건축사업에서 발생되는 재건축초과이익을 이 법에서 정하는 바에 의하여 재건축부담금으로 징수하여야 한다.

**기출** 1. 토지선매란 토지거래허가구역에서 토지거래계약의 허가신청이 있을 때 공익목적을 위하여 사적 거래에 우선하여 국가, 지방자치단체, 한국토지주택공사 등이 그 토지를 협의매수할 수 있는 제도이다.
   2. 국토교통부장관은 도시의 무질서한 확산을 방지하고 도시 주변의 자연환경을 보전하여 도시민의 건전한 생활환경을 확보하기 위하여 개발제한구역을 지정할 수 있다.
   3. 토지적성평가제도는 토지에 대한 개발과 보전의 경합이 발생했을 때 이를 합리적으로 조정하는 수단이다.
   4. 국가는 공공기관의 개발사업 등으로 인하여 토지소유자의 노력과 관계없이 정상지가상승분을 초과하여 개발이익이 발생한 경우, 이를 개발부담금으로 환수할 수 있다.
   5. 부동산 거래신고는 부동산 거래신고에 대한 법령에 따라 거래당사자가 매매계약을 체결한 경우 거래계약체결일로부터 30일 이내에 신고하는 제도이다.
   6. 법령상 개발부담금제가 재건축부담금제보다 먼저 도입되었다.
   7. 부동산실명제의 근거 법률은 「부동산 실권리자명의 등기에 관한 법률」이다.

## 5 외부효과 제26회, 제28회

### (1) 외부효과의 의의 : 부동성, 인접성

① 외부효과란 생산, 소비 등 교환과정에 직접참여하지 않고 다른 제3자(타인)에게 의도하지 않게 혜택이나 손해를 가져다주면서, 시장기구를 통하지 않으므로 이에 대한 대가를 받지도 대가를 지불하지도 않는 경우를 말한다.

② 정(+)의 외부효과(외부경제)란 시장기구를 통하지 않고 다른 제3자에게 의도하지 않게 이익을 주면서도 이에 대한 대가를 받지 못한 경우를 말한다.

③ 부(-)의 외부효과(외부불경제)란 시장기구를 통하지 않고 다른 제3자에게 의도하지 않게 손해를 입히면서도 이에 대한 대가를 지불하지 않는 경우를 말한다.

## (2) 외부효과의 종류

| 정의 외부효과 (외부경제) | 부의 외부효과(외부불경제) |
| --- | --- |
| ① 대가를 받지 않고 의도하지 않은 이익을 줌<br>  ⇨ PIMFY(Please In My Front Yard)현상 야기<br>② 생산측면 : 사적 비용 > 사회적 비용<br>③ 소비측면 : 사적 편익 < 사회적 편익<br>④ 과소생산 (사적 비용 초과발생)<br>⑤ 규제완화 – 보조금·조세경감, 인근 토지와의 합병<br>  적·협동적 이용을 하도록 유도하는 정책<br>⑥ 존재 : 수요의 증가, 균형가격 상승, 균형량 증가 | ① 대가를 지불하지 않고 의도하지 않은 손해를 미침<br>  ⇨ NIMBY(Not In My Back Yard)현상 야기<br>② 생산측면 : 사적 비용 < 사회적 비용<br>③ 소비측면 : 사적 편익 > 사회적 편익<br>④ 과대생산 (사회적 비용 초과발생)<br>⑤ 규제강화 – 벌과금을 부과하거나 중과세를 부과, 진<br>  입을 규제하는 정책<br>⑥ 규제 : 공급의 감소, 균형가격 상승, 균형량 감소 |

① 주택보유자(소비자) 입장에서 정(+)의 외부효과가 존재하면, 즉 주택 주위에 호수, 공원이 있으
면 공급곡선은 변함이 없고 주택수요곡선이 우상향으로 이동하여 수요가 증가하므로 주택의
균형임대료는 상승하고 균형량은 증가한다.

② 부(-)의 외부효과를 유발하는 시멘트 공장의 경우 생산시에 발생하는 폐수나 공해를 스스로 제
거하지 않고 인근 주민에게 내보내므로 공해, 폐수 제거비용을 인근주민 등 제3자가 부담한다.
그러므로 기업의 사적 비용은 작아지나, 사회적 비용은 커진다. 이 기업에 대해 환경오염금의
부과 등 정부의 규제가 있으면 수요곡선은 변함이 없고 공급곡선이 좌상향 이동하여 공급이
감소하므로 주택의 균형임대료는 상승하고 균형량은 감소한다.

> **보충학습** | 핌피, 님비, 바나나현상
>
> 1. 핌피(PIMFY; Please In My Front Yard) 현상 – 정(正)의 외부효과 관련 : '나의 앞마당에 제발 들어오라'는
> 의미로서 자신의 거주지역에 이익을 주는 시설인 행정기관, 편익시설을 유치하려는 지역이기주의를 가리킨다.
> 2. 님비(NIMBY; Not In My Back Yard) 현상 – 부(負)의 외부효과 관련 : '나의 뒷마당에는 안된다'는 의미로서
> 자신의 거주지역에 해로운 시설인 쓰레기매각장 등 혐오시설을 짓지 못하게 하는 지역이기주의를 가리킨다.
> 3. 바나나(BANANA : Build Absolutely Nothing Anywhere Near Anybody) 현상 – 부(負)의 외부효과 관련 :
> '어디에든 아무것도 짓지말라'는 의미로 어디든 유해시설 설치를 반대한다는 말이다.

## (3) 외부효과의 해결책

① **사적인 해결방안** : 정부의 시장개입 없이 시장기구 스스로 외부효과 문제를 해결할 수 있도록
하는 방법(코즈정리)과 협상 또는 합병의 방법이 있다.

② **간접적 규제** : 조세부과와 보조금의 지급 등이 있다.

③ **직접적 규제** : 배출금지 의무화, 허용기준의 설정, 용도지정(지역지구제) 등이 있다.

**보충학습** 코즈정리(Coase Theorem)

환경오염의 부의 외부효과(외부불경제)가 존재하는 이유는 오염행위자가 발생시키는 환경공해가 제3자에게 피해를 주고 있는데도 그에 대한 보상이 이루어지지 않기 때문이다. 미국의 경제학자 코즈(Ronald H. Coase)는 환경재산권을 분명하게 해 준다면 정부의 개입이 없이 시장기구 스스로 외부효과 문제를 효율적으로 해결할 수 있다는 것을 보여 주었는데, 이를 코즈정리라고 한다.

**기출**
1. 부(-)의 외부효과를 발생시키는 시설의 경우, 발생된 외부효과를 제거 또는 감소시키기 위한 사회적비용이 발생할 수 있다.
2. 부(-)의 외부효과가 발생하면 님비(NIMBY) 현상이 발생한다.
3. 새로 조성된 공원이 쾌적성이라는 정(+)의 외부효과를 발생시키면, 공원 주변 주택에 대한 수요곡선이 우상향으로 이동하게 된다.
4. 부(-)의 외부효과를 발생시키는 공장에 대해서 부담금을 부과하면, 생산비가 증가하여 이 공장에서 생산되는 제품의 공급이 감소하게 된다.

## 6 지역지구제(토지이용규제방법) 제26회, 제27회, 제28회, 제30회, 제33회, 제35회

### (1) 의의 및 목적

① 지역지구제는 서로 양립하기 어려운 토지용도를 공간적으로 분리하고, 각 위치의 특성에 맞는 용도를 법적으로 지정함으로써 도시 및 도시외곽지역을 공간적으로 기획하는 제도이다.

② 도시계획법상의 지역·지구·구역제란 도시계획에 따라 도시계획구역 내의 토지를 특정한 용도에 따라 구분하여 획정하고, 획정된 지역마다 각각 별도의 토지이용의 특성을 부여하여 그 특성에 따라 토지의 이용에 일정한 공법상의 제한을 가하는 제도이다.

③ 지역지구제의 목적은 전국토를 일정한 용도지역·지구·구역 등으로 구분하여, 어울리지 않는 토지의 이용을 어울리는 토지의 이용으로 토지이용을 규제함으로써 토지이용에 수반되는 부(負)의 외부효과를 제거하거나 감소시키는 데에 그 목적이 있으나, 현대에는 토지이용규제 수단으로 많이 사용된다.

④ 양립하기 어려운 토지이용을 분리하여 국토이용질서의 확립과 토지의 효율적 이용을 도모하는 데 목적이 있다. 즉, 용도지역은 토지를 경제적·효율적으로 이용하고 공공복리의 증진을 도모하기 위하여 지정한다.

### (2) 내용

① 토지이용의 효율성 추구
② 동업종간의 집적 이익의 증대
③ 공공서비스를 위한 토지의 원활한 공급
④ 위생 및 안전상 필요한 최저기준 설정

PART 4 부동산정책

**(3) 지역지구제의* 단점(문제점)**

① 지역간 형평성 문제
② 토지이용의 경직성 문제

**(4) 국토의 계획 및 이용에 관한 법령상 용어 정의** 제30회, 제35회

| | |
|---|---|
| 도시·군<br>기본계획 | 특별시·광역시·특별자치시·특별자치도·시 또는 군의 관할 구역에 대하여 기본적인 공간구조와 장기발전방향을 제시하는 종합계획으로서 도시·군관리계획 수립의 지침이 되는 계획 |
| 도시·군<br>관리계획 | 특별시·광역시·특별자치시·특별자치도·시 또는 군의 개발·정비 및 보전을 위하여 수립하는 토지이용, 교통, 환경, 경관, 안전, 산업, 정보통신, 보건, 복지, 안보, 문화 등에 관한 계획 |
| 지구단위<br>계획 | 도시·군계획 수립 대상지역의 일부에 대하여 토지 이용을 합리화하고 그 기능을 증진시키며 미관을 개선하고 양호한 환경을 확보하며, 그 지역을 체계적·계획적으로 관리하기 위하여 수립하는 도시·군관리계획 |
| 용도지역 | 토지의 이용 및 건축물의 용도, 건폐율, 용적률, 높이 등을 제한함으로써 토지를 경제적·효율적으로 이용하고 공공복리의 증진을 도모하기 위하여 서로 중복되지 아니하게 도시·군관리계획으로 결정하는 지역<br>① 도시지역 : 주거지역, 상업지역, 공업지역, 녹지지역<br>② 관리지역<br>③ 농림지역<br>④ 자연환경보전지역 |
| 도시지역 | ① 주거지역<br>　ⓐ 전용주거 [양호한] ⇨ 1종 - 단독, 2종 - 공동<br>　ⓑ 일반주거 [편리한] ⇨ 1종 - 저층, 2종 - 중층, 3종 - 중고층<br>　ⓒ 준주거 ⇨ 주거 + 상업, 업무기능보완<br>② 상업지역 : ⓐ 중심상업 ⓑ 일반상업 ⓒ 유통상업 ⓓ 근린상업<br>③ 공업지역 : ⓐ 전용공업 ⓑ 일반공업 ⓒ 준공업<br>④ 녹지지역 : ⓐ 보전녹지 ⓑ 생산녹지 ⓒ 자연녹지 |
| 용도지구 | 토지의 이용 및 건축물의 용도·건폐율·용적률·높이 등에 대한 용도지역의 제한을 강화하거나 완화하여 적용함으로써 용도지역의 기능을 증진시키고 경관·안전 등을 도모하기 위하여 도시·군관리계획으로 결정하는 지역 |
| 용도구역 | 토지의 이용 및 건축물의 용도·건폐율·용적률·높이 등에 대한 용도지역 및 용도지구의 제한을 강화하거나 완화하여 따로 정함으로써 시가지의 무질서한 확산방지, 계획적이고 단계적인 토지이용의 도모, 토지이용의 종합적 조정·관리 등을 위하여 도시·군관리계획으로 결정하는 지역 |

기출 1. 용도지역은 토지를 경제적·효율적으로 이용하고 공공복리의 증진을 도모하기 위하여 지정한다.
2. 국토의 계획 및 이용에 관한 법령상 국토는 토지의 이용실태 및 특성 등을 고려하여 도시지역, 관리지역, 농림지역, 자연환경보전지역과 같은 용도지역으로 구분한다.
3. 국토의 계획 및 이용에 관한 법령상 용도지역으로서 도시지역에는 주거지역, 상업지역, 공업지역, 녹지지역이 있다.
4. 용도지역은 하나의 대지에 중복지정될 수 없지만, 용도지구는 중복지정될 수 있다.
5. 도시·군기본계획은 국토의 계획 및 이용에 관한 법령상 특별시·광역시 또는 군의 관할구역에 대하여 기본적인 공간구조와 장기발전방향을 제시하는 종합계획이다.
6. 국토의 계획 및 이용에 관한 법령상 제2종전용주거지역은 공동주택 중심의 양호한 주거환경을 보호하기 위해 필요한 지역이다.
7. 지구단위계획이란 도시·군계획 수립 대상지역의 일부에 대하여 토지 이용을 합리화하고 그 기능을 증진시키며 미관을 개선하고 양호한 환경을 확보하며, 그 지역을 체계적·계획적으로 관리하기 위하여 수립하는 도시·군관리계획을 말한다.

## 7 토지공개념

### (1) 토지공개념의 의의

① 토지공개념은 토지의 부증성 때문에 나타나는 문제점 때문에 토지의 사회성·공공성을 강조하는 개념이다.

② 토지공개념은 공익성 원리를 강조하므로 정부의 개입, 규제가 강화되는 방향으로 나타난다.

③ 토지공개념은 자본주의 국가에서 토지소유권은 인정하되 토지의 취득, 사용수익, 처분권을 제한하는 개념이라 할 수 있다.

④ 토지공개념은 토지소유권은 절대적 권리가 아니고 상대적 권리라는 개념으로 나타난다.

⑤ 재산권행사의 공공복리적합의무, 토지소유권의 법률적 제한, 개인의 소유권이 인정될지라도 남용하지 못한다는 것은 토지공개념의 표현이라 할 수 있다.

⑥ 토지의 사적 소유는 인정하되, 그 이용은 공공복리에 적합하게 규제한다는 것이다. 토지시장안정, 토지소유권의 형평적 분배, 개발이익환수 등의 목적으로 도입되었다.

⑦ 토지시장안정, 토지관련 세수의 증대라는 순기능이 있으나 수요억제에 치중하여 토지거래 및 이용의 위축, 토지시장의 자율성 훼손이라는 역기능이 있다.

### (2) 토지공개념 정책수단

① **토지소유와 관련된 제도** : 농지소유상한제, 기업의 비업무용 토지에 대한 중과세

② **토지거래와 관련된 제도** : 부동산실명제, 부동산실거래가 신고제, 검인계약서제, 농지취득자격증명제, 분양권전매제한제도

③ **토지이용과 관련된 제도** : 지역지구제

④ **개발이익환수와 관련된 제도** : 개발부담금제, 양도소득세, 부동산가격공시제도

제2절　주택정책

## 1 목표

주택정책은 다양한 목표달성을 위해 계획되고 실행된다. 또한 지역에 따라서는 목표의 우선순위가
달라지기도 한다. 일반적으로 거론되는 주택정책의 목표는 다음과 같다.

### (1) 양적으로 충분한 주택 확보

대부분의 개발도상국가의 급속한 도시화로 가장 먼저 당면하는 것이 주택의 절대량 부족현상이다.
이런 경우 주택정책의 목표는 우선 양적 문제 해결에 있다.

### (2) 질적으로 양호한 주택 확보

주택의 양을 해결한 국가들이 다음에 직면하는 문제가 주택의 질적 문제이다. 이것은 경제발전에
따른 소득증가로 인한 주택의 교체수요에 따른 현상에서 나타난다.

### (3) 쾌적한 주거환경

환경적으로 쾌적한 주택의 확보는 인근지역의 환경개선을 통해 달성된다.

## 2 주택정책의 내용

### (1) 공급확대정책

① 신규주택건설촉진 : 유량정책
② 재고주택의 보전과 개량 : 저량정책

### (2) 구매력 강화정책

① 일반소득분포의 개선
② 주택규모분포 개선
③ 서민을 위한 저당금융제의 증대
④ 사회임대주택의 활성화
⑤ 주택비 지원 및 보조
⑥ 세제상의 혜택

　　※ 주택보급률이 100%를 초과했어도 주거수준의 개선과 삶의 질을 높이기 위해 지속적으로 신규주택(flow 주택)공급은
　　　이루어져야 한다. 더불어 재고주택(stock주택)의 보전과 개량도 요구된다. 재고주택의 증·개축, 내용연수 연장도
　　　주택공급개념에 포함된다.

**보충학습** 주택정책의 주요수단

1. 임대주택정책 : 임대료 규제정책, 임대료 보조정책, 공공임대주택정책
2. 분양가 규제(상한제) 및 분양가 자율화 정책
3. 선분양제도 및 후분양제도
4. 조세정책

**3  임대주택정책** 제25회, 제26회, 제28회, 제29회, 제31회, 제33회, 제34회

**(1) 임대료 규제정책**(임대료상한제, 최고가격제)

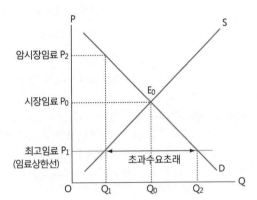

① 의의
  ㉠ 정부가 시장에 개입하여 임대료를 특정수
     준 이상으로 받을 수 없도록 하는 임대료
     상한선 제도이다.
  ㉡ 규제임대료가 시장임대료보다 낮은 수준
     으로 설정되는 경우로 소비자(임차인) 보호
     를 목적으로 한다.
  ㉢ 만일 규제임대료가 시장임대료보다 높은
     수준으로 설정되는 경우에는 주택시장에 어떤 영향도 미치지 못한다.

**보충학습** 최고가격제도

1. **최고가격제도**: 최고로 받을 수 있는 가격을 저소득층(임차인, 수요자)을 보호하기 위해서 시장가격보다 낮게
   규제하는 제도
2. **시장임대료와 규제임대료**
   ① 시장임대료 < 규제임대료 (높게규제) : 아무런 변화가 발생하지 않는다.
   ② 시장임대료 > 규제임대료 (낮게규제) : 임대료하락, 초과수요(수요증가, 공급감소)
   ※ **최저가격제도** : 최저 받아야 하는 가격을 책정하여 공급자를 보호하기 위해 시장가격보다 높게 규제하는 제도

② 효과

┌─────────────────────────────────────────────────────┐
│ ㉠ 단기 : 수요증가(초과수요), 투자기피, 질적수준 저하              │
│ ㉡ 장기 : 공급감소(용도전환, 초과수요 더 발생), 이동 저하, 암시장(이중가격) │
└─────────────────────────────────────────────────────┘

※ 1. 단기적으로 순기능이 있으나 장기적으로 역기능이 나타난다.
   2. 단기보다 장기에 초과수요가 더 발생한다. 수요가 탄력적일수록 수요량증가폭이 커지고 공급이 탄력적일수록 공급량감소폭
      이 커져서 초과수요가 더 발생한다.

---

**예제문제**

임대아파트 수요함수는 $Q_D = 1400 - 2P$, 공급함수는 $Q_S = 200 + 4P$라고 하자. 이때 정부가 최고가격제를 실시한 경우에 (1) 아파트 임대료를 100(만원)/㎡으로 규제한 경우와 (2) 아파트 임대료를 300(만원)/㎡으로 규제한 경우 시장에서는 어떤 일이 발생하는가? (여기서 P는 가격(단위 : 만원), $Q_D$, $Q_S$는 각각 수요량과 공급량(단위 : ㎡), 다른 조건은 불변이라고 가정한다)

| | (1) 최고 100만원 규제시 | (2) 최고 300만원 규제시 |
|---|---|---|
| ① | 초과수요 600㎡ | 초과수요 300㎡ |
| ② | 초과수요 300㎡ | 균형(아무런 변화가 없다.) |
| ③ | 초과수요 600㎡ | 균형(아무런 변화가 없다.) |
| ④ | 초과공급 300㎡ | 균형(아무런 변화가 없다. |
| ⑤ | 균형(아무런 변화가 없다.) | 초과수요 300㎡ |

**해설**  균형가격을 구하면, $Q = 1400 - 2P = 200 + 4P$, $6P = 1200$, $P($균형가격$) = 200($만원$)$
(1) 최고가격을 균형가격 200만원보다 낮게 100만원으로 설정하면 초과수요 600㎡이 발생한다.
P대신 100을 대입하면 수요량$(Q_D) = 1400 - 2 \times 100 = 1200$, 공급량$(Q_S) = 200 + 4 \times 100 = 600$
(2) 최고가격을 균형가격 200만원보다 높게 300만원으로 설정하면 수요공급에 어떤 변화도 나타나지 않는다. 즉, 균형상태 그대로 유지된다.

**정답**  ③

---

**기출**  1. 정부가 규제하는 임대료의 상한이 시장균형임대료보다 높다면, 임대료 규제는 시장에서 임대주택 공급량에 영향을 미치지 않는다.
2. 임대료 상한을 균형가격이하로 규제하면 임대주택의 수요과잉현상을 초래한다.
3. 임대료 규제는 장기적으로 민간임대주택 공급을 위축시킬 우려가 있다.
4. 임대료 규제는 임대부동산을 질적으로 저하시키고 기존 세입자의 주거이동을 저하시킨다.
5. 임대료 규제가 지속되면 장기적으로는 음성적 거래가 발생할 수 있다.
6. 임대료 규제시 단기에 비해 장기에 초과수요가 더 발생할 수 있다.
7. 정부가 임대료 상승을 균형가격 이하로 규제하면 장기적으로 임대주택의 공급량이 줄어들기 때문에 임대료 규제의 효과가 충분히 발휘되지 못한다.
8. 임대료를 균형가격 이하로 통제하면 민간임대주택의 공급량은 감소하고 질적 수준은 저하된다.

## (2) 임대료보조 정책

① 임대료보조의 의의

㉠ 저소득층의 주택문제를 해결하기 위한 간접적 시장개입정책이다.

㉡ 일정수준 이하의 임차인을 지원하기 위해 임대료를 보조하는 것으로 수요측 보조금과 공급측 보조금이 있다. 공급측보다는 수요측(임차인)에게 보조하는 방식이 소비자의 선택의 폭을 더 넓혀주는 효과가 있다.

ⓒ 임대료보조는 임차인 입장에서는 실질소득이 상승하는 효과(소득효과)를 가져오고, 임대주택의 임대료가 그만큼 하락하는 결과(대체효과)를 가져와 더 많은 임대주택을 소비할 수 있게 된다. 즉, 임대료보조를 받는 저소득층의 주택소비가 증가하는 이유는 소득효과와 대체효과 때문이다.

ⓔ 임차인에게 현금으로 보조하는 방식은 보조금을 주택재화 구입에만 사용하게 하더라도 소득효과로 인해 일반적으로 주택이 아닌 다른 재화의 소비량도 이전보다 증가한다.

② 임대료보조의 효과

ⓐ 단기적 효과 : 임대인의 혜택(초과이윤)

> 단기 : 임대주택 수요증가 ⇨ 임대료상승 ⇨ 기존임대인 초과이윤 획득 ⇨ 임대인 혜택

ⓑ 장기적 효과 : 임차인의 혜택

> 장기 : 임대주택 공급증가 ⇨ 임대료 하락 ⇨ 기존임대인 정상이윤 획득 ⇨ 임차인 혜택

③ 수요측 보조금

주택임차가구의 집세부담능력을 높이기 위해 제공되는 것으로 집세보조와 소득보조의 두 가지 유형이 있다.

ⓐ 가격(임대료 : 집세)보조

주택을 임차할 경우에만 보조금을 지급하는 방식으로 보조 받은 만큼 주택의 상대가격 낮추어 주택소비를 증가시킨다. 주택수요증대를 통한 주거안정이라는 정책목표달성 측면에서는 가격보조 방식이 더 우월하다.

ⓑ 소득(현금)보조

임대료 보조대신 동일한 금액을 현금으로 지급하는 방식이다. 현금보조가 이루어지면 보조 받는 저소득임차가구의 실질소득이 현금보조액 만큼 증가한 것과 동일하므로 주택임차가구의 주택부담능력이 높아진다. 소득보조는 소비자의 소득을 높여주어 스스로 주택소비를 결정하게 하여 주거수준을 향상시키려는 제도이다. 소비자효용 측면에서는 소득보조방식이 가격보조 보다 우월하다.

④ 공급측 보조금

주택공급자에게 저리 건설자금을 지원해주는 등의 방법이 있으며, 공급자의 생산비용 부담을 덜어주어 민간부문의 주택공급을 확대하려는 정책이다.

공급측면의 보조금은 단기적으로는 공급곡선이 수직에 가까워 효과가 없으나, 장기적으로는 주택공급이 증가하고 이에 따라 주택임대료가 하락하므로 임차인이 혜택을 누린다.

**보충학습** | 주택바우처제도(housing voucher)

1. 의의

   Voucher의 사전적 의미는 증서 또는 상품권 등을 뜻한다. 원래는 마케팅에서 특정 상품의 판매를 촉진하고 고객의 충성도를 확보하기 위해 사용되는 기법 중의 하나였으나, 현재는 사회보장제도에서도 널리 사용되고 있다.

   마케팅 측면에서 바우처는 구입할 수 있는 상품에 제한이 있는 일종의 상품권이라고 할 수 있는데, 예를 들어 도서상품권, 문화상품권 등이 해당된다.

   '주택바우처' 제도는 일정 수준 이하의 저소득 임차인에게 임대료 중 일부를 정부가 쿠폰형식으로 지급하는 제도이다. 예컨대 현재 이 제도를 시행하고 있는 미국의 경우 임차인의 가구 소득이 월 100만원이고, 월 임대료가 50만원일 때 임차인이 월 소득의 30%(30만원)만큼 임대료를 내면 정부가 부족한 20만원을 집주인에게 쿠폰으로 제공하고 집주인은 정부에 쿠폰을 제시하고 이를 현금화 한다.

2. 특 징

   ① 주택공급자에 대한 직접적인 규제보다는 주택서비스의 질과 임대료 수준의 적정성 유지 위주의 관리를 통해 소비자의 선택권을 최대한 보장해준다.

   ② 도심에서 멀리 떨어진 공공임대주택 위주의 공급확대정책보다는 거주자들에게 직접 임대료의 일부를 지원해줌으로써 그들로 하여금 직접 거주지를 선택하게 하는 수요자 위주의 시장친화적 정책이다. 즉 수요자가 원하는 지역에서 원하는 주택을 선택할 수 있도록 도와준다.

   ③ 현금이 아닌 쿠폰형태로 제공되므로 법적으로 타용도로 사용할 수 없으므로 지원금이 타목적으로 사용되는 것을 막을 수 있다.

3. 우리나라에의 적용

   서울형 주택바우처제도 도입을 추진하고 있다. 2002년부터 주거비를 지원해준 '임대료보조 정책' 이 소득기준만으로 대상자를 선정했다면, 이 제도에서는 주거안정 위기에 놓인 가구까지도 대상에 포함된다는데 그 의미가 있다.

**기출** |
   1. 임대료 보조정책은 장기적으로 임대주택의 공급을 증가시킬 수 있다.
   2. 정부가 임차인에게 임대료를 직접 보조해 주면 단기적으로 시장임대료는 상승하지만, 장기적으로 시장임대료를 낮추게 된다.
   3. 임차인에게 보조금을 지급하는 방식이 임대주택 공급자에게 보조금을 지급하는 방식보다 임차인의 주거지 선택의 자유를 보장하는 장점이 있다.
   4. 주거복지정책상 주거급여제도는 소비자보조방식의 일종이다.
   5. 임대료 보조정책은 민간임대주택의 공급을 장기적으로 증가시키고 시장임대료를 낮춘다.
   6. 주택바우처는 저소득임차가구에 주택임대료를 일부 지원해주는 소비자보조방식의 일종으로 임차인의 주거지 선택을 용이하게 할 수 있다.

### (3) 공공(임대)주택 <sup>제31회, 제33회, 제34회, 제35회</sup>

① 공공주택은 공공주택사업자가 국가 또는 지방자치단체의 재정이나 주택도시기금을 지원받아 이 법 또는 다른 법률에 따라 건설, 매입 또는 임차하여 공급하는 공공임대주택과 공공분양주택을 말한다.

② 정부가 주택소요를 해결하기 위해 생산자보조방식을 통해 저소득층에게 시장임대료보다 낮은 임대료로 공공임대주택을 공급하는 정책을 말한다.

③ 저소득층의 주택문제를 해결하기 위한 직접적 시장개입정책이다.

> 기출┃ 공공임대주택 공급정책은 입주자가 주거지를 자유롭게 선택할 수 없는 것이 단점이다.

---

**핵심정리**

**공공주택: 공공주택 특별법 제2조**

공공주택이란 공공주택사업자가 국가 또는 지방자치단체의 재정이나 주택도시기금을 지원받아 이 법 또는 다른 법률에 따라 건설, 매입 또는 임차하여 공급하는 공공임대주택과 공공분양주택을 주택을 말한다.

1. **공공임대주택:** 임대 또는 임대한 후 분양전환을 할 목적으로 공급하는 주택
   ① 공공건설임대주택: 공공주택사업자가 직접 건설하여 공급하는 공공임대주택
   ② 공공매입임대주택: 공공주택사업자가 직접 건설하지 아니하고 매매 등으로 취득하여 공급하는 공공임대주택
2. **공공분양주택:** 분양을 목적으로 공급하는 주택으로서 국민주택규모 이하의 주택

**공공임대주택: 공공주택 특별법 시행령 제2조**

1. **영구임대주택:** 국가나 지방자치단체의 재정을 지원받아 최저소득 계층의 주거안정을 위하여 50년 이상 또는 영구적인 임대를 목적으로 공급하는 공공임대주택
2. **국민임대주택:** 국가나 지방자치단체의 재정이나 주택도시기금의 자금을 지원받아 저소득 서민의 주거안정을 위하여 30년 이상 장기간 임대를 목적으로 공급하는 공공임대주택
3. **행복주택:** 국가나 지방자치단체의 재정이나 주택도시기금의 자금을 지원받아 대학생, 사회초년생, 신혼부부 등 젊은 층의 주거안정을 목적으로 공급하는 공공임대주택
4. **통합공공임대주택:** 국가나 지방자치단체의 재정이나 주택도시기금의 자금을 지원받아 최저소득 계층, 저소득 서민, 젊은층 및 장애인·국가유공자 등 사회 취약계층 등의 주거안정을 목적으로 공급하는 공공임대주택
5. **장기전세주택:** 국가나 지방자치단체의 재정이나 주택도시기금의 자금을 지원받아 전세계약의 방식으로 공급하는 공공임대주택
6. **분양전환공공임대주택:** 일정 기간 임대 후 분양전환할 목적으로 공급하는 공공임대주택
7. **기존주택등매입임대주택:** 국가나 지방자치단체의 재정이나 주택도시기금의 자금을 지원받아 기존주택을 매입하여 수급자 등 저소득층과 청년 및 신혼부부 등에게 공급하는 공공임대주택
8. **기존주택전세임대주택:** 국가나 지방자치단체의 재정이나 주택도시기금의 자금을 지원받아 기존주택을 임차하여 수급자 등 저소득층과 청년 및 신혼부부 등에게 전대하는 공공임대주택

참고**학습** | 민간임대주택에 관한 특별법상의 용어

1. 민간임대주택이란 임대 목적으로 제공하는 주택으로서 임대사업자가 제5조에 따라 등록한 주택을 말하며, 민간건설임대주택과 민간매입임대주택으로 구분한다.
2. 민간건설임대주택이란 다음 각 목의 어느 하나에 해당하는 민간임대주택을 말한다.
   ① 임대사업자가 임대를 목적으로 건설하여 임대하는 주택
   ②「주택법」제4조에 따라 등록한 주택건설사업자가 같은 법 제15조에 따라 사업계획승인을 받아 건설한 주택 중 사용검사 때까지 분양되지 아니하여 임대하는 주택
3. 민간매입임대주택이란 임대사업자가 매매 등으로 소유권을 취득하여 임대하는 민간임대주택을 말한다.
4. 공공지원민간임대주택이란 임대사업자가 다음 각 목의 어느 하나에 해당하는 민간임대주택을 10년 이상 임대할 목적으로 취득하여 이 법에 따른 임대료 및 임차인의 자격 제한 등을 받아 임대하는 민간임대주택을 말한다.
   ① 주택도시기금의 출자를 받아 건설 또는 매입하는 민간임대주택
   ② 공공택지 또는 수의계약 등으로 공급되는 토지 및 종전부동산을 매입 또는 임차하여 건설하는 민간임대주택
   ③ 용적률을 완화 받거나 용도지역 변경을 통하여 용적률을 완화 받아 건설하는 민간임대주택
   ④ 공공지원민간임대주택 공급촉진지구에서 건설하는 민간임대주택
3. 장기일반민간임대주택이란 임대사업자가 공공지원민간임대주택이 아닌 주택을 10년 이상 임대할 목적으로 취득하여 임대하는 민간임대주택(아파트를 임대하는 민간매입임대주택은 제외한다)을 말한다.
4. 임대사업자란 공공주택사업자가 아닌 자로서 1호 이상의 민간임대주택을 취득하여 임대하는 사업을 할 목적으로 임대사업자의 등록한 자를 말한다.

기출 | 1. 공공주택 특별법령상 공공임대주택에는 영구임대주택, 국민임대주택, 분양전환공공임대주택, 기존주택등매입임대주택 등이 있다.
2. 행복주택이란 국가나 지방자치단체의 재정이나 주택도시기금의 자금을 지원받아 대학생, 사회초년생, 신혼부부 등 젊은 층의 주거안정을 목적으로 공급하는 공공임대주택을 말한다.
3. 장기전세주택이란 국가나 지방자치단체의 재정이나 주택도시기금의 자금을 지원받아 전세계약의 방식으로 공급하는 공공임대주택을 말한다.
4. 장기일반민간임대주택이란 임대사업자가 공공지원민간임대주택이 아닌 주택을 10년 이상 임대할 목적으로 취득하여 임대하는 민간임대주택(아파트를 임대하는 민간매입임대주택은 제외한다)을 말한다.

### 4 분양가규제와 분양가자율화 제27회, 제30회, 제32회

| APT 분양가 규제 효과 | APT 분양가 자율화 효과 |
|---|---|
| ① 분양가 인하 | ① 분양가 인상(신규주택가격 상승) |
| ② 투기 증가, 가수요 | ② 투기 감소, 실수요 |
| ③ 생산성 악화, 질적 수준 저하 | ③ 생산성 향상, 질적 수준 향상 |
| ④ 신규공급 감소, 중고주택가격 상승 | ④ 신규공급 증가, 대형주택 위주의 공급 |
| ⑤ 저소득층의 주택난 심화 | ⑤ 저소득층의 주택난 심화 |

**핵심정리**

주택법령상 분양가 규제(주택법 제57조 분양가격의 제한 등)

① 사업주체가 일반인에게 공급하는 공동주택 중 다음 각 호의 어느 하나에 해당하는 지역에서 공급하는 주택의 경우에는 이 조에서 정하는 기준에 따라 산정되는 분양가격 이하로 공급하여야 한다.

　1. 공공택지

　2. 공공택지 외의 택지에서 주택가격 상승 우려가 있어 국토교통부장관이 주거정책심의위원회 심의를 거쳐 지정하는 지역

② 제1항에도 불구하고 다음 각 호의 어느 하나에 해당하는 경우에는 제1항을 적용하지 아니한다.

　1. 도시형 생활주택

　2. 경제자유구역에서 건설·공급하는 공동주택

　3. 관광특구에서 건설·공급하는 공동주택으로서 해당 건축물의 층수가 50층 이상이거나 높이가 150미터 이상인 경우

③ 제1항의 분양가격은 택지비와 건축비로 구성(토지임대부 분양주택의 경우에는 건축비만 해당한다)

## 5 선분양제도와 후분양제도 제27회, 제30회

| 선분양 | 후분양 |
|---|---|
| ① 분양 후 주택을 완공 | ① 주택을 완공 후 분양 |
| ② 견본주택 필요 | ② 견본주택 불필요 |
| ③ 공급자중심의 제도, 사업자부담 ⬇ | ③ 소비자 중심의 제도, 사업자부담 ⬆ |
| ④ 품질저하, 투기발생 | ④ 품질향상, 투기억제 |
| ⑤ 소비자 이자부담, 건설사 부도시 소비자 피해○ | ⑤ 공급자 이자부담, 건설사 부도시 소비자 피해✕ |
| ⑥ 소비자 목돈 부담✕ | ⑥ 소비자 목돈 부담○ |
| ⑦ 공급자 자금조달 용이, 공급증가 | ⑦ 공급자 자금조달 곤란, 공급감소 |
| ⑧ 대형건설사 독과점 견제 | ⑧ 대형건설사 독과점 발생 |

기출　1. 선분양제도는 초기 주택건설자금의 대부분을 주택구매자로부터 조달하므로 건설자금에 대한 이자의 일부를 주택구매자가 부담하게 된다.

　2. 후분양제도는 선분양제도에 비해 주택공급을 감소시켜 조달해야 하는 자금이 더 많음으로써 사업부담도 증가될 수 있다.

제3절 **부동산조세정책** 제25회, 제26회, 제28회, 제30회, 제31회, 제32회, 제33회, 제34회, 제35회

## 1 부동산조세의 의의와 목적

### (1) 부동산조세의 의의

조세란 국가 또는 지방자치단체 등 공공단체가 그의 업무를 수행하는 데 소요되는 경비를 조달하기 위하여 국민경제에 참여하여 강제·권력적으로 획득하는 물적 수단 또는 화폐라고 할 수 있다. 부동산조세는 국가나 지방자치단체가 그 목적을 달성하기 위하여 국민으로부터 징수하는 비보상 강제 분담이라 할 수 있다.

### (2) 부동산조세 부과의 목적

① 정부의 재원조달목적
② 분배의 공평성, 소득의 재분배 목적
③ 경기조절목적

### (3) 부동산조세의 기능

| 재정조달 기능 | 정부·지방정부의 재원 조달 | | |
|---|---|---|---|
| 사회정책적 기능 | ① 소득재분배 <br> ④ 주거안정기능 | ② 부동산자원 배분 <br> ⑤ 부동산투기 억제 | ③ 지가안정 |

① **부동산자원 배분**
조세를 통하여 토지이용을 규제하거나 조장시켜 민간과 공공부문에서 활용할 수 있도록 함으로써 자원의 배분기능이 있다.
② **소득재분재**
상속세·증여세·재산세 등은 소득을 재분배하는 중요한 조세이다.
③ **지가안정**
부동산조세는 지가가 급등하는 지역이나 투기발생지역에 조세를 강화함으로써 지가안정 및 투기를 억제시키는 기능을 한다. 매매차익에 대한 조세수단인 양도소득세를 강화, 토지과다보유세 등은 이러한 기능을 한다.
④ **주택문제 해결에 기여**
부동산조세는 주거안정의 역할을 한다. 예를 들어 주택공급업자에 대한 세제상의 혜택, 1세대 1주택의 비과세 등을 통해 주거안정을 달성하고자 한다.

### (4) 조세의 분류 제30회, 제31회, 제32회, 제34회, 제35회

#### ① 국세와 지방세

| | | |
|---|---|---|
| ⊙ 국세 | 국가인 중앙정부가 부과·징수하는 조세 | |
| | (양도)소득세, 상속세·증여세, 종합부동산세, 부가가치세, 농어촌특별세 | |
| ⓒ 지방세 | 지방자치단체가 부과·징수하는 조세 | |
| | 취득세, 등록면허세, 재산세, 지역자원시설세, 지방교육세, 지방소득세 | |

#### ② 취득, 보유, 처분 단계별 조세

| 구분 | 취득단계 | 보유단계 | 처분단계 |
|---|---|---|---|
| 국세 | 인지세, 상속세, 증여세 | 종합부동산세 | 양도소득세 |
| 지방세 | 취득세, 등록면허세 | 재산세 | 지방소득세 |

✚ 보유세인 재산세와 종합부동산세의 과세기준일은 6월 1일이다.

기출
1. 종합부동산세는 국세, 보유과세, 누진세에 해당된다.
2. 재산세는 지방세로서 보유단계에 부과하는 조세이다.
3. 증여세는 국세로서 취득단계에 부과하는 조세이다.
4. 양도소득세와 부가가치세는 국세에 속하고, 취득세와 등록면허세는 지방세에 속한다.
5. 재산세와 종합부동산세의 과세기준일은 매년 6월 1일로 동일하다.

## 2 부동산조세의 전가와 귀착

### (1) 조세의 전가와 귀착

① 조세의 전가 : 조세를 처음 부과시 각 경제주체들이 자신의 경제활동에서 부과된 조세의 실질적인 부담의 일부 또는 전부를 다른 경제주체에게 이전하는 것을 말한다.

② 조세의 귀착 : 조세가 각 경제주체들에게 최종적으로 누가 부담하느냐의 문제를 말한다. 즉, 수요와 공급의 탄력성에 따라 부담액이 달라진다.

③ 세금의 부과는 수요와 공급이 완전탄력, 완전비탄력이 아닌 경우, 즉 우하향의 수요곡선, 우상향의 공급곡선인 경우에는 어느 일방만의 부담으로 귀착되지는 않으며 부담액의 차이는 있으나 쌍방 모두에 귀착된다.

④ 탄력성이 큰(탄력적) 쪽은 가격에 예민하므로 적게 부담하고, 탄력성이 작은(비탄력적) 쪽은 가격에 둔감하므로 많이 부담한다.

⑤ 일반적으로 주택 부족률이 심한 국가에서는 대체주택이 적어서 임대주택시장의 수요곡선이 상대적으로 비탄력적이 된다. 그러므로 비탄력인 수요자(임차인) 부담이 더 커서 역진세 효과가 있으므로 이를 해결하기 위해 임대주택을 많이 만들어 대체재가 많아지면 수요의 탄력성이 커져

서 수요자인 임차인 부담을 완화시킬 수 있다.

※ 토지의 공급은 비탄력적이므로 토지에 대한 조세부과시에도 토지의 양을 줄이지 못하므로 자원배분의 왜곡이 일반재
   화보다 적다.

## (2) 탄력성의 크기와 조세의 귀착

| 수요자 측면 | 공급자 측면 |
|---|---|
| 수요 비탄력 ⇨ 수요자 많이 부담<br>수요 탄력 ⇨ 공급자 많이 부담<br>수요 완전비탄력 ⇨ 수요자 전부 부담<br>수요 완전탄력 ⇨ 공급자 전부 부담 | 공급 비탄력 ⇨ 공급자 많이 부담<br>공급 탄력 ⇨ 수요자 많이 부담<br>공급 완전비탄력 ⇨ 공급자 전부 부담<br>공급 완전탄력 ⇨ 수요자 전부 부담 |

① 수요가 완전비탄력적(공급이 완전탄력적) : 소비자(임차인)가 전부 부담한다.
② 공급이 완전비탄력적(수요가 완전탄력적) : 생산자(임대인)가 전부 부담한다.
③ 공급이 비탄력적일 때(수요가 탄력적 일 때) : 소비자(임차인) 부담이 작아지고 생산자(임대인)의 부담이 커진다.
④ 수요가 비탄력적일 때(공급이 탄력적 일 때) : 생산자(임대인)의 부담이 작아지고 소비자(임차인)의 부담이 커진다.

기출 1. 공급의 가격탄력성이 수요의 가격탄력성보다 작은 경우 공급자가 수요자보다 세금부담이 더 크다.
2. 토지공급의 가격탄력성이 '0'인 경우, 부동산조세 부과시 토지소유자가 전부 부담하게 된다.
3. 공공임대주택의 공급확대정책은 임대주택의 재산세가 임차인에게 전가되는 현상을 완화시킬 수 있다.
4. 수요가 완전탄력적일 경우 재산세 상승분은 전부 임대인에게 귀착된다.

## (3) 비례세와 누진세

① 신규주택과 중고주택에 조세를 부과하면 신규주택의 소비자인 고소득층이 중고주택의 소비자인 저소득층에 비해 오히려 조세를 적게 부담하는 결과를 야기한다. 따라서, 정부가 일률적으로 동일비율로 주택가격에 적용하는 재산세는 임차인(수요자)이 더 많이 부담하는 역진세적인 효과를 나타낸다.

| 구분 | 신규주택(고가주택) | 중고주택(저가주택) |
|---|---|---|
| 수요자 | 고소득층 | 저소득층 |
| 공급자 | 건설업자 | 고소득층 |
| 수요의 가격탄력성 | 탄력적 | 비탄력적 |
| 공급의 가격탄력성 | 비탄력적 | 탄력적 |
| 조세귀착 | 고소득층 적게 부담 | 고소득층 적게 부담 |

㉠ 신규주택(고가주택) : 신규주택은 공급이 비탄력이고 수요가 탄력적 ⇨ 공급자가 많이 부담하고 수요자(고소득층)가 적게 부담하는 효과 때문이다.

㉡ 중고주택(저가주택, 임대주택) : 중고주택은 공급이 탄력적이고 수요가 비탄력적 ⇨ 공급자가 적게 부담하고, 수요자(저소득층, 임차인)가 많이 부담하는 효과 때문이다.

② 이에 대한 해결방안으로는 차등비율의 누진세를 부과하는 것이 수직적 형평을 달성하고 소득계층간의 조세부담의 형평성에 대한 왜곡현상을 방지하는데 효과적이다. 또한 공공임대주택공급정책 등을 통해 대체 주택을 많이 만들어 수요의 탄력성을 더 크게 하든지 또는 임대료규제정책을 실시한다면 수요자 부담을 완화시킬 수 있다.

기출 | 주택가격에 일률적으로 같은 세율을 적용하는 재산세는 역진세적인 효과를 나타낸다.

### (4) 조세의 귀착 관련 그래프 이해

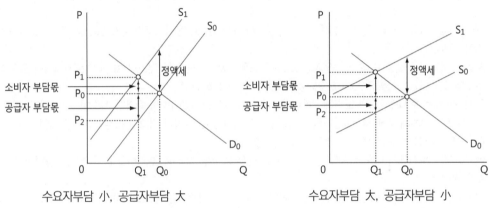

수요자부담 小, 공급자부담 大

[수요가 탄력적인 경우]

수요자부담 大, 공급자부담 小

[공급이 탄력적인 경우]

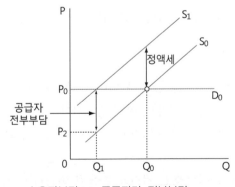

수요자부담 ×, 공급자가 전부부담

[수요가 완전탄력적인 경우]

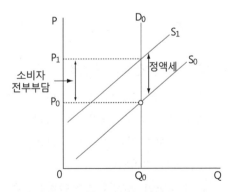

수요자가 전부부담, 공급자부담 ×

[수요가 완전비탄력적인 경우]

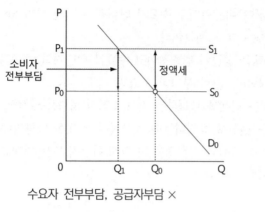

수요자 전부부담, 공급자부담 ×

[공급이 완전탄력적인 경우]

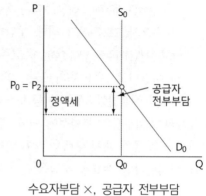

수요자부담 ×, 공급자 전부부담

[공급이 완전비탄력적인 경우]

**보충학습** | 헨리조지(Henry George, 1839~1897)와 토지단일세론 제35회

1. 헨리조지는 그의 저서 「진보와 빈곤(Progress and Poverty)」에서 토지단일세(Single Tax : 토지가치세)를 주장하였다.
2. 지대는 자연적 기회를 이용하는 반대급부로 토지소유자에게 지불하는 대가로 보았다. 토지지대는 토지 이용으로부터 얻는 순소득을 의미하며, 이 순소득을 잉여라고 하였다.
3. 토지단일세는 토지소유자의 노력에 의한 개량이나 개발에 관계없이 인구증가나 사회발전 등 외부효과에 의해 증식된 토지가치에 대해 부과되는 세금을 말한다. 토지의 몰수가 아닌 지대의 몰수라고 주장하면서 토지가치에 대한 조세 이외의 모든 조세를 철폐하자고 하였다.
4. 헨리조지는 토지에서 나오는 지대수입을 100% 징세할 경우, 토지세 수입만으로도 재정을 충당할 수 있다고 주장하였다.
5. 따라서 토지 공유의 필요성을 설파하고, 방법으로 토지에서 발생하는 불로소득적 성격의 지대를 100% 조세로 징수하여 사회복지 등의 지출에 충당해야 한다고 역설하였다. 이 세수(稅收)는 전체 재정지출을 충당하고도 남음이 있다고 전제하였다.

기출 | 헨리 조지는 토지에서 나오는 지대수입을 100%징세할 경우, 토지세 수입만으로 재정을 충당할 수 있다고 주장했다.

## (5) 거래세 인상과 경제적 순손실

① 거래세 인상시 소비자가 지불하는 가격이 상승하므로, 소비자 잉여가 감소한다.
② 거래세 인상시 공급자가 받는가격이 하락하므로, 생산자 잉여가 감소한다.
③ 수요가 불변인 경우 공급이 탄력적일수록 경제적순손실은 커지고, 공급이 비탄력적일수록 경제적순손실은 작아진다.
④ 공급이 불변인 경우 수요가 탄력적일수록 경제적순손실은 커지고, 수요가 비탄력적일수록 경제적순손실은 작아진다.

1. 수요곡선이 변하지 않을때, 세금부과에 의한 경제적 순손실은 공급이 탄력적일수록 커지고, 비탄력적일수록 작아진다.
2. 공급곡선이 변하지 않을때, 세금부과에 의한 경제적 순손실은 수요가 탄력적일수록 커지고, 비탄력적일수록 작아진다.

## (6) 양도소득세와 토지보유세의 경제적 효과

① 양도소득세가 중과세 되면 주택의 소유자가 양도소득세를 납부하지 않기 위해 주택의 처분을 기피하게 되어, 주택의 공급이 감소되어 주택가격이 상승할 수도 있다(주택공급의 동결효과).
② 부동산에 대한 보유세를 중과할 경우 부동산가격이 안정되고, 투기를 방지하며 부동산 이용을 촉진하는 효율적 과세가 된다.
③ 토지이용을 특정방향으로 유도하기 위해 정부가 토지보유세를 부과할 때에는 토지의 용도에 따라 차등과세 하여야 한다.
④ 토지의 공급곡선이 완전비탄력적인 경우 토지보유세가 부과되더라도 자원배분의 왜곡이 초래되지 않는다.
⑤ 궁극적으로 보유과세를 강화하고, 거래·이전 과세를 낮추는 방향으로 세제를 개편하여 거래를 활성화하고 분배의 형평성을 달성하여야 할 것이다.

기출 1. 양도소득세가 중과되면, 주택공급의 동결효과로 인해 주택가격이 상승할 수 있다.
2. 토지의 공급곡선이 완전비탄력적인 상황에서는 토지보유세가 부과되더라도 자원배분의 왜곡이 초래되지 않는다.

심화학습 | 조세의 원칙

① 응익의 원칙 : 세금은 이익을 받는 사람에게 부과되어야 한다는 원칙이다.
② 응능의 원칙 : 세금은 납세자의 부담능력에 맞게 세금을 부과해야 한다는 원칙이다(형평성의 원칙).

| 수평적 형평 | 동일 가격의 주택에 동일 세율 적용, 동일 소득 계층에 동일한 세금을 부과하는 원칙 |
|---|---|
| 수직적 형평 | 다른 가격의 주택에 다른 세율 적용(차등과세), 소득 격차에 따른 차등과세하는 원칙 (고소득층에 높은 세율, 저소득층에 낮은 세율 부과하는 원칙) |

**01** 현행 법제도상 부동산투기억제제도에 해당하지 <u>않는</u> 것은? 〔제32회〕

① 토지거래허가제      ② 주택거래신고제

③ 토지초과이득세      ④ 개발이익환수제

⑤ 부동산 실권리자명의 등기제도

> **해설**   ③ 토지초과이득세는 현행 법제도상 우리나라에서 실시되고 있는 정책이 아니다.
>
> **[현재 우리나라에 시행되고 있지 않는 제도]**
>
> ① 개발권양도제(TDR) ② 택지소유상한제 ③ 토지초과이득세 ④ 종합토지세 ⑤ 공한지세

**정답** ③

**02** 현재 우리나라에서 시행되고 있는 주택정책수단이 <u>아닌</u> 것은? 〔제32회〕

① 공공임대주택제도      ② 주거급여제도

③ 주택청약종합저축제도      ④ 개발권양도제도

⑤ 재건축초과이익환수제도

> **해설**   ④ 개발권양도제도는 현재 우리나라에서 시행되고 있는 주택정책수단이 아니다.

**정답** ④

**03** 다음 중 법령을 기준으로 현재 우리나라에서 시행되고 있는 제도를 모두 고른 것은?

| ㄱ. 개발행위허가제 | ㄴ. 택지소유상한제 |
| --- | --- |
| ㄷ. 용도지역제 | ㄹ. 토지초과이득세제 |

① ㄱ, ㄷ      ② ㄴ, ㄹ      ③ ㄱ, ㄴ, ㄷ

④ ㄴ, ㄷ, ㄹ     ⑤ ㄱ, ㄴ, ㄷ, ㄹ

 **해설** ① ㄴ. 택지소유상한제(1998년 폐지)와 ㄹ. 토지초과이득세제(1998년 폐지)는 현재 우리나라에서 시행되고 있는 제도가 아니다.

**정답** ①

**04** 정부의 부동산시장 직접개입 유형에 해당하는 것을 모두 고른 것은? 제31회

| ㄱ. 토지은행 | ㄴ. 공영개발사업 |
| --- | --- |
| ㄷ. 총부채상환비율(DTI) | ㄹ. 종합부동산세 |
| ㅁ. 개발부담금 | ㅂ. 공공투자사업 |

① ㄱ, ㄴ, ㄷ     ② ㄱ, ㄴ, ㅂ     ③ ㄷ, ㄹ, ㅁ

④ ㄷ, ㅁ, ㅂ     ⑤ ㄹ, ㅁ, ㅂ

 **해설** ② 직접적 개입: ㄱ. 토지은행, ㄴ. 공영개발사업, ㅂ. 공공투자사업
간접적 개입: ㄷ. 총부채상환비율(DTI), ㄹ. 종합부동산세, ㅁ. 개발부담금

**정답** ②

## 05 다음 부동산정책 중 금융규제에 해당하는 것은?

제31회

① 담보인정비율(LTV) 강화
② 양도소득세 강화
③ 토지거래허가제 시행
④ 개발제한구역 해제
⑤ 개발권양도제(TDR) 시행

해설
① 담보인정비율(LTV) 강화: 금융규제
② 양도소득세 강화: 조세정책
③ 토지거래허가제 시행: 토지거래규제
④ 개발제한구역 해제, ⑤ 개발권양도제(TDR) 시행: 토지이용규제

**정답** ①

## 06 공공재에 관한 일반적인 설명으로 틀린 것은?

제30회

① 소비의 비경합적 특성이 있다.
② 비내구재이기 때문에 정부만 생산비용을 부담한다.
③ 무임승차 문제와 같은 시장실패가 발생한다.
④ 생산을 시장기구에 맡기면 과소생산되는 경향이 있다.
⑤ 비배제성에 의해 비용을 부담하지 않은 사람도 소비할 수 있다.

해설
② 공공재는 일반적으로 내구재이며, 정부만 생산비용을 부담하는 것도 아니다.

**정답** ②

**07** 국토의 계획 및 이용에 관한 법령상 용도지역으로서 도시지역에 속하는 것을 모두 고른 것은? 〔제33회〕

| ㄱ. 농림지역 | ㄴ. 관리지역 | ㄷ. 취락지역 |
|---|---|---|
| ㄹ. 녹지지역 | ㅁ. 산업지역 | ㅂ. 유보지역 |

① ㄹ      ② ㄷ, ㅁ      ③ ㄹ, ㅁ      ④ ㄱ, ㄴ, ㄹ      ⑤ ㄴ, ㄷ, ㅂ

> 해설    ① 용도지역은 도시지역(주거지역, 상업지역, 공업지역, 녹지지역), 관리지역, 농림지역, 자연환경보전지역
> 으로 구분한다. 따라서, 용도지역으로서 도시지역에 속하는 것은 ㄹ. 녹지지역이다.
>
> 정답 ①

**08** 다음 부동산 관련 제도 중 법령상 도입이 빠른 순서대로 나열한 것은? 〔제31회〕

| ㄱ. 자산유동화제도 | ㄴ. 공인중개사제도 |
|---|---|
| ㄷ. 부동산실명제 | ㄹ. 부동산거래신고제 |

① ㄱ ⇨ ㄴ ⇨ ㄷ ⇨ ㄹ        ② ㄴ ⇨ ㄱ ⇨ ㄷ ⇨ ㄹ
③ ㄴ ⇨ ㄷ ⇨ ㄱ ⇨ ㄹ        ④ ㄷ ⇨ ㄴ ⇨ ㄹ ⇨ ㄱ
⑤ ㄹ ⇨ ㄷ ⇨ ㄴ ⇨ ㄱ

> 해설    ③ 도입이 빠른 순서대로 나열하면 ㄴ. 공인중개사제도(1983년) ⇨ ㄷ. 부동산실명제(1995년) ⇨ ㄱ.
> 자산유동화제도(1998년) ⇨ ㄹ. 부동산거래신고제(2006년)의 순이다.
>
> 정답 ③

**09** 부동산정책과 관련된 설명으로 옳은 것은?  (제33회)

① 분양가상한제와 택지소유상한제는 현재 시행되고 있다.
② 토지비축제도(토지은행)와 부동산가격공시제도는 정부가 간접적으로 부동산시장에 개입하는 수단이다.
③ 법령상 개발부담금제가 재건축부담금제보다 먼저 도입되었다.
④ 주택시장의 지표로서 PIR(Price to Income Ratio)은 개인의 주택지불능력을 나타내며, 그 값이 클수록 주택구매가 더 쉽다는 의미이다.
⑤ 부동산실명제의 근거 법률은 「부동산등기법」이다.

> 해설 | ③ 법령상 개발부담금제(1990년)가 재건축부담금제(2006년)보다 먼저 도입되었다.
> ① 택지소유상한제는 현재 시행되고 있지 않다.
> ② 토지비축제도(토지은행)는 정부가 직접적으로, 부동산가격공시제도는 정부가 간접적으로 부동산시장에 개입하는 수단이다.
> ④ 주택시장의 지표로서 PIR(Price to Income Ratio)은 가구의 주택지불능력을 나타내며, 그 값이 작을수록 주택구매가 더 쉽다는 의미이다.
> ⑤ 부동산실명제의 근거 법률은 「부동산 실권리자명의 등기에 관한 법률」이다.

**정답** ③

**10** 부동산정책에 관한 설명으로 옳은 것은?  (제30회)

① 개발이익환수제에서 개발이익은 개발사업의 시행에 의해 물가상승분을 초과해 개발사업을 시행하는 자에게 귀속되는 사업이윤의 증가분이다.
② 도시·군관리계획은 국토의 계획 및 이용에 관한 법령상 특별시·광역시 또는 군의 관할 구역에 대하여 기본적인 공간구조와 장기발전방향을 제시하는 종합계획이다.
③ 개발손실보상제는 토지이용계획의 결정 등으로 종래의 용도규제가 완화됨으로 인해 발생한 손실을 보상하는 제도로 대표적인 것 중에 개발부담금제도가 있다.
④ 주택마련 또는 리모델링하기 위해 결성하는 주택조합에는 주택법상 지역주택조합, 직장주택조합, 리모델링주택조합이 있다.
⑤ 재건축부담금은 정비사업 중 재건축사업 및 재개발사업에서 발생되는 초과이익을 환수하기 위한 제도로 도시 및 주거환경정비법령에 의해 시행되고 있다.

**해설**

④ 주택마련 또는 리모델링하기 위해 결성하는 주택조합에는 주택법령상 지역주택조합, 직장주택조합, 리모델링주택조합이 있다.

① 물가상승분 ⇨ 정상지가상승분, 개발이익이란 개발사업의 시행이나 토지이용계획의 변경, 그 밖에 사회적·경제적 요인에 따라 정상지가상승분을 초과하여 사업시행자나 토지소유자에게 귀속되는 토지 가액의 증가분을 말한다.

② 도시·군관리계획 ⇨ 도시·군기본계획, 도시·군기본계획은 국토의 계획 및 이용에 관한 법령상 특별시·광역시 또는 군의 관할 구역에 대하여 기본적인 공간구조와 장기발전방향을 제시하는 종합계획이다.

③ 용도규제가 완화 ⇨ 용도규제가 강화, 개발손실보상제는 토지이용계획의 결정 등으로 종래의 용도규제가 강화됨으로 인해 발생한 손실을 보상하는 제도로 대표적인 것 중에 개발부담금제도가 있다.

⑤ 재건축부담금은 재건축사업만 관련이 있지 재개발사업과는 관계가 없다. 재건축부담금은 정비사업 중 재건축사업에서 발생되는 초과이익을 환수하기 위한 제도로 재건축초과이익환수에관한법령에 의해 시행되고 있다.

**정답** ④

**11** 정부가 시행 중인 부동산정책에 관한 설명으로 틀린 것은?  〔제30회〕

① 국토교통부장관은 도시의 무질서한 확산을 방지하고 도시 주변의 자연환경을 보전하여 도시민의 건전한 생활환경을 확보하기 위하여 개발제한구역을 지정할 수 있다.

② 도시계획구역 안의 택지에 한하여 가구별 소유상한을 초과하는 해당 택지에 대하여는 초과소유부담금을 부과한다.

③ 정부는 한국토지주택공사를 통하여 토지비축업무를 수행할 수 있다.

④ 토지를 경제적·효율적으로 이용하고 공공복리의 증진을 도모하기 위하여 용도지역제를 실시하고 있다.

⑤ 국토교통부장관은 주택가격의 안정을 위하여 필요한 경우 일정한 지역을 투기과열지구로 지정할 수 있다.

**해설**

② 택지소유상한제는 현재 정부가 시행 중인 부동산정책이 아니다.

**정답** ②

**12  부동산 거래규제에 관한 설명으로 틀린 것은?**  제32회

① 주택취득시 자금조달계획서의 제출을 요구하는 것은 주택취득을 제한하는 방법이라 볼 수 있다.

② 투기지역으로 지정되면 그 지역에서 건설·공급하는 도시형생활주택에 대해 분양가상한제가
적용된다.

③ 농지취득자격증명제는 농지취득을 제한하는 제도다.

④ 토지거래허가구역으로 지정된 지역에서 토지거래계약을 체결할 경우 시장·군수 또는 구청장
의 허가를 받아야 한다.

⑤ 부동산거래신고제는 부동산 매매계약을 체결하는 경우 그 실제 거래가격 등을 신고하게 하는
제도다.

> 해설  ② 도시형 생활주택은 300세대 미만의 국민주택규모에 해당하는 주택으로서 대통령령으로 정하는 주택
> 을 말하며 분양가상한제의 적용을 받지 아니한다.

정답 ②

**13  분양가규제에 관한 설명으로 틀린 것은?**  제30회

① 주택법령상 분양가상한제 적용주택의 분양가격은 택지비와 건축비로 구성된다.

② 주택법령상 분양가상한제 적용주택 및 그 주택의 입주자로 선정된 지위에 대하여 전매를 제
한할 수 있다.

③ 분양가상한제의 목적은 주택가격을 안정시키고 무주택자의 신규주택 구입부담을 경감시키기
위해서이다.

④ 주택법령상 국민주택건설사업을 추진하는 공공사업에 의하여 개발·조성되는 공동주택이 건설
되는 용지에는 주택의 분양가격을 제한할 수 없다.

⑤ 분양가규제는 신규분양주택의 분양가격을 정부가 통제하는 것이다.

> 해설  ④ 분양가격을 제한할 수 없다. ⇨ 분양가격을 제한할 수 있다.

정답 ④

**14** 주택정책에 관한 설명으로 <u>틀린</u> 것은? 〔제31회〕

① 금융지원정책은 정부의 주택시장 간접개입방식에 속한다.

② 주택정책은 주거안정을 보장해준다는 측면에서 복지기능도 수행한다.

③ 소득대비 주택가격비율(PIR)과 소득대비 임대료비율(RIR)은 주택시장에서 가구의 지불능력을 측정하는 지표이다.

④ 공공임대주택 공급정책은 입주자가 주거지를 자유롭게 선택할 수 있는 것이 장점이다.

⑤ 주거복지정책상 주거급여제도는 소비자보조방식의 일종이다.

> 해설 | ④ 임차인에게 보조금을 지급하는 방식이 임대주택 공급자에게 보조금을 지급하는 방식보다 임차인의 주거지 선택의 자유를 보장하는 장점이 있다. 따라서, 공공임대주택 공급정책은 입주자가 주거지를 자유롭게 선택할 수 없는 것이 단점이다.
>
> 정답 ④

**15** 공공주택 특별법령상 공공임대주택에 해당하지 <u>않는</u> 것은? 〔제33회〕

① 영구임대주택　　　　　　　　② 국민임대주택

③ 분양전환공공임대주택　　　　④ 공공지원민간임대주택

⑤ 기존주택등매입임대주택

> 해설 | ④ 공공지원민간임대주택은 민간임대주택에 관한 특별법령상의 민간임대주택으로 공공임대주택에 해당하지 않는다.
>
> 정답 ④

**16  공공주택 특별법령상 공공임대주택의 용어 정의로 틀린 것은?** 제31회

① 국민임대주택은 국가나 지방자치단체의 재정이나 주택도시기금의 자금을 지원받아 대학생, 사회초년생, 신혼부부 등 젊은 층의 주거안정을 목적으로 공급하는 공공임대주택을 말한다.

② 영구임대주택은 국가나 지방자치단체의 재정을 지원받아 최저소득 계층의 주거안정을 위하여 50년 이상 또는 영구적인 임대를 목적으로 공급하는 공공임대주택을 말한다.

③ 장기전세주택은 국가나 지방자치단체의 재정이나 주택도시기금의 자금을 지원받아 전세계약의 방식으로 공급하는 공공임대주택을 말한다.

④ 분양전환공공임대주택은 일정 기간 임대 후 분양전환할 목적으로 공급하는 공공임대주택을 말한다.

⑤ 기존주택전세임대주택은 국가나 지방자치단체의 재정이나 주택도시기금의 자금을 지원받아 기존주택 등을 임차하여 「국민기초생활 보장법」에 따른 수급자 등 저소득층과 청년 및 신혼부부 등에게 전대(轉貸)하는 공공임대주택을 말한다.

> **해설** ① 국민임대주택 ⇨ 행복주택, 행복주택은 국가나 지방자치단체의 재정이나 주택도시기금의 자금을 지원받아 대학생, 사회초년생, 신혼부부 등 젊은 층의 주거안정을 목적으로 공급하는 공공임대주택을 말한다.

**정답** ①

**17  주택공급제도에 관한 설명으로 틀린 것은?** 제30회

① 후분양제도는 초기 주택건설자금의 대부분을 주택구매자로부터 조달하므로 건설자금에 대한 이자의 일부를 주택구매자가 부담하게 된다.

② 선분양제도는 준공 전 분양대금의 유입으로 사업자의 초기자금부담을 완화할 수 있다.

③ 후분양제도는 주택을 일정 절차에 따라 건설한 후에 분양하는 방식이다.

④ 선분양제도는 분양권 전매를 통하여 가수요를 창출하여 부동산시장의 불안을 야기할 수 있다.

⑤ 소비자 측면에서 후분양제도는 선분양제도보다 공급자의 부실시공 및 품질 저하에 대처할 수 있다.

> **해설** ① 후분양제도 ⇨ 선분양제도, 후분양제도에서는 건설사가 건설자금을 직접 조달하므로, 건설자금에 대한 이자도 건설사가 부담하게 된다.

**정답** ①

**18** 부동산 관련 조세에서 ( )에 들어갈 내용으로 옳은 것은? 제30회

| 구분 | 보유단계 | 취득단계 | 처분단계 |
|------|----------|----------|----------|
| 국세 | ( ㄱ ) | 상속세 | ( ㄷ ) |
| 지방세 | ( ㄴ ) | 취득세 | - |

① ㄱ: 종합부동산세, ㄴ: 재산세, ㄷ: 양도소득세
② ㄱ: 종합부동산세, ㄴ: 양도소득세, ㄷ: 재산세
③ ㄱ: 재산세, ㄴ: 종합부동산세, ㄷ: 양도소득세
④ ㄱ: 재산세, ㄴ: 양도소득세, ㄷ: 종합부동산세
⑤ ㄱ: 양도소득세, ㄴ: 재산세, ㄷ: 종합부동산세

> **해설** ① 보유단계의 조세 중 국세는 종합부동산세이고 지방세는 재산세이다. 처분단계의 조세 중 국세는 양도소득세이다.

**[단계별 조세]**

| 구분 | 취득단계 | 보유단계 | 처분단계 |
|------|----------|----------|----------|
| 국세 | 인지세, 상속세, 증여세 | 종합부동산세 | 양도소득세 |
| 지방세 | 취득세, 등록면허세 | 재산세 | 지방소득세 |

> **정답** ①

**19** 우리나라 부동산 조세정책에 관한 설명으로 틀린 것은? 제31회

① 취득세 감면은 부동산 거래의 활성화에 기여할 수 있다.
② 증여세는 국세로서 취득단계에 부과하는 조세이다.
③ 양도소득세의 중과는 부동산 보유자로 하여금 매각을 뒤로 미루게 하는 동결효과(lock-in effect)를 발생시킬 수 있다.
④ 종합부동산세는 국세로서 보유단계에 부과하는 조세이다.
⑤ 재산세는 지방세로서 취득단계에 부과하는 조세이다.

> **해설** ⑤ 재산세는 지방세로서 보유단계에 부과하는 조세이다.

> **정답** ⑤

**20** 부동산조세에 관한 설명으로 옳은 것을 모두 고른 것은? 제33회

> ㄱ. 양도소득세와 부가가치세는 국세에 속한다.
> ㄴ. 취득세와 등록면허세는 지방세에 속한다.
> ㄷ. 상속세와 재산세는 부동산의 취득단계에 부과한다.
> ㄹ. 증여세와 종합부동산세는 부동산의 보유단계에 부과한다.

① ㄱ      ② ㄱ, ㄴ      ③ ㄴ, ㄹ      ④ ㄱ, ㄷ, ㄹ      ⑤ ㄴ, ㄷ, ㄹ

해설    ② ㄱ, ㄴ이 옳은 설명이다.
         ㄷ. 재산세는 취득단계가 아닌 보유단계에 부과한다.
         ㄹ. 증여세는 보유단계가 아닌 취득단계에 부과한다.

정답 ②

**21** 부동산 조세에 관한 설명으로 틀린 것은? 제32회

① 조세의 중립성은 조세가 시장의 자원분배에 영향을 미치지 않아야 한다는 원칙을 의미한다.
② 양도소득세를 중과하면 부동산의 보유기간이 늘어나는 현상이 발생할 수 있다.
③ 조세의 사실상 부담이 최종적으로 어떤 사람에게 귀속되는 것을 조세의 귀착이라 한다.
④ 양도소득세는 양도로 인해 발생하는 소득에 대해 부과되는 것으로 타인에게 전가될 수 있다.
⑤ 재산세와 종합부동산세는 보유세로서 지방세이다.

해설    ⑤ 재산세와 종합부동산세는 보유세는 맞지만 재산세는 지방세이고 종합부동산세는 국세이다.

정답 ⑤

## 22 부동산정책에 관한 내용으로 틀린 것은?

제35회

① 국토의 계획 및 이용에 관한 법령상 지구단위계획은 도시·군계획 수립 대상지역의 일부에 대하여 토지 이용을 합리화하고 그 기능을 증진시키며 미관을 개선하고 양호한 환경을 확보하며, 그 지역을 체계적·계획적으로 관리하기 위하여 수립하는 도시·군기본계획을 말한다.

② 지역지구제는 토지이용에 수반되는 부(-)의 외부효과를 제거하거나 완화시킬 목적으로 활용된다.

③ 개발권양도제(TDR)는 토지이용규제로 인해 개발행위의 제약을 받는 토지소유자의 재산적 손실을 보전해 주는 수단으로 활용될 수 있으며, 법령상 우리나라에서는 시행되고 있지 않다.

④ 부동산 가격공시제도에 따라 국토교통부장관은 일단의 토지 중에서 선정한 표준지에 대하여 매년 공시기준일 현재의 단위면적당 적정가격을 조사·평가하여 공시하여야 한다.

⑤ 토지비축제는 정부가 토지를 매입한 후 보유하고 있다가 적절한 때에 이를 매각하거나 공공용으로 사용하는 제도를 말한다.

해설 ① 도시·군기본계획 ⇨ 도시·군관리계획, 지구단위계획이란 도시·군계획 수립 대상지역의 일부에 대하여 토지 이용을 합리화하고 그 기능을 증진시키며 미관을 개선하고 양호한 환경을 확보하며, 그 지역을 체계적·계획적으로 관리하기 위하여 수립하는 도시·군관리계획을 말한다.

정답 ①

**23** **공공주택 특별법령상 공공임대주택에 관한 내용으로 옳은 것은 모두 몇 개인가?** (단, 주택도시기금은 「주택도시기금법」에 따른 주택도시기금을 말함) <sub>제35회</sub>

> • 통합공공임대주택: 국가나 지방자치단체의 재정이나 주택도시기금의 자금을 지원받아 최저소득 계층, 저소득 서민, 젊은층 및 장애인, 국가유공자 등 사회 취약계층 등의 주거안정을 목적으로 공급하는 공공임대주택
> • 행복주택: 국가나 지방자치단체의 재정이나 주택도시기금의 자금을 지원받아 대학생, 사회초년생, 신혼부부 등 젊은 층의 주거안정을 목적으로 공급하는 공공임대주택
> • 장기전세주택: 국가나 지방자지단체의 재정이나 주택도시기금의 자금을 지원받아 전세계약의 방식으로 공급하는 공공임대주택
> • 분양전환공공임대주택: 일정 기간 임대 후 분양전환할 목적으로 공급하는 공공임대주택

① 0개          ② 1개          ③ 2개          ④ 3개          ⑤ 4개

> **해설** 통합공공임대주택, 행복주택, 장기전세주택, 분양전환공공임대주택 모두 옳은 설명이다.

**정답** ⑤

**24** **부동산조세에 관한 설명으로 옳은 것을 모두 고른 것은?** <sub>제35회</sub>

> ㄱ. 양도소득세의 중과는 부동산 보유자로 하여금 매각을 앞당기게 하는 동결효과(lock-in effect) 발생시킬 수 있다.
> ㄴ. 재산세와 종합부동산세의 과세기준일은 매년 6월 1일로 동일하다.
> ㄷ. 취득세와 상속세는 취득단계에서 부과하는 지방세이다.
> ㄹ. 증여세와 양도소득세는 처분단계에서 부과하는 국세이다.

① ㄴ          ② ㄱ, ㄷ          ③ ㄴ, ㄹ          ④ ㄱ, ㄷ, ㄹ          ⑤ ㄱ, ㄴ, ㄷ, ㄹ

> **해설** ㄴ. 재산세와 종합부동산세의 과세기준일은 매년 6월 1일로 동일하다.
> ㄱ. 양도소득세의 중과는 부동산 보유자로 하여금 매각을 미루게 하는 동결효과(lock-in effect) 발생시킬 수 있다.
> ㄷ. 취득세와 상속세는 취득단계에서 부과하는 세금으로 취득세는 지방세이고 상속세는 국세이다.
> ㄹ. 양도소득세는 처분단계에서 부과하는 국세이고, 증여세는 취득단계에서 부과하는 국세이다.

**정답** ①

**25** 토지세를 제외한 다른 모든 조세를 없애고 정부의 재정은 토지세만으로 충당하는 토지단일세를 주장한 학자는?

제35회

① 뢰쉬 (A. Losch)  ② 레일리 (W. Reilly)
③ 알론소(W. Alonso)  ④ 헨리 조지 (H. George)
⑤ 버제스(E. Burgess)

**해설** 헨리 조지(H. George)의 토지단일세론에 대한 설명이다.

[헨리 조지(H. George)의 토지단일세론]
1. 지대는 자연적 기회를 이용하는 반대급부로 토지소유자에게 지불하는 대가로 보았다.
2. 토지지대는 토지 이용으로부터 얻는 순소득을 의미하며, 이 순소득을 잉여라고 하였다.
3. 토지의 몰수가 아닌 지대의 몰수라고 주장하면서 토지가치에 대한 조세 이외의 모든 조세를 철폐하자고 하였다.

정답 ④

PART 4 부동산정책

2025 랜드하나 공인중개사 기본서

# PART 5
# 부동산투자론

# 부동산투자의 의의

□ 부동산투자에 대한 전체적인 이론을 학습하는 단원으로 부동산투자의 장점과 단점을 비교하며 학습해야 한다.
□ 특히 지렛대 효과의 구분, 지분수익률은 계산문제까지 반드시 숙지해야 한다.

## 제1절 부동산투자의 성격 제27회

### 1 부동산투자의 개념

① 투자란 현재의 지출과 미래의 수익을 교환하는 행위이다. 즉, 현재의 확실한 지출을 희생하여 미래의 불확실한 수익을 목적으로 합리적 안전성과 원금의 궁극적인 회수를 전제로 부동산에 자본을 투입하는 행위이다. 투자의 궁극적 목적은 부의 극대화이며, 투자의 대상이 되는 부동산을 투자성 부동산 또는 수익성 부동산이라 한다.

② 부동산투자(3단계)는 '취득 ⇨ 운영 ⇨ 처분'으로 구성되어 있으며 운영과정에서 소득이득을 향유하며 처분과정에서 자본이득을 향유할 수 있다.

③ 부동산투기(2단계)는 '취득 ⇨ X ⇨ 처분'으로 구성되어 있으며, 운영과정이 없으므로 생산활동은 아니나 경제활동에는 해당되며, 자본이득만을 향유할 수 있다.

| 소득이득(income gains) | 자본이득(capital gains) |
| --- | --- |
| ① 보유기간, 운영(영업)을 통해 발생 | ① 기간말, 처분시 발생 |
| ② 매기간 발생, 지대, 임대료 | ② 한번만 발생, 매매차익, 양도차익, 시세차익 |
| ③ 영업 현금흐름(영업의 현금수지) 계산 | ③ 매각 현금흐름(지분복귀액) 계산 |

### 2 부동산투자의 장·단점 제27회

#### (1) 부동산투자의 장점

① **지렛대 효과**(leverage effect)의 **향유** : 부채를 이용하여 지분수익률을 증대시킬 수 있다.

② **절세 효과**(세액공제기회) : 건물의 감가상각비와 대출금액 중 이자지급분에 대해 세액공제 효과가 있다.

③ **구매력 보호**(인플레이션 헤지) : 부동산투자는 실물투자에 해당하므로 화폐가치가 하락하고 자원의 희소성이 커지는 인플레시에 부동산에 투자하는 것이 유리하다.

④ 안전성과 수익성에서 유리한 편이다.

⑤ 운영을 통한 소득이득과 처분을 통한 **자본이득**을 향유할 수 있다.

⑥ **저당가치 활용** : 저당권 설정하여 자금융통이 가능하다.

⑦ 소유의 긍지와 인적 통제의 기회를 부여한다.

---

**보충학습** | 인플레이션 헤지(inflation hedge)

인플레이션이 발생하면 화폐가치가 하락한다. 인플레이션 헤지란 화폐가치 하락에 대처(방어)하는 수단으로서 부동산, 주식 등 실물자산에 투자하는 것을 말한다.

## (2) 부동산투자의 단점

① **낮은 환금성**(유동성위험, 비유동성) 제27회

  ㉠ 부동산은 현금화하는데 시간이 많이 소요되고 어려우므로 환금성이 낮다.

  ㉡ 특히, 불황국면(하향국면)에서 처분하는데 시간이 더욱 오래 걸리고 가치손실이 크다.

② 사업상 위험이 있으며 타인 부채에 따른 금융상 위험이 있다.

③ 소유자의 시간·노력 등이 많이 필요하다.

④ 중개수수료 부담 등 거래비용 부담이 크다.

⑤ 행정적 통제와 법률의 복잡성 때문에 공적 규제에 따른 위험이 따른다.

⑥ 불가역성(不可逆性)과 불가분성(不可分性) 때문에 한번 잘못 투자하면 환원하기가 어렵고(불가역성), 쪼개기가 곤란하다(불가분성).

---

**부동산투자의 장점과 단점**

| 투자의 장점 | 투자의 단점 |
|---|---|
| ① 지렛대 효과 | ① 낮은 환금성 |
| ② 절세 효과(세액공제 – 감가상각비, 이자지급분) | ② 금융위험 부담 |
| ③ 구매력 보호(인플레이션 헤지) | ③ 사업위험 부담 |
| ④ 자본이득과 소득이득의 향유 | ④ 인플레 위험 |
| ⑤ 안전성과 수익성에서 유리 | |

**기출** | 부동산은 주식 등 금융상품에 비해서 단기간에 현금화할 수 있는 가능성이 낮다.

**3** 지렛대 효과(leverage effect) 제25회, 제27회, 제29회, 제31회, 제33회, 제34회

## (1) 지렛대 효과의 의의

① 타인으로부터 빌린 차입금(부채, 타인자본)을 지렛대로 삼아 자기 자본수익률(지분수익률)의 진폭을 크게 하는 것을 말한다.

② 투자금액 대비 차입비율이 클수록 지렛대 효과도 크게 하지만, 지분 투자자가 부담하는 금융상 위험도 커진다. 즉, 정(+)의 레버리지 효과를 예상하고 투자했을 때에도, 부채비율이 커질수록 경기변동이나 금리변동에 따른 투자위험이 증가한다.

③ 전세를 안고 주택을 사는 것도 집 값 상승률이 이자율 상승률보다 크다면 정의 지렛대 효과가 나타난다. ⇨ 수익금의 지렛대 효과

> 기출 | 1. 타인자본의 이용으로 레버리지를 활용하면 위험이 증가된다.
> 2. 정(+)의 레버리지효과를 예상하고 투자했을 때 부채비율이 커질수록 경기변동이나 금리변동에 따른 투자위험이 증가한다.

## (2) 수익률

① 지분수익률(자기 자본수익률)

$$\text{① 지분수익률} = \frac{\text{순영업소득} - \text{이자지급분}}{\text{지분투자액}} = \frac{\text{순영업소득} + \text{상승분} - \text{이자지급분}}{\text{지분투자액}}$$

$$\text{① 지분수익률} = \text{총자본수익률} + (\text{총자본수익률} - \text{저당수익률}) \times \text{부채비율}$$

② 총자본수익률(전체 투자에 대한 수익률)

$$\text{총자본수익률} = \frac{\text{순영업소득}}{\text{총투자액}}$$

③ 저당수익률

$$\text{저당수익률} = \text{금리, 이자율}$$

> 기출 | 1. 대부비율이 50%, 총자본수익률(또는 종합수익률)이 10%, 저당수익률이 8%라면 자기자본수익률은 12%이다.
> 2. 부채비율이 50%, 총자본수익률(또는 종합수익률)이 10%, 저당수익률이 8%라면 자기자본수익률은 11%이다.

## (3) 지렛대 효과의 유형

① 正(+)의 지렛대 효과 : 지분수익률 > 총자본수익률 > 저당수익률(이자율)

⇨ 이때 대부비율이 커질수록 지분수익률은 더 커진다.

② 負(−)의 지렛대 효과 : 지분수익률 < 총자본수익률 < 저당수익률(이자율)

⇨ 이때 대부비율이 커질수록 지분수익률은 더 작아진다.

③ 중립적(0) 지렛대 효과 : 지분수익률 = 총자본수익률 = 저당수익률(이자율)

⇨ 이때 대부비율이 변해도 지분수익률은 변하지 않는다.

기출
1. 정(+)의 레버리지효과는 총자본수익률(종합수익률)이 저당수익률 보다 높을 때 발생한다.
2. 부(−)의 레버리지효과란 부채비율이 커질수록 자기자본수익률이 하락하는 것을 말한다.
3. 저당수익률이 총자본수익률보다 클 때, 부채비율을 높이는 자본구조조정은 자기자본수익률을 하락시킨다.
4. 중립적 레버리지란 부채비율이 변화해도 자기자본수익률은 변하지 않는 경우를 말한다.

## (4) 지렛대 효과의 특징

① 이자율이 낮을수록, 대부비율이 클수록 지렛대 효과가 커진다.

② 전액 자기자본으로 투자를 하는 경우 금융적 위험을 완전히 제거할 수 있다.

③ 부(−)의 지렛대 효과가 발생할 경우에는 부채비율을 낮추어도 정(+)의 지렛대 효과로 전환할 수 없다.

④ 부(−)의 지렛대 효과가 발생할 경우에는 이자율(저당이자율)을 낮추면 정(+)의 지렛대 효과로 전환할 수 있다.

⑤ 저당수익률이 총자본수익률보다 클 때, 부채비율을 높이는 자본구조조정은 자기자본수익률을 하락시킨다.

⑥ 총자본수익률과 저당수익률이 동일한 경우 부채비율의 변화는 자기자본수익률에 영향을 미치지 못한다.

기출
부(−)의 레버리지효과가 발생할 경우 부채비율을 낮추어서 정(+)의 레버리지효과로 전환할 수 없다.

## 예제문제

**01.** 부동산투자에서 ( ㄱ )타인자본을 40% 활용하는 경우와 ( ㄴ )타인자본을 활용하지 않는 경우, 각각의 1년간 자기자본수익률(%)은? (단, 주어진 조건에 한함)  ▶제33회

- 부동산 매입가격: 20,000만원
- 1년 후 부동산 처분
- 순영업소득(NOI): 연 700만원(기간 말 발생)
- 보유기간 동안 부동산가격 상승률: 연 3%
- 대출조건: 이자율 연 5%, 대출기간 1년, 원리금은 만기일시상환

① ㄱ: 7.0, ㄴ: 6.0  ② ㄱ: 7.0, ㄴ: 6.5
③ ㄱ: 7.5, ㄴ: 6.0  ④ ㄱ: 7.5, ㄴ: 6.5
⑤ ㄱ: 7.5, ㄴ: 7.0

**정답** ④

**해설** ④ ㄱ 7.5%, ㄴ 6.5%

ㄱ. 자기자본수익률 $= \dfrac{700만원 + 600만원 - 400만원}{1억2,000만원} = 7.5\%(0.075)$

ㄴ. 자기자본수익률 $= \dfrac{700만원 + 600만원}{2억원} = 6.5\%(0.065)$

♣ 자기자본(지분)수익률 $= \dfrac{순영업소득 + 상승분 - 이자지급액}{지분투자액}$

**02.** 甲은 차입자금을 활용하여 A부동산에 투자한다. A부동산의 투자수익률은 15%이며, 대출금리는 10%이다. 현재 甲이 활용하고 있는 대부비율(loan-to-vale ratio)은 50%이다. 만약 甲의 대부비율이 80%로 높아진다면, 甲의 자기자본수익률은 몇 %P 상승하는가?  ▶제15회

① 전혀 상승하지 않는다.  ② 5%P
③ 10%P  ④ 15%P
⑤ 20%P

**정답** ④

**해설** ④ • 대부비율 50%의 경우: $\dfrac{15 - 5}{50} = 20\%$

• 대부비율 80%의 경우: $\dfrac{15 - 8}{20} = 35\%$

따라서 甲의 자기자본수익률은 35% - 20% = 15%P 상승한다.

**03.** 총자본수익률(또는 종합수익률)이 10%, 저당수익률이 8%인 경우 부채비율이 50%에서 200%로 높아진다면 자기자본수익률은 몇 %P 상승하는가?

① 2%P        ② 3%P        ③ 4%P        ④ 5%P        ⑤ 6%P

| 정답 | ② |
|---|---|

**해설**    ② 자기자본수익률 = 총자본수익률 + (총자본수익률 − 저당수익률) × 부채비율
- 부채비율이 50%인 경우: 10% + (10% − 8%) × 50% = 11%
- 부채비율이 200%인 경우: 10% + (10% − 8%) × 200% = 14%

따라서 자기자본수익률은 14% − 11% = 3%P 상승한다.

## 4   부동산투자 결정시 고려사항

(1) 투자의 안전성을 고려한다. 즉, 원금의 회수가능성을 고려한다.

(2) 투자의 환금성을 고려한다. 즉, 부동산을 원하는 시기에 신속히 처분할 수 있는지를 고려한다.

(3) 투자의 수익성을 고려한다. 즉, 경제적 가치의 위험부담을 고려한다.

(4) 산출의 확실성을 고려한다.

(5) 그 외에도 거리의 감안, 세제면에서의 이익, 경영관리의 부담, 순이익의 재투자 여부, 지렛대의 작용 등을 고려한다.

---

**보충학습** | 부동산투자 활동의 3대 위험부담(투자배분의 3요소)

1. 원금의 위험부담 : 안전성
2. 경제적 가치의 위험부담 : 수익성
3. 환금의 위험부담 : 환금성

# 02
**CHAPTER**

# 부동산투자의 위험과 수익

## 단원별 학습포인트

- 이 장에서는 2~3문제 정도 매년 출제된다.
- 부동산투자의 위험의 종류 및 기대수익률과 요구이익률의 개념을 정리한다.
- 투자선택조건, 위험과 수익의 비례관계, 위험에 대한 투자자의 태도, 위험관리기법을 숙지한다.
- 투자가치와 시장가치 비교, 평균분산의 지배원리와 변이계수 개념도 숙지한다.
- 체계적 위험과 비체계적 위험을 비교해야 한다.
- 효율적 투자선과 무차별곡선 원리도 이해한다.

---

## 제1절 | 부동산투자의 위험

### 1 위험의 개념

위험(risk)이란 어떤 투자안으로부터 얻어지게 될 결과에 대해 불확실성이 존재함으로써 발생하는 변동성, 투자수익이 기대치를 벗어날 변동가능성을 가리킨다. 다시 말해 위험이란 부동산투자에서 예상된 결과와 실현된 결과가 달라질 가능성을 말한다.

### 2 위험과 수익의 측정 제26회, 제30회, 제33회, 제34회, 제35회

부동산투자는 불확실성으로 인해 기대한 수익이 실현된 수익과 달라지는 경우가 많다. 달라지는 정도가 클수록 불확실성이 커지고, 달라지는 정도가 적을수록 불확실성은 작아진다. 이처럼 부동산에서는 통계적 기법으로 기대소득에 대한 변동가능성을 위험으로 정의한다. 따라서, 기대소득에 대한 측정이 먼저 이루어진 후에 위험도를 측정할 수 있다.

---

**보충학습** | 위험과 수익의 측정

1. 수익 : 기대수익률(확률고려), 평균
2. 위험 : 분산, 표준편차, 변이계수 $\left(\dfrac{표준편차}{기대수익률}\right)$

---

## (1) 수익의 기대치(기대수익률)

① 미래의 기대수익은 확률적으로 계산한다.

② 기대수익률은 각 상황별 수익률에 각 상황이 발생할 확률을 곱한 후에 이를 합산하여 계산한다.

　　기대수익률 = (각 상황 발생 확률 × 각 상황 수익률) + (각 상황 발생 확률 × 각 상황 수익률)…

---

**예제문제**

**01.** 가상적인 아파트 투자사업에 대해 미래의 경제환경 조건에 따라 추정된 수익률의 예상치가 아래와 같다고 가정할 때 기대수익률은? (단, 다른 조건은 동일함)　▶제19회

| 경제환경변수 | 발생확률(%) | 수익률(%) |
|---|---|---|
| 비관적 | 20 | 4.0 |
| 정상적 | 60 | 8.0 |
| 낙관적 | 20 | 13.0 |

① 4.8%　　　② 6.8%　　　③ 7.4%　　　④ 8.2%　　　⑤ 9.6%

정답　④

해설　④ 기대수익률 = (4% × 20%) + (8% × 60%) + (13% × 20%) = 8.2%

**02.** 상가 경제상황별 예측된 확률이 다음과 같을 때 상가의 기대수익률이 8%라고 한다. 정상적 경제상황의 경우 (　　)에 들어갈 예상수익률은? (단, 주어진 조건에 한함)　▶제30회

| 상가의 경제상황 | | 경제상황별 예상수익률(%) | 상가의 기대수익률(%) |
|---|---|---|---|
| 상황별 | 확률(%) | | |
| 비관적 | 20 | 4 | |
| 정상적 | 40 | (　) | 8 |
| 낙관적 | 40 | 10 | |

① 4　　　② 6　　　③ 8　　　④ 10　　　⑤ 12

정답　③

해설　③ 기대수익률 = (20% × 4%) + (40% × $x$%) + (40% × 10%) = 8%, $x$ = 8%

　　　따라서 정상적인 경제상황에서 예상수익률은 8%가 된다.

## (2) 위험의 측정

① 기대소득의 평균이 계산되고 나면 각각의 사상(event)이 기대치를 벗어나는 정도를 측정하여 이를 위험으로 계산한다. 위험의 측정은 통계학적인 분산이나 표준편차로 측정된다.

② 분산이나 표준편차가 클수록 위험은 커지며, 분산이나 표준편차가 작을수록 위험은 작아진다. 만일 표준편차가 0이면 위험이 없다는 의미이다.

③ 분산 또는 표준편차 계산순서

  ㉠ 각 사상(event)의 개별소득과 기대치(평균)의 차이를 구한다.

  ㉡ 그 차이를 제곱한다.

  ㉢ 여기에다 각 사상별 발생확률을 곱한다.

  ㉣ 각 사상별로 계산된 값을 모두 합하면 분산($\sigma^2$)이 된다.

  ㉤ 분산값($\sigma^2$)은 표준편차($\sigma$)의 제곱이므로 분산값에 제곱근($\sqrt{\phantom{x}}$)을 취하면 표준편차가 된다.

④ 변이계수(변동계수)

  ㉠ 변이계수(변동계수)란 표준편차(위험)를 기대수익률(수익)으로 나눈 값이다.

$$변이계수 = \frac{위험}{수익} = \frac{표준편차}{평균} = \frac{표준편차}{기대수익률} \Rightarrow 수익률\ 1단위당\ 위험도$$

  ㉡ 변이계수는 수익률 단위당 위험도이므로, 평균수익 1단위 얻을 때 부담하는 위험의 크기를 의미하며, 측정 단위가 다른 집단의 상대적 위험도를 비교할 때 이용한다.

  ㉢ 변이계수가 작을수록 수익률의 변동폭이 작으므로 상대적으로 유리하다.

  ㉣ 변이계수법은 평균분산법으로 해결하기 어려울 때 그 대안이 된다.

---

**예제문제**

| 구분 | 표준편차(%, 위험) | 기대수익률(%, 수익) | 변이계수($\frac{위험}{수익}$) |
|:---:|:---:|:---:|:---:|
| A | 20 | 100 | 0.20 |
| B | 30 | 200 | 0.15 |

1. 표준편차가 A보다 B가 더 크므로 절대적으로는 B가 더 위험한 투자대상이 된다.
2. 변이계수가 B보다 A가 더 크므로 상대적으로는 A가 더 위험한 투자대상이 된다.

---

기출  1. 표준편차가 작을수록 투자에 수반되는 위험은 작아진다.
    2. 위험회피형 투자자는 변이계수(변동계수)가 작은 투자안을 더 선호한다.

## 3  부동산투자의 위험 제27회, 제29회, 제34회

### (1) 사업상의 위험(경영 위험)

부동산사업 자체로부터 연유하여 수익성이 나빠질 위험을 말한다. 사업상 위험에는 시장위험, 운영위험, 위치적 위험이 있다.

| ① 시장위험 | 경기침체 등 수요공급의 변화에 따른 위험을 말한다(수요감소, 공급과잉에 따라 임대료 수입이 감소하는 경우 등). |
|---|---|
| ② 운영위험 | 관리의 비효율성, 근로자의 파업, 영업경비의 변동으로 인한 위험을 말한다. |
| ③ 위치적 위험 | 입지선정의 실패 또는 환경이 변하면 대상부동산의 상대적 위치가 변화하는 위험을 말한다. |

### (2) 금융적 위험(재무적 위험)

부채가 많으면 많을수록 지렛대 효과가 크게 나타날 수 있으나 원금과 이자에 대한 채무불이행의 가능성이 높아지며, 파산할 위험도 그만큼 더 커진다. 이를 금융상 위험이라 한다. 따라서, 부채가 없이 전부 자기자본만으로 투자한다면 지렛대 효과가 없지만 금융상 위험도 없다.

### (3) 법률적 위험(행정적 위험)

정부의 정책 등 법률적 환경, 토지이용규제 등이 변하여 발생하는 위험을 말한다.
① 부동산세제·감가상각방법·임대료에 관한 법령의 변경, 지역지구제, 토지이용규제 변경
② 이자율 변화(화폐정책이나 재정정책의 변화)

### (4) 인플레 위험(구매력 위험)

인플레위험은 인플레이션이 발생하면 물가가 상승하고 화폐의 실질적 가치가 하락함에 따라 발생하는 위험을 말한다. 인플레이션이 심하게 되면 대출자는 원금의 실질적인 가치가 하락하므로 대출자들은 이를 피하기 위해 고정이자율이 아닌 인플레율이 반영된 변동이자율로 대출하고자 한다. 이에 따라 차입자들의 원리금상환부담이 가중되면, 투자자들의 요구수익률도 인플레율만큼 상승하게 된다(피셔효과).

### (5) 유동성 위험(환금성의 위험)

유동성 위험이란 대상부동산을 원하는 시기에 처분하여 현금화할 때 생기는 시장가치의 손실가능성을 말한다. 즉, 부동산의 낮은 환금성으로 인해 연유되는 위험을 말한다. 특히, 불황(하향시장)이나 디플레이션시기에는 부동산을 매각 처분하여 현금화하기가 더욱 어렵고 시장가격보다 싸게 팔아서 손해가 되므로 유동성 위험이 더 커진다.

| 1. 사업상의 위험<br>(경영 위험) | 부동산사업 자체에서 연유하는 수익성에 관한 위험 |
| | ㉠ 시장위험 : 시장의 수요·공급상황의 변화<br>㉡ 운영위험 : 근로자 파업, 영업경비의 변동<br>㉢ 위치적 위험 : 환경이 변하면 대상부동산의 상대적 위치가 변화 |
| 2. 금융적 위험 | 부채의 사용으로 채무불이행, 파산의 위험이 커지는 것 |
| 3. 법적 위험 | 정부의 정책이나 규제의 변화, 이자율 변화 |
| 4. 인플레 위험<br>(구매력 위험) | 화폐가치의 하락(대출자 – 변동이자율 선호)<br>투자자의 요구수익률 상승(피셔효과) |
| 5. 유동성 위험 | 부동산의 낮은 환금성으로 인해 야기되는 위험 |

기출 1. 경기침체로 인해 부동산의 수익성이 악화되면서 야기되는 위험은 사업위험에 해당한다.
2. 투자재원의 일부인 부채가 증가함에 따라 원금과 이자에 대한 채무불이행의 가능성이 높아지며, 금리 상승기에 추가적인 비용부담이 발생하는 경우는 금융적 위험에 해당한다.
3. 장래에 인플레이션이 예상되는 경우 대출자는 고정이자율 대신 변동이자율로 대출하기를 선호한다.
4. 투자자가 대상부동산을 원하는 시기에 현금화하지 못할 가능성은 유동성 위험에 해당한다.

## 4 총 위험 제25회, 제26회, 제27회, 제29회, 제30회, 제32회, 제34회

### (1) 총 위험 = 체계적 위험 + 비체계적 위험

| 체계적 위험 | 비체계적 위험 |
|---|---|
| ① 피할 수 없는 위험 | ① 피할 수 있는 위험 |
| ② 모든 부동산(모든 투자자에게 동일) | ② 개별 부동산만(투자자별로 차이) |
| ③ 포트폴리오를 통해 제거 불가능 위험 | ③ 포트폴리오를 통해 제거 가능 위험 |
| ④ 인플레, 이자율 변화, 경기변동 | ④ 파업, 법적문제, 영업경비변동 |

### (2) 체계적 위험(제거할 수 없는 위험, 분산 불가능한 위험)

① 체계적 위험이란 경기변동(경기침체), 인플레심화, 이자율변동(이자율상승) 등 시장의 전반적인 힘에 의해 야기되는 위험을 말한다.
② 체계적 위험은 모든 자산에 영향을 주므로 포트폴리오를 구성해도 피할 수 없는 위험이다.

### (3) 비체계적 위험(불필요한 위험, 분산 가능한 위험)

① 비체계적 위험이란 개별 투자안의 특성으로부터 야기되는 위험을 말한다.
② 비체계적 위험은 투자대상을 다양하게 구성한다면 개별부동산(개별투자안)에서 야기되는 위험을 제거할 수 있다.

③ 포트폴리오 구성을 다양화하면 피할 수 있는 위험을 비체계적 위험이라 한다.

④ 만일 상관계수가 -1이면 수익률의 변동방향이 완전 반대이므로 위험분산 효과가 가장 커서 비체계적 위험을 완전히 제거(zero)할 수 있다. 이때도 체계적 위험까지 줄일 수 있는 것은 아니다. 즉, 분산 투자하여 포트폴리오를 구성한다면 총 위험을 줄일 수는 있으나 총 위험을 0으로 만들수는 없다. 왜냐하면 체계적 위험은 줄일 수 없기 때문이다.

> 기출 1. 인플레이션, 경기변동 등의 체계적 위험은 분산투자를 통해 제거가 불가능하다.
> 2. 개별부동산의 특성으로 인한 비체계적인 위험은 포드폴리오를 통해 제기할 수 있디.
> 3. 분산투자효과는 포트폴리오를 구성하는 투자자산 종목의 수를 늘릴수록 비체계적 위험이 감소되어 포트폴리오 전체의 위험이 감소되는 것이다.
> 4. 포트폴리오 구성자산들의 수익률분포가 완전한 음의 상관관계(-1)에 있을 경우, 자산구성비율을 조정하면 비체계적인 위험을 '0'까지 줄일 수 있다.

---

### 제2절  수익률 제25회, 제26회, 제27회, 제29회, 제30회, 제32회, 제33회, 제34회

## 1  수익률의 개념

수익률이란 투하된 자본에 대한 산출의 비율을 말하며, 부동산투자에 대한 의사결정의 중요한 변수 중 하나이다.

$$수익률 = \frac{순수익}{투자액} \times 100$$

## 2  수익률의 종류

| 종류 | 의의 |
|---|---|
| (1) **기대수익률** | 투자로 인해 기대되는 예상수익률(내부, 예상, 사전적 수익률) |
| (2) **요구수익률** | 부동산에 자금을 투자하기 위한 최소한의 수익률(외부, 필수, 기회비용) |
| (3) **실현수익률** | 투자가 이루어지고 난 후 달성된 수익률, 투자의 준거로 사용하지 않음 |

## (1) 기대수익률 : 객관적 수익률 제26회, 제29회, 제30회, 제32회

① 의의 : 투자대상으로부터 기대되는 예상수입과 예상지출을 기초로 계산되는 수익률이며, 사전적·예상수익률 개념이고 수익성개념으로 내부수익률이라고도 한다.

② 계산 : 기대수익률은 각 상황별 발생 가능한 순수익(순영업소득)에 그상황이 발생할 확률을 곱한 후에 이를 합하여 계산한다. 즉, 가중평균치로 계산하여 객관화한다.

> **기출** 기대수익률은 부동산 투자에서 기대할 수 있는 예상수입과 예상지출로 계산한 수익률이다.

## (2) 요구수익률 : 주관적 수익률 제25회, 제26회, 제27회, 제28회, 제29회, 제32회, 제33회, 제34회

① 의의 : 투자에 대한 위험이 주어졌을 때 투자자가 대상부동산에 투자를 결정하기 위해 보장되어야 할 최소한의 수익률로서, 필수수익률, 외부수익률, 투자의 기회비용이라고도 하며 비용성 개념이다.

② 계산 : 요구수익률은 무위험률(시간에 대한 비용)과 위험할증률(위험에 대한 비용)의 합으로 구성이 된다.

| | |
|---|---|
| 요구수익률 (위험조정률) = 무위험률 + 위험할증률<br>(시간)　　　　(위험) | ① + : 예상인플레율<br>② − : 예상디플레율<br>③ − : 투자부동산 가치상승분<br>④ + : 투자부동산 가치하락분 |

㉠ 무위험률 : 시간의 대가

　ⓐ 무위험률은 순수 시간에 대한 대가로서 예금이자율이나 국공채 이자율처럼 안전하고 확실한 수익률을 말한다.

　ⓑ 무위험률은 일정시점에서는 일정하나 시간경과에 따라 변화하며, 화폐수요와 공급, 저축율, 투자율, 신용의 제한과 같은 일반경제상황에 따라 영향을 받는다.

　ⓒ 무위험률을 상승시키는 요인에는 화폐공급감소, 화폐수요증가, 유동성선호증가, 투자율 증가, 저축율감소, 중앙은행의 지급준비율인상, 신용의 제한 등이 있다.

　ⓓ 무위험률은 부동산투자의 위험이나 투자자의 위험혐오도와는 상관이 없다.

㉡ 위험할증률 : 위험의 대가

　ⓐ 위험할증률이란 투자에 수반되는 위험에 대한 대가이다.

　ⓑ 위험할증률은 시장위험과 개별투자안의 위험을 반영하여 결정되므로 위험혐오도가 클수록(보수적 투자자) 위험할증률이 커진다.

　ⓒ 투자자마다 위험혐오도 차이가 있으므로 위험할증률과 요구수익률이 달라지게 되고, 따라서 요구수익률은 주관적 차이가 있다.

　ⓓ 무위험률에 위험할증률을 가산한 요구수익률을 위험조정률이라 한다.

ⓒ **피셔효과** : 피셔(Fisher)는 예상되는 인플레이션률까지 요구수익률에 포함시켰으며 이를 피셔 효과라 한다.

> 요구수익률 (피셔효과) = 무위험률 + 위험할증률 + 예상된 인플레할증률

※ **투자 결정시 기대수익률이 요구수익률보다 클 때 투자가 이루어지므로, 요구수익률이 기회비용이 된다.**

**기출** 
1. 요구수익률은 해당 부동산에 투자해서 획득할 수 있는 최소한의 수익률이다.
2. 투자자의 요구수익률은 체계적 위험이 증대됨에 따라 상승한다.
3. 무위험률의 상승은 투자자의 요구수익률을 상승시키는 요인이다.
4. 금리상승은 투자자의 요구수익률을 상승시키는 요인이다.
5. 동일 투자자산이라도 개별투자자가 위험을 기피할수록 요구수익률이 높아진다.

---

**예제문제**

**다음 자료를 활용하여 투자자의 요구수익률을 구하면 얼마이겠는가?**

- 무위험률 5%
- 예상인플레율 2%
- 위험할증률 5%
- 가치상승 예상률 3%

**해설** 요구수익률(9%) = 무위험률(5%) + 위험할증률(5%) + 예상인플레율(2%) − 가치상승분(3%)

**정답** ∴ 9%

---

## (3) 실현수익률(realized rate of return) 제32회

① 실현수익률이란 투자가 이루어지고 난 후에 실제로 달성된 수익률을 말한다. 이는 사후적 수익률, 역사적 수익률 개념이다.

② 실현수익률은 부동산 투자분석시에 알 수 없으므로 부동산에 대한 투자 선택시 직접 관련이 없는 수익률이며 투자 이후 투자 결과 검증에 영향을 줄 뿐이다.

---

## 3 투자균형

1. 기대수익률 > 요구수익률 ⇨ 투자증가(투자선택)
2. 기대수익률 = 요구수익률 ⇨ 투자균형
3. 기대수익률 < 요구수익률 ⇨ 투자감소(투자기각)

(1) **기대수익률 > 요구수익률인 경우**

> 수요증가 ⇨ 시장가치 상승 ⇨ 기대수익률 점차 하락 ⇨ 기대수익률 = 요구수익률(투자균형)

(2) **기대수익률 < 요구수익률인 경우**

> 수요감소 ⇨ 시장가치 하락 ⇨ 기대수익률 점차 상승 ⇨ 기대수익률 = 요구수익률(투자균형)

기출
1. 투자결정은 기대수익률과 요구수익률을 비교함으로써 이루어지는데 투자자는 투자대안의 기대수익률이 요구수익률보다 큰 경우에 투자를 하게 된다.
2. 어떤 부동산에 대한 투자자의 요구수익률이 기대수익률보다 큰 경우 대상부동산에 대한 기대수익률도 점차 상승하게 된다.

## 4 투자가치와 시장가치

### (1) 투자가치 : 사용가치, 주관적 가치 제34회

$$부동산의 \ 투자가치 = \frac{순수익}{요구수익률 \ (할인율)}$$

① 투자가치란 투자 대상부동산이 투자자에게 부여하는 주관적 가치를 말한다.
② 위험이 클수록 요구수익률(할인율)이 커져서 요구수익률이 상향조정되고, 높은 할인율이 적용되므로 투자가치는 작아진다(위험↑ ⇨ 요구수익률↑ ⇨ 투자가치↓).

### (2) 시장가치 : 교환가치, 객관적 가치

① 시장가치란 대상부동산이 시장에서 형성되는 객관적 가치를 말한다.
② 시장가치는 통상적인 시장에서 충분한 기간 거래를 위하여 공개된 후 그 대상물건의 내용에 정통한 당사자 사이에 신중하고 자발적인 거래가 있을 경우 성립될 가능성이 가장 높다고 인정되는 대상물건의 가액을 말한다.

### (3) 투자선택 여부

① 투자가치 > 시장가치 ⇨ 투자선택
② 투자가치 < 시장가치 ⇨ 투자기각

**보충학습** 위험에 대한 투자자들의 태도

## 1. 투자자들의 위험에 대한 태도

① 기대수익률이 동일한 두 개의 투자 대안이 있을 경우에 투자자들은 대부분 덜 위험한 쪽을 선택하려고 할 것이다. 투자자들의 이러한 행동을 위험혐오적(회피적)이라 한다. ⇨ 가장 합리적 태도

② 위험혐오적이란 말은 사람들이 전혀 위험을 감수하려고 하지 않는다는 것을 의미하는 것은 아니다. 위험을 전혀 감수하지 않고 얻을 수 있는 수익률은 무위험률 밖에 없다. 따라서 위험을 전혀 수반하지 않는 투자는 진정한 의미의 투자라 할 수 없다.

③ 위험혐오적인 투자자라 할지라도 감수할만한 유인책이 있는 위험이거나 피할 수 없는 위험(체계적위험)일 경우에는 투자자는 기꺼이 이를 감수한다.

④ 위험혐오도(위험회피도)가 큰 투자자일수록 위험할증률을 증가시켜 요구수익률을 더 크게 하므로 요구수익률선은 더 급경사가 된다. 즉, 동일한 위험증가에 대해 보수적 투자자는 공격적 투자자보다 더 높은 수익률을 요구하게 된다.

## 2. 유형

### (1) 위험회피형(risk-averse) : 위험혐오형

① 투자자들은 일반적으로 위험을 싫어하는 이성적 투자자이므로 투자이론에서 특별한 언급이 없으면 위험회피형을 전제한다.

② 위험회피형 투자자는 또 다시 공격적 투자자와 보수적인 투자자로 분류되며, 위험회피형 투자자 중에서 공격적인 투자자는 보수적인 투자자에 비해 위험이 높더라도 기대수익률이 높은 투자안을 선호한다.

③ 위험회피형의 무차별곡선은 아래로 볼록한 우상향 형태이다.

| 보수적 투자자 | 공격적 투자자 |
|---|---|
| • 위험회피도 ⇧<br>• 낮은 위험, 낮은 수익에 투자<br>• 동일한 위험 증가: 높은 수익 요구<br>• 무차별곡선의 기울기: 가파름 | • 위험회피도 ⇩<br>• 높은 위험, 높은 수익에 투자<br>• 동일한 위험 증가: 낮은 수익 요구<br>• 무차별곡선의 기울기: 완만함 |

➕ 보수적 예측방법 : 수익은 낮게 예측, 비용은 높게 예측하여 투자결정하는 방법

### (2) 위험추구형(risk-seeker) : 위험선호형(risk-lover)

① 높은 수익률을 획득할 기회를 얻기 위해 위험을 기꺼이 감수하는 투자자를 말한다.

② 위험추구형의 무차별곡선은 위로 볼록한 우하향 형태이다.

### (3) 위험중립형(risk-mentral)

① 위험중립형은 위험의 크기에 관계없이 기대수익률에만 따라 행동하는 유형을 말한다.

② 위험중립형의 무차별곡선은 수평형태이다.

**기출** 1. 부동산투자자가 위험회피형이라면 부동산투자의 위험이 증가할 때 요구수익률을 높인다.
2. 위험회피형 투자자 중에서 공격적인 투자자는 보수적인 투자자에 비해 위험이 높더라도 기대수익률이 높은 투자안을 선호한다.
3. 위험추구형 투자자는 높은 수익률을 획득할 기회를 얻기 위해 위험을 기꺼이 감수하는 투자자를 말한다.

**5 위험·수익의 상쇄관계(risk-return trade-off)** 제25회, 제26회, 제32회, 제33회

① 부담하는 위험이 크면 투자자의 요구수익률이 커진다. 이와 같은 위험과 수익의 비례 관계를 위험과 수익의 상쇄관계라고도 한다.

② 시장의 무위험률은 임의의 투자자의 개별적 위험 혐오도와 관계없이 요구수익률에 일정크기로 반영된다.

③ 동일한 위험증가에 대해 보수적 투자자는 공격적 투자자보다 더 높은 수익률을 요구하게 되며, 요구수익률선의 기울기도 가파르게 된다(A의 요구수익률선).

④ 동일한 위험증가에 대해 공격적 투자자는 보수적 투자자보다 더 낮은 수익률을 요구하게 되며, 요구수익률선의 기울기도 완만하게 된다(B의 요구수익률선).

⑤ 위험 혐오도가 더 큰 투자자일수록 요구수익률은 더 커지며, 동일한 위험에서도 투자자마다 요구수익률이 다르므로 요구수익률은 주관적 수익률이다.

기출 ┃ 1. 부동산투자에서 일반적으로 위험과 수익은 비례관계를 가지고 있다.
2. 투자 위험(표준편차)과 기대수익률은 정(+)의 상관관계를 가진다.
3. 동일한 위험증가에 대해 보수적 투자자는 공격적 투자자보다 더 높은 수익률을 요구하게 된다.

**6 위험의 처리방법과 위험의 관리방법** 제25회, 제28회, 제31회, 제32회, 제33회, 제34회

**(1) 위험의 처리방법**

① 위험한 투자를 제외시키는 방법(위험회피)

  ㉠ 위험한 투자는 투자대상에서 제외하고 안전한 데에만 투자하는 방법을 말한다.

  ㉡ 여기서 얻는 수익률은 무위험률이며 시간의 대가인 국공채, 정기예금에 투자하는 방법으로 진정한 의미에서 투자는 아니다.

② 기대치의 보수적 예측방법

  ㉠ 투자수익(기대수익)을 최대, 중간, 최소치로 산정하여, 이 중 수익의 최소치로 예측하는 방법이다. 즉, 수익은 낮게 예측하고 비용은 높게 추정하여 수익과 비용을 기준으로 투자결정을 하는 방법을 말한다.

  ㉡ 낙관적 상황의 확률을 낮추고, 비관적 상황의 확률을 높여서 기대수익률을 하향조정하고 투자비용은 상향조정하여 결정하는 방법이다.

  ㉢ 기대치를 보수적으로 예측하면 좋은 투자대안이 기각될 가능성이 커서 부의 극대화가 곤란하다.

③ 위험조정할인률(요구수익률)의 조정법

$$투자가치(\downarrow) = \frac{순수익}{요구수익률(할인율)(\uparrow)}$$

㉠ 장래 기대되는 소득을 현재가치로 환원할 때 위험한 투자일수록 요구수익률을 상향조정하여, 높은 할인율을 적용하는 방법을 말한다.

㉡ 요구수익률을 결정하는 데에 있어서 감수해야 하는 위험의 정도에 따라 그만큼 위험할증률을 더해 가는 것이다. 즉, 이 방법에서는 위험이 높은 투자대안일수록 보다 높은 요구수익률로 할인되기 때문에 부동산의 투자 가치는 하락한다.

㉢ 이 방법이 많이 선호되는 이유는 미래의 현금흐름의 변동성을 계량화하기 쉽고, 측정결과를 비교하기 쉽기 때문이다.

㉣ 그러나 위험조정치 결정시 주관 개입여지가 많고 시간경과에 따라 일정비율로 위험이 증가한다는 가정은 단점이 될 수 있다.

기출
1. 위험도가 높은 자산을 투자에서 제외시키는 것은 위험을 회피하는 방법의 하나다.
2. 보수적 예측방법은 투자수익의 추계치를 하향 조정함으로써, 미래에 발생할 수 있는 위험을 상당수 제거할 수 있다는 가정에 근거를 두고 있다.
3. 위험조정할인율을 적용하는 방법으로 장래 기대되는 소득을 현재가치로 환산하는 경우, 위험한 투자일수록 높은 할인율을 적용한다.

## (2) 위험의 관리방법 제31회, 제32회, 제33회, 제34회

① **위험의 회피**(risk avoid) : 무위험자산에 투자하는 방법으로 수익이 확실한 투자대상에만 투자하는 방법으로 위험한 투자안을 제외시키는 투자전략이다. 예 정기예금이나 국채 등에 투자

② **위험의 보유**(risk retention) : 손실을 자체적으로 해결하는 방법으로 위험에 대비해 준비금이나 충당금을 설정해 두고 실제로 위험이 발생한 경우 위험을 처리하는 방법을 말한다.
예 준비금, 충당금의 설정 등

③ **위험의 전가**(risk transfer) : 위험으로 인한 경제적 부담이나 책임을 제3자에게 위험을 떠넘기는 방법이다. 예 임대료 인상, 보험계약, 하청계약, 리스계약, 선분양제도, 변동금리계약, 이자율 스왑 등

④ **위험의 통제**(risk contol) : 위험으로 인한 손실의 발생 횟수나 규모를 줄이려는 방법을 말한다.
예 민감도분석

용어 **민감도분석과 흡수율분석** 제31회, 제32회, 제33회, 제34회

민감도분석(감응도분석, sensitivity analysis)
1. 투자수익에 영향을 줄 수 있는 투입요소(영업비용, 공실률 등)를 변동할 때 그 투자안의 결과치(순현가, 내부수익률)가 어떠한 영향을 받는가를 파악하는 방법을 말한다.

2. 민감도분석은 투자수익에 가장 민감하게 영향을 주는 요소가 무엇인지를 파악하여 이를 집중 관리하면 투자위험을 통제하여 줄일 수 있다.
3. 일반적으로 민감도가 큰 투자안일수록 더 위험한 투자안으로 평가되며 이는 투자분석뿐만 아니라 감정평가 및 부동산개발에도 사용된다.

### 흡수율분석

1. 시장에 공급된 부동산이 시장에서 일정기간동안 소비되는 비율을 조사하여 해당 부동산시장의 추세를 파악하는 것이다.
2. 흡수율분석의 목적은 미래의 시장성을 예측하는 것이다.

### 위험의 관리방법

1. **위험회피** : 위험한 투자 제외, 정기예금이나 국채 등에 투자
2. **위험보유** : 준비금 또는 충당금의 설정
3. **위험전가** : 임대료 인상, 보험계약, 하청계약, 리스계약, 변동금리계약, 선분양제도, 이자율 스왑 등
4. **위험통제** : 민감도분석

> 기출
>
> 1. 투자에서 발생되는 위험의 일부를 보험회사 등에 전가하기 위해 보험에 가입한다.
> 2. 물가상승률만큼 임대료가 인상되도록 임대계약을 하는 것은 위험의 전가에 속한다.
> 3. 민감도분석은 타당성분석에 활용된 투입요소의 변화가 그 결과치에 어떠한 영향을 주는가를 분석하는 기법이다.
> 4. 민감도분석을 통해 미래의 투자환경 변화에 따른 투자가치의 영향을 검토할 수 있다.
> 5. 민감도분석을 통해 투입요소의 변화가 그 투자안의 내부수익률에 미치는 영향을 분석할 수 있다.

---

### 예제문제

**01. 다음과 같은 투자안에서 부동산의 투자가치는?** (단, 연간 기준이며, 주어진 조건에 한함)  ▶ 제34회

- 무위험률: 3%
- 예상인플레이션율: 2%
- 위험할증률: 4%
- 예상순수익: 4,500만원

① 4억원  ② 4억 5천만원  ③ 5억원  ④ 5억 5천만원  ⑤ 6억원

**정답**  ③

**해설**  ③ 투자가치 = $\dfrac{순수익\,(4,500만원)}{요구수익률\,(9\%)}$ = 5억원

요구수익률 = 무위험률 + 위험할증률 + 예상인플레율 = 3% + 4% + 2% = 9%

## 제3절  포트폴리오이론(portfolio theory) 제25회~제27회, 제30회, 제32회, 제33회, 제34회, 제35회

### 1  의의

① 자산이 하나에 집중되어 있는 경우 발생할 수 있는 불확실성을 제거하기 위해 여러 종류의 자산에 분산투자하여 (비체계적)위험을 제거하고 안정된 결합편익을 획득하도록 하는 자산관리의 방법 및 원리를 말한다.

② 포트폴리오는 단순히 분산투자하는 것이 아니라 투자대안이 갖고 있는 위험과 수익을 분석하여 불필요한 위험(비체계적 위험)을 줄이고 최선의 결과를 얻을 수 있는 방법을 구성해야 한다.

③ 포트폴리오기법에 의하면 평균 - 분산법으로 판단하기 어려운 투자대안의 위험과 수익관계를 용이하게 분석할 수 있다. 즉, 두 개의 투자대안 중 하나가 위험도 높고 수익률도 높을 때 포트폴리오이론에 의하면 수익과 위험과의 관계를 전체적으로 파악하여 자산을 잘 배합하여 불필요한 위험인 비체계적 위험을 줄일 수 있다.

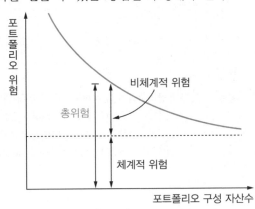

### 2  포트폴리오 기대수익률 제25회

① 포트폴리오 기대수익률은 포트폴리오를 구성하는 각 자산에 대한 상대적 투자비중과 각 개별자산의 기대수익률에 의해 결정되며, 총투자금액의 크기와는 아무런 관계가 없다.

② 포트폴리오 기대수익률 = (자산 A의 기대수익률 × 자산 A의 구성비율) + (자산 B의 기대수익률 × 자산B의 구성비율)+(자산 C의 기대수익률 × 자산 C의 구성비율) ……

> 기출
> 1. 포트폴리오이론은 투자 시 여러 종목에 분산투자함으로써 위험을 분산시켜 안정된 수익을 얻으려는 자산투자이론이다.
> 2. 포트폴리오에 편입되는 투자안의 수를 늘리면 늘릴수록 비체계적인 위험이 감소되는 것을 포트폴리오효과라고 한다.
> 3. 포트폴리오의 기대수익률은 개별자산의 기대수익률을 가중평균하여 구한다.
> 4. 동일한 자산들로 포트폴리오를 구성하여도 개별자산의 투자비중에 따라 포트폴리오의 기대수익률과 분산은 다를 수 있다.

**예제문제**

**01.** A, B, C 3개의 부동산자산으로 이루어진 포트폴리오가 있다. 이 포트폴리오의 자산비중 및 경제상황별 예상 수익률 분포가 다음 표와 같을 때 전체 포트폴리오의 기대수익률은? (다만, 호황과 불황의 확률은 각각 50%임)

▶ 제21회

| 구분 | 포트폴리오 비중(%) | 경제상황별 수익률(%) | |
|---|---|---|---|
| | | 호황 | 불황 |
| A부동산 | 20 | 6 | 4 |
| B부동산 | 30 | 8 | 4 |
| C부동산 | 50 | 10 | 2 |

① 5.0%  ② 5.2%  ③ 5.4%  ④ 5.6%  ⑤ 5.8%

**정답** ⑤

**해설** ⑤ 포트폴리오의 기대수익률은 5.8%이다. 1% + 1.8% + 3% = 5.8%
A: [(6% × 50%) + (4% × 50%)] × 20% = 1%
B: [(8% × 50%) + (4% × 50%)] × 30% = 1.8%
C: [(10% × 50%) + (2% × 50%)] × 50% = 3%

**02.** 자산비중 및 경제상황별 예상수익률이 다음과 같을 때, 전체 구성자산의 기대수익률은? (단, 확률은 호황 40%, 불황 60%임)

▶ 제25회

| 구분 | 자산비중 | 경제상황별 예상수익률 | |
|---|---|---|---|
| | | 호황 | 불황 |
| 상가 | 20% | 20% | 10% |
| 오피스텔 | 30% | 25% | 10% |
| 아파트 | 50% | 10% | 8% |

① 11.5%  ② 12.0%  ③ 12.5%  ④ 13.0%  ⑤ 13.5%

**정답** ②

**해설** ② 포트폴리오의 기대수익률은 각 자산의 상대적 투자비중에 각각의 수익률을 곱하여 산정하므로, 상가 기대수익률(2.8%) + 오피스텔 기대수익률(4.8%) + 아파트 기대수익률(4.4%) = 12.0%가 된다.
• 상가 기대수익률: 비중(20%) × [(20% × 40%) + (10% × 60%)] = 2.8%
• 오피스텔 기대수익률: 비중(30%) × [(25% × 40%) + (10% × 60%)] = 4.8%
• 아파트 기대수익률: 비중(50%) × [(10% × 40%) + (8% × 60%)] = 4.4%

## 3  포트폴리오 효과

① 포트폴리오 효과란 투자대상을 다양화하여 기대수익률 하락 없이 위험을 감소시키는 효과를 말한다.

② 포트폴리오를 구성하는 자산의 수가 많을수록 포트폴리오의 효과가 커진다. 또한, 투자대안별 수익률 변동이 서로 다른(반대) 방향으로 움직이는 투자자산들을 결합하여 투자하는 것이 위험도를 줄이는 데 효과적이다.

  ※ 부동산의 부동성과 용도의 다양성 때문에 지역별·유형별 분산투자가 가능하여 다양한 포트폴리오를 구성할 수 있다.

③ 상관계수는 한 자산의 수익률의 변동에 따른 다른 자산의 수익률의 변동정도를 의미한다. 즉, 상관계수는 자산간의 수익률변동의 유사성 정도를 의미한다.

④ 상관계수는 −1과 +1 사이의 값을 갖는다.

  ㉠ 상관계수가 양(+)인 경우는 자산간의 수익률 변동방향이 서로 유사하므로 위험분산 효과가 적다.

  ㉡ 상관계수가 음(−)인 경우에는 자산간의 수익률의 변동방향이 서로 다르므로 위험분산 효과가 커진다.

  ㉢ 상관계수가 +1이면 수익률 변동방향이 완전 동일하므로 위험분산 효과가 없어서, 비체계적 위험은 전혀 감소되지 않는다.

  ㉣ 상관계수가 −1이면 수익률의 변동방향이 완전 반대이므로 위험분산효과가 가장 커서, 비체계적 위험을 완전히 제거할 수 있다. 즉, 상관계수가 −1인 경우 비체계적 위험을 0(zero)으로 만들 수 있다. 이때도 체계적 위험까지 줄일 수 있는 것은 아니다.

  ㉤ 상관계수가 +1인 경우를 제외하면, 자산구성비율을 조정하여 포트폴리오를 구성한다면 상관계수가 (+)값을 갖는 경우에도 포트폴리오 효과는 있다.

  ※ 분산투자로 인한 포트폴리오의 위험분산 효과는 상관계수가 작을수록 크게 나타난다. 즉, 상관계수가 작을수록 비체계적 위험이 작아진다. 포트폴리오를 구성하는 자산의 수가 많을수록 비체계적 위험이 감소하는 이유는 각 자산의 예상수익률의 분포 양상이 서로 다르기 때문이다.

---

**핵심정리**

1. 포트폴리오 효과
    ① 자산수가 많을수록, 포트폴리오의 효과는 커진다.
    ② 포트폴리오를 구성하는 개별자산들간의 수익률의 움직임이 다른(반대) 방향으로 움직이는 자산들로 포트폴리오를 구성할 때, 포트폴리오의 효과는 커진다.
    ③ 상관계수가 낮을수록 또는 −1에 가까울수록, 포트폴리오의 효과는 커진다.

2. 상관계수: 개별자산들간의 수익률의 움직임의 방향, 언제나 +1과 -1사이의 값
   ① 상관계수 1인 경우: 포트폴리오효과 없음
   ② 상관계수 1보다 작은 경우: 포트폴리오효과 있음

| +1 | 위험 전혀 제거되지 않음 | 포트폴리오효과 없음 |
|----|------------------------|---------------------|
| +  | 유사(동일) 방향         | 포트폴리오효과 ⬇    |
| -  | 다른(반대) 방향         | 포트폴리오효과 ⬆    |
| -1 | 비체계적위험 완전히 제거 | 포트폴리오효과 최대 |

상관계수가 (-1)인 경우에는 비체계적 위험이 완전히 제거되나, 상관계수가 (+1)인 경우에는 비체계적 위험이 전혀 제거되지 않는다.

**기출**
1. 투자자산 간의 상관계수가 1일 경우, 포트폴리오구성을 통한 위험절감 효과가 나타나지 않는다.
2. 포트폴리오전략에서 구성자산 간에 수익률이 반대 방향으로 움직일 경우 위험감소의 효과가 크다.
3. 투자자산의 수익률이 서로 유사한 방향으로 움직일 경우, 상관계수는 양(+)의 값을 가지므로 위험분산 효과가 작아진다.
4. 포트폴리오 구성자산들의 수익률분포가 완전한 음의 상관관계(-1)에 있을 경우, 자산구성비율을 조정하면 비체계적인 위험을 '0'까지 줄일 수 있다.
5. 개별자산의 기대수익률 간 상관계수가 "-1"인 두 개의 자산으로 포트폴리오를 구성할 때 포트폴리오의 위험감소 효과가 최대로 나타난다.

## **4** 평균·분산의 지배원리 제35회

평균·분산의 지배원리란 투자안의 기대수익률과 위험의 상관관계에 따라 투자안을 선택하는 기준으로 위험과 수익을 평가하는 방법으로, 다음과 같이 구분된다.

① **위험(분산)이 동일한 경우**
   가장 큰 평균기대수익률을 갖는 투자안이 다른 투자안을 지배한다. 따라서, 위험(분산)이 동일한 경우에는 가장 큰 평균기대수익률을 갖는 투자안을 선택한다.

② **평균기대수익률이 동일할 경우**
   가장 작은 위험(분산)을 갖는 투자안이 다른 투자안을 지배 한다. 따라서, 평균수익률이 동일할 경우에는 가장 작은 위험(분산)을 갖는 투자안을 선택한다.

③ 이 경우, 평균·분산의 지배원리를 만족하는 동일한 수익에서 낮은 위험의 자산과 동일한 위험에서 높은 수익의 자산을 효율적 포트폴리오라 한다.

**기출** A투자안과 B투자안의 기대수익률이 같은 경우, A투자안보다 B투자안의 기대수익률의 표준편차가 더 크다면 A투자안이 선호된다.

**핵심정리**

1. 평균분산결정법(지배원리)
   ① A 투자안과 B 투자안의 기대수익률이 같은 경우, A 투자안보다 B 투자안의 기대수익률의 표준편차가 더 크다면 표준편차가 상대적으로 작은 A 투자안이 선호된다.
   ② A 투자안과 B 투자안의 기대수익률이 같은 경우, B 투자안보다 A 투자안의 기대수익률의 표준편차가 더 크다면 표준편차가 상대적으로 작은 B 투자안이 선호된다.
   ③ A 투자안과 B 투자안의 기대수익률의 표준편차가 같은 경우, A 투자안보다 B 투자안의 기대수익률이 더 크다면 B 투자안이 선호된다.
   ④ A 투자안과 B 투자안의 기대수익률의 표준편차가 같은 경우, B 투자안보다 A 투자안의 기대수익률이 더 크다면 A 투자안이 선호된다.

2. 평균분산법과 한계
   대안 A가 대안 B보다 기대치(수익)도 크고 표준편차(위험)도 큰 경우에는 평균·분산법의 지배원리로 A를 선택할지 또는 B를 선택할지 의사결정을 할 수가 없다. 이때는 지배원리로 해결할 수 없다. 이때는 다음과 같은 해결방법이 있다.
   ① 변이계수법(기대수익률 단위당 위험도)에 의하면 ⇨ 변이계수가 작을수록 안정적이므로 유리하다.
   ② 위험 1단위당 수익률(= 변이계수의 역수)은 클수록 유리하다.
   ③ 이때는 투자자의 행태(위험에 대한 태도)에 따라 A 또는 B 선택할 수 있다(더 보수적인 사람은 B 선택, 더 공격적인 사람은 A 선택).
   ④ 포트폴리오 이론에 따라 분산투자가 가능하다.

## 5 효율적 프론티어와 지배원리

### (1) 효율적 전선(효율적 프론티어, 효율적 투자선)

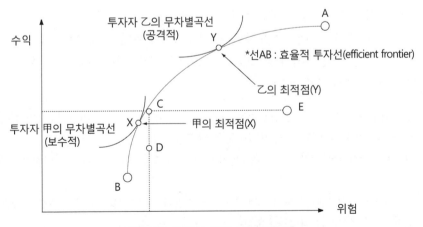

[효율적 전선과 최적 포트폴리오]

① 평균분산 지배원리에 의해 선택된 포트폴리오를 효율적 포트폴리오(efficient portfolio)라 한다.

② 효율적 포트폴리오의 집합을 효율적 전선 혹은 효율적 프론티어(efficient frontier)라 한다. 이는 동일한 위험에서 최고의 수익를 나타내는 포트폴리오를 연결한 곡선이다. 효율적 전선이 우상향한다는 것은 투자자는 주어진 위험에서는 이 이상의 수익률을 얻을 수 없기 때문에 더 높은 수익을 얻기 위해서는 더 많은 위험을 감수해야 한다는 것을 의미한다.

⇨ 위험과 수익의 비례관계

> ㉠ 지배원리는 같은 위험에서는 기대수익률이 가장 큰 것을 택하고, 같은수익률에서는 위험이 적은 것을 택하는 것이다. 이러한 관점에서 볼 때 C는 D와 E보다 우위에 있고 이들을 지배하게 된다.
>
> ㉡ 효율적 전선상의 투자안은 동일한 위험도에서 그 아래의 다른 투자안을 지배한다.
>
> ㉢ 효율적 전선상의 투자안들은 상호간에는 평균분산의 지배원리가 적용되지 않는다. 즉, 지배원리로는 A와 B 중에서는 어느 것이 더 우월한 투자안이라 판단하기 곤란하다. 다만, 공격적인 투자자의 경우에는 A투자안에, 보수적 투자자인 경우에는 B투자안에 투자하려고 할 것이다.

**기출** 1. 효율적 프런티어(효율적 전선)란 평균–분산 지배원리에 의해 모든 위험수준에서 최대의 기대수익률을 얻을 수 있는 포트폴리오의 집합을 말한다.
2. 효율적 프런티어(효율적 전선)의 우상향에 대한 의미는 투자자가 높은 수익률을 얻기 위해 많은 위험을 감수하는 것이다.

## (2) 무차별곡선과 최적포트폴리오

① 불확실성하에서 위험에 대한 투자자의 합리적인 행태는 '위험 혐오적' 태도이며, 위험 혐오적 투자자들의 합리적 목적은 기대효용의 극대화에 있다.

② 투자자들의 위험에 대한 태도는 무차별곡선으로 표시되는데, 무차별곡선이 아래로 볼록한 우상향의 형태를 갖는 것은 투자자가 위험 혐오적이라는 것을 의미한다. 이때 투자자의 위험회피도가 클수록 더욱 가파르게 된다.

> ㉠ 위험혐오도가 더 큰 투자자(보수적 투자자)의 무차별곡선은 급경사이고, 위험혐오도가 작은 투자자(공격적 투자자)의 무차별곡선은 완경사이다.
>
> ㉡ '甲'의 무차별곡선의 기울기가 더 가파른 것은 '乙'보다 더욱 위험혐오적이라는 것을 의미한다.

**기출** 투자자가 위험을 회피할수록 위험(표준편차, X축)과 기대수익률(Y축)의 관계를 나타낸 투자자의 무차별곡선의 기울기는 가파르게 된다.

③ 최적의 포트폴리오는 효율적 전선과 투자자의 무차별곡선이 접하는 점에서 결정된다.

> ㉠ 어떤 투자자의 최적점은 다른 투자자에게 최적점이 아닐 수 있다.
> ㉡ 甲의 최적의 포트폴리오는 'X점'이 되고, 乙의 최적의 포트폴리오는 'Y'점이다.

기출
1. 효율적 프론티어와 투자자의 무차별곡선이 접하는 지점에서 최적의 포트폴리오가 결정된다.
2. 무차별곡선은 투자자에게 동일한 효용을 주는 수익과 위험의 조합을 나타낸 곡선이다.
3. 최적 포트폴리오의 선정은 투자자의 위험에 대한 태도에 따라 달라질 수 있다.

## (3) 부동산 포트폴리오의 한계

① 부동산시장은 부동산의 특성으로 인해 불완전시장이므로 정기적으로 포트폴리오 수익률을 계량화하기 곤란하다. 또한, 투자자의 능력에 따라 수익률이 다르게 산출되므로 평균적 수익률 산정이 곤란하다.
② 포트폴리오 모형은 단기간의 모형이나 부동산투자는 장기간 모형이다. 즉, 단기시장인 주식시장에서 발달한 포트폴리오 이론을 장기시장인 부동산시장에 적용하는 데는 한계가 있다.
③ 부동산은 분할이 어려운 한계를 갖는다.
④ 토지종합소득세 등 투자자별로 다른 세율이 산출되어 절세 효과 등에 따른 수익률 산정이 어렵다.

참고학습 | 재산 3분법

자산 선택에 있어서 수익성, 안정성, 환금성을 고려하여 부동산, 증권, 예금 3분야에 분산시킴으로써 경기변동에서 오는 위험부담으로부터 벗어나고 수익을 취하자는 데 목적을 둔 자산관리이다. 이는 단지 포트폴리오의 일종일 뿐 최선의 배합은 아니다.

| 구분 | 부동산 | 주식 | 예금 |
|---|---|---|---|
| 안전성 | ○ | × | ○ |
| 수익성 | ○ | ○ | × |
| 환금성 | × | ○ | ○ |

(○ : 유리, × : 불리)

**01** 수익형 부동산의 간접투자에서 자기자본수익률을 상승시키는 전략으로 틀린 것은? (단, 세후기준이며, 다른 조건은 동일함) 〔제31회〕

① 임대관리를 통한 공실률 최소화
② 자본이득(capital gain) 증대를 위한 자산가치 극대화
③ 세금이 감면되는 도관체(conduit)를 활용한 절세효과 도모
④ 효율적 시설관리를 통한 운영경비 절감
⑤ 저당수익률이 총자본수익률보다 클 때, 부채비율을 높이는 자본구조 조정

해설 ⑤ 저당수익률이 총자본수익률보다 클 때에는 부의 지렛대가 나타나고, 부의 지렛대의 경우 부채비율을 높이면 자기자본수익률은 하락한다.

> **지렛대 효과**
> ① 정(+)의 지렛대 효과 : 지분수익률>총자본수익률>저당수익률 ⇨ 자기자본수익률 상승
> ② 부(-)의 지렛대 효과 : 지분수익률<총자본수익률<저당수익률 ⇨ 자기자본수익률 하락
> ③ 중립적(0)의 지렛대 효과 : 지분수익률=총자본수익률=저당수익률 ⇨ 자기자본수익률 불변

정답 ⑤

**02** 부동산 투자수익률에 관한 설명으로 옳은 것은? (단, 위험회피형 투자자를 가정함) 〔제32회〕

① 기대수익률이 요구수익률보다 높을 경우 투자자는 투자가치가 있는 것으로 판단한다.
② 기대수익률은 투자에 대한 위험이 주어졌을 때, 투자자가 투자부동산에 대하여 자금을 투자하기 위해 충족되어야 할 최소한의 수익률을 말한다.
③ 요구수익률은 투자가 이루어진 후 현실적으로 달성된 수익률을 말한다.
④ 요구수익률은 투자에 수반되는 위험이 클수록 작아진다.
⑤ 실현수익률은 다른 투자의 기회를 포기한다는 점에서 기회비용이라고도 한다.

해설 ② 기대수익률 ⇨ 요구수익률
③ 요구수익률 ⇨ 실현수익률
④ 작아진다 ⇨ 커진다.
⑤ 실현수익률 ⇨ 요구수익률

정답 ①

**03** 포트폴리오 이론에 관한 설명으로 **틀린** 것은?  제30회

① 분산투자효과는 포트폴리오를 구성하는 투자자산 종목의 수를 늘릴수록 체계적 위험이 감소되어 포트폴리오 전체의 위험이 감소되는 것이다.

② 포트폴리오 전략에서 구성자산 간에 수익률이 반대 방향으로 움직일 경우 위험감소의 효과가 크다.

③ 효율적 프런티어(효율적 전선)란 평균-분산 지배원리에 의해 모든 위험수준에서 최대의 기대수익률을 얻을 수 있는 포트폴리오의 집합을 말한다.

④ 효율적 프런티어(효율적 전선)의 우상향에 대한 의미는 투자자가 높은 수익률을 얻기 위해 많은 위험을 감수하는 것이다.

⑤ 포트폴리오 이론은 투자 시 여러 종목에 분산투자함으로써 위험을 분산시켜 안정된 수익을 얻으려는 자산투자이론이다.

**해설** ① 체계적 위험 ⇨ 비체계적 위험, 분산투자효과는 포트폴리오를 구성하는 투자자산 종목의 수를 늘릴수록 비체계적 위험이 감소되어 포트폴리오 전체의 위험이 감소되는 것이다.

**정답** ①

**04** 포트폴리오 이론에 관한 설명으로 **틀린** 것은? (단, 다른 조건은 동일함)  제33회

① 개별자산의 기대수익률 간 상관계수가 "0"인 두 개의 자산으로 포트폴리오를 구성할 때 포트폴리오의 위험감소 효과가 최대로 나타난다.

② 포트폴리오의 기대수익률은 개별자산의 기대수익률을 가중평균하여 구한다.

③ 동일한 자산들로 포트폴리오를 구성하여도 개별자산의 투자비중에 따라 포트폴리오의 기대수익률과 분산은 다를 수 있다.

④ 무차별곡선은 투자자에게 동일한 효용을 주는 수익과 위험의 조합을 나타낸 곡선이다.

⑤ 최적 포트폴리오의 선정은 투자자의 위험에 대한 태도에 따라 달라질 수 있다.

**해설** ① 개별자산의 기대수익률 간 상관계수가 "–1"인 두 개의 자산으로 포트폴리오를 구성할 때 포트폴리오의 위험감소 효과가 최대로 나타난다.

**정답** ①

**05 포트폴리오이론에 관한 설명으로 옳은 것은?** (단, 위험회피형 투자자를 가정함)   제32회

① 포트폴리오 분산투자를 통해 체계적 위험뿐만 아니라 비체계적 위험도 감소시킬 수 있다.
② 효율적 프론티어(efficient frontier)는 평균-분산 지배원리에 의해 동일한 기대수익률을 얻을 수 있는 상황에서 위험을 최소화할 수 있는 포트폴리오의 집합을 말한다.
③ 분산투자효과는 포트폴리오를 구성하는 투자자산 비중을 늘릴수록 체계적 위험이 감소되어 포트폴리오 전체의 위험이 감소되는 것이다.
④ 최적의 포트폴리오는 투자자의 무차별곡선과 효율적 프론티어의 접점에서 선택된다.
⑤ 두 자산으로 포트폴리오를 구성할 경우, 포트폴리오에 포함된 개별자산의 수익률 간 상관계수에 상관없이 분산투자효과가 있다.

해설
① 포트폴리오 분산투자를 통해 비체계적 위험만 감소시킬 수 있다.
③ 투자자산 비중을 늘릴수록 비체계적 위험이 감소되어 포트폴리오 전체의 위험이 감소되는 것이다.
⑤ 개별자산의 수익률 간 상관계수가 1보다 작은 경우에 분산투자효과가 있다.

정답 ②, ④(복수정답)

**06** 다음은 시장전망에 따른 자산의 투자수익률을 합리적으로 예상한 결과이다. 이에 관한 설명으로 틀린 것은? (단, 주어진 조건에 한함) 〔제35회〕

| 시장전망 | 발생확률 | 예상수익률 | | | |
|---|---|---|---|---|---|
| | | 자산 A | 자산 B | 자산 C | 자산 D |
| 낙관적 | 25% | 6% | 10% | 9% | 14% |
| 정상적 | 50% | 4% | 4% | 8% | 8% |
| 비관적 | 25% | 2% | −2% | 7% | 2% |
| 평균(기댓값) | | 4.0% | 4.0% | 8.0% | 8.0% |
| 표준편차 | | 1.41% | 4.24% | 0.71% | 4.24% |

① 자산 A와 자산 B는 동일한 기대수익률을 가진다.
② 낙관적 시장전망에서는 자산 D의 수익률이 가장 높다.
③ 자산 C와 자산 D는 동일한 투자위험을 가진다.
④ 평균-분산 지배원리에 따르면 자산 C는 자산 A보다 선호된다.
⑤ 자산 A, B, C, D로 구성한 포트폴리오의 수익과 위험은 각 자산의 투자비중에 따라 달라진다.

**해설** ③ 자산 C(표준편차=0.71%)는 자산 D(표준편차4.24%)보다 투자위험이 낮다.

**정답** ③

# 부동산투자분석

☐ 이 장에서 3~4문제 정도 출제된다.
☐ 화폐의 시간가치 계산법은 수학적 기초가 되므로 반드시 원리까지 이해해야 하며, 특히 원리금 균등상환방식은 금융과도 연계되므로 중요하다.
☐ 현금수지 측정방법과 영업소득세 계산방법을 숙지한다.
☐ 부동산투자분석 기법인 할인현금 수지분석법과 어림셈법, 비율분석법을 구별한다.
☐ 대부비율, DTI비율, 부채감당률은 대출과 관련해서 계산문제로도 이해해야 한다.

---

## 제1절 | 부동산투자분석을 위한 수학적 기초 제25회~제33회

### 1 화폐의 시간가치의 개념

① 부동산투자 시점은 현재이며, 수익발생 시점은 미래이다.
② 화폐의 가치는 시간에 따라 다르므로 투자 여부를 결정할 때는 화폐의 시간가치를 동일시점으로 일치시켜야 한다.
③ 원금에 대한 이자뿐만 아니라 이자에 대한 이자도 함께 계산하는 것은 복리방식이며, 화폐의 시간 가치를 계산할 때 이자율로 할인하거나 할증하는데 복리를 사용한다.
④ 현재의 1원이 미래의 1원보다 크다는 인식이다.
⑤ 이자율(수익률, 할인율)이 상승할수록 미래가치(계수)는 커지고, 현재가치(계수)는 작아진다.

> 기출 | 1. 연금의 미래가치계수를 계산하는 공식에서는 이자 계산방법으로 복리 방식을 채택한다.
> 2. 일시불의 현재가치계수는 할인율이 상승할수록 작아진다.

**핵심정리**

화폐의 시간가치 : 현재의 1원이 내일(미래)의 1원보다 크다는 인식

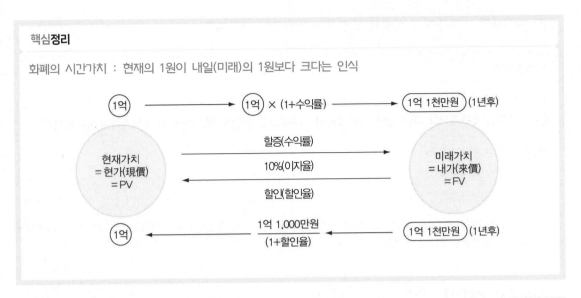

| 미래가치 계산 | 현재가치 계산 |
|---|---|
| ① 일시불의 미래가치계수 $(1+r)^n$ | ④ 일시불의 현재가치계수 $\dfrac{1}{(1+r)^n} = (1+r)^{-n}$ |
| ② 연금의 미래가치계수 $\dfrac{(1+r)^n-1}{r}$ | ⑤ 연금의 현재가치계수 $\dfrac{1-(1+r)^{-n}}{r} = \dfrac{(1+r)^n-1}{r\cdot(1+r)^n}$ |
| ③ 감채기금계수 $\dfrac{r}{(1+r)^n-1}$ | ⑥ 저당상수 $\dfrac{r}{1-(1+r)^{-n}} = \dfrac{r\cdot(1+r)^n}{(1+r)^n-1}$ |

## 2  화폐의 시간가치계수

(※ 이미 알고 있는 것은 O로 표시하고, 새로이 구하고자 하는 것은 ?로 표시하기로 하자.)

### (1) 일시불의 미래가치 : O ········ ?

① 개념 : 이자율(할증률)이 r%일 때 현재의 1원(일시불)이 n년 후에 얼마가 되겠는가를 알고자 할 때 사용

   예 현재 1억원인 아파트 가격이 10년 후에는 얼마가 되겠는가? (가격상승률 r%)

   예 현재 1억원을 은행에 저금했을 때 10년 후에 얼마가 되겠는가? (이자율 r%)

     ⇨ 1억원 × 일시불의 내가계수

② 일시불의 미래가치계수

> 일시불의 미래가치 = (현재의)일시불 × 일시불의 내가계수
>
> 일시불의 내가계수 = $(1+r)^n$

③ 일시불의 미래가치 = (현재의) 일시불 × 일시불의 내가계수

---

**예제문제**

일시불의 미래가치계수

**현재 5억원인 주택가격이 매년 전년 대비 5%씩 상승한다고 가정할 때, 3년후의 주택가격은 얼마인가?**

| 해설 | 5억원 × $(1 + 0.05)^3$ = 5억원 × 1.157625 = 578,812,500원 |
| 정답 | 578,812,500원 |

---

**기출** │ 현재 5억원인 주택가격이 매년 전년 대비 5% 상승한다고 가정할 때, 5년 후의 주택가격은 일시불의 미래가치계수를 사용하여 계산할 수 있다.

## (2) 일시불의 현재가치 : ?········· ○

① 개념 : 이자율(할인율)이 r%일 때, n년 후의 1원(일시불)이 현재 일시불로 환원하면 얼마가 되는가를 알고자 할 때 사용

예 10년 후에 10억원인 아파트를 구입하기 위해 현재 얼마의 일시금을 예금하면 되겠는가?
➪ 10억원 × 일시불의 현가계수 또는 10억원÷일시불의 내가계수도 가능

② 일시불의 현재가치계수 = 일시불의 내가계수의 역수 = $\left(\dfrac{1}{\text{일시불의 내가계수}}\right)$

$$\text{일시불의 현재가치 = (미래의)일시불 × 일시불의 현가계수}$$

$$\text{일시불의 현가계수} = \dfrac{1}{(1+r)^n} = (1+r)^{-n}$$

③ 일시불의 현재가치 = (미래의)일시불 × 일시불의 현가계수

---

**예제문제**

일시불의 현재가치계수

**할인율이 연 7%(복리계산), 5년 후 1억원의 현재가치는? (단, 최종 현재가치 금액은 십만원 자리에서 반올림함)**

▶ 제28회

| 해설 | 1억원 × $\dfrac{1}{(1 + 0.07)5}$ = $\dfrac{1억원}{(1 + 0.07)5}$ = 71,298,617원 |
| 정답 | 71,000,000원 |

---

**기출** │ 10년 후에 1억원이 될 것으로 예상되는 토지의 현재가치를 계산할 경우 일시불의 현재가치계수를 사용한다.

## (3) 연금의 미래가치 : ○○○○○○○○○○ ?

① **개념** : 매기간의 일정액인 연금을 즉, 매년 1원씩(연금)을 이자율 r로 계속해서 적립했을 때, n년 후에 얼마가 되는가를 알고자 할 때 사용

> **예** 어떤 퇴직공무원이 매년 1,000만원씩 연금을 수령할 수 있는데 이를 수령 하지 않고 그대로 은행에 적립하는 경우에 10년 후에는 얼마가 되겠는가?
>
> ⇨ 1,000만원 × 연금의 내가계수 또는 1000만원 ÷ 감채기금계수로 사용가능

② 연금의 미래가치계수(연금의 내가계수) = 감채기금계수의 역수 = $\left( \dfrac{1}{감채기금계수} \right)$

$$연금의\ 미래가치 = 연금액 \times 연금의\ 내가계수$$
$$연금의\ 내가계수 = \frac{(1+r)^n - 1}{r}$$

③ 연금의 미래가치 = 연금액 × 연금의 내가계수

---

**예제문제**

미래가치계수

**투자자 甲은 부동산 구입자금을 마련하기 위하여 3년 동안 매년 연말 3,000만원씩을 불입하는 정기적금에 가입하였다. 이 적금의 이자율이 복리로 연 10%라면, 3년 후 이 적금의 미래가치는?** ▶제24회

**해설**
$3,000만원 \times \dfrac{(1+0.1)3 - 1}{0.1} = 3,000만원 \times \dfrac{(1.331) - 1}{0.1} = 99,300,000원$

**정답** 99,300,000원

---

기출
1. 매월 말에 50만원씩 5년 동안 적립하는 적금의 명목금리는 연 3%이며, 월복리 조건인 경우 이 적금의 미래가

치를 계산하기 위한 식은 $500,000 \times \left\{ \dfrac{(1 + \frac{0.03}{12})^{5 \times 12} - 1}{\frac{0.03}{12}} \right\}$ 이다.

2. 연금의 미래가치란 매 기간마다 일정 금액을 불입해 나갈 때, 미래의 일정시점에서의 원금과 이자의 총액을 말한다.

### (4) 감채기금계수(상환기금계수) : ? ? ? ? ? ? ? ? ? ○

① 개념 : n년 후에 1원(일정액)을 만들기 위해서 매기간 불입해야 할 일정액을 알고자 할 때 사용

🔲 10년 후에 10억원인 주택을 구입하기 위해 매년 얼마씩 균등하게 불입하면 되겠는가?

⇨ 10억원 × 감채기금계수 또는 10억÷연금의 내가계수로 사용가능

② 감채기금계수 = 연금의 내가계수의 역수 = $\left(\dfrac{1}{연금의\ 내가계수}\right)$

> (매 기간)적금액 = (기말)적금총액(연금의 미래가치) × 감채기금계수
>
> 감채기금계수 $= \dfrac{r}{(1+r)^n - 1}$

③ (매기간)적금액 = (기말)적금총액(연금의 미래가치) × 감채기금계수

> **기출** 1. 5년 후 주택구입에 필요한 자금 3억원을 모으기 위해 매 월말 불입해야 하는 적금액을 계산하려면, 3억원에 감채기금계수(월 기준)를 곱하여 구한다.
> 2. 연금의 현재가치계수에 감채기금계수를 곱하면 일시불의 현재가치계수이다.

### (5) 연금의 현재가치 : ? ○○○○○○○○○○

① 개념 : 이자율(할인율)이 r이고 기간이 n일 때, 매년 1원씩(연금) n년 동안 받게 될 연금을 현재 일시불로 환원한 금액을 알고자 할 때 사용

🔲 어떤 퇴직공무원이 매년 1,000만원씩 10년 동안 연금을 수령할 수 있는데 현재 목돈이 필요하여 현재 일시불로 수령하면 그 액수는 얼마가 되겠는가?

⇨ 1,000만원 × 연금의 현가계수 또는 1000만원 ÷ 저당상수로 사용가능

② 연금의 현재가치계수 = 저당상수의 역수 = $\left(\dfrac{1}{저당상수}\right)$

> 연금의 현재가치 = 연금액 × 연금의 현가계수
>
> 연금의 현가계수 $= \dfrac{1-(1+r)^{-n}}{r} = \dfrac{(1+r)^n - 1}{r \cdot (1+r)^n}$

③ 연금의 현재가치 = 연금액 × 연금의 현가계수

---

**예제문제**

연금의 현재가치계수

**A는 부동산자금을 마련하기 위해 2011년 1월 1일 현재 2년 동안 매년 연말 2000원씩을 불입하는 투자상품에 가입했다. 이 투자상품의 이자율이 연 10%라면 이 상품의 현재가치는? (2년의 연금의 현가계수는 1.730이다. 단, 10원단위이하는 절사함)**

해설

풀이1: 일시불의 현가계수 $\dfrac{1}{(1+r)^n}$ 활용

$\dfrac{2,000}{(1+0.1)^1} + \dfrac{2,000}{(1+0.1)^2}$ = 3,471원

풀이2: 연금의 현가계수 $\dfrac{(1+r)^n-1}{r\cdot(1+r)^n}$ 활용

$2,000 \times \dfrac{(1+0.1)^2-1}{0.1\cdot(1+0.1)^2}$ = $2,000 \times \dfrac{1.21-1}{0.1\cdot(1.21)}$ = $2,000 \times \dfrac{0.21}{0.121}$ = 3471원

정답    3,400원

④ 연금의 현가계수 적용의 예

㉠ 미래에 수령할 연금의 현재가치를 구하는 경우

㉡ 융자상환중간에 융자잔금(부채잔금)을 구하는 경우 또는 잔금비율을 구하는 경우

## (6) 저당상수 : ◯ ❓❓❓❓❓❓❓❓❓

① 목적 : 일정액(1원)을 빌렸을 때 매 기간마다 갚아나가야 할 원리금균등상환액(부채서비스액, 저당지불액)을 구할 때 사용

⇨ 저당상수는 자본수익(이자분)과 자본회수(원금회수)가 포함되어 있다.

예 주택을 구입하기 위해 현재 은행에서 1억원을 대출받았을때 매년 얼마씩 균등하게 10년 동안 상환하면 되겠는가? (대출기간 10년, 이자율이 10%일 때 저당상수가 0.16이다)

⇨ 1억원 × 저당상수 또는 1억원 ÷ 연금의 현가계수

⇨ 1억 × 0.16 = 1,600만원

⇨ 매년 1,600만원씩 10년동안 상환해야 한다는 의미이다.

② 저당상수 = 연금의 현가계수의 역수이다.

원리금상환액 = 대출원금 × 저당상수(전체 저당기간)

저당상수 = $\dfrac{r}{1-(1+r)^{-n}}$ = $\dfrac{r\cdot(1+r)^n}{(1+r)^n-1}$

③ 원리금상환액(부채서비스액) = 대출원금(연금의 현재가치) × 저당상수(전체 저당기간)

※ 원리금상환액 : 부채서비스액, 월부금, 저당지불액, 원금 + 이자

④ 저당상수=$\dfrac{원리금균등상환액}{대출원금}$로 나타낼 수 있다(예 $\dfrac{1,600만원}{1억}$=0.16).

기출  원리금균등상환방식으로 주택저당대출을 받은 경우 저당대출의 매 기간 원리금상환액은 저당상수를 이용하여 계산한다.

화폐의 시간가치 계수 정리 제25회~제33회

| 미래가치 | | | 현재가치 | | |
|---|---|---|---|---|---|
| ① 일시불의<br>내가계수<br>(복리종가율) | 개념 | 현재의 1원이 n년 후에 얼마인가? | ④ 일시불의<br>현가계수<br>(복리현가율) | 개념 | n년 후에 1원은 현재가치로 얼마인가? |
| | 공식 | $(1+r)^n$ | | 공식 | $\dfrac{1}{(1+r)^n} = (1+r)^{-n}$ |
| | 활용 | 일시불의 미래가치 계산<br>=일시불×일시불의 내가계수 | | 활용 | 일시불의 현재가치 계산<br>= 일시불×일시불의 현가계수 |
| ② 연금의<br>내가계수<br>(복리연금<br>종가율) | 개념 | 매년1원씩 적금을 계속 불입하면 n년<br>후에 얼마가 되는가? | ⑤ 연금의<br>현가계수<br>(복리연금<br>현가율) | 개념 | n년 동안 매년1원씩 받게 될 연금을<br>현재가치로 환원? |
| | 공식 | $\dfrac{(1+r)^n-1}{r}$ | | 공식 | $\dfrac{1-(1+r)^{-n}}{r} = \dfrac{(1+r)^n-1}{r\cdot(1+r)^n}$ |
| | 활용 | 연금의 미래가치 계산<br>= 연금×연금의 내가계수 | | 활용 | 연금의 현재가치 계산<br>=연금×연금의 현가계수 |
| ③ 감채기금<br>계수<br>(상환기금율) | 개념 | n년 후에 1원을 만들기 위해서는<br>매년 얼마씩 적금을 불입(적립)해야<br>하는가? | ⑥ 저당상수<br>(연부상환율) | 개념 | 원리금균등상환방식으로 1원을 차입<br>했을 때 상환해야할 원리금(부채서<br>비스액, 저당지불액)? |
| | 공식 | $\dfrac{r}{(1+r)^n-1}$ | | 공식 | $\dfrac{r}{1-(1+r)^{-n}} = \dfrac{r\cdot(1+r)^n}{(1+r)^n-1}$ |
| | 활용 | 미래가치를 알 때 매 기의 연금액<br>계산(적금액)<br>= 미래가치×감채기금계수 | | 활용 | 일정액을 빌린 경우 상환액 계산(원리금<br>상환액)<br>=융자원금×저당상수 |

역수관계

| | |
|---|---|
| ① 일시불의 내가계수 ↔ 일시불의 현가계수 | 5억 x 일시불의 내가계수 = 5억 ÷ 일시불의 현가계수 |
| ② 연금의 내가계수 ↔ 감채기금계수 | 5억 x 감채기금계수 = 5억 ÷ 연금의 내가계수 |
| ③ 연금의 현가계수 ↔ 저당상수 | 5억 x 저당상수 = 5억 ÷ 연금의 현가계수 |

 기출

1. 연금의 미래가치계수와 감채기금계수는 역수관계에 있다.
2. 매 월말 50만원씩 5년간 들어올 것으로 예상되는 임대료 수입의 현재가치를 계산하려면, 저당상수(월 기준)의 역수를 활용할 수 있다.
3. 연금의 현재가치계수와 저당상수는 역수관계이다.

**핵심정리**

**원리금균등상환방법과 관련된 주요공식**

1. 원리금상환액(부채서비스액, 월부금, 저당지불액, 원금 + 이자)
   ① 부채서비스액 = 부채 × 저당상수
   ② 부채(융자액) = $\dfrac{\text{부채서비스액}}{\text{저당상수}}$

   기출 │ 부채서비스액은 매월 또는 매년 지불하는 이자지급액을 포함한 원금상환액을 말한다.

2. 융자원금, 잔금, 잔금비율 $^{제33회}$
   ① 융자원금 = 상환된 원금 + 잔금(미상환원금)
   ② 잔금 = 원리금(부채서비스액) × 연금의 현가계수(잔여기간)
       = 대출금(부채) × 잔금비율
   ③ 잔금비율 = $\dfrac{\text{연금의 현가계수(잔여기간)}}{\text{연금의 현가계수(전기간)}}$ = $\dfrac{\text{잔금}}{\text{융자원금}}$ = $\dfrac{\text{원리금} \times \text{연금의 현가계수(잔여기간)}}{\text{원리금} \times \text{연금의 현가계수(전기간)}}$
   ④ 잔금비율 + 상환비율 = 1 (100%)
       ㉠ 상환비율 = 1 – 잔금비율
       ㉡ 잔금비율 = 1 – 상환비율

   기출 │ 1. 연금의 현재가치계수는 미상환 대출잔액을 계산하는 데 사용한다.
         2. 상환비율과 잔금비율을 합하면 1이 된다.

3. 화폐의 시간가치 계수 응용
   ① 연금 현가계수 × 일시불 내가계수 = 연금의 내가계수
   ② 연금 현가계수 × 감채기금계수 = 일시불의 현가계수
   ③ 연금 현가계수 × 저당상수 = 1 (역수관계)
   ④ 연금 내가계수 × 일시불 현가계수 = 연금의 현가계수
   ⑤ 연금 내가계수 × 저당상수 = 일시불의 내가계수
   ⑥ 연금 내가계수 × 감채기금계수 = 1 (역수관계)
   ⑦ 일시불 내가계수 × 일시불 현가계수 = 1 (역수관계)

PART 5 부동산투자론

**예제문제**

A씨는 원리금균등분할상환조건으로 1억원을 대출받았다. 은행의 대출조건이 다음과 같을 때, 대출 후 5년이 지난 시점에 남아있는 대출잔액은? (단, 만원 단위 미만은 절사하며, 주어진 조건에 한함)

- 대출금리: 고정금리, 연 5%
- 총 대출기간과 상환주기: 30년, 월말 분할상환
- 월별 원리금지급액: 54만원
- 기간이 30년인 저당상수: 0.0054
- 기간이 25년인 연금의 현가계수: 171.06

① 8,333만원    ② 8,500만원    ③ 8,750만원    ④ 9,237만원    ⑤ 9,310만원

**정답**  ④

**해설**  ④ 대출잔액(잔금) = 원리금(54만원) × 연금의 현가계수 잔여기간(25년, 171.6) = 92,372,400원, 만원 단위 미만은 절사하므로 대출잔액(잔금)은 9,237만원이 된다.

## 제2절 부동산투자 결정 단계와 현금수지의 측정방법

### 1 부동산투자 결정의 단계

① 투자목적파악 ⇨ ② 투자환경분석 ⇨ ③ 예상 현금수지분석 ⇨ ④ 투자의사결정기준 적용 ⇨ ⑤ 투자결정

### 2 현금수지의 측정방법

부동산투자 분석시에 대상부동산의 과거자료나 시장자료를 분석하여 예상수입과 지출을 추계해야 한다. 이런 현금수지분석측정방법에는 영업수지계산과 지분복귀액계산으로 나누어 설명한다.

소득이득과 자본이득

| 소득이득(income gains) | 자본이득(capital gains) |
|---|---|
| ① 보유기간, 운영(영업)을 통해 발생 | ① 기간말, 처분시 발생 |
| ② 매기간 발생, 지대, 임대료 | ② 한번만 발생, 매매차익, 양도차익, 시세차익 |
| ③ 영업 현금흐름(영업의 현금수지) 계산 | ③ 매각 현금흐름(지분복귀액) 계산 |

**(1) 영업 현금흐름(영업수지)의 계산** 제25회~제30회, 제34회, 제35회

영업수지의 계산이란 부동산투자의 운영(영업) 발생하는 현금수입과 현금지출을 측정하는 것을 말한다. 이로 인한 이득을 소득이득이라 한다.

```
        단위당 예상임대료
    ×  임대단위수
       ─────────────────────────────────────────
       가능총소득(가능조소득, 잠재총소득, PGI : Potential Gross Income)
    -  공실 및 불량부채(공실 및 대손충당금)
    +  기타소득 (주차장 임대료, 자판기 수입 등)(영업외 수입)
       ─────────────────────────────────────────
       유효총소득(유효조소득, EGI : Effective Gross Income) : 실제 총임대료 수입
    -  영업경비(OE : Operating Expenses)[유지수선비, 재산세, 보험료, 기타 항목]
       ─────────────────────────────────────────
       순영업소득(NOI : Net Operating Income)
    -  부채서비스액(DS : Debt Service)(원리금 상환액, 월부금, 저당지불액, 원금+이자)
       ─────────────────────────────────────────
       세전현금수지(세전현금흐름, BTCF : Before-Tax Cash Flow)
    -  영업소득세(TFO : Taxes From Operating)(법인세)
       ─────────────────────────────────────────
       세후현금수지(세후현금흐름, ATCF : After-Tax Cash Flow)
```

① **가능총소득**(PGI, 가능조득, 잠재총소득) : 매년 예상단위당 임대료에 임대가능한 단위수를 곱한 것이다. 이는 잠재적 예상임대료 수입이며 100% 임대를 가정하여 산정한다.

② **공실 및 불량부채액**(공실 및 대손충당금) : 모든 임대료가 들어온다고 할 수 없다는 가정하에서 공실이나 회수가 불가능한 금액 등으로 인해 발생하는 손실액으로 일반적으로 가능총소득의 5% 정도를 산정한다.

③ **기타소득**(영업외 수입) : 주차장 수입, 자판기 수입, 광고판 수입 등이 있다.

④ **유효총소득**(EGI) : 가능총소득에서 공실 및 불량부채액을 빼고 기타 수입을 더한 것이다. 유효총소득은 순영업소득에 비해서는 반드시 크다.

⑤ **영업경비**(OE) : 대상부동산을 운영하는 데에 드는 유지·관리비, 수선비, 재산세, 종합부동산세, 보험료, 광고비, 전기·수도료 등이 포함 된다.

---

**핵심정리**

영업경비

| 포함항목 | 불포함항목 |
| --- | --- |
| ① 건물유지수선비(수익적 지출) | ① 공실 및 대손충당금 |
| ② 재산세·종합부동산세 등 보유관련 조세 | ② 부채서비스액 |
| ③ 화재보험료 등 손해 보험료 | ③ 감가상각비 |
| ④ 각종 수수료, 광고비, 전기료, 전화료 | ④ 소득세, 법인세, 자본이득세(양도소득세) |
| | ⑤ 자본적 지출(가치증가, 증축, 교체), 개인업무비 |

---

⑥ **순영업소득**(NOI) : 유효총소득에서 영업경비를 뺀 것이다.

⑦ **부채서비스액**(DS, 원리금상환액, 월부금, 저당지불액, 원금+이자) : 부동산투자시에 대출을 받은 경우에 매기간 지불해야 하는 원리금상환액이다.

⑧ **세전현금수지**(BTCF, 세전현금흐름) : 순영업소득에서 부채서비스액을 뺀 것이다. 순영업소득은 세전현금수지보다 큰 편이지만, 전액 자기자본으로 투자하여 대출금이 없다면 부채서비스액이 없으므로 순영업소득은 세전현금수지와 동일할 것이다.

⑨ **세후현금수지**(ATCF, 세후현금흐름) : 세전현금수지에서 영업소득세를 뺀 것이다. 세전현금수지는 세후현금수지보다 큰 편이지만, 적자이거나 비과세대상이어서 영업소득세가 없게 된다면 세전현금수지와 세후현금수지가 동일할 것이다.

> **기출**
> 1. 유효총소득은 순영업소득에 비해서 큰 편이다.
> 2. 순영업소득은 세전현금흐름보다 큰 편이지만 동일할 수 있다.
> 3. 세전현금흐름은 세후현금흐름보다 큰 편이만 동일할 수 있다.
> 4. 회수 불가능한 임대료수입은 영업경비에 불포함하여 순영업소득을 산정한다.
> 5. 순영업소득의 산정과정에서 해당 부동산의 재산세는 차감하나 영업소득세는 차감하지 않는다.

6. 세전현금흐름은 지분투자자에게 귀속되는 세전소득을 말하는 것으로, 순영업소득에 부채서비스액(원리금상환액)을 차감한 소득이다.

---

**핵심학습**

**영업수지계산**

1. 대출금 상환에 따른 매기간의 원리금상환액(부채서비스액) 중 원금상환분은 지분증가분(지분형성분)이 된다.
2. 유효총소득은 순영업소득에 비해서 큰 편이다.
3. 순영업소득은 세전현금수지보다 큰 편이지만, 대출금이 없다면 원리금상환액(부채서비스액)이 없으므로 순영업소득과 세전현금수지는 동일할 것이다.
4. 세전현금수지는 세후현금수지보다 큰 편이지만, 과세대상 소득이 적자이거나 투자자가 비과세 대상이라면 영업소득세가 없으므로 세전현금수지와 세후현금수지는 동일할 것이다.
5. 유효총소득에서 순영업소득을 차감하면 영업경비가 되며, 순영업소득에서 영업경비를 더하면 유효총소득이 된다.('㉠ – ㉡ = ㉢', '㉠ – ㉢ = ㉡', '㉢ + ㉡ = ㉠')

---

**보충학습** 영업소득세 계산방법(여기서 +는 세금부과 대상이고, –는 세금공제대상이다)

| 순영업소득 | 세전현금수지 |
|---|---|
| +대체충당금 | +대체충당금 |
| – 이자지급분 | +원금지급분 |
| – 감가상각액 | – 감가상각액 |
| 과세소득 | 과세소득 |
| × 세 율 | × 세 율 |
| 영업소득세 | 영업소득세 |

1. 영업소득세 계산은 순영업소득으로부터 계산할 수 있고, 세전현금수지로부터 계산할 수 있으며 결과는 동일하다.
2. 대체충당금은 영업경비 항목에 포함되어 계산 되었다면 자본비지출로 취급되므로 세액 공제는 되지 않는다(임대아파트 투자자가 에어컨 시설이나 주방기구들 시설을 교체하기 위해 얼마씩 영업경비로 지출하여 적립한 금액을 대체충당금이라 한다. 자본비 지출로 취급한다).
3. **영업비지출과 자본비지출**
   ① 영업비지출: 부동산의 유효수명이나 가치를 유지시켜주는 수선비(세액공제 됨)
   ② 자본비지출: 부동산의 유효수명이나 가치를 증진시켜주는 수선비(세액공제 안 됨)
4. 부채서비스액 중 원금상환분은 부동산의 실질가치를 상승시켜 투자자의 지분을 증가 시키므로 세금에서 공제되지 않는다.
5. 부채서비스액 중 이자지급분은 세금에서 공제된다.
6. 감가상각액은 세금에서 공제된다. 따라서, 영업소득세 계산시에는 건물의 감가상각비를 알아야 한다. 감가상각을 많이 처리해주면 세금공제가 많이 되어 영업소득세가 작아진다.

---

**기출** 영업소득세를 계산하기 위해서는 건물의 감가상각비를 알아야 한다.

---

**예제문제**

어떤 부동산에서의 순영업소득이 7억원, 이자는 5천만원, 원금상환액이 3천만원, 감가상각액이 1억원, 대체충당금(자본적 지출)이 3천만원, 영업소득세율이 10%일 때 영업소득세는 얼마이겠는가?

해설  1. 과세소득 = 순영업소득(7억원) + 대체충당금(3천만원) − 이자액(5천만원) − 감가상각비(1억원) = 5억8000만
2. 영업소득세 = 과세소득(5억8천만원) × 소득세율(0.1) = 5,800만원

---

## (2) 매각 현금흐름(지분복귀액)의 계산 제29회, 제30회

지분복귀액이란 부동산을 일정기간 보유하다가 처분하는 경우에 지분투자자에게 귀속되는 수입으로 자본이득이라 한다.

> 　　　　매도가격(총매각대금, selling price)
> − 매도경비(selling expense)(중개수수료, 법적 수속비, 기타경비)
> 　　　　순매도액(net sales proceed)
> − 미상환저당잔금(unpaid mortgage balance)(부채잔금)
> 　　　　세전 지분복귀액(세전 매각현금흐름before − tax equity reversion)
> − 자본이득세(양도소득세, capital gain tax)
> 　　　　세후 지분복귀액(세후 매각현금흐름, after − tax equity reversion)

---

**핵심정리**

1. 매각시점에 미상환 대출잔액이 있다면 세전 매각 현금 흐름이 총매각대금보다 적다.
2. 대출금이 없다면(총투자액과 지분투자액이 동일하다면) 미상환저당잔금(부채잔금)이 없을 것이다. 미상환저당잔금이 없다면 순매도액과 세전지분복귀액은 동일할 것이다.
3. 지분복귀액의 구성요소

> ① (초기)지분투자액 + ② (매기간)원금상환분 + ③ (기말)부동산가치상승분(가치변동분)

# 제3절 부동산투자분석기법

> **핵심정리**
>
> 부동산투자분석기법의 체계
>
> (1) 할인현금수지분석법(DCF법)
> ① 순현가법     ② 내부수익률법     ③ 수익성지수법
>
> (2) 어림셈법
> ① 승수법     ② 수익률법 ⇨ 역수관계
>
> (3) 비율분석법
> ① 대부비율     ② 부채비율     ③ 부채감당률
> ④ 채무불이행률     ⑤ 총자산회전율     ⑥ 영업경비비율
>
> ※ 화폐의 시간가치를 고려하는 방법 : 순현가법(연평균순현가법), 내부수익률법, 수익성지수법, 현가회수기간법

> **기출** 화폐의 시간가치를 고려한 방법으로는 순현재가치법, 내부수익률법, 수익성지수법, 현가회수기간법 등이 있다.

## 1 할인현금수지분석법 제25회~제35회

### (1) 할인현금수지분석법(할인현금흐름분석법, Discounted Cash Flow method : DCF법)

① 장래 예상되는 현금수입과 지출을 현재가치로 할인하고 이것을 서로 비교하여 투자판단을 하는 방법으로, 미래의 현금흐름을 할인하므로 시간가치를 고려한 투자분석기법이다.

② 예상보유기간 매 기간(여러 해) 소득을 기준으로 분석한다.

③ 소득이득과 자본이득을 모두 고려하며, 운영과정에서 소득이득은 매기간의 세후현금수지를 의미하고, 처분과정에서 자본이득은 세후 지분복귀액을 의미한다.

④ 할인현금수지분석법은 다시 순현가법과 내부수익률법 및 수익성지수법으로 구분된다.

### (2) 절차(순서)

① 투자로부터 예상되는 장래의 현금 수입과 지출을 추계한다.

② 추계된 현금수지에 대한 위험을 평가한다.

③ 전 단계에서 평가된 위험을 기초로 적절한 위험조정할인율을 결정한다. 위험조정할인율은 투자자의 요구수익률로 사용된다.

④ 미래의 현금흐름을 할인하여 현재가치화 한다.

⑤ 이상에서 분석된 자료를 토대로 투자여부를 결정한다.

**할인현금수지분석법(DCF법)**

| 1. 순현재가치법<br>(NPV법) | ① 순현재가치 = 현금유입의 현가 − 현금유출의 현가<br>② 순현가 ≥ 0 ⇨ 투자채택 |
|---|---|
| 2. 내부수익률법<br>(IRR법) | ① 현금유입의 현가 = 현금유출의 현가<br>  ⇨ '순현가 = 0'으로, '수익성지수 = 1'로 만드는 할인율<br>② 내부수익률 ≥ 요구수익률 ⇨ 투자채택 |
| 3. 수익성지수법<br>(PI법) | ① 수익성 지수 = $\dfrac{\text{현금유입의 현가}}{\text{현금유출의 현가}}$<br>  ㉠ 현금유입의 현가를 현금유출의 현가로 나눈 값<br>  ㉡ 현금유출의 현가에 대한 현금유입의 현가<br>② 수익성지수 ≥ 1 ⇨ 투자채택 |

## (3) 종류

① 순현가법(NPV법 : Net Present Value method)

  ㉠ 순현가법의 의의 : 순현가는 투자자의 요구수익률로 할인한 현금유입의 현가에서 현금유출의 현가를 뺀 값이다.

> **1. 공식**
>
> 순현가 = 현금유입의 현가 − 현금유출의 현가
>   = (매기간 세후현금수지의 현가합 + 기간말 세후 지분복귀액의 현가) − 지분투자액
>
> **2. 투자결정(독립적 투자안일 때)**
>
> ① 순현가 ≥ 0 ⇨ 그 투자를 채택   ② 순현가 < 0 ⇨ 그 투자를 기각
>
> **3. 투자결정(상호배타적 투자안일 때)**
> 순현가가 0보다 큰 투자안 중에서 순현가가 가장 큰 투자안을 채택한다.

  ㉡ 순현가법의 특징

    ⓐ 순현가법에서 사용하는 할인율 및 재투자율은 요구수익률을 사용한다. 동일한 현금흐름의 투자안이라도 투자자의 요구수익률에 따라 순현재가치가 달라질 수 있다.

    ⓑ 순현가법은 가치의 합산원칙이 적용된다. 따라서, 서로 다른 투자안 A, B를 결합한 새로운 투자안의 순현가는 A의 순현가와 B의 순현가를 합한 값이다.

    ⓒ 순현가법은 항상 부(富)의 극대화가 가능하다. 따라서 순현가가 +라는 의미는 기대수익이 요구수익률을 충족시키고도 남음이 있다는 의미이고 부(富)의 증분을 의미한다.

    ⓓ 순현가법이 내부수익률법보다 투자판단의 준거로서 우월하며 선호된다.

PART 5 부동산투자론

**참고학습** | 연평균순현가법(ANPV)

연평균순현가는 순현가를 사업기간동안 투자했을 때 매년 받을 수 있는 연금을 의미한다. 즉, 사업기간 동안의 연평균 순수익을 의미하며 순현가에 저당상수를 곱하여 구하거나 연금의 현가계수로 나누어 계산하므로 초기나 후기나 동일하다. 이는 사업기간이 서로 다른 투자사업들을 상호비교할 때 유용하다. 동일순현가라면 사업기간이 짧을수록 저당상수가 크므로 연평균순현가가 커져서 유리하다. 연평균순현가 역시 순현가법의 일종이므로 화폐의 시간가치를 고려한다.

• 연평균순현가 = 전체순현가 × 저당상수 = 전체순현가 ÷ 연금의 현가계수

② 내부수익률법(IRR법 : Internal Rate of Return method)

  ㉠ 내부수익률법의 의의 : 예상된 현금유입의 현가와 현금유출의 현가를 서로 같게 만드는 할인율이므로 순현가를 0으로, 수익성지수를 1로 만드는 할인율이다.

  > **1. 공식**
  >
  > > 내부수익률 ⇨ '현금유입의 현가 = 현금유출의 현가'로 만드는 할인율
  > > ⇨ '순현가 = 0'으로 만드는 할인율
  > > ⇨ '수익성지수 = 1'로 만드는 할인율
  >
  > **2. 투자결정(독립적 투자안일 때)**
  >
  > > ① 내부수익률 ≥ 요구수익률 ⇨ 그 투자를 채택
  > > ② 내부수익률 < 요구수익률 ⇨ 그 투자는 기각
  >
  > **3. 투자결정(상호배타적 투자안일 때)**
  > 내부수익률이 요구수익률보다 큰 투자안 중에서 내부수익률이 가장 큰 투자안을 선택한다.

  ㉡ 내부수익률법의 특징

    ⓐ 내부수익률법에서는 할인율 및 재투자율로 내부수익률을 사용한다.

    ⓑ 내부수익률법은 가치의 합산원칙이 적용되지 않는다. 따라서, 서로 다른 투자안 A, B를 결합한 새로운 투자안의 내부수익률은 A의 내부수익률과 B의 내부수익률을 합한 값이 아니다.

    ⓒ 내부수익률법 항상 부(富)의 극대화가 가능한 것도 아니다.

    ⓓ 비전통적 사업의 경우 동일한 투자안에서 복수의 내부수익률이 나올 수 있는 문제점이 있다. 이러한 경우에는 내부수익률이 큰 쪽을 선택하는 것이 아니라 내부수익률법의 적용이 불가능하므로 순현가법으로 다시 계산하여 투자 결정한다.

---

**예제문제**

어떤 부동산을 1억원에 매입하여 투자한 후 모든 경비를 공제하고 1년 후에 1억 2천만원의 수익이 예상된다고 하면 이 부동산에서의 내부수익률은 얼마이겠는가?

---

**정답**   현가를 0으로 만드는 할인율이 내부수익률이므로

$$1억 = \frac{1억2천만}{(1+K)} \qquad \therefore K(내부수익률) = 0.2 \Rightarrow 20\%$$

---

**순현가법이 내부수익률법보다 우월한 이유**

| 구분 | 순현가법 | 내부수익률법 |
|------|---------|------------|
| 할인율<br>재투자율 | 요구수익률(주관적)<br>사전에 요구수익률을 결정해야 한다. | 내부수익률<br>사전에 요구수익률을 결정할 필요가 없다. |
| 부의 극대화 | 언제나 달성 ○ | 언제나 달성 × |
| 가치합산원칙 | 달성 ○ | 달성 × |
| 투자판단 | 언제나 가능 | 불가능(복수의 내부수익률) |
| 결 론 | 1. 독립적 투자안 : 순현가법과 내부수익률법이 반드시 동일한 결과치를 나타낸다.<br>2. 배타적 투자안 : 동일한 결과치를 나타낼 수도 있고, 상반된 결과치를 나타낼 수도 있다.<br>3. 순현가법과 내부수익률법이 서로 상반된 결과를 나타낼 경우 순현가법이 우월한 투자대상이 되며, 투자판단의 준거로서 선호되는 방법이다. | |

③ **수익성지수법**(PI법, Profitability Index method, 편익/비용비율, B/C비율)

  ㉠ **수익성지수의 의의** : 예상된 현금유입의 현가를 예상 현금유출의 현가로 나눈 값으로 투자안의 상대적 수익성을 나타내 준다. 즉, 현금유출의 현가에 대한 현금유입의 현가를 말한다.

> **1. 공식**
>
> $$수익성지수(PI) = \frac{현금유입의\ 현가(편익\ B)}{현금유출의\ 현가(비용\ C)}$$
>
> **2. 투자결정(독립적 투자안일 때)**
>
> ① 수익성 지수(PI) ≥ 1 ⇨ 그 투자를 채택
> ② 수익성 지수(PI) < 1 ⇨ 그 투자는 기각
>
> **3. 투자결정(상호배타적 투자안일 때)**
> 수익성지수가 1보다 큰 투자안 중에서 수익성지수가 가장 큰 투자안을 선택한다.

ⓒ 다른 조건과 순현가가 동일한 2개의 투자안이 있을 때는 수익성지수가 큰 것을 선택한다. 이때는 사업규모가 작아서 초기의 투자비용이 작은 것이 수익성 지수가 크다. ⇨ 수익성지수법은 사업규모(투자비용규모)가 다른 사업을 비교할 때 유용하다. 따라서, 다른 조건과 수익성지수가 동일한 2개의 투자안이 있을 때는 초기 투자비용이 많을수록 순현가가 더 크다.

---

**핵심정리**

순현가법과 내부수익률법 및 수익성지수법의 관계(독립적 투자안의 경우)

1. 순현가가 (+) : 내부수익률 > 요구수익률, 수익성지수 > 1, 투자가치 > 시장가치
2. 순현가가 (−) : 내부수익률 < 요구수익률, 수익성지수 < 1, 투자가치 < 시장가치
3. 순현가가 (0) : 내부수익률 = 요구수익률, 수익성지수 = 1, 투자가치 = 시장가치

---

순현가법, 내부수익률법, 수익성지수법의 비교

| 구분 | 순현가법(NPV) | 수익성지수법(PI,B/C율) | 내부수익률법(IRR) |
|---|---|---|---|
| 매기간 현금흐름고려 | ○ | ○ | ○ |
| 시간가치고려 | ○ | ○ | ○ |
| 요구수익률(할인율) | ○ | ○ | × |
| 산정조건 | 보유기간, 현금흐름, 요구수익률 | 보유기간, 현금흐름, 요구수익률 | 보유기간, 현금흐름, (요구수익률 불필요) |
| 가산법칙 | ○ (항상 부의 극대화 가능) | × | × |

기출

1. 순현재가치는 투자자의 요구수익률로 할인한 현금유입의 현가에서 현금유출의 현가를 뺀 값이다.
2. 순현가가 '0'보다 작으면 투자타당성이 없다고 할 수 있다.
3. 순현재가치는 투자자의 요구수익률로 할인한 현금유입의 현가에서 현금유출의 현가를 뺀 값이다.
4. 동일한 현금흐름의 투자안이라도 투자자의 요구수익률에 따라 순현재가치(NPV)가 달라질 수 있다.
5. 내부수익률(IRR)은 순현가를 0으로 수익성지수가 1.0으로 만드는 할인율이다.
6. 수익성지수(PI)는 투자로인해 발생하는 현금유입의 현가를 현금유출의 현가로 나눈 비율이다.
7. 재투자율로 내부수익률법에서는 내부수익률을 사용하지만, 순현재가치법에서는 요구수익률을 사용한다.
8. 순현재가치법은 가치가산원리가 적용되나 내부수익률법은 적용되지 않는다.
9. 투자자산의 현금흐름에 따라 복수의 내부수익률이 존재할 수 있다.
10. 순현재가치가 0이 되는 단일투자안의 경우 수익성지수는 1이 된다.
11. 여러 투자안의 투자 우선순위를 결정할 때, 순현재가치법과 내부수익률법의 투자 우선순위는 달라질 수 있다.
12. 투자규모에 차이가 있는 상호배타적인 투자안의 경우 순현재가치법과 수익성지수법을 통한 의사결정이 달라질 수 있다.
13. 재투자율의 가정에 있어 순현재가치법이 내부수익률법보다 더 합리적이다.

14. 하나의 투자안에 있어 수익성지수가 1보다 크면 순현재가치는 0보다 크다.
15. 복수의 투자안을 비교할 때 투자금액의 차이가 큰 경우, 순현재가치법과 내부수익률법은 분석결과가 서로 다를 수 있다.

---

### 예제문제

**01.** 어떤 부동산을 현재 4천만원에 매입하여 투자한 후 모든 경비를 공제하고 1년 후에 6천만원의 수익이 예상된다고 할 때, 순현가, 내부수익률, 수익성지수를 각각 구하면 얼마인가? (단, 할인율은 20%이다.)

**해설**
현금유입의 현가 : 5천만원$\{\frac{6천만원}{(1+0.2)^1}\}$, 현금유출의 현가 : 4천만원

① 순현가(1천만원) = 현금유입의 현가(5천만원) − 현금유출의 현가(4천만원)

② 내부수익률(50%) ⇨ $\frac{6천만원}{(1+r)^1}$ = 4천만원, r = 50%

**별해**
내부수익률 = $\frac{차이값}{투자액}$ = $\frac{2천만원}{4천만원}$ = 50%

③ 수익성지수(1.25) = 현금유입의 현가(5천만원) ÷ 현금유출의 현가(4천만원)

**정답**
순현가 = 1천만원, 내부수익률 = 50%, 수익성지수 = 1.25

**02.** 다음 표와 같은 투자사업들이 있다. 이 사업들은 모두 사업기간이 1년이며, 금년에는 현금지출만 발생하고 내년에는 현금유입만 발생한다고 한다. 할인율이 5%라고 할 때 각 투자안의 순현가와 수익성지수를 구하면 얼마인가?

| 사업 | 금년의 현금지출 | 내년의 현금유입 |
|---|---|---|
| A | 300만원 | 630만원 |
| B | 100만원 | 315만원 |
| C | 100만원 | 420만원 |
| D | 100만원 | 262.5만원 |

**정답**

| | 금년의 현금지출 | 내년의 현금유입 | 현금유입 현가 | 순현가 | 수익성지수 |
|---|---|---|---|---|---|
| A | 300만원 | 630만원÷1.05 | 600만원 | 300만원 | 2 |
| B | 100만원 | 315만원÷1.05 | 300만원 | 200만원 | 3 |
| C | 100만원 | 420만원÷1.05 | 400만원 | 300만원 | 4 |
| D | 100만원 | 262.5만원÷1.05 | 250만원 | 150만원 | 2.5 |

## 2 어림셈법 제26회, 제27회, 제29회, 제32회, 제33회, 제34회, 제35회

① 어림셈법에서는 크게 두 가지의 유형이 있다. 즉, 여러 종류의 현금수지를 승수의 형태로 표시하는 것(승수법)과 수익률의 형태로 표시하는 것(수익률법)이 있다.

② 어림셈법은 시간가치를 고려하지 않는 비할인기법이다.

③ 어림셈법은 한해의 소득을 기준으로 하며, 처분을 고려하지 않는 방법이다.

　　㉠ 승수는 수익 대비 투자액의 비율이므로 승수는 작을수록 유리하다.

　　㉡ 수익률은 투자액 대비 순수익의 비율이므로 수익률은 클수록 유리하다.

| 할인현금수지(DCF)분석법 | 어림셈법(경험셈법) |
|---|---|
| ① 화폐의 시간가치 고려 | ① 화폐의 시간가치 불고려 |
| ② 매기간의 '소득이득 + 자본이득'을 모두 고려 | ② 첫해 안정적인 '소득이득'만 고려 |
| ③ 주로 대규모 부동산에 적용 | ③ 수익이 안정적인 소규모 부동산에 적용 |
| ④ 사용지표 동일 - 합리적 | ④ 사용지표 차이 - 직접 비교 곤란 |

### 어림셈법 : 승수법과 수익률법

| 승수법 | | 관계 | 수익률법 | |
|---|---|---|---|---|
| ① 총소득승수 | $\dfrac{총투자액}{총소득}$ | ⇔ | (비율분석법)<br>① 총자산회전율 | $\dfrac{총소득}{총투자액}$ |
| ② 순소득승수<br>(자본회수기간) | $\dfrac{총투자액}{순영업소득}$ | ⇔ | ② 종합자본환원율<br>(총투자수익률) | $\dfrac{순영업소득}{총투자액}$ |
| ③ 세전현금수지승수 | $\dfrac{지분투자액}{세전현금수지}$ | ⇔ | ③ 지분배당률<br>(지분환원율) | $\dfrac{세전현금수지}{지분투자액}$ |
| ④ 세후현금수지승수 | $\dfrac{지분투자액}{세후현금수지}$ | ⇔ | ④ 세후 수익률<br>(지분투자수익률) | $\dfrac{세후현금수지}{지분투자액}$ |

참고 (유효)총소득 = 총투자액 ÷ (유효)총소득승수

---

### 핵심정리

**크기비교**

1. 총소득승수　　　　< 　순소득승수
2. 세전현금수지승수　< 　세후현금수지승수
3. **총자산회전율**　　> 　종합자본환원율
4. **지분배당률**　　　> 　세후수익률

PART 5 부동산투자론

기출 | 1. 수익률법과 승수법은 투자현금흐름의 시간가치를 반영하지 않고 투자타당성을 분석하는 방법이다.
2. 투자의 타당성은 총투자액 또는 지분투자액을 기준으로 분석할 수 있으며, 총소득승수는 총투자액을 기준으로 분석하는 지표다.
3. 세후지분투자수익률은 지분투자액에 대한 세후현금흐름의 비율이다.
4. 종합자본환원율의 역수는 순소득승수이다.
5. 일반적으로 순소득승수가 총소득승수보다 크다.
6. 일반적으로 세후현금수지승수가 세전현금수지승수보다 크다.

## (1) 승수법 : 몇 배인가?

① 총소득승수 : 총투자액을 총소득으로 나눈 값이다.

$$총소득승수 = \frac{총투자액}{총소득}$$

※ 총소득승수는 운영경비를 고려하지 않으므로 운영경비가 대상부동산의 가치에 미치는 영향을 고려치 않는다.

② 순소득승수(자본회수기간) : 총투자액을 순영업소득으로 나눈 값이다.

$$순소득승수 = \frac{총투자액}{순영업소득}$$

기출 | 순소득승수법의 경우 승수값이 작을수록 자본회수기간이 짧다.

③ 세전현금수지승수 : 지분투자액을 세전현금수지로 나눈 값이다.

$$세전현금수지승수 = \frac{지분투자액}{세전현금수지}$$

기출 | 세전현금흐름승수는 지분투자액을 세전현금흐름으로 나눈 값이다.

④ 세후현금수지승수 : 지분투자액을 세후현금수지로 나눈 값이다.

$$세후현금수지승수 = \frac{지분투자액}{세후현금수지}$$

※ 총소득과 순영업소득은 총 투자액에 대한 대가인 반면, 세전현금수지와 세후현금수지는 지분투자액에 대한 대가이다.

**(2) 수익률법** : 몇 %인가?

① **종합자본환원율(총투자수익률)** : 부동산평가에서 흔히 쓰이며, 총 투자액에 대한 순영업소득의 비율이다. 따라서 종합자본환원율의 역수는 순소득승수가 된다.

$$종합자본환원율 = \frac{순영업소득}{총투자액(부동산가치)}$$

② **지분배당률(지분환원율)** : 지분투자액에 대한 세전현금수지의 비율로서 세전현금수지승수의 역수이다.

$$지분배당률(지분환원율) = \frac{세전현금수지}{지분투자액}$$

③ **세후수익률(지분투자수익률)** : 지분투자액에 대한 세후현금수지의 비율로서 세후현금수지승수의 역수이다.

$$세후 수익률 = \frac{세후현금수지}{지분투자액}$$

※ 저당환원율(저당상수) $= \frac{원리금상환액}{저당투자액(대출금)}$

**(3) 어림셈법의 한계**

① 미래의 현금수지를 할인하지 않기 때문에 화폐의 시간가치를 고려하지 않는다.
② 한 가지 방법에 의해 계산된 비율을 다른 방법에 의해 계산된 비율과 직접 비교하기 곤란하다.

---

**핵심정리**

자본회수기간법과 평균회계 이익률법

• 자본회수기간법(payback period method) 제28회

1. 회수기간법의 유형
   ① 단순회수기간법 : 초기에 투자된 총 금액을 회수하는데 걸리는 기간을 의미하며, 화폐의 시간가치를 고려하지 않는다.
   ② 현가회수기간법 : 초기 투자비를 현재가치로 회수하는데 걸리는 기간을 의미하며, 화폐의 시간가치를 고려한다.
   ※ 보통은 자본회수기간법이라고 하면 단순자본회수기간을 의미하며, 화폐의 시간가치를 고려하지 못한다. 현가회수기간법은 시간가치를 고려한 할인기법이다.

2. 회수기간법의 의사결정기준

① 독립적인 투자안 : 투자안의 자본회수기간 < 기업의 목표회수기간
따라서, 투자안의 회수기간이 기업의 목표회수기간보다 작을 경우 투자가 채택이 된다. 즉, 회수기간은 짧을수록 좋다.

② 상호 배타적인 투자안 : 여러 투자안들 중 최적의 투자안은 회수기간이 가장 짧은 투자안을 선택하게 된다.

• 회계적 이익률법(회계적수익률법, 평균수익률법; accounting rate of return)

1. 회계적 이익률 = $\dfrac{연평균\ 순수익}{연평균\ 투자액}$

2. 회계적 이익률법 의사결정 기준

① 독립적인 투자안 : 투자안의 이익률 > 기업의 목표이익률, 투자안의 이익률이 기업의 목표이익률보다 큰 경우 투자가 채택이 된다.

② 상호 배타적인 투자안 : 투자안의 이익률이 목표이익률보다 높은 투자안 중에서 이익률이 가장 높은 투자안이 채택된다.

3. 예산 편성시에 작성되는 회계자료를 바로 이용할 수 있어서 편리하고, 간단하며 이해하기 쉽다.

4. 화폐의 시간가치를 고려하지 못하는 방법이며, 장부상의 이익인 회계적 이익을 이용하는 방법으로 현금수지를 나타내는 것은 아니고, 목표평균회계이익률 산정시에 자의성이 개입될 가능성이 높다.

기출
1. 회수기간은 투자시점에서 발생한 비용을 회수하는 데 걸리는 기간을 말하, 회수기간방법에서는 투자안 중에서 회수기간이 가장 단기인 투자안을 선택한다.
2. 회계적 이익률법에서는 투자안의 이익률이 목표이익률보다 높은 투자안 중에서 이익률이 가장 높은 투자안을 선택하는 것이 합리적이다.

**예제문제**

**01.** 다음 자료를 활용하여 산정한 대상 부동산의 순소득 승수는? (단, 주어진 조건에 한함)  ▶제33회

• 총투자액: 10,000만원
• 가능총소득(PGI): 1,100만원/년
• 영업비용(OE): 500만원/년
• 영업소득세: 120만원/년
• 지분투자액: 6,000만원
• 유효총소득(EGI): 1,000만원/년
• 부채서비스액(DS): 260만원/년

① 6    ② 9    ③ 10    ④ 12    ⑤ 20

정답  ⑤

해설
⑤ 순소득승수 = $\dfrac{총투자액(1억원)}{순영업소득(5백만원)}$ = 20

순영업소득 = 유효총소득(1,000만원) − 영업비용(500만원) = 500만원

**02. 다음 부동산 투자안에 관한 단순회수기간법의 회수 기간은? (단, 주어진 조건에 한함)** ▶ 제28회

| 기간 | 1기 | 2기 | 3기 | 4기 | 5기 |
|---|---|---|---|---|---|
| 초기투자액1억원(유출) | | | | | |
| 순현금흐름 | 3,000만원 | 2,000만원 | 2,000만원 | 6,000만원 | 1,000만원 |

※ 기간은 연간 기준이며, 회수기간은 월단위로 계산함
※ 초기투자액은 최초시점에 전액 투입하고, 이후 각 기간 내 현금흐름은 매월말 균등하게 발생

① 2년 6개월　　② 3년　　③ 3년 6개월　　④ 4년　　⑤ 4년 6개월

**정답** ③

**해설** ③ 1기 3000만원, 2기 5000만원, 3기 7000만원, 4기에는 3000만원이 더 필요하므로 6개월만 충족하면 된다.
따라서, 단순회수기간법의 회수기간은 3년 6개월이 된다.

## 3 비율분석법 제26회, 제27회, 제28회, 제29회, 제30회, 제34회

**(1) 대부비율(융자비율, 저당비율, 대출비율, 담보인정비율, LTV : Loan to Value ratio)**

① 부동산가치에 대한 융자액의 비율을 말하며, 저당비율이라고도 한다.

② 대부비율이 커지면 부채비율이 급격히 커진다. 또한 대부비율이 높을수록 지렛대 효과나 지분수익률도 커지지만 채무불이행시 원금을 회수하기가 어려워 금융적 위험도 커진다.

③ 대부비율은 원칙적으로 100%를 초과할 수 없으나, 부동산 가치가 하락하는 시기에는 대부비율이 100%를 초과할 수도 있다.

$$ ⓐ 대부비율 = \frac{부채}{부동산의 가치} \quad ⓑ 지분비율 = \frac{지분}{부동산의 가치} \quad ⓒ 부채비율 = \frac{부채}{지분(자본)} $$

※ 1- 대부비율 = 지분비율, 1-지분비율 = 대부비율, 대부비율 + 지분비율 = 1

| 대부 비율 | 20% | 50% | 60% | 80% |
|---|---|---|---|---|
| 부채 비율 | 25% $\left(\frac{20}{80}\right)$ | 100% $\left(\frac{50}{50}\right)$ | 150% $\left(\frac{60}{40}\right)$ | 400% $\left(\frac{80}{20}\right)$ |

**기출**
1. 대부비율은 부동산가치에 대한 융자액의 비율을 가리키며, 대부비율을 저당비율이라고도 한다.
2. 대부비율(LTV)이 높아질수록 투자의 재무레버리지 효과가 커질 수 있다.
3. 부채비율은 지분에 대한 부채의 비율이며, 대부비율이 50%일 경우에는 부채비율은 100%가 된다.

$$ ※ 총부채상환비율(소득대비 부채비율, DTI) = \frac{연간 부채서비스액}{연간소득} $$

## (2) 부채감당률(DCR : Debt service Coverage Ratio)

$$부채감당률(DCR) = \frac{순영업소득}{부채서비스액}$$

① 부채감당률이란 순영업소득이 부채서비스액의 몇 배가 되는가를 나타내는 비율이다.
② 부채서비스액이란 매월 또는 매년 지불하여야만 하는 원금상환분과 이자지급액을 말한다.
③ 부채감당률은 1보다 클수록 유리하며, 부채감당률이 1보다 크다는 것은 상업용 부동산의 순영업소득이 원리금을 상환하고도 남음이 있다는 의미이다.
④ 부채감당률이 1보다 작을 경우에는 부동산으로부터 나오는 순영업소득이 원리금을 상환하기에도 부족하다는 의미이다.

> 기출 부채감당률(DCR)이 1보다 작으면, 투자로부터 발생하는 순영업소득이 부채서비스액을 감당하기에 부족하다는 것이다.

## (3) 채무불이행률(손익분기율, DR; default ratio)

$$채무불이행률 = \frac{영업경비 + 부채서비스액}{유효총소득}$$

① 채무불이행률이란 유효총소득이 영업경비와 부채서비스액을 감당할 수 있는 능력이 있는지를 측정하는 것으로, 채무불이행률은 작을수록 유리하다.
② 영업경비와 부채서비스액이 유효총소득에서 차지하는 비율이 클수록 채무불이행의 가능성은 커진다(손익분기점지표).

> 기출 채무불이행률은 유효총소득이 영업경비와 부채서비스액을 감당할 수 있는 능력이 있는지를 측정하는 비율이며, 채무불이행률을 손익분기율이라고도 한다.

## (4) 총자산회전율(total asset turnover ratio)

$$총자산회전율 = \frac{총소득}{총투자액(부동산의 가치)}$$

총자산회전율이란 투자된 총자산(부동산가치)에 대한 조(총)소득의 비율을 말하며, 총소득승수의 역수가 된다(매상회전율).

> 기출 총자산회전율은 투자된 총자산에 대한 총소득의 비율이며, 총소득으로 가능총소득 또는 유효총소득이 사용된다.

## (5) 영업경비비율(OER; operating expence ratio)

$$영업경비비율 = \frac{영업경비}{총소득}$$

영업경비가 총소득에서 차지하는 비율로써 투자 대상부동산의 재무관리상태를 파악하는 지표의 하나로 사용된다. 영업경비비율이 높으면 대상부동산의 수익성은 낮아진다.

---

**보충학습**

**부동산의 생산성 지표**

1. 공실률(vacancy ratio) : 공실률 $= \dfrac{공실\ 및\ 불량부채액}{가능총소득}$

2. 경비비율(operating expense ration) : 경비비율 $= \dfrac{운영경비}{가능총소득}$

3. 수익비율(income ratio) : 수입비율 $= \dfrac{순운영수입}{가능총소득}$ ⇨ 클수록 생산성이 크다.

   '공실률 + 경비비율 + 수익비율 = 100%'가 되므로 이 세 비율은 가능총소득에 대한 완전한 평가를 가능하게 해 준다. 그러므로 공실률과 운영비 비율이 작을수록 수입비율이 커지므로 생산성이 높아진다.

**유동비율(current ratio)**

$$유동비율 = \frac{유동자산}{유동부채}$$

① 유동자산을 유동부채로 나눈 비율, 기업이 보유하는 지급능력(신용능력)의 판단지표
② 기업의 신용분석시 유동비율이 클수록 기업의 재무유동성 및 지불능력은 높아진다.

---

## (6) 비율분석법의 한계

① 비율을 구성하는 요소들에 대한 잘못된 추계로 인해 비율 자체가 왜곡될 수도 있다. 대부비율을 계산할 때 부동산의 가치가 높이 평가되었다면, 대부비율은 낮게 나타난다.

② 주어진 비율만 가지고는 좋다 나쁘다를 판단하기 어렵다. 왜냐하면 투자에 관련된 사람들의 목적이 저마다 다를 수 있기 때문이다.

③ 비율분석을 통해 투자를 판단할 때에는, 같은 투자대안이라도 사용하는 지표에 따라 투자결정이 달리 나타날 수 있다.

**기출**
1. 비율분석법에 의한 투자대안 판단시 사용지표에 따라 투자결정이 달라질 수 있다.
2. 비율분석법의 한계로는 요소들에 대한 추계산정의 오류가 발생하는 경우에 비율 자체가 왜곡될 수 있다는 점을 들 수 있다.

---

**핵심정리**

**투자 선택(결정) 조건**

1. 순현가 ≥ 0
2. 기대수익률(내부수익률) ≥ 요구수익률(기회비용)
3. 수익성지수(편익, 비용율) ≥ 1
4. 부채감당률$\left(\dfrac{\text{순영업소득}}{\text{부채서비스액}}\right) > 1$
5. 투자가치 ≥ 시장가치
6. 회계적 이익률: 투자안의 회계적 이익률 ≥ 목표 회계적 이익률
7. 회수기간: 투자안의 회수기간 < 목표 회수기간

---

**예제문제**

**01.** 다음 자료를 활용하여 산정한 순소득승수, 채무불이행률, 세후현금흐름승수를 순서대로 나열한 것은? (단, 주어진 조건에 한함)  ▶ 제29회

| | |
|---|---|
| ㉠ 총투자액: 15억원 | ㉡ 지분투자액: 4억원 |
| ㉢ 유효총소득승수: 6 | ㉣ 영업경비비율(유효총소득 기준): 40% |
| ㉤ 부채서비스액: 6천만원/년 | ㉥ 영업소득세: 1천만원/년 |

① 10, 64%, 5
② 10, 64%, 5.5
③ 10, 65%, 5.5
④ 11, 65%, 6
⑤ 11, 66%, 6

**정답**  ①

**해설**

① 순소득승수 = $\dfrac{\text{총투자액(15억원)}}{\text{순영업소득(1억5천만원)}}$ = 10

채무불이행률 = $\dfrac{\text{영업경비(1억원)} + \text{부채서비스액(6천만원)}}{\text{유효총소득(2억5천만원)}}$ = 64%

세후현금흐름승수 = $\dfrac{\text{지분투자액(4억원)}}{\text{세후현금수지(8천만원)}}$ = 5

|   | | |
|---|---|---|
| | 유효총소득 | (250,000,000원) |
| − | 영업경비 | (100,000,000원), 2억5천만원 × 영업경비비율(40%) |
| | 순영업소득 | (150,000,000원) |
| − | 부채서비스액 | ( 60,000,000원) |
| | 세전 현금수지 | ( 90,000,000원) |
| − | 영업소득세 | ( 10,000,000원) |
| = | 세후 현금수지 | ( 80,000,000원) |

※ 총소득승수(6) = $\dfrac{총투자액(15억원)}{유효총소득(2억5천만원)}$

## 02. 비율분석법을 이용하여 산출한 것으로 틀린 것은? (단 주어진 조건에 한하며, 연간 기준임)  ▶제30회

- 주택담보대출액: 1억 원
- 부동산가치: 2억 원
- 가능총소득: 2,000만원
- 영업경비: 가능총소득의 50%
- 주택담보대출의 연간 원리금상환액: 500만원
- 차입자의 연소득: 1,250만원
- 공실손실상당액 및 대손충당금: 가능총소득의 25%

① 담보인정비율(LTV) = 0.5
② 부채감당률(DCR) = 1.0
③ 총부채상환비율(DTI) = 0.4
④ 채무불이행률(DR) = 1.0
⑤ 영업경비비율(OER, 유효총소득 기준) = 0.8

**정답**  ⑤

**해설**  ⑤ 영업경비비율 0.8 ⇨ 0.67

⑤ 영업경비비율(OER, 유효총소득 기준) = $\dfrac{영업경비(1,000만원)}{유효총소득(1,500만원)}$ = 0.67

① 담보인정비율(LTV) = $\dfrac{부채(1억원)}{부동산가치(2억원)}$ = 0.5

② 부채감당률(DCR) = $\dfrac{순영업소득(500만원)}{부채서비스액(500만원)}$ = 1.0

③ 총부채상환비율(DTI) = $\dfrac{연간 부채서비스액(500만원)}{연간소득(1,250만원)}$ = 0.4

④ 채무불이행률(DR) = $\dfrac{영업경비(1,000만원) + 부채서비스액(500만원)}{유효총소득(1,500만원)}$ = 1.0

| | | |
|---|---|---|
| | 가능총소득 | (20,000,000원) |
| − | 공실 및 불량부채 | ( 5,000,000원) |
| | 유효총소득 | (15,000,000원) |
| − | 영업경비 | (10,000,000원) |
| | 순영업소득 | ( 5,000,000원) |
| − | 부채서비스액 | ( 5,000,000원) |
| = | 세전 현금수지 | ( 0원) |

**01** **화폐의 시간가치와 관련한 설명으로 옳은 것은?** (단, 다른 조건은 동일함) 〔제29회〕

① 잔금비율과 상환비율의 합은 '0'이 된다.

② 연금의 현재가치계수와 감채기금계수는 역수관계에 있다.

③ 원금균등상환방식으로 주택저당대출을 받은 경우 저당대출의 매 기간 원리금상환액은 저당상수를 이용하여 계산한다.

④ 원금에 대한 이자뿐만 아니라 이자에 대한 이자도 함께 계산하는 것은 단리 방식이다.

⑤ 현재 5억원인 주택가격이 매년 전년대비 5%씩 상승한다고 가정할 때, 5년 후의 주택가격은 일시불의 미래가치계수를 사용하여 계산할 수 있다.

> **해설**
> ① 0 ⇨ 1, 잔금비율과 상환비율의 합은 '1'이 된다.
> ② 감채기금계수 ⇨ 저당상수, 연금의 현재가치계수와 저당상수는 역수관계에 있다.
> ③ 원금균등상환방식 ⇨ 원리금균등상환식, 원리금균등상환방식으로 주택저당대출을 받은 경우 저당대출의 매 기간 원리금상환액은 저당상수를 이용하여 계산한다.
> ④ 단리 ⇨ 복리, 원금에 대한 이자뿐만 아니라 이자에 대한 이자도 함께 계산하는 것은 복리 방식이다.
>
> **정답** ⑤

**02** **화폐의 시간가치에 관한 설명으로 옳은 것을 모두 고른 것은?** (단 다른 조건은 동일함) 〔제30회〕

> ㄱ. 은행으로부터 주택구입자금을 대출한 가구가 매월 상환할 금액을 산정하는 경우 감채기금계수를 사용한다.
> ㄴ. 연금의 현재가치계수와 저당상수는 역수관계이다.
> ㄷ. 연금의 미래가치란 매 기간마다 일정 금액을 불입해 나갈 때, 미래의 일정시점에서의 원금과 이자의 총액을 말한다.
> ㄹ. 일시불의 현재가치계수는 할인율이 상승할수록 작아진다.

① ㄱ      ② ㄴ, ㄷ      ③ ㄱ, ㄴ, ㄹ      ④ ㄴ, ㄷ, ㄹ      ⑤ ㄱ, ㄴ, ㄷ, ㄹ

> **해설**
> ④ ㄱ 감채기금계수 ⇨ 저당상수, ㄴ, ㄷ, ㄹ은 옳은 지문이다.
>
> **정답** ④

**03** 화폐의 시간가치 계산에 관한 설명으로 옳은 것은? (제32회)

① 현재 10억원인 아파트가 매년 2%씩 가격이 상승한다고 가정할 때, 5년 후의 아파트가격을 산정하는 경우 연금의 미래가치계수를 사용한다.

② 원리금균등상환방식으로 담보대출 받은 가구가 매월 상환할 금액을 산정하는 경우, 일시불의 현재가치계수를 사용한다.

③ 연금의 현재가치계수에 감채기금계수를 곱하면 일시불의 현재가치계수이다.

④ 임대기간 동안 월임대료를 모두 적립할 경우, 이 금액의 현재시점 가치를 산성한다면 감채기금계수를 사용한다.

⑤ 나대지에 투자하여 5년 후 8억원에 매각하고 싶은 투자자는 현재 이 나대지의 구입금액을 산정하는 경우, 저당상수를 사용한다.

> **해설**  ③ 연금의 현재가치계수 × 감채기금계수 = 일시불의 현재가치계수
> ① 연금의 미래가치계수 ⇨ 일시불의 미래가치계수
> ② 일시불의 현재가치계수 ⇨ 저당상수
> ④ 감채기금계수 ⇨ 연금의 현재가치계수
> ⑤ 저당상수 ⇨ 일시불의 현재가치계수

**정답** ③

---

**04** A는 매월 말에 50만원씩 5년 동안 적립하는 적금에 가입하였다. 이 적금의 명목금리는 연 3%이며, 월복리 조건이다. 이 적금의 미래가치를 계산하기 위한 식으로 옳은 것은? (단, 주어진 조건에 한함) (제31회)

① $500,000 \times \left\{ \dfrac{(1+0.03)^5 - 1}{0.03} \right\}$

② $500,000 \times \left\{ \dfrac{(1+\frac{0.03}{12})^{5\times12} - 1}{\frac{0.03}{12}} \right\}$

③ $500,000 \times \left\{ 1 + \dfrac{0.03}{12} \right\}^{5\times12}$

④ $500,000 \times \left\{ \dfrac{0.03}{1-(1+0.03)^{-5}} \right\}$

⑤ $500,000 \times \left\{ \dfrac{\frac{0.03}{12}}{1-(1+\frac{0.03}{12})^{-5\times12}} \right\}$

해설 ② 연금의 내가계수에 관한 문제이다. 연금의 내가계수는 $\dfrac{(1+r)^n - 1}{r}$ 이다.

단, 매월 상환금액이 50만원이고 금리는 연 3%이므로 월로 환산하면 기간은 60개월(5×12)가 되고,

금리는 $\dfrac{0.03}{12}$ 이 되므로 $500{,}000 \times \left\{ \dfrac{(1 + \frac{0.03}{12})^{5 \times 12} - 1}{\frac{0.03}{12}} \right\}$ 이 정답이 된다.

정답 ②

**05** 임대인 A와 임차인 B는 임대차계약을 체결하려고 한다. 향후 3년간 순영업소득의 현재가치 합계는? (단 주어진 조건에 한하며, 모든 현금유출입은 매 기간 말에 발생함) [제30회]

- 연간 임대료는 1년차 5,000만원에서 매년 200만원씩 증가
- 연간 영업경비는 1년차 2,000만원에서 매년 100만원씩 증가
- 1년 후 일시불의 현가계수 0.95
- 2년 후 일시불의 현가계수 0.90
- 3년 후 일시불의 현가계수 0.85

① 8,100만원      ② 8,360만원      ③ 8,620만원
④ 9,000만원      ⑤ 9,300만원

해설 ② 순영업소득의 현재가치 합계(8,360만원) = 2,850만원 + 2,790만원 + 2,720만원

| 구분 | 1 | 2 | 3 | |
|---|---|---|---|---|
| 임대료 | 5,000만원 | 5,200만원 | 5,400만원 | 200씩 증가 |
| -영업경비 | 2,000만원 | 2,100만원 | 2,200만원 | 100씩 증가 |
| 순영업소득 | 3,000만원 | 3,100만원 | 3,200만원 | |
| 순영업소득 현가 | 2,850만원<br>(3,000×0.95) | 2,790만원<br>(3,100×0.90) | 2,720만원<br>(3,200×0.85) | 8,360만원 |

정답 ②

**06  부동산투자의 현금흐름 추정에 관한 설명으로 틀린 것은?**  제30회

① 순영업소득은 유효총소득에서 영업경비를 차감한 소득을 말한다.

② 영업경비는 부동산 운영과 직접 관련 있는 경비로, 광고비, 전기세, 수선비가 이에 해당된다.

③ 세전현금흐름은 지분투자자에게 귀속되는 세전소득을 말하는 것으로, 순영업소득에 부채서비스액(원리금상환액)을 가산한 소득이다.

④ 세전지분복귀액은 자산의 순매각금액에서 미상환 저당잔액을 차감하여 지분투자자의 몫으로 되돌아오는 금액을 말한다.

⑤ 부동산투자에 대한 대가는 보유 시 대상부동산의 운영으로부터 나오는 소득이득과 처분 시의 자본이득의 형태로 나타난다.

> **해설**  ③ 순영업소득에 부채서비스액(원리금상환액)을 가산한 소득 ⇨ 순영업소득에 부채서비스액(원리금상환액)을 차감한 소득, 세전현금흐름은 지분투자자에게 귀속되는 세전소득을 말하는 것으로, 순영업소득에 부채서비스액을 차감한 소득이다.
>
> **정답** ③

**07  부동산투자의 할인현금흐름기법(DCF)과 관련된 설명으로 틀린 것은?**  제30회

① 내부수익률(IRR)은 투자로부터 발생하는 현재와 미래 현금흐름의 순현재가치를 1로 만드는 할인율을 말한다.

② 순현재가치(NPV)는 투자자의 요구수익률로 할인한 현금유입의 현가에서 현금유출의 현가를 뺀 값이다.

③ 할인현금흐름기법이란 부동산투자로부터 발생하는 현금흐름을 일정한 할인율로 할인하는 투자의사결정 기법이다.

④ 수익성지수(PI)는 투자로 인해 발생하는 현금유입의 현가를 현금유출의 현가로 나눈 비율이다.

⑤ 민감도분석은 모형의 투입요소가 변화함에 따라 그 결과치인 순현재가치와 내부수익률이 어떻게 변화하는지를 분석하는 것이다.

> **해설**  ① 순현재가치를 1로 만드는 할인율 ⇨ 순현재가치를 0으로 만드는 할인율
> 내부수익률이란 예상된 현금유입의 현가와 현금유출의 현가를 서로 같게 만드는 할인율을 말한다. 즉, 순현가를 0으로 수익성지수를 1로 만드는 할인율을 의미한다.
>
> **정답** ①

**08** 부동산투자에 관한 설명으로 **틀린** 것은? (단, 다른 조건은 동일함) (제33회)

① 투자자는 부동산의 자산가치와 운영수익의 극대화를 위해 효과적인 자산관리 운영전략을 수립할 필요가 있다.

② 금리상승은 투자자의 요구수익률을 상승시키는 요인이다.

③ 동일 투자자산이라도 개별투자자가 위험을 기피할수록 요구수익률이 높아진다.

④ 민감도분석을 통해 미래의 투자환경 변화에 따른 투자가치의 영향을 검토할 수 있다.

⑤ 순현재가치는 투자자의 내부수익률로 할인한 현금유입의 현가에서 현금유출의 현가를 뺀 값이다.

> 해설  ⑤ 순현재가치는 투자자의 요구수익률로 할인한 현금유입의 현가에서 현금유출의 현가를 뺀 값이다. 순현재가치와 수익성지수는 할인율(재투자율)로 요구수익률을 사용하고 내부수익률법은 할인율(재투자율)로 내부수익률을 사용한다.
>
> 정답 ⑤

**09** 향후 2년간 현금흐름을 이용한 다음 사업의 수익성지수(PI)는? (단, 연간 기준이며, 주어진 조건에 한함) (제31회)

- 모든 현금의 유입과 유출은 매년 말에만 발생
- 현금유입은 1년차 1,000만원, 2년차 1,200만원
- 현금유출은 현금유입의 80%
- 1년 후 일시불의 현가계수 0.95
- 2년 후 일시불의 현가계수 0.90

① 1.15  ② 1.20  ③ 1.25  ④ 1.30  ⑤ 1.35

> 해설  ③ 수익성지수 = $\frac{현금수입의\ 현가}{현금지출의\ 현가}$ = $\frac{2,030만원}{1,624만원}$ = 1.25
> 1. 현금수입의 현가(2,030만원) = (1000만원 × 0.95) + (1,200만원 × 0.90) = 950만원 + 1080만원
> 2. 현금지출의 현가(1,624만원) = 2,030만원 × 80%
>
> 정답 ③

**10** 다음 표와 같은 투자사업(A~C)이 있다. 모두 사업기간이 1년이며, 사업 초기(1월 1일)에 현금지출이 발생하고 사업 말기(12월 31일)에는 현금유입만 발생한다고 한다. 할인율이 연 5%라고 할 때 다음 중 옳은 것은? 〈제32회〉

| 투자사업 | 초기 현금지출 | 말기 현금유입 |
|---|---|---|
| A | 3,800만원 | 6,825만원 |
| B | 1,250만원 | 2,940만원 |
| C | 1,800만원 | 4,725만원 |

① 수익성지수(PI)가 가장 큰 사업은 A이다.
② 순현재가치(NPV)가 가장 큰 사업은 B이다.
③ 수익성지수가 가장 작은 사업은 C이다.
④ A의 순현재가치는 B의 순현재가치의 2.5배이다.
⑤ A와 C의 순현재가치는 같다.

**해설**

⑤ A와 C의 순현재가치는 2,700만원으로 동일하다.
① 수익성지수(PI)가 가장 큰 사업은 C이다.
② 순현재가치(NPV)가 가장 작은 사업은 B이다.
③ 수익성지수가 가장 작은 사업은 A이다.
④ A의 순현재가치는 B의 순현재가치의 1.7배이다.

| 투자사업 | 초기 현금지출 | 현금유입현가 | 순현가 | 수익성지수 |
|---|---|---|---|---|
| A | 3,800만원 | 6,825만원÷1.05=6,500만원 | 2,700만원 | 1.71 |
| B | 1,250만원 | 2,940만원÷1.05=2,800만원 | 1,550만원 | 2.24 |
| C | 1,800만원 | 4,725만원÷1.05=4,500만원 | 2,700만원 | 2.5 |

**정답** ⑤

**11** 다음은 투자부동산의 매입, 운영 및 매각에 따른 현금흐름이다. 이에 기초한 순현재가치는? (단, 0년차 현금흐름은 초기투자액, 1년차부터 7년차까지 현금흐름은 현금유입과 유출을 감안한 순현금흐름이며, 기간이 7년인 연금의 현가계수는 3.50, 7년 일시불의 현가계수는 0.60이고, 주어진 조건에 한함) 〔제32회〕

(단위: 만원)

| 기간(년) | 0 | 1 | 2 | 3 | 4 | 5 | 6 | 7 |
|---|---|---|---|---|---|---|---|---|
| 현금흐름 | -1,100 | 120 | 120 | 120 | 120 | 120 | 120 | 1,420 |

① 100만원   ② 120만원   ③ 140만원   ④ 160만원   ⑤ 180만원

> **해설** ① 순현가 = 현금유입의 현가(1,200만원) − 현금유출의 현가(1,100만원) = 100만원
> 7년차 현금흐름(1,420)을 120만원과 1,300만원으로 나누어 계산하면
> 현금유입의 현가 = {120만원 × 연금의 현가계수(7년, 3.50)} + {1,300만원 × 일시불의 현가계수(7년, 0.60)} = 420만원 + 780만원 = 1,200만원
>
> **정답** ①

**12** 부동산 투자분석기법에 관한 설명으로 옳은 것은? 〔제32회〕

① 부동산 투자분석기법 중 화폐의 시간가치를 고려한 방법에는 순현재가치법, 내부수익률법, 회계적 이익률법이 있다.
② 내부수익률이란 순현가를 '1'로 만드는 할인율이고, 기대수익률은 순현가를 '0'으로 만드는 할인율이다.
③ 어림셈법 중 순소득승수법의 경우 승수값이 작을수록 자본회수기간이 길어진다.
④ 순현가법에서는 재투자율로 시장수익률을 사용하고, 내부수익률법에서는 요구수익률을 사용한다.
⑤ 내부수익률법에서는 내부수익률이 요구수익률보다 작은 경우 해당 투자안을 선택하지 않는다.

> **해설** ① 회계적 이익률법 ⇨ 수익성지수법 또는 현가회수기간법
> ② 순현가를 '1'로 만드는 할인율 ⇨ 순현가를 '0'으로 만드는 할인율
> ③ 자본회수기간이 길어진다 ⇨ 자본회수기간이 짧아진다.
> ④ 순현가법에서는 재투자율로 요구수익률을 사용하고, 내부수익률법에서는 내부수익률을 사용한다.
>
> **정답** ⑤

**13** 부동산투자의 분석기법에 관한 설명으로 **틀린** 것은? (단, 다른 조건은 동일함)  〔제33회〕

① 수익률법과 승수법은 투자현금흐름의 시간가치를 반영하여 투자타당성을 분석하는 방법이다.

② 투자자산의 현금흐름에 따라 복수의 내부수익률이 존재할 수 있다.

③ 세후지분투자수익률은 지분투자액에 대한 세후현금흐름의 비율이다.

④ 투자의 타당성은 총투자액 또는 지분투자액을 기준으로 분석할 수 있으며, 총소득승수는 총투자액을 기준으로 분석하는 지표다.

⑤ 총부채상환비율(DTI)이 높을수록 채무불이행 위험이 높아신다.

> **해설** ① 수익률법과 승수법은 투자현금흐름의 시간가치를 반영하지 않고 투자타당성을 분석하는 방법이다.

**정답** ①

**14** 甲은 시장가치 5억원의 부동산을 인수하고자 한다. 해당 부동산의 부채감당률(DCR)은? (단, 모든 현금 유출입은 연말에만 발생하며, 주어진 조건에 한함)  〔제34회〕

- 담보인정비율 (LTV): 시장가치의 50%
- 연간 저당상수: 0.12
- 가능총소득 (PGI): 5,000만원
- 공실손실상당액 및 대손충당금: 가능총소득의 10%
- 영업경비비율: 유효총소득의 28%

① 1.08          ② 1.20          ③ 1.50          ④ 1.67          ⑤ 1.80

> **해설** ① 부채감당률(DCR) = $\dfrac{순영업소득(3,240만원)}{부채서비스액(3,000만원)}$ = 1.08
>
> • 부채서비스액 = 대출액 × 저당상수 = 5억원 × 50% × 0.12 = 3,000만원

| | 가능총소득 | (50,000,000원) |
|---|---|---|
| - | 공실 및 불량부채 | ( 5,000,000원) |
| | 유효총소득 | (45,000,000원) |
| - | 영업경비 | (12,600,000원) |
| | 순영업소득 | (32,400,000원) |

**정답** ①

**15** 다음 자료는 A부동산의 1년간 운영수지이다. A부동산의 세후현금흐름승수는? (단, 주어진 조건에 한함)

제34회

- 총투자액: 50,000만원
- 가능총소득(PGI·): 6,000만원
- 재산세: 500만원
- 영업소득세: 400만원
- 지분투자액: 36,000만원
- 공실률: 15%
- 원리금상환액: 600만원

① 8   ② 10   ③ 12   ④ 15   ⑤ 20

해설

② 세후현금흐름승수 = $\dfrac{\text{지분투자액(3억6천만원)}}{\text{세후현금흐름(3천6백만원)}}$ = 10

| | | |
|---|---|---|
| | 가능총소득 | (60,000,000원) |
| - | 공실 및 불량부채 | ( 9,000,000원) |
| | 유효총소득 | (51,000,000원) |
| - | 영업경비 | ( 5,000,000원) |
| | 순영업소득 | (46,000,000원) |
| - | 부채서비스액 | ( 6,000,000원) |
| | 세전현금흐름 | (40,000,000원) |
| - | 영업소득세 | ( 4,000,000원) |
| | 세후현금흐름 | (36,000,000원) |

정답 ②

**16** 甲은 아래 조건으로 부동산에 10억원을 투자하였다. 이에 관한 투자분석의 산출값으로 틀린 것은? (단, 주어진 조건에 한함) 〔제34회〕

> • 순영업소득(NOI): 2억원/년          • 원리금상환액: 2,000만원/년
> • 유효총소득승수: 4                    • 지분투자액: 8억원

① 유효총소득은 2억 5천만원
② 부채비율은 25%
③ 지분환원율은 25%
④ 순소득승수는 5
⑤ 종합환원율은 20%

해설

③ 지분환원율(지분배당률) = $\dfrac{\text{세전현금수지(1억8천만원)}}{\text{지분투자액(8억원)}}$ = 22.5%(0.225)

① 유효총소득 승수 = $\dfrac{\text{총투자액(10억원)}}{\text{유효총소득(□)}}$ = 4, 유효총소득은 2억5천만원

② 부채비율 = $\dfrac{\text{부채(2억원)}}{\text{지분(8억원)}}$ = 25%

④ 순소득승수 = $\dfrac{\text{총투자액(10억원)}}{\text{순영업소득(2억원)}}$ = 5

⑤ 종합환원율 = $\dfrac{\text{순영업소득(2억원)}}{\text{총투자액(10억원)}}$ = 20%

정답 ③

**17** 부동산투자분석 기법에 관한 설명으로 틀린 것은? 〔제35회〕

① 순현재가치법과 내부수익률법은 화폐의 시간가치를 반영한 투자분석방법이다.
② 복수의 투자안을 비교할 때 투자금액의 차이가 큰 경우, 순현재가치법과 내부수익률법은 분석 결과가 서로 다를 수 있다.
③ 하나의 투자안에 있어 수익성지수가 1보다 크면 순현재가치는 0보다 크다.
④ 투자자산의 현금흐름에 따라 복수의 내부수익률이 존재 할 수 있다.
⑤ 내부수익률법에서는 현금흐름의 재투자율로 투자자의 요구수익률을 가정한다.

해설

⑤ 요구수익률 ⇨ 내부수익률, 내부수익률법에서는 현금흐름의 재투자율로 투자자의 내부수익률을 가정한다.

정답 ⑤

**18** 다음 자료는 A부동산의 1년간 운영수지이다. A부동산의 총투자액은 6억원이며, 투자자는 총투자액의 40%를 은행에서 대출받았다. 이 경우 순소득승수(ㄱ)와 세전현금흐름승수(ㄴ)? (단, 주어진 조건에 한함) 〔제35회〕

- 가능총소득(PGI): 7,000만원
- 기타소득: 100만원
- 영업소득세: 500만원
- 용역비: 100만원
- 직원인건비: 200만원
- 공실손실상당액 및 대손충당금: 500만원
- 부채서비스액: 1,500만원
- 수선유지비 : 200만원
- 재산세: 100만원

① ㄱ: 9.0, ㄴ: 8.0
② ㄱ: 9.0, ㄴ: 9.0
③ ㄱ: 9.0, ㄴ: 10.0
④ ㄱ: 10.0, ㄴ: 8.0
⑤ ㄱ: 10.0, ㄴ: 9.0

**해설**

ㄱ. 순소득승수 $= \dfrac{총투자액(600,000,000원)}{순영업소득(60,000,000만원)} = 10$

ㄴ. 세전현금흐름승수 $= \dfrac{총투자액(360,000,000원)}{순영업소득(45,000,000원)} = 8$

- 총투자액: 6억원, 지분투자액: 3억6천만원
- 부채: 2억4천만원(6억원×40%)

| | | |
|---|---|---|
| | 가능총소득 | (70,000,000원) |
| − | 공실 및 불량부채 | ( 5,000,000원) |
| + | 기타소득 | ( 1,000,000원) |
| | 유효총소득 | (66,000,000원) |
| − | 영업경비 | ( 6,000,000원) |
| | 순영업소득 | (60,000,000원) |
| − | 부채서비스액 | (15,000,000원) |
| = | 세전 현금수지 | (45,000,000원) |

- 수선유지비, 용역비, 재산세, 직원인건비: 600만원

**정답** ④

MEMO

2025 랜드하나 공인중개사 기본서

# PART 6
# 부동산금융론

# 01 부동산금융

---

**단원별 학습포인트**

□ 부동산금융의 종류(지분금융과 부채금융), 고정이자율제도와 변동이자율제도를 비교하여 학습하여야 한다.
□ 저당의 상환 방법 중 원리금균등, 원금균등, 체증식상환 방식의 내용과 계산문제, 한국주택금융공사의 주택연금을 반드시 정리해야 한다.

---

## 제1절 부동산금융의 의의 및 기능

### 1 부동산금융의 의의

(1) 부동산금융이란 부동산의 고가성 때문에 부동산 구입에 많은 자금이 필요한 소비자에게 일정한 자금을 대출해주거나 부동산 개발시에 많은 자금이 필요한 개발업자에게 일정한 자금을 대출하는 것을 말한다.

(2) 부동산금융은 주택금융과 토지금융으로 나누어지며 이중 주택금융이 중심적 역할을 한다.

### 2 부동산금융의 기능 : 잠재수요자를 유효수요자로 전환

① **주택거래의 활성화** : 주택구입자에게 주택자금을 융자하여 구매력을 높이므로 주택거래의 활성화에 기여한다.
② **자가주택의 공급확대** : 주택금융은 임차가구가 자가주택소유를 확대하는데 기여한다.
③ **주거안정** : 주택자금대출을 통해 국민의 주거 불안정문제를 해소하여 주거안정을 도모한다.
④ **경기조절** : 주택시장이 침체일 때 수요자금융을 확대하여 주택수요를 증가시켜 주택 경기를 부양시키며, 주택시장이 너무 과열되어 주택가격이 급등할 때는 수요자금융을 축소하여 주택수요를 억제시키거나 공급자 금융을 확대하여 주택경기를 조절할 수 있다.
⑤ **저축의 유도와 주택자금의 조성** : 일정한 저축자에게 청약조건을 줌으로 주택마련을 위한 저축을 유도하고, 금융기관은 필요한 주택자금을 조성한다.

### 3 부동산금융의 원칙

부동산금융의 4대 원칙에는 ① 자금의 확보, ② 대출금리의 책정, ③ 채권의 보전, ④ 대출채권의 유동화 등을 들 수 있다.

**부동산금융의 기능과 부동산금융의 원칙**

| 부동산금융의 기능 | 부동산금융의 원칙 |
|---|---|
| ① 주택거래의 활성화기능<br>② 자가주택의 공급확대<br>③ 주거안정기능<br>④ 경기조절기능<br>⑤ 저축의 유도와 주택자금의 조성 | ① 자금의 확보<br>② 대출금리의 책정<br>③ 부동산채권보전<br>④ 부동산대출채권의 유동화 |

## 4 부동산금융의 종류

### (1) 지분금융, 부채금융, 메자닌금융 제26회, 제29회, 제30회, 제31회, 제32회

| | |
|---|---|
| 지분금융<br>(equity<br>financing) | 지분금융은 주식회사가 주식을 발행하거나, 주식회사가 아닌 법인이 지분권을 판매하여 자기자본을 조달하는 것을 말한다. 지분금융은 실적 배당이 이루어지며 그 예는 다음과 같다.<br>① 신디케이트(Syndicate)의 지분출자액(다수의 소액투자자로 구성)<br>② 조인트벤처(joint venture)의 지분출자액(소수의 개인이나 기관투자자로 구성)<br>③ 부동산투자회사(REITs, 리츠)의 주식발행액<br>④ 공모에 의한 증자<br>⑤ 자본시장과 금융투자업에 관한 법률(자본시장통합법)에 의한 부동산 간접투자펀드<br>⑥ 보통주 |
| 부채금융<br>(debt<br>financing) | 부채금융은 저당을 설정하거나 사채를 발행하여 타인 자본을 조달하는 것을 말한다. 부채금융은 일정한 이자수입이 발생하며 그 예는 다음과 같다.<br>① 저당금융(저당대출)<br>② 신탁금융(신탁증서금융, 담보신탁)<br>③ 회사채발행, 주택상환사채, 프로젝트금융(PF), 자산담보부기업어음(ABCP)<br>④ 주택저당증권(MBS) : 지분형(MPTS), 채권형(MBB), 혼합형(MPTB, CMO)<br>⑤ 자산유동화증권(ABS) |
| 메자닌<br>금융<br>(mezzanine<br>financing) | 메자닌은 건물 1층과 2층 사이에 있는 중간층을 뜻하는 이탈리아어에서 유래한 말로 금융에선 채권과 주식의 성격을 모두 가지고 있는 채권과 주식의 중간형태의 사채를 말한다.<br>메자닌 금융은 주식을 통한 자금조달이 어려울 때, 담보나 신용이 없어 대출을 받기 힘들 때 배당우선주, 전환사채(CB)나 신주인수권부사채(BW) 등 주식연계 채권 등을 발행해 자금을 조달하는 것을 말한다. 대개 무담보이며 채권변제 순위에서 대출보다는 밀리고, 지분투자분보다는 앞서 일종의 후순위채의 성격이 강하다. 무담보 대출의 일종으로 담보력이 약한 벤처기업 등이 주로 사용한다.<br>① 신주인수권부사채(BW)<br>② 전환사채(CB)<br>③ 후순위대출, 상환우선주(RPS), 교환사채(EB), 자산매입조건부대출 |

기출
1. 공모에 의한 증자, 부동산 신디케이트, 부동산투자신탁(REITs), 「간접투자자산운용업법」에 의한 부동산 간접투자펀드는 지분금융에 속한다.
2. 주택저당대출, 신탁증서금융, 자산담보부기업어음(ABCP)은 부채금융에 속한다.
3. 전환사채, 신주인수권부사채, 후순위 대출은 메자닌금융에 속한다.

**보충학습** 저당금융(저당대출)과 신탁금융(신탁증서금융) 제30회

| 구분 | 저당금융 | 신탁금융 |
|---|---|---|
| 자금조달방식 | 부채금융 | 부채금융 |
| 담보자산의 소유권자 | 차입자(소유권 보유) | 신탁회사(소유권 이전) |
| 담보자산의 관리자 | 대출기관 | 신탁회사 |
| 채무불이행시(강제집행방법) | 경매처분 | 공매처분 |
| 절차 | 복잡 | 단순, 신속(대출자선호) |
| 처분가격 | 낮은편 | 높은편 |
| 소구여부(부족분) | 부족분은 무담보채권확보 ○ (소구금융) | 부족분은 무담보채권확보 × (비소구금융) |

기출 부동산 소유자가 소유권을 신탁회사에 이전하고 신탁회사로부터 수익증권을 교부받아 그 수익증권을 담보로 금융기관에서 대출을 받는 상품을 신탁금융이라 한다.

## (2) 직접금융과 간접금융

| 직접금융 | ① 금융기관을 통하지 않고 자금의 수요자와 공급자가 직접 자금을 거래하는 방식이다. ② 주식이나 채권발행에 의해 자금을 직접 조달하는 경우 등이 대표적이다. |
|---|---|
| 간접금융 (일반적) | ① 자금수요자가 금융기관을 통해 자금을 조달하는 방식이다. ② 금융기관이 자금공급자로부터 예금, 적금 등을 통해 자금을 축적한 후에 자금수요자에게 필요자금을 대출해 주는 방식이다. |

## (3) 제도권금융과 비제도권 금융

금융을 위한 자금공급원을 공식적 금융기관과 비공식적인 융자자로 나눌 수 있다.

| 제도권금융 | 금융회사가 중개기능을 수행하여 자금의 공급이 이루어지는 금융을 말한다. 여기에는 저당대부, 건축대부, 프로젝트금융, 리츠 등이 있다. |
|---|---|
| 비제도권금융 | 금융회사를 매개로 하지 않고 자금의 공급이 이루어지는 즉, 개인이나 비금융기관처럼 공식적인 금융기관 이외의 금융을 말한다. 여기에는 주택선분양제도외 전세제도가 있다. ① 주택선분양제도는 건설업자의 자금조달방안이므로 공급자금융에 해당한다. ① 전세제도는 전세금을 끼고 부동산을 구입하므로 소비자금융에 해당한다. |

## 제2절 주택금융

### 1 주택금융의 의의

일반적으로 주택금융은 무주택 서민과 주택건설사업자에게 장기저리로 대출해 줌으로써 주택구입을 용이하게 하고, 주택공급을 확대하는 제도라 할 수 있다.

**(1) 주택소비금융(수요자 금융, 저당대부, 영구적 저당) : 주택구입 목적, 가계** 제33회

① 주택소비금융은 주택거래를 원활히 하고 국민의 지불능력을 높이기 위해 주택을 구입하거나 개량하고자 하는 사람에게 주택을 담보로 하여 자금을 융자해 주는 제도이므로 가계에 대한 금융이다.

② 주택소비금융은 장기(10년~30년), 저리, 일시불 대출, 분할 상환이 일반적이다.

**(2) 주택개발금융(공급자 금융, 건축대부, 일시적 저당) : 주택건설 촉진, 건설업자**

① 주택개발금융은 주택건설을 촉진하려는 목적에서 주택건설업자의 건설활동에 수반되는 자금융통의 필요성에 대응하여 이를 지원해 주는 건설업자에 대한 금융이다.

② 주택개발금융은 단기(3~4년), 고리, 단계적 대출, 일시불 상환이 일반적이다(건축단계별로 분할해서 대출하고, 건물완성과 더불어 일시불로 상환한다).

③ 부동산개발을 위해 자금을 조달할 수 있는 금융수단에는 프로젝트파이낸싱(PF), 신디케이트, 리츠 등이 있다.

저당대부와 건축대부

| 구분 | 저당대부 | 건축대부 |
|------|---------|---------|
| ① 목적 | 주택구입자금을 위한 대부(가계) | 주택건축자금을 위한 대부(건설업자) |
| ② 성격 | 주택소비금융, 수요자 금융 | 주택개발금융, 공급자 금융 |
| ③ 대출 | 일시불 대출 | 단계적 대출(공사 진행도) |
| ④ 상환 | 단계적 상환(분할상환, 장기저리) | 일시불 상환(완공 시, 단기고리) |
| ⑤ 예 | 가계금융 | 프로젝트파이낸싱(PF), 신디케이트, 리츠 |

기출 1. 주택소비금융은 주택구입능력을 제고시켜 자가주택 소유를 촉진시킬 수 있다.
2. 주택자금대출의 확대는 주택거래를 활성화 시킬 수 있다.
3. 주택금융은 주택과 같은 거주용 부동산을 매입 또는 임대하는데 필요한 자금조달을 위한 금융상품을 포괄한다.
4. 정부는 주택소비금융의 확대와 금리인하, 대출규제의 완화로 주택가격의 급격한 하락에 대처한다.
5. 주택도시기금은 국민주택의 건설이나 국민주택규모 이하의 주택 구입에 출자 또는 융자할 수 있다.

## 2 금융 관련 용어

**(1) 대부비율**(융자비율, 저당비율, 담보인정비율 : LTV) : 담보부동산의 가치에 대한 대출금의 비율

$$대부비율\ (LTV) = \frac{부채(대출금)}{부동산가치}$$

**(2) 총부채상환비율**(소득대비 원리금상환비율 : DTI) : 연소득에 대한 연간 원리금상환액의 비율

$$총\ 부채상환비율\ (DTI) = \frac{연간\ 원리금상환액\ (연원리금상환액\ +\ 기타부채의\ 연이자액)}{차입자의\ 연소득}$$

**(3) 월부금**(debt service, 원리금상환액, 부채서비스액, 저당지불액)

　① 융자기간 중 원금상환분과 이자의 합계로서 매달 대출자에게 납입하는 금액을 말한다.

　② 월부금 = 대출금 × 저당상수(원리금균등상환방법)

**(4) 융자원금**(저당원금, 융자액, 대출원금)

　최초 대출시의 대출원금을 말한다.

**(5) 융자잔고**(미상환원금, 융자잔금, 저당잔금, 부채잔금)

　① 융자기간 중 상환되지 않는 원금을 말한다. 즉, 저당잔금은 저당원금에서 매기간 상환하는 원금을 공제한 후의 잔금을 말한다. 이자 산정시 이자율은 항상 융자잔고에 대해 적용된다.

　② 융자잔금 = 원리금상환액 × 연금의 현가계수(잔여기간)

　③ 이자 = 융자잔고 × 이자율

**(6) 잔금비율**

　① 대출원금 중 미상환된 원금(잔금)의 비율을 말한다.

　② 잔금비율 $= \dfrac{연금의\ 현가계수(잔여기간)}{연금의\ 현가계수(전기간)}$

**(7) 상환비율**

　① 대출원금 중 상환된 원금의 비율을 말한다.

　② 상환비율 + 잔금비율 = 1, 잔금비율 = 1 - 상환비율, 상환비율 = 1 - 잔금비율

## 제3절  부동산의 저당대출제도

### 1  저당의 개념

#### (1) 저당(mortgage)의 개념

저당이란 부동산을 담보로 필요한 자금을 융통하는 것을 말한다. 대출자를 저당권자(mortgagee)라 하고, 차입자를 피저당권자(mortgagor) 또는 저당권설정자라 한다.

#### (2) 저당의 유동화

저당의 유동화란 저당권을 다른 사람에게 양도할 수 있도록 허용하는 것이다. 저당의 유동화 제도는 부동산금융의 활성화에 큰 기여를 한다.

### 2  저당의 종류

#### (1) 전통적 저당(재래적 저당) - 대출기관의 위험 大

각종의 금융기관에서 일반차입자를 대상으로 대출을 실시해 주는 제도로서, 전통적 저당(convention mortgage)은 정부지원저당보다 대출기간은 더 짧으며, 부동산가치에 대한 대부비율도 일반적으로 더 낮다.

#### (2) 정부지원저당 - 대출기관의 위험 小

정부가 저소득층을 보호하기 위하여 실시하는 저당으로 채무자가 채무를 이행하지 않는 경우에는 정부에서 대출자의 손실을 대신 보상해 준다는 것을 보증하는 것이 정부보증 프로그램이다. 정부보증 프로그램은 대출기관이 안게 되는 위험을 실제적으로 제거해 주고 있다. 정부지원저당은 전통적 저당보다 대출기간이 길고, 부동산 가치에 대한 대부비율이 높다.

#### (3) 건축대부(construction loan) - 단기고리, 단계적 대출, 일시불 상환

부동산을 건설하는 공급자에게 제공되는 대부의 일종으로, 대출 기간도 단기이며, 이자율도 고리이다. 또한 건축대부는 위험률이 높기 때문에 자금도 일시불로 제공되지 않고 단계적으로 제공된다. 그러나 대출된 자금에 대한 상환은 건축물이 완공되면 일시불로 상환되어야 한다.

제4절 저당상환방법

## 1 금리방식에 의한 저당대부

### (1) 이자율

① 이자율의 의의

이자율은 대출기간 중 이자율이 일정한 고정이자율제도와 대출기간 중 이자율이 변동하는 변동이자율제도가 있으며 이런 이자율은 항상 융자잔고에 대해 적용된다.

② 이자율 결정원리

㉠ 실질이자율

실질이자율 = 명목이자율 − 인플레율 (예상인플레율 + 초과인플레율)

㉡ 명목이자율(계약이자율, 표시이자율)

명목이자율(대출금리) = 실질이자율 + 예상인플레율

**예제문제**

저당대출기관은 예상 인플레이션율을 2%로 계산하여 명목금리(고정금리) 8%로 대출하였는데 예상치 못한 인플레가 추가로 2% 발생했다면 대출기관의 현시점에서 실질금리는 얼마이겠는가?

**해설**　1. 대출시점기준 : 명목금리(8%) = 실질금리(6%) + 예상인플레율(2%)
　　　2. 현시점기준 : 명목금리(8%) = 실질금리(4%) + 예상인플레율(2%) + 초과인플레율(2%)

**정답**　4%

### (2) 고정이자율제도 제25회, 제26회, 제27회

① 의의

고정이자율제도는 전체 대출기간 동안 처음 대출자와 차입자가 약정한 고정된 이자율을 적용하는 저당대출로 원금균등상환, 원리금균등상환, 점증상환 등이 있다.

② 구성

㉠ 초기 대출금리 : 고정이자율이 변동이자율보다 일반적으로 높다.

㉡ 예상치 못한 인플레 발생시 : 명목이자율 불변, 실질이자율 하락, 따라서 대출자는 손해가 되고, 차입자는 이익이 된다.

ⓒ **고정이자율제도하 시장이자율 변화** <sup>제26회, 제27회</sup>

> 1. 시장이자율이 상승(금리 상승)하는 경우 [저당이자율(8%) < 시장이자율(13%)]
>    ① 차입자 : 계속 현상태를 유지
>    ② 대출자 : 잔고할인을 통하여 조기상환을 유도
> 2. 시장이자율이 하락(금리 하락)하는 경우 [저당이자율(8%) > 시장이자율(3%)]
>    ① 차입자 : 만기 이전에 기존의 융자를 조기상환, 재융자받는 것이 경제적
>    ② 대출자 : 중도상환수수료약정 또는 조기상환 수수료 부과

기출
1. 대출시점에 고정금리 주택담보대출의 금리가 변동금리 주택담보대출의 금리보다 높다.
2. 시장이자율이 대출약정이자율보다 낮아지면 차입자는 기존대출금을 조기상환하는 것이 유리하다.
3. 고정금리대출을 실행한 대출기관은 금리 하락시 차입자의 조기상환으로 인한 위험이 커진다.

## (3) 변동이자율 제도

### ① 의의
변동이자율제도는 대출기간 동안 이자율이 변동하는 방식을 말하며 가변이자율저당, 조정이자율저당, 재협정이자율저당 등이 있다.

### ② 구성
ⓐ 초기 대출금리 : 변동이자율이 고정이자율보다 일반적으로 낮다.

ⓑ 예상치 못한 인플레 발생시 : 명목이자율 상승, 실질이자율 불변, 따라서 대출자는 보호가 되고, 차입자는 손해가 된다.

ⓒ 변동이자율제도에서 이자율의 결정

> 기준금리(지표, Index) + 가산금리(마진, Spread)

기준금리, 가산금리

1. 기준금리(index)
   ① 기준금리는 시장이자율을 대표하는 수익률이며 CD금리(양도성예금증서수익률) 또는 코픽스(COFIX)금리(COFIX : 은행들의 자본조달비용지수)를 사용하기도 한다.
   ② 기준금리는 시장상황에 따라 변동하며, 이 기준금리 조정주기가 짧을수록 대출자가 유리하고, 차입자는 불리하다. CD금리의 경우 보통 3개월을 조정주기로, 코픽스금리의 경우 보통 6~12개월을 조정주기로 적용한다.
2. 가산금리(spread)
   ① 가산금리는 마진, 위험가산금리로서 대출자와 차입자의 계약에 의해 고정된다.
   ② 위험가산금리는 개인의 연체실적 등 신용도에 따라 사람마다 다르다.

③ 특징

　㉠ 변동이자율제도는 대출자가 선호한다. 이는 인플레위험이나 이자율 변화 위험을 차입자에게 전가시키기 때문이다.

　㉡ 이자율 조정 주기가 짧을수록 대출자가 차입자에게 이자율변화위험을 신속하게 전가시키므로 대출자에게 유리하고, 차입자에게 불리하다. 즉, 대출자는 이자율 조정주기가 짧은 것을 원하고 차입자는 이자율 조정주기가 긴 것을 원한다. 따라서, 대출자는 연말에 1번 이자를 받는 것보다 3개월 단위로 4번 나누어 받는 것이 유리하다.

　㉢ 변동금리부 주택담보대출의 이자율의 조정 주기가 짧을수록 이자율 변동의 위험은 대출자에서 차입자에게로 더 전가된다.

　㉣ 변동이자율저당은 상환기간 중 추가적인 상환부담으로 인해, 채무불이행가능성은 고정이자율저당에 비해 커진다.

　㉤ 금리상한(intrest cap) 변동금리의 경우 융자약정서에 이자율의 변동범위를 사전에 약정하는 것으로서, 약정된 상한 이상으로 금리가 상승하지 않으므로 차입자의 위험부담을 줄여준다.

**기출**
1. 변동금리부 주택담보대출의 이자율은 기준금리에 가산금리를 합하여 결정된다.
2. 차입자에게 변동금리대출을 실행하면 대출자의 인플레이션위험은 낮아진다.
3. 변동금리부 주택담보대출 이자율의 조정주기가 짧을수록 이자율변동의 위험은 대출자에서 차입자에게로 더 전가된다.

**핵심정리**
1. 통상 대출시점에서 변동금리방식이 고정금리방식보다 이자율이 낮다.
2. 고정이자율제도에서 시장이자율이 하락하는 경우, 차입자는 조기상환하고 재융자하는 것이 유리하다.
3. 변동이자율제도에서 기준금리는 시장상황에 따라 계약기간 중에 변동하고, 가산금리는 계약기간 중 불변한다.
4. 변동금리부 주택담보대출의 이자율의 조정 주기가 짧을수록 이자율 변동의 위험은 대출자에서 차입자에게로 더 전가된다.

**보충학습** 기준금리(CD금리, 코픽스금리, 콜금리)

| ① CD금리 | CD(양도성예금증서)는 은행이 30일~270일 정도의 단기자금을 조달하기 위해 발행하는 어음증서를 말한다. 만기가 되면 은행은 예금증서 소비자에게 액면금액을 지급하며, 이 증서는 양도가 가능하고 이때 적용되는 금리가 CD금리이다. |
|---|---|
| ② 코픽스(COFIX)금리 | 코픽스는 예금은행의 자금조달비용을 가중평균해서 반영하는 새로운 주택담보대출의 기준금리를 말한다. 은행연합회가 월말잔액기준 코픽스와 신규취급금액기준 코픽스를 산출하여 매달 15일 공시한다. |
| ③ 콜(call)금리 | 콜(call)이란 은행이 30일 이내의 단기자금(보통 1일 동안의 단기자금)을 조달하기 위해 금융기관간에 신용을 믿고 전화로 신청하는 것을 말한다. 이처럼 콜거래에 적용되는 금리가 콜금리이며 가장 단기이고 안전성이 높아서 가장 낮은 지표금리이다. |

### (4) 대출기관이 부동산관련 위험을 감소시키는 방법

① 대부비율(LTV)과 총부채상환비율(DTI)을 인하시키고, 대출기간을 짧게 한다.

② 변동이자율제도를 채택한다. 고정이자율제도를 택하는 경우에는 원금균등상환저당을 택한다.

③ 부채감당률이 1보다 큰 투자안을 선택한다.

④ 이자율스왑(swap) 제도를 채택한다. 이자율스왑이란 이자율상승, 하락시에 고정금리, 변동금리를 서로 교환(변경)하는 제도로서 금리변동의 위험을 차입자에게 전가시킬 수 있다.

## 2 금융기관의 대출가능액 산정방법 제25회~제28회, 제30회, 제31회, 제32회, 제33회, 제35회

### (1) 주택의 대출가능액 산정

① 담보인정비율(LTV : Loan To Value)

$$\text{담보인정비율(LTV)} = \frac{\text{부채(대출금)}}{\text{부동산가치}}$$

② 총부채상환비율(소득대비 부채비율, DTI : Debt To Income)

$$\text{총부채상환비율(DTI)} = \frac{\text{연간 부채서비스액(원리금상환액)}}{\text{연간소득}}$$

**빠른계산**  1. 대출가능액(부채) = 연간소득 x DTI비율 ÷ 저당상수

2. 대출가능액(부채) = {(연간소득 x DTI비율) - 기타대출 이자상환액} ÷ 저당상수

**보충학습** │ DTI와 DSR

1. DTI(총부채상환비율, Debt To Income) = $\dfrac{\text{신규주택담보대출 원리금 + 기타 대출이자}}{\text{연간소득}}$

2. DSR(총부채원리금상환비율, Debt Service Ratio) = $\dfrac{\text{모든 대출원리금}}{\text{연간소득}}$

**빠른계산** 대출가능액 = {(연간소득 x DSR비율) - (기타대출 원금 + 이자상환액)} ÷ 저당상수

3. 담보인정비율(LTV): 주택의 담보가치를 중심으로 대출규모를 결정하는 기준이고, 투자자가 재무레버리지를 얼마나 활용하고 있는지를 평가할 수 있다.

4. 총부채상환비율(DTI), 총부채원리금상환비율(DSR): 차입자의 소득을 중심으로 대출규모를 결정하는 기준이고, 차입자의 상환능력을 평가할 때 사용할 수 있다.

※ 담보인정비율(LTV), 총부채상환비율(DTI), 총부채원리금상환비율(DSR)에 대한 구체적인 기준은 금융위원회가 정하는 기준에 의한다.

## (2) 상가의 대출가능액 산정

### ① 담보인정비율(LTV)

$$\text{대부비율 (LTV)} = \frac{\text{부채(대출금)}}{\text{부동산가치}}$$

### ② 부채감당률(DCR)

$$\text{부채감당률(DCR)} = \frac{\text{순영업소득}}{\text{부채서비스액}}$$

**빠른계산** 대출가능액(부채) = 순영업소득 ÷ 부채감당률 ÷ 저당상수

**기출**
1. 담보인정비율(LTV)을 통해서 투자자가 재무레버리지를 얼마나 활용하고 있는지를 평가할 수 있다.
2. 총부채상환비율(DTI)은 차입자의 상환능력을 평가할 때 사용할 수 있다.
3. 총부채원리금상환비율(DSR)은 차주의 총 금융부채 상환부담을 판단하기 위하여 산정하는 차주의 연간 소득 대비 연간 금융부채 원리금 상환액 비율을 말한다.
4. 담보인정비율이나 총부채상환비율에 대한 구체적인 기준은 금융위원회가 정하는 기준에 의한다.
5. 총부채상환비율(DTI)이 높을수록 채무불이행 위험이 높아진다.

---

### 예제문제

**01. 현재 5천만원의 기존 주택담보대출이 있는 A씨가 동일한 은행에서 동일한 주택을 담보로 추가대출을 받으려고 한다. 이 은행의 대출승인기준이 다음과 같을 때, A씨가 추가로 대출받을 수 있는 최대금액은 얼마인가? (단, 제시된 두 가지 대출승인기준을 모두 충족시켜야 하며, 주어진 조건에 한함)** ▶ 제35회

- A씨 담보주택의 담보가치평가액: 5억원
- A씨의 연간 소득: 6천만원
- 연간 저당상수: 0.1
- 대출승인기준
  - 담보인정비율(LTV): 70% 이하
  - 총부채상환비율(DTI): 60% 이하

① 2억원      ② 2억 5천만원      ③ 3억원
④ 3억 2천만원      ⑤ 3억 5천만원

**정답** ③

**해설**
- LTV 기준 3억 5천만원과 DTI 기준 3억 6천만원 중 적은 금액은 3억5천만원이 된다. 기존 대출금액이 5,000만원이 있으므로 추가적으로 대출이 가능한 금액은 3억원이 된다.
- 담보인정비율(LTV) = $\dfrac{\text{부채}(\square)}{\text{부동산 가치(5억원)}}$ = 70%, 대출가능금액(부채) = 3억 5천만원

- 총부채상환비율(DTI) = $\dfrac{\text{연간 원리금상환액}(\square)}{\text{연간 소득}(6,000\text{만원})}$ = 60%, 부채서비스액 = 3,600만원

  대출가능금액(부채) = $\dfrac{\text{부채서비스액}(3,600\text{만원})}{\text{저당상수}(0.1)}$ = 3억 6천만원

**02.** 시장가격이 5억원이고 순영업소득이 연 1억원인 상가를 보유하고 있는 A가 추가적으로 받을 수 있는 최대 대출가능 금액은? (단, 주어진 조건에 한함)  ▶ 제27회

---

⊙ 연간 저당상수: 0.2

ⓒ 대출승인조건(모두 충족하여야 함)
- 담보인정비율(LTV): 시장가격기준 60%이하
- 부채감당률(DCR): 2이상

ⓒ 상가의 기존 저당대출금: 1억원

---

① 1억원 ② 1억5천만원 ③ 2억원 ④ 2억5천만 ⑤ 3억원

**정답** ②

**해설** ② 담보인정비율(LTV)과 부채감당률 중 적은 금액은 2억5천만원이 된다. 다만, 기존대출이 1억원이 있으므로 추가대출이 가능한 금액은 1억5천만원이 된다.

| 담보인정비율(LTV) | 부채감당률 |
|---|---|
| $\dfrac{\text{부채}(\square)}{\text{부동산 가치}(5\text{억원})}$ = 60%<br>대출가능금액(부채) = 3억원 | $\dfrac{\text{순영업소득}(1\text{억 원})}{\text{부채서비스액}(\square)}$ = 2<br>부채서비스액 = 5,000만원<br>$\dfrac{\text{부채서비스액}(5,000\text{만원})}{\text{저당상수}(0.2)}$ = 2억5천만원<br>대출가능금액(부채) = 2억5천만원 |

## 3 주택저당대출 상환방법(고정이자율 저당대부) 제25회~제29회, 제31회, 제32회, 제33회, 제35회

### (1) 원금균등분할상환방식(CAM, Constant Amortization Mortgage)

① 초기의 상환액이 가장 많고 후반기의 상환액이 적은 방식으로 체감식 방식이라고도 한다.

② 시간이 경과함에 따라 원금은 불변, 이자는 감소, 원리금은 감소하는 방식이다. 즉, 매 기간 상환하는 원리금상환액·이자상환액, 대출잔액이 점차적으로 감소한다.

③ 초기 총부채상환비율(DTI)은 높지만, 대출자 입장에서 초기의 자금회수가 빠르므로 원금회수위험이 가장 작으며, 차입자가 중도상환시 잔액(잔금비율)이 가장 적다. 대출금의 가중평균상환기간(duration) 역시 짧은 편이다.

④ 현재 소득이 많은 미래 소득 감소가 예상되는 중·장년층에 유리한 방식이다.

⑤ 대출금의 50%를 상환하기 위해서는 상환기간의 2분의 1 정도 경과하여야 가능하다.

> 1. 원금 = 융자원금 ÷ 상환기간
> 2. 이자 = 융자잔고 × 이자율
> ※ 원리금 = 원금 + 이자
> ✚ 이자 = [융자원금 − {상환원금 × (n − 1)회차}] × 이자율 (n은 상환회차)

기출 | 1. 원금균등상환방식의 경우, 매 기간에 상환하는 원리금상환액과 대출잔액이 점차적으로 감소한다.
2. 원금균등상환방식은 원리금균등상환방식에 비해 전체 대출기간 만료시 누적원리금상환액이 더 작다.

### (2) 원리금균등분할상환방식(CPM, Constant Payment Mortgage)

① 원리금균등분할상환방식은 원금과 이자를 합하여 매기간 균등하게 상환하는 방식을 말한다. 즉, 시간이 경과함에 따라 원금은 증가, 이자는 감소, 원리금은 불변하는 방식이다.

② 원리금균등상환방식은 원금균등상환방식에 비해 초기상환액이 적으며, 점증상환방식에 비해서는 초기 상환액이 많다.

③ 대출금의 50%를 상환하기 위해서는 상환기간의 $\frac{2}{3}$ 정도 경과하여야 가능하다.

> 1. 원리금 = 융자원금 × 저당상수
> 2. 이자 = 융자잔고 × 이자율
> ※ 원금 = 원리금 − 이자
> ✚ 1회차 원금 = 융자원금 × (저당상수 − 이자율)
>    2회차 원금 = 1회차 원금 × (1 + 이자율)
>    3회차 원금 = 2회차 원금 × (1 + 이자율)

기출 | 1. 원리금균등상환방식은 매기간에 상환하는 이자상환액이 점차적으로 감소한다.
2. 대출금을 조기상환하는 경우 원리금균등상환방식에 비해 원금균등상환방식의 상환액이 더 작다.

## (3) 체증식(점증식) 상환방법(GPM, Graduated Payment Mortgage)

① 체증식상환방법은 초기에 원리금상환지불액이 낮으나 차입자의 소득증가에 따라 지불액이 점차 증가하는 방법이다. 즉, 인플레이션이나 시간가치를 고려하여 점차 지불액이 증가하는 방식으로 고안되었다.

② 미래 소득증가가 예상되는 젊은 저소득층에게 유리한 방법으로, 주택보유예정기간이 짧은 차입자에게 유리하다.

③ 상환 초기에는 지불액이 이자액에도 미치지 못하므로 부(-)의 상환이 된다. 즉, 초기에는 융자잔금액이 융자원금보다 커진다.

④ 차입자의 소득증가폭이 지불액증가액보다 낮으면 채무불이행 가능성이 커서 대출자의 위험이 크고, 세 가지 상환방법 중 가장 높은 금리가 책정되는 것이 일반적이다.

⑤ 초기 대출비율은 낮지만, 대출자 입장에서 초기의 자금회수가 느리므로 원금회수위험이 가장 크며, 차입자가 중도상환시 잔액(잔금비율)이 가장 많다. 대출금의 가중평균상환기간(duration) 역시 긴 편이다.

**기출**
1. 점증(체증)상환방식의 경우, 미래 소득이 증가될 것으로 예상되는 차입자에게 적합하다.
2. 대출 실행 시점에서 총부채상환비율(DTI)은 점증(체증)상환방식이 원금균등상환방식보다 더 작다.
3. 점증(체증)상환방식은 다른 상환방식에 비해 이자부담이 크다.
4. 대출기간 만기까지 대출기관의 총 이자수입 크기는 '점증(체증)상환방식 > 원리금균등상환방식 > 원금균등상환방식' 순이다.
5. 대출채권의 가중평균상환기간(duration)이 짧은 기간에서 긴 기간의 순서는 원금균등분할상환, 원리금균등분할상환, 점증(체증)상환방식, 만기일시상환의 순이다.
6. 만기일시상환대출은 대출기간 동안 차입자가 이자만 상환하기 때문에 원리금상환구조가 간단하다.
7. 체증식분할상환대출은 대출기간 초기에는 원리금상환액을 적게 하고 시간의 경과에 따라 늘려가는 방식이다.
8. 원리금균등분할상환대출이나 원금균등분할상환대출에서 거치기간이 있을 경우, 이자지급 총액이 증가하므로 원리금지급총액도 증가하게 된다.
9. 대출채권의 가중평균상환기간(duration)은 원금균등분할상환대출에 비해 원리금균등분할상환대출이 더 길다.

**핵심정리**

상환방식의 비교

1. 대출초기의 상환액(DTI비율)이 많은 순서, 가중평균상환기간(duration) 짧은 순서
   ① 원금균등분할상환방법 > ② 원리금균등분할상환방법 > ③ 체증식분할상환방법
2. 대출기간 중 중도상환할 때 융자잔금(잔금비율 총이자납부액, 누적원리금상환액)이 많은 순서
   ① 원금균등분할상환방법 < ② 원리금균등분할상환방법 < ③ 체증식분할상환방법
※ 만기일시상환방식: 금융기관 이자수입 많음, 가중평균상환기간(duration) 장기

**보충학습** | 시간의 경과에 따른 원리금상환액(납부액)의 크기 비교

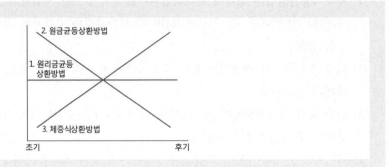

## 1. 원금균등상환 방식의 상환구조

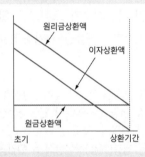 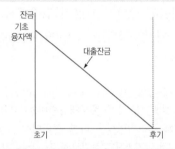

## 2. 원리금균등상환 방식의 상환구조

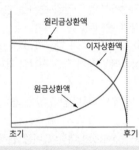 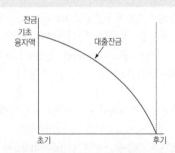

## 3. 체증식융자금상환방식의 상환구조

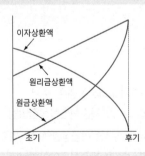 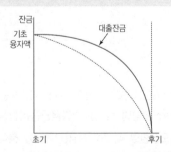

**예제문제**

01. A씨는 주택을 구입하기 위해 은행으로부터 5억원을 대출 받았다. 은행의 대출조건이 다음과 같을 때, 9회차에 상환할 원리금상환액과 13회차에 납부하는 이자납부액을 순서대로 나열한 것은? (단, 주어진 조건에 한함)
► 제28회

> ㉠ 대출금리: 고정금리, 연 5%
> ㉡ 대출기간: 20년
> ㉢ 원리금 상환조건: 원금균등상환이고, 연단위 매 기말 상환

① 4,000만원, 1,000만원      ② 4,000만원, 1,100만원
③ 4,500만원, 1,000만원      ④ 4,500만원, 1,100만원
⑤ 5,000만원, 1,100만원

**정답** ①

**해설** ① 9회차에 상환할 원리금상환액은 4,000만원, 13회차에 납부하는 이자납부액은 1,000만원이 된다.
   1. 9회차 원리금 = 원금(2,500만원) + 이자(1,500만원) = 4,000만원
     ① 원금 = 융자원금(5억원) ÷ 상환기간(20년) = 2,500만원
     ② 이자 = 융자잔고{5억원 - (2,500만원×8년)} × 이자율(5%) = 1,500만원
   2. 13회차 이자 = 융자잔고{5억원 - (2,500만원×12년)} × 이자율(5%) = 1,000만원

02. A는 주택 구입을 위해 연초에 6억원을 대출받았다. A가 받은 대출 조건이 다음과 같을 때, (ㄱ) 대출금리와 3회 차에 상환할 (ㄴ) 원리금은? (단, 주어진 조건에 한함)
► 제32회

> • 대출금리: 고정금리
> • 대출기간: 30년
> • 원리금 상환조건: 원금균등상환방식, 매년 말 연단위로 상환
> • 1회 차 원리금 상환액: 4,400만원

① ㄱ: 연 4%, ㄴ: 4,240만원      ② ㄱ: 연 4%, ㄴ: 4,320만원
③ ㄱ: 연 5%, ㄴ: 4,240만원      ④ ㄱ: 연 5%, ㄴ: 4,320만원
⑤ ㄱ: 연 6%, ㄴ: 4,160만원

**정답** ①

**해설** ①
   ㄱ. 대출금리의 산정: 4%
     1회차 융자잔고(6억원) × 이자율(□) = 1회차 이자(2,400만원) ⇨ □ = 4%

ㄴ. 3회차 상환할 원리금의 산정: 원금(2,000만원) + 이자(2,240만원) = 4,240만원

원금 = 융자원금(6억원) ÷ 상환기간(30년) = 2,000만원

이자 = 융자잔고{6억원 - (2,000만원 × 2)} × 이자율(4%) = 2,240만원

| 구분 | 1회차 | 2회차 | 3회차 |
|---|---|---|---|
| 원금 | 20,000,000원 | 20,000,000원 | 20,000,000원 |
| 이자 | 24,000,000원 | 23,200,000원 | 22,400,000원 |
| 원리금 | 44,000,000원 | 43,200,000원 | 42,400,000원 |

**03.** A씨는 8억원의 아파트를 구입하기 위해 은행으로부터 4억원을 대출받았다. 은행의 대출조건이 다음과 같을 때, A씨가 2회차에 상환할 원금과 3회차에 납부할 이자액을 순서대로 나열한 것은? (단, 주어진 조건에 한함) ▶ 제29회

ⓐ 대출금리: 고정금리, 연 6%
ⓑ 대출기간: 20년
ⓒ 저당상수: 0.087
ⓓ 원리금 상환조건: 원리금균등상환방식, 연 단위 매 기간 말 상환

① 10,800,000원, 23,352,000원
② 11,448,000원, 22,665,120원
③ 11,448,000원, 23,352,000원
④ 12,134,880원, 22,665,120원
⑤ 12,134,880원, 23,352,000원

**정답** ②

**해설** ② 2회차에 상환할 원금은 11,448,000원이고, 3회차에 납부할 이자액은 22,665,120원이 된다.

| 구분 | 1회차 | 2회차 | 3회차 |
|---|---|---|---|
| 원금 | 10,800,000원<br>4억원 × 0.027 | 11,448,000원<br>10,800,000원 × 1.06 | 12,134,880원<br>11,448,000원 × 1.06 |
| 이자 | 24,000,000원 | 23,352,000원 | 22,665,120원<br>34,800,000원 - 12,134,880원 |
| 원리금 | 34,800,000원 | 34,800,000원 | 34,800,000원 |
| | 4억원 × 0.087 | | |

## 4 변동이자율저당

### (1) 가변이자율저당

차입자와 대출자간에 사전에 특약에 의해 인플레 감응 지수에 따라 이자율이 변동하는 저당이다.

### (2) 조정이자율저당

이자율이 사전에 합의된 지수에 따라 변화한다는 점에서는 가변이자율저당과 같지만, 지수가 전통적인 가변이자율저당보다는 다양하여 대출자에게 더 많은 재량을 부과한다는 점에서 차이가 난다.

### (3) 재협정(재협상)이자율저당

이자율이 미리 정해진 지수에 의해 결정되는 것이 아니라 일정기간(3년에서 5년)마다 차입자와 대출자간의 재협상에 의해 결정된다. 앞의 두 상환방식보다는 조정주기가 긴 편이다.

## 5  기타 상환방법

### (1) 부분원리금상환방법

변제 만기일이 되어도 차주와 대출자간의 원리금이 완전히 상환되지 않음을 합의한 특별금융방법이다.

### (2) (원금)만기일시상환 방법(원금만기일시상환) 제32회, 제33회

상환기간동안 이자만 매월 지불하고, 원금은 만기일에 일시불로 변제하는 금융이다. 총이자상환액은 다른 상환방식보다 높은편이고 대출금의 가중평균상환기간(duration) 역시 긴 편이다.

### (3) 가격수준조정저당

① 인플레위험에 대처하기 위해 이자율을 변화시키는 것이 아니라, 전기의 저당잔금액에다 전년도 실제 인플레이션율을 곱한 금액을 추가하여 남아 있는 대출상환액(대출잔액)을 조정하는 방법이다.
② 매년 적용되는 이자율은 실질이자율을 적용시킨다.
③ 초·중기까지 인플레가 발생하면 부(-)의 상환이 발생할 수도 있다.

### (4) 계단식상환

① 원리금균등상환 방식과 체증식상환 방식의 혼합방식이다.
② 초기의 상환액은 원리금균등상환 방식의 상환액보다 작다.
③ 일정기간 후의 상환액은 원리금균등상환 방식의 상환액보다 크다.

### (5) 지분참여저당(EPM : equity participation mortgage)

① 채권형과 지분형의 조합형이다.
② 담보부동산의 이자율을 낮추고 차입자의 지분가치 상승분을 추가이자로 취하는 방식이다.

    ㉠ 분할지분저당 : 수익성 부동산에 적합한 방식으로 담보부동산의 총소득이 일정액을 초과할 경우에 초과액의 일정비율을 추가이자로 수취하는 방식이다.

    ㉡ 분할증분저당 : 주거용 부동산에 적합한 방식으로 담보부동산을 처분하거나 대출액을 상환할 때 부동산 가치증가분의 일부를 추가이자로 수취하는 방식이다.

---

## 제5절   한국주택금융공사(HF)

### 1   한국주택금융공사(Korea Housing Finance Corporation : HF)

(1) 한국주택금융공사(HF)는 주택금융 등의 장기적·안정적 공급을 촉진하여 국민의 복지증진과 국민경제의 발전에 이바지함을 목적으로 한국주택저당채권주식회사(komoco)와 주택신용보증기금을 합병하여 2004. 3. 1일 출범한 공기업이다.

(2) 보금자리론과 적격대출 공급, 주택보증, 유동화증권 발행 등의 업무를 수행한다. 공사의 자본금은 5조원으로 하고, 정부 및 한국은행이 출자하는 것으로 한다.

### 2   한국주택금융공사의 주요 업무 제33회

#### (1) 보금자리론과 적격대출의 공급

무주택자가 금리변동 위험없이 안정적인 대출금 상환이 가능한 10년 이상 장기고정금리 원리금 분할상환 방식의 모기지론인 보금자리론과 적격대출 공급

#### (2) 주택보증 공급

국민들의 주거안정을 위해 금융기관으로부터의 전세자금대출 및 아파트중도금 대출에 대한 보증서를 발급해 오고 있으며, 주택건설사업자를 대상으로 하는 아파트 건설자금 대출에 대한 주택보증 지원

#### (3) 주택연금 보증

만 55세 이상의 노인층을 대상으로 보유하고 있는 주택을 담보로 금융기관으로부터의 종신연금 수령을 보장하는 주택연금 업무를 수행함으로써 노후복지향상에 기여

#### (4) 유동화증권(MBS, MBB) 발행

금융기관으로부터 주택저당채권을 양도받아 이를 기초로 유동화증권(MBS, MBB) 발행, 투자자들에게 판매함으로써 채권시장으로부터 장기저리의 자금을 안정적으로 조달하여 대출재원을 획기적으로 확충

**보충학습** 주택저당증권(MBS)과 주택저당채권 담보부채권(MBB)

"주택저당증권"(MBS)이라 함은 주택금융공사가 주택저당채권을 기초로 하여 발행하는 수익증권을 말한다. "주택저당채권담보부채권"(MBB)이라 함은 주택금융공사가 주택저당채권을 담보로 하여 발행하는 채권을 말한다.

※ 국민주택 기금운용의 주체는 국토교통부장관이며, 국토교통부장관은 이를 일부 시중은행에 위탁하여 관리, 운용하고 있다.

### 3 주택연금(주택담보노후연금, 역저당, 역모기지론) 제28회, 제31회, 제33회, 제35회

#### (1) 주택연금의 개념

① 주택소유자가 주택에 저당권 설정 또는 주택소유자와 공사가 체결하는 신탁계약(주택소유자 또는 주택소유자의 배우자를 수익자로 하되, 공사를 공동수익자로 하는 계약)에 따른 신탁을 등기하고 금융기관으로부터 대통령령으로 정하는 연금 방식으로 노후생활자금을 대출받음으로써 부담하는 금전채무를 공사가 계정의 부담으로 보증하는 행위를 말한다. 이 경우 주택소유자 또는 주택소유자의 배우자가 대통령령으로 정하는 연령 이상이어야 하며, 그 연령은 공사의 보증을 받기 위하여 최초로 주택에 저당권 설정 등기 또는 신탁 등기를 하는 시점을 기준으로 한다.

② 주택연금을 받을 권리는 양도·압류하거나 담보로 제공할 수 없고, 주택연금을 받은 사람과 그 배우자의 신탁 수익권은 양도·압류·가압류·가처분하거나 담보로 제공할 수 없다. 또한, 지정된 주택연금전용계좌의 예금에 관한 채권은 압류할 수 없다.

③ 대출절차

한국주택금융공사는 연금 가입자를 위해 대출기관에 보증서를 발급하고 대출기관은 공사의 보증서에 의해 가입자에게 주택연금을 지급한다.

㉠ 보증신청 : 신청인이 공사를 방문하여 보증상담을 받고 보증신청을 한다.

㉡ 보증심사 : 공사는 신청인의 자격요건과 담보주택의 가격평가 등에 대하여 심도 있는 심사를 진행한다.

㉢ 보증서발급 : 공사는 보증약정체결과 저당권 설정의 과정을 거쳐 금융기관에 보증서를 발급한다.

㉣ 대출실행(주택연금대출) : 신청인이 금융기관을 방문하여 대출거래약정 체결 이후 금융기관에서 주택연금 대출을 실행한다.

④ 정산

대출기간 동안에는 신청자에게 소유권이 인정되고 주택연금 종료 후 주택을 처분해서 정산하면 되고 연금수령액 등이 집값을 초과하여도 상속인에게 청구하지 않으며, 반대로 집값이 남으면 상속인에게 돌아간다. 주택연금은 언제든지 별도의 중도상환 수수료 없이 전액 또는 일부 정산이 가능하다(다만, 초기보증료는 환급 되지 않음).

기출 1. 주택연금은 주택소유자가 주택에 저당권을 설정하고 연금방식으로 노후생활자금을 대출받는 제도이다.
2. 한국주택금융공사는 연금가입자를 위해 은행에 보증서를 발급하고, 은행은 한국주택금융공사의 보증서에 근거하여 연금가입자에게 주택연금을 지급한다.
3. 연금가입자는 주택연금의 전액 또는 일부 정산시 중도상환수수료를 부담하지 않는다.
4. 주택담보노후연금은 연금개시 시점에서는 주택소유자에게 소유권이 인정되며, 주택소유권이 연금지급기관으로 이전되지 않는다.

## (2) 가입요건

① 가입 가능연령

㉠ 주택소유자 또는 배우자(부부 중 1명)가 만 55세 이상(근저당권 설정일 기준)

㉡ 주택소유자 또는 배우자가 대한민국 국민(외국인 단독 및 부부 모두 외국인인 경우에는 가입 불가)

※ 확정기간방식은 연소자가 만 55세 ~ 만 74세, 우대방식은 우대방식은 주택소유자 또는 배우자가 만65세 이상(기초연금 수급자)

② 주택 보유수(부부기준)

㉠ 공시가격 12억원 이하 주택 소유자

㉡ 보유주택 합산가격이 12억원 이하인 다주택자

(12억원 초과 2주택 보유자는 3년 내 1주택 처분조건으로 가입가능)

※ 우대방식의 경우 부부기준 1주택만 가입 가능

③ 대상주택

㉠ 공시가격 12억원 이하의 주택(주택법상 단독주택 또는 공동주택)

㉡ 지방자치단체에 신고된 노인복지주택(단, 확정기간방식은 노인복지주택 제외)

㉢ 복합용도주택은 등기사항증명서상 주택이 차지하는 면적이 1/2 이상인 경우

㉣ 주거용 오피스텔

※ 우대방식의 경우 1.5억원 이하 주택만 가입 가능

| 주택유형 및 지급방식 | 종신지급방식 | 확정기간방식 |
|---|---|---|
| 일반주택 | 가입 가능 | |
| 노인복지주택 (지자체에 신고 된 주택에 한함) | 가입 가능 | 가입 불가능 |
| 복합용도주택 (상가와 주택이 같이 있는 건물) | 가입 가능 (단 등기사항증명서상 주택이 차지하는 면적이 1/2 이상) | |

④ 거주요건

주택연금 가입주택을 가입자 또는 배우자가 실제 거주지로 이용하고 있어야 함

※ 해당주택을 전세 또는 월세로 주고 있는 경우 가입 불가

(단, 부부 중 한 명이 거주하며 보증금 없이 주택의 일부만을 월세로 주고있는 경우 가입 가능)

| 기출 | 1. 주택연금은 수령기간이 경과할수록 대출잔액이 누적된다.
2. 주택소유자(또는 배우자)가 생존하는 동안 노후생활자금을 매월 지급받는 방식으로 연금을 받을 수 있다.
3. 담보주택의 대상으로 주거용 오피스텔도 포함된다.

### (3) 연금지급방식

① 종신방식 : 월지급금을 종신토록 지급받는 방식

  ㉠ 종신지급방식 : 인출한도 설정 없이 월지급금을 종신토록 지급받는 방식

  ㉡ 종신혼합방식 : 인출한도 설정 후 나머지 부분을 월지급금으로 종신토록 지급받는 방식 - 인출한도는 대출한도의 50% 이내

② 확정기간방식 : 고객이 선택한 일정 기간 동안만 월지급금을 지급받는 방식

  **확정기간혼합방식**(반드시 대출한도의 5%에 해당하는 금액은 인출한도로 설정하여야 함)

③ 대출상환방식

  주택담보대출 상환용으로 인출한도(대출한도의 50% 초과 90%이내) 범위 안에서 일시에 찾아쓰고 나머지 부분을 월지급금으로 종신토록 지급받는 방식

④ 우대방식

  주택소유자 또는 배우자가 기초연금 수급자이고 부부기준 1.5억원 미만 1주택 보유 시 종신방식(정액형)보다 월지급금을 최대 약 20% 우대하여 지급받는 방식

  ㉠ 우대지급방식 : 인출한도 설정없이 우대받은 월지급금을 종신토록 지급받는 방식

  ㉡ 우대혼합방식 : 인출한도(대출한도의 45% 이내) 설정 후 나머지 부분을 우대받은 월지급금으로 종신토록 지급받는 방식

### (4) 보증기간과 종료사유 - 종신기간방식

① 부부 모두 사망(가입자만 사망하는 경우에는 배우자가 채무인수 후 계속 이용 가능)

② 주택 소유권을 상실(매각, 양도로 소유권 이전, 화재 등으로 주택 소실 등)

③ 장기 미거주(부부 모두 1년 이상 미거주 하는 경우, 단 병원 입원 및 장기요양 등 예외 인정)

④ 처분조건약정 미이행 및 주택의 용도 외 사용(일시적 2주택자로 가입 후 최초 주택연금 지급일로부터 3년 내 주택 미처분 등)

### (5) 대출금의 상환 등

① **적용금리** : 변동금리(기준금리 +가산금리), 이자는 매월 연금지급총액(대출잔액)에 가산되고 있어, 가입자가 직접 현금으로 납부할 필요가 없음

② **가입비(초기보증료) 및 연보증료** : 가입비(초기보증료)는 주택가격의 1.5% 를 최초 연금지급일에 납부하고, 연보증료는 보증잔액의 연 0.75%를 매월 납부한다. 이때, 보증료는 취급 금융기관이

가입자 부담으로 공사에 납부하고 연금지급총액(대출잔액)에 가산된다.

③ **상환** : 이용자 사망 후 주택처분 가격으로 일시상환(담보주택 처분가격 범위내로 한정)

> ㉠ 주택처분금액 > 연금지급총액 : 남는 부분은 상속인에게 배당 교부
> ㉡ 주택처분금액 < 연금지급총액 : 부족분에 대해 다른 재산 및 상속인에게 청구 없음

④ 연금개시 시점에 주택소유권이 연금가입자에게 있음(연금지급기관으로 이전 ×)

⑤ 수령기간이 경과할수록 대출잔액이 증가(누적)

⑥ 담보주택의 가격 하락에 대한 위험을 한국주택금융공사(HF)가 부담

⑦ 이용 도중에 재개발·재건축이 되더라도 주택연금 계약이 유지

**기출**
1. 한국주택금융공사는 주택연금 담보주택의 가격 하락에 대한 위험을 부담할 수 있다.
2. 종신지급방식에서 가입자가 사망할 때까지 지급된 주택연금 대출원리금이 담보주택가격을 초과하는 경우에는 초과지급된 금액을 법정상속인이 상환할 필요가 없다.

**참고학습** | **주택소유자가 담보를 제공하는 방식**

| 구분 | 저당권방식 | 신탁방식 |
|---|---|---|
| 담보제공 방법 (소유권) | 근저당권 설정(가입자) | 신탁등기(공사) |
| 배우자 승계 | 배우자가 자녀 등 공동상속인의 동의를 얻어 주택연금 승계 가능 | 공동상속인의 동의·등기절차 없이 주택연금 승계 가능 |
| 임대차 | 보증금 있는 임대차 불가 (보증금 없는 월세만 가능) | 보증금 있는 임대차 가능 (보증금은 공사 지정 은행에 예치) |
| 담보주택 유형 | 주택, 노인복지주택, 주거목적 오피스텔, 주거면적이 50%이상인 복합용도주택 | 주택, 노인복지주택, 주거목적 오피스텔 |

## (6) 주택연금 – 확정기간방식

① **의의** : 고객이 선택한 일정 기간(10년, 15년, 20년, 25년, 30년)동안만 월지급금을 지급받는 방식, 반드시 대출한도의 5%에 해당하는 금액은 인출한도로 설정

② **신청자격** : 주택 소유자 또는 배우자가 만 55세 이상인 자 중 연소자가 만 55세~만 74세

③ **대상주택** : 공시가격 12억원 이하의 주택(확정기간방식은 노인복지주택 제외)

# 기출 및 예상문제

**01** 부채금융(debt financing)에 해당하는 것을 모두 고른 것은?   (제32회)

| |
|---|
| ㄱ. 주택저당대출          ㄴ. 조인트 벤처(joint venture) |
| ㄷ. 신탁증서금융          ㄹ. 자산담보부기업어음(ABCP) |
| ㅁ. 부동산투자회사(REITs) |

① ㄱ, ㄴ, ㄷ     ② ㄱ, ㄴ, ㄹ     ③ ㄱ, ㄷ, ㄹ     ④ ㄴ, ㄷ, ㅁ     ⑤ ㄷ, ㄹ, ㅁ

> **해설**   ③ 부채금융: ㄱ. 주택저당대출, ㄷ. 신탁증서금융, ㄹ. 자산담보부기업어음(ABCP)
> 지분금융: ㄴ. 조인트 벤처(joint venture), ㅁ. 부동산투자회사(REITs)
>
> **정답** ③

**02** 부동산금융의 자금조달방식 중 **지분금융**(equity financing)**에 해당하는 것을 모두 고른 것은?**   (제31회)

| |
|---|
| ㄱ. 부동산투자회사(REITs)          ㄴ. 자산담보부기업어음(ABCP) |
| ㄷ. 공모(public offering)에 의한 증자   ㄹ. 프로젝트 금융 |
| ㅁ. 주택상환사채 |

① ㄱ, ㄴ     ② ㄱ, ㄷ     ③ ㄷ, ㅁ     ④ ㄴ, ㄹ, ㅁ     ⑤ ㄱ, ㄴ, ㄹ, ㅁ

> **해설**   ② ㄱ. 부동산투자회사(REITs), ㄷ. 공모(public offering)에 의한 증자는 지분금융에 속한다. ㄴ. 자산담보부기업어음(ABCP), ㄹ. 프로젝트 금융, ㅁ. 주택상환사채는 부채금융에 속한다.
>
> **정답** ②

**03** 메자닌금융(mezzanine financing)에 해당하는 것을 모두 고른 것은? (제32회)

| ㄱ. 후순위 대출 | ㄴ. 전환사채 |
| ㄷ. 주택상환사채 | ㄹ. 신주인수권부사채 |
| ㅁ. 보통주 | |

① ㄱ, ㄴ, ㄷ   ② ㄱ, ㄴ, ㄹ   ③ ㄱ, ㄷ, ㄹ   ④ ㄴ, ㄷ, ㅁ   ⑤ ㄴ, ㄹ, ㅁ

해설 | ② ㄱ. 후순위 대출, ㄴ. 전환사채, ㄹ. 신주인수권부사채가 메자닌금융에 속한다.
ㄷ. 주택상환사채는 부채금융에, ㅁ. 보통주는 지분금융에 속한다.

정답 ②

**04** 주택금융에 관한 설명으로 **틀린** 것은? (단, 다른 조건은 동일함) (제33회)

① 정부는 주택소비금융의 확대와 금리인하, 대출규제의 완화로 주택가격의 급격한 상승에 대처한다.
② 주택소비금융은 주택구입능력을 제고시켜 자가주택 소유를 촉진시킬 수 있다.
③ 주택자금대출의 확대는 주택거래를 활성화 시킬 수 있다.
④ 주택금융은 주택과 같은 거주용 부동산을 매입 또는 임대하는데 필요한 자금조달을 위한 금융상품을 포괄한다.
⑤ 주택도시기금은 국민주택의 건설이나 국민주택규모 이하의 주택 구입에 출자 또는 융자할 수 있다.

해설 | ① 정부는 주택소비금융의 확대와 금리인하, 대출규제의 완화로 주택가격의 급격한 하락에 대처한다.

정답 ①

**05 주택담보대출에 관한 설명으로 틀린 것은?**  〔제32회〕

① 담보인정비율(LTV)은 주택담보대출 취급시 담보가치에 대한 대출취급가능금액의 비율을 말한다.

② 총부채상환비율(DTI)은 차주의 소득을 중심으로 대출규모를 결정하는 기준이다.

③ 담보인정비율이나 총부채상환비율에 대한 구체적인 기준은 한국은행장이 정하는 기준에 의한다.

④ 총부채원리금상환비율(DSR)은 차주의 총 금융부채 상환부담을 판단하기 위하여 산정하는 차주의 연간 소득 대비 연간 금융부채 원리금 상환액 비율을 말한다.

⑤ 변동금리 주택담보대출은 이자율 변동으로 인한 위험을 차주에게 전가하는 방식으로 금융기관의 이자율 변동위험을 줄일 수 있다.

> **해설** ③ 한국은행장 ⇨ 금융위원회, 담보인정비율이나 총부채상환비율에 대한 구체적 기준은 금융위원회가 정하는 기준에 의한다.
>
> **정답** ③

**06 대출 상환방식에 관한 설명으로 옳은 것은?** (단, 고정금리 기준이고, 다른 조건은 동일함)  〔제32회〕

① 원리금균등상환방식의 경우, 매기 상환하는 원금이 점차 감소한다.

② 원금균등상환방식의 경우, 매기 상환하는 원리금이 동일하다.

③ 원금균등상환방식의 경우, 원리금균등상환방식보다 대출금의 가중평균상환기간(duration)이 더 짧다.

④ 점증(체증)상환방식의 경우, 장래 소득이 줄어들 것으로 예상되는 차입자에게 적합하다.

⑤ 만기일시상환방식의 경우, 원금균등상환방식에 비해 대출 금융기관의 이자수입이 줄어든다.

> **해설** ③ 원금균등상환방식은 대출자 입장에서 자금의 회수가 빠르므로 대출금의 가중평균상환기간(duration)이 짧다.
> ① 원금 ⇨ 이자, 원리금균등상환방식의 경우, 매기 상환하는 원금은 점차 증가하고 이자가 점차 감소한다.
> ② 원금균등상환방식 ⇨ 원리금균등상환방식, 원금균등상환방식의 경우, 매기 상환하는 원리금이 점차 감소한다.
> ④ 장래 소득이 줄어들 것으로 예상되는 ⇨ 장래 소득이 늘어날 것으로 예상되는
> ⑤ 금융기관의 이자수입이 줄어든다 ⇨ 금융기관의 이자수입이 늘어난다.
>
> **정답** ③

**07** 대출조건이 동일할 경우 대출상환방식별 대출채권의 가중평균상환기간(duration)이 짧은 기간에서 긴 기간의 순서로 옳은 것은? [제33회]

> ㄱ. 원금균등분할상환   ㄴ. 원리금균등분할상환   ㄷ. 만기일시상환

① ㄱ ⇨ ㄴ ⇨ ㄷ          ② ㄱ ⇨ ㄷ ⇨ ㄴ          ③ ㄴ ⇨ ㄱ ⇨ ㄷ
④ ㄴ ⇨ ㄷ ⇨ ㄱ          ⑤ ㄷ ⇨ ㄴ ⇨ ㄱ

해설 ┃ 원금균등분할상환, 원리금균등분할상환, 만기일시상환이 대출채권의 가중평균상환기간(duration)이 짧은 기간에서 긴 기간의 순서이다.

정답 ①

**08** 주택연금(주택담보노후연금) 관련 법령상 주택연금의 보증기관은? [제33회]

① 한국부동산원          ② 신용보증기금          ③ 주택도시보증공사
④ 한국토지주택공사      ⑤ 한국주택금융공사

해설 ┃ ⑤ 주택연금(주택담보노후연금)은 한국주택금융공사(HF)에서 보증한다.

정답 ⑤

**09** 한국주택금융공사의 주택담보노후연금(주택연금)에 관한 설명으로 틀린 것은? [제31회]

① 주택연금은 주택소유자가 주택에 저당권을 설정하고 연금방식으로 노후생활자금을 대출받는 제도이다.
② 주택연금은 수령기간이 경과할수록 대출잔액이 누적된다.
③ 주택소유자(또는 배우자)가 생존하는 동안 노후생활자금을 매월 지급받는 방식으로 연금을 받을 수 있다.
④ 담보주택의 대상으로 업무시설인 오피스텔도 포함된다.
⑤ 한국주택금융공사는 주택연금 담보주택의 가격 하락에 대한 위험을 부담할 수 있다.

해설
④ 업무시설인 오피스텔 ⇨ 주거용 오피스텔, 담보주택의 대상으로 공시가격 9억원 이하의 주택, 노인복지주택, 복합용도주택(주택이 차지하는 면적이 1/2 이상), 주거용 오피스텔 등이 포함된다.

**[주택연금의 대상주택]**

1. 공시가격 9억원 이하의 주택 및 지방자치단체에 신고된 노인복지주택
2. 상가 등 복합용도주택은 전체 면적 중 주택이 차지하는 면적이 1/2 이상인 경우
3. 주거용 오피스텔

**정답 ④**

**10** 고정금리대출의 상환방식에 관한 설명으로 옳은 것을 모두 고른 것은? (단, 주어진 조건에 한하며, 다른 조선은 동일함) 〔제35회〕

PART 6 부동산금융론

ㄱ. 만기일시상환대출은 대출기간 동안 차입자가 원금만 상환하기 때문에 원리금상환구조가 간단하다.
ㄴ. 체증식분할상환대출은 대출기간 초기에는 원리금상환액을 적게 하고 시간의 경과에 따라 늘려가는 방식이다.
ㄷ. 원리금균등분할상환대출이나 원금균등분할상환대출에서 거치기간이 있을 경우, 이자지급 총액이 증가하므로 원리금지급총액도 증가하게 된다.
ㄹ. 대출채권의 가중평균상환기간(duration)은 원금균등분할상환대출에 비해 원리금균등분할상환대출이 더 길다.

① ㄱ, ㄴ        ② ㄱ, ㄷ        ③ ㄴ, ㄷ
④ ㄴ, ㄷ, ㄹ        ⑤ ㄱ, ㄴ, ㄷ, ㄹ

해설
ㄴ, ㄷ, ㄹ이 옳은 설명이다.
ㄱ. 원금만 상환 ⇨ 이자만 상환, 만기일시상환대출은 대출기간 동안 차입자가 이자만 상환하기 때문에 원리금상환구조가 간단하다.

**정답 ④**

**11 한국주택금융공사의 주택담보노후연금(주택연금)에 관한 설명으로 옳은 것은?** 제35회

① 주택소유자와 그 배우자의 연령이 보증을 위한 등기시점 현재 55세 이상인 자로서 소유하는 주택의 기준가격이 15억원 이하인 경우 가입할 수 있다.
② 주택소유자가 담보를 제공하는 방식에는 저당권 설정 등기 방식과 신탁 등기 방식이 있다.
③ 주택소유자가 생존해 있는 동안에만 노후생활자금을 매월 연금 방식으로 받을 수 있고, 배우자에게는 승계되지 않는다.
④ 「주택법」에 따른 준주택 중 주거목적으로 사용되는 오피스텔의 소유자는 가입할 수 없다.
⑤ 주택담보노후연금(주택연금)을 받을 권리는 양도·압류할 수 있다.

해설  ② 기준가격이 15억원 이하 ⇨ 공시가격이 12억원 이하
③ 연금가입자 사망 시 배우자가 자녀 등 공동상속인의 동의를 얻거나 신탁방식의 경우 공동상속인의 동의나 별도의 등기절차 없이 주택연금 승계 가능가 가능하다.
④ 「주택법」에 따른 준주택 중 주거목적으로 사용되는 오피스텔의 소유자는 가입할 수 있다.
⑤ 주택연금 수령권을 보호하기 위해 주택연금을 받을 권리는 양도·압류하거나 담보로 제공될 수 없다. 또한, 주택연금을 받은 사람과 그 배우자 주택연금 신탁수익권은 양도·압류·가압류·가처분하거나 담보로 제공할 수 없다.

| 구분 | 저당권방식 | 신탁방식 |
|---|---|---|
| 담보제공 방법 (소유권) | 근저당권 설정(가입자) | 신탁등기(공사) |
| 배우자 승계 | 배우자가 자녀 등 공동상속인의 동의를 얻어 주택연금 승계 가능 | 공동상속인의 동의·등기절차 없이 주택연금 승계 가능 |
| 임대차 | 보증금 있는 임대차 불가 (보증금 없는 월세만 가능) | 보증금 있는 임대차 가능 (보증금은 공사 지정 은행에 예치) |
| 담보주택 유형 | 주택, 노인복지주택, 주거목적 오피스텔, 주거면적이 50%이상인 복합용도주택 | 주택, 노인복지주택, 주거목적 오피스텔 |

정답 ②

# CHAPTER 02 부동산증권론

- ☐ 저당의 유동화제도, 저당의 유동화의 효과, MBS의 유형을 정리하며 학습해야 한다.
- ☐ 특히, 프로젝트금융과 부동산투자회사의 유형과 「부동산투자회사법」의 규정은 매년 출제가 되니 상세히 숙지하여야 한다.

---

## 제1절 | 저당의 유동화제도 제25회, 제27회, 제30회

저당권 자체를 하나의 상품(MBS)으로 유통되게 하여 신용창조의 수단으로 활용하는 것을 저당권의 유동화라 한다. 저당이 유동화 되면 대출자인 금융기관은 한정된 부동산 금융 재원을 이론적으로 무한대로 대출해 줄 수 있게 된다.

### 1 저당시장의 구조

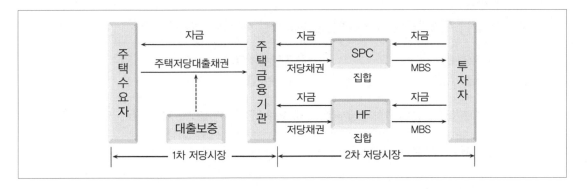

#### (1) 1차 저당시장(주택자금 대출시장) : 수요자 – 금융기관, 저당이 설정(형성)

① 저당대부를 원하는 수요자(차입자)와 저당대부를 제공하는 금융기관(제1차 대출기관) 즉, 저축대부조합, 상업은행, 상호저축은행, 생명보험회사, 저당은행 등으로 이루어져 있다.

② 이때 1차 저당대출자들은 저당을 자신들의 자산 포트폴리오의 일부로 보유하기도 하고, 자금의 여유가 없으면 2차 시장에 팔기도 한다.

> 기출 | 제1차 저당대출시장은 저당대출을 원하는 수요자와 저당대출을 제공하는 금융기관으로 형성되는 시장을 말하며, 주택담보대출시장이 여기에 해당한다.

(2) **2차 저당시장**(주택자금 공급시장) : 대출기관 – 투자자, 저당이 유동화(매매)

① 저당 대출기관(유동화 중개기관)과 다른 기관 투자자들 사이에 구성되는 시장을 말한다.

② 1차 대출기관은 저당권을 지역별, 가격별, 만기별로 유사한 것들을 모아 '저당패키지'를 만들어 2차 대출기관에 매각하면 2차 대출기관 역시 저당패키지를 자신의 포트폴리오 일부로 보유하기도 하고, 저당담보증권(MBS)을 만들어 기관투자자 등에게 매각하기도 한다.

③ 2차 저당시장은 원래의 저당차입자와는 직접관계가 없고, 저당을 유동화 하는데 결정적인 역할을 한다. 왜냐하면 2차 저당시장이 없다면, 1차 대출기관은 금방 자금이 고갈되어 더 이상 저당대부를 할 수 없게 될 것이다.

| 1차 저당시장(자금대출시장) | 2차 저당시장(자금공급시장) |
|---|---|
| • 저당대부를 원하는 수요자와 저당대부를 제공하는 금융기관인 1차대출기관으로 구성<br>• 저당채권이 형성되는 시장(저당이 설정)<br>• 1차대출기관의 저당채권 보유 or 유동화 | • 2차대출기관과 저당투자자로 구성<br>• 저당채권이 유통되는 시장, 유동화 결정적인 역할<br>• 2차 저당시장은 차입자와 아무런 관계가 없다.<br>• 2차대출기관도 저당채권 보유 or 유동화<br>• 2차대출기관 : 한국주택금융공사, SPC |

(3) **저당유동화의 전제조건**

① 1차 시장의 금리(주택시장금리 = 주택대출금리)가 2차 시장의 금리(자본시장금리 = MBS발행금리)보다 높아야 한다.

② 저당수익률이 투자자들의 요구수익률을 만족시킬 수 있어야 한다.

| 1. 1차 저당시장 금리 | > | 2차 저당시장 금리 |
|---|---|---|
| 2. 저당수익률 | > | 요구수익률 |
| 원대출채권의 수익률(1차 저당시장) > 저당담보증권의 수익률(2차 저당시장) > 요구수익률 | | |

③ 저당담보증권의 수익률은 개별저당을 직접 구입하는 것보다 낮아진다.

(4) **저당유동화의 기능 및 효과**

① 부동산금융의 활성화에 간접적·장기적으로 기여한다.

② 대출자들은 한정된 재원으로 보다 많은 수요자, 공급자에게 자금 공급할 수 있다.

③ 자본시장이 침체시 자금흐름이 왜곡되는 것을 방지할 수 있는 제도적 장치로서 기능을 한다.

④ 단기자금을 장기자금으로 대체하는 효과를 가져 올 수 있다.

⑤ 투자자 입장에서 자산포트폴리오 선택의 대안을 제공하는 역할을 한다.

| 주체 | 기대효과 |
|---|---|
| 수요자 | 차입의 기회 확대, 소자본으로도 주택구입 가능, 자가소유가구 비중 증가 |
| 금융기관 | 대출여력확대, 자기자본비율(BIS) 상승, 유동성 증가, 금리·유동성 위험 감소 |
| 투자자 | 안정적인 수입(지급보증), 포트폴리오 선택의 폭 확대 |
| 국가정책 | 주택보급률 확대, 주택에 대한 사고의 전환(소유 ⇨ 이용) |

**기출**
1. 저당채권유동화는 주택금융의 확대로 자가소유가구 비중이 증가한다.
2. 저당채권유동화는 금융기관의 유동성을 증가시키고, 유동성위험을 감소시킨다.

**보충학습** 주택저당증권(MBS)과 주택저당채권 담보부채권(MBB)

주택저당증권(MBS)이라 함은 주택금융공사가 주택저당채권을 기초로 하여 발행하는 수익증권을 말한다. 주택저당채권담보부채권(MBB)이라함은 주택금융공사가 주택저당채권을 담보로 하여 발행하는 채권을 말한다.

## 2 저당대출채권의 유동화제도

**(1) MBS**(Mortgage Backed Securities, **주택저당담보증권, 주택저당증권**) : 한국주택금융공사법에 근거

① 저당권 자체를 하나의 상품으로 유통되게 하는 것, 즉 저당권을 유통시켜 다시 신용창조의 수단으로 활용하는 것을 말한다.

② 저당권을 시장에서 쉽게 사고 팔수 있도록, 즉 쉽게 유동화 될 수 있도록 주택저당권을 모아(저당pool) 그것을 근거로 해서 발행된 새로운 형태의 증권을 말한다.

**(2) 과 정**

장기저리대출 ⇨ 단기조달 자금을 장기로 운용 ⇨ 유동성위험을 초래(더 많은 융자를 제한) ⇨ 금융기관이 주택자금을 대출하고 ⇨ 취득한 주택저당채권을 유동화 전문회사 등에 양도 ⇨ 유동화전문회사 등이 이들 자산을 기초로 증권(MBS)을 발행 ⇨ 투자자에게 매각 ⇨ 주택자금을 조성

① 제1차 대출기관은 저당권을 근거로 발행한 주택저당채권을 유동화 중개기관에 매각해 대출자금을 회수하고 일정한 수수료를 받게 된다.

② 공신력이 높은 유동화 중개기관(HF, SPC)은 인수한 주택저당채권을 담보로 20~30년 만기의 주택저당채권담보부증권(MBS)을 발행해 유동성에 여유가 있는 장기투자자인 연금기금, 투자신탁회사, 생명보험회사, 외국인투자자 등에게 매각해 저리의 자금을 조달한다.

③ 공신력이 높은 유동화 중개기관(HF, SPC)을 집중 육성함으로써 주택저당채권을 기초로 한 다양한 상품을 개발한다면 유동화제도의 활성화에도 기여할 수 있다.

**(3) ABS** (Asset Backed Securities; 자산담보부증권, 자산유동화증권)

① 자산담보부증권이란 금융기관이나 일반기업이 보유한 각종 채권(주택저당채권, 신용카드채권, 기계리스채권 등)이나, 업무상 보유자산 즉, 현금화 할 수 있는 모든 자산을 기초로 발행하는 증권이다.

② 이 때, 현금화 할 수 있는 모든 자산 중, 주택저당채권이 유동화의 대상이 되는 경우는 주택저당증권(MBS)이다.

③ 따라서, ABS가 MBS보다 광의의 개념으로 해석할 수 있다.

④ 자산보유자는 금융기관을 통해 차입하는 것보다 유리한 금리로 자금을 조달할 수 있다(재무구조 개선).

⑤ ABS는 기초자산이 담보가 되므로 투자자는 안전한 투자대상이 될 수 있다.

**보충학습** | 자산담보부증권(ABS)과 주택저당담보부증권(MBS)

1. 자산담보부증권(ABS)
   (1) 개념 : 금융기관이나 기업이 보유하고 있는 현금화할 수 있는 모든 자산을 집합화하여 유동화전문회사(SPC : 특수목적회사)에 양도하고 그 자산을 담보로 증권을 발행·매각하여 자금을 조달하는 방법이다.
   (2) 기업의 형태 : 특수목적회사(SPC), 명목상 회사
   (3) 근거법률 : 자산유동화에 관한 법률

2. 주택저당담보부증권(MBS)
   (1) 개념 : 저당대출기관, 저당회사, 기타 기관투자자들이 자신들이 설정하거나 사들인 주택저당권을 담보로 해서 발행하는 새로운 형태의 증권이다.
   (2) 기업의 형태 : 한국주택금융공사(HF), 실체회사
   (3) 근거법률 : 한국주택금융공사법

**주택저당증권(MBS)** 제27회, 제28회, 제32회, 제35회

## 1 부동산증권

(1) **지분증권** : 지분금융을 얻기 위해서 발행하는 증권 **예** 신디케이트, 조인트벤처, REITs

(2) **부채증권** : 부채금융을 얻기 위해서 발행하는 증권 **예** MBS, ABS

> ※ MBS는 그 특성에 따라 이체증권(MPTS), 주택저당채권담보부채권(MBB), 저당직불채권(MPTB), 다계층채권(C.M.O)으로 분류된다.

## 2 주택저당증권(MBS ; Mortgage Backed Securities)

(1) **이체증권**(MPTS ; Mortgage Pass-Through Securities) ⇨ **지분형 MBS**

① 주택저당채권집합에 대한 소유지분증서로서 차입자가 지불하는 부채서비스액이 저당관리비용을 제하고 바로 투자자에게 지불되는 지분형 MBS이다. 즉, 주택저당채권을 증권의 형태로 발행하여 이를 저당투자자에게 매각하는 방식이다.

② 원리금수취권과 저당권(최초의 주택저당채권집합물에 대한 소유권) 모두가 투자자에게 이전된다.

③ 발행자는 원리금의 지급을 보증하고 투자자는 이자율위험과 조기상환위험을 부담한다. 따라서, 투자자는 발행자의 조기상환에 대해 방어할 수 있는 콜방어(call protection)가 불가능하며, 통상 MBB에 비해서 수명이 짧다.

④ 초과담보가 없으므로 발행자가 자신의 자산을 매도하는 것으로 발행액만큼 자산은 감소하지만 현금이 증가하므로 주택저당채권의 총액과 MPTS증권의 발행액이 같아진다.

⑤ 투자자의 수익이 높고, 위험이 크다. 투자자는 매월을 단위로 원금과 이자를 지불 받는다.

> 기출 1. MPTS는 지분형 증권이기 때문에 증권의 수익은 기초자산인 주택저당채권 집합물(mortgage pool)의 현금흐름(저당지불액)에 의존한다.
> 2. MPTS의 조기상환 위험은 투자자가 부담한다.

(2) **주택저당채권 담보부채권**(MBB ; Mortgage-Backed Bond) ⇨ **채권형 MBS**

① 주택저당채권을 담보로 하되 발행자의 신용으로 발행되는 채권형 MBS이다.

② 원리금수취권과 저당권(최초의 주택저당채권집합물에 대한 소유권) 모두를 발행자가 보유한다.

③ 발행자가 주택저당을 보유하고 그에 따른 이자율위험, 만기전 변제위험, 채무불이행 등을 부담한다(발행자의 신용이 중요). MBB의 투자자가 발행자의 조기상환에 대해 방어할 수 있는 콜방어(call protection)가 인정되어, 통상 MPTS에 비해서 수명이 길다.

> ※ 콜방어란 저당증권 발행자의 조기상환에 대하여 투자자들이 방어하는 것을 말한다.

④ 발행자는 저당대출자로부터 받는 원리금을 투자자에게 바로 이체하지 않고, 자신들이 발행한 저당채권에 대해 새로운 원리금을 지불하므로 저당대출자와 투자자간에 현금흐름이 바로 연결 되지 않는다.

⑤ 발행자의 신용으로 채권을 발행하기 때문에 발행자는 투자의 안전성을 높이기 위해 초과담보를 확보하며 주택저당채권의 총액이 MBB의 발행액보다 커진다.

⑥ 투자자의 수익이 낮고, 위험이 낮다. 투자자는 6개월을 단위로 원금과 이자를 지불 받는다.

> 기출
> 1. MBB의 발행자는 최초의 주택저당채권 집합물에 대한 소유권을 갖는다.
> 2. MBB는 채권형 증권으로 발행자는 초과담보를 제공하는 것이 일반적이다.
> 3. MBB는 발행기관이 대출금의 조기상환에 따른 위험을 부담한다.
> 4. MBB는 주택저당대출차입자의 채무불이행이 발생하더라도 MBB에 대한 원리금을 발행자가 투자자에게 지급하여야 한다.
> 5. MBB 투자자는 주택저당대출의 채무불이행위험과 조기상환위험을 부담하지 않는다.

### (3) 저당대출자동이체채권(MPTB ; Mortgage Pay-Through Bond : 저당직불채권) ⇨ 혼합형 MBS

① 저당권(최초의 주택저당채권집합물에 대한 소유권)은 발행자가 보유하고, 원리금수취권은 투자자에게 이전되는 형태의 증권으로, 주택저당채권담보부채권(MBB)과 이체증권(MPTS)의 혼합형MBS이다. 발행자의 부채로 발행되는 점에서 MBB와 유사하고 현금의 흐름이 투자자에게 이전되는 점에서 MPTS와 유사하다.

② 조기상환에 따른 위험은 투자자가 부담한다.

③ MPTS보다 수익률은 작으나, MBB보다 수익률은 높다. 즉, 중간수익, 중간위험 정도가 된다.

④ MPTB는 MBB보다 발행액이 많으므로 초과담보물이 작다.

> 기출  MPTB는 MPTS와 MBB를 혼합한 특성을 지닌다.

### (4) 다계층저당증권(CMO ; Collateralized Mortgage Obligations : 다계층채권) ⇨ 혼합형 MBS

① 저당권(최초의 주택저당채권집합물에 대한 소유권)은 발행자가 보유하고, 원리금수취권은 투자자에게 이전되는 형태의 증권으로, CMO도 주택저당채권담보부채권(MBB)과 이체증권(MPTS)의 혼합형MBS이다. 우리나라에서 대부분을 차지하는 주택저당증권으로 발행자의 부채로 발행되는 점에서 MBB와 유사하고 현금의 흐름이 투자자에게 이전되는 점에서 MPTS와 유사하다.

② 트랜치의 수명은 저당차입자의 만기전 변제율에 따라 결정되며 만기전 변제율은 저당이자율과 시장이자율의 관계에서 결정된다. CMO의 경우도 각 트랜치의 조기상환위험은 투자자가 부담한다.

③ MPTS보다 수익률은 작으나, MBB보다 수익률은 높다. 즉, 중간수익, 중간위험 정도가 된다.

④ CMO는 MBB보다 발행액이 많으므로 초과담보물이 작다.

⑤ 주택저당채권의 총발행액을 몇 개의 그룹으로 배분한 후, 이 그룹을 트렌치(tranche)라 한다. 트렌치별로 만기가 다르므로 서로 상이한 이자율이 적용되고, 원금의 지급순서도 달라진다.

⑥ 고정이자율이 적용되는 트렌치도 있고, 유동이자율이 적용되는 트렌치도 있다.

⑦ 마지막 트렌치 Z는 상위 계층의 각 트렌치별 원리금 상환이 진행되는 과정에서 전혀 원리금 상환이 이루어지지 않고, 모든 트렌치에 대한 원리금상환이 이루어진 후에 원금과 누적된 이자를 한꺼번에 지급 받는다. 즉, CMO의 경우에는 장기투자자들이 원하는 콜방어를 실현시킬 수 있다.

> **기출**
> 1. CMO는 하나의 저당집합에서 만기와 이자율을 다양화하여 발행한 여러 종류의 채권을 말한다.
> 2. CMO는 트렌치별로 적용되는 이자율과 만기가 다른 것이 일반적이다.
> 3. CMO의 발행자는 동일한 저당풀에서 상환우선순위와 만기가 다른 다양한 저당담보부증권(MBS)을 발행할 수 있다.

**주택저당증권(MBS)의 종류**

| 구분 | | 저당권 채무불이행위험 | 원리금 | 조기상환 위험부담 | 콜방어 | 초과담보 |
|---|---|---|---|---|---|---|
| 지분형 | MPTS | 투자자 | 투자자 | 투자자 | 불가능 | ✕ 저당총액 = 발행액 |
| 채권형 | MBB | 발행자 | 발행자 | 발행자 | 가능 | ◯ 저당총액 > 발행액 |
| 혼합형 | MPTB | 발행자 | 투자자 | 투자자 | 불가능 | ◯ 저당총액 > 발행액 |
| | CMO | 발행자 | 투자자 | 투자자 | 불가능 (장기투자자 가능) | ◯ 저당총액 > 발행액 |

## 부동산금융의 동원방법 제25-30회, 제33회, 제34회, 제35회

### 1 조인트벤처(Joint Venture) 제28회

① 조인트벤처는 특정 목적을 위해 공동으로 사업을 전개하는 조직체로서 공동벤처 회사를 말한다.
② 지분형, 직접투자방식이다. 소수의 개인이나 기관투자자로 구성, 배당수익이 목적이다.
③ 대출기관이 특정 목적의 부동산 벤처 사업에 장기금융을 제공하고 지분권의 일부를 획득하게 된다.

### 2 신디케이트(Syndicate, 투자자모집형, 투자자의 합동조합) 제28회

① 다수의 투자자가 부동산 전문가의 경험을 토대로 공동의 부동산프로젝트를 수행하는 것
② 파트너십, 합자회사 형태, 다수의 소액투자자로 구성, 지분형, 직접투자방식이다.
③ 개발업자는 무한책임 사원으로 관리, 운영 등 책임을 지며 능동적 주체이다.
④ 투자자는 유한책임 사원으로 출자비율에 따라 배당수익이나 손해가 있는 수동적 주체이다.

> 지분증권 비교
>
> 1. 신디케이트 : 지분증권, 직접투자, 부동산개발업자+다수의 소액투자자(일반투자자)
> 2. 조인트벤처 : 지분증권, 직접투자, 부동산개발업자+소수의 고액투자자(금융기관이나 기관투자자)
> 3. 부동산투자회사(REITs) : 지분증권, 간접투자, 다수의 소액투자자(일반투자자)

### 3 프로젝트 파이낸싱(프로젝트 금융, Project Financing) 제25회, 제26회, 제27회, 제29회, 제30회

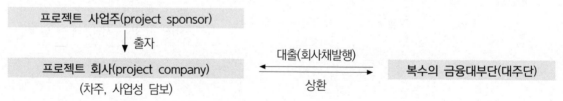

① 의의
　㉠ 사업주의 신용이나 물적 담보로 대출을 받는 것이 아니라 특정 프로젝트의 사업성(미래의 현금 흐름)을 담보로 개발사업에 대한 자금을 조달하는 금융기법으로, 공급자 금융이다.
　㉡ 사전계약에 따라 미래에 발생할 현금흐름과 사업자체의 자산을 담보로 하여 프로젝트를 수행하는 데 필요한 자금을 조달하는 금융기법이다(부동산 담보×, 사업자의 모든 자산 담보×).
② 특징
　㉠ 차입의 주체는 프로젝트 사업주가 아니고, 프로젝트 회사이다. 프로젝트회사는 프로젝트 사업주가 출자하여 설립하지만 법적으로는 신용이 절연됨(독립성). 프로젝트금융의 자금은 건설회사

또는 시공회사와는 별도의 독립된 계좌(위탁·에스크로우 계정; escrow account)를 통해 관리한다. 일정한 요건을 갖춘 프로젝트 회사는 법인세 감면을 받을 수 있다.

 ⓒ 비(제한)소구금융: 프로젝트 사업주에게 상환청구할 수 없는 비소구금융(프로젝트 회사에 상환청구 가능) 또는 제한소구금융이다. 프로젝트 금융이 부실화될 경우 금융기관은 채권회수가 곤란하여 해당 금융기관의 부실로 이어질 수 있다.

 ⓒ 부외금융효과: 프로젝트 사업주의 대차대조표상 부채로 계상되지 않는다. 이는 프로젝트 사업주(차입자) 입장에서의 장점이다.

 ⓔ 대규모자금소요, 장기사업에 적용, 성공하면 수익성 높다.

 ⓜ 위험분산(위험배분) 효과 : 프로젝트 사업주사업주, 시공사, 대출기관 등 이해관계자의 보증·보험 제공, 다양한 사업 주체를 참여시킴으로써 위험을 분산시키고 있다.

 ⓑ 정보의 비대칭성 문제 감소 : 모든 당사자가 사업성을 검토하므로 정보공유가 이루어진다. 따라서, 프로젝트 사업주사업주와 대출자간에 정보가 대칭적이다.

③ 프로젝트 금융의 단점

 ⊙ 높은 금융비용 : 일반 기업금융에 비해 업무절차가 복잡하고 높은 금리와 수수료를 부담한다.

 ⓒ 복잡한 계약에 따른 사업의 지연과 이해당사자 간의 이해관계의 조정이 곤란다는 단점이 있다.

> **기출**
> 1. 프로젝트 금융의 상환재원은 장래 발생할 미래의 현금흐름을 기반으로 한다.
> 2. 비소구 또는 제한적 소구금융의 특징을 가지고 있다.
> 3. 부외금융이므로 사업주의 재무상태표에는 해당 부채가 표시되지 않는다.
> 4. 프로젝트 사업의 자금은 독립된 계좌로 관리된다.
> 5. 해당 프로젝트가 부실화 되면 대출기관의 채권회수가 어려워져 해당 금융기관의 부실로 이어질 수 있다.
> 6. 일반적으로 기업대출보다 금리 등이 높아 사업이 성공할 경우 해당 금융기관은 높은 수익을 올릴 수 있다.
> 7. 일정한 요건을 갖춘 프로젝트 회사는 법인세 감면을 받을 수 있다.

**프로젝트 파이낸싱과 기업금융의 비교**

| 구분 | 프로젝트 파이낸싱 | 기업금융 |
|---|---|---|
| 차주 | 프로젝트 회사 | 사업주 |
| 담보 | 프로젝트 현금흐름 및 자산 | 사업주의 전체 자산 및 신용 |
| 상환재원 | 프로젝트 현금흐름 | 사업주의 전체 재원 |
| 자금관리 | 위탁계좌에 의한 관리 | 차주의 임의관리 |
| 소구권 행사 | 사업주에 대한 소구권 행사 불가 | 사업주에 대한 소구권 행사 가능 |
| 채무수용능력 | 부외금융으로 채무수용 능력제고 | 기존 차입에 의한 제약 |
| 정보 | 정보의 비대칭성문제 감소 | 정보의 비대칭성문제 발생 |
| 사업분야 | SOC사업, 부동산개발사업 등 | 일반 사업부문 |

### 4 부동산투자회사(REITs) 제25회, 제26회, 제27회, 제29회, 제30회, 제33회, 제34회, 제35회

## (1) 부동산투자회사(REITs)의 의의

① 부동산투자회사(REITs : Real Estate Investment Trusts)는 일반 소액투자자들에게 주식을 발행하여 자금을 모아 일반 소액투자자들을 대신해 회사의 경영능력으로 수익을 내서 이를 투자자의 출자 비율에 따라서 배당하는 일종의 뮤추얼펀드 성격을 지니는 투자기구이다. 우리나라의 경우 리츠는 상법상 주식회사로만 설립되어야 한다.

② 부동산을 증권화한 형태로서 부동산에 대한 지분형 간접투자상품이다.

③ 부동산투자회사의 주식에 투자한 투자자는 배당에 따른 이익과 주식매매차익을 향유할 수도 있고, 투자원금의 손실이 발생할 수도 있다.

④ 리츠는 소액투자자가 주주로 참여하고 주식을 주식시장에서 자유롭게 거래한다는 점에서 부동산신탁과 다르다.

⑤ 부동산에 투자하는 뮤추얼펀드로 직접 투자시 발생하는 환금성의 결여를 보완한다.

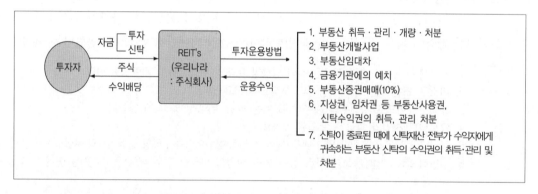

## (2) 부동산투자회사(REITs)의 종류

① **자기관리 부동산투자회사** : 자산운용전문인력을 포함한 임·직원을 상근으로 두고 자산의 투자·운용을 직접 수행하는 회사(실체회사)로, 자기관리 부동산투자회사는 자산운용 전문인력을 영업인가시 3인 이상, 영업인가 받은 후 6개월 경과시 5인 이상을 확보하여야 한다.

② **위탁관리 부동산투자회사** : 자산의 투자·운용을 자산관리회사에 위탁하는 회사이며, 위탁관리 부동산투자회사는 본점 이외의 지점을 설치할 수 없으며, 직원을 고용하거나 상근인 임원을 둘 수 없다(명목상 회사).

③ **기업구조조정 부동산투자회사** : 채무 상환을 위하여 매각하는 부동산 등 기업구조조정을 지원하기 위한 부동산(「부동산투자회사법」 제49조의2 제1항 제1호)을 투자대상으로 하며, 자산의 투자·운용을 자산관리회사에 위탁하는 회사로 본점 이외의 지점을 설치할 수 없으며, 직원을 고용하거나 상근인 임원을 둘 수 없다(명목상 회사).

| 투자 대상에<br>따른 분류 | • 지분형리츠 : 총투자자산의 75% 이상이 부동산소유지분, 주수입원은 임대료수입<br>• 모기지형리츠 : 총투자자산의 75% 이상이 MBS, ABS 등 부동산금융상품, 주수<br>입원이 이자수입 |
|---|---|
| 환매가능 여부에<br>따른 분류 | • 개방형리츠 : 리츠회사가 투자자들의 환매요구에 언제든지 응하는 형태<br>• 폐쇄형리츠 : 투자자가 리츠회사에 환매를 요구할 수는 없고 주식시장에 주식을<br>매각하여 자금을 회수하는 형태(우리나라) |
| 자금 모집방법에<br>따른 분류 | • 회사형리츠 : 주식을 매입, 주주가 되어 회사의 경영권 갖는 형태(우리나라)<br>• 신탁형(계약형)리츠 : 수익증권은 매입하나 경영에 참여하지 못하고 이익을 받는<br>방식 |
| 기한의 한정 여부에<br>따른 분류 | • 무기한리츠 : 존속기간이 정해지지 않은 리츠(자기관리리츠)<br>• 기한부리츠 : 존속기간이 정해진리츠(기업구조조정리츠) |

기출
1. 자기관리 부동산투자회사는 실체가 있는 회사이고, 기업구조조정 부동산투자회사는 명목회사(paper company)이다.
2. 위탁관리 부동산투자회사는 본점 외의 지점을 설치할 수 없으며 직원을 고용하거나 상근 임원을 둘 수 없다.
3. 자기관리 부동산투자회사는 자산운용 전문인력을 포함한 임직원을 상근으로 두고 자산의 투자·운용을 직접 수행하는 회사이다.
4. 위탁관리 부동산투자회사는 자산의 투자·운용을 자산관리회사에 위탁하는 회사이다.

보충학습 ┃ 자산관리회사와 부동산투자 자문회사

1. 자산관리회사(AMC, Asset Management Company)
위탁관리부동산투자회사 또는 기업구조조정부동산투자회사의 위탁을 받아 자산의 투자·운용업무를 수행하는 것을 목적으로 설립하는 회사이다. 그 설립요건으로 ① 국토교통부장관의 인가를 받아야 하고 ② 자기자본이 70억원 이상이어야 하며 ③ 자산운용전문인력을 5인 이상 확보하여야 한다.

2. 부동산투자자문회사
부동산투자회사의 위탁으로 그 자산의 투자·운용에 관한 자문 및 평가 등의 업무를 행하고자 하는 자는 부동산 투자자문회사를 설립하여 국토교통부장관에게 등록하여야 한다. 자본금이 10억원 이상으로 대통령령이 정하는 금액 이상 자산운용전문인력을 3명 이상 확보하여야 한다.

## (3) 우리나라 부동산투자 회사 현황

① 우리나라 부동산투자 회사는 주거용 부동산 보다는 업무용 부동산에 더 많이 투자하고 있다.
② 기업구조조정 부동산투자 회사(CR리츠)는 산업경쟁력과 밀접하므로, 법인세 면제 등 특혜가 많고 규제가 적어서 현재 우리나라에서는 다른 부동산투자 회사보다 더 많이 설립되어 있다.
③ 현재 우리나라에는 개발전문 자기관리 부동산투자 회사가 있다.

④ 현재, 자기관리 부동산투자 회사와 위탁관리 부동산투자 회사는 증권시장에 상장되어 있으나, 기업구조조정 부동산투자 회사의 경우에는 증권시장에 상장되어 있지 않다.

**부동산투자회사법** 제25회, 제26회, 제27회, 제29회, 제30회, 제34회, 제35회

| 구분 | 자기관리 리츠 (실체상회사) | 위탁관리 리츠 (명목상회사) | 기업구조조정 리츠 (명목상회사) |
|---|---|---|---|
| 운용기관 | 내부조직(상근 임직원) | 자산관리 회사에 업무를 위탁(비상근) | |
| 자산운용 전문인력 | 영업인가시 3인 영업인가 후 6개월 이내 5인 | 명목회사로 해당사항 없음 | |
| 투자부동산 | 모든 부동산 | 모든 부동산 | 기업구조조정 관련 부동산 |
| 법인설립 | 발기설립 후 국토부장관의 영업인가 | 발기설립 후 국토부장관에게 등록 (단, 공모형 위탁관리 부동산투자회사는 영업인가) | |
| 설립자본금 최저자본금 | 발기설립시 5억 영업인가 또는 등록 후 6개월 내 70억 | 발기설립시 3억 영업인가 또는 등록 후 6개월 내 50억 | |
| 현물출자 | 영업인가·등록 후 최저자본금 갖추기 전 현물출자 불가능(설립시 불가능) 영업인가·등록 최저자본금 갖춘 후 현물출자 가능 | | |
| 차입과 사채 | 자기 자본의 2배 이하 (주주총회의 특별결의시 10배 까지 可 ) | | |
| 배당 | 50% 이상 배당(이익준비금은 적립 可) | 90% 이상 배당(초과배당 가능) | |
| 주식공모 | 영업인가 또는 등록 후 2년내 30% 일반인에게 청약 | | 제한 없음 |
| 1인소유한도 | 50%를 초과하지 못함 | | 제한 없음 |
| 처분제한 | 주택, 비주택 : 1년 이내 | | 제한 없음 |
| 자산구성 | 80%이상 부동산, 부동산증권, 현금 70% 이상 부동산 | | 제한 없음 부동산 70% 이상 |
| 법인세 | 공제혜택 없음(실체회사) | 공제 혜택 있음 (명목회사) | |
| 증권투자 | 의결권 있는 주식 10% 초과 금지 | | |

1. 감정평가사 또는 공인중개사로서 해당 분야에 5년 이상 종사한 사람 또는 부동산 관련 분야의 석사학위 이상의 소지자로서 부동산의 투자·운용과 관련된 업무에 3년 이상 종사한 사람은 자기관리 부동산투자회사의 상근 자산운용전문인력이 될 수 있다.

2. 부동산투자회사는 부동산 등 자산의 운용에 관하여 회계처리를 할 때에는 금융위원회가 정하는 회계처리기준에 따라야 한다.

3. 자기관리 부동산투자회사는 「상법」 제434조에 따른 주주총회의 결의와 제9조에 따른 국토교통부장관의 영업인가를 받아 위탁관리 부동산투자회사로 전환할 수 있다.

4. 자기관리 부동산투자회사 및 자산관리회사는 법령을 준수하고 자산운용을 건전하게 하며 주주를 보호하기 위하여 임직원이 따라야 할 기본적인 절차와 기준인 내부통제기준을 제정하여 시행하여야 한다.

**기출**

1. 자기관리 부동산투자회사의 설립 자본금은 5억원 이상으로 한다.
2. 위탁관리 부동산투자회사 및 기업구조조정 부동산투자회사의 설립 자본금은 3억원 이상으로 한다.
3. 영업인가를 받은 날부터 6개월이 지난 자기관리 부동산투자회사의 최저자본금은 70억원 이상이 되어야 한다.
4. 영업인가를 받거나 등록을 한 날로부터 6개월이 지난 기업구조조정 부동산투자회사의 자본금은 50억원 이상이 되어야 한다.
5. 부동산투자회사는 현물출자에 의한 설립이 불가능하다.
6. 부동산투자회사는 영업인가를 받거나 등록을 하고 최저자본금을 갖춘 후 현물출자를 받는 방식으로 신주를 발행할 수 있다.
7. 위탁관리 부동산투자회사의 경우 주주 1인과 그 특별관계자는 발행주식 총수의 50%를 초과하여 소유하지 못한다.
8. 자기관리 부동산투자회사 및 자산관리회사는 법령을 준수하고 자산운용을 건전하게 하며 주주를 보호하기 위하여 임직원이 따라야 할 기본적인 절차와 기준(내부통제기준)을 제정하여 시행하여야 한다.

## 부동산투자회사법 중요조문

**제2조【정의】** 1. "부동산투자회사"란 자산을 부동산에 투자하여 운용하는 것을 주된 목적으로 이법에 적합하게 설립된 회사로서 다음 각 목의 회사를 말한다.

　가. 자기관리 부동산투자회사 : 자산운용 전문인력을 포함한 임직원을 상근으로 두고 자산의 투자·운용을 직접 수행하는 회사

　나. 위탁관리 부동산투자회사 : 자산의 투자·운용을 자산관리회사에 위탁하는 회사

　다. 기업구조조정 부동산투자회사 : 기업구조조정관련 부동산을 투자 대상으로 하며 자산의 투자·운용을 자산관리회사에 위탁하는 회사

5. "자산관리회사"란 위탁관리 부동산투자회사 또는 기업구조조정 부동산투자회사의 위탁을 받아 자산의 투자·운용업무를 수행하는 것을 목적으로 부동산투자회사법에 따라 설립된 회사를 말한다.

**제3조【법인격】** ① 부동산투자회사는 주식회사로 한다.

② 부동산투자회사는 이 법에서 특별히 정한 경우를 제외하고는 「상법」의 적용을 받는다.

③ 부동산투자회사는 그 상호에 부동산투자회사라는 명칭을 사용하여야 한다.

④ 부동산투자회사가 아닌 자는 부동산투자회사 또는 이와 유사한 명칭(대통령령으로 정하는 외국어문자를 포함한다)을 사용하여서는 아니 된다.

**제5조【부동산투자회사의 설립】** ① 부동산투자회사는 발기설립의 방법으로 하여야 한다.

② 부동산투자회사는 「상법」 제290조제2호에도 불구하고 현물출자에 의한 설립을 할 수 없다.

**제5조의2 【자기관리 부동산투자회사의 위탁관리 부동산투자회사로의 전환에 관한 특례】** 자기관리 부동산투자회사는 「상법」 제434조에 따른 주주총회의 결의와 제9조에 따른 국토교통부장관의 영업인가를 받아 위탁관리 부동산투자회사로 전환할 수 있다.

**제6조 【설립 자본금】** ① 자기관리 부동산투자회사의 설립 자본금은 5억원 이상으로 한다.

② 위탁관리 부동산투자회사 및 기업구조조정 부동산투자회사의 설립 자본금은 3억원 이상으로 한다.

**제8조의2 【자기관리 부동산투자회사의 설립보고 등】** ① 자기관리 부동산투자회사는 그 설립등기일부터 10일 이내에 대통령령으로 정하는 바에 따라 설립보고서를 작성하여 국토교통부장관에게 제출하여야 한다.

② 자기관리 부동산투자회사는 설립보고서를 제출한 날부터 3개월 후 대통령령으로 정하는 바에 따라 설립 이후의 회사 현황에 관한 보고서를 작성하여 국토교통부장관에게 제출하여야 한다.

④ 자기관리 부동산투자회사는 설립등기일부터 6개월 이내에 국토교통부장관에게 인가를 신청하여야 한다.

**제9조 【영업인가】** ① 부동산투자회사가 업무를 하려면 부동산투자회사의 종류별로 대통령령으로 정하는 바에 따라 국토교통부장관의 인가를 받아야 한다.

**제9조의 2 【등록】** ① 제9조에도 불구하고 다음 각 호의 요건을 갖춘 위탁관리 부동산투자회사 및 기업구조조정 부동산투자회사가 업무를 하려면 대통령령으로 정하는 바에 따라 국토교통부장관에게 등록하여야 한다.

**제10조 【최저자본금】** 영업인가를 받거나 등록을 한 날부터 6개월(이하 "최저자본금준비기간"이라 한다)이 지난 부동산투자회사의 자본금은 다음 각 호에서 정한 금액 이상이 되어야 한다.

　　1. 자기관리 부동산투자회사 : 70억원

　　2. 위탁관리 부동산투자회사 및 기업구조조정 부동산투자회사 : 50억원

**제11조의2 【위탁관리 부동산투자회사의 지점설치 금지 등】** 위탁관리 부동산투자회사는 본점 외의 지점을 설치할 수 없으며, 직원을 고용하거나 상근 임원을 둘 수 없다.

**제14조의8 【주식의 공모】** ① 부동산투자회사는 영업인가를 받거나 등록을 하기 전 까지는 발행하는 주식을 일반의 청약에 제공할 수 없다.

② 부동산투자회사는 영업인가를 받거나 등록을 한 날부터 2년 이내에 발행하는 주식 총수의 100분의 30 이상을 일반의 청약에 제공하여야 한다.

**제15조 【주식의 분산】** ① 주주 1인과 그 특별관계자는 최저자본금준비기간이 끝난 후에는 부동산투자회사가 발행한 주식 총수의 100분의 50(이하 "1인당 주식소유한도"라 한다)을 초과하여 주식을 소유하지 못한다.

**제16조 【1인당 주식소유한도의 예외】** ① 국민연금공단과 그 밖에 대통령령으로 정하는 주주에 대하여는 제15조 제1항을 적용하지 아니한다.

**제19조 【현물출자】** ① 부동산투자회사는 영업인가를 받거나 등록을 하고 제10조에 따른 최저자본금 이상을 갖추기 전에는 현물출자를 받는 방식으로 신주를 발행할 수 없다.

② 부동산투자회사의 영업인가 또는 등록 후에 「상법」 제416조 제4호에 따라 부동산투자회사에 현물출자를 하는 재산은 다음 각 호의 어느 하나에 해당하여야 한다.

　　1. 부동산

2. 지상권·임차권 등 부동산 사용에 관한 권리

3. 신탁이 종료된 때에 신탁재산 전부가 수익자에게 귀속하는 부동산 신탁의 수익권

4. 부동산소유권의 이전등기청구권

5. 대토보상권

**제21조 【자산의 투자·운용방법】** ① 부동산투자회사는 그 자산을 다음 각 호의 어느 하나에 투자하여야 한다.

1. 부동산

2. 부동산개발사업

3. 지상권, 임차권 등 부동산 사용에 관한 권리

4. 신탁이 종료된 때에 신탁재산 전부가 수익자에게 귀속하는 부동산 신탁 수익권

5. 증권, 채권

6. 현금(금융기관의 예금을 포함한다)

② 부동산투자회사는 제1항 각 호에 대하여 다음 각 호의 어느 하나에 해당하는 방법으로 투자·운용하여야 한다.

1. 취득, 개발, 개량 및 처분

2. 관리(시설운영을 포함한다), 임대차 및 전대차

3. 부동산개발사업을 목적으로 하는 법인 등 대통령령으로 정하는 자에 대하여 부동산에 대한 담보권 설정 등 대통령령으로 정한 방법에 따른 대출, 예치

**제22조 【자기관리 부동산투자회사의 자산운용 전문인력】** ① 자기관리 부동산투자회사는 그 자산을 투자·운용할 때에는 전문성을 높이고 주주를 보호하기 위하여 대통령령으로 정하는 바에 따라 다음 각 호에 따른 자산운용 전문인력을 확보하여야 한다.(영업인가시 3명 이상, 영업인가 후 6개월 후 5명 이상)

1. 감정평가사 또는 공인중개사로서 해당 분야에 5년 이상 종사한 사람

2. 부동산 관련 분야의 석사학위 이상의 소지자로서 부동산의 투자·운용과 관련된 업무에 3년 이상 종사한 사람

3. 그 밖에 제1호 또는 제2호에 준하는 경력이 있는 사람으로서 대통령령으로 정하는 사람

> 1. 부동산투자회사, 자산관리회사, 부동산투자자문회사, 그 밖에 이에 준하는 부동산관계 회사나 기관 등에서 5년 이상 근무한 사람으로서 부동산의 취득·처분·관리·개발 또는 자문 등의 업무에 3년 이상 종사한 경력이 있는 사람
> 2. 부동산자산의 투자·운용 업무를 수행하는 외국의 부동산투자회사 또는 이와 유사한 업무를 수행하는 기관에서 5년 이상 근무한 사람으로서 부동산의 취득·처분·관리·개발 또는 자문 등의 업무에 3년 이상 종사한 경력이 있는 사람

**제22조의3 【자산관리회사의 인가 등】** ① 자산관리회사를 설립하려는 자는 다음 각 호의 요건을 갖추어 국토교통부 장관의 인가를 받아야 한다. 인가받은 사항을 변경하려는 경우에도 또한 같다.

1. 자기자본이 70억원 이상일 것

2. 제22조에 따른 자산운용 전문인력을 5인 이상을 상근으로 둘 것

**제23조 【부동산투자자문회사의 등록】** ① 부동산투자회사의 위탁으로 그 자산의 투자·운용에 관한 자문 및 평가 등의 업무를 하려는 자는 국토교통부장관에게 등록하여야 한다.

② 제1항에 따라 등록을 하려는 자는 다음 각 호의 요건을 갖추어야 한다.
  1. 자본금이 5억원 이상으로서 대통령령으로 정하는 금액 이상일 것(10억원 이상)
  2. 제22조에 따른 자산운용 전문인력을 3인 이상 상근으로 둘 것

**제24조【부동산의 처분에 대한 제한 등】** ① 부동산투자회사는 부동산을 취득한 후 5년의 범위에서 대통령령으로 정하는 기간 이내에는 부동산을 처분하여서는 아니 된다. 다만, 다음 각 호의 어느 하나의 경우에는 그러하지 아니하다.
  1. 부동산개발사업으로 조성하거나 설치한 토지·건축물 등을 분양하는 경우
  2. 그 밖에 투자자 보호를 위하여 대통령령으로 정하는 사유가 있는 경우

**제25조【자산의 구성】** ① 부동산투자회사는 최저자본금준비기간이 끝난 후에는 매 분기 말 현재 총자산의 100분의 80 이상을 부동산, 부동산 관련 증권 및 현금으로 구성하여야 한다. 이 경우 총자산의 100분의 70 이상은 부동산(건축 중인 건축물을 포함한다)이어야 한다.

**제25조의2【회계처리】** ① 부동산투자회사는 부동산 등 자산의 운용에 관하여 회계처리를 할 때에는 금융위원회가 정하는 회계처리기준에 따라야 한다.

**제27조【증권에 대한 투자】** ① 부동산투자회사는 다른 회사의 의결권 있는 발행주식의 100분의 10을 초과하여 취득하여서는 아니 된다.

**제28조【배당】** ① 부동산투자회사는 해당 연도 이익배당한도의 100분의 90 이상을 주주에게 배당하여야 한다. 이 경우 「상법」 제458조에 따른 이익준비금은 적립하지 아니한다.
② 제1항에도 불구하고 자기관리 부동산투자회사의 경우 「상법」 제462조 제1항에 따른 해당 연도 이익배당한도의 100분의 50 이상을 주주에게 배당하여야 하며 「상법」 제458조에 따른 이익준비금을 적립할 수 있다. 이 경우 「상법」 제462조 제2항 단서에도 불구하고 주주총회의 결의로 이익배당을 정한다.
③ 위탁관리 부동산투자회사가 제1항에 따라 이익을 배당할 때에는 「상법」 제462조 제1항에도 불구하고 이익을 초과하여 배당할 수 있다. 이 경우 초과배당금의 기준은 해당 연도 감가상각비의 범위에서 대통령령으로 정한다.

**제29조【차입 및 사채 발행】** ① 부동산투자회사는 영업인가를 받거나 등록을 한 후에 자산을 투자·운용하기 위하여 또는 기존 차입금 및 발행사채를 상환하기 위하여 대통령령으로 정하는 바에 따라 자금을 차입하거나 사채를 발행할 수 있다.
② 제1항에 따른 자금차입 및 사채발행은 자기자본의 2배를 초과할 수 없다. 다만, 「상법」 제434조의 결의 방법에 따른 주주총회의 특별결의를 한 경우에는 그 합계가 자기자본의 10배를 넘지 아니하는 범위에서 자금차입 및 사채발행을 할 수 있다.

**제43조【합병】** ① 부동산투자회사는 다음 각 호의 요건을 모두 갖춘 경우가 아니면 다른 회사와 합병할 수 없다.

**제47조【내부통제기준의 제정 등】** ① 자기관리 부동산투자회사 및 자산관리회사는 법령을 준수하고 자산운용을 건전하게 하며 주주를 보호하기 위하여 임직원이 따라야 할 기본적인 절차와 기준(이하 "내부통제기준"이라 한다)을 제정하여 시행하여야 한다.

② 자기관리 부동산투자회사 및 자산관리회사는 내부통제기준의 준수 여부를 점검하고 내부통제기준을 위반한 경우 이를 조사하여 감사에게 보고하는 준법감시인을 상근으로 두어야 한다.

③ 내부통제기준의 내용, 준법감시인의 요건 및 직무, 그 밖에 필요한 사항은 대통령령으로 정한다.

**제49조의2 【기업구조조정 부동산투자회사에 관한 특례】** ① 기업구조조정 부동산투자회사는 이 법에서 정한 부동산투자회사의 요건을 갖추고 총자산의 100분의 70 이상을 다음 각 호의 부동산으로 구성하여야 한다.

1. 기업이 채권금융기관에 대한 부채 등 채무를 상환하기 위하여 매각하는 부동산
2. 채권금융기관과 재무구조 개선을 위한 약정을 체결하고 해당 약정 이행 등을 하기 위하여 매각하는 부동산
3. 「채무자 회생 및 파산에 관한 법률」에 따른 회생 절차에 따라 매각하는 부동산
4. 그 밖에 기업의 구조조정을 지원하기 위하여 금융위원회가 필요하다고 인정하는 부동산

③ 기업구조조정 부동산투자회사에 대하여는 제14조의8(주식의 공모), 제15조(주식의 분산), 제24조 제1항·제2항(부동산의 처분에 대한 제한 등) 및 제25조 제1항(자산의구성)을 적용하지 아니한다.

④ 기업구조조정 부동산투자회사에 관하여는 제11조의2(위탁관리 부동산투자회사의 지점설치 금지 등), 제14조제2항, 제14조의3부터 제14조의7까지, 제22조의2(위탁관리 부동산투자회사의 업무 위탁 등), 제28조 제3항(초과배당), 제44조의3 및 제49조 제4항을 준용한다. 이 경우 "위탁관리 부동산투자회사"는 "기업구조조정 부동산투자회사"로 본다.

# 기출 및 예상문제

02
CHAPTER

**01** 저당담보부증권(MBS) 도입에 따른 부동산시장의 효과에 관한 설명으로 <u>틀린</u> 것은? (단 다른 조건은 동일함)  〈제30회〉

① 주택금융이 확대됨에 따라 대출기관의 자금이 풍부해져 궁극적으로 주택자금대출이 확대될 수 있다.

② 주택금융의 대출이자율 하락과 다양한 상품설계에 따라 주택 구입 시 융자받을 수 있는 금액이 증가될 수 있다.

③ 주택금융의 활성화로 주택건설이 촉진되어 주거안정에 기여할 수 있다.

④ 주택금융의 확대로 자가소유가구 비중이 감소한다.

⑤ 대출기관의 유동성이 증대되어 소비자의 담보대출 접근성이 개선될 수 있다.

> **해설**  ④ 자가소유가구 비중이 감소 ⇨ 자가소유가구 비중이 증가, 저당담보부증권(MBS) 도입되면 차입자의 대출이 용이해져서 자가소유가구 비중이 증가하게 된다.
>
> **[저당담보부증권(MBS) 도입 효과]**
>
> 1. 금융기관 유동성 증가, 유동성위험 감소 ⇨ 주택자금대출이 확대
> 2. 주택수요가 증가 ⇨ 자가소유가구 비중이 증가
> 3. 주택시장이 활성화
>
> **정답** ④

**02** 모기지(mortgage) 유동화에 관한 설명으로 <u>틀린</u> 것은?  〈제32회〉

① MPTS(mortgage pass-through securities)는 지분형 증권이다.

② MPTB(mortgage pay-through bond)의 경우, 조기상환위험은 증권발행자가 부담하고, 채무불이행 위험은 투자자가 부담한다.

③ MBB(mortgage backed bond)의 경우, 신용보강을 위한 초과담보가 필요하다.

④ CMO(collateralized mortgage obligation)는 상환우선순위와 만기가 다른 다수의 층(tranche)으로 구성된 증권이다.

⑤ 우리나라의 모기지 유동화중개기관으로는 한국주택금융공사가 있다.

> **해설**  ② MPTB(mortgage pay-through bond)의 경우, 조기상환위험은 투자자가 부담하고, 채무불이행 위험은 증권발행자가 부담한다.
>
> **정답** ②

**03** 사업주(sponsor)가 특수목적회사인 프로젝트 회사를 설립하여 프로젝트 금융을 활용하는 경우에 관한 설명으로 옳은 것은? (단, 프로젝트 회사를 위한 별도의 보증이나 담보 제공은 없음)

제29회

① 프로젝트 금융의 상환재원은 사업주의 모든 자산을 기반으로 한다.
② 사업주의 재무상태표에 해당 부채가 표시된다.
③ 해당 프로젝트가 부실화되더라도 대출기관의 채권회수에는 영향이 없다.
④ 일정한 요건을 갖춘 프로젝트 회사는 법인세 감면을 받을 수 있다.
⑤ 프로젝트 사업의 자금은 차주가 임의로 관리한다.

> **해설**
> ① 프로젝트 금융의 상환재원은 장래 발생할 미래의 현금흐름을 기반으로 한다.
> ② 부외금융이므로 사업주의 재무상태표에는 해당부채가 표시되지 않는다.
> ③ 해당 프로젝트가 부실화 되면 대출기관의 채권회수가 어려워진다.
> ⑤ 프로젝트 사업의 자금은 독립된 계좌로 관리된다.

**정답 ④**

**04** 프로젝트 금융에 관한 설명으로 틀린 것은?

제27회

① 특정 프로젝트로부터 향후 일정한 현금흐름이 예상되는 경우, 사전 계약에 따라 미래에 발생할 현금흐름과 사업자체자산을 담보로 자금을 조달하는 금융기법이다.
② 일반적으로 기업대출보다 금리 등이 높아 사업이 성공할 경우 해당 금융기관은 높은 수익을 올릴 수 있다.
③ 프로젝트 금융의 자금은 건설회사 또는 시공회사가 자체계좌를 통해 직접 관리한다.
④ 프로젝트 금융이 부실화될 경우 해당 금융기관의 부실로 이어질 수 있다.
⑤ 비소구 또는 제한적 소구 금융의 특징을 가지고 있다.

> **해설**
> ③ 프로젝트 금융의 자금은 건설회사로부터 별도의 독립된 계정으로 관리한다.

**정답 ③**

PART 6 부동산금융론

**05** 부동산투자회사법령상 ( )에 들어갈 내용으로 옳은 것은? 제33회

> • ( ㄱ ) 부동산투자회사: 자산운용 전문인력을 포함한 임직원을 상근으로 두고 자산의 투자·운용을 직접 수행하는 회사
> • ( ㄴ ) 부동산투자회사: 자산의 투자·운용을 자산관리회사에 위탁하는 회사

① ㄱ: 자치관리, ㄴ: 위탁관리      ② ㄱ: 자치관리, ㄴ: 간접관리

③ ㄱ: 자기관리, ㄴ: 위탁관리      ④ ㄱ: 자기관리, ㄴ: 간접관리

⑤ ㄱ: 직접관리, ㄴ: 간접관리

해설 ③ ㄱ: 자기관리, ㄴ: 위탁관리에 관한 설명이다.
가. 자기관리 부동산투자회사: 자산운용 전문인력을 포함한 임직원을 상근으로 두고 자산의 투자·운용을 직접 수행하는 회사
나. 위탁관리 부동산투자회사: 자산의 투자·운용을 자산관리회사에 위탁하는 회사

정답 ③

**06** 부동산투자회사법상 위탁관리 부동산투자회사(REITs)에 관한 설명으로 틀린 것은? 제30회

① 주주 1인당 주식소유의 한도가 제한된다.
② 주주를 보호하기 위해서 직원이 준수해야 할 내부통제기준을 제정하여야 한다.
③ 자산의 투자·운용을 자산관리회사에 위탁하여야 한다.
④ 주요 주주의 대리인은 미공개 자산운용정보를 이용하여 부동산을 매매하거나 타인에게 이용하게 할 수 없다.
⑤ 설립 자본금은 3억 원 이상으로 한다.

해설 ② 자기관리 부동산투자회사 및 자산관리회사는 내부통제기준을 제정하여야 하나, 위탁관리 부동산투자회사는 내부통제기준을 제정할 필요가 없다.

> **[부동산투자회사법 제47조 1항]**
> 자기관리 부동산투자회사 및 자산관리회사는 법령을 준수하고 자산운용을 건전하게 하며 주주를 보호하기 위하여 임직원이 따라야 할 기본적인 절차와 기준(이하 "내부통제기준"이라 한다)을 제정하여 시행하여야 한다.

정답 ②

**07** **주택저당담보부채권(MBB)에 관한 설명으로 옳은 것은?** 〔제35회〕

① 유동화기관이 모기지 풀(mortgage pool)을 담보로 발행하는 지분성격의 증권이다.

② 차입자가 상환한 원리금은 유동화기관이 아닌 MBB 투자자에게 직접 전달된다.

③ MBB 발행자는 초과담보를 제공하지 않는 것이 일반적이다.

④ MBB 투자자 입장에서 MPTS(mortgage pass-through securities)에 비해 현금흐름이 안정적이지 못해 불확실성이 크다는 단점이 있다.

⑤ MBB 투자자는 주택저당대출의 채무불이행위험과 조기상환위험을 부담하지 않는다.

> 해설 ①, ②, ③, ④ 모두 MPTS(mortgage pass-through securities)에 대한 설명이다.
>
> **[주택저당증권(MBS)의 종류]**

| 구 분 | | 저당권<br>(채무불이행) | 원리금 | (조기상환)<br>위험부담 | 콜방어 | 초과담보 |
|---|---|---|---|---|---|---|
| 지분형 | MPTS | 투자자 | 투자자 | 투자자 | X | X |
| 채권형 | MBB | 발행자 | 발행자 | 발행자 | O | O |
| 혼합형 | MPTB | 발행자 | 투자자 | 투자자 | X | △ |
| | CMO | 발행자 | 투자자 | 투자자 | X | △ |

정답 ⑤

**08** 부동산투자회사법령상 자기관리 부동산투자회사가 상근으로 두어야 하는 자산운용 전문인력의 요건에 해당하는 사람을 모두 고른 것은?   제35회

> ㄱ. 감정평가사로서 해당 분야에 3년을 종사한 사람
> ㄴ. 공인중개사로서 해당 분야에 5년을 종사한 사람
> ㄷ. 부동산투자회사에서 3년을 근무한 사람
> ㄹ. 부동산학 석사학위 소지자로서 부동산의 투자·운용과 관련된 업무에 3년을 종사한 사람

① ㄱ, ㄴ                  ② ㄱ, ㄷ                  ③ ㄴ, ㄹ
④ ㄴ, ㄷ, ㄹ             ⑤ ㄱ, ㄴ, ㄷ, ㄹ

**해설**   ③ ㄴ, ㄹ이 옳은 설명이다.
ㄱ. 감정평가사로서 해당 분야에 5년을 종사한 사람
ㄷ. 부동산투자회사, 자산관리회사, 부동산투자자문회사, 그 밖에 이에 준하는 부동산관계 회사나 기관 등에서 5년 이상 근무한 사람으로서 부동산의 취득·처분·관리·개발 또는 자문 등의 업무에 3년 이상 종사한 경력이 있는 사람

**[자기관리 부동산투자회사의 자산운용 전문인력(부동산투자회사법 제22조)]**
1. 감정평가사 또는 공인중개사로서 해당 분야에 5년 이상 종사한 사람
2. 부동산 관련 분야의 석사학위 이상의 소지자로서 부동산의 투자·운용과 관련된 업무에 3년 이상 종사한 사람
3. 그 밖에 제1호 또는 제2호에 준하는 경력이 있는 사람으로서 대통령령으로 정하는 사람
   ① 부동산투자회사, 자산관리회사, 부동산투자자문회사, 그 밖에 이에 준하는 부동산관계 회사나 기관 등에서 5년 이상 근무한 사람으로서 부동산의 취득·처분·관리·개발 또는 자문 등의 업무에 3년 이상 종사한 경력이 있는 사람
   ② 부동산자산의 투자·운용 업무를 수행하는 외국의 부동산투자회사 또는 이와 유사한 업무를 수행하는 기관에서 5년 이상 근무한 사람으로서 부동산의 취득·처분·관리·개발 또는 자문 등의 업무에 3년 이상 종사한 경력이 있는 사람

 **정답** ③

2025 랜드하나 공인중개사 기본서

# PART 7
# 부동산개발, 관리론, 마케팅

# 부동산이용 및 개발론

- 부동산이용은 시험에서 많이 출제되는 부분은 아니나 도시스프롤현상, 직주분리와 직주접근은 숙지하자.
- 부동산개발은 부동산개발 위험과 타당성 분석, 택지개발 중 민간개발, 토지신탁과 공영개발방식, BTO방식과 BTL방식의 비교는 시사성 있게 학습해야 한다.

## 제1절 부동산이용활동

### 1 토지이용활동과 토지이용계획

일반적으로 토지이용활동이라 함은 현실적으로 한정된 토지를 그 용도와 이용 목적에 따라 활용함으로써 토지의 유용성을 추구하는 행위라 할 수 있다. 토지이용계획은 공적·사적 토지이용을 장기적인 관점에서 최유효이용으로 유도하려는 인간의 노력의 과정이다. 이용활동주체에 따라 공적 계획과 사적 계획으로 구분된다.

### 2 토지의 최유효이용

#### (1) 최유효이용의 개념

① 최유효이용이란 객관적으로 보아 양식과 통상의 사용능력을 가진 사람에 의한 합리적·합법적인 최고 최선의 이용을 말한다.

② 최유효이용이 강조되는 근거는 다음과 같다.
   ㉠ 용도의 다양성, 부증성을 갖는 토지와 인간과의 관계악화 방지
   ㉡ 능률적 토지정책 강구, 경제주체의 이윤극대화, 토지의 공공성·사회성의 발휘

#### (2) 최유효이용의 판단기준(①②③은 필요조건이고, ④는 충분조건이다.)

① 합리적 이용일 것 : 합리적으로 실현가능한 이용이어야 한다. 따라서 투기목적의 비합리적 이용이나 먼 장래의 불확실한 이용은 합리적 이용이라 할 수 없다.

② 합법적 이용일 것 : 공·사법상의 규제요건을 충족시키는 범위내에서의 이용이어야 한다. 단, 변경가능성 검토 및 비적법적 이용과 같은 예외가 인정된다.

③ 물리적 채택가능성 : 대상토지의 물리적 요소가 의도하고 있는 토지이용에 적합해야 한다.

④ 최대수익의 실현가능성(경험적 증거) : 최대수익을 실현할 수 있다는 경험적 증거가 있어야 한다.

## 3 집약적 토지이용

### (1) 토지이용의 집약도

토지이용의 집약도란 토지이용에 있어 단위면적당 투입되는 노동과 자본의 양을 말한다.

$$토지이용의\ 집약도 = \frac{투입되는\ 노동과\ 자본의\ 양}{단위면적의\ 토지}$$

### (2) 집약적 이용과 조방적 이용

① 토지이용의 집약도가 높은 경우를 집약적 토지이용이라 하고, 토지이용의 집약도가 낮은 경우를 조방적 토지이용이라 한다.

② 수확체감의 법칙 : 하나의 생산요소만을 어느 수준 이상으로 투입하면, 총생산량은 증가하나 추가적인 생산량은 점점 감소하게 되는 것이다. 즉, 집약도를 높여감에 따라 단위면적당 투입되는 노동과 자본의 양에 대한 수익의 비율은 점점 감소한다. 수확체감의 법칙은 토지의 입체적 이용과 관련한 건물의 고층화에도 그대로 적용된다.

③ 집약한계와 조방한계

| 구분 | 집약한계 | 조방한계 |
|---|---|---|
| 성립조건 | 한계비용 = 한계수입 | 총수익 = 총비용 |
| 이윤 | 이윤극대화지점<br>(넘어서면 이윤감소) | 손익분기점<br>(넘어서면 손실) |
| 토지이용 | 상한선 | 하한선 |

### (3) 집약도 증가요인

① 규모의 경제 : 설비의 확장을 통해 규모의 경제가 발생하여 생산비가 절감된다면 규모의 경제는 토지이용을 집약화시킨다.

② 이용가능 토지의 한정(부증성) : 토지는 한정되어 있는데 인구의 증가 내지 산업의 발달은 토지수요를 증가시켜 토지이용을 집약화시킨다.

③ 인구밀도의 증가 : 인구밀도의 증가는 한정된 공간 내에서 토지이용을 집약화시킨다.

④ 지가의 상승(고지가) : 땅값이 상승할수록 입지주체는 토지이용을 집약적으로 이용하려 한다.

⑤ 경영효율의 증가, 건축비(생산비)의 하락

### (4) 최유효이용과 입지잉여

① 입지잉여와 입지조건

입지잉여는 입지조건이 양호하여 생기는 특별이익을 말한다. 경영능력 때문이 아니다. 입지잉여는 입지조건이 나쁠수록 감소하고 좋을수록 증가하는데, 입지조건이 최악에 이르면 입지잉여는 마이너스(-)나 '零(0)'이 되고 입지조건이 최상이면 플러스(+)나 '100'이 된다.

② 발생요건

어떤 위치의 가치가 한계입지 이상이고 또한 그 위치를 최유효이용할 수 있는 입지주체가 이용하는 경우라야 발생한다. 즉, 입지조건과 토지이용의 집약도가 같은 경우라도 입지잉여는 모든 입지주체에 똑같이 생기지 않으며, 모든 산업에 공통적으로 생기는 것도 아니다.

③ 한계입지

입지조건이 상대적으로 나쁜 곳으로, 초과수익을 전혀 기대할 수 없는 곳에 입지하는 것을 말한다. 즉, 입지잉여가 '0'이 되는 위치이다.

## 4  도시의 토지이용과 지가구배현상

① 도시의 지가패턴은 도심이 가장 높고 도심에서 멀어질수록 점점 낮아지는데, 이와 같이 지가가 도심에서 외곽으로 나갈수록 점점 낮아지는 현상을 지가구배 현상이라 한다. 이 경우 도심의 지가수준이 가장 높은 곳을 100% 입지라 한다. 일반적으로 도심내부지역의 지가구배가 급격하고, 외곽지역은 지가구배가 완만하다. 즉, 도심에 가까울수록 지가하락률이 크고, 외곽으로 갈수록 지가하락률이 작은 지가구배현상이 나타난다.

② 지가구배현상은 미국의 노스교수에 의해 토페카라는 소도시의 지가조사를 통해 발견되었는데, 도시의 규모 등에 따른 차이가 있어서 일률적으로 말할 수는 없다.

㉠ 소도시 : 도심의 지가구조가 비교적 단순하고, 단핵구조이며, 도심의 토지이용이 보다 집약적이지만, 외곽으로 나감에 따라서 급격하게 조방화되어 지가가 급하게 하락한다.

㉡ 대도시 : 도심에서 도시의 경계까지 직선적으로 가격수준이 저하되는 것이 아니라, 중간에 여러 도시핵이 있어 복잡한 다핵구조이므로 거기에는 다시 변화가도 있어서 지가수준도 다시 높아졌다가 하락하므로 지가수준이 물결굽이처럼 완만하게 하락하는 유형을 보인다.

## 5  도시스프롤(sprawl) 현상

### (1) 도시스프롤 현상의 개념

① 도시의 성장이 무질서, 무계획적, 불규칙적으로 외곽으로 확산되는 현상을 도시스프롤 현상이라 한다.

② 스프롤 현상은 주거지역 뿐만 아니라 상업지역·공업지역 모두에서 발생하며, 대도시의 중심지 보다는 외곽부에서 더욱 발달하며 경우에 따라서는 입체슬럼 형태로 보이기도 한다.

③ 토지이용이 최유효이용에서 괴리되어 생기는 현상이며, 스프롤지대의 지가수준은 예외적인 경우를 제외하면 일반적으로 표준지가수준 이하이다.

## (2) 원 인

개발도상국가 등에서 인구증가로 지가가 급등하고, 도시계획, 토지이용계획이 소홀하기 때문에 도시스프롤 현상이 나타난다.

## (3) 스프롤의 유형

① **저밀도 연쇄현상** : 합리적 밀도수준 이하의 수준을 유지하면서 인접지를 잠식해가는 현상

② **고밀도 연쇄현상** : 합리적 밀도수준 이상의 수준을 유지하면서 인접지를 잠식해가는 현상을 말한다. 우리나라의 경우 고밀도 스프롤이 통상적이다.

③ **비지적(飛地的)현상** : 개구리가 뛰는 것처럼 도시에서 중간 중간에 상당한 공지를 남기면서 확산된 현상을 말한다.

④ **간선도로를 따라 스프롤현상이 나타나는 현상**

## (4) 대 책

도시스프롤에 대한 대책은 그린벨트 설정 등 체계적 도시 계획이 필요하다.

> **기출** 도시스프롤(sprawl)현상은 주로 도시 외곽부의 주거지역·상업지역·공업지역 모두에서 발생한다.

## 6 침입적 토지이용

### (1) 침입과 계승

① **침입(invasion)** : 어떤 지역에 새로운 이질적인 것이 개입되고 있는 현상을 말한다. 침입에는 확대적 침입과 축소적 침입이 있는데, 확대적 침입이 통상적이다.

⊙ **확대적 침입** : 새로운 주택가를 조성하는 침입에 있어서 규모가 확대되는 경우처럼 집약적 이용이 조방적 이용을 침입하는 경우로 지가상승의 효과가 나타난다.

⊙ **축소적 침입** : 기존주택가의 축소처럼 조방적 이용이 집약적 이용을 침입하는 경우로 지가하락의 효과가 나타난다.

② **계승(succession)** : 침입의 결과 새로운 차원의 인구집단 또는 토지이용이 종래의 것을 교체하는 결과를 말한다. 계승을 천이라고도 한다. 계승이 이루어지면 또 다른 형태의 침입을 거부하는 배타적인 토지이용형태가 이루어진다.

## (2) 침입적 토지이용상의 특징

① 낮은 지가수준과 강한 흡인력 등은 침입활동을 유발하는 인자가 된다.
② 침입은 새로운 지역이 아니라 기존의 취락 또는 지역에서 이루어지는 것이 일반적이다.
③ 침입이 있을 경우 원주민의 강한 저항을 초래할 수도 있으며, 행정적 규제 등으로 인해 침입이 용이하지 않는 경우도 있다.

## 7 직·주분리와 직·주접근

### (1) 직·주분리 현상

직·주분리(職住分離)란 도시인들이 직장은 도심에 두고 주거지는 외곽에 두는 현상. 즉, 직장과 주거지가 분리되어 멀어지는 현상을 말한다(수평공간의 확대).

① 직·주분리의 원인
  ㉠ 도심의 지가상승(고지가), 외곽의 저지가
  ㉡ 도심의 환경악화
  ㉢ 도심의 재개발(주택철거)
  ㉣ 공적규제의 강화
  ㉤ 교통의 발달

② 직·주분리의 결과
  ㉠ 도심공동화(도넛) 현상이 나타난다. 이는 도심의 상주인가가 감소함으로써 도심의 주·야간의 인구차가 커지는 현상을 말한다.
  ㉡ 외곽은 침상도시(bed town)화 된다.
  ㉢ 도심으로의 고동(鼓動)비율 증가로 교통혼란 초래, 외곽지역의 지가상승을 초래한다.

### (2) 직·주접근현상

직·주접근이란 직장과 주거지가 가까워지는 현상을 말한다. 이를 회귀(return) 현상이라고도 한다(입체공간의 확대).

① 직·주접근의 원인
  ㉠ 도심의 지가하락
  ㉡ 도심의 환경개선
  ㉢ 도심의 재개발의 완료
  ㉣ 공적규제의 완화, 정책적으로 유도
  ㉤ 교통의 체증

370  PART 07 부동산개발, 관리론, 마케팅

② 직·주접근의 결과

    ㉠ 도심의 주거용 건물의 고층화(주상복합건물화)

    ㉡ 도시회춘화 현상(상향 여과)을 야기한다.

| 구분 | 직주분리 (수평공간의 확대) | 직주접근 (입체공간의 확대) |
|---|---|---|
| 원인 | 지가↑, 환경↓, 규제↑, 재개발 철거, 교통 발달 | 지가↓, 환경↑, 규제↓, 재개발 완료, 교통 체증 |
| 결과 | 도심공동화현상, 외곽은 침상도시(bed town)화 | 도심 주거용 건물의 고층화, 도시회춘화 현상 |

**보충학습**

1. 도시회춘화(都市回春化) 현상
   도심지의 오래된 건물이 재개발 재건축이 완성되어 도심에 거주하는 소득계층이 저소득층에서 중, 고소득층으로 유입, 대체되는 현상을 의미한다.
2. 도심고동(都心鼓動) 현상
   도심의 중심업무지구와 교외 주거지간의 출퇴근하는 사람의 유동성을 의미한다.
3. 집중반전 현상
   대도시에 집중된 인구와 산업을 지방으로 분산하는 것을 의미한다. 대도시 초기에는 도심으로의 집중현상이 나타나지만 나중에는 규모가 커짐에 따른 불이익이 커져서 집중반전 현상이 나타난다.

## 8 한계지의 지가법칙

### (1) 한계지의 의의

특정의 시점과 특정의 장소를 기준으로 하여, 택지이용의 최원방권을 말하며 통상 택지와 농지의 경계지역을 말한다.

### (2) 한계지의 특징

① 한계지는 한계지 주변의 농경지 등이 용도가 전환되어 한계지로 편입되나 한계지의 지가수준은 농경지의 지가수준과는 무관하게 형성되는 것이 일반적이다. 이 경우에 한계지와 주변농지와의 지가의 차이가 심할 때, 이를 단절지가라 한다.
② 자가(自家)의 한계지는 차가(借家)의 한계지보다 더욱 원방권에 위치하므로 보다 더 도심지로부터 멀어진다. 따라서 자가의 한계지대곡선이 차가의 한계지대곡선보다 완만하게 그려진다.
③ 한계지의 지가는 도심지의 지가와 상호간에 밀접한 관계가 이루어지고 각 한계지의 상호간에도 밀접한 대체관계가 성립된다.
④ 한계지(농경지가 택지화된 곳)는 초기에 지가의 상승이 빠르며 항상 변동과정에 있다.
⑤ 전철과 같은 대중교통수단의 발달 및 교통체계의 정비는 한계지의 연장을 가져온다.

제 2 절 **부동산개발**

## 1 부동산개발의 의의 및 정의

### (1) 부동산개발의 의의

> **「부동산개발업의 관리 및 육성에 관한 법률」 제2조 【정의】**
> 1. 부동산개발이란 다음 각 목의 어느 하나에 해당하는 행위를 말한다. 다만, 시공을 담당하는 행위를 제외한다.
>    가. 토지를 건설공사의 수행 또는 형질변경의 방법으로 조성하는 행위
>    나. 건축물을 건축·대수선·리모델링 또는 용도변경 하거나 공작물을 설치하는 행위
> 2. 부동산개발업이란 타인에게 공급할 목적으로 부동산개발을 수행하는 업을 말한다.

① 인간에게 생활·작업·쇼핑·레저 등의 공간을 제공함을 목적으로 토지를 개량하는 활동이라 할 수 있다. 또한 토지 개량을 통해서 토지의 유용성을 증가시킨다.
② 부동산개발이란 토지에 노동, 자본을 결합하여 토지의 상·하에 개량물을 생산하는 활동이나 토지 자체를 개량하는 활동이다. 즉, 부동산수요에 맞는 일종의 공급활동이라 할 수 있다.
③ 부동산개발에는 건축개량과 조성개량 모두 포함된다. 부동산개발은 신개발뿐 아니라 재개발도 포함된다.

| ㉠ 조성에 의한 개량 | 택지조성, 도로공사, 배수공사 등으로 건축활동의 사전 준비활동으로 토지 자체를 개량하는 것을 조성개량이라 한다. |
|---|---|
| ㉡ 건축에 의한 개량 | 토지 위에 건물이나 다리 등 건축물을 설치하여 토지의 유용성을 증진시키는 것이다. 이는 공간창조와 관계된다. |

> **기출** 부동산개발이란 타인에게 공급할 목적으로 토지를 조성하거나 건축물을 건축, 공작물을 설치하는 행위로 조성·건축·대수선·리모델링·용도변경 또는 설치되거나 될 예정인 부동산을 공급하는 것을 말한다. 다만 시공을 담당하는 행위는 제외된다.

### (2) 물리적 변형유무에 따른 부동산개발의 분류(외관에 따른 분류)

| ① 유형적 개발 | 직접적으로 토지의 물리적 변형을 초래하는 행위 **예** 건축·토목사업·공공사업 등 |
|---|---|
| ② 무형적 개발 | 토지의 물리적 변형을 초래하지 않으나, 이용상태의 변경을 초래하는 행위 **예** 용도지역·지구의 지정 또는 변경, 용도변경, 농지전용 |
| ③ 복합적 개발 | 토지의 유형·무형의 개발행위가 동시에 이루어지는 경우 **예** 토지형질변경사업, 도시재개발사업, 공업단지조성사업, 도시개발사업 등이 이에 속한다. |

### (3) 개발의 주체에 따른 분류

| ① 공적주체<br>(제1섹터) | 공공부문을 공적 주체라 할 수 있고, 국가, 지방자치단체, 공사(한국토지주택공사, 수자원공사) 등이 있다. 공적 주체는 공익에 중점을 두는 주체이다. |
|---|---|
| ② 사적주체<br>(제2섹터) | 민간부문을 사적 주체라 할 수 있고 토지소유자와 개인, 주택건설업자, 토지소유자조합 등이 있다. 사적 주체는 사적 이익 추구에 중점을 두는 주체이다. |
| ③ 제3부문<br>(제3섹터) | 공적 주체와 사적 주체가 공동으로 개발사업을 하는 형태로 공익성과 사익성의 조화에 중점을 둔다. ⓓ 민관합동개발사업 |

## 2 부동산개발과정

### (1) 부동산개발의 과정(기본형, 5단계)

① 계획단계 ⇨ [② 협의단계 / ③ 계획인가단계] ⇨ ④ 시행단계 ⇨ ⑤ 처분단계

> 기출 부동산개발과정은 계획단계 ⇨ 협의단계 ⇨ 계획인가단계 ⇨ 시행단계 ⇨ 처분단계 순으로 구분할 수 있다.

### (2) 부동산개발의 과정(7단계) 제26회

아이디어(구상) ⇨ 예비적 타당성 분석 ⇨ 부지의 모색과 확보 ⇨ 타당성 분석 ⇨ 금융 ⇨ 건설 ⇨ 마케팅

① **아이디어단계(구상단계)** : 모든 부동산개발은 구상단계로부터 시작된다.
   구상의 내용은 '어떤 형태의 공간이 필요한가?', '어디에 입지해야 하는가?', '현재 부지를 무슨 용도로 이용해야 하는가?', '구상에 맞는 부지를 어떻게 매입해야 하는가?' 등이 있다.
② **예비적 타당성분석 단계(전실행가능성분석단계)** : 부지확보이전에 기본적 시장분석을 통해 예비적 타당성 분석을 한다. 부동산개발에서 얻은 수익이 비용을 상회할 가치가 있느냐를 조사하는 것이다. 개발업자는 사전에 개발비용, 개발에 따른 시장가치, 산출임대료수익 등을 개괄적으로 조사해 볼 필요가 있다. 즉, 예상수입과 비용을 개략적으로 추계하여 경제성을 검토하는 단계이다.
③ **부지구입단계(부지의 모색과 확보단계)** : 예비적 타당성분석에서 수익성이 있다고 판단되면 개발업자는 최적의 부지를 모색하여 확보하는 단계이며 용도지역의 변경가능성까지도 고려한다. 부지를 직접 매입하는 것보다 부지를 매입할 수 있는 옵션을 확보하면 위험 부담을 줄일 수 있다. 부지확보는 권리변환을 이용해 사업시행의 용이성, 개발이익 등을 고려할 때 유리한 방식을 택해야 한다.

④ 타당성분석단계(실행가능성 분석 및 디자인단계)

　　㉠ 부지가 선택되면 개발업자는 더 구체적이고 세부적으로 실행가능성분석을 하여야 한다.

　　㉡ 타당성분석은 법률적·경제적·기술적 타당성분석을 모두 하여야 한다. 그 중에서 가장 중요한 것은 경제적 타당성분석이다. 그런데 타당성분석 결과가 동일할지라도 개발업자에 따라 그 채택여부가 다르게 나타난다. 이는 개발업자에 따라 요구수익률이 다르기 때문이다. 즉, 개발업자의 위험에 따른 투자유형이 다르기 때문이다.

　　㉢ 실행가능성분석의 내용은 공법상 규제분석, 부지분석, 시장분석, 재정분석 등을 포함한다.

⑤ 금융단계 : 개발의 타당성이 있으면 택지조성 및 건설자금을 융자받는다. 이를 건축대부라 한다. 건축대부는 보통 단기, 고리, 순차적(건축단계별) 대출의 특징을 갖는다. 부동산개발과정의 건축대부는 개발이 완성되면 완성된 건물을 담보로 저당대부로 전환될 수 있다. 완공 후 분양수입금으로 건축대부에서 빌린 돈을 갚으면 된다. 만일 분양이 잘 안되면 완성된 부동산을 담보로 저당대부를 설정한 후 자금을 융통하여 이전에 건축대부로 빌린 돈을 갚으면 된다.

⑥ 건설단계(택지조성) : 물리적인 공간을 창조하는 국면이다. 택지조성의 경우는 토지의 형질을 변경하고 개량하여 택지화한다. 이는 전체 개발사업의 성공여부를 좌우하는 중요단계이므로 개발사업이 예상대로 진행되도록 능력, 신용이 있는 건설업자를 선정하는 것이 중요하다.

⑦ 마케팅단계(분양, 임대단계) : 개발사업의 마케팅이란 고객을 발견하고 개발공간을 분양하거나 임대하는 것을 말한다. 개발사업의 성공여부는 시장성에 의존하지만 마케팅도 매우 중요하다. 마케팅은 개발의 초기단계부터 하는 것이 바람직하다. 특히 쇼핑센터 등 대규모 임대개발사업인 경우에는 초기에 중요임차인을 사전 확보하는 것이 매우 중요하다. 만일 초기에 중요임차인을 확보하지 않으면 사업이 완성된 후에 공실이 많아져 수익이 감소할 수 있기 때문이다. 중요임차인이란 다른 임차인에게 편익을 제공할 수 있는 정박임차인(고정임차인)을 의미한다.

> **기출** 1. 부동산개발의 단계는 구상단계(아이디어 단계) ⇨ 전실행가능성 분석단계(예비적 타당성 분석단계) ⇨ 부지 매입단계 ⇨ 실행가능성 분석(타당성 분석단계) ⇨ 금융단계 ⇨ 건설단계 ⇨ 마케팅 단계의 순이다.
> 2. 개발의 단계 중 예비적 타당성분석은 개발사업으로 예상되는 수입과 비용을 개략적으로 계산하여 수익성을 검토하는 것이다.

---

**핵심정리**

**부동산개발의 단계**

1. 아이디어 단계(구상단계)
2. 예비적 타당성 분석단계(전실행가능성 분석단계) – 수익의 개략적 분석
3. 부지 매입단계
4. 타당성 분석단계(실행가능성 분석단계) – 수익의 구체적 분석
5. 금융단계
6. 건설단계
7. 마케팅 단계 : 개발 초기에 실시, 중요(정박) 임차자를 사전에 확보

## 3 부동산개발의 위험 제25회, 제27회, 제28회, 제31회, 제32회

부동산개발은 부동산개발사업이 내포하고 있는 불확실성 때문에 위험요소가 많다. 워포드(Wofford)는 법률위험부담, 시장위험부담, 비용위험부담을 들고 있다.

### (1) 법률적 위험

법률적 위험은 토지이용규제와 같은 공법적 관계와 소유권문제나 주민의 민원 등 사법적 관계에서 발생하는 위험을 말한다. 개발에 따른 공법, 사법적 위험을 최소화하기 위해서는 개발사업의 법률적 타당성을 분석해야 한다. 특히, 이미 이용계획이 확정된 토지를 구입하는 것이 법률적 위험부담을 최소화 하는 방법에 해당한다.

> 기출  1. 개발사업에 있어서 법률적 위험은 용도지역·지구제와 같은 공법적 측면과 소유권 관계와 같은 사법적 측면에서 발생할 수 있다.
> 2. 법률위험을 최소화하기 위해서는 이용계획이 확정된 토지를 구입하는 것이 유리하다.

### (2) 시장위험

시장위험은 부동산시장은 항상 변화함으로 부동산시장의 불확실성이 개발업자에게 주는 위험을 말한다.

① 개발된 부동산이 매도나 임대가 되지 않거나 낮은 가격으로 매도, 임대되는 경우나 경기침체로 인한 미분양, 분양가 하락 위험 등이 시장위험의 예이다.

② 부동산개발업자는 시장위험을 줄이기 위해 시장연구(market study)와 특정 부동산이 시장에서 변화하는 가격으로 임대되거나 매매능력이 있는가를 위치, 형태, 질, 양에 따라 연구하는 시장성연구(marketabilty study)가 필요하다.

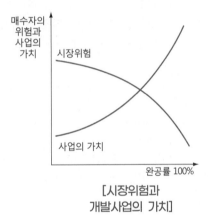

[시장위험과 개발사업의 가치]

③ 개발기간 중 개발사업의 가치와 시장위험

　㉠ 일반적으로 개발업자 측에서 보면 개발사업 초기에는 시장위험은 크고 개발사업의 가치는 낮으나, 후기로 갈수록 개발사업의 가치는 커지고 시장위험은 감소한다.

　㉡ 사업 초기에 미리 매수자를 확보하면(선분양) 개발업자(매도자)의 시장위험은 작아지나 매수자의 시장위험은 커진다. 이경우 선분양시는 분양가가 낮고, 후분양시는 분양가가 높다.

　※ 개발사업의 매도시점에서 이자율이 상승한다면 매수자는 대출금의 이자부담이 커지므로 매수자가 지불하고자 하는 가격을 하락시킨다.

**핵심정리**

시장위험을 줄이기 위한 시장조사

1. **시장연구** : 특정 부동산에 대한 시장의 수요와 공급 상황을 분석하는 것, 선행분석
2. **시장성 연구** : 특정 부동산이 시장에서 거래(매매·임대)될 수 있는가를 분석하는 것, 후행분석
3. **흡수율 분석** : 지난 1년 동안 일정 지역에서 공급된 부동산이 얼마만큼의 비율로 팔렸는가를 구체적·미시적으로 분석하는 방법으로 과거 추세를 파악하여 미래의 흡수율을 예측하는데 그 목적이 있다.

**기출** | 1. 시장성분석은 특정 부동산이 가진 경쟁력을 중심으로 해당 부동산이 분양될 수 있는 가능성을 분석하는 것이다.
2. 흡수율분석은 부동산시장의 추세를 파악하는 데 도움을 주는 것으로, 미래흡수율을 예측하는 것이 주된 목적이다.

## (3) 비용위험

비용위험이란 개발사업기간에 추가로 부담해야 할 비용이 발생할 수 있는 위험을 말한다.

① 개발기간이 길수록, 인플레가 심할수록 비용위험이 커진다.

② 개발업자가 비용위험을 줄이기 위해 최대가격보증계약을 체결한다면 개발업자는 초과되는 비용을 부담하지 않으므로 비용위험부담을 줄일 수 있다.

**보충학습** | 최대가격보증계약

1. 개발사업에 실제로 든 비용이 계약금을 초과하더라도 개발업자는 추가적인 비용을 부담하지 않는다는 계약을 말한다.
2. 최대가격보증계약 체결시 일반계약자는 계약금을 높일 것이기 때문에 개발업자의 비용위험은 줄어든다는 장점이 있지만, 개발사업비가 상승한다는 단점이 있다.

**용어**

흡수율분석과 민감도분석

• **흡수율분석** : 시장에 공급된 부동산이 시장에서 일정기간동안 소비되는 비율을 조사하여 해당 부동산시장의 추세를 파악하는 것이다. 흡수율분석의 목적은 미래의 시장성을 예측하는 것이다.

• **민감도분석(감응도분석, sensitivity analysis)** : 투자수익에 영향을 줄 수 있는 투입요소(영업비용, 공실률 등)를 변동할 때 그 투자안의 결과치(순현가, 내부수익률)가 어떠한 영향을 받는가를 파악하는 방법을 말한다.

사업시행자의 위험

1. 스스로 관리할 수 있는 위험(사업 내부위험): 부실공사 하자에 따른 책임, 관리·운영의 비효율성에 따른 비용 인상
2. 스스로 관리할 수 없는 위험(사업 외부위험): 행정의 변화에 의한 사업 인·허가 지연, 매장문화재 출토, 거시적 시장환경의 변화, 사업지 주변 사회간접자본시설 확충의 지연

## 4  부동산개발의 타당성분석 제27회

### (1) 부동산분석의 체계

① 학자에 따라서 지역경제분석, 시장분석, 시장성분석의 3가지를 '시장분석'이라하고, 타당성분석, 투자분석의 2가지를 '경제성분석'(타당성분석)이라 하기도 한다.

② 시장분석(지역경제분석, 시장분석, 시장성 분석)은 특정 개발사업의 시장에 초점을 두는 연구이며, 경제성분석(타당성분석, 투자분석)은 개발업자의 결정에 초점을 두는 연구이다.

> 기출 │ 부동산개발분석은 지역경제분석 ⇨ 시장분석 ⇨ 시장성분석 ⇨ 타당성분석 ⇨ 투자분석 순으로 이루어진다.

### (2) 부동산분석의 유형(5단계)

① **지역경제분석** : 대상지역의 인구, 고용, 소득 등 모든 부동산의 수요와 시장에 영향을 미치는 요인을 분석, 확인, 예측하는 작업을 말하며 거시적 시장분석의 한 부분이라 할 수 있다.

② **시장분석**

　㉠ 시장분석이란 특정 부동산에 대한 시장지역의 수요와 공급 상황을 분석하는 것이다.

　㉡ 이는 일정지역 시장단위에서 특정유형의 부동산에 대한 수요와 공급을 연구분석하여 전반적인 가격수준과 이의 동태적 경로를 분석하는 작업을 말한다.

　㉢ 특정 부동산에 대한 부분시장의 상황을 분석시 시장세분화는 수요자의 특성에 따라 시장을 구분하는 것이며, 시장 차별화는 공급제품의 특성에 따라 시장을 구분하는 것이다.

③ **시장성분석**

　㉠ 시장성분석이란 개발되는 부동산이 현재나 미래의 시장상황에서 매매되거나 임대될 수 있는 능력을 분석하는 것을 말한다.

　㉡ 시장성분석은 개발하고자 하는 부동산의 분양가격, 적정개발규모를 측정하는 것을 말한다. 즉 시장성분석은 개발하고자하는 특정 상품이 시장에서 얼마나 경쟁력이 있는가를 분석한다.

　㉢ 시장성분석의 유형으로 흡수율분석이 있다.

　　ⓐ 지난 1년 동안 일정지역에서 공급된 부동산이 얼마만큼의 비율로 시장에서 흡수되었는가를 구체적·미시적으로 분석하는 방법으로 과거추세를 파악하여 미래의 흡수율을 파악하는데 그 목적이 있다.

　　ⓑ 흡수시간이란 건물 준공 후 전량 또는 일정량이 분양, 임대되는데 걸리는 시간을 말한다. 흡수시간은 짧을수록 시장위험은 감소한다.

**보충학습** | 시장성분석과 시장분석의 구별

1. 시장분석은 시장의 수요와 공급 등의 시장상황을 분석하는 것이다(선행분석).
2. 시장성분석은 개발된 부동산이 시장에서 매매되거나 임대될 수 있는가를 분석하는 것이다(후행분석).
   이를 위해 시장분석이 필요하다.
3. 시장성분석은 부동산이라는 제품의 상품성을 분석하는 것이므로 시장상황이 좋아도 특정 상품의 시장성이
   모두 좋은 것도 아니고 시장상황이 안 좋아도 좋은 기획으로 특정 상품을 잘 개발하면 그 상품의 시장성은
   좋을 수도 있다.

④ **타당성분석** : 대상개발사업이 충분한 수익성을 제공할 수 있도록 수행할 수 있는지 여부를 분석
  하는 것을 말한다. 즉 개발사업이 투자자로부터 자금을 끌어들일 수 있는 충분한 수익이 있는지
  여부를 분석하는 것이다. 대상개발사업이 시장에서 흡수됨에 있어 만족스런 이윤을 제공할 수
  있는지를 분석하는 것이므로 수익성은 세후현금수지를 기준으로 판단한다. 사업의 공실률, 영업
  경비, 저당조건, 세금 등도 고려하여 수익성을 판단한다.

⑤ **투자분석** : 대상개발사업을 위험과 수익관계에서 다른 투자대안과 비교, 분석하여 최종적으로
  투자 여부를 결정한다. 대상개발사업의 타당성이 있다고 해서 이 사업이 언제나 투자자에게
  채택되는 것은 아니다. 투자자 입장에서는 대상개발사업은 투자가능한 대안 중의 하나일 뿐이므
  로 그 중에서 수익의 극대화를 가져다주는 투자안을 채택한다. 개발사업의 채택여부는 타당성분
  석 결과가 개발사업의 목적을 얼마나 충족시켜주느냐에 있다. 투자분석에서는 전형적 보유기간
  을 기준으로 매기간의 세후현금수지와 기간말의 세후 지분복귀액을 추계하고, 받아들일 수 있는
  위험수준에서 최고의 수익을 창출할 수 있는 대안을 선택한다. 투자분석이란 대상토지나 개량물
  의 여러 가지 이용대안 중에서 최고최선의 이용을 확인하는 과정이라 할 수 있다.

**보충학습** | 흡수율, 흡수시간, 시장침투율, 시장포획률, 공실률

1. **흡수율** : 단위시간당 분양된 면적 또는 호수를 의미한다.
2. **흡수시간** : 건물준공 후 전량 또는 일정량이 분양, 임대되는데 걸리는 시간을 의미한다.
3. **시장침투율** : 상가의 경우 신규상가(신규점포)가 기존의 지역상권에서 시장점유율을 얼마나 차지할 것인가를
   나타내는 척도를 의미한다.
4. **시장포획률** : 특정수요계층에 대한 전체 매상고 중 해당 부동산이 차지하는 비율을 의미한다. 시장점유율과
   유사한 개념이다.
5. **공실률** : 공실률이란 임대대상부동산이 임대기간 중 임대되지 않고 비어있는 기간의 비율을 의미한다. 공실률분
   석은 투자부동산의 안정적 점유율 결정에 영향을 주며 임대차기간이 긴 경우가 임대차기간이 짧은 경우에
   비해 상대적으로 공실위험을 줄일 수 있다.

## (3) 시장분석과 경제성분석(2단계)

부동산개발의 타당성 분석

| 1. 시장 분석 | ⇨ | 2. 경제성 분석 |
|---|---|---|
| ① 지역경제 분석<br>② 시장 분석<br>③ 시장성 분석 | ⇨ | ④ 타당성 분석<br>⑤ 투자 분석 |
| ㉠ 정보제공<br>㉡ 제약조건 분석<br>㉢ 시장에서의 채택가능성 분석 | ⇨ | ㉠ 수익성 분석<br>㉡ 최종투자결정 |

① 시장분석(선행)
  ㉠ 시장분석의 의의
    ⓐ 특정 개발사업의 시장에서 채택가능성을 평가하기 위한 분석(시장상황분석)
    ⓑ 개발사업에 대한 정보제공
    ⓒ 개발사업이 안고 있는 물리적·법률적·경제적·사회적·제약조건을 분석
  ㉡ 시장분석의 역할
    ⓐ 주어진 부지를 어떤 용도로 이용할 것인가를 결정(적지론)
    ⓑ 특정 용도에는 어떠한 부지가 적합한가를 결정(입지론)
    ⓒ 어떤 투자대안을 선택하며, 주어진 자본을 투자할 대안을 찾는 투자자를 위해 수행
    ⓓ 새로운 개발사업은 물론 기존의 개발사업의 경쟁력 파악
  ㉢ 시장분석의 구성요소

    ⓐ **지역(도시)분석** : 국가경제가 지역에 미치는 영향, 경제기반분석, 인구분석, 소득분석, 교통, 성장과 개발의 유형
    ⓑ **근린분석** : 지방경제가 부지에 미치는 영향, 교통의 흐름, 인근지역내의 경쟁, 미래의 경쟁 가능성
    ⓒ **부지분석** : 지역지구제, 편익시설, 접근성, 크기와 모양, 지형, 획지분석
    ⓓ **수요분석** : 경쟁력, 인구분석, 추세분석
    ⓔ **공급분석** : 공실률, 임대료 추세, 정부서비스 유용성, 건축착공량과 건축허가수, 도시 및 지역계획, 건축비용의 추세, 금융의 유용성

② 경제성 분석(후행)
  ㉠ 경제성분석의 의의
    ⓐ 시장분석을 통한 자료를 이용하여 특정개발사업의 수익성 여부를 평가
    ⓑ 개발사업에 대한 최종적인 투자결정을 위한 분석

ⓛ 경제성분석의 구성요소
ⓐ 개발사업에 대한 총비용 추계(비용은 토지부분과 개량물 부분으로 구분)
ⓑ 현금수지분석(세전현금수지, 세후현금지수계산)
ⓒ 최종투자결정(순현가법, 내부수익률법, 시장가치 및 투자가치 등 활용)

## 5 신개발과 재개발(개발유형에 따른 분류)

### (1) 신개발
① 신개발은 농경지나 산지 등의 토지를 건축이 가능한 토지로 전환 개발하는 것을 말한다.
② 신개발의 종류: ㉠ 환지사업(도시개발사업) ㉡ 일단의 주택지 조성사업 ㉢ 아파트지구 개발사업 ㉣ 토지형질변경사업 ㉤ 신도시개발사업

### (2) 재개발 제25회, 제31회, 제35회
① 시행방법에 따른 분류(소극적에서 적극적 순서)
㉠ **보전재개발**: 아직 노후·불량상태가 발생되지 않았으나, 사전에 노후·불량화의 진행을 방지하기 위하여 채택하는 가장 소극적인 도시재개발이다.
㉡ **수복재개발**: 본래의 기능을 회복하기 위하여 현재의 대부분 시설을 그대로 보전하면서, 노후·불량화의 요인만을 제거시키는 것으로서 소극적인 도시재개발이다.
㉢ **개량재개발**: 기존시설의 확장·개선 또는 새로운 시설의 첨가를 통하여 기존 물리환경의 질적 수준을 높여 도시기능을 제고시키고자 하는 도시재개발의 한 형태이다.
㉣ **철거재개발**: 부적당한 기존 환경을 완전히 제거하고 새로운 환경, 즉, 시설물로 대체시키는 가장 전형적인 도시재개발의 유형이다.

기출 | 수복재개발은 현재의 시설을 대부분 그대로 유지하면서 노후·불량화의 요인만을 제거하는 재개발을 말한다.

② 법에 따른 분류 : 정비사업「도시 및 주거환경정비법」제2조
㉠ **주거환경개선사업** : 도시저소득 주민이 집단거주하는 지역으로서 정비기반시설이 극히 열악하고 노후·불량건축물이 과도하게 밀집한 지역의 주거환경을 개선하거나 단독주택 및 다세대주택이 밀집한 지역에서 정비기반시설과 공동이용시설 확충을 통하여 주거환경을 보전·정비·개량하기 위한 사업
㉡ **재개발사업** : 정비기반시설이 열악하고 노후·불량건축물이 밀집한 지역에서 주거환경을 개선하거나 상업지역·공업지역 등에서 도시기능의 회복 및 상권활성화 등을 위하여 도시환경을 개선하기 위한 사업

ⓒ 재건축사업 : 정비기반시설은 양호하나 노후·불량건축물에 해당하는 공동주택이 밀집한 지역에서 주거환경을 개선하기 위한 사업

※ 재건축부담금은 정비사업 중 재건축사업에서 발생되는 초과이익을 환수하기 위한 제도로 재건축초과이익환수에 관한법령에 의해 시행되고 있다.

> 기출 | 재개발사업은 정비기반시설이 열악하고 노후·불량건축물이 밀집한 지역에서 주거환경을 개선하거나 상업지역·공업지역 등에서 도시기능의 회복 및 상권활성화 등을 위하여 도시환경을 개선하기 위한 사업이다.

## (3) 부동산개발방식의 유형 제26회, 제28회, 제30회, 제31회, 제33회, 제35회

① 단순개발방식(권리불변)

토지형질변경사업 등 토지소유자에 의한 자력개발방식이며 전통적 개발방식이다.

② 환지방식(도시개발사업, 신개발방식, 권리축소) 제26회, 제28회, 제30회, 제31회, 제33회, 제35회

이 방식은 택지화되기 전의 토지의 위치, 지목, 면적, 등급, 이용도 등 기타 필요한 사항을 고려하여 택지개발 후 개발된 토지를 토지소유자에게 재분배한다. 환지시 감보율을 적용함으로 토지소유권의 물리적 공간범위는 축소된다. 비교적 개발사업규모가 큰 편이며, 환지기준은 면적기준이 아니고 가격기준으로 한다.

③ 매수방식(택지공영개발방식, 권리소멸)

공공(公共)이 토지의 전면매수를 원칙으로 함으로 사업시행자의 토지수용절차가 필요하다. 이는 대규모 개발사업 형태를 띠며 토지소유자의 소유권이 완전히 소멸하는 방식이다.

④ 혼합방식 : 이는 매수방식과 환지방식을 혼합하는 방식으로 대지조성사업, 도시개발사업이 여기에 해당된다.

⑤ 합동·신탁개발방식

㉠ 합동개발방식: 토지개발사업에 참여하는 토지소유자와 함께 사업시행자, 재원조달자, 건설업자가 택지개발을 착수하기 전에 대상지역의 토지를 일정가격에 전량 매수해서 택지로 개발하는 방식을 말한다.

㉡ 신탁개발방식: 토지신탁을 이용하여 택지개발하는 방식으로 소유권이전형식을 취한다.

용지취득방식과 권리변환

| 구분 | 단순개발방식 | 환지방식 | 매수방식 | 혼합방식 |
|---|---|---|---|---|
| ① 주체 | 토지소유자 | 토지소유자, 조합 | 공공부분 | 환지방식 + 매수방식 |
| ② 권리변환유무 | 권리불변 | 권리축소 | 권리소멸 | |
| ③ 예 | 토지형질변경 등 | 도시개발사업 | 공영개발 | |

> **핵심정리**
>
> 환지방식
> 1. 도시개발사업에서 이 방식을 많이 활용되는 방식으로 택지가 개발되기 전 토지의 위치·지목·면적·등급·이용도 및 기타 사항을 고려하여, 택지가 개발된 후 개발된 토지를 토지소유자에게 재분배하는 방식이다.
> 2. 사업 후 개발토지 중 사업에 소요된 비용과 공공용지를 제외한 토지를 당초의 토지소유자에게 재분배하는 것이다.
> 3. 미개발토지를 토지이용규제에 따라 구획정리하고 기반시설을 갖춘 도시형토지로 전환시키는 방식을 말한다.
> 4. 신개발방식으로 토지소유자가 조합을 설립하여 농지를 택지로 개발한 후 보류지(체비지·공공시설 용지)를 제외한 개발토지 전체를 토지소유자에게 배분하는 방식이다.

**기출** 1. 환지개발방식은 사업 후 개발토지 중 사업에 소요된 비용과 공공용지를 제외한 토지를 당초의 토지소유자에게 재분배하는 것이다.
2. 토지소유자가 조합을설립하여 농지를 택지로 개발한 후 보류지(체비지·공공시설 용지)를 제외한 개발토지 전체를 토지소유자에게 배분하는 방식은 신개발방식이며 환지방식에 해당한다.

## 6 택지개발

**보충학습**

1. 성숙도
   택지가 건축할 수 있는 조건을 얼마나 갖추고 있는가에 관한 복합개념이며 성숙도는 개개의 택지에 대한 개념으로서 통상적으로 동일택지라도 용도가 다르면 그 성숙도에 차이가 있다.

2. 성숙지
   시간의 낭비 없이 즉시 건축활동 등 소기의 토지이용을 할 수 있는 토지를 말한다.

3. 미성숙지
   택지가 성숙하기까지 상당한 기간 비용이 소요되는 경우를 말한다. 최종소유자의 관점에서 볼 때, 미성숙지는 대체로 불리하다. 그러나 대규모의 개발계획 또는 투기 등의 경우에는 미성숙지를 그 대상으로 하기도 한다.

### (1) 공영개발 제31회

① 공영개발의 의의

공영개발은 국가, 지방자치단체, 공사 등 공적 주체가 공익성을 목표로 매수방식(협의매수+수용)으로 부동산을 개발하는 방식을 말한다.

② 공영개발의 필요성

㉠ 시장실패의 수정 : 토지의 자연적 특성과 토지시장의 구조적 결합 및 외부효과의 존재 등은 시장기구를 통한 토지자원의 최적배분을 어렵게 하고 있으며, 이 같은 시장의 실패는 토지시장에 대한 공공개입의 필요성을 제공 하고 있다.

ⓛ 효율성과 형평성 조화 추구 : 재화와 서비스 생산에서의 보다 큰 효율성의 추구와 분배에서 보다 큰 형평성의 추구는 서로 조화를 이루어야 한다.

③ 부동산 공영개발의 장·단점

㉠ 장점

ⓐ 토지의 계획적 이용을 통해 토지이용의 효율성을 제고할 수 있다.

ⓑ 개발이익의 사회적 환수가 가능하다.

ⓒ 지가안정을 기하면서 값싸게 택지의 대량공급이 가능하다.

ⓓ 공공사업으로 재투자가 가능하다.

㉡ 단점

ⓐ 사업비 전액을 사업시행자가 먼저 투자함으로써 시행자의 토지 매입비부담이 가중된다.

ⓑ 토지수용에 따른 재산권의 상대적 손실감으로 토지소유자의 민원이 발생할 우려가 있다.

ⓒ 대규모사업 시행시 방대한 용지보상지출로 인해서 통화량 팽창과 주변지역의 지가상승이 우려된다. 즉, 주변지역의 투기발생의 가능성이 있다.

ⓓ 공영개발에 따른 택지공급의 이중가격체계 : 공적 주체에게는 낮은 가격으로, 민간기업에 게는 높은 가격으로 택지를 공급하게 된다. 이중가격체계는 서민주택의 공급을 위해 필요한 것이다.

환지방식과 수용방식의 비교

| 구분 | 환지방식 | 수용방식 |
|---|---|---|
| 사업주체 | 토지소유자 및 조합 | 국가, 지자체, 공사 |
| 사업비부담 | 적음 | 큼 |
| 개발이익환수 | 곤란 | 용이 |
| 기반시설 확보 | 곤란 | 용이 |
| 민원발생 | 적음 | 많음 |
| 사업기간 | 장기 | 단기 |
| 원주민 재정착 | 용이 | 곤란 |
| 개발토지 매각부담 | 적음 | 큼 |

**(2) 민간개발** 제26회, 제27회, 제29회, 제30회, 제35회

① 자체개발사업

② 지주공동사업 : 공사비대물변제형, 분양금공사비지급형, 투자자모집형, 사업위탁형

③ 토지신탁사업

④ 컨소시엄구성방식

## 7 민간에 의한 부동산개발방식 제26회, 제27회, 제29회, 제30회, 제35회

### (1) 자체 개발사업

① 의의

ⓐ 자체 개발사업의 사업방식은 토지소유자가 사업기획을 하고 직접 자금조달을 하여 건설을 시행하는 방식으로, 통상적으로 가장 많은 형태에 속한다.

ⓑ 이는 사업시행, 자금조달, 이익의 귀속 주체가 모두 토지소유자가 된다.

② 장점: 개발사업의 이익이 모두 토지소유자에게 귀속되고, 사업시행자의 의도대로 사업추진이 가능하며, 사업수행의 속도가 빠르다.

③ 단점: 사업의 위험성이 매우 높고, 자금조달의 부담이 크며, 위기관리능력이 요구된다.

### (2) 지주공동사업

① 의의

ⓐ 지주공동사업은 토지소유자와 개발업자(건설사, 사업시행자, 자금조달자)간에 부동산개발을 공동으로 시행하는 것으로서 토지소유자는 토지를 제공하고 개발업자는 개발의 노하우를 제공하여 서로의 이익을 추구하는 형태이다.

ⓑ 지주공동사업의 가장 큰 장점은 불확실하고 위험도가 큰 부동산개발사업에 대한 위험을 지주와 개발업자간에 분산하는데 있다.

② 종 류

ⓐ 공사비 대물변제형(등가교환방식)

ⓐ 토지소유자가 개발사업을 발주하고 개발업자는 공사비를 준공된 건축물(지분)의 일부로 변제받는 방식(공유)이다(수수료 문제가 발생하지 않음).

ⓑ 공사비는 건설업체(혹은 개발업자)가 조달하고 그 이외의 사업비 조달은 토지소유자 또는 건설업체가 대여하는 방식이다.

ⓒ 일반적으로 토지소유자가 사업시행자가 되고 건설업체는 시공회사로 참여한다.

ⓑ 분양금 공사비지급형

ⓐ 토지소유자가 사업을 시행하면서 건설업체에 공사를 발주하고 공사비의 지급은 분양 수입금으로 지급하는 방식(공유)이다(수수료 문제가 발생하지 않음).

ⓑ 시공회사는 분양 수입금에서 공사비를 일정비율 가지고 가며, 대여금에 대해서는 분양 수입 중에서 최우선적 변제가 이루어진다.

ⓒ 통상적으로 자금동원 능력이 없는 개인이나 법인이 사용하며, 토지소유자는 개발 컨셉에 대한 분명한 결정, 프로젝트 관리능력이 있어야 한다.

ⓒ **투자자모집형**(신디케이트방식)

개발업자가 조합아파트처럼 투자자로부터 사업자금을 마련하여 사업을 시행하고 투자자에게는 일정의 투자수익 또는 지분을 보장하는 방식이다.

ⓔ **사업수탁방식**(사업위탁방식, 사업제안형) 제35회

ⓐ 토지소유자가 개발업자에게 사업시행을 의뢰하는 형태로 개발업자는 시행을 대행하는 것에 대한 수수료를 취하는 형태이다. ⇨ 토지소유자 명의, 토지소유자 자금 조달

ⓑ 자금의 조달은 토지소유자 또는 개발업자의 주선에 의하여 토지소유자가 자금을 조달하며, 개발 후 분양이나 임대를 개발업자가 대행하는 것이 보통이다.

ⓒ 사업 종료 후 개발사업에서 발생하는 지분, 수익, 소유권은 모두 토지소유자가 가져가고, 개발업자는 수수료를 취하는 방식이다(지분공유방식이 아님).

> **기출**
> 1. 등가교환방식의 경우, 토지소유자가 토지를 제공하고 개발업자가 건물을 건축하여, 그 기여도에 따라 각각 토지·건물의 지분을 갖는 방식으로 수수료 문제가 발생하지 않는다.
> 2. 사업위탁(수탁)방식은 토지소유자가 토지소유권을 유지한 채 개발업자에게 사업시행을 맡기고 개발업자는 사업시행에 따른 수수료를 받는 방식이다.

## (3) **토지신탁사업**(토지신탁, 개발신탁, 토지개발신탁) 제26회, 제27회, 제28회, 제29회, 제30회, 제35회

① 사업수탁 방식과 유사하나 신탁회사에 형식상의 소유권이 이전된다는 점에서 차이가 있다. ⇨ 신탁회사 명의, 신탁회사 자금 조달

② 토지소유자는 우선 신탁회사에 토지소유권을 신탁을 원인으로 이전하고, 신탁회사는 지주와의 약정에 의해 수익증권을 발행하며, 신탁회사는 금융기관으로부터 자금을 차입하여 건설회사에 공사를 발주한다.

③ 건물이 준공되면 신탁회사가 입주자를 모집하고, 임대수익금에서 제세공과금을 공제한 후에 수익증권의 소유자(수익자)에게 수익을 배당한다.

④ 신탁기간이 종료되면 신탁회사는 사업 종료 후 사업에서 발생하는 지분, 수익, 소유권은 수익자에게 교부하고, 신탁회사는 신탁수수료를 취하는 방식이다(지분공유방식이 아님).

> **기출**
> 1. 신탁개발방식은 토지소유자로부터 형식적인 토지소유권을 이전받은 신탁회사가 사업주체가 되어 개발·공급하는 방식이다.
> 2. 사업위탁방식과 신탁개발방식의 차이점은 신탁개발방식의 경우 토지소유자가 개발사업의 전문성이 있는 제3자에게 토지소유권을 이전하고 사업을 위탁하는 점이다.

### (4) 컨소시엄방식

① 대규모 개발사업에 있어서 사업자금의 조달 혹은 기술보완 등의 필요에 의해 법인간에 컨소시엄을 구성하여 사업을 수행하는 방식이다.

② 이 방식은 사업의 안정성 확보라는 장점이 있지만, 사업시행에 시간이 오래 걸리고, 출자회사간 상호 이해조정이 필요하며, 책임의 회피 현상이 있을 수 있다는 단점이 있다.

## 8  민간자본유치 사업방식(사회간접자본시설을 확충) 제26회, 제27회, 제28회, 제31회, 제32회, 제34회, 제35회

민간자본유치방식

1. BTO : 민간이 짓고 ⇨ 정부에 소유권 이전 ⇨ 민간에 일정기간 운영권부여
2. BOT : 민간이 짓고 ⇨ 민간에 소유권·운영권부여 ⇨ 정부에 소유권 이전
3. BTL : 민간이 짓고 ⇨ 정부에 소유권 이전 ⇨ 운영권을 정부에 임대
4. BLT : 민간이 짓고 ⇨ 정부에 운영권 임대 ⇨ 정부에 소유권 이전
5. BOO : 민간이 짓고 ⇨ 민간에 소유권·운영권부여

### (1) BTO(Build – Transfer – Operate)방식

사회기반시설의 준공과 동시에 해당 시설의 소유권이 국가 또는 지방자치단체에 귀속되며, 사업시행자에게 일정기간의 시설관리운영권을 인정하는 방식

예 도로, 터널, 철도, 항만 등의 교통시설

### (2) BOT(Build – Own – Transfer)방식

사회간접자본시설의 준공 후 일정기간 동안 사업시행자에게 해당 시설의 소유권(운영권)이 인정되며, 그 기간의 만료시 시설의 소유권(운영권)이 정부 또는 지방자치단체에 귀속하는 방식

### (3) BTL(Build – Transfer – Lease)방식

사회기반시설의 준공과 동시에 해당 시설의 소유권이 국가 또는 지방자치단체에 귀속되며, 사업시행자에게 일정기간의 시설관리운영권을 인정하되, 그 시설을 국가 또는 지방자치단체 등이 협약에서 정한 기간 동안 임차(Lease)하여 사용·수익하는 방식

예 학교 건물, 기숙사, 도서관, 군인 아파트 등의 교육·문화·복지시설

### (4) BLT(Build – Lease – Transfer)방식

사업시행자가 사회간접자본시설을 준공한 후 일정 기간 동안 운영권을 정부에 임대하여 투자비를 회수하며, 약정 임대기간 종료 후 시설물을 정부 또는 지방자치단체에 이전하는 방식

## (5) BOO(Build – Own – Operate)방식

사회간접자본시설의 준공과 동시에 사업시행자에게 해당 시설의 소유권 및 운영권을 인정하는 방식

**기출**

1. BTO방식은 시설의 준공과 함께 시설의 소유권이 정부 등에 귀속되지만, 사업시행자가 정해진 기간 동안 시설에 대한 운영권을 가지고 수익을 내는 방식으로 도로, 터널 등 시설이용자로부터 이용료를 징수할 수 있는 사회기반시설 건설의 사업방식으로 활용되고 있다.
2. BTL방식은 사회기반시설의 준공과 동시에 해당 시설의 소유권이 국가 또는 지방자치단체에 귀속되며, 사업시행자에게 일정기간의 시설관리운영권을 인정하되, 그 시설을 국가 또는 지방자치단체 등의 협약에서 정한 기간 동안 임차하여 사용·수익하는 방식이다.
3. BTL방식은 학교시설, 문화시설 등 시설이용자로부터 사용료를 징수하기 어려운 사회기반시설 건설의 사업방식으로 활용된다.
4. BOT방식은 민간사업자가 자금을 조달하여 시설을 건설하고, 일정 기간 소유 및 운영을 한 후, 사업종료 후 국가 또는 지방자치단체 등에게 시설의 소유권을 이전하는 방식이다.
5. BLT방식은 민간사업자가 자금을 조달하여 시설을 건설하고 일정 기간 동안 타인에게 임대하고, 임대기간 종료 후 국가 또는 지방자치단체 등에게 시설의 소유권을 이전하는 방식이다.
6. BOO방식은 민간사업자가 자금을 조달하여 시설을 건설하고, 준공과 함께 민간사업자가 당해 시설의 소유권과 운영권을 갖는 방식이다.

### BTO와 BTL 방식비교(완공된 시설물을 정부에 기부채납)

|  | BTO(수익형) | BTL(임대형) |
|---|---|---|
| 대상시설성격 | 최종수요자에게 사용료 부과로 민간으로터 직접 투자비 회수가 가능한 시설 **예** 도로, 터널, 철도, 항만 등의 교통시설 | 최종수요자에게 사용료 부가로 투자비 회수가 어려운 시설 **예** 학교 건물, 기숙사, 도서관, 군인아파트 등의 교육·문화·복지시설 |
| 투자비회수 | 최종사용자로부터 사용료 직접징수 | 정부의 시설임대료 지급받음 |
| 사업리스크 | 민간이 수요위험 부담(위험이 크다) (수요추정절차 필요) | 민간의 수요위험 배제(위험이 작다) (수요추정절차 불필요) |
| 수익률 보장방안 | 사후적 목표수익률 보장(높은 수익) | 사전적 목표수익률 보장(낮은 수익) |
| 제안자 | 민간이 제안, 정부가 채택 | 정부가 제안, 민간이 채택 |

**01 부동산개발에 관한 설명으로 틀린 것은?** (제32회)

① 부동산개발사업 진행시 행정의 변화에 따른 사업의 인·허가 지연위험은 사업시행자가 스스로 관리할 수 없는 위험이다.

② 공영(공공)개발은 공공성과 공익성을 위해 택지를 조성한 후 분양 또는 임대하는 토지개발방식을 말한다.

③ 환지방식은 택지가 개발되기 전 토지의 위치·지목·면적 등을 고려하여 택지개발 후 개발된 토지를 토지소유자에게 재분배하는 방식을 말한다.

④ 부동산개발은 미래의 불확실한 수익을 근거로 개발을 진행하기 때문에 위험성이 수반된다.

⑤ 흡수율분석은 재무적 사업타당성분석에 사용했던 주요 변수들의 투입 값을 낙관적, 비관적 상황으로 적용하여 수익성을 예측하는 것을 말한다.

**해설** ⑤ 흡수율분석 ⇨ 민감도분석, 흡수율분석은 시장에 공급된 부동산이 시장에서 일정기간동안 소비되는 비율을 조사하여 해당 부동산시장의 추세를 파악하는 것이다.

**[민감도분석과 흡수율분석]**

| 민감도 분석 | 투자효과를 분석하는 모형의 투입요소가 변화함에 따라, 그 결과치에 어떠한 영향을 주는가를 분석하는 기법이다. |
|---|---|
| 흡수율 분석 | 시장에 공급된 부동산이 시장에서 일정기간동안 소비되는 비율을 조사하여 해당 부동산시장의 추세를 파악하는 것이다. |

**정답** ⑤

**02 부동산개발사업의 타당성분석과 관련하여 다음의 설명에 해당하는 (     )에 알맞은 용어는?** (제31회)

• ( ㄱ ): 특정 부동산이 가진 경쟁력을 중심으로 해당 부동산이 분양될 수 있는 가능성을 분석하는 것
• ( ㄴ ): 타당성분석에 활용된 투입요소의 변화가 그 결과치에 어떠한 영향을 주는가를 분석하는 기법

① ㄱ: 경제성분석, ㄴ: 민감도분석
② ㄱ: 경제성분석, ㄴ: SWOT분석
③ ㄱ: 시장성분석, ㄴ: 흡수율분석
④ ㄱ: 시장성분석, ㄴ: SWOT분석
⑤ ㄱ: 시장성분석, ㄴ: 민감도분석

해설 | ⑤ ㄱ: 시장성(흡수율)분석, ㄴ: 민감도분석에 대한 설명이다.

1. 시장성(흡수율)분석: 특정 부동산이 가진 경쟁력을 중심으로 해당 부동산이 분양될 수 있는 가능성을 분석하는 것으로 향후 개발될 부동산이 현재나 미래의 시장상황에서 매매되거나 임대될 수 있는지에 대한 경쟁력을 분석한다.
2. 민감도분석: 모형의 투입요소가 변화함에 따라 그 결과치인 순현재가치와 내부수익률이 어떻게 변화하는지를 분석하는 것이다.

정답 ⑤

## 03 부동산 개발사업에 관한 설명으로 틀린 것은?   제30회

① 프로젝트 파이낸싱(PF)은 예상되는 제반 위험을 프로젝트회사와 이해당사자 간의 계약에 의해 적절하게 배분한다.
② 부동산 소유자가 소유권을 신탁회사에 이전하고 신탁회사로부터 수익증권을 교부받아 수익증권을 담보로 금융기관에서 대출을 받는 상품을 토지신탁이라 한다.
③ 도시개발법령상 도시개발사업의 시행방식에는 환지방식, 수용 또는 사용방식, 혼용방식이 있다.
④ 지방자치단체와 민간기업이 합동으로 개발하는 방식은 민관합동개발사업에 해당한다.
⑤ 도시개발법령상 도시개발구역에서 주거, 상업, 산업, 유통 등의 기능이 있는 단지 또는 시가지를 조성하기 위하여 시행하는 사업을 도시개발사업이라 한다.

해설 | ② 토지신탁 ⇨ 신탁증서금융(담보신탁), 신탁증서금융(담보신탁)은 부동산 소유자가 소유권을 신탁회사에 이전하고 신탁회사로부터 수익증권을 교부받아 수익증권을 담보로 금융기관에서 대출을 받는 상품을 말한다.

| 토지신탁 | 토지소유자가 토지소유권을 신탁회사에 이전하고 신탁회사가 개발계획의 수립, 건설자금의 조달, 공사관리, 건축물의 분양 및 임대 등 개발사업의 전 과정을 수행 하고 발생한 수익을 토지소유자(위탁자 또는 수익자)에게 돌려주는 제도 |
|---|---|
| 신탁금융 (담보신탁) | 부동산 소유자가 소유권을 신탁회사에 이전하고 신탁회사로부터 수익증권을 교부받아 수익증권을 담보로 금융기관에서 대출을 받는 상품 |

정답 ②

## 04 부동산개발사업의 분류상 다음 (    )에 들어갈 내용으로 옳은 것은?   〔제31회〕

> 토지소유자가 조합을 설립하여 농지를 택지로 개발한 후 보류지(체비지·공공시설 용지)를 제
> 외한 개발 토지 전체를 토지소유자에게 배분하는 방식
> • 개발 형태에 따른 분류: ( ㄱ )
> • 토지취득방식에 따른 분류: ( ㄴ )

① ㄱ: 신개발방식, ㄴ : 수용방식          ② ㄱ: 재개발방식, ㄴ : 환지방식
③ ㄱ: 신개발방식, ㄴ : 혼용방식          ④ ㄱ: 재개발방식, ㄴ : 수용방식
⑤ ㄱ: 신개발방식, ㄴ : 환지방식

> **해설**  ⑤ 토지소유자가 조합을 설립하여 농지를 택지로 개발한 후 보류지(체비지·공공시설 용지)를 제외한 개발
> 토지 전체를 토지소유자에게 배분하는 방식은 신개발방식이며 환지방식에 해당한다.
>
> > **신개발방식과 재개발방식**
> > 1. 신개발방식: 농경지나 산지 등 건물이 없는 곳의 토지를 건축이 가능하게 전환하여 개발하는 것
> >    ⇨ 환지사업(도시개발사업), 신도시개발사업, 아파트지구개발사업, 토지형질변경사업
> > 2. 재개발방식: 이미 건물이 있는 곳에 다시 개발을 하는 것 ⇨ 보전재개발, 수복재개발, 개량재개
> >    발, 철거재개발
>
> **정답** ⑤

## 05 주택정책과 관련하여 다음에서 설명하는 도시 및 주거환경정비법령상 정비사업은?   〔제30회〕

> 정비기반시설이 열악하고 노후·불량건축물이 밀집한 지역에서 주거환경을 개선하거나 상업
> 지역·공업지역 등에서 도시기능의 회복 및 상권활성화 등을 위하여 도시환경을 개선하기 위
> 한 사업

① 재개발사업            ② 주거환경개선사업         ③ 도시환경사업
④ 재건축사업            ⑤ 가로주택정비사업

> **해설**  ① 재개발사업에 대한 설명이다.
>
> **정답** ①

## 06 다음에서 설명하고 있는 민간투자 사업방식은?

- 사회기반시설의 준공과 동시에 해당 시설의 소유권이 국가 또는 지방자치단체에 귀속되며, 사업시행자에게 일정기간의 시설관리운영권을 인정하되, 그 시설을 국가 또는 지방자치단체 등이 협약에서 정한 기간 동안 임차하여 사용·수익하는 방식
- 학교시설, 문화시설 등 시설이용자로부터 사용료를 징수하기 어려운 사회기반시설 건설의 사업방식으로 활용

① BOT(build-operate-transfer) 방식    ② BTO(build-transfer-operate) 방식

③ BLT(build-lease-transfer) 방식    ④ BTL(build-transfer-lease) 방식

⑤ BOO(build-own-operate) 방식

**해설**    ④ BTL(build-transfer-lease) 방식은 사회기반시설의 준공과 동시에 해당 시설의 소유권이 국가 또는 지방자치단체에 귀속되며, 사업시행자에게 일정기간의 시설관리운영권을 인정하되, 그 시설을 국가 또는 지방자치단체 등의 협약에서 정한 기간 동안 임차하여 사용·수익하는 방식이다.

[BTO방식과 BTL방식의 비교]

| BTO방식 | BTL방식 |
|---|---|
| 민간이 개발한 시설의 소유권을 준공과 동시에 공공에 귀속시킨다. 사업시행자인 민간은 일정기간 시설관리 운영권을 가지는 방식 | 민간이 개발한 시설의 소유권을 준공과 동시에 공공에 귀속시킨다. 사업시행자인 민간은 일정기간 시설관리 운영권을 가지며, 공공은 그 시설을 '임차'하여 사용하는 방식 |
| 도로, 터널, 철도, 항만<br>【교통시설】 | 학교건물, 기숙사, 도서관, 군인 아파트<br>【교육·문화·복지시설】 |

**정답** ④

## 07 민간투자사업의 유형이 옳게 짝지어진 것은?  제32회

> ㄱ. 민간사업자가 자금을 조달하여 시설을 건설하고, 일정 기간 소유 및 운영을 한 후, 사업 종료 후 국가 또는 지방자치단체 등에게 시설의 소유권을 이전하는 방식
> ㄴ. 민간사업자가 자금을 조달하여 시설을 건설하고 일정 기간 동안 타인에게 임대하고, 임대기간 종료 후 국가 또는 지방자치단체 등에게 시설의 소유권을 이전하는 방식
> ㄷ. 민간사업자가 자금을 조달하여 시설을 건설하고, 준공과 함께 민간사업자가 당해 시설의 소유권과 운영권을 갖는 방식

[보기]
a. BTO(build-transfer-operate) 방식
b. BOT(build-operate-transfer) 방식
c. BTL(build-transfer-lease) 방식
d. BLT(build-lease-transfer) 방식
e. BOO(build-own-operate) 방식
f. ROT(rehabilitate-operate-transfer) 방식

① ㄱ-a, ㄴ-c, ㄷ-e
② ㄱ-a, ㄴ-d, ㄷ-e
③ ㄱ-b, ㄴ-c, ㄷ-f
④ ㄱ-b, ㄴ-d, ㄷ-e
⑤ ㄱ-b, ㄴ-d, ㄷ-f

해설 ④ ㄱ BOT(build-operate-transfer) 방식, ㄴ. BLT(build-lease-transfer) 방식, ㄷ. BOO(build-own-operate) 방식의 순이다.

정답 ④

**08** A광역시장은 관할구역 중 농지 및 야산으로 형성된 일단의 지역에 대해 도시개발법령상 도시개발사업(개방 후 용도: 주거용 및 상업용 택지)을 추진하면서 시행방식을 검토하고 있다. **수용방식**(예정사업시행자: 지방공사)과 **환지방식**(예정사업시행자: 도시개발사업조합)을 **비교한 설명으로 틀린 것은?** (단, 보상금은 현금으로 지급하며, 주어진 조건에 한함)　　〔제35회〕

① 수용방식은 환지방식에 비해 세금감면을 받기 위한 대토(代土)로 인해 도시개발구역 밖의 지가를 상승시킬 가능성이 크다.

② 수용방식은 환지방식에 비해 사업시행지의 개발토지(조성토지) 매각부담이 크다.

③ 사업시행자의 사업비부담에 있어 환지방식은 수용방식에 비해 작다.

④ 사업으로 인해 개발이익이 발생하는 경우, 환지방식은 수용방식에 비해 종전 토지소유자에게 귀속될 가능성이 크다.

⑤ 개발절차상 환지방식은 토지소유자의 동의를 받아야 하는 단계(횟수)가 수용방식에 비해 적어 절차가 간단하다.

**해설** | ⑤ 개발절차상 환지방식은 토지소유자의 동의를 받아야 하는 단계(횟수)가 수용방식에 비해 많아 절차가 복잡하다.

**[환지방식과 수용방식]**

| 구분 | 환지방식 | 수용방식 |
|---|---|---|
| 사업주체 | 토지소유자 및 조합 | 국가, 지자체, 공사 |
| 사업비부담 | 적음 | 큼 |
| 개발이익환수 | 곤란 | 용이 |
| 기반시설 확보 | 곤란 | 용이 |
| 민원발생 | 적음 | 많음 |
| 사업기간 | 장기 | 단기 |
| 원주민 재정착 | 용이 | 곤란 |
| 개발토지 매각부담 | 적음 | 큼 |

정답 ⑤

**09 부동산개발사업에 관한 설명으로 틀린 것은?** (제35회)

① 부동산개발의 타당성분석 과정에서 시장분석을 수행하기 위해서는 먼저 시장지역을 설정하여야 한다.
② 부동산개발업의 관리 및 육성에 관한 법령상 건축물을 리모델링 또는 용도변경하는 행위(다만, 시공을 담당하는 행위는 제외한다)는 부동산개발에 포함된다.
③ 민간투자사업에 있어 민간사업자가 자금을 조달하여 시설을 건설하고 일정기간 소유 및 운영을 한 후 국가 또는 지방자치단체에게 시설의 소유권을 이전하는 방식은 BOT(build-operate transfer) 방식이다.
④ 부동산개발의 유형을 신개발방식과 재개발방식으로 구분하는 경우, 도시 및 주거환경정비법령상 재건축사업은 재개발방식에 속한다.
⑤ 개발사업의 방식 중 사업위탁방식과 신탁개발방식의 공통점은 토지소유자가 개발사업의 전문성이 있는 제3자에게 토지소유권을 이전하고 사업을 위탁하는 점이다.

**해설** ⑤ 사업위탁방식과 신탁개발방식의 차이점은 신탁개발방식의 경우 토지소유자가 개발사업의 전문성이 있는 제3자에게 토지소유권을 이전하고 사업을 위탁하는 점이다.

**[사업위탁(수탁)방식과 신탁개발(토지신탁)방식]**

| 구분 | 사업위탁(수탁)방식 | 신탁개발(토지신탁)방식 |
|---|---|---|
| 소유권이전<br>명의 | 소유권 이전X<br>토지소유자 명의 | 소유권 이전O<br>신탁회사 명의 |
| 자금조달 | 토지소유자 | 신탁회사(수탁자) |
| 개발이익 | 토지소유자에게 귀속 | 수익자(수익증권 소유자)에게 귀속 |
| 공통점 | 개발자 또는 신탁회사에게 수수료 지급 (이익공유X) | |

**정답** ⑤

**10 다음에 해당하는 도시 및 주거환경정비법상의 정비사업은?** 〔제35회〕

> 도시저소득 주민이 집단거주하는 지역으로서 정비 기반시설이 극히 열악하고 노후·불량건축
> 물이 과도하게 밀집한 지역의 주거환경을 개선하거나 단독주택 및 다세대주택이 밀집한 지
> 역에서 정비기반시설과 공동이용시설 확충을 통하여 주거환경을 보정·정비·개량하기 위한
> 사업

① 자율주택정비사업　　② 소규모재개발사업　　③ 가로주택정비사업
④ 소규모재건축사업　　⑤ 주거환경개선사업

해설┃　⑤ 도시 및 주거환경정비법령상의 정비사업 중 주거환경개선사업에 대한 설명이다.

**[정비사업: 「도시 및 주거환경정비법」 제2조]**
1. 주거환경개선사업: 도시저소득 주민이 집단거주하는 지역으로서 정비기반시설이 극히 열악하고 노후·불량건축물이 과도하게 밀집한 지역의 주거환경을 개선하거나 단독주택 및 다세대주택이 밀집한 지역에서 정비기반시설과 공동이용시설 확충을 통하여 주거환경을 보전·정비·개량하기 위한 사업
2. 재개발사업: 정비기반시설이 열악하고 노후·불량건축물이 밀집한 지역에서 주거환경을 개선하거나 상업지역·공업지역 등에서 도시기능의 회복 및 상권활성화 등을 위하여 도시환경을 개선하기 위한 사업
3. 재건축사업: 정비기반시설은 양호하나 노후·불량건축물에 해당하는 공동주택이 밀집한 지역에서 주거환경을 개선하기 위한 사업

정답 ⑤

PART 7 부동산개발, 관리론, 마케팅

# 부동산관리론과 부동산마케팅

☐ 부동산관리의 3가지 영역, 복합적 측면에서의 관리, 관리의 방식의 장·단점, 임대차방식 및 선정기준, 건물의 생애주기와 내용연수를 숙지하자.

☐ 부동산마케팅에서는 시장점유, 고객점유, 관계마케팅을 숙지하고 STP전략과 4P Mix 내용도 정리해두자.

## 제1절 부동산관리

### 1 부동산관리의 의의와 필요성

#### (1) 부동산관리의 의의

부동산관리란 부동산을 유지·보존하고, 그 성질을 변화시키지 않는 범위내에서 경제상의 유용성을 증대시키기 위하여 이용하고 개량하는 활동을 말한다. 이는 부동산의 처분에 대응하는 개념이다. 즉, 부동산관리는 취득, 유지, 보존, 이용, 개량에 관한 일체의 행위라 할 수 있다. 부동산관리는 물리·기능·경제 및 법률 등을 포괄하는 복합개념이다.

① **보존활동** : 대상부동산이 갖는 본래의 상태를 보존하여 그 부동산이 갖는 기능을 계속 유지시키는 활동

② **이용활동** : 부동산이 갖는 기능에 따라 이익을 증대시키는 활동(성질을 변화시키지 않는 범위내에서)

③ **개량활동** : 부동산의 법률적·기능적·경제적 하자를 제거하여 부동산의 유용성 극대화시키는 활동(성질을 변화시키지 않는 범위내에서)

---

**용어 │ 부동산의 유지와 개발**

1. 유지 : 부동산의 외형·형태를 변화시키지 않으면서 부동산의 양호한 상태를 유지시키는 행위로 일상적 유지활동, 예방적 유지활동, 대응적 유지활동으로 구분하며, 사전적 유지활동인 예방적 유지활동이 가장 중요한 위치를 차지한다.

2. 개량 : 외부적 관리행위로 부동산의 외형·형태를 변화시키면서 양호한 상태를 지속시키는 행위이다.

---

**기출 │** 부동산관리에서 유지란 외부적인 관리행위로 부동산의 외형, 형태를 변화시키지 않으면서 양호한 상태를 지속시키는 행위다.

## (2) 부동산관리의 필요성

| ① 도시화현상 | 경제의 발전과 더불어 인구의 도시집중은 단독주택에서 공동주택으로 주택구조를 변경시켰고, 그로 인하여 공동주택의 전문적인 관리를 필요로 한다. |
|---|---|
| ② 건축기술 발달 | 인구의 도시집중과 도시의 성장은 건물의 고층화·대형화를 가져오고 이로 인한 건축기술의 발전은 전문적인 관리가 아니고는 그 유지가 불가능하게 되었다. |
| ③ 부재소유자의 요구와 증가 | 도시화는 부동산개발이나 투자를 촉진하게 되어 도시지역의 부동산은 대량으로 임대화되어 부재자의 소유현상은 소유자로 하여금 부동산관리를 전문 관리인에게 위탁하게 되었고 이로 인하여 부동산에 대한 부재자소유의 증대를 가져온다. |
| ④ 소유와 관리의 분리 | 부동산관리제도의 필요는 공용부문에서는 물론이나 전유부문에서도 구분소유물의 공공성에 입각하여 단독소유에서와 달리 계속적이고 제도적인 관리가 요청된다. |

## 2 부동산관리의 세 가지 영역 제25회, 제26회, 제30회

부동산관리는 시설관리, 자산관리, 건물 및 임대차관리의 세 가지 영역으로 나눌 수 있는데, 가장 중요한 것은 자산관리이다.

### (1) 시설관리(유지관리, FM; Facility Management)

각종 부동산 시설을 운영하고 유지하는 것으로서, 시설사용자의 요구에 부응하는 정도의 소극적 관리를 의미한다.
① 설비의 운전·보수　　② 에너지관리
③ 청소관리　　④ 방범·방재
⑤ 외주관리

### (2) 건물 및 임대차관리(부동산관리, 재산관리, PM; Property Management)

부동산의 임대 및 수지관리의 측면에서의 관리를 의미한다.
① 수입목표수립　　② 지출계획수립
③ 비용통제　　④ 임대차 유치 및 유지

### (3) 자산관리(투자관리, AM; Asset Management)

소유주나 기업의 부를 극대화하기 위하여, 부동산의 가치증진을 목적으로 하는 적극적인 관리를 의미한다.
① 부동산의 매입과 매각　　② 재투자, 재개발 결정
③ 투자 리스크 관리　　④ 포트폴리오 관리
⑤ 프로젝트 파이낸싱

| 부동산관리의 세가지 영역 | | |

| 시설관리<br>(유지관리, FM) | 건물 및 임대차관리<br>(재산관리, PM) | 자산관리<br>(투자관리. AM) |
|---|---|---|
| 시설을 운영·유지<br>소극적 관리 | 재산관리(부동산관리)<br>임대 및 수지관리 | 부동산가치 증가<br>적극적 관리 |
| 설비의 운전·보수<br>에너지관리<br>청소관리<br>방범·방재<br>외주관리 | 수입목표수립<br>지출계획수립<br>비용통제<br>임대차 유치 및 유지 | 부동산의 매입과 매각<br>재투자, 재개발 결정<br>투자 리스크 관리<br>포트폴리오 관리<br>프로젝트 파이낸싱 |

> **기출** 1. 시설관리는 부동산시설을 운영하고 유지하는 것으로 시설사용자나 기업의 요구에 따르는 소극적 관리에 해당한다.
> 2. 자산관리에는 부동산의 매입·매각, 재투자·재개발, 포트폴리오, 투자 리스크, 프로젝트 파이낸싱 등이 있다.

## 3 부동산관리의 내용별 분류 제25회, 제26회

### (1) 기술적 관리(유지관리 ; 협의의 관리)

기술적 관리란 협의의 관리이며 건물과 부지의 부적응 개선이나 물리적·기능적 하자의 유무를 판단하여 필요한 조치를 취하는 관리를 말한다.
① 토지의 기술적 관리 : 경계확정, 사도(私道) 방지, 경사지 또는 쓰레기장화 방지대책 등
② 건물의 기술적 관리 : 위생관리, 설비관리, 보안관리(화재·재해 보험 가입), 보전관리 등

### (2) 경제적 관리(경영관리)

경제적 관리란 수익의 극대화를 위한 순수익의 합리적 산출을 위한 관리를 말한다.
① 토지의 경제적 관리 : 공사장 가건물, 모델하우스, 주차장, 자재하치장, 테니스 코트 등으로 이용
② 건물의 경제적 관리 : 손익분기점 파악, 회계관리, 수지관리, 예산관리, 인력관리 등

### (3) 법률적 관리(보존관리)

법률적 관리란 소유권의 적정성 여부 판단 등 합법적인 보장을 최대로 확보하는 관리를 말한다.
① 토지의 법률적 관리 : 권리관계의 조정, 법적 하자 제거 조치, 토지도난 대책, 법률적 이용가치개선과 변경
② 건물의 법률적 관리 : 임대차 계약(예약), 시설이용계약(광고시설이용계약 등), 권리의 보존, 공법상의 규제사항에 관한 관리

복합적 관리(광의의 부동산관리)

| 구분 | 기술적 관리(유지관리, 협의) | 경제적 관리(경영관리) | 법률적 관리(보존관리) |
|---|---|---|---|
| 토지 | • 경계 확정<br>• 사도, 경사지 대책 | • 부동산에 대한 수익의 극대화를 추구 | • 권리관계 조정<br>• 토지도난방지대책 |
| 건물 | • 위생, 설비, 보안, 보전관리<br>• 건물과 부지의 부적응 개선<br>• 물리적·기능적 하자제거 | • 손익분기점 평가<br>• 회계관리<br>• 인력관리 | • 계약관리<br>• 권리의 보존관리<br>• 공법상 규제 사항에 관한 관리 |

> **기출**
> 1. 건물과 부지의 부적응을 개선시키는 활동은 기술적 관리에 해당한다.
> 2. 기술적 측면의 부동산관리는 대상부동산의 물리적·기능적 하자의 유무를 판단하여 필요한 조치를 취하는 것이다.

## 4 부동산관리의 주체별 분류(관리 3방식) 제25회, 제26회, 제27회, 제33회, 제34회, 제35회

부동산관리는 '자가관리 ⇨ 혼합관리 ⇨ 위탁관리'로 발달하여 왔다. 세가지 방식 중 가장 역사가 오래된 전통적 관리방식은 자가관리방식이며, 현대적 의미에서 전문적인 관리방식은 위탁관리방식을 말한다.

### (1) 자가관리(자영관리, 직접관리, 자치관리)

자가관리방식이란 개인의 소규모 주택이나 적은 면적의 토지 등을 대체적으로 소유자가 직접관리하는 방식을 취하는 것을 말한다. 작게는 자용건물이나 크게는 자가의 빌딩을 직접관리하든가 또는 타인에게 임대한 토지나 건물 및 기타 시설물 등을 자기가 직접관리하는 행위 등을 포함한다.

### (2) 위탁관리(외주관리, 간접관리)

재산의 관리를 전반적으로 전문가 또는 대행업자에게 위탁하게 되는 것이다. 위탁관리는 일반적으로 부동산관리를 전문으로 하는 대행업자에게 위탁하는 것이 보통이지만, 이때에 주의할 것은 사회적으로 신뢰도가 높고 성실한 대행업자를 선정하도록 하여, 불의의 사고 또는 부실한 관리로 인한 피해를 사전에 방지하는 문제가 고려되고 있다.

### (3) 혼합관리

자가관리와 위탁관리를 병용하여 관리하는 방식이다. 즉, 중형의 빌딩이나 상당히 복잡한 기능을 가진 부동산일 경우 일부는 소유주가 직접관리하고 일부는 제3자에게 관리를 위탁하는 경우이다. 문제가 발생하는 경우 관리의 책임소재가 불분명해지는 단점이 있다.

## 관리방식의 장단점 비교

| | 장점 | 단점 |
|---|---|---|
| 자가관리<br>(직접관리)<br>(전통방식) | ① 기밀유지, 보안 유리<br>② 서비스, 애호정신 높음<br>③ 각 부분의 종합적 관리 용이<br>④ 소유자의 지시, 통제권 강함<br>⑤ 신속한 업무처리<br>⑥ 관리비절약(수수료측면) | ① 소유자 본업에 전념하기 곤란<br>② 업무의 타성화(매너리즘화)<br>③ 전문성 결여<br>④ 관리비가 필요이상 상승, 불합리하게 지출<br>⑤ 인력관리가 비효율적, 인사정체 심함 |
| 위탁관리<br>(외주관리)<br>(현대방식) | ① 소유자 본업에 전념<br>② 업무의 타성화(매너리즘) 방지<br>③ 전문성 높음, 효율적 관리<br>④ 관리비용 저렴·안정<br>⑤ 소유와 경영분리 | ① 기밀유지 곤란, 보안 불리<br>② 서비스, 애호정신 낮음<br>③ 각 부분의 종합적 관리 곤란<br>④ 업자의 신뢰도 문제<br>⑤ 신속한 업무처리 곤란<br>⑥ 위탁수수료 ⇨ 관리비지출 |
| 혼합관리<br>(과도기) | ① 일부 자기가 관리하고 필요부분만 위탁관리<br>② 자가관리와 위탁관리의 장점 채택 | ① 책임 소재가 불명확<br>② 관리자간 긴밀한 협조 × |

기출

1. 자기(직접)관리방식은 전문(위탁)관리방식에 비해 기밀유지에 유리하고 의사결정이 신속한 경향이 있다.
2. 위탁관리방식은 관리업무의 타성(惰性)을 방지할 수 있다.
3. 위탁관리방식 관리의 전문성과 효율성을 제고할 수 있고, 건물설비의 고도화에 대응할 수 있어 대형건물의 관리에 더 유용하다.
4. 위탁관리방식은 전문업자의 관리서비스를 받을 수 있지만, 기밀유지에 어려움이 있다.
5. 건물의 관리에 있어서 재무·회계관리, 시설이용·임대차계약, 인력관리는 위탁하고, 청소를 포함한 그외 나머지는 소유자가 직접 관리할 경우, 이는 혼합관리방식에 해당한다.
6. 혼합관리방식은 관리의 책임소재가 불분명해지는 단점이 있다.
7. 위탁관리방식은 소유와 경영의 분리가 가능, 대형건물의 관리에 더 유용, 관리에 따른 용역비의 부담이 있음, 전문적이고 체계적인 관리가 가능 등의 특징이 있다.

## 5 부동산관리자들의 업무영역(부동산 관리활동) 제26회, 제30회, 제31회, 제34회, 제35회

### (1) 임대차활동

① 임차인의 선정기준

    ㉠ 주거용 부동산 : 유대성(연대성)

    ㉡ 매장용 부동산 : 가능매상고(수익성)

    ㉢ 공업용 부동산(사무실용 부동산) : 적합성

② 임대차의 유형

    ㉠ 총(조)임대차(gross lease) : 주거용 부동산

조임대차의 경우 임차인은 모든 임대료를 임대인에게 지불하고 이를 받은 임대인이 부동산 운영에 수반되는 다른 비용(부동산세금, 보험료 등)을 지불하는 임대차 유형을 말한다.

ⓛ 비율임대차(percentage lease) : 매장용 부동산

비율임대차는 임차인의 총수입(총소득, 매출액)의 일정비율을 임대료로 지불하는 임대차 유형을 말한다.

ⓒ 순임대차(net lease) : 공업용 부동산

순임대차란 임차인은 순수한 임대료만을 임대인에게 지불하고 그 외의 영업경비는 임대인과 임차인이 사전협상에 따라 지불하는 임대차 유형을 말한다.

공업용 부동산에서는 3차 순임대차가 보편적이다.

ⓐ 1차 순임대차 : 순수임대료+편익시설비용, 기타 특별부과금, 부동산 세금

ⓑ 2차 순임대차 : 1차 순임대차+보험료

ⓒ 3차 순임대차 : 2차 순임대차+유지수선비

## 임차인 선정기준과 임대차계약

| 구분 | 임차인 선정기준 | 임대차계약 |
|---|---|---|
| ① 주거용 | 유대성(연대성) | 조임대차(총임대차) |
| ② 매장용 | 가능매상고(수익성) | 비율임대차 |
| ③ 공업용 | 적합성 | (3차)순임대차 |

기출
1. 부동산관리자가 상업용 부동산의 임차자를 선정한때는 가능매상고가 중요한 기준이 된다.
2. 임차부동산에서 발생하는 총수입(매상고)의 일정 비율을 임대료로 지불한다면, 이는 임대차의 유형 중 비율임대차에 해당한다.

---

### 예제문제

**01.** A회사는 분양면적 500㎡의 매장을 손익분기점 매출액 이하이면 기본임대료만 부담하고, 손익분기점 매출액을 초과하는 매출액에 대하여 일정 임대료율을 적용한 추가임대료를 가산하는 비율임대차(percentage lease)방식으로 임차하고자 한다. 향후 1년 동안 A회사가 지급할 것으로 예상되는 연 임대료는? (단 주어진 조건에 한하며, 연간 기준임)   ▶ 제30회

- 예상매출액: 분양면적 ㎡당 20만원
- 기본임대료: 분양면적 ㎡당 6만원
- 손익분기점 매출액: 5,000만원
- 손익분기점 매출액 초과 매출액에 대한 임대료율: 10%

① 3,200만원  ② 3,300만원  ③ 3,400만원  ④ 3,500만원  ⑤ 3,600만원

**정답** ④

**해설** ④ 비율임대차 임대료(3,500만원) = 기본임대료(3,000만원) + 추가임대료(500만원)

| 예상매출액 = 1억원 (20만원 × 500㎡) | 초과금액: 5,000만원 | 추가임대료 = 500만원 (5,000만원 × 10%) |
| --- | --- | --- |
| | 손익분기점: 5,000만원 | 기본임대료 = 3,000만원 (6만원 × 500㎡) |

**02.** 임차인 A는 작년 1년 동안 분양면적 1,000㎡의 매장을 비율임대차(percentage lease)방식으로 임차하였다. 계약내용에 따르면, 매출액이 손익분기점 매출액 이하이면 기본임대료만 지급하고, 이를 초과하는 매출액에 대해서는 일정 임대료율을 적용한 추가임대료를 기본임대료에 가산하도록 하였다. 전년도 연임대료로 총 5,500만원을 지급한 경우, 해당 계약내용에 따른 손익분기점 매출액은? (단, 연간 기준이며, 주어진 조건에 한함)
▶ 제31회

- 기본임대료: 분양면적 ㎡당 5만원
- 손익분기점 매출액을 초과하는 매출액에 대한 임대료율: 5%
- 매출액: 분양면적 ㎡당 30만원

① 1억 6,000만원
② 1억 7,000만원
③ 1억 8,000만원
④ 1억 9,000만원
⑤ 2억원

**정답** ⑤

**해설** ⑤ 손익분기점 매출액은 2억원이 된다.

| 매출액 = 3억원 (30만원 × 1,000㎡) | 초과금액: 1억원 (□ × 5% = 500만원) | 추가임대료 = 500만원 (□ × 5%) | 임대료 5,500만원 |
| --- | --- | --- | --- |
| | 손익분기점: $\chi$ = 2억원 ($\chi$ + 1억원 = 3억원) | 기본임대료 = 5,000만원 (6만원 × 500㎡) | |

## (2) 부동산의 유지

① 의의 : 부동산의 외형·형태를 변화시키지 않고 양호한 상태를 지속시키는 행위를 말한다. 외형이나 형체를 변화시키면서 양호한 행위를 지속시키는 개량과는 구별되는 개념이다.

② 종류 : 가장 중요한 위치를 차지하는 것은 예방적 유지활동(사전적 유지활동)이다.

　　㉠ **일상적(정기적) 유지활동** : 청소, 소독 등 통상적으로 행하는 정기적인 유지활동

　　㉡ **예방적(사전적) 유지활동** : 시설, 장비 등이 제기능을 효율적으로 발휘하기 위해서 수립된 유지계획에 따라 문제가 발생하기 전에 수리·교환하는 사전적 유지활동

ⓒ 대응적(사후적) 유지활동 : 어떤 문제가 생긴 후에 이를 수정하기 위한 사후적 유지활동

기출 예방적 유지활동은 시설 등이 본래의 기능을 발휘하는데 장애가 없도록 유지계획에 따라 시설을 교환하고 수리하는 사전적 유지 활동을 의미한다.

## 6 건물의 생애주기와 내용연수 제26회

### (1) 건물의 생애주기

① **전개발단계(건축 전단계)** : 건축하기 전의 단계, 용지상태에서 건축계획을 세우는 단계
  ㉠ 건축계획 및 건축 후의 관리계획
  ㉡ 장차 건물에 대한 일반 소비자들의 수요행태에 대한 예측 등이 이루어져야 한다(건물의 수급동 향분석/유사빌딩신축 동향).
  ㉢ 건물에 대한 규제(임대료규제), 도시계획상 규제, 시장조사, 타당성분석
② **신축단계** : 건물이 완성된 단계
  건물의 물리적·기능적 유용성은 이 단계에서 가장 높이 나타난다.
③ **안정단계** : 건물이 제기능을 발휘하면서 본격적·장기적으로 안정되는 단계
  ㉠ 이 단계의 관리상태에 따라 빌딩수명의 장단이 결정된다. 즉, 관리상태가 좋으면 안정단계가 상당히 연장된다.
  ㉡ 만일 빌딩의 시설이나 구조를 일부 개조나 수선 등의 자본적 또는 수익적 지출을 하여야 하는 경우 이 단계에서 하는 것이 효과적이다(리모델링 단계).
  ㉢ 임대료의 정기적인 재평가 및 재조정, 임차인의 이용상태 등 필요한 제반사항에 대한 배려가 있어야 한다.
④ **노후단계** : 건물의 물리적·기능적 상태가 급격히 악화되기 시작하는 단계
  ㉠ 설비의 낙후, 외관의 악화, 보다 낮은 수준의 임차인이 들어서는 것 등으로 측정 가능하다. 약 15년 정도 지속된다.
  ㉡ 빌딩의 기능개선 등을 목적으로 새로운 투자를 한다면, 문제를 더욱 어렵게 만드는 수도 있다.
  ㉢ 대부분의 소유자는 새로운 개량비의 지출을 억제하는 대신 빌딩 자체를 교체할 계획을 세우 는 것이 통상적이다.
⑤ **완전폐물단계** : 건물의 설비 등이 쓸모가 거의 없어져, 경제적 가치가 없어지는 단계
  ㉠ 건물 교체를 전제로 전개발단계를 향하여 모든 일이 전개된다.
  ㉡ 건물의 교체결정은 물리적·기능적인 마멸의 정도에 따르는 것이 당연하지만 경제적인 측면 에서도 타당성이 있어야 하므로 교체된 새 빌딩의 가격이 현존 빌딩의 가격과 교체하는 데 소요되는 비용을 합산한 것보다 많아야 한다.

건물의 생애주기

| ① 전개발단계 | ① 장차 빌딩이 건축될 용지의 상태를 말한다.<br>② 공법상 규제 고려, 시장분석 |
|---|---|
| ② 신축단계 | ① 빌딩이 완성된 단계<br>② 물리적·기능적 유용성 최고(경제적 ×) |
| ③ 안정단계 | ① 존속기간이 가장 장기<br>② 빌딩의 수명 결정(경제적관리가 특히 중요)<br>③ 자본적지출(개조나 수선)이 적절한 시기 |
| ④ 노후단계 | ① 빌딩이 물리적·기능적 상태가 급격히 악화<br>② 지출을 억제하고 빌딩교체를 계획하는 단계 |
| ⑤ 완전폐물단계 | ① 빌딩이 물리적·경제적으로 쓸모가 없어지는 단계<br>② 건물교체를 전제하는 단계 |

기출 1. 건물의 생애주기 단계 중 물리적 유용성이 가장 높은 단계는 신축단계이다.
2. 안정단계에서 건물의 양호한 관리가 이루어진다면 안정단계의 국면이 연장될 수 있다.
3. 노후단계는 일반적으로 건물의 구조, 설비, 외관 등이 악화되는 단계이다.

## (2) 건물의 내용연수

건물의 유용성을 지속할 수 있는 버팀시간, 보통 건물의 수명을 말한다. 관리자의 태도, 시공상태, 입지조건 및 관리방법에 따라 내용연수는 달라진다. 물리적 내용연수가 가장 길다. 경제적 내용연수는 물리적 내용연수 범위내에서 파악된다.

① **물리적 내용연수** : 건물의 이용에 의한 마멸, 파손, 노후화, 우발적 사고 등으로 사용이 불가능할 때까지의 버팀시간을 말한다.

② **기능적 내용연수** : 건물이 기능적으로 유효한 기간으로 설계의 불량, 설비의 부족·불량, 건물과 부지의 부적응, 형식과 디자인의 구식화 등과 관계가 있다.

③ **경제적 내용연수** : 경제수명이 다하기까지의 버팀시간이다. 인근지역의 변화, 인근환경과 건물의 부적합, 인근 다른 건물과 비교해 시장성이 감퇴되는 것과 관계가 있다.

④ **행정적 내용연수** : 법 제도나 행정적 조건에 의해 건물의 수명이 다하기까지의 기간을 말한다. 이는 철거 및 세법의 규정에 따라 결정된다. 특히 세법의 규정에 의한 내용연수를 법정내용연수라고 한다.

## 제2절  부동산마케팅

### 1  부동산마케팅 의의

① 부동산마케팅이란 부동산과 부동산업에 대한 소비자들의 행동이나 태도를 형성·유지·변경하고 부동산의 필요와 욕망을 만족시켜 주기 위해, 물적 부동산, 부동산서비스, 부동산증권 세가지 유형의 부동산제품을 사고, 팔고, 임대차하는 것이다.
② 현대사회는 공급자(판매자) 중심에서 소비자(구매자) 중심으로 전환됨에 따라 소비자들의 욕구를 충족시키는 마케팅 전략이 중요해지고 있다.

### 2  부동산마케팅 환경

마케팅활동을 효율적으로 수행하려면 환경구조를 정확히 파악하여 합리적인 마케팅 환경관리를 해야 한다.

| 거시적 환경 | 자연환경, 인문환경(정치, 경제, 사회, 문화적 환경) |
| --- | --- |
| 미시적 환경 | 경쟁업자, 공중(일반대중), 정부 |

#### (1) 거시적 환경

① **자연적 환경**
지형, 지질, 기후, 공기오염, 공동주택단지의 오물처리 및 종말처리, 유해물질의 처리
② **인문적 환경**
㉠ **정치·행정적 환경** : 토지이용과 거래에 관한 법 규제, 투기대책, 도시개발 및 재개발
㉡ **경제·기술적 환경** : 저축률, 투자율, 경제성장, 경기변동, 건축기술발달, 국내저축, 투자수준, 국제수지, 재정 및 금융, 물가, 임금
㉢ **사회·문화적 환경** : 소비자 단체, 소비자의 의식, 인구, 가족구성, 공공시설, 사회복지, 부동산의 거래 및 이용관행, 건축양식, 지식, 가치관, 관습 및 윤리

#### (2) 미시적 환경

부동산활동의 개별 주체들로 구성되는데 경쟁업자, 공중(일반대중), 정부로 구성되어 있다.

## 4 부동산마케팅의 세가지 차원 제25회, 제26회, 제27회, 제28회, 제31회, 제32회, 제33회, 제34회, 제35회

부동산마케팅은 ① 공급자 전략차원으로서 표적시장을 선점하거나 틈새시장을 점유하는 시장점유마케팅이 있고, ② 소비자 행동차원으로서 소비자의 행태, 심리적 측면에서 고객점유마케팅이 있으며 ③ 최근 새롭게 대두되고 있는 공급자와 소비자의 상호작용을 중요시하는 관계마케팅이 있다.

| 시장점유<br>마케팅 전략<br>(공급자 중심) | 공급자 중심의 마케팅전략으로서 표적시장을 선점하거나 틈새시장을 점유하는 전략 |
| --- | --- |
| | ① STP 전략 : 시장세분화(Segmentation), 표적시장(Target), 차별화(Positioning)<br>② 4P Mix 전략 : 제품(Product), 가격(Price), 유통경로(Place), 판매촉진(Promotion) |
| 고객점유<br>마케팅 전략<br>(수요자 중심) | 소비자의 구매의사결정과정의 각 단계에서 심리적 접점을 마련<br>AIDA 전략 : 주의(Attention), 관심(Interesring), 욕망(Desire),행동(Action)의 전략 |
| 관계 마케팅 전략<br>(수요·공급자<br>상호작용) | 생산자와 소비자간의 장기적·지속적인 관계유지를 주축으로 하는 마케팅으로 이는 주로 '브랜드(Brand)' 문제와 연결된다. |

### (1) 시장점유마케팅전략(공급자 전략차원)

시장점유마케팅은 공급자중심의 마케팅전략으로서 표적시장을 선점하거나 틈새시장을 점유하는 전략이다. 여기에는 STP전략과 4P Mix전략이 있다.

① **STP전략** 제25회, 제26회, 제32회, 제34회

이는 전통적 전략의 하나로 시장세분화(Segmentation), 표적시장(Target), 차별화(Positioning)를 의미한다.

㉠ **시장세분화**(Segmentation) : 수요자 집단을 인구, 경제학적 특성상 세분하여 상품의 판매지향점을 분명히 하는 전략 ⇨ 수요자층별로 시장을 분할하는 것

㉡ **표적시장선점**(Target) : 세분화된 시장에서 자신의 상품과 일치되는 수요집단을 확인하거나 선정된 표적집단에서 신상품을 기획하는 것

㉢ **차별화전략**(Positioning) : 동일한 표적시장을 갖는 다양한 공급경쟁자 사이에서 자신의 상품을 어디에 위치시킬 것인가 하는 전략, 분양성공을 위해 아파트 브랜드를 고급스러운 이미지로 고객의 인식에 각인시키도록 하는 노력

> 기출
> 1. 시장세분화(market segmentation)란 부동산시장에서 마케팅활동을 수행하기 위하여 구매자의 집단을 세분하는 것이다.
> 2. 시장세분화 전략이란 수요자 집단을 인구·경제적 특성에 따라 세분하고, 세분된 시장에서 상품의 판매지향점을 분명히 하는 것을 말한다.
> 3. 시장차별화전략(positioning)은 동일한 표적시장을 갖는 다양한 공급경쟁자들 사이에서 자신의 상품을 어디에 위치시킬 것인가를정하는 전략이다.

② **4P Mix 전략** 제25회, 제27회, 제31회, 제32회, 제33회, 제35회

　㉠ **유통경로전략**(place) : 현입주자, 직접 분양, 분양대행사, 금융기관, 중개업자(중개업소)를 효과적으로 이용하는 전략

　㉡ **제품전략**(product) : 구조물과 부대시설 및 배치에 있어서 경쟁력을 가질 수 있는 전략(지상 주차장의 지하화, 자연친화적 설비의 설치, 라이프 스타일 반영한 평면설계, 보안설비 디지털화, 방음벽 설치, 자동화기기의 설치, 아파트의 차별화를 위해 커뮤니티 시설에 헬스장, 골프연습장을 설치)

　㉢ **가격전략**(price) : 품질에 비해 저렴하고, 표적수요자의 자금능력과 금융을 고려하여 전략을 세운다(중도금 무이자 융자 등).

　㉣ **판매촉진**(promotion), **의사소통전략** : 표적시장의 반응을 빠르고 강하게 자극·유인하기 위한 전략, 제품의 광고·홍보활동, 경품 제공 등의 전략

> **기출** 1. 4P 마케팅믹스(Marketing Mix) 전략의 구성요소에는 Product(제품), Place(유통경로), Price(가격), Promotion(판매촉진)이 있다.
> 2. 마케팅믹스란 기업의 부동산 상품이 표적시장에 도달하기 위해 이용하는 마케팅에 여러 요소들의 조합을 말한다.
> 3. 분양대행사, 중개업소를 이용하는 것은 마케팅믹스의 전략 중 유통경로(place)전략과 밀접한 연관이 있다.
> 4. 다른 아파트와 차별화되도록 '혁신적인 내부구조로 설계된 아파트'는 제품(product) 전략의 예가 될 수 있다.
> 5. 주택청약자를 대상으로 추첨을 통해 벽걸이TV, 양문형 냉장고 등을 제공하는 것은 마케팅믹스전략 중 판매촉진(promotion)이다.

## (2) 고객점유마케팅전략(소비자행동차원이론) 제32회, 제34회

① 고객점유마케팅은 전통적인 시장점유마케팅이 공급자 일방적 접근방식이었다는 반성에서 소비자 중심으로 접근하는 전략을 말한다.

② 소비자의 구매의사결정과정의 각 단계에서 소비자와의 심리적 접점을 마련하고, 전달되는 메시지의 톤과 강도를 조절하여 마케팅 효과를 극대화하려는 전략이다.

③ AIDA전략: 주의(Attention), 관심(Interest), 욕망(Desire), 행동(Action)

## (3) 관계 마케팅전략(공급자와 수요자의 관계)

이는 공급자와 소비자간의 1회성 거래가 아니고 양자간의 장기적·지속적 관계를 유지하려는 전략으로서 특히 브랜드(brand) 문제와 연관된다.

> **기출** 1. 시장점유 마케팅전략이란 공급자 중심의 마케팅전략으로 표적시장을 선정하거나 틈새시장을 점유하는 전략을 말한다.
> 2. 시장점유 마케팅 전략이란 공급자 중심의 마케팅 전략으로 표적시장을 선정하거나 틈새시장을 점유하는 전략을 말한다.

    3. 고객점유 마케팅전략은 소비자의 구매의사결정과정의 각 단계에서 소비자와의 심리적인 접점을 마련하고 전달하려는 메시지의 취지와 강약을 조절하는 전략이다.
    4. 관계마케팅전략에서는 공급자와 소비자의 관계를 일회적이 아닌 지속적인 관계로 유지하려 한다.
    5. 바이럴 마케팅(viral marketing) 전략은 SNS, 블로그 등 다양한 매체를 통해 해당 브랜드나 제품에 대해 입소문을 내게 하여 마케팅효과를 극대화시키는 것이다.

## 5 가격(Price) 전략 제25회, 제32회, 제33회

### (1) 시가전략

다른 경쟁업자의 가격과 동일한 시장가격으로 책정하는 것을 말한다.

### (2) 신축(적응)가격전략

동일한 자재와 시공으로 만든 동일 부동산 상품일지라도 위치, 방위, 층, 지역 등에 따라 다른 가격으로 판매하는 정책을 말한다. 동일하거나 유사한 제품으로 다양한 수요자들의 구매를 유입하고, 구매량을 늘리도록 유도하기 위하여 가격을 다르게 하여 판매하는 것을 말한다.

### (3) 저가전략

지역구매자의 구매력이 낮은 소비자로 하여금 구매력을 발생하게 하여 다수의 고객을 확보한 다음, 장기적으로 이윤을 확보하려는 방법이다. 이 방법은 단위면적당 가격을 낮게 책정하는 것으로서 기존 제품으로 기존 시장에 들어갈 때 침투가격 전략으로 많이 활용되기도 하고, 시장점유율을 확대시키고자 할 때 활용되기도 한다.

### (4) 고가전략

제품의 차별성이 높은 경우 단위면적당 가격을 높게 책정하는 방법으로, 우수한 고객층을 조기에 파악하여 단기적으로 위험을 최소화하려는 경우에 활용된다. 이 방법은 신제품 개발시 많이 활용되기도 한다.

기출
1. 부동산마케팅의 가격전략 중 빠른 자금회수를 원하고 지역구매자의 구매력이 낮은 경우, 저가전략을 이용한다.
2. 마케팅믹스의 가격관리에서 신축가격정책은 위치, 방위, 층, 지역 등에 따라 다른 가격으로 판매하는 정책이다.
3. 경쟁사의 가격을 추종해야 할 경우 4P Mix의 가격 전략으로 시가 전략을 이용한다.
4. 적응가격 전략이란 동일하거나 유사한 제품으로 다양한 수요자들의 구매를 유입하고, 구매량을 늘리도록 유도하기 위하여 가격을 다르게 하여 판매하는 것을 말한다.

**01** 부동산 관리에 관하여 다음 설명과 모두 관련이 있는 것은?  〈제30회〉

> • 포트폴리오 관리 및 분석
> • 재투자·재개발 과정분석
> • 부동산 투자의 위험 관리
> • 임대마케팅 시장분석

① 재산관리(property management)
② 시설관리(facility management)
③ 자산관리(asset management)
④ 건설사업관리(construction management)
⑤ 임대차관리(leasing management)

**해설** ③ 자산관리에 대한 설명이다. 자산관리는 소유주나 기업의 부를 극대화하기 위하여, 부동산의 가치증진을 목적으로 하는 적극적인 관리를 의미하며 다음을 포함한다.

> ① 부동산의 매입과 매각  ② 재투자, 재개발 결정  ③ 투자 리스크 관리  ④ 포트폴리오 관리
> ⑤ 프로젝트 파이낸싱

**정답** ③

**02** 다음 설명에 모두 해당하는 부동산관리방식은?  〈제33회〉

> • 관리의 전문성과 효율성을 제고할 수 있다.
> • 건물설비의 고도화에 대응할 수 있다.
> • 전문업자의 관리서비스를 받을 수 있다.
> • 대형건물의 관리에 더 유용하다.
> • 기밀유지에 어려움이 있다.

① 자치관리방식
② 위탁관리방식
③ 공공관리방식
④ 조합관리방식
⑤ 직영관리방식

**해설** ② 위탁(외주, 간접)관리방식의 장단점에 관한 내용이다.

**정답** ②

**03** 부동산마케팅 전략에 관한 설명으로 **틀린** 것은? 제33회

① 시장점유 전략은 수요자 측면의 접근으로 목표시장을 선점하거나 점유율을 높이는 것을 말한다.
② 적응가격 전략이란 동일하거나 유사한 제품으로 다양한 수요자들의 구매를 유입하고, 구매량을 늘리도록 유도하기 위하여 가격을 다르게 하여 판매하는 것을 말한다.
③ 마케팅믹스란 기업의 부동산 상품이 표적시장에 도달하기 위해 이용하는 마케팅에 여러 요소들의 조합을 말한다.
④ 시장세분화 전략이란 수요자 집단을 인구·경제적 특성에 따라 세분하고, 세분된 시장에서 상품의 판매지향점을 분명히 하는 것을 말한다.
⑤ 고객점유 전략은 소비자의 구매의사결정 과정의 각 단계에서 소비자와의 심리적인 접점을 마련하고 전달하려는 정보의 취지와 강약을 조절하는 것을 말한다.

> **해설** ① 수요자 측면 ⇨ 공급자 측면, 시장점유 마케팅 전략이란 공급자 중심의 마케팅 전략으로 표적시장을 선정하거나 틈새시장을 점유하는 전략을 말한다.
>
> 정답 ①

**04** 부동산마케팅에서 4P 마케팅믹스(Marketing Mix) 전략의 구성요소를 모두 고른 것은? 제31회

| ㄱ. Product(제품) | ㄴ. Place(유통경로) |
|---|---|
| ㄷ. Pride(긍지) | ㄹ. Price(가격) |
| ㅁ. Public Relations(홍보) | ㅂ. Promotion(판매촉진) |

① ㄱ, ㄴ, ㄷ, ㅂ
② ㄱ, ㄴ, ㄹ, ㅁ
③ ㄱ, ㄴ, ㄹ, ㅂ
④ ㄴ, ㄷ, ㄹ, ㅁ
⑤ ㄷ, ㄹ, ㅁ, ㅂ

> **해설** ③ 4P 마케팅믹스(Marketing Mix) 전략의 구성요소에는 ㄱ. Product(제품), ㄴ. Place(유통경로), ㄹ. Price(가격), ㅂ. Promotion(판매촉진)이 있다.
>
> 정답 ③

**05  부동산마케팅에 관한 설명으로 틀린 것은?**  〈제32회〉

① 부동산시장이 공급자 우위에서 수요자 우위의 시장으로 전환되면 마케팅의 중요성이 더욱 증대된다.

② STP 전략이란 고객집단을 세분화(Segmentation)하고 표적시장을 선정(Targeting)하여 효과적으로 판매촉진(Promotion)을 하는 전략이다.

③ 경쟁사의 가격을 추종해야 할 경우 4P Mix의 가격 전략으로 시가 전략을 이용한다.

④ 관계마케팅 전략이란 고객과 공급자 간의 지속적인 관계를 유지하여 미케팅효과를 도모하는 전략이다.

⑤ 시장점유 마케팅 전략이란 부동산시장을 점유하기 위한 전략으로 4P Mix 전략, STP 전략이 있다.

해설  ② 판매촉진(Promotion) ⇨ 시장차별화(Positioning), STP 전략이란 고객집단을 세분화(Segmentation)하고 표적시장을 선정(Targeting)하여 효과적으로 시장차별화(Positioning)를 하는 전략이다.

정답 ②

**06  부동산마케팅 전략에 관한 설명으로 옳은 것은?**  〈제32회〉

① 바이럴 마케팅(viral marketing) 전략은 SNS, 블로그 등 다양한 매체를 통해 해당 브랜드나 제품에 대해 입소문을 내게 하여 마케팅효과를 극대화시키는 것이다.

② 분양성공을 위해 아파트 브랜드를 고급스러운 이미지로 고객의 인식에 각인시키도록 하는 노력은 STP 전략 중 시장세분화(Segmentation) 전략에 해당한다.

③ 아파트 분양 모델하우스 방문고객 대상으로 추첨을 통해 자동차를 경품으로 제공하는 것은 4P Mix 전략 중 유통경로(Place) 전략에 해당한다.

④ 아파트의 차별화를 위해 커뮤니티 시설에 헬스장, 골프연습장을 설치하는 방안은 4P Mix 전략 중 가격(Price) 전략에 해당한다.

⑤ 고객점유 마케팅 전략에서 AIDA의 원리는 주의(Attention) - 관심(Interest) - 결정(Decision) - 행동(Action)의 과정을 말한다.

해설  ② 시장세분화(Segmentation) ⇨ 시장차별화(Positioning)
③ 유통경로(Place) ⇨ 판매촉진(Promotion)
④ 가격(Price) ⇨ 제품(Product)
⑤ 결정(Decision) ⇨ 욕망(Desire)

정답 ①

**07** A회사는 전년도에 임대면적 750㎡의 매장을 비율 임대차(percentage lease)방식으로 임차하였다. 계약 내용에 따르면, 매출액이 손익분기점 매출액 이하이면 기본임대료만 지급하고, 이를 초과하는 매출액에 대해서는 일정 임대료율을 적용한 추가임대료를 기본임대료에 가산하도록 하였다. 전년도 연임대료로 총 12,000만원을 지급한 경우, 해당 계약내용에 따른 추가임대료율은? (단, 연간 기준이며, 주어진 조건에 한함) [제34회]

- 전년도 매출액: 임대면적 ㎡당 100만원
- 손익분기점 매출액: 임대면적 ㎡당 60만원
- 기본임대료: 임대면적 ㎡당 10만원

① 15%　　② 20%　　③ 25%　　④ 30%　　⑤ 35%

**해설** | 손익분기점 초과금액(3억원) × 추가임대료율($x$) = 추가임대료(4,500만원), $x$ = 15%

| 전년도매출액<br>7억5천만원<br>(100만원 × 750㎡) | 초과금액: 3억원 | 추가임대료 = 4,500만원<br>(3억원 × $X$%) | 임대료<br>12,000만원 |
| --- | --- | --- | --- |
| | 손익분기점: 4억5천만원 | 기본임대료 = 7,500만원<br>(10만원 × 750㎡) | |

**정답** ①

**08** 부동산마케팅에 관한 설명으로 틀린 것은? (제34회)

① 부동산마케팅은 부동산상품을 수요자의 욕구에 맞게 상품을 개발하고 가격을 결정한 후 시장에서 유통, 촉진, 판매를 관리하는 일련의 과정이다.

② STP전략은 대상 집단의 시장세분화(segmentation), 표적시장 선정(targeting), 포지셔닝(positioning)으로 구성된다.

③ 시장세분화 전략은 부동산시장에서 마케팅활동을 수행 하기 위하여 수요자의 집단을 세분하는 것이다.

④ 표적시장 전략은 세분화된 시장을 통해 선정된 표적 집단을 대상으로 적합한 마케팅활동을 수행하는 것이다.

⑤ AIDA원리는 주의(attention), 관심(interest), 욕망(desire), 행동(action)의 단계를 통해 공급자의 욕구를 파악하여 마케팅 효과를 극대화하는 시장점유마케팅 전략의 하나이다.

해설 ⑤ AIDA원리는 주의(attention), 관심(interest), 욕망(desire), 행동(action)의 단계를 통해 수요자의 욕구를 파악하여 마케팅 효과를 극대화하는 고객점유마케팅 전략의 하나이다.

정답 ⑤

**09** 부동산관리방식을 관리주체에 따라 분류할 때, 다음 설명에 모두 해당하는 방식은? (제35회)

- 소유와 경영의 분리가 가능하다.
- 대형건물의 관리에 더 유용하다.
- 관리에 따른 용역비의 부담이 있다.
- 전문적이고 체계적인 관리가 가능하다.

① 직접관리      ② 위탁관리      ③ 자치관리
④ 유지관리      ⑤ 법정관리

해설 ② 위탁관리에 대한 설명이다.

정답 ②

**10** A임차인은 비율임대차(percentage lease) 방식의 임대차계약을 체결하였다. 이 계약에서는 매장의 월 매출액이 손익분기점 매출액 이하이면 기본임대료만 지급하고, 손익분기점 매출액 초과이면 초과매출액에 대해 일정 임대료율을 적용한 추가임대료를 기본임대료에 가산하여 임대료를 지급한다고 약정하였다. 구체적인 계약조건과 예상매출액은 다음과 같다. 해당 계약내용에 따라 A임차인이 지급할 것으로 예상되는 임대료의 합계는? (단, 주어진 조건에 한함)

〔제35회〕

- 계약기간: 1년(1월~12월)
- 매장 임대면적: 300㎡
- 임대면적당 기본임대료: 매월 5만원/㎡
- 손익분기점 매출액: 매월 3,500만원
- 월별 임대면적당 예상매출액
  - 1월 ~ 6월: 매월 10만원/㎡
  - 7월 ~ 12월: 매월 19만원/㎡
- 손익분기점 매출액 초과시 초과매출액에 추가임대료율: 10%

① 18,000만원  ② 19,320만원  ③ 28,320만원
④ 31,320만원  ⑤ 53,520만원

해설
- 임대료 합계 = 9,000만원(1월~6월) + 10,320만원(7월~12월) = 19,320만원
- 1월 ~ 6월: 1,500만원 × 6월 = 9,000만원

| 매출액 = 3,000만원 (10만원 × 300㎡) | 초과금액: 0원 | 추가임대료 = 없음 | 월 임대료 1,500만원 |
|---|---|---|---|
| | 손익분기점: 3,500만원 | 기본임대료 = 1,500만원 (5만원 × 300㎡) | |

- 7월 ~ 12월: 1,720만원 × 6월 = 10,320만원

| 매출액 = 5,700만원 (19만원 × 300㎡) | 초과금액: 2,200만원 | 추가임대료 = 220만원 (2,200만원 × 10%) | 월 임대료 1,720만원 |
|---|---|---|---|
| | 손익분기점: 3,500만원 | 기본임대료 = 1,500만원 (5만원 × 300㎡) | |

정답 ②

**11** 부동산마케팅에서 4P 마케팅믹스(Marketing Mix) 전략의 구성요소를 모두 고른 것은? 제35회

> ㄱ. Price(가격)　　　　　　ㄴ. Product(제품)
> ㄷ. Place(유통경로)　　　　ㄹ. Positioning(차별화)
> ㅁ. Promotion(판매족진)　　ㅂ. Partnership(동반자관계)

① ㄱ, ㄴ, ㄷ, ㄹ　　　　　　② ㄱ, ㄴ, ㄷ, ㅁ
③ ㄴ, ㄷ, ㅁ, ㅂ　　　　　　④ ㄴ, ㄹ, ㅁ, ㅂ
⑤ ㄷ, ㄹ, ㅁ, ㅂ

해설 ② ㄱ. Price(가격), ㄴ. Product(제품), ㄷ. Place(유통경로), ㅁ. Promotion(판매족진)이 4P 마케팅믹스(Marketing Mix) 전략의 구성요소로 옳은 설명이다.

정답 ②

2025 랜드하나 공인중개사 기본서

# PART 8
# 부동산감정평가론

# 감정평가의 기초이론

## 단원별 학습포인트

- ☐ 감정평가의 기초적인 이론을 학습한다. 「감정평가에 관한 규칙」과 규정을 이해하고 시장가치와 시장가치외의 가치, 현황평가와 조건부평가, 일괄평가·구분평가·부분평가, 부동산 가격과 가치, 기준시점, 가치발생요인과 가치형성요인의 구별을 숙지해야 한다.
- ☐ 부동산 가치의 특징과 제원칙, 지역분석과 개별분석 부분도 반드시 이해해야 한다.

## 제1절 감정평가의 의의와 필요성 및 기능

### 1 감정평가의 의의

① 감정평가라 함은 토지 등의 경제적 가치를 판정하여 그 결과를 가액으로 표시하는 것을 말한다(감정평가 및 감정평가사에 관한 법률 제2조).
② 경제적 가치란 교환의 대가인 가격과 용익의 대가인 임대료를 말한다. 또한 현실의 시장에서 실제로 거래된 시장가격이 아니라 통상적인 시장에서 정상적인 거래가 이루어지는 경우 성립될 가능성이 가장 높다고 인정되는 가격을 말한다.
③ 감정평가 대상물은 부동산, 동산, 기업, 기타 재산(자동차, 중기, 선박, 항공기, 저작권, 어업권, 광업권, 입목, 공장재단, 광업재단, 관계법령에 의하여 등기 또는 등록하는 재산 등), 유가증권 등이 있다.

> **보충학습** 감정평가의 특별원칙
>
> 1. 능률성의 원칙
>    이 원칙이 강조하는 것은 부동산감정평가이론의 개발 및 그 전달과정도 고도로 능률적이어야 한다는 것이다.
> 2. 안전성의 원칙
>    안전성의 원칙이란 부동산의 거래사고와 관련하여 주의를 요구하는 원칙을 말하며, 이는 부동산의 사회성, 공공성에 기인한다. 능률성과 안전성은 상호견제의 관계(상충관계)에 있으며 법적·경제적·기술적 안전성을 모두 고려한다.
> 3. 전달성의 원칙
>    부동산감정평가의 절차에 따라 구해진 가격을 대외적으로 정확하고 신속하게 전달하려는 기술로서 전달성의 원칙을 중요시하고 있다.
>    전달성의 원칙은 감정평가서의 작성에서 중요시된다.
> 4. 합리성의 원칙

## 2 감정평가의 필요성

### (1) 부동산시장이 합리적 시장이 되지 못하므로 합리적 가격의 형성이 곤란

부동산의 자연적 특성과 인문적 특성으로 인하여 부동산시장은 불완전경쟁시장이므로 전문가의 감정평가가 필요하다.

① 부동성, 국지성 때문에 지역마다 부동산 가격 차이가 존재한다.
② 개별성(비표준화) 때문에 일물일가의 법칙이 성립되지 않는다.
③ 부증성 때문에 수요, 공급조절이 곤란하여 균형가격이 성립되지 않는다.
④ 이런 비합리성으로 인해 감정평가사에 의한 감정평가가 필요하다.

### (2) 가치형성요인의 복잡성 및 다양성

부동산가치의 형성요인(일반적 요인, 지역요인, 개별요인)은 복잡하고 다양할 뿐만 아니라 항상 변동하고 있으므로 부동산의 가치판단에 있어서 전문적인 지식과 정확한 판단력이 필요하다.

### (3) 부동산거래의 특수성

부동산거래는 부동산의 개별성, 비표준화 등으로 인하여 완전 동일한 물건이 없으며 견본거래가 불가능한 특수성을 지니고 있다. 따라서, 감정평가에서는 부동산거래의 특수성에 따른 사정보정이 필요하게 되고, 전문적인 지식과 풍부한 경험, 정확한 판단력이 요구된다.

### (4) 부동산의 사회성 및 공공성

부동산은 그 자체가 국토성, 환경성, 경제적 비중 등으로 인해 사회성·공공성을 띠므로 높은 윤리성이 요구되며 용도가 다양하므로 전문가에 의해 최유효이용을 상정하여 가치를 추계할 필요가 있다.

## 3 감정평가의 기능

감정평가의 기능은 부동산의 객관적인 가치를 평가하여 부동산정책의 수립 및 집행을 지원하는 정책적인 기능과, 부동산의 불완전한 시장을 보완함으로써 부동산자원의 효율적인 분배와 유통질서의 확립에 기여하는 경제적 기능으로 구분할 수 있다.

| 정책적 기능 | 경제적 기능 |
|---|---|
| ① 부동산의 효율적 이용관리<br>② 적정한 가격형성 유도<br>③ 합리적인 손실보상<br>④ 과세의 합리화 | ① 의사결정의 판단기준 제시(합리적 투자판단 기준)<br>② 자원의 효율적 배분<br>③ 거래질서의 확립과 유지 |

**감정평가의 분류** 제26회, 제27회, 제28회, 제30회, 제33회

### 1 시장가치 기준의 원칙(「감정평가에 관한 규칙」 제5조) 제26회, 제27회, 제28회, 제30회, 제33회, 제34회

**제5조【시장가치기준 원칙】**① 대상물건에 대한 감정평가액은 시장가치를 기준으로 결정한다.
"시장가치"란 감정평가의 대상이 되는 대상물건이 통상적인 시장에서 충분한 기간 거래를 위하여 공개된 후 그 대상물건의 내용에 정통한 당사자 사이에 신중하고 자발적인 거래가 있을 경우 성립될 가능성이 가장 높다고 인정되는 대상물건의 가액을 말한다.
② 감정평가법인등은 제1항에도 불구하고 다음 각 호의 어느 하나에 해당하는 경우에는 대상물건의 감정평가액을 시장가치 외의 가치를 기준으로 결정할 수 있다.
　1. 법령에 다른 규정이 있는 경우
　2. 감정평가 의뢰인이 요청하는 경우
　3. 감정평가의 목적이나 대상물건의 특성에 비추어 사회통념상 필요하다고 인정되는 경우
③ 감정평가법인등은 제2항에 따라 시장가치 외의 가치를 기준으로 감정평가할 때에는 다음 각 호의 사항을 검토해야 한다. 다만, 법령에 다른 규정이 있는 경우에는 그렇지 않다.
　1. 해당 시장가치 외의 가치의 성격과 특징
　2. 시장가치 외의 가치를 기준으로 하는 감정평가의 합리성 및 적법성
④ 감정평가법인등은 시장가치 외의 가치를 기준으로 하는 감정평가의 합리성 및 적법성이 결여되었다고 판단할 때에는 의뢰를 거부하거나 수임을 철회할 수 있다.

### (1) 시장가치(원칙)

대상물건에 대한 감정평가액은 시장가치를 기준으로 결정한다. 이 경우 시장가치는 다음 다섯가지 요건을 충족시킬 경우의 가치를 말한다.
① 통상적인 시장
② 충분한기간 거래를 위하여 공개
③ 대상물건의 내용에 정통한 당사자
④ 신중하고 자발적인 거래
⑤ 성립될 가능성이 가장 높다고 인정되는 가액

### (2) 시장가치 외의 가치(예외)

① 법령에 다른 규정이 있는 경우
② 감정평가 의뢰인이 요청하는 경우
③ 감정평가의 목적이나 대상물건의 특성에 비추어 사회통념상 필요하다고 인정되는 경우

1. 의뢰인이 요청하는 경우 또는 감정평가의 목적이나 대상물건의 특성에 비추어 사회통념상 필요하다고 인정되는 경우 시장가치 외의 가치를 기준으로 감정평가할 때에는 시장가치 외의 가치의 성격과 특징, 합리성 및 적법성을 검토해야 한다.
2. 법령에 다른 규정이 있는 경우 시장가치 외의 가치를 기준으로 감정평가할 때에는 시장가치 외의 가치의 성격과 특징, 합리성 및 적법성을 검토를 생략할 수 있다.

**부동산 가격공시에 관한 법률(제2조)** 제25회

**제2조【정의】**
5. "적정가격"이란 토지, 주택 및 비주거용 부동산에 대하여 통상적인 시장에서 정상적인 거래가 이루어지는 경우 성립될 가능성이 가장 높다고 인정되는 가격을 말한다.

기출
1. 대상물건에 대한 감정평가액은 원칙적으로 시장가치를 기준으로 결정한다.
2. 시장가치란 감정평가의 대상이 되는 토지 등이 통상적인 시장에서 충분한 기간 동안 거래를 위하여 공개된 후 그 대상물건의 내용에 정통한 당사자 사이에 신중하고 자발적인 거래가 있을 경우 성립될 가능성이 가장 높다고 인정되는 대상물건의 가액을 말한다.
3. 감정평가법인등은 감정평가 의뢰인이 요청하는 경우 또는 대상물건의 특성에 비추어 사회통념상 필요하다고 인정되는 경우에는 대상물건의 감정평가액을 시장가치 외의 가치를 기준으로 결정할 수 있다.
4. 감정평가법인 등은 법령에 다른 규정이 있는 경우에는 대상물건의 감정평가액을 시장가치 외의 가치를 기준으로 결정할 수 있다.
5. 감정평가법인 등은 법령에 다른 규정이 있는 경우 시장가치 외의 가치를 기준으로 감정평가할 때에는 해당 시장가치 외의 가치의 성격과 특징을 검토하지 않는다.
6. 감정평가법인 등은 시장가치 외의 가치를 기준으로 하는 감정평가의 합리성 및 적법성이 결여(缺如)되었다고 판단할 때에는 의뢰를 거부하거나 수임(受任)을 철회할 수 있다.

## 2 현황기준의 원칙(「감정평가에 관한 규칙」 제6조) 제26회, 제27회, 제30회, 제34회, 제35회

**제6조【현황기준의 원칙】**① 감정평가는 기준시점에서의 대상물건의 이용상황(불법적이거나 일시적인 이용은 제외한다) 및 공법상 제한을 받는 상태를 기준으로 한다.
② 감정평가법인등은 제1항에도 불구하고 다음 각 호의 어느 하나에 해당하는 경우에는 기준시점의 가치형성요인 등을 실제와 다르게 가정하거나 특수한 경우로 한정하는 조건을 붙여 감정평가할 수 있다.
1. 법령에 다른 규정이 있는 경우
2. 의뢰인이 요청하는 경우
3. 감정평가의 목적이나 대상물건의 특성에 비추어 사회통념상 필요하다고 인정되는 경우

③ 감정평가법인등은 제2항에 따라 감정평가조건을 붙일 때에는 감정평가조건의 합리성, 적법성 및 실현가능성을 검토해야 한다. 다만, 법령에 다른 규정이 있는 경우 경우에는 그렇지 않다.
④ 감정평가법인등은 감정평가조건의 합리성, 적법성이 결여되거나 사실상 실현 불가능하다고 판단할 때에는 의뢰를 거부하거나 수임을 철회할 수 있다.

① **현황평가(원칙)** : 감정평가는 기준시점에서의 대상물건의 이용상황(불법적이거나 일시적인 이용은 제외한다) 및 공법상 제한을 받는 상태를 기준으로 한다. 즉, 대상물건의 상태, 구조, 이용방법, 제한물권의 존재, 환경, 점유상태 등 현재의 상황이 그대로 유지된다는 것을 전제로 하는 평가를 말한다. 예컨대, 현재 불법점유되고 있는 건물부지를 불법점유 상태대로 평가하는 것이므로 건부감가 등을 고려하는 방법이다.
② **조건부평가(예외)** : 감정평가는 현황평가하는 것이 원칙이지만 '㉠ 법령에 다른 규정이 있는 경우 ㉡ 의뢰인이 요청하는 경우 ㉢ 감정평가의 목적이나 대상물건의 특성에 비추어 사회통념상 필요하다고 인정되는 경우'에는 조건부 평가가 가능하다. 또한 조건부평가란 부동산의 증·감가요인이 되는 장래 불확실한 사태가 발생할 것을 전제로 하는 감정평가를 말한다. 예컨대 복합부동산에서 건물이 철거되는 것을 전제로 건부지를 나지로 평가하는 경우(독립평가) 등이 있다.

> **기출** 감정평가는 기준시점에서의 대상물건의 이용상황(불법적이거나 일시적인 이용은 제외한다) 및 공법상 제한을 받는 상태를 기준으로 한다.

**참고학습**

1. 의뢰인이 요청하는 경우 또는 감정평가의 목적이나 대상물건의 특성에 비추어 사회통념상 필요하다고 인정되는 경우 감정평가조건을 붙일 때에는 감정평가조건의 합리성·적법성 및 실현가능성을 검토해야 한다.
2. 법령에 다른 규정이 있는 경우 감정평가조건을 붙일 때에는 감정평가조건의 합리성·적법성 및 실현가능성 검토를 생략할 수 있다.

**참고학습** | **기한부평가와 소급평가**

1. **기한부평가** : 기한부평가란 장래 도래할 것이 확실한 일정시점을 기준으로 한 평가를 말한다.
2. **소급평가** : 과거의 일정시점을 기준시점으로 하여 대상부동산을 평가하는 것이다. '감정평가에 관한 규칙 제9조 제2항'에서는 '기준시점은 대상물건의 가격조사를 완료한 날짜로 한다. 다만, 기준시점을 미리 정하였을 때에는 그 날짜에 가격조사가 가능한 경우에만 기준시점으로 할 수 있다'고 규정함으로써 소급평가를 인정하고 있다.
   **예** 법적 소송 등을 위한 평가

## 3 개별물건기준 원칙 등(「감정평가에 관한 규칙」 제7조) 제27회, 제30회, 제33회, 제34회, 제35회

**제7조【개별물건기준 원칙 등】**① 감정평가는 대상물건마다 개별로 하여야 한다.
② 둘 이상의 대상물건이 일체로 거래되거나 대상물건 상호 간에 용도상 불가분의 관계가 있는 경우에는 일괄하여 감정평가할 수 있다.
③ 하나의 대상물건이라도 가치를 달리하는 부분은 이를 구분하여 감정평가할 수 있다.
④ 일체로 이용되고 있는 대상물건의 일부분에 대하여 감정평가해야 할 특수한 목적이나 합리적인 이유가 있는 경우에는 그 부분에 대하여 감정평가할 수 있다.

### (1) 개별평가

감정평가규에서는 2개 이상의 물건이 있는 경우 감정평가는 개별평가를 원칙으로 한다.

### (2) 일괄평가

① 2개 이상의 대상물건이 일체로 거래되거나 대상물건 상호간에 용도상 불가분의 관계가 있는 경우에는 일괄하여 평가할 수 있다하여 일괄평가를 규정하고 있다.
② 감정평가법인등은 「집합건물의 소유 및 관리에 관한 법률」에 따른 구분소유권의 대상이 되는 건물부분과 그 대지사용권을 일괄하여 감정평가하는 경우 등 토지와 건물을 일괄하여 감정평가할 때에는 거래사례비교법을 적용해야 한다.

> **기출** 둘 이상의 대상물건이 일체로 거래되거나 대상물건 상호 간에 용도상 불가분의 관계가 있는 경우에는 일괄하여 감정평가할 수 있다.

### (3) 구분평가

① 1개의 대상물건이라도 가치를 달리하는 부분은 이를 구분하여 평가할 수 있다.
② 산림의 평가에서 산지와 입목을 구분하여 평가할 수 있으며, 선박에서 선체와 기관, 의장별로 구분하는 경우에 구분평가를 적용할 수 있다.

> **기출** 하나의 대상물건이라도 가치를 달리하는 부분은 이를 구분하여 감정평가할 수 있다.

### (4) 부분평가

① 일체로 이용되고 있는 대상물건의 일부는 평가하지 아니함을 원칙으로 한다. 다만, 일체로 이용되고 있는 대상물건의 일부분에 대하여 감정평가해야 할 특수한 목적이나 합리적인 이유가 있는 경우에는 그 부분에 대하여 감정평가할 수 있다.
② 1필지의 일부분만이 도시계획시설 등에 저촉되어 수용될 경우에 저촉부분에 대해 보상평가를 하는 것은 부분평가이다.

보충학습 | 평가조건에 따른 분류(일본에서 사용되고 있는 평가의 분류)

1. 부분평가 : 토지 위에 건물이 있는 상태대로 평가(건부지평가), 일종의 현황평가이다.
2. 독립평가 : 토지 위에 건물이 없는 상태를 상정하여 평가(나지상정평가), 일종의 조건부 평가이다.
   예 표준지 공시지가

기출 | 일체로 이용되고 있는 대상물건의 일부분에 대하여 감정평가해야 할 특수한 목적이나 합리적인 이유가 있는 경우에는 그 부분에 대하여 감정평가할 수 있다.

## 4 감정평가의 절차 및 기본사항 확정(감정평가에 관한 규칙 제8조, 제9조) 제27회

**제8조【감정평가의 절차】** 감정평가법인등은 다음 각 호의 순서에 따라 감정평가를 하여야 한다. 다만, 합리적이고 능률적인 감정평가를 위하여 필요할 때에는 순서를 조정할 수 있다.
1. 기본적 사항의 확정
2. 처리계획 수립
3. 대상물건 확인
4. 자료수집 및 정리
5. 자료검토 및 가치형성요인의 분석
6. 감정평가방법의 선정 및 적용
7. 감정평가액의 결정 및 표시

**제9조【기본적 사항의 확정】** ① 감정평가법인등은 감정평가를 의뢰받았을 때에는 의뢰인과 협의하여 다음 각 호의 사항을 확정하여야 한다.
1. 의뢰인
2. 대상물건
3. 감정평가 목적
4. 기준시점
5. 감정평가조건
6. 기준가치
7. 관련 전문가에 대한 자문 또는 용역에 관한 사항
8. 수수료 및 실비에 관한 사항
② 기준시점은 대상물건의 가격조사를 완료한 날짜로 한다. 다만, 기준시점을 미리 정하였을 때에는 그 날짜에 가격조사가 가능한 경우에만 기준시점으로 할 수 있다.
③ 감정평가법인등은 필요한 경우 관련 전문가에 대한 자문등을 거쳐 감정평가할 수 있다.

## 5  감정평가의 기타 분류

### (1) 평가주체에 따른 분류

① **공적 평가(公的 評價)** : 국가, 공공기관 등 공적 기관에 의한 평가를 공적 평가라 하며, 공적 평가에서는 업무수행으로서 필요하면 법원과 행정부의 협조를 요구할 수 있는 권리가 부여된다. 공적 평가는 공적 수행력은 강하나 효율성은 떨어진다. 독일이 여기에 해당한다.

② **공인평가(公認評價)** : 공인평가란 국가로부터 일정한 자격을 부여받은 개인의 평가를 말하며, 공인평가에서는 평가주체가 공익상의 규제하에 영리추구의 형태를 취하면서 기업화·전문화에 따른 능률성과 효율성을 도모한다. 우리나라와 대부분의 나라가 여기에 해당한다.

### (2) 강제성 여부에 따른 분류

① **필수적 평가** : 일정한 사유가 발생하면 의무적으로 평가기관의 평가를 받아야 하는 것을 말한다. 예 경매를 위한 평가, 토지의 협의매수 또는 토지수용에 따른 보상평가, 공시지가의 평가, 국유재산처분시의 평가, 조세부과에 따른 평가 등

② **임의적 평가** : 이해관계인이 강제적인 구속 없이 자유의사에 따라 임의로 의뢰하여 행하여지는 평가를 말한다. 예 부동산매매시의 평가, 상속재산의 평가 등

> 기출 법원의 경매개시결정에 따라 최저경매가액을 산정하는 경우의 평가는 필수적 평가이다.

### (3) 평가목적에 따른 분류

① **공익평가** : 공익평가란 평가의 목적이 공익에 있는 경우를 말하며 대부분의 필수적 평가가 여기에 해당된다. 예 표준지 공시지가의 평가, 보상평가

② **사익평가** : 사익평가란 평가의 목적이 사익을 위한 감정평가를 말한다. 예 매매평가, 담보평가

③ **법정평가** : 법규에서 정한대로 행하는 평가로서, 일종의 필수적 평가이다. 예 공시지가의 평가, 수용시의 평가, 과세를 위한 평가, 개발부담금의 부과를 위한 평가

### (4) 평가사의 소속 여부에 따른 분류

① **참모평가** : 감정평가 주체가 주로 기관이나 기업에 소속되어 그들의 고용주 또는 고용기관의 업무를 위하여 행하는 평가를 말한다. 예 한국부동산원에 근무하는 감정평가사가 행하는 평가

② **수시적 평가** : 기관이나 기업에 소속되어 있는 것이 아니라, 어떤 특정 사업에서 특별히 고도의 전문지식이 필요한 경우에 각 분야의 전문가로 구성되는 일시적인 감정평가를 말한다. 예 대규모 개발사업의 입지선정을 위한 평가시에 감정평가사, 건축사, 대학교수 등 각 분야의 전문가 등이 참여해서 행하는 평가 등

### (5) 감정평가 수준에 따른 분류

① 1차 수준의 평가 : 이는 부동산의 소유자, 투자자, 사용자, 거래자 등이 매매·임대사업 등 자기자신을 위해 행하는 평가활동을 말하며 가장 낮은 수준의 지식과 정보를 요한다.

② 2차 수준의 평가 : 이는 감정평가의 전문가는 아니지만 공인중개사, 건축업자, 부동산판매업자, 세무공무원, 금융기관 등 부동산업과 관련된 업무에 종사하는 자들에 의한 감정평가를 말한다.

③ 3차 수준의 평가 : 이는 전문가인 감정평가사들에 의하여 이루어지는 감정평가를 말한다. 이들은 부동산평가업무에 전적으로 몰두할 수 있고 전문성이 높고, 윤리수준도 높고, 이론수준도 높으며, 신뢰성도 높다. 일반적 의미의 감정평가는 3차 수준의 감정평가를 말한다.

### (6) 평가주체의 수에 따른 분류

① 단독평가 : 평가주체가 1인인 경우의 감정평가를 말하며, 단독으로 평가하므로 신속하고 경제적이라는 장점이 있는 반면, 부동산의 각 부문에 따른 전문지식과 경험을 고루 발휘하지 못하거나 객관성과 타당성이 결여되기 쉽다는 단점이 있다.

② 합의제평가(공동평가) : 평가주체가 다수이므로 여러 명이 공동으로 행하는 감정평가를 말한다. 이는 규모가 크거나 여러 부문의 전문지식과 경험을 요하는 부동산의 경우에 유용하며 객관성이 유지된다는 장점이 있으나, 신속하지 못하고 경제적이지 못하다는 단점이 있다.

---

**제3절  부동산 가격의 일반이론** 제25회, 제28회, 제30회

## 1 가치와 가격

### (1) 가치(value)와 가격(price)

① 가치와 가격의 개념

㉠ 가치(value) : 대상부동산에 대한 장래 이익의 현재가치이며, 현재의 값이다.

㉡ 가격(price) : 대상부동산의 교환의 대가로 실제 지불된 금액으로 과거의 값이다.

| 가치(value) | 가격(price) |
|---|---|
| • 장래 기대되는 편익을 현재가치로 환원한 값<br>• 대상부동산의 현재값<br>• 평가사가 전문가<br>• 가치는 무수히 많다(주관적, 추상적 개념)<br>• 가치＝가격±오차(단기) | • 교환의 대가로서 실제 지불된 금액<br>• 시장에서 실제 지불된 금액으로 과거값<br>• 중개사가 전문가<br>• 주어진 시점에서 하나(객관적, 구체적 개념)<br>• 수요공급은 가격결정, 가격은 수요공급에 영향(부동산가격의 이중성) |

② **가치와 가격의 관계**

　㉠ 가격의 기초에는 가치가 있고 가격은 가치에 의해 결정된다. 가치는 화폐를 매개로하여 가격이 되므로 가격은 가치의 화폐적 표현이다.

　㉡ 재화의 가치와 가격은 비례한다. 즉, 가치가 상승하면 가격도 상승하며, 가치가 하락하면 가격도 하락한다. 단, 가격이 상승하여 가치가 상승하는 것은 아니다.

　㉢ 화폐가치와 재화의 가격은 반비례한다. 화폐가치가 상승하면 재화의 가격은 하락하며, 화폐가치가 하락하면 재화의 가격은 상승한다.

　㉣ 수요공급의 변동에 따라 결정되는 가격은 단기적으로는 가치로부터 괴리되는 현상을 나타낸다. 그러나 장기적으로는 가치와 가격은 일치하게 된다.

**기출**
1. 가격은 특정 부동산에 대한 교환의 대가로서 매수인이 지불한 금액이다.
2. 가치는 효용에 중점을 두며, 장래 기대되는 편익은 금전적인 것뿐만 아니라 비금전적인 것을 포함할 수 있다.
3. 가격은 대상부동산에 대한 과거의 값이지만, 가치는 장래 기대되는 편익을 현재가치로 환원한 현재의 값이다.
4. 가치란 주관적 판단이 반영된 것으로 각 개인에 따라 차이가 발생할 수 있으므로, 주어진 시점에서 가치는 다양하다.
5. 가치가 상승하면 가격도 상승하고, 가치가 하락하면 가격도 하락한다.
6. 수요와 공급의 변동에 따라 단기적으로 가치와 가격은 괴리되는 현상이 있지만, 장기적으로 가격은 가치와 일치되는 현상을 나타낸다.

**(2) 기준시점** 제28회, 제30회, 제33회, 제35회

**감정평가에 관한 규칙(제2조, 제9조)**

제2조 【정의】 2. "기준시점"이란 대상물건의 감정평가액을 결정하는 기준이 되는 날짜를 말한다.

제9조 【기본적 사항의 확정】 ② 기준시점은 대상물건의 가격조사를 완료한 날짜로 한다. 다만, 기준시점을 미리 정하였을 때에는 그 날짜에 가격조사가 가능한 경우에만 기준시점으로 할 수 있다.

① 기준시점은 감정평가액을 결정하는 기준이 되는 날짜로, 감정평가서에 필수적으로 기재하여야 하는 사항으로 부동산의 가치 제원칙 중 변동의 원칙과 관련이 있다.
② 기준시점은 대상물건의 가격조사를 완료한 날짜로 한다. 다만, 기준시점을 미리 정하였을 때에는 그 날짜에 가격조사가 가능한 경우에만 기준시점으로 할 수 있다.
③ 임대료의 기준시점은 임대료 산정의 개시점(= 임대차 개시시점)으로 한다.

**기출**
1. 기준시점은 대상물건의 감정평가액을 결정하는 기준이 되는 날짜를 말한다.
2. 기준시점은 대상물건의 가격조사를 완료한 일자로한다. 기준시점이 미리 정하여진 때에는, 그 날짜에 가격조사가 가능한 경우에만 기준시점으로 할 수 있다.

### 2 부동산 가격

#### (1) 부동산 가격의 특징

① 부동산 가격은 교환의 대가인 가격과 용익의 대가인 임대료로 표시되며, 가격과 임대료 사이에는 원본과 과실의 관계이다.

② 부동산 가격은 소유권 기타 권리·이익의 가격이지 물건 자체에 대한 물리적 가격은 아니다. 하나의 부동산에 둘 이상의 권리·이익이 병존할 수 있으며, 각 권리·이익마다 각각 개별적인 가격이 형성될 수 있다. 부동산소유권을 개별적 권리로 분할하는 것을 파인애플기법(제켄도르프 기법, 하와이기법)이라 한다.

③ 부동산의 가격은 장기적 배려하에 형성되며 항상 변동한다. 이는 토지의 영속성(내구성)과 용도의 다양성에 기인한다. 따라서, 감정평가시 기준시점의 확정과 시점수정이 필요하게 되고, 가치 제원칙 중 변동의 원칙, 예측의 원칙을 적용해야 한다.

④ 부동산 가격은 불완전경쟁시장에서 개별적으로 형성되고, 거래당사자의 개별적 동기나 특수한 사정이 개입되기 쉽다. 따라서, 감정평가에 있어서 사례자료를 정상화시키는 사정보정의 작업이 필요하다.

⑤ 부동산 가격은 지역시장 성격과 불완전경쟁시장 성격을 띤다. 부동산의 부동성·지역성으로 인하여 부동산시장이 국지화되고, 부동산 가격은 지역적으로 형성된다. 또한 부증성으로 인하여 부동산 가격은 수요요인에 의해 결정되는 수요자 가격의 성격을 갖는다.

#### (2) 부동산 가격의 이중성

① 부동산의 가격은 수요와 공급에 의하여 결정되고(가격신축성), 일단 결정된 가격은 수요와 공급에 영향을 미쳐 수급을 조정(가격탄력성)하게 되는 현상이 나타나는 바, 이와 같이 과정이 피드백(feedback)되어 반복되는 현상을 가격의 이중성이라 한다.

② 이는 부동산 가격의 제원칙 중 수요공급의 원칙과 관련이 된다.

---

**보충학습** | 가치의 다원적 개념

1. **시장가치(market value, 객관적, 교환가치)**
   시장가치란 감정평가의 대상이 되는 대상물건이 통상적인 시장에서 충분한 기간 거래를 위하여 공개된 후 그 대상물건의 내용에 정통한 당사자 사이에 신중하고 자발적인 거래가 있을 경우 성립될 가능성이 가장 높다고 인정되는 대상물건의 가액을 말한다.

2. **교환가치(exchange value)**
   대상부동산이 시장에서 매매되었을 때 형성될 수 있는 가치이다. 이는 시장정보에 의해 결정되며 이는 시장가치와 관련된다.

3. 투자가치(investment value)

대상부동산이 특정한 투자자에게 부여하는 주관적인 가치다. 시장가치가 객관적인 가치인 데 반해서 투자가치는 투자자가 대상부동산에 갖는 주관적인 가치이다. 투자가치는 투자에 소요되는 비용과 창출되는 편익을 분석함으로써 추계된다.

4. 사용가치(use value)

경제재의 생산성에 근거하고 있는 개념으로서, 대상부동산이 특정한 용도로 사용될 때에 가질 수 있는 가치를 지칭하고 있다. 이것은 대상부동산이 해당 기업이나 소유자에 대해 기여하는 가치이다. 이는 사용자의 주관에 의해 결정되므로 시장정보에 의해 결정되는 것이 아니다. 사용가치는 투자가치와 관련되며 교환가치와는 관련이 없다.

5. 장부가치(book value)

대상부동산의 취득가격에서 법적으로 허용되는 방법에 의한 감가상각분을 제외한 나머지로서, 장부상의 잔존가치를 의미한다.

6. 보험가치(insurable value)

보험금 산정과 보상에 대한 기준으로 사용되는 가치의 개념이다. 이것은 보험약관의 규정에 따라 결정되는 것으로서, 부동산 전체의 가치가 아니라 그것의 일부분인 감가상각된 가치를 의미한다.

7. 과세가치(assessed value)

국가나 지방자치단체에서 소득세나 재산세를 부과하는 데 사용되는 기준으로서, 관련법규에 의해 조정된 부동산의 가치를 말한다.

8. 공익가치(public interest vlalue)

어떤 부동산의 최고 최선의 이용이 사적 목적의 경제적 이용에 있는 것이 아니라, 보존이나 보전과 같은 공공목적의 비경제적 이용에 있을 때 대상부동산이 지니는 가치를 말하는 것으로, 공공가치라고도 한다.

기출 1. 시장가치는 대상부동산이 시장에서 매도되었을 때 형성될 수 있는 교환가치와 유사한 개념이다.
2. 투자가치는 투자자가 대상부동산에 대해 갖는 주관적인 가치의 개념이다.

제4절 **부동산가치형성요인과 가치발생요인** 제27회, 제29회, 제31회, 제34회

### 1 개요

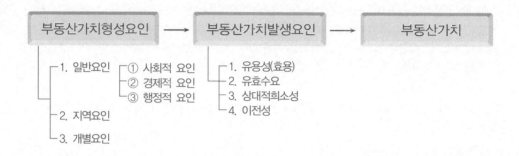

### 2 부동산의 가치형성요인

가치형성요인이란 대상물건의 경제적 가치에 영향을 미치는 일반요인, 지역요인 및 개별요인 등을 말한다. 일반요인은 또다시 사회적 요인, 경제적 요인, 행정적 요인으로 나뉜다.

> 기출 | 가치형성요인이란 대상물건의 경제적 가치에 영향을 미치는 일반요인, 지역요인 및 개별요인 등을 말한다.

#### (1) 일반적 요인

일반적 요인이란 전국토공간인 부동산전반에 영향을 미치는 요인으로서 전국적·광역적 요인이다. 여기에는 사회적 요인, 경제적 요인, 행정적 요인이 있다.

**부동산가치형성의 일반적 요인**

| 사회적 요인 | 경제적 요인 | 행정적 요인 |
|---|---|---|
| ① 인구 상태·가족구성 | ① 소비·저축·투자 | ① 토지제도·이용계획, 규제 |
| ② 도시형성, 공공시설 | ② 재정, 금융 상태 | ② 택지, 주택 시책 |
| ③ 건축양식 등의 상태 | ③ 세부담의 상태 | ③ 지가공시제도 |
| ④ 거래, 사용·수익의 관행 | ④ 기술혁신, 산업구조 | ④ 가격·임대료에 관한 규제(통제) |
| | ⑤ 교통체계의 상태 | ⑤ 세제의 상태 |

#### (2) 지역적 요인

지역요인이란 특정 지역내의 부동산 가치에 영향을 미치는 요인으로서 지역특성의 자연적 조건하에서 지역부동산의 특성을 지니게 되고, 그 지역의 부동산의 가격수준을 형성하는 것이다. 지역요인

은 감정평가시 지역분석의 이론적 근거가 된다.

## (3) 개별요인

개별요인이란 대상부동산의 가격에만 영향을 미치는 요인으로서, 그 부동산의 특수한 상태·조건 등 개별성이 가격형성에 영향을 미치는 요인이라 할 수 있다. 개별요인은 감정평가시 개별분석의 이론적 근거가 된다.

## 3 부동산의 가치발생요인

부동산가치는 수요측면에서는 유용성과 유효수요가, 공급측면에서는 상대적 희소성이라는 3가지 가치발생요인의 상호작용으로 발생한다. 위의 3요소 외에도 이전성(양도성)을 가치발생요인으로 보는 견해도 있다. 부동산가치는 유용성, 유효수요, 상대적 희소성, 이전성이 상호결합(동시충족)이 되는 경우에 발생하는 것이지 하나만 있어도 가치가 발생하는 것은 아니다.

---

**부동산가치의 발생요인** : 유용성(효용), 유효수요, 상대적 희소성, 이전성

---

### (1) 유용성(효용, 만족감)

유용성이란 인간의 욕구·욕망을 만족시킬 수 있는 정도를 말하며, 대체로 주거지는 쾌적성·편리성, 상업지는 수익성, 공업지는 생산성에 의해 그 부동산의 유용성이 결정된다.

### (2) 유효수요

유효수요란 어떤 물건을 구입할 의사(willingness to buy)와 대가를 지불할 수 있는 능력(ability to pay)을 갖춘 수요 즉, 실질적 구매력을 가진 수요를 말한다.

### (3) 상대적 희소성

희소성이란 인간의 욕망에 비해 충족수단이 양적으로 유한·부족한 상태를 말한다. 상대적 희소성이란 부동산의 수요에 비해서 공급이 상대적으로 부족하다는 의미이다.

### (4) 이전성(transferability)

이전성(양도성)은 법적으로 매수인에게 권리의 양도가 가능해야 한다는 것을 말한다. 즉, 어떤 재화가 가치를 갖기 위해서는 그 재화의 전체 또는 일부가 법적으로 이전될 수 있어야 한다는 것을 의미한다.

> 기출 | 가치발생요인인 효용, 유효수요, 상대적 희소성이 동시에 충족되는 경우 부동산의 가치가 발생한다.

PART 8 부동산감정평가론

**부동산가치의 제원칙** 제26회, 제28회

## 1 개설

### (1) 가치제원칙의 특성

① **부동산의 자연적·인문적 특성 반영**

부동산은 그가 갖는 자연적·인문적 특성으로 인해 그 가치의 형성이 일반재화의 그것과 다른 특징적 현상을 갖게 된다. 이것은 부동산의 가치형성이 부동산의 특성과 밀접한 관련을 맺고 있음을 의미한다. 따라서, 부동산가치형성과정의 법칙성을 추출한 가치제원칙이 부동산의 자연적·인문적 특성을 반영하는 것은 당연한 것이다.

② **상호유기적 연관성**

부동산가치 형성요인은 상호유기적인 관련성을 갖고 있는데, 이러한 가치형성요인의 관련성의 특징을 반영하여 가치제원칙도 상호유기적인 연관성을 맺고 있다.

③ **최유효이용의 기준성**

부동산가치제원칙은 최유효이용의 원칙을 가장 중추적인 원칙(최상위원칙)으로 하고 각 원칙들은 서로 직·간접적으로 연계되어 있다.

### (2) 가치제원칙의 체계(분류)

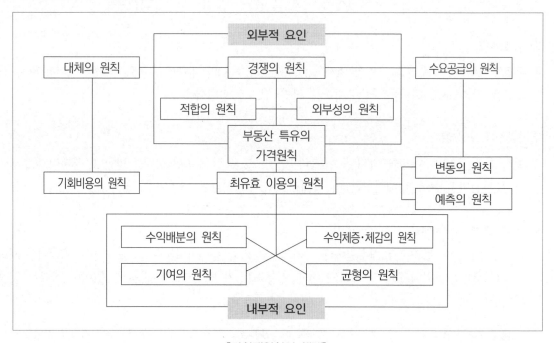

[가치제원칙의 체계]

## 가치제원칙의 핵심

| ① 최유효이용원칙의 외부 관련 | • 외부성의 원칙<br>• 경쟁의 원칙 | • 적합의 원칙 |
|---|---|---|
| ② 최유효이용원칙의 내부 관련 | • 수익체증·체감의 원칙<br>• 기여의 원칙 | • 수익배분의 원칙<br>• 균형의 원칙 |
| ③ 최유효이용원칙의 전제 (기초, 토대, 시간)원칙 | • 변동의 원칙 | • 예측의 원칙 |
| ④ 부동산 고유의 원칙 | • 최유효이용원칙<br>• 외부성의 원칙 | • 적합의 원칙 |
| ⑤ 최유효이용원칙과 간접관련원칙 | • 대체의 원칙 | • 수요·공급의 원칙 |

## 핵심정리

| 가격원칙 | 감정평가활동에의 적용 |
|---|---|
| ① 균형의 원칙(비례의 원칙) | 내부, 구성요소, 기능적 감가, 개별분석의 기준 |
| ② 적합의 원칙(조화의 원칙)-고유 | 외부, 환경, 경제적 감가, 지역분석의 기준 |
| ③ 변동의 원칙 | 기준시점, 시점수정 관련, 물리적 감가 |
| ④ 예측의 원칙(예상의 원칙) | 장래이익의 현재가치, 부동산가치, 수익방식에서 순수익 산정 판단기준 |
| ⑤ 기여의 원칙(공헌의 원칙) | 기여도의 합(생산비의 합 ×), 추가투자의 적부판정 |
| ⑥ 수익체증·체감의 원칙 | 입체적 토지이용, 건물의 고층화, 추가투자와 관련 |
| ⑦ 수익배분의 원칙(잉여생산성의 원칙) | 토지잔여법, 수익분석법 관련, 부동성(수동적 생산요소) |
| ⑧ 대체의 원칙 | 비슷한 두 재화 비교, 동일효용 – 낮은가격, 동일가격 – 높은효용<br>감정평가 3방식 모두와 관련, 용도·기능·가격면에서 대체 |
| ⑨ 최유효이용의 원칙-고유 | 가장 중추적인 기능, 감정평가의 전제 |
| ⑩ 기회비용의 원칙 | 포기된 최선의 가치, 요구수익률, 계산된(인식된) 비용 |
| ⑪ 수요공급의 원칙 | 부동산 가격의 이중성관련 |
| ⑫ 경쟁의 원칙 | 초과이윤은 경쟁을 야기시키고, 경쟁은 초과이윤을 소멸 |
| ⑬ 외부성의 원칙-고유 | 외부효과, 경제적 감가 관련 |

※ 1. 3방식 모두의 이론적 근거 : 대체원칙
　2. 추가투자 판정 기준 : 기여원칙, 수익체증·체감원칙
　3. 기준시점확정, 시점수정의 근거 : 변동원칙
　4. 잔여법 근거 : 수익배분원칙

## 2 최유효이용의 원칙

### (1) 의의

부동산 가격은 최유효이용을 전제로 파악되는 가격을 표준으로 형성된다는 원칙으로, 가치제원칙 중 가장 중추적인 기능을 담당한다. 여기서 최유효이용(최유효사용, 최고 최선의 이용 : highest and best use)이란 객관적으로 보아 양식과 통상의 이용능력을 보유하는 사람의 합리적·합법적인 최고·최선의 이용방법을 말한다. 하지만, 최유효이용의 원칙은 「감정평가에 관한 규칙」에서 직접 규정하고 있는 사항은 아니다.

### (2) 이론적 근거

① 용도의 다양성, 부증성
② 토지의 사회성·공공성에 따른 최유효이용의 강제

## 3 최유효이용의 기초(토대)가 되는 원칙

### (1) 변동의 원칙(변화의 원칙)

① 모든 현상은 자연법칙에 의해 항상 변화한다. 부동산의 유용성도 그 내외적 요인의 변화에 따라 항상 변동한다. 부동산 가격은 가치형성요인들이 변화함에 따라 가치발생요인이 변화과정에 있으며 부동산 가격도 과거·현재·미래로 변화한다는 원칙이다.
② 시간 관련 원칙으로 예측의 원칙과 관련이 있으며 최유효이용의 원칙의 토대가 된다. 이는 기준시점이 분명히 되어야 하는 근거가 된다.
③ 가치형성요인은 시간에 따라 변화함으로 언제 시점으로 감정평가하는가에 따라 가격이 다르다.
⇨ 기준시점의 확정과 시점수정의 근거가 된다.
④ 시간이 지남에 따라 마모, 훼손되므로 물리적 감가의 근거가 된다.

> 기출 | 기준시점의 필요는 변동의 원칙과 관련이 있다.

### (2) 예측의 원칙(예상의 원칙)

① 일반적으로 부동산의 가격은 그 재화의 장래의 수익성·생산성 등을 예측하여 반영함으로써 결정되므로 부동산의 가격은 장래의 가치형성요인에 대한 예측을 하여야 한다는 원칙이다. 이는 부동산의 영속성(내구성)에 기인한다.
② 예측의 원칙은 비정상적인 사용 상태를 전제로 해서는 아니 되므로, 최유효이용의 원칙에 선행하는 원칙이다.
③ 가치개념의 근거가 된다. 가치(value)는 장래의 편익을 현재화한 값이다.
④ 수익방식의 근거가 된다. 수익방식에서 순수익은 장래의 순수익을 예상하여 구한다.

> **기출** 예측 및 변동의 원칙은 부동산의 현재보다 장래의 활용 및 변화 가능성을 고려한다는 점에서, 수익환원법의 토대가 될 수 있다.

## 4 최유효이용의 내부 관련 원칙

### (1) 수익체증·체감의 원칙

① 부동산의 어느 단위투자액을 계속적으로 증가시키면 그에 대응하는 한계수익이 체증하지만 일정한 한계점을 넘으면 이후에는 수익증가율이 체감하는 원칙을 말한다. 이는 입체적 이용율과 관련되어 있다.

② 건물의 고층화에 따른 건물의 한계효용계층(이윤극대점)은 토지공간의 입체이용률 결정 및 부동산의 현실적인 이용가치의 적정성과 추가투자의 적정 여부 판단에 유용하게 활용 된다.

### (2) 수익배분의 원칙(잉여생산성의 원리)

① 생산요소의 결합에 의해 발생한 총수익 중 노동·자본·경영에 몫이 먼저 배분되고 남은 부분(잉여생산성) 즉, 잔여순수익은 나중에 토지의 지대의 형태로 나타나며 이것이 지가를 형성하게 된다는 원칙이다. 토지의 부동성(위치의 고정성) 때문에 토지의 몫이 제일 나중에 배분된다는 의미이다.

② 부동산에 귀속하는 순수익을 기초로 가격 또는 임대료를 구하는 수익방식 중 수익분석법과 토지잔여법의 이론적 근거가 된다.

### (3) 기여의 원칙(공헌의 원칙)

① 부동산은 여러 가지 구성요소가 결합되어 있는 바, 부동산 가격은 각 구성요소의 기여도에 따라서 영향을 받는다는 원칙을 말한다. 부동산 가격은 각 구성요소의 생산비의 합이 아니라 기여도(공헌도, 생산성)의 합이다.

② 부분과 전체에 관계되는 원칙으로 추가투자의 적정성 판단에 유용하게 활용된다. 이때 기여의 원칙은 균형의 원칙에 선행한다.

> **기출** 기여의 원칙은 부동산의 각 구성요소가 각각 기여하여 부동산 전체의 가격이 형성된다는 원칙이다.

### (4) 균형의 원칙(비례의 원칙)

① 부동산의 유용성(효용성)이 최고도로 발휘되기 위해서는 내부적인 구성요소간에 균형이 이루어야 한다는 원칙이다. 즉, 기업에서 생산요소인 토지, 노동, 자본, 경영의 적절한 조화를 통해 최대의 유용성(수익)을 올리는 것이다.

② 대상부동산의 여러 가지 내부적인 구성요소들이 불균형으로 인해 발생하는 기능적 감가 판단의 근거가 되며 개별분석과 관련된다.

> 예 설계의 불량, 초과설비, 과소설비, 형식의 구식화, 부지에 대한 건물의 부적응 등은 균형의 원칙에 위배되므로 기능적 감가에 해당

> 기출 1. 복도의 천정 높이를 과대개량한 전원주택이 냉·난방비 문제로 시장에서 선호도가 떨어지는 것은 균형의 원칙과 관련이 있다.
> 2. 균형의 원칙은 구성요소의 결합에 대한 내용으로, 균형을 이루지 못하는 과잉부분은 원가법을 적용할 때 기능적 감가로 처리한다.
> 3. 균형의 원칙은 외부적 관계의 원칙인 적합의 원칙과는 대조적인 의미로, 부동산 구성요소의 결합에 따른 최유효이용을 강조하는 것이다.

## 5 최유효이용의 외부 관련 원칙

### (1) 적합의 원칙

① 부동산이 그 유용성이 최고도로 발휘하기 위해서는 주변 환경 및 시장에 적합하여야 한다는 원칙이다. 주택은 주거지역에, 공장은 공업지역에, 상점은 상업지역에 위치해야 유용성이 최고도로 발휘된다.

② 적합의 원칙은 경제적 감가판단의 근거가 되고, 지역분석과 관련된다.

> 예 인근지역의 쇠퇴, 인근환경과의 부조화, 시장성저하 등은 경제적 감가(외부적감가, 위치적 감가, 상대적 감가)에 해당된다.

> 기출 1. 판매시설 입점부지 선택을 위해 후보지역분석을 통해 표준적 사용을 확인하는 것은 적합의 원칙과 관련이 있다.
> 2. 기능적 감가는 균형의 원칙, 경제적 감가는 적합의 원칙과 관련이 있다.
> 3. 적합의 원칙은 부동산의 입지와 인근 환경의 영향을 고려한다.

### (2) 외부성의 원리

① 대상부동산의 가치는 외부적인 요인에 의하여 긍정적인 영향을 미칠 때 외부경제(정의 외부효과)라고 하고, 부정적인 영향을 미칠 때 이를 외부 불경제(부의 외부효과)라고 한다.

② 적합의 원칙은 대상부동산이 최유효이용되려면 외부환경에 적합하여야 한다는 원칙이고, 외부성의 원칙은 외부환경요인이 대상부동산에 어떠한 영향을 미치느냐를 고려하는 원칙이다.

### (3) 경쟁의 원칙

① 어떤 수익성 부동산의 초과이윤은 경쟁을 야기하고 경쟁은 초과이윤을 소멸시킨다는 원칙이다.

② 부동산은 지리적 위치의 고정성과 부증성이 있으므로 공급자 경쟁보다는 수요자의 경쟁이 강하게 나타난다. 경쟁은 대체성이 약할수록 가격인상의 경향은 높아진다.

## 6 기타 가격원칙

### (1) 수요·공급의 원칙

① 부동산 가격은 수요와 공급의 상호작용에 의해 결정되고 그 가격은 다시 수요와 공급에 미친다는 원칙이다(부동산 가격의 이중성). 수요·공급의 원칙은 부동산에도 적용되나 일반재화와 약간 달리 적용된다. 즉, 공급의 제한 때문에 적용상 제한을 받는다.

② 부동산의 가격은 수요공급의 원칙에 의해 제한을 받지만 용도적 관점(택지개발, 주택의 신축 등)이나 효용면에서 대체가 가능함으로 수요·공급의 원칙이 적용된다고 할 수 있다.

### (2) 대체의 원칙

① 부동산 가격은 대체 가능한 2개 이상의 재화 간에는 상호작용과정에 영향을 미쳐서 가격이 형성된다. 부동산은 자연적 특성 중 부동성·개별성 때문에 비대체적이지만, 인문적 특성으로 인한 용도면에서 보면 대체적이다(예 아파트와 단독주택). ⇨ 부동산의 유용성(수익성, 쾌적성)이 동일하면 가격이 싼 것을 선택하고, 가격이 동일하면 부동산의 유용성이 큰 것을 선택한다. 즉, 부동산 간에 또는 지역간에 상호관련성·상호대체성을 갖는다는 원칙을 말한다.

② 원가방식의 재조달원가, 비교방식의 거래사례 또는 임대사례, 수익방식의 순수익을 구할 때 쓰는 간접법은 대체를 전제로 함으로 부동산감정평가 3방식 모두의 이론적 근거가 된다(비교방식에 더 잘 적용 됨).

> **기출** 대체의 원칙은 부동산의 가격이 대체관계의 유사부동산으로부터 영향을 받는다는 점에서 거래사례비교법의 토대가 될 수 있다.

### (3) 기회비용의 원칙

① 기회비용이란 어떤 대안을 선택함으로써 포기한 다른 대안들 중 최대의 가치이며, 합리적 사람이라면 최선의 안을 선택하고 차선의 대안을 기회비용으로 놓는다.

② 기회비용이란 실제 지불된 비용이 아니고 계산된 비용·인식된 비용으로서 투자의 요구수익률(자본의 기회비용)을 측정하는 중요한 기준이 되며, 부동산 투자에 있어서 요구수익률을 측정하는 기준이 되기도 한다.

③ 주변지역이 상업지역인데 주거용으로 이용하는 경우에 이를 상업용으로 평가하는 경우 또는 도심지역의 공업용지가 동일한 효용을 가지고 있는 외곽지역의 공업용지보다 시장가격이 더 높은 현상은 기회비용의 원칙에 의해서 설명 가능하다(전환비용도 고려).

> **기출** 도심지역의 공업용지가 동일한 효용을 가지고 있는 외곽지역의 공업용지보다 시장가격이 더 높은 현상은 기회비용의 원칙에 의해서 설명 가능하다.

PART 8 부동산감정평가론

제6절 **지역분석과 개별분석** 제27회, 제29회, 제30회, 제31회, 제32회, 제34회

## 1 지역분석의 의의

① 지역분석이란 지역을 구성하는 부동산의 가격형성에 영향을 미치는 지역요인을 분석하는 것을 말한다. 이는 대상부동산이 어떤 지역에 속하는가, 그 지역의 특성은 무엇인가, 그 특성은 그 지역내 부동산의 이용형태와 가격형성에 어떠한 영향을 미치는가에 대한 분석·판단을 행하는 작업이다.

② 지역분석은 해당지역의 특성의 현재상태 및 장래동향을 파악하여 그 지역내의 표준적 이용과 가격수준을 판정하는 것이다. 또한, 지역분석을 통해 최유효이용을 판정하는 방향을 제시하며, 최유효이용 기준설정에 도움을 준다.

③ 지역분석으로 그 지역의 표준적 이용이 결정되며, 지역분석 결과를 토대로 개별분석이 행해진다. 즉, 지역분석이 개별분석에 선행한다.

④ 지역분석과 관련된 가격원칙은 대체의 원칙, 변동의 원칙, 예측의 원칙, 적합의 원칙이 있다.

지역분석과 개별분석

|  | **지역분석** ⇨ | **개별분석** |
|---|---|---|
|  | (선행, 표준적이용, 가격수준) | (후행, 최유효이용, 구체적 가격) |
| **구분** | **지역분석** | **개별분석** |
| 1. 분석 순서 | 선행분석(부동성, 인접성) | 후행분석(개별성, 용도의 다양성) |
| 2. 분석 내용 | 대상지역 전체적·광역적·거시적 분석 | 대상부동산 부분적·국지적·미시적 분석 |
| 3. 분석 기준 | 표준적 이용 판정<br>가격수준 파악<br>(최유효이용의 판정 방향, 기준제시) | 대상부동산의 최유효이용 판정<br>구체적 가격 파악 |
| 4. 가격원칙 | 경제적 감가, 외부요인(적합의 원칙) | 기능적 감가, 내부요인 (균형의 원칙) |
| 5. 대 상 | 인근지역, 유사지역, 주변의 용도지역 | 대상부동산 또는 개별부동산 |

기출 | 1. 지역분석을 통해 해당 지역 내 부동산의 표준적이용과 가격수준을 파악할 수 있다.
2. 개별분석보다 지역분석을 먼저 실시하는 것이 일반적이다.

## 2  지역분석의 대상지역

감정평가에 관한 규칙(제2조)

> **제2조 【정의】** 13. "인근지역"이란 대상부동산이 속한 지역으로서 부동산의 이용이 동질적이고 가치형성요인 중 지역요인을 공유하는 지역을 말한다.
>
> 14. "유사지역"이란 대상부동산이 속하지 아니하는 지역으로서 인근지역과 유사한 특성을 갖는 지역을 말한다.
>
> 15. "동일수급권(同一需給圈)"이란 대상부동산과 대체·경쟁 관계가 성립하고 가치 형성에 서로 영향을 미치는 관계에 있는 다른 부동산이 존재하는 권역(圈域)을 말하며, 인근지역과 유사지역을 포함한다.

### (1) 인근지역

① 인근지역의 의의 및 조건(요건)

- ㉠ 대상부동산이 속한 지역으로, 대상부동산의 가격형성에 직접 영향을 미친다.
- ㉡ 도시 또는 농촌과 같은 지역사회와 비교하여 보다 작은 지역이다.
- ㉢ 인근지역 내의 부동산은 대상부동산과 상호 대체·경쟁의 관계에 있고 동일한 지가수준을 갖고, 대상부동산과 용도적·기능적 동질성을 갖는다.

② 인근지역의 경계 및 범위

- ㉠ 경계는 산맥, 하천, 호수, 사막과 같은 자연적 경계와 인종, 문명, 종교, 언어에 의한 인문적 경계로 나눌 수 있다.
- ㉡ 인근지역은 하천 등 자연적 경계와 공법상 규제에 의해 경계가 확정될 수도 있으나, 인근지역이 도시계획상의 용도지역과 일치하는 것은 아니다. 인근지역의 경계가 명확하지 않은 때에는 지역의 표준적 사용을 중심으로 감정평가사가 판단하는 경우가 많다.

③ 인근지역의 변화

인근지역의 사회적·경제적·행정적 위치는 고정적·경직적인 것이 아니고 유동적·가변적이다.

인근지역의 생애주기 현상

| 단계 | 특징 |
|---|---|
| 성장기 | ① 지가상승률 최고 ② 입지경쟁, 유동이 많음 ③ 신규부동산(상향여과) ④ 투자·투기현상 |
| 성숙기 | ① 지가수준·지역기능 최고 ② 지가 안정·가벼운 상승 ③ 유동이 적음 ④ 여과현상 X |
| 쇠퇴기 | ① 경제적 내용연수 만료 ② 가장장기 ③ 재개발 시작 ④ 하향 여과 시작 |
| 천이기 | ① 재개발·하향 여과 활발 ② 지가의 가벼운 상승, 일시적 상승, 이전단계 수준(×) |
| 악화기 | ① 슬럼화 단계 혹은 그 전 단계 ② 지가 최저, 재개발 마지막 |

> **기출** 인근지역이란 대상부동산이 속한 지역으로서 부동산의 이용이 동질적이고 가치형성요인 중 지역요인을 공유하는 지역을 말한다.

## (2) 유사지역

### ① 유사지역의 의의 및 특성

㉠ 대상부동산이 속하지 않은 지역으로, 가격형성에 간접적으로 영향을 미치며 인근지역과 지리적 위치는 다르다.

㉡ 유사지역은 인근지역과 인접할 수도 있고, 멀리 떨어져 있을 수도 있다. 이때 지역은 거리의 원근개념이 아닌 용도적 관점으로 가격형성 제요인이 유사성을 갖는 범위를 의미한다.

㉢ 대상부동산이 속한 인근지역과 용도적·기능적으로 동질적이며, 대체·경쟁의 관계가 성립한다.

### ② 유사지역 분석의 중요성(필요성)

유사지역의 분석은 감정평가에 있어서, ① 인근지역 내 사례자료가 없는 경우에는 동일수급권내 유사지역의 사례자료를 활용할 수 있으며, ② 인근지역 내 사례자료가 있는 경우에는 유사지역을 분석하여 인근지역의 상대적 위치와 지역특성을 명백히 하고 적정한 가격수준을 파악할 수 있다.

> 기출 │ 유사지역이란 대상부동산이 속하지 아니하는 지역으로서 인근지역과 유사한 특성을 갖는 지역을 말한다.

## (3) 동일수급권

### ① 동일수급권의 의의

㉠ 인근지역 및 유사지역을 포함하고 주변 용도지역(후보지, 이행지)을 포함하기도 한다.

㉡ 동일수급권이란 대상부동산과 대체·경쟁의 관계가 성립하고 그 가격형성에 있어서 서로 영향을 미치는 관계에 있는 최대 권역을 말하며, 대체·경쟁의 원칙에 의한 수요·공급이 가능한 지역으로서 거래사례비교법에서 사례수집의 최원방권이다.

### ② 동일수급권 파악의 필요성

㉠ 인근지역에 사례자료가 없거나, 사례자료가 있다고 하더라도 감정평가의 정확도를 높이기 위해서는 동일수급권내의 유사지역의 자료를 수집하여 이를 비교·검토해야 할 필요가 있다.

㉡ 이 경우 사례부동산과 대상부동산 사이의 가치형성요인과 지역요인을 비교하여 지역격차를 수정할 필요가 있다.

㉢ 만일, 사례자료가 동일수급권 내 유사지역에 소재할 경우에는 지역요인 및 개별요인을 비교하여야 하지만, 인근지역에 속할 경우에는 지역요인을 비교할 필요가 없으며 개별요인만 비교하면 된다. 이 경우에도 지역분석은 실시하여야 한다.

### ③ 동일수급권의 파악

동일수급권의 파악은 가격형성에 영향을 미치는 동일수급권의 범위를 판단하는 것으로, 동일수급권은 부동산의 종별·성격 및 규모에 따라 그 지역적 범위가 달라지므로 부동산의 종별·성격 및 규모를 적절하게 판정하여 동일수급권의 범위를 정하여야 할 것이다. 부동산의 용도에 따른 동일수급권의 범위는 다음과 같다.

㉠ **주거지** : 주거지의 동일수급권은 일반적으로 도심에서 통근이 가능한 지역의 범위와 일치하는 경향이 있다. 그러나, 출생·생육(生育) 등 연고나 지역적 선호 및 지역의 사회적 지위·명성·품 등에 따라서 대체관계가 성립하여 그 범위가 좁아지기도 한다. 그리고 고급주택일수록 동일수급권의 범위는 좁으며, 일반주택일수록 동일수급권의 범위는 넓어진다.

㉡ **상업지** : 상업지의 동일수급권은 배후지를 배경으로 상업수익을 올릴 수 있는 지역범위와 일치하는 경향이 있다. 고도상업지역은 일반적으로 광역적인 상업배후지를 배경으로 성립되어 동일수급권이 비교적 넓으며, 보통상업지역은 보다 좁은 배후지를 배경으로 성립되므로 동일수급권이 비교적 좁아진다.

㉢ **공업지** : 공업지의 동일수급권은 수송비 등 비용성, 생산성의 대체성이 있는 지역범위와 일치하는 경향이 있다. 따라서 제품 및 공장의 형태에 따라, 또한 소비지입지형이냐, 원료산지입지형이냐에 따라 그 대체성이 달라진다. 또한 철도, 도로, 항만 등의 수송수단도 함께 고려되어야 하며 대규모공장의 경우는 전국을 동일수급권으로 하는 경향이 있다.

㉣ **후보지·이행지** : 원칙적으로 용도전환 후(後)의 종별에 따라 그 범위를 정하여야 한다. 다만, 성숙도가 낮거나 전환·이행의 속도가 완만한 경우에는 전환 전(前)의 토지의 동일수급권을 기준으로 한다. 따라서, 성숙도가 높은 경우에는 용도전환 후(後)의 종별에 따라 그 범위를 정한다.

| 동일수급권의 파악 |
| --- |
| 1. **주거지** : 통근 가능한 거리<br>2. **상업지** : 배후지를 기초로 수익을 올릴 수 있는 지역<br>3. **공업지** : 비용성, 생산성의 대체성이 있는 지역범위<br>4. **후보지·이행지**<br> ① 원칙 : 용도전환 후(後) 기준<br> ② 예외(성숙도가 낮거나 전환이 완만한 경우) : 용도전환 전(前) 기준 |

**기출** 1. 동일수급권은 대상부동산과 대체·경쟁관계가 성립하고 가치 형성에 서로 영향을 미치는 관계에 있는 다른 부동산이 존재하는 권역을 말하며, 인근지역과 유사지역을 포함한다.

2. 성숙도가 낮은 후보지의 동일수급권은 전환 전 용도지역의 동일수급권과 일치하는 경향이 있다.

**보충학습** │ 동일수급권의 범위

동일수급권 = 인근지역 + 유사지역 + 주변용도지역(후보지, 이행지)

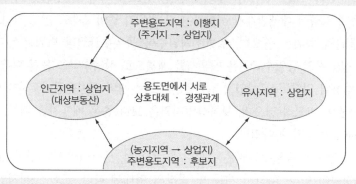

## 3  개별분석

### (1) 개별분석의 의의

개별분석이란 지역분석에 의해 판정된 해당 지역의 표준적 사용 및 가격수준을 전제로, 부동산의 개별성에 근거하여 부동산의 가치형성요인 중 개별적 제요인을 분석하여 대상부동산의 최유효이용을 판정하고, 대상부동산의 구체적인 가격으로 접근하는 과정상의 작업을 말한다. 즉, 대상부동산의 구체적 가격을 구체화·개별화시키는 작업을 말한다.

### (2) 개별분석의 필요성

대상부동산의 최유효이용은 지역의 표준적 이용과 항상 일치되는 것은 아니므로 대상부동산의 구체적 가격은 개별분석을 통해 파악해야 한다.

**기출** │ 1. 대상부동산의 최유효이용을 판정하기 위해 개별분석이 필요하다.
2. 개별분석은 대상부동산에 대한 미시적·국지적 분석인 데 비하여, 지역분석은 대상지역에 대한 거시적·광역적 분석이다.

**01** 감정평가에 관한 규칙상 시장가치기준에 관한 설명으로 틀린 것은?  〔제33회〕

① 대상물건에 대한 감정평가액은 원칙적으로 시장가치를 기준으로 결정한다.

② 감정평가법인 등은 법령에 다른 규정이 있는 경우에는 대상물건의 감정평가액을 시장가치 외의 가치를 기준으로 결정할 수 있다.

③ 감정평가법인 등은 대상물건의 특성에 비추어 사회통념상 필요하다고 인정되는 경우에는 대상물건의 감정평가액을 시장가치 외의 가치를 기준으로 결정할 수 있다.

④ 감정평가법인 등은 감정평가 의뢰인이 요청하여 시장가치 외의 가치를 기준으로 감정평가할 때에는 해당 시장가치 외의 가치의 성격과 특징을 검토하지 않는다.

⑤ 감정평가법인 등은 시장가치 외의 가치를 기준으로 하는 감정평가의 합리성 및 적법성이 결여(缺如)되었다고 판단할 때에는 의뢰를 거부하거나 수임(受任)을 철회할 수 있다.

> **해설**  감정평가법인 등은 법령에 다른 규정이 있는 경우 시장가치 외의 가치를 기준으로 감정평가할 때에는 해당 시장가치 외의 가치의 성격과 특징을 검토하지 않는다.

> **제5조【시장가치기준 원칙】** ① 대상물건에 대한 감정평가액은 시장가치를 기준으로 결정한다.
> ② 감정평가법인등은 제1항에도 불구하고 다음 각 호의 어느 하나에 해당하는 경우에는 대상물건의 감정평가액을 시장가치 외의 가치를 기준으로 결정할 수 있다.
> 1. 법령에 다른 규정이 있는 경우
> 2. 감정평가 의뢰인(이하 "의뢰인"이라 한다)이 요청하는 경우
> 3. 감정평가의 목적이나 대상물건의 특성에 비추어 사회통념상 필요하다고 인정되는 경우
> ③ 감정평가법인등은 제2항에 따라 시장가치 외의 가치를 기준으로 감정평가할 때에는 다음 각 호의 사항을 검토해야 한다. 다만, 제2항제1호의 경우에는 그렇지 않다.
> 1. 해당 시장가치 외의 가치의 성격과 특징
> 2. 시장가치 외의 가치를 기준으로 하는 감정평가의 합리성 및 적법성
> ④ 감정평가법인등은 시장가치 외의 가치를 기준으로 하는 감정평가의 합리성 및 적법성이 결여(缺如)되었다고 판단할 때에는 의뢰를 거부하거나 수임(受任)을 철회할 수 있다.

〔정답〕 ④

PART 8 부동산감정평가론

**02** 「감정평가에 관한 규칙」상 용어의 정의로 **틀린** 것은? (제31회)

① 인근지역이란 감정평가의 대상이 된 부동산이 속한 지역으로서 부동산의 이용이 동질적이고 가치형성요인 중 지역요인을 공유하는 지역을 말한다.

② 동일수급권(同一需給圈)이란 대상부동산과 대체·경쟁 관계가 성립하고 가치 형성에 서로 영향을 미치는 관계에 있는 다른 부동산이 존재하는 권역(圈域)을 말하며, 인근지역과 유사지역을 포함한다.

③ 원가법이란 대상물건의 재조달원가에 감가수정(減價修正)을 하여 대상물건의 가액을 산정하는 감정평가방법을 말한다.

④ 유사지역이란 대상부동산이 속하지 아니하는 지역으로서 인근지역과 유사한 특성을 갖는 지역을 말한다.

⑤ 가치형성요인이란 대상물건의 시장가치에 영향을 미치는 일반요인, 지역요인 및 개별요인 등을 말한다.

> **해설** ⑤ 시장가치에 영향을 미치는 ⇨ 경제적 가치에 영향을 미치는, 가치형성요인이란 대상물건의 경제적 가치에 영향을 미치는 일반요인, 지역요인 및 개별요인 등을 말한다.

**정답** ⑤

**03** 「감정평가에 관한 규칙」에 규정된 내용으로 **틀린** 것은? (제30회)

① 감정평가법인등은 법령에 다른 규정이 있는 경우에는 대상물건의 감정평가액을 시장가치 외의 가치를 기준으로 결정할 수 있다.

② 감정평가법인등은 법령에 다른 규정이 있는 경우에는 기준시점의 가치형성요인 등을 실제와 다르게 가정하거나 특수한 경우로 한정하는 조건(감정평가조건)을 붙여 감정평가할 수 있다.

③ 둘 이상의 대상물건이 일체로 거래되거나 대상물건 상호 간에 용도상 불가분의 관계가 있는 경우에는 일괄하여 감정평가할 수 있다.

④ 하나의 대상물건이라도 가치를 달리하는 부분은 이를 구분하여 감정평가할 수 있다.

⑤ 기준시점은 대상물건의 가격조사를 개시한 날짜로 한다. 다만, 기준시점을 미리 정하였을 때에는 그 날짜에 가격조사가 가능한 경우에만 기준시점으로 할 수 있다.

> **해설** ⑤ 가격조사를 개시한 날짜 ⇨ 가격조사를 완료한 날짜, 기준시점은 대상물건의 가격조사를 완료한 날짜로 한다. 다만, 기준시점을 미리 정하였을 때에는 그 날짜에 가격조사가 가능한 경우에만 기준시점으로 할 수 있다.

**정답** ⑤

**04** 감정평가 과정상 지역분석과 개별분석에 관한 설명으로 틀린 것은?　제30회

① 해당 지역 내 부동산의 표준적 이용과 가격수준 파악을 위해 지역분석이 필요하다.

② 지역분석은 대상부동산에 대한 미시적·국지적 분석인데 비하여, 개별분석은 대상지역에 대한 거시적·광역적 분석이다.

③ 인근지역이란 대상부동산이 속한 지역으로서 부동산의 이용이 동질적이고 가치형성요인 중 지역요인을 공유하는 지역을 말한다.

④ 동일수급권이란 대상부동산과 대체·경쟁 관계가 성립하고 가치 형성에 서로 영향을 미치는 관계에 있는 다른 부동산이 존재하는 권역을 말하며, 인근지역과 유사지역을 포함한다.

⑤ 대상부동산의 최유효이용을 판정하기 위해 개별분석이 필요하다.

> **해설**　② 지역분석 ⇔ 개별분석, 개별분석은 대상부동산에 대한 미시적·국지적 분석인데 비하여, 지역분석은 대상지역에 대한 거시적·광역적 분석이다.

**정답 ②**

**05** 감정평가 과정상 지역분석 및 개별분석에 관한 설명으로 옳은 것은?　제34회

① 동일수급권이란 대상부동산과 대체·경쟁관계가 성립하고 가치 형성에 서로 영향을 미치는 관계에 있는 다른 부동산이 존재하는 권역(圈域)을 말하며, 인근지역과 유사지역을 포함한다.

② 지역분석이란 대상부동산이 속해 있는 지역의 지역요인을 분석하여 대상부동산의 최유효이용을 판정하는 것을 말한다.

③ 인근지역이란 대상부동산이 속한 지역으로서 부동산의 이용이 동질적이고 가치형성요인 중 개별요인을 공유하는 지역을 말한다.

④ 개별분석이란 대상부동산의 개별적 요인을 분석하여 해당 지역 내 부동산의 표준적 이용과 가격수준을 판정하는 것을 말한다.

⑤ 지역분석보다 개별분석을 먼저 실시하는 것이 일반적이다.

> **해설**　② 대상부동산의 최유효이용을 판정 ⇨ 해당 지역 내 부동산의 표준적 이용을 판정
> ③ 개별요인을 공유하는 지역 ⇨ 지역요인을 공유하는 지역
> ④ 지역분석이란 대상부동산의 지역적 요인을 분석하여 해당 지역 내 부동산의 표준적 이용과 가격수준을 판정하는 것을 말한다.
> ⑤ 개별분석보다 지역분석을 먼저 실시하는 것이 일반적이다.

**정답 ①**

**06** 다음은 감정평가 과정상 지역분석 및 개별분석과 관련된 내용이다. (    )에 들어갈 용어는?

제32회

> 지역분석은 해당 지역의 ( ㄱ ) 및 그 지역 내 부동산의 가격수준을 판정하는 것이며, 개별분석은 대상부동산의 ( ㄴ )을 판정하는 것이다. 지역분석의 분석 대상지역 중 ( ㄷ )은 대상부동산이 속한 지역으로서 부동산의 이용이 동질적이고 가치형성요인 중 지역요인을 공유하는 지역이다.

① ㄱ: 표준적이용,　　ㄴ: 최유효이용,　　ㄷ: 유사지역
② ㄱ: 표준적이용,　　ㄴ: 최유효이용,　　ㄷ: 인근지역
③ ㄱ: 최유효이용,　　ㄴ: 표준적이용,　　ㄷ: 유사지역
④ ㄱ: 최유효이용,　　ㄴ: 표준적이용,　　ㄷ: 인근지역
⑤ ㄱ: 최유효이용,　　ㄴ: 최유효이용,　　ㄷ: 유사지역

해설 ② 지역분석에서는 표준적이용을, 개별분석에서는 최유효이용을 판정한다. 인근지역은 대상부동산이 속한 지역으로서 부동산의 이용이 동질적이고 가치형성요인 중 지역요인을 공유하는 지역을 말한다.

**[지역분석과 개별분석]**

| 지역분석 | 개별분석 |
|---|---|
| 선행, 표준적이용, 가격수준 | 후행, 최유효이용, 구체적가격 |
| 대상지역, 전체적·거시적 분석 | 대상부동산, 부분적·미시적 분석 |
| 외부요인, 적합의 원칙, 경제적 감가 | 내부요인, 균형의 원칙, 기능적 감가 |
| 부동성, 인접성 | 개별성, 용도의 다양성 |

1. 인근지역이란 대상부동산이 속한 지역으로서 부동산의 이용이 동질적이고 가치형성요인 중 지역요인을 공유하는 지역을 말한다.
2. 유사지역이란 대상부동산이 속하지 아니하는 지역으로서 인근지역과 유사한 특성을 갖는 지역을 말한다.
3. 동일수급권이란 대상부동산과 대체·경쟁 관계가 성립하고 가치 형성에 서로 영향을 미치는 관계에 있는 다른 부동산이 존재하는 권역을 말하며, 인근지역과 유사지역을 포함한다.

정답 ②

**07** 감정평가에 관한 규칙에 규정된 내용으로 **틀린** 것은?

① 기준시점은 대상물건의 가격조사를 완료한 날짜로 한다. 다만, 기준시점을 미리 정하였을 때에는 그 날짜로 하여야 한다.

② 감정평가법인등은 법령에 다른 규정이 있는 경우에는 기준시점의 가치형성요인 등을 실제와 다르게 가정하거나 특수한 경우도 한정하는 조건을 붙여 감정평가할 수 있다.

③ 둘 이상의 대상물건이 일체로 거래되거나 대상물건 상호 간에 용도상 불가분의 관계가 있는 경우에는 일괄하여 감정평가할 수 있다.

④ 하나의 대상물건이라도 가치를 달리하는 부분은 이를 구분하여 감정평가할 수 있다.

⑤ 일체로 이용되고 있는 대상물건의 일부분에 대하여 감정평가하여야 할 특수한 목적이나 합리적인 이유가 있는 경우에는 그 부분에 대하여 감정평가할 수 있다.

> **해설**  ① 그 날짜로 하여야 한다 ⇨ 그 날짜에 가격조사가 가능한 경우에만 기준시점으로 할 수 있다.
>
> • 「감정평가에 관한 규칙」 제2조, 제9조: 기준시점이란 대상물건의 감정평가액을 결정하는 기준이 되는 날짜를 말한다. 기준시점은 대상물건의 가격조사를 완료한 날짜로 한다. 다만, 기준시점을 미리 정하였을 때에는 그 날짜에 가격조사가 가능한 경우에만 기준시점으로 할 수 있다.

**정답** ①

PART 8 부동산감정평가론

# 02
**CHAPTER**

# 감정평가의 3방식

**단원별 학습포인트**

- ☐ 감정평가의 3방식과 7방법으로 구분하고, 물건별 감정평가방법, 감정평가규칙의 조문을 숙지하여야 한다.
- ☐ 원가방식에서는 재조달원가 개념, 감가수정과 감가상각의 차이, 감가수정방법과 계산문제를 숙지하여야 한다.
- ☐ 비교방식에서는 사정보정, 시점수정, 지역요인, 개별요인비교를 통해 계산문제를 숙지해야 한다.
- ☐ 수익방식에서는 기본공식과 환원이율(자본환원율), 수익가액과 환원이율의 계산을 숙지하여야 한다.

---

**제1절** **감정평가 3방식의 기본원리** 제26회, 제27회, 제29회, 제31회, 제32회, 제33회

## 1  가격의 3면성

일반적으로 재화의 경제적 가치를 판정함에 있어서는 비용성·시장성·수익성의 3가지 측면에서 고찰하게 되는데, 이러한 3가지 측면을 가격의 3면성이라 한다. 이는 감정평가 3방식의 기본적·이론적 근거가 된다.

| ① 비용성 | 해당 물건이 어느 정도의 생산비가 투입되어 만들어졌는가(원가방식) |
| ② 시장성 | 시장에서 어느 정도의 가격으로 거래되는가(비교방식) |
| ③ 수익성 | 해당 물건을 이용함으로써 어느 정도의 수익 또는 편익을 얻을 수 있는가(수익방식) |

## 2  감정평가의 3방식과 7방법 제29회

**제11조(감정평가방식)** 감정평가법인등은 다음 각 호의 감정평가방식에 따라 감정평가를 한다.
1. 원가방식 : 원가법 및 적산법 등 비용성의 원리에 기초한 감정평가방식
2. 비교방식 : 거래사례비교법, 임대사례비교법 등 시장성의 원리에 기초한 감정평가방식 및 공시지가기준법
3. 수익방식 : 수익환원법 및 수익분석법 등 수익성의 원리에 기초한 감정평가방식

| 3방식<br>(가격 3면성) | 조건 | 7방법 | 시산가액<br>(임대료) | 산식 |
|---|---|---|---|---|
| 원가방식<br>(비용성) | 가액 | 원가법 | 적산가액 | 재조달원가 − 감가누계액 |
| | 임대료 | 적산법 | 적산임료 | 기초가액 × 기대이율 + 필요제경비 |
| 비교방식<br>(시장성) | 가액 | 거래사례비교법 | 비준가액 | 거래사례 × 사정보정 × 시점수정 × 가치형성요인비교 |
| | 임대료 | 임대사례비교법 | 비준임료 | 임대사례 × 사정보정 × 시점수정 × 가치형성요인비교 |
| | 가액 | 공시지가기준법 | 토지가액 | 비교표준지공시지가 × 시점수정 × 지역·개별요인비교 ×<br>그밖의 요인보정 |
| 수익방식<br>(수익성) | 가액 | 수익환원법 | 수익가액 | $\dfrac{\text{순수익(순영업소득)}}{\text{환원이율}}$ |
| | 임대료 | 수익분석법 | 수익임료 | 순수익 + 필요제경비 |

① 감정평가 3방식이란 원가방식, 비교방식, 수익방식을 가리키며, 대상 물건의 평가 목적이 가액을 구하는지 또는 임대료를 구하는지에 따라 7방법으로 구분된다.

② 원가방식에 의해 가액 구하는 방법을 원가법이라 하며, 임대료 구하는 방법을 적산법이라 하고 비교방식에 의해 가액 구하는 방법을 거래사례비교법이라 하며, 임대료 구하는 방법을 임대사례비교법이라 한다. 수익방식에 의해 가액을 구하는 방법을 수익환원법이라 하며 임대료 구하는 방법을 수익분석법이라 한다.

3방식의 비교

| 구분 | 원가방식(비용성) | 비교방식(시장성) | 수익방식(수익성) |
|---|---|---|---|
| 시산<br>가액 | [원가법]<br>적산가액(복성가액)<br>= 재조달원가 − 감가누계액 | [거래사례비교법]<br>비준가액 = 거래사례×사정보정치<br>×시점수정치×가치형성요인비교치 | [수익환원법]<br>수익가액 = $\dfrac{\text{순수익(순영업소득)}}{\text{환원이율}}$ |
| 시산<br>임대료 | [적산법]<br>적산임료 = 기초가액×기대이율<br>+ 필요제경비 | [임대사례비교법]<br>비준임료 = 임대사례×사정보정치<br>×시점수정치×가치형성요인비교치 | [수익분석법]<br>수익임료<br>= 순수익 + 필요제경비 |
| 적용<br>대상 | 건물, 건설기계(기계·기구류), 항공기, 선박, 소경목림 | 일괄, 산림(입목), 과수원, 자동차, 동산, 토지(적정한 실거래가) | 영업권, 광업재단, 공장재단(일괄), 기업가치, 비상장채권 |
| 장점 | ㉠ 건물 등 상각자산에 유용<br>㉡ 비시장성, 비수익성 물건에 적용<br>㉢ 조성지, 매립지 평가 | ㉠ 가장 널리 이용<br>㉡ 이해가 쉽고 설득력 있음<br>㉢ 3방식 중 중추적 역할을 함 | ㉠ 가장 이론적·논리적·과학적<br>㉡ 부동산시장이 안정되고 투기현상이 적은 곳에서 참된 가치를 반영함 |
| 단점 | ㉠ 시장성이나 수익성 반영이 잘 안됨<br>㉡ 비상각 자산에 적용 곤란 | ㉠ 평가사에 따라 주관적(편차 大)<br>㉡ 호황이나 불황기에는 적용 곤란<br>㉢ 과거의 사례가격 | ㉠ 신·구로 인한 가격 차이 없음<br>㉡ 순수익과 환원이율 파악이 용이하지 않음 |

PART 8 부동산감정평가론

## 3 시산가액의 조정 제30회, 제33회

감정평가에 관한 규칙(제12조)

**제12조 【감정평가방법의 적용 및 시산가액 조정】**
① 감정평가법인등은 대상물건별로 정한 감정평가의 주된 방법을 적용하여 감정평가해야 한다. 다만, 주된 방법을 적용하는 것이 곤란하거나 부적절한 경우에는 다른 감정평가방법을 적용할 수 있다.
② 감정평가법인등은 대상물건의 감정평가액을 결정하기 위하여 제1항에 따라 어느 하나의 감정평가방법을 적용하여 산정한 시산가액을 제11조 각 호의 감정평가방식 중 다른 감정평가방식에 속하는 하나 이상의 감정평가방법(이 경우 공시지가기준법과 그 밖의 비교방식에 속한 감정평가방법은 서로 다른 감정평가방식에 속한 것으로 본다)으로 산출한 시산가액과 비교하여 합리성을 검토해야 한다. 다만, 대상물건의 특성 등으로 인하여 다른 감정평가방법을 적용하는 것이 곤란하거나 불필요한 경우에는 그렇지 않다.
③ 감정평가법인등은 제2항에 따른 검토 결과 제1항에 따라 산출한 시산가액의 합리성이 없다고 판단되는 경우에는 주된 방법 및 다른 감정평가방법으로 산출한 시산가액을 조정하여 감정평가액을 결정할 수 있다.

(1) 시산가액이란 원가방식, 비교방식, 수익방식에 의해 산출된 적산(복성)가액, 비준(유추)가액, 수익가액을 각각 의미하며, 이런 시산가액은 대상부동산의 최종 평가가격이 아니라, 최종 평가가격으로 확정되기 전(前) 중간과정으로서의 가격이다.

(2) 완전경쟁시장에서는 평가 3방식에 의한 산정가격은 동일하게 되나(마셜의 3면등가설), 부동산시장은 불완전경쟁시장이므로 평가 3방식에 의한 부동산의 산정가격은 각각 다르게 된다. 따라서, 대상부동산의 최종 평가가격을 결정하기 위해서는 시산가액의 조정이 필요하다.

(3) 시산가액의 조정은 평가 3방식에 의한 가격을 단순히 산술평균하는 것이 아니라, 물건의 성격, 조건을 고려하여 가장 적절한 방식에 의하되 그 방식(주된 방식)으로 구한 가격과 다른 방식(부수 방식)으로 구한 가격을 비교하여 그 합리성을 검토한다. 즉, 주된 방식과 부수 방식의 조정 또는 가중평균으로 최종평가액을 산정하게 된다. 시산가액의 조정시, 거래사례는 비교방식에, 조성비용은 원가방식에, 임대료는 수익방식에 가중치를 부여하여 시산가액을 조정한다.

(4) 시산가액의 조정은 평가시 사용되었던 자료의 양이나 정확성 및 적절성 등을 고려하여 각각의 방법에 가중치를 두어 가격을 결정하며, 시산가액의 조정에 사용되는 자료에는 확인자료, 요인자료, 사례자료 등이 있다.

① **확인자료** : 물적 확인, 권리태양확인자료(등기부등본, 토지대장, 임대차 계약서)
② **요인자료** : 가치형성요인자료, 지역요인자료, 개별요인자료
③ **사례자료** : 거래사례자료, 임대사례자료, 수익사례자료

기출 | 1. 시산가액 조정은 각 시산가액을 가중평균하여 최종평가액을 산정한다.
2. 감정평가법인 등은 대상물건별로 정한 감정평가방법(이하 "주된 방법"이라 함)을 적용하여 감정평가하되, 주된 방법을 적용하는 것이 곤란하거나 부적절한 경우에는 다른 감정평가방법을 적용할 수 있다.

**예제문제**

다음 자료를 활용하여 시산가액 조정을 통해 구한 감정평가액은? (단, 주어진 조건에 한함)  ▶제27회

> ㉠ 거래사례를 통해 구한 시산가액(가치): 1.2억원
> ㉡ 조성비용을 통해 구한 시산가액(가치): 1.1억원
> ㉢ 임대료를 통해 구한 시산가액(가치): 1.0억원
> ㉣ 시산가액 조정 방법: 가중치를 부여하는 방법
> ㉤ 가중치: 원가방식 20%, 비교방식 50%, 수익방식 30%를 적용함

① 1.09억원　　② 1.10억원　　③ 1.11억원　　④ 1.12억원　　⑤ 1.13억원

정답　④

해설　④ 거래사례(1.2억원)는 비교방식(50%)에, 조성비용(1.1억원)은 원가방식(20%)에, 임대료(1.0억원)는 수익방식(30%)에 가중치를 부여하여 시산가액을 조정한다.
- 시산가액 조정을 통해 구한 감정평가액 = (1.2억원 × 50%) + (1.1억원 × 20%) + (1.0억원 × 30%)
= (6,000만원) + (2,200만원) + (3,000만원) = 1.12억원

**시산가액**

1. 적산가액(조성비용), 비준가액(거래사례), 수익가액(임대료)
2. 최종평가액으로 확정되기 전(前) 중간과정의 가액
3. 시산가액을 최종평가액을 확정하기 위해서는 시산가액의 조정 필요
4. 시산가액을 조정할때에는 가중평균으로 계산(산술평균X)

**제2절** **감정평가에 관한 규칙** 제25회~제35회

**보충학습** | 감정평가에 관한 규칙

1. "시장가치"라 함은 대상물건이 통상적인 시장에서 충분한 기간 거래를 위하여 공개된 후 그 대상물건의 내용에 정통한 당사자 사이에 신중하고 자발적인 거래가 있을 경우 성립될 가능성이 가장 높다고 인정되는 대상물건의 가액을 말한다. 대상물건에 대한 감정평가액은 시장가치를 기준으로 결정한다. 단, 법령에 다른 규정, 의뢰인의 요청, 사회통념상 필요하다고 인정되는 경우에는 시장가치 외의 가치를 기준으로 결정할 수 있다.

2. "원가법"이란 대상물건의 재조달원가에 감가수정을 하여 대상물건의 가액을 산정하는 감정평가방법을 말한다.

3. "적산법"이란 대상물건의 기초가액에 기대이율을 곱하여 산정된 기대수익에 대상물건을 계속하여 임대하는 데에 필요한 경비를 더하여 대상물건의 임대료를 산정하는 감정평가방법을 말한다.

4. "거래사례비교법"이란 대상물건과 가치형성요인이 같거나 비슷한 물건의 거래사례와 비교하여 대상물건의 현황에 맞게 사정보정, 시점수정, 가치형성요인 비교 등의 과정을 거쳐 대상물건의 가액을 산정하는 감정평가방법을 말한다.

5. "임대사례비교법"이란 대상물건과 가치형성요인이 같거나 비슷한 물건의 임대사례와 비교하여 대상물건의 현황에 맞게 사정보정, 시점수정, 가치형성요인 비교 등의 과정을 거쳐 대상물건의 임대료를 산정하는 감정평가방법을 말한다.

6. "공시지가기준법"이란 대상토지와 가치형성요인이 같거나 비슷하여 유사한 이용가치를 지닌다고 인정되는 비교표준지의 공시지가를 기준으로 대상토지의 현황에 맞게 시점수정, 지역요인 및 개별요인 비교, 그 밖의 요인의 보정을 거쳐 대상토지의 가액을 산정하는 감정평가방법을 말한다.

7. "수익환원법"이란 대상물건이 장래 산출할 것으로 기대되는 순수익이나 미래의 현금흐름을 환원하거나 할인하여 대상물건의 가액을 산정하는 감정평가방법을 말한다.

8. "수익분석법"이란 일반기업 경영에 의하여 산출된 총수익을 분석하여 대상물건이 일정한 기간에 산출할 것으로 기대되는 순수익에 대상물건을 계속하여 임대하는 데에 필요한 경비를 더하여 대상물건의 임대료를 산정하는 감정평가방법을 말한다.

9. 감정평가는 기준시점에서의 대상물건의 이용상황(불법적이거나 일시적인 이용은 제외한다) 및 공법상 제한을 받는 상태를 기준으로 한다. 법령에 다른 규정, 의뢰인의 요청, 사회통념상 필요하다고 인정되는 경우에는 기준시점의 가치형성요인 등을 실제와 다르게 가정하거나 특수한 경우로 한정하는 감정평가조건을 붙여 감정평가할 수 있다.

10. 기준시점이란 대상물건의 감정평가액을 결정하는 기준이 되는 날짜를 말한다. 기준시점은 대상물건의 가격조사를 완료한 날짜로 한다. 다만, 기준시점을 미리 정하였을 때에는 그 날짜에 가격조사가 가능한 경우에만 기준시점으로 할 수 있다.

11. 기준가치란 감정평가의 기준이 되는 가치를 말한다.

12. 감정평가법인등은 필요한 경우 관련 전문가에 대한 자문 등을 거쳐 감정평가할 수 있다.

13. 감정평가를 할 때에는 실지조사를 하여 대상물건을 확인하여야 한다. 다만, 실지조사를 하지 아니하고도 객관적이고 신뢰할 수 있는 자료를 충분히 확보할 수 있는 경우에는 실지조사를 하지 아니할 수 있다.

14. 토지를 감정평가할 때에는 공시지가기준법을 적용해야 한다. 적정한 실거래가를 기준으로 토지를 감정평가할 때에는 거래사례비교법을 적용해야 한다. 해당 토지의 임대료, 조성비용 등을 고려하여 감정평가할 수 있다.

15. "적정한 실거래가"란 「부동산거래신고에 관한 법률」에 따라 신고된 실제 거래가격으로서 거래 시점이 도시지역은 3년 이내, 그 밖의 지역은 5년 이내인 거래가격 중에서 감정평가법인등이 인근지역의 지가수준 등을 고려하여 감정평가의 기준으로 적용하기에 적정하다고 판단하는 거래가격을 말한다.

16. 건물을 감정평가할 때에 원가법을 적용해야 한다.

17. 「집합건물의 소유 및 관리에 관한 법률」에 따른 구분소유권의 대상이 되는 건물부분과 그 대지사용권을 일괄하여 감정평가하는 경우 등 제7조 제2항에 따라 토지와 건물을 일괄하여 감정평가할 때에는 거래사례비교법을 적용해야 한다. 이 경우 감정평가액은 합리적인 기준에 따라 토지가액과 건물가액으로 구분하여 표시할 수 있다.

18. 산림을 감정평가할 때에 산지와 입목(立木)을 구분하여 감정평가해야 한다. 이 경우 입목은 거래사례비교법을 적용하되, 소경목림(소경목림 : 지름이 작은 나무·숲)인 경우에는 원가법을 적용할 수 있다. 산지와 입목을 일괄하여 감정평가할 때에 거래사례비교법을 적용해야 한다.

19. 과수원을 감정평가할 때에 거래사례비교법을 적용해야 한다.

20. 자동차와 동산을 감정평가할 때에 거래사례비교법을 적용해야 한다. 다만, 본래 용도의 효용가치가 없는 물건은 해체처분가액으로 감정평가할 수 있다. 다만, 기계·기구류를 감정평가할 때에는 원가법을 적용해야 한다.

21. 건설기계, 항공기, 선박을 감정평가할 때에 원가법을 적용해야 한다. 감정평가법인등은 선박을 감정평가할 때에 선체·기관·의장(艤裝)별로 구분하여 감정평가하되, 각각 원가법을 적용해야 한다. 다만, 본래 용도의 효용가치가 없는 물건은 해체처분가액으로 감정평가할 수 있다.

22. 임대료를 감정평가할 때에 임대사례비교법을 적용해야 한다.

23. 영업권, 특허권, 실용신안권, 디자인권, 상표권, 저작권, 전용측선이용권, 그 밖의 무형자산을 감정평가할 때에 수익환원법을 적용해야 한다.

24. 공장재단을 감정평가할 때에 공장재단을 구성하는 개별물건의 감정평가액을 합산하여 감정평가해야 한다. 다만, 계속적인 수익이 예상되는 경우 등 일괄하여 감정평가하는 경우에는 수익환원법을 적용할 수 있다. 감정평가법인등은 광업재단을 감정평가할 때에 수익환원법을 적용해야 한다.

25. 광업권을 감정평가할 때에 광업재단의 감정평가액에서 해당광산의 현존시설 가액을 빼고 감정평가해야 한다. 이 경우 광산의 현존시설가액은 적정 생산규모와 가행조건 등을 고려하여 산정하되 과잉유휴시설을 포함하여 산정하지 아니한다. 감정평가법인등은 어업권을 감정평가할 때에 어장전체를 수익환원법에 따라 감정평가한 가액에서 해당 어장의 현존시설 가액을 빼고 감정평가해야 한다. 이 경우 어장의 현존시설 가액은 적정 생산규모와 어업권 존속기간 등을 고려하여 산정하되 과잉유휴시설을 포함하여 산정하지 아니한다.

26. 주식을 감정평가할 때에 상장주식은 거래사례비교법을 적용하고, 비상장주식은 해당 회사의 자산·부채 및 자본 항목을 평가하여 수정재무상태표를 작성한 후 기업가치에서 부채의 가치를 빼고 산정한 자기자본의 가치를 발행주식 수로 나누어 평가한다. 감정평가법인등은 채권을 감정평가할 때에 상장채권은 거래사례비교법을 적용하고, 비상장채권은 수익환원법을 적용해야 한다. 감정평가법인등은 기업가치를 감정평가할 때에 수익환원법을 적용해야 한다.

27. 소음·진동·일조침해 또는 환경오염 등으로 대상물건에 직접적 또는 간접적인 피해가 발생하여 대상물건의 가치가 하락한 경우 그 가치하락분을 감정평가할 때에 소음 등이 발생하기 전의 대상물건의 가액 및 원상회복 비용 등을 고려해야 한다.

## 1 물건별 감정평가

### (1) 토지의 평가(감정평가에 관한 규칙 제14조) [제25회]

> **제14조 【토지의 감정평가】** ① 감정평가법인등은 토지를 감정평가할 때에는 공시지가기준법을 적용해야 한다.
>
> ② 감정평가법인등은 공시지가기준법에 따라 토지를 감정평가할 때에 다음 각 호의 순서에 따라야 한다.
>
> 1. 비교표준지 선정 : 인근지역에 있는 표준지 중에서 대상토지와 용도지역·이용상황·주변환경 등이 같거나 비슷한 표준지를 선정할 것. 다만, 인근지역에 적절한 표준지가 없는 경우에는 인근지역과 유사한 지역적 특성을 갖는 동일수급권 안의 유사지역에 있는 표준지를 선정할 수 있다.
> 2. 시점수정 : 「부동산 거래신고 등에 관한 법률」 제19조에 따라 국토교통부장관이 조사·발표하는 비교표준지가 있는 시·군·구의 같은 용도지역 지가변동률을 적용할 것. 다만, 다음 각 목의 경우에는 그렇지 않다.
>     가. 같은 용도지역의 지가변동률을 적용하는 것이 불가능하거나 적절하지 아니하다고 판단되는 경우에는 공법상 제한이 같거나 비슷한 용도지역의 지가변동률, 이용상황별 지가변동률 또는 해당 시·군·구의 평균지가변동률을 적용할 것
>     나. 지가변동률을 적용하는 것이 불가능하거나 적절하지 아니한 경우에는 「한국은행법」 제86조에 따라 한국은행이 조사·발표하는 생산자물가지수에 따라 산정된 생산자물가상승률을 적용할 것
> 3. 지역요인 비교
> 4. 개별요인 비교
> 5. 그 밖의 요인 보정 : 대상토지의 인근지역 또는 동일수급권내 유사지역의 가치형성요인이 유사한 정상적인 거래사례 또는 평가사례 등을 고려할 것
>
> ③ 감정평가법인등은 적정한 실거래가를 기준으로 토지를 감정평가할 때에는 거래사례비교법을 적용해야 한다.
>
> ④ 감정평가법인등은 토지를 감정평가할 때에는 제1항부터 제3항까지의 규정을 적용하되, 해당 토지의 임대료, 조성비용 등을 고려하여 감정평가할 수 있다.

① 토지를 감정평가할 때에 공시지가기준법을 적용해야 한다.

② 토지평가의 절차

> 1. 비교표준지 선정 ⇨ 2. 시점수정 ⇨ 3. 지역요인 비교 ⇨ 4. 개별요인 비교 ⇨ 5. 그 밖의 요인 보정

※ 공시지가 표준지를 기준으로 토지가격을 산정할 때는 사정보정을 할 필요가 없다(다만, 시점수정 등 다른 비교작업은 하여야 한다).

③ 감정평가법인등은 적정한 실거래가를 기준으로 토지를 감정평가할 때에는 거래사례비교법을 적용해야 한다.

④ 감정평가법인등은 토지를 감정평가할 때에는 제1항부터 제3항까지의 규정을 적용하되, 해당 토지의 임대료, 조성비용 등을 고려하여 감정평가할 수 있다.

> 기출 | 공시지가기준법이란 대상토지와 가치형성요인이 같거나 비슷하여 유사한 이용가치를 지닌다고 인정되는 비교표준지의 공시지가를 기준으로 대상토지의 현황에 맞게 시점수정, 지역요인 및 개별요인 비교, 그 밖의 요인의 보정을 거쳐 대상토지의 가액을 산정하는 감정평가방법을 말한다.

## (2) 건물의 평가(감정평가에 관한 규칙 제15조) <sup>제35회</sup>

감정평가법인등은 건물을 감정평가할 때에 원가법을 적용해야 한다.

> 기출 | 건물의 주된 평가방법은 원가법이다.

## (3) 건물과 토지의 일괄평가 등(감정평가에 관한 규칙 제16조) <sup>제35회</sup>

감정평가법인등은 「집합건물의 소유 및 관리에 관한 법률」에 따른 구분소유권의 대상이 되는 건물부분과 그 대지사용권을 일괄하여 감정평가하는 경우 등 토지와 건물을 일괄하여 감정평가할 때에는 거래사례비교법을 적용해야 한다. 이 경우 감정평가액은 합리적인 기준에 따라 토지가액과 건물가액으로 구분하여 표시할 수 있다.

> 기출 | 「집합건물의 소유 및 관리에 관한 법률」에 따른 구분 소유권의 대상이 되는 건물부분과 그 대지사용권을 일괄하여 감정평가하는 경우 거래사례비교법을 주된 평가방법으로 적용한다.

## (4) 산림의 평가(감정평가에 관한 규칙 제17조)

① 산림을 감정평가할 때에 산지와 입목(立木)을 구분하여 감정평가해야 한다. 이 경우 입목은 거래사례비교법을 적용하되, 소경목림(지름이 작은 나무·숲)인 경우에는 원가법을 적용할 수 있다.
② 산지와 입목을 일괄하여 감정평가할 때에 거래사례비교법을 적용해야 한다.

> 기출 | 감정평가법인등은 산림을 감정평가할 때에 산지와 입목을 구분하여 감정평가해야 하며, 입목은 거래사례비교법을 적용하되, 소경목림인 경우에는 원가법을 적용할 수 있다.

## (5) 과수원의 평가(감정평가에 관한 규칙 제18조)

과수원을 감정평가할 때에 거래사례비교법을 적용해야 한다.

> 기출 | 과수원을 감정평가할 때에 거래사례비교법을 적용해야 한다.

## (6) 공장재단, 광업재단의 평가(감정평가에 관한 규칙 제19조)

① 공장재단을 감정평가할 때에 공장재단을 구성하는 개별 물건의 감정평가액을 합산하여 감정평가해야 한다. 다만, 계속적인 수익이 예상되는 경우 등 일괄하여 감정평가하는 경우에는 수익환

원법을 적용할 수 있다.

② 광업재단을 감정평가할 때에 수익환원법을 적용해야 한다.

> 기출 │ 광업재단을 감정평가할 때에 수익환원법을 적용해야 한다.

## (7) 자동차 등의 감정평가(감정평가에 관한 규칙 제20조, 제21조) 제35회

① 자동차 또는 동산을 감정평가할 때에 거래사례비교법을 적용해야 한다. 다만, 기계·기구류를 감정평가할 때에는 원가법을 적용해야 한다.

② 건설기계를 감정평가할 때에 원가법을 적용해야 한다.

③ 선박을 감정평가할 때에 선체·기관·의장(艤裝)별로 구분하여 감정평가하되, 각각 원가법을 적용해야 한다.

④ 항공기를 감정평가할 때에 원가법을 적용해야 한다.

⑤ 다만, 본래 용도의 효용가치가 없는 물건은 해체처분가액으로 감정평가할 수 있다.

> 기출 │ 자동차의 주된 평가방법과 선박 및 항공기의 주된 평가방법은 다르다.

## (8) 임대료의 감정평가(감정평가에 관한 규칙 제22조)

임대료를 감정평가할 때에 임대사례비교법을 적용해야 한다.

> 기출 │ 임대료를 평가할 때는 임대사례비교법을 주된 평가방법으로 적용한다.

## (9) 무형자산의 감정평가(감정평가에 관한 규칙 제23조) 제35회

① 광업권을 감정평가할 때에 광업재단의 감정평가액에서 해당 광산의 현존시설 가액을 빼고 감정평가해야 한다. 이 경우 광산의 현존시설 가액은 적정 생산규모와 가행조건(稼行條件) 등을 고려하여 산정하되, 과잉유휴시설을 포함하여 산정하지 아니한다.

② 어업권을 감정평가할 때에 어장 전체를 수익환원법에 따라 감정평가한 가액에서 해당 어장의 현존시설 가액을 빼고 감정평가해야 한다. 이 경우 어장의 현존시설 가액은 적정 생산규모와 어업권 존속기간 등을 고려하여 산정하되, 과잉유휴시설을 포함하여 산정하지 아니한다.

③ 영업권, 특허권, 실용신안권, 디자인권, 상표권, 저작권, 전용측선이용권, 그 밖의 무형자산을 감정평가할 때에 수익환원법을 적용해야 한다.

> 기출 │ 영업권, 특허권, 저작권 등 무형자산은 수익환원법을 주된 평가 방법으로 적용한다.

## (10) 유가증권 등의 감정평가(감정평가에 관한 규칙 제24조)

① 주식의 평가

㉠ 상장주식(증권거래소 등의 시세있는 주식에 한정) : 거래사례비교법을 적용

ⓛ 비상장주식(상장주식으로서 증권거래소 등의 시세없는 주식을 포함) : 해당 회사의 자산·부채 및 자본 항목을 평가하여 수정재무상태표를 작성한 후 기업가치에서 부채의 가치를 빼고 산정한 자기자본의 가치를 발행주식 수로 나눌 것

② 채권의 평가

㉠ 상장채권(증권거래소의 시세가 있는 채권) : 거래사례비교법을 적용

ⓛ 비상장채권(증권거래소의 시세가 없는 채권) : 수익환원법을 적용

③ 기업가치를 감정평가 : 수익환원법을 적용

> **기출** 상표권, 저작권, 특허권, 기업가치, 광업재단, 실용신안권은 수익환원법을 적용해야한다.

## ⑾ 소음 등으로 인한 대상물건의 가치하락분에 대한 감정평가(감정평가에 관한 규칙 제25조)

감정평가법인등은 소음·진동·일조침해 또는 환경오염 등으로 대상물건에 직접적 또는 간접적인 피해가 발생하여 대상물건의 가치가 하락한 경우 그 가치하락분을 감정평가할 때에 소음등이 발생하기 전의 대상물건의 가액 및 원상회복비용 등을 고려하여야 한다.

## ⑿ 그 밖의 물건의 감정평가(감정평가에 관한 규칙 제25조)

감정평가규칙에서 규정되지 아니한 대상물건을 감정평가할 때에 이와 비슷한 물건이나 권리 등의 경우에 준하여 감정평가해야 한다.

⒀ 감정평가법인등은 필요한 경우 관련 전문가에 대한 자문 등을 거쳐 감정평가할 수 있다.

⒁ 감정평가를 할 때에는 실지조사를 하여 대상물건을 확인하여야 한다. 다만, 실지조사가 불가능하거나 불필요한 경우 실지조사를 하지 아니하고도 객관적이고 신뢰할 수 있는 자료를 충분히 확보할 수 있는 경우에는 실지조사를 하지 아니할 수 있다.

---

### 핵심정리

**물건별 감정평가**

1. 평가방식
   (1) 원가법 : 건물, 건설기계(기계·기구류)·항공기·선박, 소경목림, 조성지·매립지, 비시장성·비수익성 물건
   (2) 공시지가기준법 : 토지
   (3) 거래사례비교법 : 일괄평가(토지와 건물, 집합건물, 산림), 산림, 과수원, 자동차, 동산, 토지(적정한 실거래가 기준)
   (4) 임대사례비교법 : 임대료
   (5) 수익환원법 : 영업권 등 무형자산, 광업재단, 공장재단(일괄), 기업가치, 비상장채권

2. 평가조건
   (1) 구분평가 : 산림(산지와 입목), 선박(선체, 기관, 의장)

(2) 일괄평가 : 토지와 건물, 집합건물 구분소유권대상건물부분과 대지사용권, 산림 ⇨ 거래사례비교법
　① 토지와 건물, 집합건물 구분소유권대상건물부분과 대지사용권, 산림에서 산지와 입목 ⇨ 거래사례비교법
　② 공장재단 ⇨ 수익환원법

---

### 제3절　원가방식(비용접근법, Cost Approach) 제25회, 제26회, 제29회, 제31~35회

**감정평가에 관한 규칙 제2조 【정의】**
① 원가법이란 대상물건의 재조달원가에 감가수정을 하여 대상물건의 가액을 산정하는 평가방법을 말한다.
② 적산법이란 대상물건의 기초가액에 기대이율을 곱하여 산정된 기대수익에 대상물건을 계속하여 임대하는 데에 필요한 경비를 더하여 대상물건의 임대료를 산정하는 감정평가방법을 말한다.

---

**1** 원가법(복성식 평가법) 제25회, 제26회, 제28회, 제29회, 제31회, 제32회, 제33회, 제34회

**(1) 원가법(복성식 평가법)의 의의**

① 공식

원가법이란 대상물건의 재조달원가에 감가수정(減價修正)을 하여 대상물건의 가액을 산정하는 감정평가방법을 말하며, 이 방법에 의해 구한 가격을 적산(복성)가액이라 한다.

> 적산가액(복성가액) = 재조달원가 - 감가누계액
> ↓
> 감가수정

※ 정률법을 적용한 적산가액의 산정 : 적산가액 = 재조달원가 x (전년대비 잔가율)n

> 기출 │ 원가법이란 대상물건의 재조달원가에 감가수정을 하여 대상물건의 가액을 산정하는 평가방법을 말한다.

② 적용대상
　㉠ 상각자산 : 건물, 건설기계(기계·기구류), 항공기, 선박
　㉡ 비시장성·비수익성 물건 : 거래사례비교법이나 수익환원법을 적용하기 곤란한 물건
　㉢ 조성지(매립지) : 토지의 경우 원칙적으로 재생산이 곤란하므로 원가법을 적용할 수 없으나, 예외적으로 조성지·매립지의 경우 적용이 가능

③ 장점
  ㉠ 건물, 구축물, 기계장치 등과 같이 재생산이 가능한 모든 상각자산에 적용이 가능하다. 그러나 신축건물에 더욱 유용하다.
  ㉡ 학교, 정부청사 등 공공용·공익용 부동산(비시장성, 비수익성물건)과 같이 시장성 및 수익성이 없는 부동산의 평가에 유용하게 적용된다.
④ 단점
  ㉠ 토지와 같이 재생산이 불가능한 자산에 대해서는 원칙적으로 적용이 곤란하다. 다만, 조성지·매립지 등은 가능하다.
  ㉡ 재조달원가에만 치중함으로 대상부동산의 시장성과 수익성이 반영되지 않을 우려가 있다.
  ㉢ 재조달원가와 감가수정액의 파악에 기술적인 애로가 많다. 특히, 감가수정에 있어서 기능적 하자 및 경제적 하자의 파악에 어려움이 따른다.

## (2) 이론적 근거

① 비용성  ② 대체의 원칙  ③ 수요공급의 원칙, 변동의 원칙, 균형의 원칙, 적합의 원칙, 외부성의 원칙, 최유효이용의 원칙 등

## (3) 재조달원가 제25회, 제35회

① 재조달원가 의의 및 산정기준
  ㉠ 재조달원가는 기준시점에서 새롭게 신축하는 데 소요되는 신축비를 말하는 것으로, 중고상태를 그대로 재현하는 가격을 의미하는 것은 아니다. 따라서, 재조달원가는 대상부동산 가격(적산가액)의 상한선이 된다. 이 경우 재조달원가는 대상건물을 일반적인 방법으로 건축하는 데에 드는 비용을 기준으로 산정하는 것을 원칙으로 하여야 한다.
  ㉡ 재조달원가는 실제로 자가건설했던 도급건설했던 이를 구별치 않고 도급건설에 준하여 재조달원가를 산정한다. 왜냐하면 자가건설의 경우에도 기회비용을 고려해야 하므로 도급으로 의제하여 수급인의 적용이윤을 포함하여 계산한다.
  ㉢ 건물의 재조달원가는 '표준적 건설비용'에 '통상의 부대비용'을 더하여 산정한다. 이 경우 표준적 건설비용에는 직접공사비·간접공사비·수급인의 적정이윤이 포함되며, 통상의 부대비용에는 이자·감독비·조세공과금·등기비용 등이 포함된다. 특히, 수급인의 적정이윤이 표준적 건설비용에 포함된다는 점에 유의하여야 한다.

> 건물의 재조달원가(도급가격 기준) = 표준적 건설비용 + 통상의 부대비용
> ⓐ 표준적 건설비용 : 직접공사비, 간접공사비, 수급인의 적정이윤
> ⓑ 통상의 부대비용 : 이자, 감독비, 조세공과금, 등기비용

1. 재조달원가란 대상물건을 기준시점에 재생산하거나 재취득하는 데 필요한 적정원가의 총액을 말한다.
2. 자가건설의 경우 재조달원가는 도급건설한 경우에 준하여 처리한다.
3. 재조달원가를 구성하는 표준적 건설비에는 수급인의 적정이윤이 포함된다.
4. 재조달원가는 대상물건을 일반적인 방법으로 생산하거나 취득하는 데 드는 비용으로 하되, 제세공과금 등과 같은 일반적인 부대비용을 포함한다.

② 재조달원가 종류

| 복제원가(복조원가, 재생산비용) | 대체원가(대체비용) |
|---|---|
| ① 물리적 측면의 동일성 | ① 효용(기능) 측면의 동일성 |
| ② 최근 부동산에 적합 | ② 오래된 부동산에 적합 |
| ③ 대체원가에 비해 가격이 높음 | ③ 복제원가에 비해 가격이 낮음 |
| ④ 물리적·기능적·경제적 감가 모두 고려 | ④ 물리적·X·경제적 감가만 고려(기능적 감가 불고려) |

※ 재조달원가를 대체원가로 했을 경우 기능적 감가를 행하지 않는다(물리적·경제적 감가는 행한다).

㉠ 복제원가는 기준시점에 있어서 대상물건과 규모, 구조, 모양이 물리적으로 동일한 복제품을 만드는데 드는 비용을 말하며, 대체원가는 대상물건과 동일한 기능 및 효용(유용성)을 갖는 물건을 생산하는데 드는 비용을 말한다.

㉡ 복제원가는 신규 건물에 잘 적용되며, 대체원가는 건축자재, 공법, 기술의 변천으로 동일한 물건의 재조달원가를 구하기 곤란한 오래된 건물에 잘 적용된다(최신의 자재·공법사용).

㉢ 대체원가로 적산가액을 구하는 경우 유의할 점은 감가수정액의 산정시 기능적 감가를 해서는 안된다는 점이다. 왜냐하면 대체원가는 기능·효용면에서 동일성을 그 기준으로 이미 기능적 결함을 반영했으므로 감가수정시에 기능적 감가를 별도로 행하는 경우 이중감가가 되기 때문이다.

㉣ 건축물의 신축시에 이미 기능적 결함이 있는 경우에는 건축물의 대체원가가 복제원가보다 작아진다.

㉤ 이론적으로는 대체원가가 우수하다 할 수 있지만 대체원가의 경우 평가사의 주관이 개입이 되기 쉽기 때문에, 실무상으로는 복제원가를 채택하는 것이 더 정확한 가격을 구할 수 있다.

1. 대체원가를 이용하여 재조달원가를 산정할 경우 기능적 감가수정은 필요하지 않다.
2. 대체원가는 동일한 효용을 가진 건축물을 신축하는 데 소요되는 비용이다.

③ 재조달원가 산정방법

재조달원가를 구하는 방법으로는 대상물건의 전체 또는 구성부분별 원가관련 자료를 직접 활용하는 직접법과 대상물건과 동일성 또는 유사성이 있는 다른 물건의 원가자료를 활용하여 재조달원가를 산정하는 간접법이 있다. 이 두 가지 방법은 보다 적정한 재조달원가의 산정을 위하여 서로 병용함이 바람직하다 할 것이다.

**핵심정리**

재조달원가 산정방법

1. **지수법** : 신축공사비 × $\dfrac{\text{기준시점 지수}}{\text{건축시점 지수}}$

> - 사용승인일의 신축공사비 : 6천만원(신축공사비는 적용함)
> - 사용승인일 : 2018.9.1.
> - 기준시점 : 2020.9.1.
> - 건축비지수
>   - 2018.9.1. = 100
>   - 2020.9.1. = 110

➡ 재조달원가 = 6천만원 × $\dfrac{\text{기준시점 지수}(110)}{\text{건축시점 지수}(100)}$ = 6천6백만원

2. **변동률적용법** : 신축공사비 × $(1+r)^n$ ⇨ (r : 변동률, n : 기간)

> - 신축에 의한 사용승인시점 : 2016. 9. 20.
> - 기준시점 : 2018. 9. 20.
> - 사용승인시점의 신축공사비 : 3억원(신축공사비는 적정함)
> - 공사비 상승률 : 매년 전년대비 5%씩 상승

➡ 재조달원가 = 3억원 × $(1.05)^2$ = 330,750,000원

3. **㎡당 재조달원가 산정**
   ① 신축공사비 산정 : 직접공사비 + 간접공사비 + 수급인의 적정이윤 + 통상의 부대비용
   ② 재조달원가의 산정 : 신축공사비의 시점수정 ⇨ 지수법 또는 변동률적용법 적용
   ③ ㎡당 재조달원가 산정 : 재조달원가 ÷ 연면적

> - A건물은 10년 전에 준공된 4층 건물이다.
>   (대지면적 400㎡, 연면적 1,250㎡)
> - A건물의 준공 당시 공사비 내역(단위: 천원)
>   직접공사비  : 270,000
>   간접공사비  :  30,000
>   공사비 계   : 300,000
>   개발업자의 이윤 :  60,000
>   총 계       : 360,000
> - 10년 전 건축비 지수 100, 기준시점 현재 135

➡ ㎡당 재조달원가 = 360,000,000원 × $\dfrac{135}{100}$ ÷ 1,250㎡ = 388,800원/㎡

㉠ 직접법

　ⓐ **총가격적산법**(총량조사법) : 대상부동산의 건축에 관계되는 모든 항목에 대하여 투입되는 원자재와 노동량을 세세히 조사하여 기준시점 현재의 단가를 곱하고 이에 부대비용을 더하여 재조달원가를 추계하는 방법이다. 이 방법은 재조달원가를 가장 정확하게 구할 수 있고 신품일 때 유용하다는 장점이 있는 반면에, 시간과 비용의 부담이 매우 크다는 단점이 있다.

> 재조달원가 = (자재량 × 단가) + (노동량 × 단가) + 부대비용

　ⓑ **부분별 단가적용법**(구성단위비교법) : 이 방법은 대상부동산의 지붕·기둥·벽·바닥 등 주요 구성부분별로 표준단가를 먼저 구한 후 이를 해당 면적이나 수량별로 곱하여 총공사원가를 구하고, 이에 부대비용을 가산하여 재조달원가를 구하는 방법이다(높은 전문성 필요).

> 재조달원가 = 구성부분별 표준단가 × 수량(면적) + 부대비용

　ⓒ **단위비교법** : 단위비교법(단가적용법)이라 함은 ㎡, ㎥, 평(坪)과 같은 단위면적당 표준건축비에 대상부동산의 연면적을 곱하여 재조달원가를 구하는 방법으로, 실제로 가장 많이 사용되며 가장 간편한 방법이고 비용이 적게 소요되나 반면에 정확도가 가장 떨어지는 단점이 있다.

> 재조달원가 = 단위면적당 표준건축비 × 연면적

　ⓓ **변동률적용법**(비용지수법) : 대상부동산에 대한 실제의 건설비를 명세별로 명백히 파악할 수 있는 경우 그 명세를 분석하여 중용적인 적정액으로 보정하고 이에 시점수정을 가하여 재조달원가를 구하는 방법을 말한다.

> 재조달원가 = 대상부동산의 실제 건설비 × 가격변동률(비용지수)

㉡ **간접법** : 간접법이란 대상부동산과 인근지역 또는 동일수급권내 유사지역에 있는 유사한 부동산의 재조달원가를 비교하여 대상부동산의 재조달원가를 간접적으로 구하는 방법을 말한다. 이는 대체의 원칙에서 기인한다.

④ **토지의 재조달원가의 산정방법**

토지는 원칙적으로 재생산이 불가능하므로 원가법을 적용하기 곤란하며 토지가격은 공시지가기준법으로 평가하는 것이 원칙이다. 그러나 투자비용산정이 가능한 조성지·매립지·간척지·개간지 등에는 원가법을 적용할 수 있다. 토지(택지)의 재조달원가는 택지로 개발되기 전의 소지가격에 조성·매립·간척·개간 등에 소요되는 표준적 건설비와 도급인이 부담할 통상부대비용을 합산

하여 구한다. 한편, 건물 및 부지의 재조달원가는 토지의 재조달원가에 건물의 재조달원가를 가산한 액으로 한다.

> (토지의)재조달원가 = 소지가격 + 표준적 건설비 + 통상 부대비용

## (4) 감가수정 제25회, 제26회, 제28회, 제29회, 제31회, 제32회, 제33회, 제34회

> **감정평가에 관한 규칙 제2조**
> "감가수정"이란 대상물건에 대한 재조달원가를 감액하여야 할 요인이 있는 경우에 물리적 감가, 기능적 감가 또는 경제적 감가 등을 고려하여 그에 해당하는 금액을 재조달원가에서 공제하여 기준시점에 있어서의 대상물건의 가액을 적정화하는 작업을 말한다.

**기출** ┃ 감가수정이란 대상물건에 대한 재조달원가를 감액하여야 할 요인이 있는 경우에 물리적 감가, 기능적 감가 또는 경제적 감가 등을 고려하여 그에 해당하는 금액을 재조달원가에서 공제하여 기준시점에 있어서의 대상물건의 가액을 적정화하는 작업을 말한다.

① 의의
"감가수정"이란 대상물건에 대한 재조달원가를 감액하여야 할 요인이 있는 경우에 물리적 감가, 기능적 감가 또는 경제적 감가 등을 고려하여 그에 해당하는 금액을 재조달원가에서 공제하여 기준시점에 있어서의 대상물건의 가액을 적정화하는 작업을 말한다.

② 감가요인 : 감가수정은 기준시점에 있어서의 대상물건의 가격이 재조달원가에 비하여 얼마나 하락하였나와 관련된 문제로서 그 원인은 여러 가지 요인에 의하여 발생하는 바, 일반적으로 물리적·기능적·경제적 요인으로 분류한다. 신축건물인 경우에도 신축건물의 설비부족으로 기능적 감가가 있거나 주위에 혐오시설이 설치되어 경제적 감가가 있을 수 있다.

| ㉠ 물리적 감가 | 시간의 경과에 따른 마멸, 손상, 파손, 노후화(변동의 원칙) |
|---|---|
| ㉡ 기능적 감가 | 설계, 설비, 형식, 디자인의 불량, 구식화, 건물의 부지의 부적응(균형의 원칙) |
| ㉢ 경제적 감가 | 인근지역의 쇠퇴, 부동산과 주변환경과의 부적응, 시장성 감퇴(적합의 원칙) |

㉠ 물리적 감가요인 : 자연작용에 의해 생기는 노후화, 재해 및 우발적인 사고로 인한 손상, 사용으로 인한 마모 및 파손·훼손, 시간의 경과에서 오는 파손 등이 있다. 치유가능 또는 치유불가능 감가이다.

㉡ 기능적 감가요인 : 설계 및 디자인 불량, 설비의 부족, 건물과 부지의 불균형, 형식의 구식화, 능률의 저하, 표준이하의 건축설비, 재래식 부엌구조와 협소한 방, 부적절한 냉난방 등 치유가능 또는 치유불가능 감가이다.

ⓒ **경제적 감가요인**(외부적, 위치적 감가) : 인근지역의 쇠퇴, 인접환경과의 부적합, 교통노선의 악화, 시장성의 감퇴, 기타 경제적 하자, 주변인구의 감소와 구매력 저하, 환경오염, 교통체증심화는 치유불가능 감가만 존재한다.

> **기출** 기능적 감가요인에는 설계의 불량, 설비의 부족, 형식의 불량 등이 있다.

③ **감가수정과 감가상각의 차이점** 제33회

| | 감가수정 | 감가상각 |
|---|---|---|
| **관련용어** | 감정평가상의 용어 | 회계학상의 용어(기업회계, 세무) |
| **목적** | 기준시점에서 부동산 가격산정 | 비용배분, 기간내의 손익계산 등 |
| **방법** | ① 재조달원가를 기초<br>② 경제적내용연수, 잔존연수 중점<br>③ 물리적·기능적·경제적 감가요인<br>④ 관찰감가법을 인정, 실제와 일치<br>⑤ 시장성 고려, 잔가율 물건마다 차이<br>⑥ 현존물건만을 대상<br>⑦ 비상각 자산에도 인정(조성지, 매립지) | ① 취득원가(장부가격)를 기초<br>② 법정내용연수, 경과년수 중점<br>③ 물리적·기능적 감가요인 (경제적×)<br>④ 관찰감가법을 불인정, 실제와 불일치<br>⑤ 시장성 불고려, 잔가율 일정<br>⑥ 멸실된 자산에도 상각은 계속<br>⑦ 상각자산에만 인정 |

> **기출**
> 1. 감가상각은 취득원가에 대한 비용배분의 개념이고, 감가수정은 재조달원가를 기초로 적정한 가치를 산정하는 개념이다.
> 2. 감가수정은 관찰감가를 인정하나, 감가상각은 관찰감가를 인정하지 않는다.
> 3. 감가수정에서 감가의 요인은 물리적·기능적 및 경제적 요인으로 구분할 수 있다.
> 4. 대상물건에 대한 재조달원가를 감액할 요인이 있는 경우에는 물리적 감가, 기능적 감가, 경제적 감가 등을 고려한다.
> 5. 감가수정과 관련된 내용연수는 물리적 내용연수가 아닌 경제적 내용연수를 의미한다.

④ **감가수정방법** 제25회, 제26회, 제28회, 제29회, 제31회, 제32회, 제33회, 제34회

| **직접법** | ① 내용연수법 : 정액법, 정률법, 상환기금법<br>② 관찰감가법<br>③ 분해법(내구성분해방식) |
|---|---|
| **간접법** | ④ 시장추출법<br>⑤ 임대료손실환원법 |

> **기출** 감가수정방법은 내용연수법에 의한 방법(정액법, 정률법, 상환기금법), 관찰감가법, 분해법 등이 있다.

**핵심정리**

내용연수 : 경과년수 + 잔존연수

1. 물리적 내용연수: 상각자산의 구조상으로 본 내용연수로서 자연적으로 신축에서 노폐할 때까지의 기간을 말한다.

   ※ 물리적 내용연수가 경제적 내용연수에 비해서 길다.

2. 경제적 내용연수: 경제적 효용(유용성)측면으로 본 내용연수로서 임대 수익할 수 있는 상태의 기간을 말한다. 감정평가에서는 경제적 내용연수가 중시된다.

   ※ 물리적 내용연수(장기) > 경제적 내용연수(중시)

기출 │ 동일한 내용연수의 부동산이라도 건축방법, 관리 및 유지상태 등에 따라 감가의 정도가 달라진다.

㉠ **내용연수를 표준으로 하는 방법(내용연수법)** 제25회, 제26회, 제28회, 제29회, 제31회, 제32회, 제33회, 제34회

ⓐ **정액법(직선법, 균등상각법) : 건물, 구축물에 적용**

1. 매년감가액 = $\dfrac{감가총액}{경제적 내용연수}$ = $\dfrac{재조달원가 - 잔존가치}{경제적 내용연수}$

2. 감가누계액 = 매년감가액 × 경과년수

3. 적산가액 = 재조달원가 − 감가누계액

정액법은 대상부동산의 감가총액을 경제적 내용연수로 평분하여 매년의 감가액으로 하는 방법이다. 이 방법은 계산이 간편하다는 장점이 있으나 매년 일정하게 감가하기 때문에 실제의 감가와 일치하지 않는다는 단점이 있다. ⇨ 매년감가액은 일정하나 감가누계액은 경과년수에 정비례하여 증가한다.

기출 │ 경제적 내용연수 30년, 최종잔가율 10%, 정액법으로 감가수정 할 경우, 재조달원가 대비 매년 감가액의 비율은 3%이다.

ⓑ **정률법(체감상각법) : 기계, 기구에 적용**

1. 매년감가액 = 전년말 미상각잔액 × 감가율(정률)

2. 적산가액 = 재조달원가×(전년대비 잔가율)$^n$

3. 적산가액 = 재조달원가×(1−전년대비 감가율)$^n$ (n : 경과년수)

대상부동산의 전년 말 가격(잔고)에 일정한 감가율을 곱하여 매년의 감가액을 구하는 방법이다(매년 감가율 일정, 매년 감가액 감소). 초기에 많이 감가하여 안전하게 자본회수를 할 수 있다.

ⓒ 상환기금법(감채기금법, 호스콜드방식) : 광산에 적용

> 매년감가액 = 감가총액 × 상환기금률(축적이율)

매년의 감가액을 축적이율(안전율)로 재투자하는 것을 전제로 복리로 이자를 발생시킨다.
이 경우 이자는 복리이율에 의한 축적이기 때문에 매년 감가액이 정액법의 경우보다 적
고, 적산가액은 정액법의 경우보다 많다. ⇨ 감가액 중 이자분만큼 공제되므로 대상부동
산이 과대평가 우려가 있다.

---

**핵심정리**

정액법·정률법·상환기금법의 비교

| 초기 | 기말 |
|---|---|
| ① 감가액 순서 : 정률법 > 정액법 > 상환기금법 | ① 감가액 순서 : 정률법 = 정액법 > 상환기금법 |
| ② 평가액 순서 : 정률법 < 정액법 < 상환기금법 | ② 평가액 순서 : 정률법 = 정액법 < 상환기금법 |

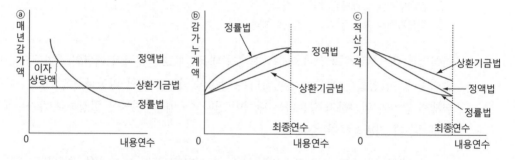

기출   1. 감가수정방법에는 내용연수법, 관찰감가법, 분해법 등이 있다.
2. 내용연수법으로는 정액법, 정률법, 상환기금법이 있다.
3. 정액법에 의한 연간 감가액은 일정하지만, 정률법에 의한 연간 감가액은 체감한다.
4. 정률법에서 매년의 감가액은 첫해가 가장 크고, 해가 갈수록 점차 줄어든다.
5. 정률법은 매년 일정한 감가율을 곱하여 감가액을 구하는 방법으로 매년 감가액이 체감한다.
6. 상환기금법은 건물의 내용연수가 만료될 때의 감가누계상당액과 그에 대한 복리계산의 이자상당액
   분을 포함하여 당해 내용연수로 상환하는 방법이다.

ⓛ 관찰감가법

ⓐ **의의** : 관찰감가법이란 감가의 기준을 내용연수나 감가율 등에 두지 않고 대상부동산의
전체 또는 각 구성부분에 대하여 물리적·기능적·경제적 감가요인을 직접 관찰·조사하여
감가액을 직접 구하는 방법이다. 내용연수를 표준으로 하는 방법과 관찰감가법은 각기
장단점을 지니고 있으므로, 실무에 있어서는 이를 병용함으로써 감가의 적정화를 기해야
할 것이다. 즉, 시간의 경과 등과 같은 물리적 감가는 내용연수법을, 기능적·경제적 감가

는 관찰감가법에 의해 상호 보완하는 것이 바람직하다.

    ⓑ 장점 : 평가자가 대상물건의 개별적인 상태·상황을 직접 세밀하게 관찰하여 감가수정에 반영시킬 수 있다는 장점이 있다.

    ⓒ 단점 : 평가자의 개별적인 능력이나 주관의 개입여지가 크고, 외부에서 관찰할 수 없는 기술적인 하자를 놓치기 쉽다는 단점이 있다.

> **기출** 관찰감가법은 감정평가사가 직접 관찰하여 감가액을 판정하므로 주관적이다.

ⓒ **분해법**(내구성분해방식 : breakdown method)

    ⓐ **의의** : 분해법이라 함은 대상부동산에 대한 감가요인을 물리적·기능적·경제적 요인으로 세분한 후, 각각의 감가액을 측정하여 각 산정치를 모두 합한 금액을 발생감가총액으로 하는 방법을 말한다.

    ⓑ 발생감가산정은 물리적 감가와 기능적 감가는 회복가능한 감가와 회복불가능한 감가로 구분되지만, 경제적 감가의 경우에는 회복불가능한 감가만 산정하여야 한다. 경제적 감가의 경우에는 회복가능한 감가가 존재하지 않기 때문이다. 이 경우, 동일구성부분에 대하여 이중감가가 행해지지 않도록 주의하여야 한다.

    ⓒ 대체원가로 재조달원가를 산정하는 경우에는 기능적 감가를 고려하지 않는다. 그 이유는 대체원가라는 것이 효용적인 측면에서 기능적 결함을 고려한 후의 원가이기 때문에 또다시 기능적 감가를 행하는 것은 이중감가가 되기 때문이다.

ⓔ **시장추출법**

대상부동산과 유사한 사례부동산을 비교·조정하여 감가수정하는 방법을 말하며 이는 거래 사례가 풍부한 부동산에서나 적용되는 방법이다.

ⓜ **임대료손실환원법**

감가상각이 있는 부동산이 그렇지 않는 부동산에 비해 상대적으로 임대료가 쌀 것이라는 가정하에 감가상각 요인에서 발생하는 임대료손실을 환원이율로 나누어 계산하는 직접(환원)법이나 총소득 승수법으로 환원하여 감가상각하는 방법을 말한다.

---

**예제문제**

**01. 원가법을 활용하여 잔존가치가 없는 경우의 적산가액(ㄱ)과 와 잔존가치가 10%인 경우의 적산가액(ㄴ)을 각각 구하면 얼마인가?**

- 신축에 의한 사용승인시점: 2016. 9. 20.
- 기준시점: 2018. 9. 20.
- 사용승인시점의 신축공사비: 3억원(신축공사비는 적정함)
- 공사비 상승률: 매년 전년대비 5%씩 상승

- 경제적 내용년수: 50년
- 감가수정방법: 정액법

① ㄱ: 288,200,000원, ㄴ: 298,646,000원  ② ㄱ: 302,400,000원, ㄴ: 300,425,000원
③ ㄱ: 315,000,000원, ㄴ: 317,520,000원  ④ ㄱ: 317,520,000원, ㄴ: 318,843,000원
⑤ ㄱ: 318,843,000원, ㄴ: 330,750,000원

**정답** ④

**해설** ④

ㄱ. 적산가액 = 재조달원가(330,750,000원) − 감가누계액(13,230,000원) = 317,520,000원
  1. 재조달원가(330,750,000원) = 3억원 × $(1.05)^2$
  2. 매년감가액(6,615,000원) = $\dfrac{\text{감가총액}(330,750,000원)}{\text{내용연수}(50년)}$
  3. 감가누계액(13,230,000원) = 매년감가액(6,615,000원) × 경과연수(2년)
  [계산] 300,000,000 × 1.05 × 1.05 ÷ 50 × 2 − 330,750,000 = − 317,520,000
ㄴ. 적산가액 = 재조달원가(330,750,000원) − 감가누계액(11,907,000원) = 318,843,000원
  1. 재조달원가(330,750,000원) = 3억원 × $(1.05)^2$
  2. 매년감가액(5,953,500원) = $\dfrac{\text{감가총액}(330,750,000원 - 10\%)}{\text{내용연수}(50년)}$
  3. 감가누계액(11,907,000원) = 매년감가액(5,953,500원) × 경과연수(2년)

**02.** **원가법에 의한 공장건물의 적산가액은? (단, 주어진 조건에 한함)**  ▶제28회

ⓐ 신축공사비: 8,000만원
ⓑ 준공시점: 2015년 9월 30일
ⓒ 기준시점: 2017년 9월 30일
ⓓ 건축비지수: - 2015년 9월: 100
        - 2017년 9월: 125
ⓔ 전년대비 잔가율: 70%
ⓕ 신축공사비는 준공당시 재조달원가로 적정하며, 감가수정방법은 공장건물이 설비에 가까운 점을 고려하여 정률법을 적용함

① 3,920만원    ② 4,900만원    ③ 5,600만원    ④ 7,000만원    ⑤ 1억원

**정답** ②

**해설** ② 재조달원가(1억원) = 신축공사비(8,000만원) × $\dfrac{\text{기준시점 지수}125}{\text{준공시점 지수}100}$
  적산가액 = 재조달원가 × (전년대비잔가율)$^n$
  적산가액(4,900만원) = 재조달원가(1억원) × $(0.7)^2$
  [계산] 80,000,000 × 1.25 × 0.7 × 0.7 = 49,000,000

## 2 적산법 제27회, 제34회

### (1) 적산법의 의의

"적산법(積算法)"이란 대상물건의 기초가액에 기대이율을 곱하여 산정된 기대수익에 대상물건을 계속하여 임대하는 데에 필요한 경비를 더하여 대상물건의 임대료를 산정하는 감정평가방법을 말한다. 이 방법에 의하여 구하는 임대료를 적산임료라 하며, 여기서 적산임료는 실질임료를 말하는 것이고, '기초가액×기대이율'은 순임료가 된다. 이를 구하는 공식은 다음과 같다.

$$\text{적산임료} = \text{기초가액} \times \text{기대이율} + \text{필요제경비}$$
$$\text{(총 임료)} \qquad \text{(순 임료)} \qquad \text{(경비)}$$

> **기출** 적산법은 대상물건의 기초가액에 기대이율을 곱하여 산정된 기대수익에 대상물건을 계속하여 임대하는 데에 필요한 경비를 더하여 대상물건의 임대료를 산정하는 감정평가방법을 말한다.

### (2) 적용방법

① 기초가액

ㄱ 의의 : 기초가액이란 적산임료를 구하는데 기초가 되는 가격을 말한다. 적산임료는 일정한 기간에 있어서의 용익의 대가에 착안한 것으로, 이때 기초가액은 기준시점에 있어서 대상부동산이 갖는 원본가격에 해당한다.

ㄴ 산정방법 : 적산법은 원가방식 중에서 임대료를 구하는 방법이므로 대상부동산의 기초가액은 원가법에 의한 적산가액으로 하는 것이 타당하나, 원가법의 적용이 곤란한 경우에는 비준가액(거래사례비교법)으로 할 수도 있다. 그러나, 수익환원법에 의해서는 기초가액을 구할 수 없다. 왜냐하면 수익환원법은 임대료를 이미 알고 있다고 전제하고 가격을 구하는 방법이나 임대료를 모르기 때문에 임대료를 구하는 적산법과 논리적으로 모순이 되기 때문이다.

ㄷ 시장가치와의 차이 : 우리나라 감정평가에 관한 규칙에서는 대상물건에 대한 평가가액으로 시장가치로 결정함을 원칙으로 하고 있다. 시장가치는 '통상적인 시장에서 충분한 기간 거래를 위하여 공개된 후 그 대상물건의 내용에 정통한 당사자 사이에 신중하고 자발적인 거래가 있을 경우 성립될 가능성이 가장 높다고 인정되는 대상물건의 가액'을 말한다.

| 구분 | 기초가액 | 시장가치 |
|---|---|---|
| 의의 | 적산임료를 구하는 데 기초 되는 가격 | 감정평가 규칙에 따른 부동산 가치 |
| 산정방법 | 적산가액, 비준가액 (단, 수익가액으로 산정 불가) | 적산가액, 비준가액, 수익가액으로 구함 |
| 전제 조건 | 임대차 계약조건을 고려 | 최유효이용을 전제로 파악 |
| 범위 | 임대 해당부분 | 부동산 전체 |

② 기대이율

　　㉠ 의의 : 기대이율이란 임대차에 제공되는 물건을 취득하는데 투입된 일정액의 자본에 대하여 기대되는 임대수익의 자본에 대한 비율이다. 이는 투자활동에 있어서 부동산과 경합관계에 있는 예금, 증권 등과 밀접한 관계가 있으며, 임대차기간 동안에 적용되는 단기적인 이율이며 항상 상각 후 세공제전의 개념이다.

　　㉡ 산정방법 : 부동산투자에 대한 기대보수율이라고 할 수 있는 기대이율은 금융시장에서의 이자율과 밀접한 관련이 있다.

　　㉢ 환원이율과의 차이 : 기대이율은 수익환원법에 있어서의 환원이율과 유사하나, 다음과 같은 차이가 있다.

| 기대이율 | 환원이율 |
| --- | --- |
| 적산임료의 산정시 필요 | 수익환원법에 의한 수익가액을 구하는데 사용 |
| 임대료산정기간에 적용되는 단기적인 이율 | 부동산 전기간에 걸친 장기적인 이율 |
| 물건의 종별에 따른 차이가 거의 없음 | 물건의 종별에 따른 차이가 있음 |
| 통상적으로 필요제경비에 감가상각비가 포함되므로 상각 후, 세공제 전의 순이익에 대응함 | 순이익의 성격에 따라 상각 전후, 세공제 전후로 구분 |
| 대상물건의 임대차계약을 전제로 구함 | 최유효이용을 전제로 하여 구함 |

③ 필요제경비

　　㉠ 감가상각비 : 대상부동산이 건물 등의 상각자산인 경우에는 감가상각액은 임대료에 포함시켜 회수하여야 하므로 필요제경비에 포함된다.

　　㉡ 유지관리비

　　　　ⓐ 부동산의 유용성을 적정하게 유지하기 위하여 필요한 비용과 이를 관리하기 위하여 소요된 비용을 말하며, 일반적으로 일반수선비, 관리비 등은 필요제경비에 포함되며 수익적 지출에 해당되는 수선비도 필요제경비에 포함된다.

　　　　ⓑ 유지관리비 중에서 공용부분에 관계되는 공익비(공용부분의 수도광열비, 위생비, 공용설비비, 공용안전관리비 등)와 전유부분에 관계되는 부가사용료(가스료, 전기료, 수도료, 냉·난방비 등)는 건물 및 그 부지의 실비적 비용에 해당하며 임차인이 별도로 납부하므로 필요제경비에 포함되지 않는다. 증축비와 대수선비같은 자본적지출은 기초가액에 포함되므로 필요제경비에 해당하지 않는다.

　　㉢ 조세공과 : 필요제경비에 계상될 조세공과는 종합부동산세, 재산세, 도시계획세, 하수도 설치에 의한 수익자 부담금 등 대상물건에 직접 귀속되는 세금·비용을 말하며, 법인세·소득세 등 임대인의 영업상 수익에 부과되는 세금은 임대인이 부담하므로 필요제경비에 포함하여서는 아니 된다. 그리고 취득세, 등록세는 기초가액에 산입되므로 필요제경비에 포함되지 않는다.

㉣ **손해보험료** : 대상물건에 대한 화재보험료 및 손해보험료를 말하는 것으로, 통상 소멸성 보험료만 필요제경비에 포함되며, 만기가 되면 상환 받는 비소멸성 보험료는 포함되지 않는다.

㉤ **대손준비금(결손준비비)** : 대손준비금이라 함은 임차인의 임대료지불의 불이행에 따른 결손의 위험부담을 전보하기 위하여 표준적인 일정액을 계상하는 것을 말하며 필요제경비에 포함된다. 다만, 보증금 등과 같은 일시금이 이미 수수된 경우와 같이 결손의 전보가 이미 담보되어 있는 경우에는 별도로 계상할 필요가 없다.

㉥ **공실 등에 대한 손실상당액(공실 및 대손충당금)** : 공실손실상당액은 건물의 신축 후 임대개시까지의 공실, 중도해약 기타 계약만료로 신규계약이 체결되기 전까지의 공실 등에 따른 손실을 보전하기 위한 비용을 말하며, 일반적으로 필요제경비에 포함된다. 단, 언제나 100% 임대될 것이 예상되면(만실) 계상할 필요가 없다.

㉦ **정상운전자금이자** : 이는 임대영업을 영위하기 위하여 소요되는 정상적인 운전자금에 대한 이자를 말하는 것으로서, 필요제경비에 통상 포함된다. 다만, 건설자금이자, 1년 이상의 장기차입금이자, 자기자금이자상당액은 이에 포함하여서는 아니 된다.

---

**핵심정리**

필요제경비에 포함해야 할 제경비와 불포함해야 할 제경비 항목

| 구분 | 포함해야 할 제경비 | 불포함해야 할 제경비 |
|---|---|---|
| 내용 | ① 감가상각비<br>② 유지비·수선비 등 수익적 지출에 해당하는 비용<br>③ 조세(도시계획세·재산세·수익자 부담금과 같이 대상물건에 직접 부과하는 세금)<br>④ 손해보험료(소멸성)<br>⑤ 대손준비금(결손준비금)<br>⑥ 공실 등 손실상당액<br>⑦ 정상 운전자금이자 | 1) 자산의 원가에 가산<br>　① 취득세·등록세<br>　② 대수선비(자본적 지출)<br>　③ 건설자금이자·교체비용<br>2) 사업자의 소득에 기초한 것<br>　④ 소득세·법인세<br>　⑤ 소유자 급료<br>3) 기타 항목<br>　⑥ 공익비 및 부가사용료<br>　⑦ 비소멸성 보험료 |

---

**예제문제**

**적산법에 의한 대상물건의 적산임료는? (단, 주어진 조건에 한함)**

- 재조달원가: 10억원
- 기대이율: 10%
- 영업경비: 500만원
- 기초가액: 5억원
- 환원이율: 12년
- 필요제경비: 700만원

① 55,000,000원                          ② 57,000,000원
③ 65,000,000원                          ④ 67,843,000원
⑤ 127,000,000원

---

**정답**  ②

**해설**  ② 적산임료(5,700만원) = 기초가액(5억원) × 기대이율(10%) + 필요제경비(700만원)

---

**제4절**  **비교방식(시장접근법, Market Approach)** 제25회, 제26회, 제28회~제35회

**감정평가에 관한 규칙 제2조【정의】**

① 거래사례비교법이란 대상물건과 가치형성요인이 같거나 비슷한 물건의 거래사례와 비교하여 대상물건의 현황에 맞게 사정보정, 시점수정, 가치형성요인 비교 등의 과정을 거쳐 대상물건의 가액을 산정하는 감정평가방법을 말한다.

② 공시지가기준법이란 대상토지와 가치형성요인이 같거나 비슷하여 유사한 이용가치를 지닌다고 인정되는 비교표준지의 공시지가를 기준으로 대상토지의 현황에 맞게 시점수정, 지역요인 및 개별요인 비교, 그 밖의 요인의 보정을 거쳐 대상토지의 가액을 산정하는 감정평가방법을 말한다.

③ 임대사례비교법이란 대상물건과 가치형성요인이 같거나 비슷한 물건의 임대사례와 비교하여 대상물건의 현황에 맞게 사정보정, 시점수정, 가치형성요인 비교 등의 과정을 거쳐 대상물건의 임대료를 산정하는 감정평가방법을 말한다.

---

## 1  거래사례비교법

### (1) 거래사례비교법의 의의

① **공식**: 거래사례비교법이란 대상물건과 가치형성요인이 같거나 비슷한 물건의 거래사례와 비교하여 대상물건의 현황에 맞게 사정보정, 시점수정, 가치형성요인 비교 등의 과정을 거쳐 대상물건의 가액을 산정하는 감정평가방법을 말하며, 이 방법에 의해 구한 가격을 비준(유추)가격이라고 한다.

> - **비준가액** = 거래사례×(사정보정치 × 시점수정치 × 가치형성요인비교치)
> - **비준임료** = 임대사례×(사정보정치 × 시점수정치 × 가치형성요인비교치)
> - **토지가액** = 비교표준지공시지가×(시점수정치 × 지역요인·개별요인비교치 × 그밖의요인보정치)

> **기출** 1. 거래사례비교법이란 대상물건과 가치형성요인이 같거나 비슷한 물건의 거래사례와 비교하여 대상물
> 건의 현황에 맞게 사정보정, 시점수정, 가치형성요인 비교 등의 과정을 거쳐 대상물건의 가액을 산정하
> 는 감정평가방법을 말한다.
> 2. 공시지가기준법이란 대상토지와 가치형성요인이 같거나 비슷하여 유사한 이용가치를 지닌다고 인정
> 되는 비교표준지의 공시지가를 기준으로 대상토지의 현황에 맞게 시점수정, 지역요인 및 개별요인
> 비교, 그 밖의 요인의 보정을 거쳐 대상토지의 가액을 산정하는 감정평가방법을 말한다.

② **적용대상**

ㄱ 산림(입목), 과수원, 자동차, 동산

ㄴ 일괄평가 : 토지와 건물, 집합건물에서 대지사용권과 건물부분, 산림에서 산지와 입목

③ **장점**

ㄱ 계산식이 이해하기 쉽고 간편하다.

ㄴ 현실적·실증적이며 설득력이 있고, 우리나라에서 가장 널리 이용되며 중추적 역할을 한다.

④ **단점**

ㄱ 평가주체의 주관이 개입되기 쉬우므로 평가사에 따른 가격편차가 크다(비과학적).

ㄴ 부동산의 경기가 호황 또는 불황이 극심한 경우에는 적용하기가 곤란하다.

ㄷ 부동산가치의 정의는 장래이익의 현재가치이나, 거래사례비교법은 어디까지나 과거 가격을
기준으로 부동산가치를 산정하는 문제가 있다.

## (2) 이론적 근거

① 시장성

② 대체의 원칙

③ 수요공급의 원칙, 경쟁의 원칙

## (3) 거래사례자료의 수집기준

| 사례자료의 수집기준 | ① 사정보정의 가능성<br>② 시점수정의 가능성(시간적 유사성)<br>③ 지역요인의 비교가능성(위치의 유사성)<br>④ 개별요인의 비교가능성(물적 유사성) |
|---|---|

① **사정보정의 가능성**

ㄱ 대상부동산에 대한 평가가액은 시장가치로 결정함이 원칙이므로, 대상부동산과 비교대상이
되는 거래사례는 정상적인 거래사정에 의해 성립된 가격이거나 적어도 사정보정이 가능한
것이어야 한다.

ㄴ 일반적으로 거래사례는 거래당사자의 특수한 사정이나 개별적인 동기가 개재되기 쉬운데,
이를 정상적인 것으로 보정할 수 있는 사례자료만이 거래사례로 선택될 수 있다. 즉, 특수한

PART 8 부동산감정평가론

사정이 개입된 대표성이 없는 사례도 사정보정이 가능하면 사례로 선택 가능하다.

※ 표준지공시지가는 사정보정의 대상이 되지 않는다. 단, 시점수정은 하여야 한다.

② 시점수정의 가능성(시간적 유사성)
  ㉠ 부동산의 가격은 가격형성요인의 가변성으로 인하여 부단히 변화하므로, 사례부동산의 거래 시점과 대상부동산의 기준시점간의 시간적 불일치를 수정하여야 한다.
  ㉡ 따라서, 사례가격을 기준시점으로 시점수정이 가능한 사례를 선택하여야 하는 바, 사례자료 는 거래시점이 분명하고 가격변동에 관한 자료를 구할 수 있어야 한다. 즉 거래시점을 알 수 없으면 사례자료로 선택할 수 없다.

  ※ 거래시점이 분명하다고 하더라도 기준시점과 유사한 시점의 최근 사례일수록 더 효과적이다.

③ 지역요인의 비교가능성(위치의 유사성)
  ㉠ 거래사례는 위치에 있어서 대상부동산과 동일성 내지 유사성이 있어야 한다. 즉, 인근지역 또는 동일수급권내의 유사지역에 소재하는 거래사례로서 지역요인의 비교가 가능한 사례자 료를 수집하여야 한다.
  ㉡ 여기서 주의할 점은 지리적 위치의 접근성 보다는 용도적·기능적 접근성을 보다 중시하여야 한다는 것이다.

④ 개별요인의 비교가능성(물적 유사성)
  ㉠ 사례자료는 대상부동산과 물적 사항에 있어 동일성 또는 유사성이 있는 사례 즉, 개별요인의 비교가 가능한 사례를 선택해야 한다. 따라서, 토지의 경우에는 그 종별(택지, 농지, 임지 등)과 유형(나지, 건부지 등)이 동일 또는 유사하여야 하고, 건물은 구조·자재·설비·용도 등이 동일 또는 유사하여야 한다.
  ㉡ 사례부동산의 어느 부분만이 대상부동산과 유사성을 갖는 경우에는 원칙적으로 물적 유사성 이 없으나, 배분법에 의해 조정이 가능할 경우에는 사례자료로 선택할 수 있다. 즉, 나지와 건부지도 배분법을 적용할 경우 개별요인의 비교가능성이 있다.

---

**참고학습 | 배분법**

배분법이란 사례부동산이 대상부동산과 같은 유형(예컨대, 토지)의 부분뿐만 아니라 다른 유형의 부분도 포함하는 복합부동산(예 토지 및 건물)인 경우에, 사례부동산 전체가격에서 대상부동산과 다른 유형의 부분의 가격을 제외하고 같은 유형(예 토지)에 귀속되는 부분의 가격만을 추출해 내는 방법을 말한다. 배분법을 이용하면 사례선택범위가 확대된다.

1. **공제방식**: 복합부동산에 해당하는 거래사례의 거래가격에서 대상부동산과 다른 유형의 가격을 공제하여 대상 부동산과 같은 유형의 사례자료를 구하는 방법을 말한다(예 사례의 토지가격 = 복합부동산의 사례가격 - 건물의 가격).
2. **비율방식**: 복합부동산에 대하여 각 구성부분의 가격비율이 판명되어 있는 경우 해당 사례의 거래가격에 대상부 동산의 유형과 같은 부분의 구성비율을 곱하여 사례자료를 구하는 방법이다(예 사례의 토지가격 = 복합부동산 의 사례가격 × 토지의 가격구성비율).

## (4) 거래사례자료의 정상화

① 사정보정(매매상황 및 매매조건에 대한 수정)

가격의 산정에 있어서 수집된 거래사례에 거래관계자에 특수한 사정 또는 개별적인 동기가 개재되어 있거나 시장의 사정에 정통하지 못하여 그 가격이 적정하지 않았을 때에 그러한 사정이 없었을 경우의 정상적인 가격수준으로 정상화하는 작업을 말한다.

※ 대리인을 통한 사례, 저당권이 설정된 사례는 정상적 사례이므로 사정보정이 필요없다.

$$사정보정율 = \frac{대상부동산}{사례부동산} = \frac{대상물건}{거래사례의\ 거래사정(\pm)} = \frac{100}{100 \pm \alpha}$$

**보충학습** | 사정보정, 대표성이 없는 매매사례

1. 사정보정 사례
   ① 매도자가 낡은 건물의 철거비를 부담하기로 한때 : 정상적인 시장가치로 거래된 것이므로, 사정보정이 필요없으며 철거비 파악이 불가능해도 사례로 선택 가능하다.
   ② 매수자가 낡은 건물의 철거비를 부담하기로 한때 : 철거비 파악이 가능해야 사례선택할 수 있고 철거비를 합산하여 더한 가격으로 사례를 보정해야 한다(철거비 공제 아님).

2. 대표성이 없는 매매사례
   (1) 정부에 의한 매매사례(거래당사자 쌍방 또는 일방이 정부기관인 경우)
      ① 세금체납
      ② 법원의 공매처분
      ③ 수용
      ④ 국공유 부동산
   (2) 관련당사자간의 매매사례
      ① 가족구성원간
      ② 상호 관련이 있는 기업들 간
      ③ 관련 당사자간의 부분권익의 거래
   (3) 편의에 의한 매매사례
      ① 급매된 사례
      ② 자선단체가 당사자인 매매사례 등

**기출** | 거래사례가 인근 정상 거래가격 대비 20% 저가에 매도된 것을 확인하고 사정보정치에 1.25를 적용했다.

② 시점수정(시장상황에 대한 수정)

㉠ 가격의 산정에 있어서 거래사례자료의 거래시점과 기준시점이 시간적으로 불일치하여 가격수준에 변동이 있을 경우 거래시점의 가격을 기준시점의 수준으로 정상화하는 작업을 말한다. 시점수정은 가격의 제원칙 중 변동의 원칙과 관련된다.

ⓛ 거래시점을 알 수 없으면 시점수정이 불가능하므로 거래사례로 선택할 수 없다.

ⓒ 거래시점과 기준시점이 일치한다면 시점수정을 할 필요가 없으며, 거래시점과 기준시점이 불일치한다고 하더라도 시장상황의 변동이 없다면 시점수정을 할 필요가 없다.

ⓔ 시점수정 후의 가격은 기준시점에서의 사례부동산의 가격이 된다.

ⓜ 시점수정방법

> ⓐ **지수법**: 시점수정 = $\dfrac{\text{기준시점의 가격지수}}{\text{거래시점의 가격지수}}$
>
> ⓑ **변동률적용법**: 시점수정치 = $(1 \pm r)^n$ (r : 변동률, n : 기간)

**기출**
1. 시점수정은 거래사례자료의 거래시점 가격을 기준시점의 가격으로 정상화하는 작업을 말한다.
2. 거래시점 : 2015년 9월 30일, 기준시점 : 2017년 9월 30일, 2015년 9월 가격지수: 100, 2017년 9월 가격지수 : 125인 경우 시점수정치는 1.25이다.
3. 거래시점 : 2018. 3. 1, 기준시점 : 2018. 9. 1, 지가변동률(2018. 3. 1 ~ 9. 1) : 4% 상승한 경우 시점수정치는 1.04이다.

③ **지역요인 비교 및 개별요인의 비교**

ⓖ 사례부동산이 소재하고 있는 지역과 대상부동산이 소재하고 있는 지역의 지역적 특성을 서로 비교·분석하여 지역요인에 따른 가격격차를 판정하고, 다시 개별적 요인을 비교하여 개개 부동산의 최유효이용을 판정(개별격차 판정)함으로써 대상부동산의 가격을 구하는 것이다.

ⓛ **사례부동산이 유사지역에 소재하는 경우** : 지역요인 비교 후, 개별요인 비교

ⓒ **사례부동산이 인근지역에 소재하는 경우** : 지역요인이 동일하므로 지역요인은 비교할 필요가 없고 개별요인만 비교

**참고학습** | **지역요인 및 개별요인비교 방법**

1. **종합적 비교법** : 사례부동산과 대상부동산의 지역요인 및 개별요인을 종합적으로 비교·분석하는 방법으로 방법이 간편하다는 장점이 있는 반면, 감정평가사의 주관이 개입되기 쉽다는 단점이 있다.
2. **평점법** : 평점법이란 가로조건, 접근조건, 환경조건, 획지조건, 행정적 조건, 기타 등 여러 가지 항목을 설정하고 항목별로 대상부동산과 사례부동산을 서로 비교·검토하여 평점을 부여하는 방법으로 정확하다는 장점이 있지만 시간이나 비용이 많이 소요된다는 단점도 있다.

④ **면적비교**
사례부동산과 대상부동산의 면적비교는 이론적으로는 개별요인의 비교에 해당하나 실무적으로 구분하여 행하고 있다.

| 사정보정 | 사정보정치 : $\dfrac{\text{대상물건}}{\text{사례물건}} = \dfrac{100}{100 \pm \alpha}$ |
|---|---|
| 시점수정 | ① 지수법 : $\dfrac{\text{기준시점의 지수}}{\text{거래시점의 지수}}$<br>② 변동률 적용법 : $(1+r)^n$ |
| 지역요인<br>개별요인 비교 | ① 유사지역의 거래사례 – 지역요인과 개별요인 비교<br>② 인근지역의 거래사례 – 개별요인만 비교 |
| | ③ 비교치 : $\dfrac{\text{대상물건}}{\text{사례물건}} = \dfrac{100 \pm \alpha (\text{우세} \oplus, \text{열세} \ominus)}{100 \pm \beta (\text{우세} \oplus, \text{열세} \ominus)}$<br>④ 종합적비교법(전반적 비교), 평점법(항목별 비교) |

---

## 예제문제

**01.** 다음 자료를 활용하여 공시지가기준법으로 산정한 대상토지의 가액(원/㎡)은? (단, 주어진 조건에 한함)

▶ 제32회

- 대상토지: A시 B구 C동 320번지, 일반상업지역
- 기준시점: 2021.10.30.
- 비교표준지: A시 B구 C동 300번지, 일반상업지역, 2021.01.01. 기준 공시지가 10,000,000원/㎡
- 지가변동률(A시 B구, 2021.01.01. ~ 2021.10.30.): 상업지역 5% 상승
- 지역요인: 대상토지와 비교표준지의 지역요인은 동일함
- 개별요인: 대상토지는 비교표준지에 비해 가로조건 10% 우세, 환경조건 20% 열세하고, 다른 조건은 동일함(상승식으로 계산할 것)
- 그 밖의 요인 보정치: 1.50

① 9,240,000　　② 11,340,000　　③ 13,860,000　　④ 17,010,000　　⑤ 20,790,000

**정답**　③

**해설**　③ 10,000,000원 × 지가변동률(1.05) × 가로조건($\dfrac{110}{100}$) × 환경조건($\dfrac{80}{100}$) × 그 밖의 보정(1.50)

= 13,860,000원

**계산** 10,000,000 × 1.05 × 1.1 × 0.8 × 1.5 = 13,860,000

**02.** 제시된 자료를 활용해 「감정평가에 관한 규칙」에서 정한 공시지가기준법으로 평가한 토지 평가액(원/㎡)은?

▶ 제26회

- 기준시점: 2015.10.24
- 소재지 등: A시 B구 C동 177, 제2종일반주거지역, 면적 200㎡

- 비교표준지: A시 B구 C동 123, 제2종일반주거지역, 2015.1.1 공시지가 2,000,000원/㎡
- 지가변동률(2015.1.1~2015.10.24): A시 B구 주거지역 5% 상승
- 지역요인: 대상 토지가 비교표준지의 인근지역에 위치하여 동일
- 개별요인: 대상 토지가 비교표준지에 비해 가로 조건은 5% 열세, 환경조건은 20% 우세하고 다른 조건은 동일(상승식으로 계산할 것)
- 그 밖의 요인으로 보정할 사항 없음

① 1,995,000원/㎡        ② 2,100,000원/㎡        ③ 2,280,000원/㎡
④ 2,394,000원/㎡        ⑤ 2,520,000원/㎡

**정답**  ④

**해설**  ④ 2,000,000원 × 지가변동률(1.05) × 가로조건($\frac{95}{100}$) × 환경조건($\frac{120}{100}$)=2,394,000원

계산 2,000,000 × 1.05 × 0.95 × 1.2 = 2,394,000

**03.** 다음 자료를 활용하여 공시지가기준법으로 산정한 대상 토지의 단위면적당 시산가액은? (단, 주어진 조건에 한함)
▶ 제34회

- 대상토지 현황: A시 B구 C동 120번지, 일반상업지역, 상업용
- 기준시점: 2023.10.28.
- 표준지공시지가(A시 B구 C동, 2023.01.01.기준)

| 기호 | 소재지 | 용도지역 | 이용상황 | 공시지가(원 / ㎡) |
|---|---|---|---|---|
| 1 | C동 110 | 준주거지역 | 상업용 | 6,000,000 |
| 2 | C동 130 | 일반상업지역 | 상업용 | 8,000,000 |

- 지가변동률(A시 B구, 2023.01.01. ~ 2023.10.28.)
  - 주거지역: 3% 상승
  - 상업지역: 5% 상승
- 지역요인: 표준지와 대상토지는 인근지역에 위치하여 지역요인 동일함
- 개별요인: 대상토지는 표준지 기호 1에 비해 개별요인 10% 우세하고, 표준지 기호 2에 비해 개별요인 3% 열세함
- 그 밖의 요인 보정: 대상토지 인근지역의 가치형성요인이 유사한 정상적인 거래사례 및 평가사례 등을 고려하여 그 밖의 요인으로 50% 증액 보정함
- 상승식으로 계산할 것

① 6,798,000원/㎡        ② 8,148,000원/㎡
③ 10,197,000원/㎡        ④ 12,222,000원/㎡
⑤ 13,860,000원/㎡

| 정답 | ④ |
|------|----|

**해설**  8,000,000 × 1.05 × 0.97 × 1.5 = 12,222,000원
- 소재지 토지가 일반상업지역, 상업용이므로 [기호 2]의 표준지 사례를 채택한다.
- 상업지역의 지가상승률 5%이다. ⇨ 1.05
- 기호 1과의 비교인 10% 우세 비교는 하지 않고 기호 2비교인 3% 열세만 비교 ⇨ 0.97
- 그 밖의 보정 ⇨ 1.5

**04. 다음 자료를 활용하여 거래사례비교법으로 산정한 대상토지의 감정평가액은? (단, 주어진 조건에 한함)**
▶ 제29회

- 대상토지: A시 B동 150번지, 토지 120㎡ 제3종일반주거지역
- 기준시점: 2018. 9. 1.
- 거래사례의 내역
  - 소재지 및 면적: A시 B동 123번지, 토지 100㎡
  - 용도지역: 제3종일반주거지역
  - 거래사례가격: 3억원
  - 거래시점: 2018. 3. 1.
  - 거래사례의 사정보정 요인은 없음
- 지가변동률(2018. 3. 1. ~ 9. 1.): A시 주거지역 4% 상승함
- 지역요인: 대상토지는 거래사례의 인근지역에 위치함
- 개별요인: 대상토지는 거래사례에 비해 5% 열세함
- 상승식으로 계산할 것

① 285,680,000원                    ② 296,400,000원
③ 327,600,000원                    ④ 355,680,000원
⑤ 360,400,000원

| 정답 | ④ |
|------|----|

**해설**  ④ 비준가액(355,680,000원) = 3억원 × 1.2 × 1.04 × 0.95
  1. 면적비교치(1.2), 2. 시점수정치(1.04), 3. 개별요인비교치(0.95)
  ☆ 계산기활용: 300,000,000 × 1.2 × 1.04 × 0.95 = 355,680,000

## 2 임대사례비교법 제27회

### (1) 임대사례비교법의 의의

임대사례비교법이란 대상물건과 가치형성요인이 같거나 비슷한 물건의 임대사례와 비교하여 대상
물건의 현황에 맞게 사정보정, 시점수정, 가치형성요인 비교 등의 과정을 거쳐 대상물건의 임대료를
산정하는 감정평가방법을 말한다. 이 방법에 의해 구한 임대료를 비준(유추)임료라 한다.

> 비준임료 = 사례임료 × 사정보정 × 시점수정 × 지역요인비교 × 개별요인비교 × 면적비교 × 계약내용 비교

1. 임대사례비교법이란 대상물건과 가치형성요인이 같거나 비슷한 물건의 임대사례와 비교하여 대상물건의
   현황에 맞게 사정보정, 시점수정, 가치형성요인 비교 등의 과정을 거쳐 대상물건의 임대료를 산정하는
   감정평가방법을 말한다.
2. 감정평가법인등은 임대료를 감정평가할 때에 임대사례비교법을 적용해야 한다.

### (2) 적용방법 : 신규계약에 의한 초회에 지불하는 실질임료를 기준

### (3) 임대료의 구성

① 실질임료(총임료) : 실질임료란 임대차에 있어 임차인이 임대인에게 지불하는 금액 중에서 그 종
류와 명목 여하를 불문하고 임대인이 받는 모든 실질적인 경제적 대가를 말한다. 일반적으로
감정평가에서 구해야 할 임대료는 실질임료이며, 순임료에 필요제경비를 더하여 산정된다(실질
임료 = 순임료 + 필요제경비).

② 순임료 : 순임료란 순수하게 임대인의 수익에 속하는 임대료를 말한다.

③ 지불임료 : 임차인이 임대인에게 각 지급시기에 지불하는 임대료를 말한다. 일시금의 조건이 있
는 경우에는 실질임료가 지불임료보다 크지만, 일시금의 조건이 없는 경우에는 실질임료가 지불
임료와 같다.

| (a) | ① 예금적 성격을 갖는 일시금(보증금)의 운용익<br>② 선불적 성격을 갖는 일시금(사글세)의 상각액<br>③ 선불적 성격을 갖는 일시금의 미상각액에 대한 운용익 | |
|---|---|---|
| (b) | ④ 각 지불시기에 지불되는 순임료 지불액<br>⑤ 공익비, 부가사용료 중 실비 초과액 | (c) ⑥ 필요제경비 |

**1. 실질임료 = (a) + (b) + (c)  2. 순임료 = (a) + (b)  3. 지불임료 = (b) + (c)**

### (4) 임대료의 평가방법

① 신규임료의 평가방법

㉠ 신규임료는 새로운 임대차계약을 할 경우에 구하는 임대료를 말하며 이는 정상임대료 개념이다.

ⓒ 감정평가법인등은 임대료를 감정평가할 때에 임대사례비교법을 적용해야 한다.

② 계속임료의 평가방법(일본 기준)

　　㉠ 계속임료는 계속중인 임대차 계약을 연장하기 위해 현행임대료를 개정할 때 구하는 임대료를 말하며 이는 특정임대료의 개념이다.

　　ⓒ 우리나라 감정평가규칙에서는 이에 관하여 규정이 없으나, 일본의 기준을 들어 설명하고자 한다.

　　ⓒ 계속임료 구하는 방법에는 이율법, 슬라이드법, 임대사례비교법, 차액배분법, 수익분석법이 있다.

---

## 제5절　수익방식(소득접근법, Income Approach) 제26회, 제28회, 제30회, 제31회, 제32회, 제33회, 제35회

### 1 수익환원법

#### (1) 수익환원법의 의의

> **감정평가에 관한 규칙 제2조 【정의】**
> ① 수익환원법이란 대상물건이 장래 산출할 것으로 기대되는 순수익이나 미래의 현금흐름을 환원하거나 할인하여 대상물건의 가액을 산정하는 감정평가방법을 말한다.
> ② 수익분석법이란 일반기업 경영에 의하여 산출된 총수익을 분석하여 대상물건이 일정한 기간에 산출할 것으로 기대되는 순수익에 대상물건을 계속하여 임대하는 데에 필요한 경비를 더하여 대상물건의 임대료를 산정하는 감정평가방법을 말한다.

① 공식

수익환원법이란 대상물건이 장래 산출할 것으로 기대되는 순수익이나 미래의 현금흐름을 환원하거나 할인하여 대상물건의 가액을 산정하는 감정평가방법을 말한다. 이 방법에 의하여 구한 가격을 수익가액이라 한다.

$$수익가액 = \frac{순수익(순영업소득)}{환원이율} = \frac{총수익 - 총비용}{자본수익률 + 자본회수율}$$

> **기출** 수익환원법이란 대상물건이 장래 산출할 것으로 기대되는 순수익이나 미래의 현금흐름을 환원하거나 할인하여 대상물건의 가액을 산정하는 감정평가방법을 말한다.

② 수익환원법의 3요소 : ㉠ 순수익 ㉡ 환원이율 ㉢ 환원방법

③ 적용대상 : 영업권 등 무형자산, 광업재단, 공장재단(일괄), 기업가치, 비상장채권

④ 장점

　　㉠ 수익환원법은 장래 기대되는 편익의 현재가치라는 부동산가치의 본질에 가장 부합되므로,
　　　가장 이론적·논리적·합리적인 방법이므로 평가사의 주관개입 여지가 적다.

　　㉡ 임대용부동산이나 기업용부동산 등 수익성 부동산의 평가에 유용하다.

　　㉢ 투자분석, 개발사업의 타당성 분석, 비용편익분석 등과 관련하여 오늘날 다른 어떤 방법보다
　　　도 강한 현실적인 필요성이 대두되고 있다.

⑤ 단점

　　㉠ 수익성에 근거한 방법이므로 주거용·공익용·공공용 부동산과 같이 수익이 없거나 파악이
　　　어려운 부동산(비수익성부동산)에 적용하기 곤란하다.

　　㉡ 수익이 유사한 경우 부동산의 신구(新舊)에 따른 가격차이가 없어진다는 비판이 있다. 그러나,
　　　최근에는 환원이율을 신구에 따라 조정하여 이를 해결하고 있다.

## (2) 수익환원법의 이론적 근거

① 수익성

② 최유효이용의 원칙

③ 예측의 원칙

④ 수익배분의 원칙

⑤ 대체의 원칙

## (3) 순수익

① 순수익의 의의(순수익 = 총수익 − 총비용) : 순수익이란 대상부동산에 귀속하는 적정한 수익으로서,
　대상부동산을 통하여 획득할 수익에서 그 수익의 발생에 소요되는 비용을 공제하여 산정한 금액
　을 말하는 것으로 일반적으로 연간을 단위로 한다.

② 순수익의 산정기준(순수익의 요건)

　　㉠ 계속적·규칙적으로 발생, 안전하고 확실한 수익, 객관적·표준적인 수익

　　㉡ 최유효이용을 전제, 통상의 이용능력이나 이용방법으로 얻어지는 중용적인 수익

　　㉢ 합리적·합법적 수익, 법령이나 관습에 위배되지 않는 수익

　　㉣ 미래 잔존 수명동안 예상되는 장래의 수익(예측의 원칙), 과거에 실제로 발생한 수익X

③ 순수익의 산정방법 : 직접법, 간접법, 잔여법

　　㉠ 직접법 : 직접법은 대상부동산으로부터 직접 총수익과 이에 필요한 총비용을 파악하고 과거
　　　의 추이, 장래의 동향 등을 분석하여 순수익(총수익 − 총비용)을 구하는 방법이다.

　　㉡ 간접법 : 간접법은 대상부동산의 인근지역 또는 동일수급권내 유사지역에 존재하는 유사부동산
　　　으로부터 간접적으로 순수익을 구하는 방법이다. 즉, 유사부동산의 순수익에 사정보정 및
　　　시점수정을 가하고, 지역요인·개별요인을 비교하여 대상부동산의 순수익을 산정하는 방법이다.

ⓒ **잔여법**(수익배분의 원칙, 최유효이용의 원칙) : 순수익이 건물 및 부지와 같은 복합부동산에서 발생하는 경우 토지, 건물 중 어느 일방의 순수익을 파악할 수 있을 때 이를 전체 순수익에서 공제함으로써 다른 재산에 귀속할 순수익을 구하는 방법을 말한다.

ⓐ **토지잔여법** : 토지 및 건물로 구성된 복합부동산의 전체 순수익에서 토지 이외의 부분, 즉 건물에 귀속하는 순수익을 공제하여 토지에 귀속하는 순수익을 구하는 방법을 말한다. 이때 토지의 순수익을 토지의 환원이율로 나누면 토지의 수익가액을 구할 수 있다.

> • 토지의 순수익 = 복합부동산(토지 + 건물)의 순수익 − 건물의 순수익
> • 토지의 수익가액 = $\dfrac{\text{토지의 순수익}}{\text{토지의 환원이율}}$

ⓑ **건물잔여법** : 복합부동산의 순수익에서 토지에 귀속하는 순수익을 공제하여 건물의 (상각전)순수익을 구하는 방법을 말하며, 건물의 순수익을 건물의 상각전 환원이율로 자본환원하여 건물의 수익가액을 구할 수 있다.

> • 건물의 순수익 = 복합부동산(토지 + 건물)의 순수익 − 토지의 순수익
> • 건물의 수익가액 = $\dfrac{\text{건물의 순수익}}{\text{건물의 환원이율}}$

ⓒ **부동산잔여법** : 부동산의 전체 순수익을 특정 기간에 대한 환원이율로 수익환원하는 방법이다.

> • 복합부동산 가격 = 건물의 내용연수 동안 복합부동산의 매기간 순수익의 현재가치
> 　　　　　　　　　+ 건물의 내용연수 만료 후의 토지의 현재가치

**보충학습** 배분법과 잔여법의 비교

| 구분 | 배분법 | 잔여법 |
|------|--------|--------|
| 적용 | 거래사례비교법<br>(기여의 원칙, 균형의 원칙) | 수익환원법<br>(수익배분의 원칙, 최유효이용의 원칙) |
| 대상 | 복합부동산 가격 | 복합부동산 순수익 |
| 방법 | 비율방식, 공제방식 | 토지잔여법, 건물잔여법, 부동산잔여법 |

1. **공통점** : 배분법과 토지잔여법은 모두 그 자료가 복합부동산에 근거한다는 점에서 동일하다.
2. **차이점** : 배분법은 거래사례비교법에서 복합부동산의 사례가격에서 대상부동산과 같은 유형의 사례가격을 추출하는 방법이다. 잔여법은 수익환원법에서 복합부동산의 전체 순수익에서 복합부동산을 구성하는 개별물건의 순수익을 구하는 방법이다.

PART 8 부동산감정평가론

④ 부동산의 종류별 순수익 산정방법

　㉠ 기업용부동산 : 순수익 = 총수입 − 총비용(영업경비)

　㉡ 임대용부동산 : 순수익 = 임대료수입 − 필요제경비

⑤ 환원대상 소득에 따른 감정평가의 방법

　　　가능총소득 (PGI : potential gross income)
　　− 공실 및 불량부채충당금 (VBD : vacancy and bad debt allowance)
　　+ 기타수입 (OI : other income)
　　　유효총소득 (EGI : effective gross income)
　　− 영업경비 (OE : operation expenses)
　　　순영업소득 (NOI : net operation income)
　　− 부채서비스액 (DS : debt service)
　　　세전현금수지 (BTCF : before−tax cash flow)
　　− 영업소득세 (TO : taxes from operations)
　　　세후현금수지 (ATCF : after−tax cash flow)

　㉠ 총소득 기준 : 총소득(조소득)승수법

　㉡ 순영업소득 기준 : 직접환원법, 전통적 소득접근법, 잔여법

　㉢ 세전현금수지 기준 : 엘우드법(저당지분환원법)

　㉣ 세후현금수지 기준 : 할인현금수지분석법(DCF법)

잔여환원법과 저당지분환원법의 비교

| 구분 | 잔여환원법(잔여법) | 저당지분환원법(엘우드법) |
| --- | --- | --- |
| 환원대상소득 | 순영업소득 | 세전현금수지 |
| 부동산의 가치 | 토지가치+건물가치 | 지분가치+저당가치 |
| 보유기간 | 경제적 수명까지 보유 ⇨ 처분 × | 단기간 보유전제 ⇨ 처분 ○ |
| 가치변화 | 고려 × | 고려 ○ |
| 저당조건 | 고려 × | 고려 ○ |

※ 할인현금수지분석법은 저당지분환원법과 원리가 같으나 세후현금수지를 사용하는 점이 다르다.

## 핵심정리

수익환원법의 갈래

| 직접환원법 | 1. 전통적 소득접근법<br>2. 잔여법 | ① 부동산가치 : 토지 + 건물<br>② 전기간 보유(경제적 내용연수), 처분X<br>③ 한해(첫해), 소득이득만 고려<br>④ 감가상각액으로 자본회수(매기간 자본회수, $\frac{1}{n}$) |
|---|---|---|
| 수익환원법 | 1. 저당지분환원법(엘우드법)<br>2. 할인현금수지분석법 | ① 부동산 가치 : 지분 + 저당<br>② 매기간(여러해), 소득이득 + 자본이득 고려<br>③ 단기간 보유, 처분O<br>④ 재매도가격으로 자본회수(처분시에 자본회수) |

PART 8 부동산감정평가론

## 예제문제

**01. 다음 자료를 활용하여 직접환원법으로 평가한 대상 부동산의 수익가액은? (단 주어진 조건에 한하며, 연간 기준임)** ▶제30회

- ㉠ 가능총소득: 8,000만원
- ㉡ 공실손실상당액 및 대손충당금: 가능총소득의 10%
- ㉢ 수선유지비: 400만원
- ㉣ 화재보험료: 100만원
- ㉤ 재산세: 200만원
- ㉥ 영업소득세: 300만원
- ㉦ 부채서비스액: 500만원
- ㉧ 환원율: 10%

① 5억 7천만원　② 6억 원　③ 6억 5천만원　④ 6억 7천만원　⑤ 6억 8천만원

**정답**　③

**해설**　③ $\dfrac{순수익(순영업소득)}{환원이율} = \dfrac{65,000,000원}{10\%} = 6억\ 5천만원$

㉢ 수선유지비, ㉣ 화재보험료, ㉤ 재산세는 영업경비에 포함되지만, ㉥ 영업소득세, ㉦ 부채서비스액은 영업경비에 포함되지 않는다.

|  | 가능총소득 | (8,000만원) |  |
|---|---|---|---|
| - | 공실 및 불량부채 | (800만원) |  |
|  | 유효총소득 | (7,200만원) |  |
| - | 영업경비 | (700만원) | ⇨ ㉢, ㉣, ㉤ |
| = | 순영업소득 | (6,500만원) |  |

**계산** 80,000,000 - 10% - 7,000,000 ÷ 10% = 650,000,000

**02.** 다음 자료를 활용하여 수익환원법을 적용한 평가대상 근린생활시설의 수익가액은? (단, 주어진 조건에 한하며 연간 기준임)    ▶제28회

> ㉠ 가능총소득: 5,000만원                     ㉡ 공실손실상당액: 가능총소득의 5%
> ㉢ 유지관리비: 가능총소득의 3%              ㉣ 부채서비스액: 1,000만원
> ㉤ 화재보험료: 100만원                       ㉥ 개인업무비: 가능총소득의 10%
> ㉦ 기대이율 4%, 환원율 5%

① 6억원                                       ② 7억 2,000만원
③ 8억 2,000만원                               ④ 9억원
⑤ 11억 2,500만원

**정답**    ④

**해설**    ④  $\dfrac{\text{순수익(순영업소득)}}{\text{환원이율}} = \dfrac{45,000,000원}{5\%} = 9억원$

1. 유효총소득(4,750만원) = 가능총소득(5,000만원) − 공실손실상당액(250만원)
2. 순영업소득(4,500만원) = 유효총소득(4,750만원) − 영업경비(250만원, ㉢, ㉤)
   **계산** 50,000,000 − 5% − 1,500,000 − 1,000,000 ÷ 5% = 900,000,000

**03.** 다음 자료를 활용하여 산정한 대상부동산의 수익가액은? (단, 연간 기준이며, 주어진 조건에 한함)    ▶제33회

> • 가능총소득(PGI): 44,000,000원
> • 공실손실상당액 및 대손충당금: 가능총소득의 10%
> • 운영경비(OE): 가능총소득의 2.5%
> • 대상부동산의 가치 구성비율: 토지(60%), 건물(40%)
> • 토지환원율: 5%, 건물환원율: 10%
> • 환원방법: 직접환원법
> • 환원율 산정방법: 물리적 투자결합법

① 396,000,000원                              ② 440,000,000원
③ 550,000,000원                              ④ 770,000,000원
⑤ 792,000,000원

**정답** ③

**해설**

$$\frac{순수익(순영업소득)}{환원이율} = \frac{38,500,000원}{7\%} = 550,000,000원$$

1. 순영업소득 = 가능(44,000,000원) − 공실(10%) − 영업경비(1,100,000원) = 38,500,000원
2. 종합환원이율 = (5% × 60%) + (10% × 40%) = 3% + 4% = 7%

| | | |
|---|---|---|
| | 가능총소득 | (44,000,000원) |
| − | 공실 및 불량부채(10%) | (4,400,000원) |
| | 유효총소득 | (39,600,000원) |
| − | 영업경비(가능총소득 2.5%) | (1,100,000원) |
| = | 순영업소득 | (38,500,000원) |

**계산** 44,000,000 − 10% − 1,100,000 ÷ 7%

**04.** 다음 자료를 활용하여 직접환원법으로 산정한 대상부동산의 수익가액은? (단, 연간 기준이며, 주어진 조건에 한함) ▶제32회

- 가능총소득(PGI): 70,000,000원
- 영업경비(OE): 유효총소득(EGI)의 40%
- 공실상당액 및 대손충당금: 가능총소득의 5%
- 환원율: 10%

① 245,000,000원
② 266,000,000원
③ 385,000,000원
④ 399,000,000원
⑤ 420,000,000원

**정답** ④

**해설**

④ $$\frac{순수익(순영업소득)}{환원이율} = \frac{39,900,000원}{10\%} = 399,000,000원$$

| | | |
|---|---|---|
| | 가능총소득 | (70,000,000원) |
| − | 공실 및 불량부채(5%) | (3,500,000원) |
| | 유효총소득 | (66,500,000원) |
| − | 영업경비(40%) | (26,600,000원) |
| = | 순영업소득 | (39,900,000원) |

**계산** 70,000,000 − 5% − 40% ÷ 10% = 399,000,000원

**(4) 환원이율**(환원율, 자본환원율, 종합자본환원율 : capitalization rate) 제31회, 제33회, 제35회

① 환원이율의 의의

> 1. 환원이율 = 자본수익률(할인율) + 자본회수율(상각률)
> 2. 환원이율 = 순수이율(무위험률) + 위험률(위험할증률) ⇨ 조성(요소구성)법
> 3. 환원이율 = $\dfrac{순수익(순영업소득)}{부동산의\ 가격}$
> 4. 환원이율 = 저당상수 × 부채감당률 × 대부비율 ⇨ 부채감당법
> 5. 환원이율 = (토지 환원이율 × 토지비율) + (건물 환원이율 × 건물비율)
> 6. 환원이율 = (지분배당률 × 지분비율) + (저당상수 × 저당비율)

㉠ 환원이율(자본환원율)은 순영업소득을 자산의 가격으로 나눈 값이다.

㉡ 환원이율(자본환원율)상승 요인 : 금리의 상승, 투자위험 증가, 자산가격 하락(가격과 반비례)

② 환원이율의 종류

㉠ **개별환원이율** : 토지와 건물(지분과 저당)의 환원이율이 각각 다를 경우에 그 각각의 환원이율을 말한다.

㉡ **종합환원이율** : 복합부동산에 적용되는 환원이율로, 토지와 건물의 개별환원이율을 토지가격과 건물가격의 구성비율에 따라 가중평균하여 구한 환원이율을 말한다.

---

**예제문제**

**토지의 환원이율 5%, 건물의 환원이율 10%이고 토지와 건물의 가격구성비율이 각각 60% : 40%일 때 종합환원이율은?**

**해설**    (5% × 60%) + (10% × 40%) = 3% + 4% = 7%

**정답**    7%

---

**핵심정리**

자본회수율

1. 매수가격 > 재매도가격 ⇨ 자본회수율 > 0
2. 매수가격 < 재매도가격 ⇨ 자본회수율 < 0
3. 매수가격 = 재매도가격 ⇨ 자본회수율 = 0

③ **환원이율의 산정방법** 제33회

| 1. 시장추출법 | 거래(매매)사례로부터 환원이율을 산정 |
|---|---|
| 2. 조성법<br>(요소구성법) | 순수이율(무위험률) + 위험률(위험할증률)<br>주관개입, 저당·세금 불고려 |
| 3. 투자결합법 | '토지·건물', '지분·저당' 순수익의 발생능력은 서로 다르며, 분리될 수 있다는 가정 |
| 4. 엘우드법<br>(저당지분환원법) | 지분투자자(차입자)입장, 매기간의 현금수지, 지분형성분, 가치변화분<br>세전현금수지 기준(저당 고려, 세금 불고려) |
| 5. 부채감당법 | 저당투자자(대출자)입장, 환원이율 = 저당상수 × 부채감당률 × 대부비율 |

㉠ **시장추출법**(market extraction method) : 시장접근방식

ⓐ 시장추출법은 거래(매매)사례부동산으로부터 대상부동산의 자본환원율을 구하는 방법으로 이에는 직접시장비교법, 투자시장의 질적비교법, 유효총소득승수법(EGIM법) 등이 있다.

ⓑ 이때 사례부동산은 대상부동산과 위치적·물적 유사성이 있어야 한다. 시장추출법은 시장성에 근거하므로 객관적·실증적이고 설득력이 있는 반면, 과거의 사례가격과 순수익에 근거하므로 사후적인 개념에 해당한다는 단점이 있다.

㉡ **조성법**(build-up method) : 요소구성법

> 환원이율 = 순수이율+위험률(위험성+, 비유동성+, 관리의난이성+, 자금의안전성−, 가치증가분−)

ⓐ **의의** : 조성법은 대상부동산에 관한 위험을 여러 가지 구성요소로 분해하고, 개별적인 위험에 따라 위험할증률을 더해 감으로써 자본환원율을 구하는 방법이다. 즉, 환원이율을 순수이율에 위험률을 가산하여 환원이율을 구하는 방법이다.

ⓑ 순수이율은 모든 투자활동에 일률적으로 적용되는 이율로서 무위험률을 말하며, 위험률(위험할증률)은 부동산을 투자활동의 대상으로 하는데 수반되는 위험에 대한 할증률을 의미하는 것으로, 이는 대상부동산과 관련하여 위험성·비유동성·관리의 난이성·자금의 안정성 등을 참작한 것이어야 한다.

ⓒ 조성법은 이론적 타당성은 있으나 위험할증률 산정시에 평가사의 주관개입가능성이 크기 때문에 많이 사용되지 않는다. 그리고 저당금융이 부동산에 미치는 영향을 고려하지 않아 현실성이 떨어진다.

㉢ **투자결합법** : 투자결합법은 대상부동산의 자본환원율을 결정함에 있어서 토지·건물과 같은 물리적인 구성비율에 따라 가중평균하여 구하는 물리적 투자결합법과 저당과 지분이라는 금융적인 구성비율에 따라 구하는 금융적 투자결합법이 있다.

ⓐ **물리적 투자결합법** : 소득을 창출하는 부동산의 능력이 토지와 건물이 서로 다르며, 분리될 수 있다는 가정에 근거한다. 이 때, 토지와 건물의 개별환원이율을 물리적으로 가중평

균하여 계산한다.

> 종합환원이율 = (토지환원이율 × 토지가격 구성비율) + (건물환원이율 × 건물가격 구성비율)

ⓑ **금융적 투자결합법** : 저당투자자의 요구수익률(저당상수)과 지분투자자의 요구수익률(지분배당률)이 다르며, 분리될 수 있다는데 착안하여 투자 자본을 금융적 측면에서 구분하고 있다. 이 때, 저당상수와 지분배당률을 금융적으로 가중평균하여 계산한다.

> 종합환원이율 = (지분배당률 × 지분비율) + (저당상수 × 저당비율)

ⓔ **엘우드법**(저당지분환원법)

ⓐ 이 방법은 미국의 엘우드(Ellwood)에 의해 개발된 방법으로 지분투자자(차입자)입장에서 자본환원율에 영향을 미치는 세가지 요소 즉, 매기간의 세전현금수지, 보유기간 동안의 원금상환에 따른 지분형성분, 기간말 부동산의 가치변화분(가치상승 또는 하락분)을 고려하여 대상부동산의 자본환원율을 구하는 금융적 분석법의 하나이다.

ⓑ 세전현금수지를 환원대상으로 하므로 세금이 부동산가치에 미치는 영향을 고려하지 못했고, 지나치게 지분투자자인 차입자입장에서 접근했다는 비판이 있다.

ⓜ **부채감당법**(DCR법, Gettel법)

ⓐ 앞에서 살펴본 투자결합법과 Ellwood법이 지분투자자의 입장에서의 환원율 산정방법이라고 한다면, 부채감당법은 저당투자자(대출기관)입장에서 부채감당율(DCR), 대부비율(L/V), 저당상수(MC)를 이용하여 자본환원율을 산정하는 방법이다.

ⓑ 이 방법은 객관적이고 간편한 방법이지만, 대부비율이 작을 때는 환원이율산정이 곤란하며 지나치게 저당투자자의 입장에 따른 방법이라는 비판을 받고 있다.

$$부채감당율(DCR) = \frac{순영업소득(NOI)}{부채서비스액(DS)} = \frac{순영업소득}{저당대부액 × 저당상수(MC)}$$
$$환원이율(R) = 부채감당율(DCR) × 대부비율(L/V) × 저당상수(MC)$$

기출
1. 자본환원율은 시장추출법, 조성법, 투자결합법 등을 통해 구할 수 있다.
2. 자본환원율은 부동산자산이 창출하는 순영업소득을 해당 자산의 가격으로 나눈 값이다.
3. 자본환원율은 자본의 기회비용을 반영하며, 금리의 상승은 자본환원율을 높이는 요인이 된다.
4. 프로젝트의 위험이 높아지면 자본환원율도 상승한다.
5. 자본환원율이 상승하면 자산가격이 하락한다.
6. 순영업소득(NOI)이 일정할 때 투자수요의 증가로 인한 자산가격 상승은 자본환원율을 낮추는 요인이 된다.
7. 투자위험의 감소는 자본환원율을 낮추는 요인이 된다.
8. 물리적 투자결합법은 소득을 창출하는 부동산의 능력이 토지와 건물이 서로 다르며, 분리될 수 있다는 가정에 근거한다.

9. 엘우드(Ellwood)법은 매 기간 동안의 현금수지, 기간 말 부동산의 가치상승 또는 하락분, 보유기간 동안의 지분형성분의 세 요소가 자본환원율에 미치는 영향으로 구성되어 있다.

10. 부채감당률이 2, 대부비율이 50%, 연간 저당상수가 0.1이라면 (종합)자본환원율은 10%이다.

---

## 예제문제

### 01. 다음과 같은 조건에서 대상부동산의 수익가치 산정시 적용할 환원이율(capitalzation rate, %)은?

▶ 제24회

- 순영업소득(NOI): 연 30,000,000원
- 부채서비스액(debt service): 연 15,000,000원
- 지분비율: 대부비율 = 60% : 40%
- 대출조건: 이자율 연 12%로 10년간 매년 원리금균등상환
- 저당상수(이자율 연 12%, 기간 10년): 0.177

① 3.54   ② 5.31   ③ 14.16   ④ 20.40   ⑤ 21.24

**정답**   ③

**해설**   ③ 환원이율 = 저당상수(0.177) × 부채감당률(2) × 대부비율(0.4)

- 부채감당률 (2) = $\dfrac{\text{순영업소득 }(30,000,000원)}{\text{부채서비스액}(15,000,000원)}$

계산   $0.177 \times 2 \times 0.4 = 0.1416(14.16\%)$

### 02. 다음 〈보기〉의 자료를 이용해 환원이율(capitalization rate)을 바르게 계산한 것은?

▶ 제18회

- 총투자액 : 200,000천원
- 연간 가능총소득(potential gross income) : 19,500천원
- 연간 기타 소득 : 1,000천원
- 연간 공실에 따른 손실 : 500천원
- 연간 영업경비(operating expenses) : 연간 유효총소득(effective gross income)의 40%

① 6%   ② 9.5%   ③ 9.75%   ④ 10%   ⑤ 10.25%

**정답**   ①

**해설**   환원이율 = $\dfrac{\text{순영업소득}(12,000,000원)}{\text{가격}(200,000,000원)}$ = 0.06(6%)

| | 가능총소득 | (19,500,000원) |
|---|---|---|
| − | 공실 및 불량부채 | (500,000원) |
| + | 기타소득 | (1,000,000원) |
| | 유효총소득 | (20,000,000원) |
| − | 영업경비(40%) | (8,000,000원) |
| = | 순영업소득 | (12,000,000원) |

## 2 수익분석법 제27회, 제32회

### (1) 수익분석법의 의의

수익분석법이란 일반기업 경영에 의하여 산출된 총수익을 분석하여 대상물건이 일정한 기간에 산출할 것으로 기대되는 순수익에 대상물건을 계속하여 임대하는 데에 필요한 경비를 더하여 대상물건의 임대료를 산정하는 감정평가방법을 말한다(감정평가규칙 제2조 제11호). 이 방법에 의하여 구하는 임대료를 수익임료라고 한다.

> **수익임료 = 순수익 + 필요제경비**

> **기출** 수익분석법이란 일반기업 경영에 의하여 산출된 총수익을 분석하여 대상물건이 일정한 기간에 산출할 것으로 기대되는 순수익에 대상물건을 계속하여 임대하는 데에 필요한 경비를 더하여 대상물건의 임대료를 산정하는 감정평가방법을 말한다.

### (2) 유의사항

① **일반기업경영에 기한 순이익** : 기업용부동산의 경우에만 적용하고, 임대용부동산에는 적용이 없다. 그 이유는 부동산임대차에 기한 순이익으로부터 임대료를 구함은 임대료에서 다시 임대료를 구하는 악순환이 되기 때문이다.

② **수익환원법과의 차이점** : 수익분석법에서 순수익은 대상부동산의 전(全) 기간을 기준으로 하는 것이 아니라 일정한 기간(임대료산정기간)에 기대되는 순이익에서 대상부동산의 임대료를 구하는 방법이다. 임대료산정기간은 보통 1년 단위이다.

### (3) 적용방법

① **순이익** : 순이익은 임대료산정기간 동안에 기대되는 총수익에서 수익을 발생시키는데 필요로 하는 총비용을 공제하여 산정한다.

② **필요제경비** : 감가상각비, 유지관리비, 조세공과, 손해보험료, 대손준비비, 공실 등에 대한 손실상당액, 정상운전자금이자 등(적산법의 필요제경비와 동일)

**01** 「감정평가에 관한 규칙」에 규정된 내용으로 틀린 것은?  〔제33회〕

① 기준시점이란 대상물건의 감정평가액을 결정하는 기준이 되는 날짜를 말한다.
② 하나의 대상물건이라도 가치를 달리하는 부분은 이를 구분하여 감정평가할 수 있다.
③ 거래사례비교법은 감정평가방식 중 비교방식에 해당되나, 공시지가기준법은 비교방식에 해당되지 않는다.
④ 감정평가법인 등은 대상물건별로 정한 감정평가방법(이하 "주된 방법"이라 함)을 적용하여 감정평가하되, 주된 방법을 적용하는 것이 곤란하거나 부적절한 경우에는 다른 감정평가방법을 적용할 수 있다.
⑤ 감정평가법인 등은 감정평가서를 감정평가 의뢰인과 이해관계자가 이해할 수 있도록 명확하고 일관성 있게 작성해야 한다.

> 해설  ③ 거래사례비교법과 공시지가기준법은 감정평가방식 중 비교방식에 해당된다.

정답 ③

**02** 다음은 감정평가방법에 관한 설명이다. (   )에 들어갈 내용으로 옳은 것은?  〔제31회〕

> • 공시지가기준법을 적용할 때 비교표준지 공시지가를 기준으로 ( ㄱ ), 지역요인 및 개별요인 비교, 그 밖의 요인의 보정 과정을 거친다.
> • 수익환원법에서는 대상물건이 장래 산출할 것으로 기대되는 순수익이나 미래의 ( ㄴ )을(를) 환원하거나 할인하여 가액을 산정한다.

① ㄱ: 시점수정, ㄴ: 현금흐름      ② ㄱ: 시점수정, ㄴ: 투자가치
③ ㄱ: 사정보정, ㄴ: 복귀가치      ④ ㄱ: 사정보정, ㄴ: 현금흐름
⑤ ㄱ: 사정보정, ㄴ: 투자가치

> 해설  ① ㄱ: 시점수정, ㄴ: 현금흐름
> ㄱ. 공시지가기준법이란 대상토지와 가치형성요인이 같거나 비슷하여 유사한 이용가치를 지닌다고 인정되는 비교표준지의 공시지가를 기준으로 대상토지의 현황에 맞게 시점수정, 지역요인 및 개별요인 비교, 그 밖의 요인의 보정을 거쳐 대상토지의 가액을 산정하는 감정평가방법을 말한다.

ㄴ. 수익환원법이란 대상물건이 장래 산출할 것으로 기대되는 순수익이나 미래의 현금흐름을 환원거나 할인하여 대상물건의 가액을 산정하는 감정평가방법을 말한다.

정답 ①

**03** 「감정평가에 관한 규칙」상 용어의 정의로 틀린 것은?   (제32회)

① 기준가치란 감정평가의 기준이 되는 가치를 말한다.
② 가치형성요인이란 대상물건의 경제적 가치에 영향을 미치는 일반요인, 지역요인 및 개별요인 등을 말한다.
③ 원가법이란 대상물건의 재조달원가에 감가수정을 하여 대상물건의 가액을 산정하는 감정평가방법을 말한다.
④ 거래사례비교법이란 대상물건과 가치형성요인이 같거나 비슷한 물건의 거래사례와 비교하여 대상물건의 현황에 맞게 사정보정, 시점수정, 가치형성요인 비교 등의 과정을 거쳐 대상물건의 가액을 산정하는 감정평가방법을 말한다.
⑤ 수익분석법이란 대상물건이 장래 산출할 것으로 기대되는 순수익이나 미래의 현금흐름을 환원거나 할인하여 대상물건의 가액을 산정하는 감정평가방법을 말한다.

해설   ⑤ 수익분석법 ⇨ 수익환원법, 수익분석법이란 일반기업 경영에 의하여 산출된 총수익을 분석하여 대상물건이 일정한 기간에 산출할 것으로 기대되는 순수익에 대상물건을 계속하여 임대하는 데에 필요한 경비를 더하여 대상물건의 임대료를 산정하는 감정평가방법을 말한다.

정답 ⑤

**04** 「감정평가에 관한 규칙」상 대상물건과 주된 감정평가 방법의 연결이 틀린 것은?   (제31회)

① 과수원 - 공시지가기준법          ② 광업재단 - 수익환원법
③ 임대료 - 임대사례비교법          ④ 자동차 - 거래사례비교법
⑤ 건물 - 원가법

해설   ① 공시지가기준법 ⇨ 거래사례비교법, 감정평가법인등은 과수원을 감정평가할 때에 거래사례비교법을 적용해야 한다.

정답 ①

**05** 감정평가 3방식 및 시산가액 조정에 관한 설명으로 **틀린** 것은? 〈제30회〉

① 감정평가 3방식은 수익성, 비용성, 시장성에 기초하고 있다.

② 시산가액은 감정평가 3방식에 의하여 도출된 각각의 가액이다.

③ 시산가액 조정은 각 시산가액을 상호 관련시켜 재검토함으로써 시산가액 상호 간의 격차를 합리적으로 조정하는 작업이다.

④ 시산가액 조정은 각 시산가액을 산술평균하는 방법만 인정된다.

⑤ 「감정평가에 관한 규칙」에서는 시산가액 조정에 대하여 규정하고 있다.

해설 ④ 산술평균하는 방법만 ⇨ 가중평균하는 방법을, 시산가액 조정은 각 시산가액을 가중평균하여 최종평가액을 산정한다.

정답 ④

**06** 원가법에서 사용하는 감가수정 방법에 관한 설명으로 **틀린** 것은? 〈제32회〉

① 정률법에서는 매년 감가율이 감소함에 따라 감가액이 감소한다.

② 정액법에서는 감가누계액이 경과연수에 정비례하여 증가한다.

③ 정액법을 직선법 또는 균등상각법이라고도 한다.

④ 상환기금법은 건물 등의 내용연수가 만료될 때 감가누계상당액과 그에 대한 복리계산의 이자 상당액분을 포함하여 당해 내용연수로 상환하는 방법이다.

⑤ 정액법, 정률법, 상환기금법은 모두 내용연수에 의한 감가수정 방법이다.

해설 ① 감가율이 감소 ⇨ 감가율이 불변, 정률법에서는 매년 감가율이 불변하지만, 상각잔고가 감소함에 따라 감가액이 감소한다.

정답 ①

**07** 감가수정에 관한 설명으로 옳은 것을 모두 고른 것은?  〔제33회〕

> ㄱ. 감가수정과 관련된 내용연수는 경제적 내용연수가 아닌 물리적 내용연수를 의미한다.
> ㄴ. 대상물건에 대한 재조달원가를 감액할 요인이 있는 경우에는 물리적 감가, 기능적 감가, 경제적 감가 등을 고려한다.
> ㄷ. 감가수정방법에는 내용연수법, 관찰감가법, 분해법 등이 있다.
> ㄹ. 내용연수법으로는 정액법, 정률법, 상환기금법이 있다.
> ㅁ. 정률법은 매년 일정한 감가율을 곱하여 감가액을 구하는 방법으로 매년 감가액이 일정하다.

① ㄱ, ㄴ        ② ㄴ, ㄷ        ③ ㄷ, ㄹ        ④ ㄴ, ㄷ, ㄹ        ⑤ ㄷ, ㄹ, ㅁ

해설    ④ ㄴ, ㄷ, ㄹ이 옳은 설명이다.
   ㄱ. 감가수정과 관련된 내용연수는 물리적 내용연수가 아닌 경제적 내용연수를 의미한다.
   ㅁ. 정률법은 매년 일정한 감가율을 곱하여 감가액을 구하는 방법으로 매년 감가액이 체감한다.

정답 ④

**08** 자본환원율에 관한 설명으로 **틀린** 것은? (단, 다른 조건은 동일함)  〔제33회〕

① 자본환원율은 시장추출법, 조성법, 투자결합법 등을 통해 구할 수 있다.
② 자본환원율은 자본의 기회비용을 반영하며, 금리의 상승은 자본환원율을 높이는 요인이 된다.
③ 순영업소득(NOI)이 일정할 때 투자수요의 증가로 인한 자산가격 상승은 자본환원율을 높이는 요인이 된다.
④ 투자위험의 감소는 자본환원율을 낮추는 요인이 된다.
⑤ 부동산시장이 균형을 이루더라도 자산의 유형, 위치 등 특성에 따라 자본환원율이 서로 다른 부동산들이 존재할 수 있다.

해설    ③ 순영업소득(NOI)이 일정할 때 투자수요의 증가로 인한 자산가격 상승은 자본환원율을 낮추는 요인이 된다.

정답 ③

**09** 자본환원율에 관한 설명으로 옳은 것을 모두 고른 것은? (단, 다른 조건은 동일함)

> ㄱ. 자본의 기회비용을 반영하므로, 자본시장에서 시장금리가 상승하면 함께 상승한다.
> ㄴ. 부동산자산이 창출하는 순영업소득에 해당 자산의 가격을 곱한 값이다.
> ㄷ. 자산가격 상승에 대한 투자자들의 기대를 반영한다.
> ㄹ. 자본환원율이 상승하면 자산가격이 상승한다.
> ㅁ. 프로젝트의 위험이 높아지면 자본환원율도 상승한다.

① ㄱ, ㄴ      ② ㄱ, ㄷ, ㅁ      ③ ㄴ, ㄷ, ㄹ
④ ㄴ, ㄹ, ㅁ      ⑤ ㄱ, ㄷ, ㄹ, ㅁ

**해설**    ② ㄴ. 곱한 값 ⇨ 나눈 값, 자본환원율은 부동산자산이 창출하는 순영업소득을 해당 자산의 가격으로 나눈 값이다.
           ㄹ. 상승 ⇨ 하락, 자본환원율이 상승하면 자산가격이 하락한다.

**정답** ②

**10** 감정평가에 관한 규칙상 대상물건별로 정한 감정평가방법(주된 방법)이 수익환원법인 대상물건은 모두 몇 개인가?

> • 상표권      • 임대료      • 저작권      • 특허권
> • 과수원      • 기업가치      • 광업재단      • 실용신안권

① 2개      ② 3개      ③ 4개      ④ 5개      ⑤ 6개

**해설**    ⑤ 상표권, 저작권, 특허권, 기업가치, 광업재단, 실용신안권은 수익환원법을 적용해야한다. 임대료는 임대사례비교법, 과수원은 거래사례비교법을 적용해야 한다.
감정평가법인등은 광업재단을 감정평가할 때에 수익환원법을 적용해야 한다. 감정평가법인등은 영업권, 특허권, 실용신안권, 디자인권, 상표권, 저작권, 전용측선이용권, 그 밖의 무형자산을 감정평가할 때에 수익환원법을 적용해야 한다.

**정답** ⑤

**11** **다음 자료를 활용하여 원가법으로 산정한 대상건물의 시산가액은?** (단, 주어진 조건에 한함)

제34회

> • 대상건물 현황: 철근콘크리트조, 단독주택, 연면적 250㎡
> • 기준시점: 2023.10.28.
> • 사용승인일: 2015.10.28.
> • 사용승인일의 신축공사비: 1,200,000원/㎡(신축공사비는 적정함)
> • 건축비지수(건설공사비지수)
>    - 2015.10.28.: 100
>    - 2023.10.28.: 150
> • 경제적 내용연수: 50년
> • 감가수정방법: 정액법
> • 내용연수 만료 시 잔존가치 없음

① 246,000,000원      ② 252,000,000원      ③ 258,000,000원

④ 369,000,000원      ⑤ 378,000,000원

해설 ⑤ 적산가액 = 재조달원가(450,000,000원) - 감가누계액(72,000,000원) = 378,000,000원

1. 재조달원가 = 신축공사비(1,200,000원) × 연면적(250㎡) × $1.5(\frac{150}{100})$ = 450,000,000원

2. 매년감가액 = $\frac{감가총액(450,000,000원)}{내용연수(50년)}$ = 9,000,000원

3. 감가누계액 = 매년감가액(9,000,000원) × 경과연수(8년) = 72,000,000원

계산 120,000,000 × 250 × 1.5 ÷ 50 × 8 - 450,000,000 = - 378,000,000

 ⑤

**12** 다음 자료를 활용하여 공시지가기준법으로 산정한 대상 토지의 단위면적당 시산가액은? (단, 주어진 조건에 한함) 〔제34회〕

---

- 대상토지 현황: A시 B구 C동 120번지, 일반상업지역, 상업용
- 기준시점: 2023.10.28.
- 표준지공시지가(A시 B구 C동, 2023.01.01.기준)

| 기호 | 소재지 | 용도지역 | 이용상황 | 공시지가(원 / ㎡) |
|------|--------|----------|----------|------------------|
| 1 | C동 110 | 준주거지역 | 상업용 | 6,000,000 |
| 2 | C동 130 | 일반상업지역 | 상업용 | 8,000,000 |

- 지가변동률(A시 B구, 2023.01.01. ~ 2023.10.28.)
  - 주거지역: 3% 상승
  - 상업지역: 5% 상승
- 지역요인: 표준지와 대상토지는 인근지역에 위치하여 지역요인 동일함
- 개별요인: 대상토지는 표준지 기호 1에 비해 개별요인 10% 우세하고, 표준지 기호 2에 비해 개별요인 3% 열세함
- 그 밖의 요인 보정: 대상토지 인근지역의 가치형성요인이 유사한 정상적인 거래사례 및 평가사례 등을 고려하여 그 밖의 요인으로 50% 증액 보정함
- 상승식으로 계산할 것

---

① 6,798,000원/㎡  ② 8,148,000원/㎡  ③ 10,197,000원/㎡
④ 12,222,000원/㎡  ⑤ 13,860,000원/㎡

---

해설

8,000,000 × 1.05 × 0.97 × 1.5 = 12,222,000원

소재지 토지가 일반상업지역, 상업용이므로 [기호 2]의 표준지 사례를 채택한다.

기호 1과의 비교인 10% 우세 비교는 하지 않고 기호 2와의 비교인 3% 열세만 비교 ⇨ 0.97

정답 ④

**13** 감정평가에 관한 규칙상 대상물건별로 정한 감정평가방법(주된 감정평가방법)에 관한 설명으로 옳은 것을 모두 고른 것은?　제35회

> ㄱ. 건물의 주된 감정평가방법은 원가법이다.
> ㄴ. 「집합건물의 소유 및 관리에 관한 법률」에 따른 구분소유권의 대상이 되는 건물부분과 그 대지사용권을 일괄하여 감정평가하는 경우의 주된 감정평가방법은 거래사례비교법이다.
> ㄷ. 자동차와 선박의 주된 감정평가방법은 거래사례비교법이다. 다만, 본래 용도의 효용가치가 없는 물건은 해체처분가액으로 감정평가할 수 있다.
> ㄹ. 영업권과 특허권의 주된 감정평가방법은 수익분석법이다.

① ㄱ, ㄴ　　　② ㄴ, ㄹ　　　③ ㄱ, ㄴ, ㄷ　　　④ ㄱ, ㄴ, ㄹ　　　⑤ ㄱ, ㄷ, ㄹ

해설｜　① ㄱ, ㄴ이 옳은 설명이다.
ㄷ. 선박을 감정평가할 때에 선체·기관·의장(艤裝)별로 구분하여 감정평가하되, 각각 원가법을 적용해야 한다.
ㄹ. 수익분석법 ⇨ 수익환원법, 영업권, 특허권, 실용신안권, 디자인권, 상표권, 저작권, 전용측선이용권, 그 밖의 무형자산을 감정평가할 때에 수익환원법을 적용해야 한다.

정답 ①

**14** 원가법에서의 재조달원가에 관한 설명으로 틀린 것은?　제35회

① 재조달원가란 대상물건을 기준시점에 재생산하거나 재취득하는 데 필요한 적정원가의 총액을 말한다.
② 총량조사법, 구성단위법, 비용지수법은 재조달원가의 산정방법에 해당한다.
③ 재조달원가는 대상물건을 일반적인 방법으로 생산하거나 취득하는 데 드는 비용으로 하되, 제세공과금은 제외한다.
④ 재조달원가를 구성하는 표준적 건설비에는 수급인의 적정이윤이 포함된다.
⑤ 재조달원가를 구할 때 직접법과 간접법을 병용할 수 있다.

해설｜　③ 재조달원가는 대상물건을 일반적인 방법으로 생산하거나 취득하는 데 드는 비용으로 하되, 제세공과금 등과 같은 일반적인 부대비용을 포함한다.
**[감정평가 실무기준: 3.2.1.2 재조달원가]**
① 재조달원가란 대상물건을 기준시점에 재생산하거나 재취득하는 데 필요한 적정원가의 총액을 말한다.

② 재조달원가는 대상물건을 일반적인 방법으로 생산하거나 취득하는 데 드는 비용으로 하되, 제세공과금 등과 같은 일반적인 부대비용을 포함한다.

**정답 ③**

---

**15** 다음 자료를 활용하여 거래사례비교법으로 산정한 대상토지의 시산가액은? (단, 주어진 조건에 한함) 제35회

- 대상토지
  - 소재지: A시 B구 C동 150번지
  - 용도지역: 제3종일반주거지역
  - 이용상황, 지목, 면적: 상업용, 대, 100㎡
- 기준시점: 2024.10.26.
- 거래사례
  - 소재지: A시 B구 C동 120번지
  - 용도지역: 제3종일반주거지역
  - 이용상황, 지목, 면적: 상업용, 대, 200㎡
  - 거래가격: 625,000,000원(가격구성비율은 토지 80%, 건물 20%임)
  - 사정 개입이 없는 정상적인 거래사례임
  - 거래시점: 2024.05.01.
- 지가변동률(A시 B구, 2024.05.01. ~ 2024.10.26.): 주거지역 4% 상승, 상업지역 5% 상승
- 지역요인: 대상토지와 거래사례 토지는 인근지역에 위치함
- 개별요인: 대상토지는 거래사례 토지에 비해 10% 우세함
- 상승식으로 계산

① 234,000,000원　　　② 286,000,000원　　　③ 288,750,000원
④ 572,000,000원　　　⑤ 577,500,000원

해설

- 비준가액 = 500,000,000원 × $0.5(\frac{100㎡}{200㎡})$ × 1.04 × 1.1 = 286,000,000원
- 거래가격 중 토지가액: 625,000,000원 × 80% = 500,000,000원
- 면적비교치: $0.5(\frac{100㎡}{200㎡})$
- 시점수정치: 1.04(주거지역 변동률 적용)
- 개별요인비교치: 1.1

**정답 ②**

**16** **자본환원율에 관한 설명으로 틀린 것은?** (단, 다른 조건은 동일함)  〔제35회〕

① 자본환원율은 순영업소득을 부동산의 가격으로 나누어 구할 수 있다.

② 부동산시장이 균형을 이루더라도 자산의 유형, 위치 등 특성에 따라 자본환원율이 서로 다른 부동산들이 존재 할 수 있다.

③ 자본환원율은 자본의 기회비용을 반영하며, 금리의 상승은 자본환원율을 낮추는 요인이 된다.

④ 투자위험의 증가는 자본환원율을 높이는 요인이 된다.

⑤ 서로 다른 유형별, 지역별 부동산시장을 비교하여 분석하는데 활용될 수 있다.

> 해설  낮추는 ⇨ 높이는, 금리의 상승은 자본환원율을 높이는 요인이 된다.
>
> **[자본환원율(환원이율)]**
>
> 1. 환원이율 = 자본수익률(할인율, 순수이율) + 자본회수율(상각률, 위험률)
> 2. 환원이율 = $\dfrac{순영업소득}{가격}$
> 3. 환원이율 = 저당상수 × 부채감당률 × 대부비율
> 4. 환원이율 상승: 금리의 상승, 위험의 상승, 가격의 하락

정답  ③

**17** 다음 자료에서 수익방식에 의한 대상부동산의 시산가액 산정시 적용된 환원율은? (단, 연간 기준이며, 주어진 조건에 한함) [제35회]

- 가능총수익(PGI): 50,000,000원
- 공실손실상당액 및 대손충당금: 가능총수익(PGI)의 10%
- 운영경비(OE): 가능총수익(PGI)의 20%
- 환원방법: 직접환원법
- 수익방식에 의한 대상부동산의 시산가액: 500,000,000원

① 7.0%        ② 7.2%        ③ 8.0%        ④ 8.1%        ⑤ 9.0%

> **해설**
>
> 환원이율 $= \dfrac{\text{순영업소득}(3,500\text{만원})}{\text{가격}(5\text{억원})} = 7.0\%(0.07)$

|  | 가능총소득 | (50,000,000원) |
|---|---|---|
| − | 공실 및 불량부채 | ( 5,000,000원) |
|  | 유효총소득 | (45,000,000원) |
| − | 영업경비 | (10,000,000원) |
|  | 순영업소득 | (35,000,000원) |

 정답 ①

# 부동산 가격공시제도

- 공시지가와 주택가격 공시제도는 시험에서 매년 1~2문제 정도 출제되므로 법조문 위주로 철저히 공부해야 한다.
- 표준지공시지가와 개별공시지가의 차이를 알고 공시주체, 공시절차, 공시내용, 활용 등을 숙지한다.
- 주택가격 공시제도에서 공동주택가격과 단독주택가격의 공시방법 차이를 이해하고, 공시주체, 공시절차, 공시내용, 활용 등을 숙지한다.

## 핵심정리

### 부동산 가격공시제도

| 구분 | | | 공시주체(심의) | 공시일자(기준일) |
|---|---|---|---|---|
| 토지 | | 1. 표준지공시지가 | 국토교통부장관<br>(중앙 공시위원회) | 2월말일까지<br>(1월 1일) |
| | | 2. 개별공시지가 | 시·군·구청장<br>(시·군·구 공시위원회) | 5월 31일까지<br>(1월 1일 또는 7월1일) |
| 주택 | 단독 | 3. 표준주택가격 | 국토교통부장관<br>(중앙 공시위원회) | 1월 31일까지<br>(1월 1일) |
| | | 4. 개별주택가격 | 시·군·구청장<br>(시·군·구 공시위원회) | 4월 30일까지<br>(1월 1일 또는 6월1일) |
| | 공동 | 5. 공동주택가격 | 국토교통부장관<br>(중앙 공시위원회) | 4월 30일까지<br>(1월 1일 또는 6월1일) |
| 비주<br>거용 | 일반 | 6. 표준부동산가격 | 국토교통부장관 | 1월 31일까지 |
| | | 7. 개별부동산가격 | 시·군·구청장 | 4월 30일까지 |
| | 집합 | 8. 집합부동산가격 | 국토교통부장관 | 4월 30일까지 |

※ 1. 토지와 주택의 가격공시(1~5)는 필수적 평가로 반드시 공시하여야 하지만, 비주거용 부동산의 가격공시(6~8)는 임의적 평가로 반드시 공시하여야 하는것은 아니고 공시할 수 있다.
2. 국토교통부장관이 표준지공시지가를 조사·평가할 때에는 업무실적, 신인도 등을 고려하여 둘 이상의 감정평가법인등에게 이를 의뢰하여야 한다. 다만, 지가 변동이 작은 경우 등 대통령령으로 정하는 기준에 해당하는 표준지에 대해서는 하나의 감정평가법인등에 의뢰할 수 있다.
3. 국토교통부장관이 표준주택가격 및 공동주택가격을 조사·산정할 때에는 한국부동산원에게 의뢰하여야 한다.

## 제1절 공시지가제도 제25회~제31회, 제33회, 제34회

### 1 공시지가제도의 의의

#### (1) 공시지가제도의 개념

토지는 그 자연적·인문적 특성으로 인하여 시장경제원리에 따른 균형가격의 성립이 용이하지 않다. 공시지가제도는 이와 같은 토지가격의 특수성으로 인한 문제점을 해소 또는 보완하기 위하여 정부가 객관적인 기준을 정하고 이에 따라 조사·평가된 적정가격을 공시하여, 일반 토지거래의 지표와 보상·조세부과 등 행정목적으로 지가를 산정할 필요가 있는 경우 그 기준이 되도록 함으로써 나아가 국토의 효율적인 이용과 국민경제발전에 이바지하게 하는 제도이다.

#### (2) 공시지가제도의 도입배경

과거 다원화되어 있던 공시지가 체계 하에서는 공적 지가 상호간의 충돌, 행정의 중복과 예산의 낭비 등 적지 않은 문제가 제기되었는 바, 이의 시정과 공적 지가에 대한 국민의 신뢰성을 제고시키고자 공시지가제도를 도입하여 지가체계의 일원화를 꾀했던 것이다.

### 2 표준지공시지가

#### (1) 표준지공시지가의 의의

표준지공시지가라 함은 「부동산 가격공시에 관한 법률」의 규정에 의한 절차에 따라 국토교통부장관이 조사·평가하여 공시한 표준지의 단위면적당 가격을 말한다. 국토교통부장관은 표준지공시지가의 조사·평가를 위해, 토지이용상황이나 주변환경 기타 자연적·사회적 조건이 일반적으로 유사하다고 인정되는 일단의 토지 중에서 ① 대표성, ② 중용성, ③ 확정성, ④ 안정성이 있는 토지를 표준지로 선정하여야 한다.

| | |
|---|---|
| ① 지가의 대표성 | 표준지는 표준지선정단위구역의 지가수준을 대표할 수 있는 토지여야 하는데 용도별로 선정하므로 평균적인 가격수준을 지닌 토지가 대표성 있는 토지에 해당된다고 할 수 있다. |
| ② 토지특성의 중용성 | 표준지는 토지의 이용상황, 형상, 면적 등이 표준적인 토지(지침 제8조 제2호)가 되어야 한다. 이러한 경우에 중용성이 있다고 정의하고 있다. |
| ③ 토지구별의 확정성 | 표준지는 다른 토지와 구분이 명확하고 쉽게 확인할 수 있는 토지여야 한다. |
| ④ 토지이용의 안정성 | 표준지는 당해표준지 선정단위구역의 일반적인 용도에 적합한 토지로서 그 이용상태가 일시적이 아닌 토지여야 한다. |

PART 8 부동산감정평가론

## (2) 표준지공시지가의 조사·선정 및 공시(부동산 가격공시에 관한 법률 제3조)

> **제3조【표준지공시지가의 조사·평가 및 공시 등】** ① 국토교통부장관은 토지이용상황이나 주변 환경, 그 밖의 자연적·사회적 조건이 일반적으로 유사하다고 인정되는 일단의 토지 중에서 선정한 표준지에 대하여 매년 공시기준일 현재의 단위면적당 적정가격을 조사·평가하고, 제24조에 따른 중앙부동산가격공시위원회의 심의를 거쳐 이를 공시하여야 한다.
> ② 국토교통부장관은 표준지공시지가를 공시하기 위하여 표준지의 가격을 조사·평가할 때에는 대통령령으로 정하는 바에 따라 해당 토지 소유자의 의견을 들어야 한다.
> ④ 국토교통부장관이 제1항에 따라 표준지공시지가를 조사·평가하는 경우에는 인근 유사토지의 거래가격·임대료 및 해당 토지와 유사한 이용가치를 지닌다고 인정되는 토지의 조성에 필요한 비용추정액 등을 종합적으로 참작하여야 한다.
> ⑤ 국토교통부장관이 제1항에 따라 표준지공시지가를 조사·평가할 때에는 업무실적, 신인도 등을 고려하여 둘 이상의 감정평가법인등에게 이를 의뢰하여야 한다. 다만, 지가변동이 작은 경우 등 대통령령으로 정하는 기준에 해당하는 표준지에 대해서는 하나의 감정평가법인등에게 의뢰할 수 있다.
> ⑦ 국토교통부장관은 제10조에 따른 개별공시지가의 산정을 위하여 필요하다고 인정하는 경우에는 표준지와 산정대상 개별 토지의 가격형성요인에 관한 표준적인 비교표(이하 "토지가격비준표"라 한다)를 작성하여 시장·군수 또는 구청장에게 제공하여야 한다.

① **표준지가격의 조사·평가** : 국토교통부장관이 표준지공시지가를 조사·평가할 때에는 업무실적, 신인도 등을 고려하여 둘 이상의 감정평가법인등에게 의뢰하여야 한다. 다만, 지가변동이 작은 경우 등 대통령령으로 정하는 기준에 해당하는 표준지에 대해서는 하나의 감정평가법인등에게 의뢰할 수 있다.

② **중앙부동산가격공시위원회의 심의** : 국토교통부장관은 일련의 절차를 거쳐 조사·평가된 표준지의 가격에 대하여 중앙부동산가격공시위원회의 심의를 거쳐야 한다. 이와 같이 평가전문기관인 감정평가법인등에게 의뢰하여 평가한 표준지가격을 다시 중앙부동산가격공시위원회의 심의를 거치도록 함은 공시지가의 적정성을 확보하고 공시지가의 지역간, 지목간 균형 확보를 위한 것이다.

기출
1. 표준지공시지가의 공시기준일은 원칙적으로 매년 1월 1일이다.
2. 표준지의 적정가격을 조사·평가하는 경우에는 인근유사토지의 거래가격·임대료 및 당해 토지와 유사한 이용가치를 지닌다고 인정되는 토지의 조성에 필요한 비용추정액 등을 종합적으로 참작하여야 하다.
3. 국토교통부장관이 표준지공시지가를 조사·평가할 때에는 업무실적, 신인도 등을 고려하여 둘 이상의 감정평가법인 등에게 이를 의뢰하여야 한다. 다만, 지가 변동이 작은 경우 등 대통령령으로 정하는 기준에 해당하는 표준지에 대해서는 하나의 감정평가법인 등에 의뢰할 수 있다.(

## (3) 표준지공시지가의 공시사항(부동산가격공시에 관한 법률 제5조)

> **제5조 【표준지공시지가의 공시사항】** 제3조에 따른 공시에는 다음 각 호의 사항이 포함되어야 한다.
> 1. 표준지의 지번
> 2. 표준지의 단위면적당 가격
> 3. 표준지의 면적 및 형상
> 4. 표준지 및 주변토지의 이용상황
> 5. 대통령령으로 정하는 사항: 지목, 용도지역, 도로 상황, 표준지공시지가 공시에 필요한 사항

국토교통부장관은 이상의 절차를 통하여 결정된 표준지의 적정가격을 관보에 공고하는 방법으로 공시한다. 이 경우 지가의 공시에는 표준지의 지번, 표준지의 단위면적당 가격, 표준지의 면적 및 형상, 표준지 및 주변토지의 이용상황, 지목, 용도지역, 도로상황, 그 밖에 표준지 공시지가 공시에 필요한 사항 등이 공시된다.

> **기출** 1. 표준지공시지가의 공시에는 표준지의 지번, 표준지의 단위면적당 가격, 표준지의 면적 및 형상, 표준지 및 주변토지의 이용상황, 그 밖에 대통령령으로 정하는 사항이 포함되어야 한다.
> 2. 표준지의 도로상황은 표준지공시지가의 공시사항에 포함될 항목이다.

## (4) 표준지공시지가에 대한 이의신청(부동산 가격공시에 관한 법률 제7조)

> **제7조 【표준지공시지가에 대한 이의신청】** ① 표준지공시지가에 이의가 있는 자는 그 공시일부터 30일 이내에 서면(전자문서를 포함)으로 국토교통부장관에게 이의를 신청할 수 있다.
> ② 국토교통부장관은 제1항에 따른 이의신청 기간이 만료된 날부터 30일 이내에 이의신청을 심사하여 그 결과를 신청인에게 서면으로 통지하여야 한다. 이 경우 국토교통부장관은 이의신청의 내용이 타당하다고 인정될 때에는 제3조에 따라 해당 표준지공시지기를 조정하여 다시 공시하여야 한다.

① 이의신청자 및 기간 : 토지소유자, 토지이용자, 법률적 이해관계자 즉, 이의가 있는자는 공시일로부터 30일 이내에 국토교통부장관에게 서면으로 이의신청할 수 있다.

② 이의신청 심사 및 통지 : 국토교통부장관은 이의신청 기간이 만료된 때부터 30일 이내에 이의신청을 심사하고 그 결과를 신청인에게 서면으로 통지한다.

> **기출** 1. 표준지공시지가에 이의가 있는 자는 그 공시일부터 30일 이내에 서면으로 국토교통부장관에게 이의를 신청할 수 있다.
> 2. 표준지공시지가에 대한 이의신청의 내용이 타당하다고 인정될 때에는 해당 표준지공시지가를 조정하여 다시 공시하여야 한다.

### (5) 표준지공시지가의 적용 및 효력(부동산 가격공시에 관한 법률 제8조, 제9조) 제29회

> **제8조【표준지공시지가의 적용】** 제1호 각 목의 자가 제2호 각 목의 목적을 위하여 지가를 산정할 때에는
> 그 토지와 이용가치가 비슷하다고 인정되는 하나 또는 둘 이상의 표준지의 공시지가를 기준으로 토지가격
> 비준표를 사용하여 지가를 직접 산정하거나 감정평가법인등에게 감정평가를 의뢰하여 산정할 수 있다.
> 다만, 필요하다고 인정할 때에는 산정된 지가를 제2호 각 목의 목적에 따라 가감(加減) 조정하여 적용할
> 수 있다.
> 1. 지가 산정의 주체
>    가. 국가 또는 지방자치단체
>    나. 「공공기관의 운영에 관한 법률」에 따른 공공기관
>    다. 그 밖에 대통령령으로 정하는 공공단체
> 2. 지가 산정의 목적
>    가. 공공용지의 매수 및 토지의 수용·사용에 대한 보상
>    나. 국유지·공유지의 취득 또는 처분
>    다. 그 밖에 대통령령으로 정하는 지가의 산정
>
> **제9조【표준지공시지가의 효력】** 표준지공시지가는 토지시장에 지가정보를 제공하고 일반적인 토지거래의
> 지표가 되며, 국가·지방자치단체 등이 그 업무와 관련하여 지가를 산정하거나 감정평가법인등이 개별적
> 으로 토지를 감정평가하는 경우에 기준이 된다.

① **토지시장의 지가정보 제공** : 부동산(토지)의 가격은 부동산의 특성으로 인하여 수요·공급에 의한
시장원리를 통해서는 적정가격이 형성되지 않으므로, 국가가 적정가격인 공시지가를 공시하여
토지시장의 지가정보를 제공하게 되는 것이다.

② **일반적인 토지거래의 지표** : 공시지가는 토지의 적정가격을 공시함으로써, 일반국민이 토지거래
를 함에 그 지표로 삼게 하는 등의 역할을 통해 토지거래가격의 적정화를 유도하는 기능을 한다.
하지만, 법적인 구속력은 없다.

③ **국가 등의 행정목적을 위한 지가산정의 기준**(보상금산정기준) : 국가·지방자치단체 등의 기관이 그
업무와 관련하여 지가를 산정하는 경우 그 기준이 된다. 예컨대, 국가·지방자치단체·공공기관
등이 국유지·공유지·공공용지 등의 매수, 수용·사용에 대한 보상, 취득 및 처분에 있어서 표준
지공시지가를 기준으로 지가를 산정한다.

④ **감정평가법인등의 토지평가의 기준** : 감정평가법인등이 타인의 의뢰에 의해 개별적으로 토지를
평가하는 경우에 그 기준이 된다. 토지를 평가할 때에는 공시지가기준법을 적용하는데, 공시지
가기준법이란 대상토지와 가치형성요인이 같거나 비슷하여 유사한 이용가치를 지닌다고 인정되
는 비교표준지의 공시지가를 기준으로대상토지의 현황에 맞게 시점수정, 지역요인 및 개별요인
비교, 그 밖의요인의 보정을 거쳐 대상토지의 가액을 산정하는 감정평가방법을 말한다.

⑤ 개별공시지가의 산정기준, 토지가격비준표 작성의 기준이 된다.

PART 8 부동산감정평가론

> 기출  1. 표준지공시지가는 토지시장에 지가정보를 제공하고 일반적인 토지거래의 지표가 되며, 국가·지방자
> 치단체 등이 그 업무와 관련하여 지가를 산정하거나 감정평가법인등이 개별적으로 토지를 감정평가하
> 는 경우에 기준이 된다.
> 2. 표준지 공시지가는 공공용지의 매수 및 토지의 수용·사용에 대한 보상, 국유·공유 토지의 취득
> 또는 처분, 농어촌정비법에 따른 농업생산기반 정비사업을 위한 환지·체비지의 매각 또는 환지신청,
> 토지의 관리·매입·매각·경매·재평가 등에 적용된다.

## (6) 표준지공시지가의 평가기준

① **적정가격 기준 평가** : 표준지의 평가가격은 일반적으로 해당 토지에 대하여 통상적인 시장에서
정상적인 거래가 이루어지는 경우 성립될 가능성이 가장 높다고 인정되는 가격(적정가격)으로
결정하되, 시장에서 형성되는 가격자료를 충분히 조사하여 표준지의 객관적인 시장가치를 평가
한다.

② **실제용도 기준 평가** : 표준지의 평가는 공부상의 지목에도 불구하고 공시기준일 현재의 이용상황
을 기준으로 평가하되, 일시적인 이용상황은 이를 고려하지 아니한다.

③ **나지상정 평가** : 표준지의 평가에 있어서 그 토지에 건물이나 그 밖의 정착물이 있거나 지상권
등 토지의 사용·수익을 제한하는 사법상의 권리가 설정되어 있는 경우에는 그 정착물 등이
없는 토지의 나지상태를 상정하여 평가한다. ⇨ 일종의 독립평가이며 조건부 평가이다.

④ **공법상 제한상태 기준 평가** : 표준지의 평가에 있어서 공법상 용도지역·지구·구역 등 일반적인
계획제한사항 뿐만 아니라 도시계획시설 결정 등 공익사업의 시행을 직접목적으로 하는 개별적
인 계획제한사항이 있는 경우에는 그 공법상 제한을 받는 상태를 기준으로 평가한다.

⑤ **개발이익 반영 평가** : 표준지의 평가에 있어서 다음 각 호의 개발이익은 이를 반영하여 평가한다.
다만, 그 개발이익이 주위환경 등의 사정으로 보아 공시기준일 현재 현실화·구체화되지 아니하
였다고 인정되는 경우에는 그러하지 아니하다.

⑥ **일단지의 평가** : 용도상 불가분의 관계에 있는 2필지 이상의 일단의 토지(일단지) 중에서 대표성
이 있는 1필지가 표준지로 선정된 때에는 그 일단지를 1필지의 토지로 보고 평가한다.

> 기출  표준지의 평가는 공부상의 지목에 불구하고 공시기준일 현재 실제 이용상황을 기준으로 평가하되, 일시적인
> 이용 상황은 이를 고려하지 아니한다.

## 3  개별공시지가

### (1) 개별공시지가의 의의

① 개별공시지가라 함은 시장·군수 또는 구청장이 개발부담금의 부과 기타 다른 법령이 정하는
목적을 위한 지가산정에 사용하도록 하기 위하여 표준지공시지가를 기준으로 토지가격비준표를
사용하여 결정·공시하는 매년 공시기준일 현재 개별토지의 단위면적당 가격을 말한다.

② 시장·군수 또는 구청장은 시·군·구 부동산가격공시위원회 심의를 거쳐 매년 5월 31일까지 개
별공시지가를 결정·공시하여야 하며, 개별공시지가의 결정 및 이의신청에 관한 사항을 시·군·
구 게시판에 게시하여야 한다. 이 경우 필요하다고 인정하는 때에는 토지소유자 등에게 개별통
지할 수 있다.

## (2) 개별공시지가의 결정·공시(부동산 가격공시에 관한 법률 제10조)

> **제10조【개별공시지가의 결정·공시 등】** ① 시장·군수 또는 구청장은 국세·지방세 등 각종 세금의 부과,
> 그 밖의 다른 법령에서 정하는 목적을 위한 지가산정에 사용되도록 하기 위하여 제25조에 따른 시·군·구
> 부동산가격공시위원회의 심의를 거쳐 매년 공시지가의 공시기준일 현재 관할 구역 안의 개별토지의
> 단위면적당 가격(이하 "개별공시지가"라 한다)을 결정·공시하고, 이를 관계 행정기관 등에 제공하여야
> 한다.
> ② 제1항에도 불구하고 표준지로 선정된 토지, 조세 또는 부담금 등의 부과대상이 아닌 토지, 그 밖에
> 대통령령으로 정하는 토지에 대하여는 개별공시지가를 결정·공시하지 아니할 수 있다. 이 경우 표준지로
> 선정된 토지에 대하여는 해당 토지의 표준지공시지가를 개별공시지가로 본다.
> ③ 시장·군수 또는 구청장은 공시기준일 이후에 분할·합병 등이 발생한 토지에 대하여는 대통령령으로
> 정하는 날을 기준으로 하여 개별공시지가를 결정·공시하여야 한다.
> ④ 시장·군수 또는 구청장이 개별공시지가를 결정·공시하는 경우에는 해당 토지와 유사한 이용가치를
> 지닌다고 인정되는 하나 또는 둘 이상의 표준지의 공시지가를 기준으로 토지가격비준표를 사용하여
> 지가를 산정하되, 해당 토지의 가격과 표준지공시지가가 균형을 유지하도록 하여야 한다.
> ⑤ 시장·군수 또는 구청장은 개별공시지가를 결정·공시하기 위하여 개별토지의 가격을 산정할 때에는
> 그 타당성에 대하여 감정평가법인등의 검증을 받고 토지소유자, 그 밖의 이해관계인의 의견을 들어야
> 한다. 다만, 시장·군수 또는 구청장은 감정평가법인등의 검증이 필요 없다고 인정되는 때에는 지가의
> 변동상황 등 대통령령으로 정하는 사항을 고려하여 감정평가법인등의 검증을 생략할 수 있다.
> ⑥ 시장·군수 또는 구청장이 제5항에 따른 검증을 받으려는 때에는 해당 지역의 표준지의 공시지가를
> 조사·평가한 감정평가법인등 또는 대통령령으로 정하는 감정평가실적 등이 우수한 감정평가법인등에게
> 의뢰하여야 한다.

① 시장·군수 또는 구청장은 국세·지방세 등 각종 세금의 부과, 그 밖의 다른 법령에서 정하는
목적을 위한 지가산정에 사용되도록 하기 위하여 시·군·구부동산가격공시위원회의 심의를 거
쳐 매년 공시지가의 공시기준일 현재 관할 구역 안의 개별공시지가를 결정·공시하고, 이를 관계
행정기관 등에 제공하여야 한다.
② 표준지로 선정된 토지, 조세 또는 부담금 등의 부과대상이 아닌 토지, 그 밖에 대통령령으로
정하는 다음의 토지에 대하여는 개별공시지가를 결정·공시하지 아니할 수 있다. 이 경우 표준지
로 선정된 토지에 대하여는 해당 토지의 표준지공시지가를 개별공시지가로 본다.

> ㉠ 표준지로 선정된 토지
> ㉡ 농지보전부담금 또는 개발부담금 등의 부과대상이 아닌 토지
> ㉢ 국세 또는 지방세 부과대상이 아닌 토지(국공유지의 경우에는 공공용 토지만 해당한다)

> **기출** 1. 시장, 군수 또는 구청장(자치구의 구청장을 말함)은 표준지로 선정된 토지에 대해서는 개별공시지가를 결정, 공시하지 아니할 수 있다.
> 2. 표준지로 선정된 토지, 농지보전부담금의 부과대상이 아닌 토지, 개발부담금의 부과대상이 아닌 토지, 국세 부과대상이 아닌 토지(국공유지의 경우에는 공공용 토지만 해당한다)에 대하여는 개별공시지가를 결정·공시하지 아니할 수 있다.

## (3) 개별공시지가의 적용

① **국세 및 지방세의 산정기준** : 개별공시지가는 재산세, 종합부동산세 등 보유과세의 기준이 된다.

② **부담금의 부과기준** : 개별공시지가는 「개발이익 환수에 관한 법률」에 의한 개발부담금 등의 부과기준이 된다.

③ **기타** : 국·공유재산의 사용료 및 대부료의 산정기준이 되며, 각종 행정목적을 위한 지가산정에 활용된다.

> **기출** 개별공시지가는 재산세 과세표준액 결정, 종합부동산세 과세표준액 결정, 국유지의 사용료 산정기준, 개발부담금 부과를 위한 개시시점기간 산정의 기준으로 활용된다.

## (4) 개별공시지가 공시기준일을 다르게 할 수 있는 토지(부동산가격공시에 관한 법률 시행령 제16조)

① 다음의 토지는 개별공시지가 공시기준일을 다르게 할 수 있다.

　㉠ 「공간정보의 구축 및 관리 등에 관한 법률」에 따라 분할 또는 합병된 토지

　㉡ 공유수면 매립 등으로 「공간정보의 구축 및 관리 등에 관한 법률」에 따른 신규등록이 된 토지

　㉢ 토지의 형질변경 또는 용도변경으로 「공간정보의 구축 및 관리 등에 관한 법률」에 따른 지목변경이 된 토지

　㉣ 국유·공유에서 매각 등에 따라 사유로 된 토지로서 개별공시지가가 없는 토지

② 공시기준일(대통령령으로 정하는 날)

　㉠ 1월 1일부터 6월 30일까지의 사이에 ①의 사유가 발생한 토지: 그 해 7월 1일

　㉡ 7월 1일부터 12월 31일까지의 사이에 ①의 사유가 발생한 토지: 다음 해 1월 1일

> **기출** 시장·군수 또는 구청장은 공시기준일 이후에 분할·합병 등이 발생한 토지에 대하여는 대통령령으로 정하는 날을 기준으로 하여 개별공시지가를 결정·공시하여야 한다.

### (5) 개별공시지가에 대한 이의신청(부동산가격공시에 관한 법률 제11조)

> **제11조 【개별공시지가에 대한 이의신청】** ① 개별공시지가에 이의가 있는 자는 그 결정·공시일부터 30일 이내에 서면으로 시장·군수 또는 구청장에게 이의를 신청할 수 있다.
> ② 시장·군수 또는 구청장은 제1항에 따라 이의신청 기간이 만료된 날부터 30일 이내에 이의신청을 심사하여 그 결과를 신청인에게 서면으로 통지하여야 한다. 이 경우 시장·군수 또는 구청장은 이의신청의 내용이 타당하다고 인정될 때에는 제10조에 따라 해당 개별공시지가를 조정하여 다시 결정·공시하여야 한다.

개별공시지가에 이의가 있는 자는 그 결정·공시일부터 30일 이내에 서면으로 시장·군수 또는 구청장에게 이의를 신청할 수 있다.

**기출** | 개별공시지가에 이의가 있는 자는 그 결정·공시일부터 30일 이내에 서면으로 시장·군수 또는 구청장에게 이의를 신청할 수 있다.

### (6) 토지가격비준표(지가비준표)

① **토지가격비준표의 의의** : 토지가격비준표란 비교표준지의 특성과 개별토지의 특성을 비교하여 개별공시지가의 산정시 활용할 수 있도록 국토교통부장관이 작성하여 제공하는 표준지와 개별토지간의 지가형성요인에 관한 표준적인 비준표를 말한다.

② **토지가격비준표의 작성** : 비준표는 '특성가격' 개념에 입각하여 공시지가 표준지의 특성을 다중회귀분석하여 산출된 토지특성 항목별 가격배율을 기준으로 알기 쉽도록 작성한다.

③ **토지가격비준표의 적용(활용)** : 토지가격비준표를 활용하여 개별토지의 가격을 산정하는 절차는 다음과 같다. 이는 대량적·계량적 평가에 활용할 수 있다.

    ㉠ **비교표준지의 선택** : 지가산정의 기준이 되는 비교표준지를 일정한 원칙에 따라 선택한다.

    ㉡ **가격배율 추출** : 비교표준지와 지가산정 대상토지간의 토지특성을 비교하여 비준표상의 가격배율을 추출한다.

    ㉢ **지가산정** : 추출한 가격배율을 비교표준지의 공시지가에 곱하여 지가를 산정한다.

**기출** | 개별공시지가를 결정하기 위해 토지가격비준표가 활용된다.

제 2 절 **주택가격 공시제도** 제25회, 제26회, 제27회, 제28회, 제29회, 제32회, 제33회, 제35회

주택에 대한 가격공시는 단독주택과 공동주택(아파트·연립·다세대)으로 구분된다.
단독주택은 표준주택과 개별주택으로 구분하여 공시하지만, 공동주택(아파트·연립·다세대)은 표준주택과 개별주택으로 구분하지 않고 공시한다.

기출 | 표준주택을 선정할 때에는 일반적으로 유사하다고 인정되는 일단의 단독주택에서 해당 일단의 주택을 대표할 수 있는 주택을 선정하여야 한다.

## 1 단독주택가격 공시제도

### (1) 표준주택가격 공시제도(부동산 가격공시에 관한 법률 제16조)

> **제16조【표준주택가격의 조사·산정 및 공시 등】** ① 국토교통부장관은 용도지역, 건물구조 등이 일반적으로 유사하다고 인정되는 일단의 단독주택 중에서 선정한 표준주택에 대하여 매년 공시기준일 현재의 적정가격(이하 "표준주택가격"이라 한다)을 조사·산정하고, 제24조에 따른 중앙부동산가격공시위원회의 심의를 거쳐 이를 공시하여야 한다.
> ④ 국토교통부장관은 제1항에 따라 표준주택가격을 조사·산정하고자 할 때에는 한국부동산원에 의뢰한다.
> ⑤ 국토교통부장관이 제1항에 따라 표준주택가격을 조사·산정하는 경우에는 인근 유사 단독주택의 거래가격·임대료 및 해당 단독주택과 유사한 이용가치를 지닌다고 인정되는 단독주택의 건설에 필요한 비용 추정액 등을 종합적으로 참작하여야 한다.
> ⑥ 국토교통부장관은 제17조에 따른 개별주택가격의 산정을 위하여 필요하다고 인정하는 경우에는 표준주택과 산정대상 개별주택의 가격형성요인에 관한 표준적인 비교표(이하 "주택가격비준표"라 한다)를 작성하여 시장·군수 또는 구청장에게 제공하여야 한다.

① 표준주택의 선정 및 표준주택가격의 공시
  ㉠ 국토교통부장관은 용도지역·건물구조 등이 일반적으로 유사하다고 인정되는 일단의 단독주택 중에서 선정한 표준주택(약25만호)에 대하여 매년 공시기준일 1월 1일 현재의 적정가격을 조사·평가하고, 중앙부동산가격공시위원회의 심의를 거쳐 통상적으로 1월 31일까지 공시한다. 이 경우, 주택은 토지의 경우처럼 단위면적당(㎡) 가격으로 공시하지 않고, 전체면적으로 가격을 공시한다.
  ㉡ 주택가격은 토지와 건물을 구분하지 않고 복합부동산으로 보고 일괄평가한다.
  ㉢ 표준주택에 전세권 등 사용·수익을 제한하는 권리가 설정되어 있는 경우에는 그러한 존재하지 않는다고 보고 적정가격으로 평가한다.
  ㉣ 국토교통부장관은 표준주택가격을 조사·산정하고자 할 때에는 한국부동산원(구 한국감정원)에 의뢰한다.

㉺ 국토교통부장관이 표준주택가격을 조사·산정하는 경우에는 인근 유사 단독주택의 거래가격·임대료 및 해당 단독주택과 유사한 이용가치를 지닌다고 인정되는 단독주택의 건설에 필요한 비용추정액 등을 종합적으로 참작하여야 한다.

> **기출**
> 1. 국토교통부장관은 용도지역, 건물구조 등이 일반적으로 유사하다고 인정되는 일단의 단독주택 중에서 선정한 표준주택에 대하여 매년 공시기준일 현재의 적정가격을 조사, 평가하고, 중앙부동산가격공시위원회의 심의를 거쳐 이를 공시하여야 한다.
> 2. 표준주택가격을 평가하는 경우에 표준주택에 전세권 그 밖의 주택의 사용·수익을 제한하는 권리가 설정되어 있는 경우에는 당해 권리가 존재하지 아니하는 것으로 보고 적정가격을 평가하여야 한다.
> 3. 국토교통부장관은 표준주택가격 및 공동주택가격을 조사·산정하고자 할 때에는 한국부동산원에 의뢰한다.

② 표준주택가격의 공시사항(부동산 가격공시에 관한 법률 제16조)

> **제16조【표준주택가격의 조사·산정 및 공시 등】** ② 제1항에 따른 공시에는 다음 각 호의 사항이 포함되어야 한다.
> 1. 표준주택의 지번
> 2. 표준주택가격
> 3. 표준주택의 대지면적 및 형상
> 4. 표준주택의 용도, 연면적, 구조 및 사용승인일(임시사용승인일을 포함한다)
> 5. 대통령령으로 정하는 사항: 지목, 용도지역, 도로 상황, 표준주택가격 공시에 필요한 사항

> **기출** 표준주택가격의 공시사항은 표준주택의 지번, 가격, 대지면적 및 형상, 용도·연면적·구조·사용승인일(임시사용승인일 포함), 지목, 용도지역, 도로상황 등이다.

| 표준지공시지가의 공시사항 | 표준주택가격의 공시사항 |
| --- | --- |
| ① 표준지의 지번 | ① 표준주택의 지번 |
| ② 표준지의 단위면적당 가격 | ② 표준주택가격 |
| ③ 표준지의 면적 및 형상 | ③ 표준주택의 대지면적 및 형상 |
| ④ 표준지 및 주변토지의 이용상황 | ④ 표준주택의 용도, 연면적, 구조 및 사용승인일(임시사용승인일을 포함) |
| ⑤ 지목, 용도지역, 도로상황 | ⑤ 지목, 용도지역, 도로상황 |

③ 표준주택가격의 활용(부동산 가격공시에 관한 법률 제19조)

> **제19조【주택가격 공시의 효력】** ① 표준주택가격은 국가·지방자치단체 등이 그 업무와 관련하여 개별주택가격을 산정하는 경우에 그 기준이 된다.

국가, 지방자치단체 등의 기관이 그 업무와 관련하여 개별주택가격을 산정하는 경우에 그 기준이 된다.

> **기출** 표준주택가격은 국가·지방자치단체 등의 기관이 그 업무와 관련하여 개별주택가격을 산정하는 경우에
> 그 기준이 된다.

④ **표준주택가격의 이의신청** : 표준주택가격에 이의가 있는자는 공시일로부터 30일 이내에 국토교
통부장관에게 서면으로 이의신청 할 수 있다.

## (2) 개별주택가격 공시제도(부동산 가격공시에 관한 법률 제17조)

**제17조【개별주택가격의 결정·공시 등】** ① 시장·군수 또는 구청장은 제25조에 따른 시·군·구부동산가격공
시위원회의 심의를 거쳐 매년 표준주택가격의 공시기준일 현재 관할 구역 안의 개별주택의 가격(이하
"개별주택가격"이라 한다)을 결정·공시하고, 이를 관계 행정기관 등에 제공하여야 한다.
② 제1항에도 불구하고 표준주택으로 선정된 단독주택, 그 밖에 대통령령으로 정하는 단독주택(국세
또는 지방세 부과대상이 아닌 단독주택)에 대하여는 개별주택가격을 결정·공시하지 아니할 수 있다.
이 경우 표준주택으로 선정된 주택에 대하여는 해당 주택의 표준주택가격을 개별주택가격으로 본다.
③ 제1항에 따른 개별주택가격의 공시에는 다음 각 호의 사항이 포함되어야 한다.
1. 개별주택의 지번
2. 개별주택가격
3. 그 밖에 대통령령으로 정하는 사항(개별주택의 용도 및 면적, 그 밖에 개별주택가격 공시에 필요한
사항)
④ 시장·군수 또는 구청장은 공시기준일 이후에 토지의 분할·합병이나 건축물의 신축 등이 발생한 경우
에는 대통령령으로 정하는 날을 기준으로 하여 개별주택가격을 결정·공시하여야 한다.
⑤ 시장·군수 또는 구청장이 개별주택가격을 결정·공시하는 경우에는 해당 주택과 유사한 이용가치를
지닌다고 인정되는 표준주택가격을 기준으로 주택가격비준표를 사용하여 가격을 산정하되, 해당 주택의
가격과 표준주택가격이 균형을 유지하도록 하여야 한다.
⑥ 시장·군수 또는 구청장은 개별주택가격을 결정·공시하기 위하여 개별주택의 가격을 산정할 때에는
표준주택가격과의 균형 등 그 타당성에 대하여 대통령령으로 정하는 바에 따라 부동산원의 검증을 받고
토지소유자, 그 밖의 이해관계인의 의견을 들어야 한다. 다만, 시장·군수 또는 구청장은 부동산원의
검증이 필요 없다고 인정되는 때에는 주택가격의 변동상황 등 대통령령으로 정하는 사항을 고려하여
부동산원의 검증을 생략할 수 있다.

① **개별주택가격의 결정·공시**
   ㉠ 개별주택가격은 시장·군수·구청장이 조사한 개별주택의 특성과 비교표준주택의 특성을 상
호·비교하여 산정한 가격에 대하여, 시·군·구 부동산가격공시위원회 심의를 거쳐 시장·군
수·구청장이 4월 30일 까지 결정·공시한다.
   ㉡ 표준주택으로 선정된 단독주택이나 그 밖에 대통령이 정하는 단독주택에 대해서는 개별주택
가격을 결정, 공시하지 않을 수 있다. 이 경우, 표준주택으로 선정된 주택에 대해서는 해당
표준주택 가격을 개별주택 가격으로 본다.

기출 1. 시장, 군수 또는 구청장이 개별주택가격을 결정·공시하는 경우에는 해당 주택과 유사한 이용가치를 지닌다고 인정되는 표준주택가격을 기준으로 주택가격비준표를 사용하여 가격을 산정하되, 해당 주택의 가격과 표준주택가격이 균형을 유지하도록 하여야 한다.
2. 표준주택으로 선정된 주택에 대하여는 당해 표준주택가격을 개별주택가격으로 본다.
3. 개별주택가격은 매년 4월 30일까지 결정·공시된다.
4. 표준주택으로 선정된 단독주택, 그 밖에 대통령령으로 정하는 단독주택에 대하여는 개별주택가격을 결정·공시하지 아니할 수 있다.

② **개별주택가격의 활용**(부동산 가격공시에 관한 법률 제19조)

> **제19조 【주택가격 공시의 효력】** ② 개별주택가격 및 공동주택가격은 주택시장의 가격정보를 제공하고, 국가·지방자치단체 등이 과세 등의 업무와 관련하여 주택의 가격을 산정하는 경우에 그 기준으로 활용될 수 있다.

 ㉠ 주택시장의 가격정보제공
 ㉡ 국가·지방자치단체 등의 기관이 과세 등의 업무와 관련하여 주택의 가격을 산정하는 경우에 그 기준으로 활용될 수 있다.
③ **개별주택가격 공시사항**
 ㉠ 개별주택의 지번
 ㉡ 개별주택가격
 ㉢ 그 밖에 대통령령이 정하는 사항(개별주택의 용도 및 면적, 그 밖에 개별주택가격 공시에 필요한 사항)
④ **주택가격비준표의 활용** : 시장·군수 또는 구청장이 개별주택가격을 결정·공시하는 경우에는 당해 주택과 유사한 이용가치를 지닌다고 인정되는 표준주택가격을 기준으로 주택가격비준표를 사용하여 가격을 산정하되, 당해 주택의 가격과 표준주택가격이 균형을 유지하도록 하여야 한다.

**참고학습** | 공시기준일을 다르게 할 수 있는 단독주택(부동산가격공시에 관한 법률 시행령 제34조)

1. 다음의 단독주택은 개별주택가격 공시기준일을 다르게 할 수 있다.
   ① 「공간정보의 구축 및 관리 등에 관한 법률」에 따라 그 대지가 분할 또는 합병된 단독주택
   ② 「건축법」에 따른 건축·대수선 또는 용도변경이 된 단독주택
   ③ 국유·공유에서 매각 등에 따라 사유로 된 단독주택으로서 개별주택가격이 없는 단독주택
2. 공시기준일(대통령령으로 정하는 날)
   ① 1월 1일부터 5월 31일까지의 사이에 ①의 사유가 발생한 단독주택 : 그 해 6월 1일
   ② 6월 1일부터 12월 31일까지의 사이에 ①의 사유가 발생한 단독주택 : 다음 해 1월 1일

1. 개별주택가격 및 공동주택가격은 주택시장의 가격정보를 제공하고, 국가·지방자치단체 등이 과세 등의 업무와 관련하여 주택의 가격을 산정하는 경우에 그 기준으로 활용될 수 있다.
2. 시장·군수 또는 구청장은 공시기준일 이후에 토지의 분할·합병이나 건축물의 신축 등이 발생한 경우에는 대통령령으로 정하는 날을 기준으로 하여 개별주택가격을 결정·공시하여야 한다.

## 2 공동주택가격 공시제도

### (1) 공동주택가격의 공시(부동산 가격공시에 관한 법률 제18조)

**제18조 【공동주택가격의 조사·산정 및 공시 등】** ① 국토교통부장관은 공동주택에 대하여 매년 공시기준일 현재의 적정가격(이하 "공동주택가격"이라 한다)을 조사·산정하여 제24조에 따른 중앙부동산가격공시위원회의 심의를 거쳐 공시하고, 이를 관계 행정기관 등에 제공하여야 한다. 다만, 대통령령으로 정하는 바에 따라 국세청장이 국토교통부장관과 협의하여 공동주택가격을 별도로 결정·고시하는 경우를 제외한다.
② 국토교통부장관은 공동주택가격을 공시하기 위하여 그 가격을 산정할 때에는 대통령령으로 정하는 바에 따라 공동주택소유자와 그 밖의 이해관계인의 의견을 들어야 한다.
④ 국토교통부장관은 공시기준일 이후에 토지의 분할·합병이나 건축물의 신축 등이 발생한 경우에는 대통령령으로 정하는 날을 기준으로 하여 공동주택가격을 결정·공시하여야 한다.
⑤ 국토교통부장관이 제1항에 따라 공동주택가격을 조사·산정하는 경우에는 인근 유사 공동주택의 거래가격·임대료 및 해당 공동주택과 유사한 이용가치를 지닌다고 인정되는 공동주택의 건설에 필요한 비용추정액 등을 종합적으로 참작하여야 한다.
⑥ 국토교통부장관이 제1항에 따라 공동주택가격을 조사·산정하고자 할 때에는 부동산원에 의뢰한다.

① 국토교통부장관은 공동주택에 대하여 매년 공시기준일 1월 1일 현재의 적정가격을 조사·산정하여 중앙부동산가격공시위원회 심의를 거쳐 4월30일까지 결정·공시하고 이를 관계 행정기관 등에 제공하여야 한다.
② 인근 유사 공동주택의 거래가격 또는 임대료 및 당해 공동주택과 유사한 이용가치를 지닌다고 인정되는 공동주택의 건설에 필요한 비용추정액 등을 종합적으로 참작하여야 한다.
③ 공동주택에 전세권 등 사용·수익을 제한하는 권리가 설정되어 있는 경우에는 그러한 권리가 존재하지 않는다고 보고 적정가격으로 산정하여야 한다.

국토교통부장관이 공동주택의 적정가격을 조사·산정하는 경우에는 인근 유사공동주택의 거래가격·임대료 및 당해 공동주택과 유사한 이용가치를 지닌다고 인정되는 공동주택의 건설에 필요한 비용추정액 등을 종합적으로 참작하여야 한다.

## (2) 공동주택가격의 활용(부동산 가격공시에 관한 법률 제19조)

> **제19조【주택가격 공시의 효력】** ② 개별주택가격 및 공동주택가격은 주택시장의 가격정보를 제공하고, 국가·지방자치단체 등이 과세 등의 업무와 관련하여 주택의 가격을 산정하는 경우에 그 기준으로 활용될 수 있다.

① 주택시장의 가격정보제공
② 국가·지방자치단체 등의 기관이 과세 등의 업무와 관련하여 주택의 가격을 산정하는 경우에 그 기준으로 활용될 수 있다.

> **기출** 공동주택가격은 주택시장의 가격정보를 제공하고 국가·지방자치단체 등의 기관이 과세 등의 업무와 관련하여 주택의 가격을 산정하는 경우에 그 기준으로 활용될 수 있다.

## (3) 공동주택가격의 공시사항

| | |
|---|---|
| ① 공동주택의 지번, 명칭, 동, 호수 | ② 공동주택의 가격 |
| ③ 공동주택의 면적 | ④ 그 밖에 공동주택가격의 공시에 관하여 필요한 사항 |

## (4) 공동주택가격의 이의신청

① 공동주택가격에 이의가 있는자는 공시일로부터 30일 이내에 국토교통부장관에게 서면으로 이의신청할 수 있다.
② 국토교통부장관은 이의신청의 내용이 타당하다고 인정할 때에는 중앙부동산가격공시위원회 심의를 거쳐 조정·공시하고, 이의신청인에게 그 결과를 서면으로 통지한다.

> **참고학습** 공시기준일을 다르게 할 수 있는 공동주택(부동산가격공시에 관한 법률 시행령 제44조)
>
> 1. 다음의 공동주택은 공동주택가격 공시기준일을 다르게 할 수 있다.
>    ① 「공간정보의 구축 및 관리 등에 관한 법률」에 따라 그 대지가 분할 또는 합병된 공동주택
>    ② 「건축법」에 따른 건축·대수선 또는 용도변경이 된 공동주택
>    ③ 국유·공유에서 매각 등에 따라 사유로 된 단독주택으로서 개별주택가격이 없는 공동주택
> 2. 공시기준일(대통령령으로 정하는 날)
>    ① 1월 1일부터 5월 31일까지의 사이에 1의 사유가 발생한 공동주택 : 그 해 6월 1일
>    ② 6월 1일부터 12월 31일까지의 사이에 1의 사유가 발생한 공동주택 : 다음 해 1월 1일

> **기출** 개별주택가격에 이의가 있는 자는 그 결정·공시일부터 30일 이내에 서면으로 시장·군수 또는 구청장에게 이의를 신청할 수 있고, 공동주택가격에 이의가 있는 자는 그 결정·공시일부터 30일 이내에 서면으로 국토교통부장관에게 이의를 신청할 수 있다.

| 표준지공시지가 | • 토지시장에 지가정보를 제공<br>• 일반적인 토지거래의 지표<br>• 국가·지방자치단체 등 그 업무관련 지가를 산정<br>• 감정평가법인등이 개별적으로 토지를 감정평가하는 경우에 그 기준 |
|---|---|
| 개별공시지가 | • 과세<br>• 부담금<br>• 사용료·대부료 |
| 표준주택가격 | 국가·지방자치단체 등이 그 업무와 관련하여 개별주택가격을 산정하는 경우에 그 기준 |
| 개별주택가격 | • 주택시장의 가격정보를 제공<br>• 국가·지방자치단체 등이 과세 등의 업무와 관련하여 주택의 가격을 산정하는 경우에 그 기준 |
| 공동주택가격 | |

---

## 제3절  비주거용 부동산 가격공시제도

비주거용 부동산에 대한 가격공시는 일반부동산과 집합부동산으로 구분된다. 비주거용 일반부동산은 비주거용 표준부동산과 비주거용 개별부동산으로 구분하여 공시하지만, 집합부동산은 표준부동산과 개별부동산으로 구분하지 않고 공시한다.

### 1  비주거용 표준부동산가격

#### (1) 비주거용 표준부동산가격 결정·공시

① 국토교통부장관은 용도지역, 이용상황, 건물구조 등이 일반적으로 유사하다고 인정되는 일단의 비주거용 일반부동산 중에서 선정한 비주거용 표준부동산에 대하여 매년 공시기준일 현재의 적정가격을 조사·산정하고, 중앙부동산가격공시위원회의 심의를 거쳐 이를 공시할 수 있다.

② 국토교통부장관은 비주거용 표준부동산가격을 조사·산정하려는 경우 감정평가법인등 또는 대통령령으로 정하는 부동산가격의 조사·산정에 관한 전문성이 있는 자에게 의뢰한다.

③ 국토교통부장관이 비주거용 표준부동산가격을 조사·산정하는 경우에는 인근 유사 비주거용 일반부동산의 거래가격·임대료 및 해당 비주거용 일반부동산과 유사한 이용가치를 지닌다고 인정되는 비주거용 일반부동산의 건설에 필요한 비용추정액 등을 종합적으로 참작하여야 한다.

④ 국토교통부장관은 비주거용 개별부동산가격의 산정을 위하여 필요하다고 인정하는 경우에는 비주거용 부동산가격비준표를 작성하여 시장·군수 또는 구청장에게 제공하여야 한다.

## (2) 비주거용 표준부동산가격의 공시사항

① 비주거용 표준부동산의 지번
② 비주거용 표준부동산가격
③ 비주거용 표준부동산의 대지면적 및 형상
④ 비주거용 표준부동산의 용도, 연면적, 구조 및 사용승인일(임시사용승인일을 포함)
⑤ 그 밖에 대통령령으로 정하는 사항

## (3) 비주거용 표준부동산가격의 효력

비주거용 표준부동산가격은 국가·지방자치단체 등이 그 업무와 관련하여 비주거용 개별부동산가격을 산정하는 경우에 그 기준이 된다.

## 2 비주거용 개별부동산가격

### (1) 비주거용 개별부동산가격 결정·공시

① 시장·군수 또는 구청장은 시·군·구부동산가격공시위원회의 심의를 거쳐 공시기준일 현재 관할 구역 안의 비주거용 개별부동산의 가격을 결정·공시할 수 있다. 다만, 대통령령으로 정하는 바에 따라 행정안전부장관 또는 국세청장이 국토교통부장관과 협의하여 비주거용 개별부동산의 가격을 별도로 결정·고시하는 경우는 제외한다.
② 비주거용 표준부동산으로 선정된 비주거용 일반부동산 등 대통령령으로 정하는 비주거용 일반부동산에 대하여는 비주거용 개별부동산가격을 결정·공시하지 아니할 수 있다. 이 경우 비주거용 표준부동산으로 선정된 비주거용 일반부동산에 대하여는 해당 비주거용 표준부동산가격을 비주거용 개별부동산가격으로 본다.
③ 시장·군수 또는 구청장은 공시기준일 이후에 토지의 분할·합병이나 건축물의 신축 등이 발생한 경우에는 대통령령으로 정하는 날을 기준으로 하여 비주거용 개별부동산가격을 결정·공시하여야 한다.
④ 시장·군수 또는 구청장이 비주거용 개별부동산가격을 결정·공시하는 경우에는 해당 비주거용 일반부동산과 유사한 이용가치를 지닌다고 인정되는 비주거용 표준부동산가격을 기준으로 비주거용 부동산가격비준표를 사용하여 가격을 산정하되, 해당 비주거용 일반부동산의 가격과 비주거용 표준부동산가격이 균형을 유지하도록 하여야 한다.
⑤ 시장·군수 또는 구청장은 비주거용 개별부동산가격을 결정·공시하기 위하여 비주거용 일반부동산의 가격을 산정할 때에는 비주거용 표준부동산가격과의 균형 등 그 타당성에 대하여 비주거용 표준부동산가격의 조사·산정을 의뢰 받은 자 등 대통령령으로 정하는 자의 검증을 받고 비주거용 일반부동산의 소유자와 그 밖의 이해관계인의 의견을 들어야 한다. 다만, 시장·군수 또는 구청장은 비주거용 개별부동산가격에 대한 검증이 필요 없다고 인정하는 때에는 비주거용 부동산가격의 변동상황 등 대통령령으로 정하는 사항을 고려하여 검증을 생략할 수 있다.

## (2) 비주거용 개별부동산가격의 공시사항

① 비주거용 부동산의 지번
② 비주거용 부동산가격
③ 그 밖에 대통령령으로 정하는 사항

## (3) 비주거용 개별부동산가격의 효력

비주거용 부동산시장에 가격정보를 제공하고, 국가·지방자치단체 등이 과세 등의 업무와 관련하여 비주거용 부동산의 가격을 산정하는 경우에 그 기준으로 활용될 수 있다.

## 3 비주거용 집합부동산가격

### (1) 비주거용 집합부동산가격 결정·공시

① 국토교통부장관은 비주거용 집합부동산에 대하여 매년 공시기준일 현재의 적정가격을 조사·산정하여 중앙부동산가격공시위원회의 심의를 거쳐 공시할 수 있다. 이 경우 시장·군수 또는 구청장은 비주거용 집합부동산가격을 결정·공시한 경우에는 이를 관계 행정기관 등에 제공하여야 한다.
② 대통령령으로 정하는 바에 따라 행정안전부장관 또는 국세청장이 국토교통부장관과 협의하여 비주거용 집합부동산의 가격을 별도로 결정·고시하는 경우에는 해당 비주거용 집합부동산의 비주거용 개별부동산가격을 결정·공시하지 아니한다.
③ 국토교통부장관은 비주거용 집합부동산가격을 조사·산정할 때에는 부동산원 또는 대통령령으로 정하는 부동산 가격의 조사·산정에 관한 전문성이 있는 자에게 의뢰한다.

### (2) 비주거용 집합부동산가격의 효력

비주거용 부동산시장에 가격정보를 제공하고, 국가·지방자치단체 등이 과세 등의 업무와 관련하여 비주거용 부동산의 가격을 산정하는 경우에 그 기준으로 활용될 수 있다.

**01** 부동산 가격공시에 관한 법령에 규정된 내용으로 옳은 것은? ⟨제33회⟩

① 국토교통부장관이 표준지공시지가를 조사·평가할 때에는 반드시 둘 이상의 감정평가법인 등에게 의뢰하여야 한다.

② 표준지공시지가의 공시에는 표준지의 지번, 표준지의 단위면적당 가격, 표준지의 면적 및 형상, 표준지 및 주변토지의 이용상황, 그 밖에 대통령령으로 정하는 사항이 포함되어야 한다.

③ 국토교통부장관은 표준주택에 대하여 매년 공시기준일 현재 적정가격을 조사·산정하고, 시·군·구부동산가격공시위원회의 심의를 거쳐 이를 공시하여야 한다.

④ 국토교통부장관은 표준주택가격을 조사·산정하고자 할 때에는 감정평가법인 등 또는 한국부동산원에 의뢰한다.

⑤ 표준공동주택가격은 개별공동주택가격을 산정하는 경우에 그 기준이 된다.

해설
① 국토교통부장관이 표준지공시지가를 조사·평가할 때에는 업무실적, 신인도 등을 고려하여 둘 이상의 감정평가법인 등에게 이를 의뢰하여야 한다. 다만, 지가 변동이 작은 경우 등 대통령령으로 정하는 기준에 해당하는 표준지에 대해서는 하나의 감정평가법인 등에 의뢰할 수 있다.(부동산 가격공시에 관한 법률 제3조 제5항)

③ 국토교통부장관은 표준주택에 대하여 매년 공시기준일 현재의 적정가격을 조사·산정하고, 중앙부동산가격공시위원회의 심의를 거쳐 이를 공시하여야 한다.

④ 국토교통부장관은 표준주택가격을 조사·산정하고자 할 때에는 한국부동산원에 의뢰한다.

⑤ 표준단독주택가격은 국가·지방자치단체 등이 그 업무와 관련하여 개별단독주택가격을 산정하는 경우에 그 기준이 된다.

정답 ②

**02** 「부동산 가격공시에 관한 법률」에 규정된 내용으로 틀린 것은? 제32회

① 국토교통부장관은 표준주택가격을 조사·산정하고자 할 때에는 한국부동산원에 의뢰한다.

② 표준주택가격은 국가·지방자치단체 등이 그 업무와 관련하여 개별주택가격을 산정하는 경우에 그 기준이 된다.

③ 표준주택으로 선정된 단독주택, 그 밖에 대통령령으로 정하는 단독주택에 대하여는 개별주택가격을 결정·공시하지 아니할 수 있다.

④ 개별주택가격 및 공동주택가격은 주택시장의 가격정보를 제공하고, 국가·지방자치단체 등이 과세 등의 업무와 관련하여 주택의 가격을 산정하는 경우에 그 기준으로 활용될 수 있다.

⑤ 개별주택가격 및 공동주택가격에 이의가 있는 자는 그 결정·공시일부터 30일 이내에 서면(전자문서를 포함한다)으로 시장·군수 또는 구청장에게 이의를 신청할 수 있다.

해설 ⑤ 개별주택가격은 시장·군수 또는 구청장에게 이의를 신청할 수 있지만, 공동주택가격은 국토교통부장관에게 이의를 신청할 수 있다.

정답 ⑤

**03** 부동산 가격공시에 관한 법령상 시장·군수 또는 구청장이 개별공시지가를 결정·공시하지 아니할 수 있는 토지를 모두 고른 것은? 제31회

> ㄱ. 표준지로 선정된 토지
> ㄴ. 농지보전부담금의 부과대상이 아닌 토지
> ㄷ. 개발부담금의 부과대상이 아닌 토지
> ㄹ. 도시·군계획시설로서 공원이 지정된 토지
> ㅁ. 국세 부과대상이 아닌 토지(국공유지의 경우에는 공공용 토지만 해당한다)

① ㄱ, ㄷ
② ㄴ, ㄹ, ㅁ
③ ㄱ, ㄴ, ㄷ, ㅁ
④ ㄴ, ㄷ, ㄹ, ㅁ
⑤ ㄱ, ㄴ, ㄷ, ㄹ, ㅁ

> 해설  ③ ㄱ. 표준지로 선정된 토지, ㄴ. 농지보전부담금의 부과대상이 아닌 토지 ㄷ. 개발부담금의 부과대상이
> 아닌 토지 ㅁ. 국세 부과대상이 아닌 토지(국공유지의 경우에는 공공용 토지만 해당한다)에 대하여는
> 개별공시지가를 결정·공시하지 아니할 수 있다.

---

**[부동산가격공시에관한법률 시행령]**

**제15조【개별공시지가를 공시하지 아니할 수 있는 토지】** ① 시장·군수 또는 구청장은 다음 각 호의
어느 하나에 해당하는 토지에 대해서는 개별공시지가를 결정·공시하지 아니할 수 있다.
1. 표준지로 선정된 토지
2. 농지보전부담금 또는 개발부담금 등의 부과대상이 아닌 토지
3. 국세 또는 지방세 부과대상이 아닌 토지(국공유지의 경우에는 공공용 토지만 해당한다)

---

정답 ③

**04** 「부동산 가격공시에 관한 법률」에 규정된 내용으로 <u>틀린</u> 것은?  (제30회)

① 표준지공시지가에 이의가 있는 자는 그 공시일부터 30일 이내에 서면으로 국토교통부장관에
게 이의를 신청할 수 있다.
② 표준지공시지가는 국가·지방자치단체 등이 그 업무와 관련하여 지가를 산정하거나 감정평가
법인등이 개별적으로 토지를 감정평가하는 경우에 기준이 된다.
③ 표준지로 선정된 토지에 대하여 개별공시지가를 결정·공시하여야 한다.
④ 시장·군수 또는 구청장은 공시기준일 이후에 분할·합병 등이 발생한 토지에 대하여는 대통령
령으로 정하는 날을 기준으로 하여 개별공시지가를 결정·공시하여야 한다.
⑤ 개별공시지가에 이의가 있는 자는 그 결정·공시일부터 30일 이내에 서면으로 시장·군수 또는
구청장에게 이의를 신청할 수 있다.

> 해설  ③ 개별공시지가를 결정·공시하여야 한다. ⇨ 결정·공시하지 아니할 수 있다.

정답 ③

**05** 부동산 가격공시에 관한 법령에 규정된 내용으로 **틀린** 것은?                          제34회

① 표준지공시지가는 토지시장에 지가정보를 제공하고 일반적인 토지거래의 지표가 되며, 국가·지방자치단체 등이 그 업무와 관련하여 지가를 산정하거나 감정평가법인 등이 개별적으로 토지를 감정평가하는 경우에 기준이 된다.

② 국토교통부장관이 표준지공시지가를 조사·산정할 때에는 「한국부동산원법」에 따른 한국부동산원에게 이를 의뢰하여야 한다.

③ 표준지공시지가에 이의가 있는 자는 그 공시일부터 30일 이내에 서면(전자문서를 포함한다)으로 국토교통부장관에게 이의를 신청할 수 있다.

④ 시장·군수 또는 구청장이 개별공시지가를 결정·공시 하는 경우에는 해당 토지와 유사한 이용가치를 지닌다고 인정되는 하나 또는 둘 이상의 표준지의 공시지가를 기준으로 토지가격비준표를 사용하여 지가를 산정하되, 해당 토지의 가격과 표준지공시지가가 균형을 유지하도록 하여야 한다.

⑤ 표준지로 선정된 토지에 대하여는 개별공시지가를 결정·공시하지 아니할 수 있다. 이 경우 표준지로 선정된 토지에 대하여는 해당 토지의 표준지공시지가를 개별공시지가로 본다.

> 해설    ② 「한국부동산원법」에 따른 한국부동산원 ▷ 「감정평가 및 감정평가사에 관한 법률」에 따른 감정평가법인등
>
>                                                                      정답 ②

**06** 부동산 가격공시에 관한 법령상 부동산 가격공시 제도에 관한 내용으로 틀린 것은? 제35회

① 표준주택으로 선정된 단독주택, 국세 또는 지방세 부과 대상이 아닌 단독주택에 대하여는 개별주택가격을 결정·공시하지 아니할 수 있다.

② 표준주택가격은 국가·지방자치단체 등이 그 업무와 관련하여 개별주택가격을 산정하는 경우에 그 기준이 된다.

③ 개별주택가격 및 공동주택가격은 주택시장의 가격정보를 제공하고, 국가·지방자치단체 등이 과세 등의 업무와 관련하여 주택의 가격을 산정하는 경우에 그 기준으로 활용될 수 있다.

④ 개별주택가격에 이의가 있는 자는 그 결정·공시일부터 30일 이내에 서면(전자문서를 포함한다)으로 시장·군수 또는 구청장에서 이의를 신청할 수 있다.

⑤ 시장·군수 또는 구청장은 공시기준일 이후에 토지의 분할·합병이나 건축물의 신축 등이 발생한 경우에는 대통령령으로 정하는 날을 기준으로 하여 공동주택가격을 결정·공시하여야 한다.

해설 | 시장·군수 또는 구청장 ⇨ 국토교통부장관, 국토교통부장관은 공시기준일 이후에 토지의 분할·합병이나 건축물의 신축 등이 발생한 경우에는 대통령령으로 정하는 날을 기준으로 하여 공동주택가격을 결정·공시하여야 한다.

정답 ⑤

# EBS  공인중개사

## 정오표·개정 법령 확인

랜드하나 홈페이지를 통해 정오표 및 개정 법령, 교재 내용 문의 등의
다양한 서비스를 제공하고 있습니다.

# EBS  편성표

| 강좌명 | 방송채널 | 방송 | 방영시간 | 방영일 |
|---|---|---|---|---|
| 2025년도<br>EBS공인중개사<br>기본이론강의 | EBS PLUS2 | 본방송 | 07:00~07:30 | 2025년 2월~5월<br>월~금 (주 5회) |
| | | 재방송 | 08:30~09:00 | 2025년 2월~10월<br>월~금 (주 5회) |

**본 프로그램 방송채널 및 방영일시는 EBS 편성에 따라 조정될 수 있습니다.**

기본이론 60편(12주, 주5회)

# 2025년 공인중개사 수험서 시리즈

### 기본서

- 35회 출제경향분석과 최신개정법령 반영
- 합격에 필요한 개념과 이론 완벽 학습

### 올인원 테마집

- 출제예상 테마 집중학습교재
- 개념과 문제를 한 권으로 압축
- 출제경향 분석, 출제 예상 파트 엄선

### 핵심요약집

- 출제예상되는 이론을 요약하여 정리

### 기출문제집

- 10년 이상의 기출문제만 엄선 공인중개사 시험 실전대비

### 예상문제집

- 변형되는 문제 유형 및 난이도 분석
- 기출 문제 분석 공인중개사 시험에 출제 될 예상문제 수록

### 특강집 | 민법 및 민사특별법

- 민법 판례특강 교재

### 특강집 | 부동산학개론

- 학개론 수.투.감 특강 교재

### 특강집 | 부동산공법

- 공법 숲나무 특강 교재

### 마무리 특강집

- 족집게 100선집
- 일일특강집

---

## 2025 EBS 랜드하나 공인중개사 기본서 1차 부동산학개론

**초판발행** 2024년 11월 22일 | **펴낸이** 랜드하나 공인중개사시험 연구소

**발행처** ㈜홍인 랜드하나 | **등록번호** 385-2019-000043 | **고객센터** 1600-5577 | **FAX.** 031-383-7708

**주소** 경기 안양시 동안구 시민대로 230 평촌아크로타워 A동 402호(관양동 1591)

ISBN 979-11-92833-82-8(14320) 정가 38,000원

랜드하나
공인중개사
기본서

1차 부동산학개론

공인중개사
답은 하나
랜드하나

YouTube 랜드하나 🔍 검색

공인중개사 랜드하나 www.landhana.co.kr

🏠 랜드하나 ☎ 1600-5577

발간 이후에 발견되는 오류는 랜드하나 홈페이지를 통해 알려드립니다.
파본은 구매하신 곳에서 교환해 드립니다.

정가 38,000원

14320

9 791192 833828
ISBN 979-11-92833-82-8(14320)
ISBN 979-11-92833-81-1(set)